Gregor Grundei

Zum wohnungseigentumsrechtlichen Änderungsrecht

Studien zum Unternehmens- und Wirtschaftsrecht Band 43
herausgegeben von Arthur Weilinger

Zum wohnungseigentumsrechtlichen Änderungsrecht

von

Mag. Dr. Gregor Grundei

Wien 2023

facultas

Bibliografische Information der Deutschen Nationalbibliothek

Die Deutsche Nationalbibliothek verzeichnet diese Publikation in der Deutschen Nationalbibliografie; detaillierte bibliografische Daten sind im Internet über http://dnb.d-nb.de abrufbar.

facultas Universitätsverlag, A-1050 Wien

Satz und Druck: Facultas AG
Printed in Austria
ISBN 978-3-7089-2410-6

Vorwort des Herausgebers

Die wohnungseigentumsrechtlichen Änderungsrechte gemäß § 16 WEG sind von großer praktischer Bedeutung. Durch die WEG-Novelle 2022 wurden diese Änderungsrechte gem § 16 Abs 2 WEG erheblich erweitert und durch eine Genehmigungsvermutung für besondere Tatbestände ergänzt. Hervorzuheben ist hier die Privilegierung von Ladestationen für E-Kraftfahrzeuge, den sogenannten Wallboxes, sowie die behinderungsgerechte Ausgestaltung von Eigentumswohnungen und allgemeinen Teilen der Liegenschaft.

Die Änderungen durch die WEG-Novelle 2022 werden in diesem Buch vorgestellt, kritisch hinterfragt und Wege zu deren praktischen Umsetzung aufgezeigt.

Die Aufbereitung des Themas durch *Gregor Grundei* ist äußerst gelungen. *Grundei* gehört zu jenen meiner ehemaligen Assistenten, die von Anfang an wussten, in welcher Rechtsmaterie sie sich vertiefen wollen. Dem Immobilien- und Wohnrecht gehört sein wissenschaftliches Interesse, das er mit großem Engagement auch im Hörsaal vermittelt und das auch sein präferiertes Berufsfeld sein sollte.

Das vorliegende Buch wird die wissenschaftliche Diskussion bereichern.

Wien, im November 2023 *Arthur Weilinger*

Vorwort des Autors

Für meine liebe Familie, allen voran meine Eltern *Mag. Doris Grundei* und *Mag. Wolfgang Grundei*, und meine Partnerin *Mag. Verena Albrecht* für die ununterbrochene Unterstützung und den besonderen Rückhalt, welche dieses Projekt erst ermöglichten. Durch euch darf ich heute dort stehen, wo ich stehe. Euch verdanke ich meine Liebe, meinen Werdegang, meine Ausbildung, mein Streben und meinen Erfolg. Familie ist Verantwortung und auch Geborgenheit zugleich. Eine große liebenswürdige Familie ist ein Vielfaches davon. So möchte ich dieses Werk meiner ganzen Familie als Dank widmen.

Für die großartige fachliche Unterstützung gebührt *Univ.-Prof. Dr. Dr. Arthur Weilinger* besonderer Dank. Das thematische Aufgreifen des „wohnungseigentumsrechtlichen Änderungsrechts" zeitlich weit vor umfassender Novellierungsbestrebungen, bezeugt sein außergewöhnliches Problembewusstsein und ermöglichte den herausragenden Aktualitätsbezug dieser Untersuchung. Weit über die Bedeutung dieses Werks hinausgehend, möchte ich ihm für alle Erfahrungen danken, welche ich als Universitätsassistent mitnehmen durfte.

Dankend auch allen Mitarbeitern des *Institutes für Recht der Wirtschaft*, einschließlich ehemaliger, für den kritischen, sowie produktiven Dialog und für eine unvergessliche gemeinsame Zeit. Ein außergewöhnliches Team, geprägt von Vertrauen und gegenseitiger Unterstützung, ist die Basis für den Erfolg eines jeden Einzelnen. Eure Freundschaftlichkeit, unsere außergewöhnlich lange Verbundenheit und unser Humor ist es, welche uns überdies auszeichnen. Bedanken möchte ich mich überdies bei *ao. Univ.-Prof. Dr. Elisabeth Borth-Böhler* und *Univ.-Prof. Mag. Dr. Helmut Ofner, LLM* für die kritische Beleuchtung meines Forschungsprojektes und das konstruktive Feedback.

Für die Unterstützung im Rahmen der technischen Ausgestaltung möchte ich meinem langjährigen Freund, *Dipl. Ing. Stefan Jankovic,* einen herausragenden Dank aussprechen. Ihm darf ich jene Teile widmen, welche durch seine technische Unterstützung erst entstanden sind.

Dankend der *Heinrich Graf Hardegg'schen Stiftung* für die finanzielle Unterstützung dieses Werkes.

In besonderer Verbundenheit all meinen Freunden.

Aus Gründen der Lesbarkeit und des besseren Verständnisses wird im Rahmen der vorliegenden Arbeit überwiegend die maskuline Form verwendet. Der Autor distanziert sich ausdrücklich von der sprachlichen Umgestaltung von Gesetzesbegriffen, darunter auch des „Wohnungseigentümers" und zieht es vor, Gleiches tatsächlich auch gleich zu bezeichnen. Alle personenbezogenen Bezeichnungen sind demzufolge ausnahmslos geschlechtsneutral zu verstehen.

Wien, im September 2023 — *Gregor Grundei*

Inhaltsverzeichnis

Abkürzungsverzeichnis

aA	Andere Ansicht
ABGB	Allgemeines bürgerliches Gesetzbuch
Abs	Absatz
AEMR	Allgemeine Erklärung der Menschenrechte
aF	Alte Fassung
BEinstG	Behinderteneinstellungsgesetz, BGBl 1970/22
BGBl	Bundesgesetzblatt
Bgld BauVO 2008	Burgenländische Bauverordnung 2008, LGBl 2008/63
Bgld BG 1997	Burgenländisches Baugesetz 1997, LGBl 1998/10
BGStG	Bundes-Behindertengleichstellungsgesetz, BGBl I 2005/82
bspw	Beispielweise
B-VG	Bundesverfassungsgesetz
bzw	Beziehungsweise
ca	zirka
CO_2	Kohlenstoffdioxid
CRPD	Convention on the Rights of Persons with Disabilities – Übereinkommen über die Rechte von Menschen mit Behinderungen sowie das Fakultativprotokoll zum Übereinkommen über die Rechte von Menschen mit Behinderungen (UN-BRK), BGBl III 2008/155
daF	der alten Fassung
dh	das heißt
DSGVO	Datenschutz-Grundverordnung, VO (EU) 2016/679
EAG 2020	Erneuerbaren-Ausbau-Gesetz, Bundesgesetz über den Ausbau von Energie aus erneuerbaren Quellen, BGBl I 2021/150
EEffG 2014	Bundes-Energieeffizienzgesetz, Bundesgesetz über die Steigerung der Energieeffizienz bei Unternehmen und dem Bund, BGBl I 2014/72
etc	et cetera
ETG 1992	Elektrotechnikgesetzes 1992, BGBl 1993/106
ETV 2020	Elektrotechnikverordnung 2020, BGBl II 2020/308
f	Folgend
ff	Fortfolgend
GeKo	Gesamtkommentar
gem	Gemäß
ggf	Gegebenenfalls
GlBG	Gleichbehandlungsgesetz, BGBl I 2004/66.
GRC	Charta der Grundrechte der Europäischen Union, 2000/C 364/01
hM	herrschende Meinung
HRC	Human Rights Council
Hrsg	Herausgeber
idR	in der Regel
insb	Insbesondere
iSd	im Sinn des/der

iZhgm	im Zusammenhang mit
K BO 1996	Kärntner Bauordnung 1996, LGBl 1996/62
KFZ	Kraftfahrzeug/e
mE	meines Erachtens
MG	Mietengesetz 1929, Bundesgesetz vom 14. Juni 1929, betreffend die Förderung der Wohnbautätigkeit und Abänderung des Mietengesetzes (Wohnbauförderungs- und Mietengesetz), BGBl 1929/200
MietSlg	Sammlung mietrechtlicher Entscheidungen
Mio	Millionen
MRG	Bundesgesetz vom 12. November 1981 über das Mietrecht (Mietrechtsgesetz – MRG), BGBl 1981/520.
mwN	mit weiteren Nachweisen
nE	nationale Emissionen (dargestellt in CO_2 Äquivalent)
nF	Neue Fassung
NÖ BO 2014	Niederösterreichische Bauordnung 2014, 2015/1
NÖ BTV 2014	Niederösterreichische Bautechnikverordnung 2014, LGBl 2015/4
OGH	Oberster Gerichtshof
ÖJZ	Österreichische Jurist:innenzeitung
OÖ BO 1994	Oberösterreichische Bauordnung 1994, LGBl 1994/66
OÖ ElWOG 2006	Oberösterreichisches Elektrizitätswirtschafts- und -organisationsgesetz 2006, LGBl 2006/1
OVE E	Österreichischer Verband für Elektrotechnik – nationale elektrotechnische Norm
Pkw	Personenkraftwagen
PV	Photovoltaik
PVT	Photovoltaisch thermische Hybridanlage
RIS	Rechtsinformationssystem
RS	Rechtssatz
Rsp	Rechtsprechung
Rz	Randziffer
S	Satz
Sbg BauPolG 1997	Salzburger Baupolizeigesetz 1997, LGBl 1997/40
sog	Sogenannte/r/s
StGG	Staatsgrundgesetz vom 21. December 1867, über die allgemeinen Rechte der Staatsbürger für die im Reichsrathe vertretenen Königreiche und Länder, RGBl 1867/142
Stmk BauG 1995	Steiermärkisches Baugesetz 1995, LGBl 1995/59
stRsp	ständige Rechtsprechung
TBO 2022	Tiroler Bauordnung 2022, LGBl 2022/44
tlw	Teilweise
ua	unter anderem
ugV	Unter gewissen Voraussetzungen
usw	und so weiter
uU	unter Umständen
Vbg BG 2001	Vorarlberger Baugesetz 2001, LGBl 2001/55
vgl	vergleiche

VN	Vereinte Nationen
WBTV 2020	Wiener Bautechnikverordnung 2020, LGBl 2020/4
WE	Wohnungseigentum
WEG (idF 2022)	Wohnungseigentumsgesetz 2002, BGBl I 2002/70 idF BGBl I 2021/222
WEG 1948	Wohnungseigentumsgesetz 1948, BGBl 1948/149
WEG 1975	Wohnungseigentumsgesetz 1975, BGBl 1975/417
WEG aF	Wohnungseigentumsgesetz 2002, BGBl I 2002/70 idF BGBl I 2020/81
WGG	Wohnungsgemeinnützigkeitsgesetz, BGBl 1979/139
wörtl	Wörtlich
WrBO 1930	Wiener Stadtentwicklungs-, Stadtplanungs- und Baugesetzbuch, LGBl 1930/11
WRN	Wohnrechtsnovelle
Z	Ziffer
zB	zum Beispiel
ZPEMRK	Zusatzprotokoll zur Menschenrechtskonvention (1. ZPEMRK, BGBl 1964/59)
ZVR	Zeitschrift für Verkehrsrecht

I. Einleitung

A. Die Themeneinführung, Forschungsfrage und Abgrenzung

Nahezu programmatisch nennt der Gesetzgeber das dem Wohnungseigentümer zustehende dingliche Recht, ein Wohnungseigentumsobjekt ausschließlich zu nutzen und allein darüber zu verfügen.[1] Als Ausfluss ebenjenes Verfügungsrechts ist das individuelle „Änderungsrecht“ des Wohnungseigentümers gem § 16 Abs 2 WEG der Schlüssel zu zeitgemäßen Nutzungsmöglichkeiten im Wohnungseigentum.[2]

Jene Systematik wohnungseigentumsrechtlicher Verfügung[3] stellt in ihrer Gesamtheit durch ihre besonderen Rechtfertigungsmodi[4] eine Privilegierung gegenüber dem klassischen „ABGB-Maßnahmenrecht“[5] dar. Das „Änderungsrecht“ bildet durch die Änderungsmöglichkeit des Wohnungseigentumsobjekts[6]

---

1 Vgl § 2 Abs 1 WEG.

2 Der Begriff des „Änderungsrechts“ hat insoweit irreführenden Charakter, als er keinen subjektiven Anspruch auf unmittelbare Durchführung einer Änderungsmaßnahme abbildet. Von zentraler Bedeutung ist sohin, dass das änderungsrechtliche Normenkonvolut gerade keinen Durchführungsanspruch *ex lege* zu konstruieren gedenkt, sondern primär Zugang zu einer alternativen Rechtfertigung der Änderungsmaßnahme wahrt und eine Möglichkeit rechtsgestaltender, gerichtlicher Zuerkennung der Duldungspflicht entgegenstehender Miteigentümer sicherstellt; nunmehr durch den Gesetzgeber in § 16 Abs 2 S 3 WEG idF WEG 2022 als Voraussetzungen des gerichtlichen Zustimmungsersatz klargestellt; vgl demgegenüber *Vonkilch*, Konsequenzen der eigenmächtigen Vornahme von Änderungen am WE-Objekt durch einen Wohnungseigentümer, wobl 2015, 31 f; In der Literatur wird der Begriff des „Änderungsrechts“ trotz dessen begrifflichen Unschärfe für die Gesamtheit der Rechtfertigungssystematik verwendet, vgl *Vonkilch* in *Hausmann/Vonkilch*, Österreichisches Wohnrecht WEG[4] (2017) § 16 WEG Rz 11 ff; *Würth/Zingher/Kovanyi*, Miet- und Wohnrecht II[23] (2015) § 16 WEG Rz 10; *Feil/Friedl* in *Feil/Friedl/Bayer*, Wohnungseigentumsgesetz (2014) § 16 Rz 6; *Painsi/Terlitza*, Wohnungseigentumsrecht (2022) Rz 359; *Markl* in *Böhm/Pletzer/Spruzina/Stabentheiner*, GeKo Wohnrecht II (2019) § 16 WEG Rz 10; *Sammer* in *Kothbauer/Sammer/Berger/Holzapfel*, Dirnbacher Praxiskommentar WEG 2017[8] (2017) 196; *Pittl*, Handbuch Wohnungseigentumsrecht (2022) Rz 5.2; *Illedits/Illedits-Lohr*, Wohnungseigentum[6] (2018) Rz 722.

3 Vgl den Charakter des wohnungseigentumsrechtlichen Änderungsrechts als Schnittstelle zwischen Anteils- und Sachverfügung herausarbeitend, *Terlitza*, Miteigentum und Wohnungseigentum-Parallelwelten (2021) 304 ff.

4 So erfordern Änderungsmaßnahmen die Zustimmung aller Wohnungseigentümer, wenngleich § 16 Abs 2 hierfür besondere Rechtfertigungssubstitute normiert, siehe zum Zustimmungserfordernis als Primärvoraussetzung IV.F.

5 Siehe dazu vordergründig die historische Entwicklung des Änderungsrechts II und die allgemeine Maßnahmenabgrenzung III.

6 Vgl die lokale Ausweitung des Änderungsbegriffes auf Änderungen allgemeiner Teile zur besseren Benutzbarkeit des Wohnungseigentumsobjekts (finale Voraussetzung), OGH 23.11. 1999, 5 Ob 299/99b; siehe dazu auch *Prader*, WEG[6.01] § 16 E6; weiters *Würth/Zingher/Kovanyi*, Miet- und Wohnrecht II[23] § 16 WEG 17; vgl zum „weiten Änderungsbegriff“ auch RIS-Justiz RS0083108; siehe dazu auch IV.E.

im Kern die Interessen des änderungswilligen Wohnungseigentümers ab, sichert allerdings durch ein besonderes, je nach Eingriffsintensität abgestuftes Voraussetzungssystem, zugleich schutzwürdige Interessen der Miteigentümer.[7] Der Umfang des Änderungsrechts wird je nach dem, inwieweit in die Interessen anderer Wohnungseigentümer eingegriffen wird, beschränkt.[8] Nicht selten kommt es im Zusammenhang mit individuellen Änderungswünschen am Wohnungseigentumsobjekt – seien sie baulicher Natur, wie beispielsweise der Einbau einer Klimaanlage[9] oder einer Elektroladestation für Kraftfahrzeuge,[10] oder rechtlicher Natur, wie die Umwidmung einer Wohnung in ein „Geschäftslokal"[11] – zu einem Spannungsverhältnis zwischen den einzelnen Wohnungseigentümern. Umso wichtiger erscheint es, gerade aus der Perspektive der Rechtssicherheit die Ausgestaltung der dem einzelnen Wohnungseigentümer zukommenden „Änderungsrechte" zu untersuchen.

Über jenes nachvollziehbare individuelle Änderungsinteresse des Eigentümers hinausgehend wurzeln zunehmend auch gesamtgesellschaftliche Interessen in jenen Rechtsbereich, welche maßgeblich den zeitgenössischen Wohnstandard abbilden. Dies verdeutlicht sich seit jeher durch einen privilegierten Rechtsrahmen einzelner Umgestaltungsmaßnahmen.[12]

Das zentrale Anliegen des Gesetzgebers war der umweltbewussten, ökologischen Umgestaltung im Wohnungseigentumsrecht zum Durchbruch zu verhelfen.[13] Der Kampf gegen den Klimawandel ist ohne Zweifel die zentrale globale Herausforderung dieses – wohl auch des nächsten – Jahrhunderts, welcher auch maßgeblich alle Rechtsbereiche um den Gebäudesektor bekehrt.[14] Die besondere Herausforderung im Wohnungseigentumsrecht besteht darin, nachhaltige Gestaltungsformen in den bestehenden Gebäudesektor zu integrieren und dabei im notwendigen Ausmaß Miteigentümerinteressen zu wahren.

---

7 Vgl *Markl* in *Böhm/Pletzer/Spruzina/Stabentheiner*, GeKo Wohnrecht II (2019) § 16 WEG Rz 13.

8 *Markl* in *Böhm/Pletzer/Spruzina/Stabentheiner*, GeKo Wohnrecht II (2019) § 16 WEG Rz 13; siehe auch auch *Illedits* in *Illedits/Reich-Rohrwig*, Wohnrecht § 16 WEG Rz 2.

9 Vgl exemplarisch OGH 29.8.2022, 5 Ob 36/22p.

10 Vgl exemplarisch OGH 31.7.2019, 5 Ob 37/19f.

11 Vgl exemplarisch OGH 21.1.2021 5 Ob 216/20f.

12 Siehe zur Entwicklung privilegierter Umgestaltungsmaßnahmen im Wandel der Zeit II.B; siehe zu den Formen „klassischer" Privilegierungen auch IV.I.3.

13 Die Ökologisierung des Wohnungseigentums ist primär Aufgabe der außerordentlichen Verwaltung insb iZhgm der thermisch-energetischen Sanierung der Gebäudehülle, um den Energieverbrauch weitestgehend zu minimieren, vgl *Ponholzer*, Thermisch energetische Sanierung im Wohnungseigentum, immolex 2023, 159. In vielen Nischenbereichen – vor allem im Exlusiviätsbereich des einzelnen Wohnungseigentümers – ist eine auf Basis des Änderungsrechts vorgenommene Modernisierung notwendig.

14 Vgl zur Energieeffizienz im Gebäudesektor *Frankl-Templ* in *Rainer*, Handbuch des Miet- und Wohnrechts II Kap 20.1 ff.

Die umfassende gesellschaftspolitische Bedeutung jenes wohnungseigentumsrechtlichen Themenkomplexes verdeutlicht sich nicht bloß in der dringlich geforderten Klimawandelbekämpfung, sondern auch im Rahmen barrierefreier Ausgestaltung, als gewichtiges gesellschaftliches Desiderat,[15] um allen Menschen diskriminierungsfreien Zugang zum Grundbedürfnis „Wohnen" zu gewährleisten.[16]

Die jüngste Novellenbestrebung im Wohnungseigentumsrecht[17] und die damit einhergehende Begünstigung bloß einzelner Änderungsformen[18] bezeugt durch die besondere Vorsicht des Gesetzgebers allerdings auch die Schwierigkeit jene Maßnahmen in die bestehende Gebäudesubstanz zu integrieren.

Die vorliegende Untersuchung versucht sohin die Rechtfertigungswirkung des neugeschaffenen, wohnungseigentumsrechtlichen Instituts der Zustimmungsfiktion gemäß § 16 Abs 5 WEG und den darin verankerten *„gesetzgeberischen Förderungswillen"*[19] jener „begünstigungswürdiger" Änderungsformen im gesamten System des Änderungsrechts darzustellen.

Die besondere Herausforderung in dieser Hinsicht ist es sohin, jene neuen Impulse mit dem bestehenden wohnungseigentumsrechtlichen Änderungsrecht und dem wohnrechtlichen Gesamtsystem in Einklang zu bringen und dessen Wechselwirkungen darzustellen, weswegen eine umfassende Darstellung sämtlicher Änderungsvoraussetzungen zur Skizzierung der „neuen Systematik"[20] unumgänglich erscheint.

---

15 ErläutRV 1174 BlgNR 27. GP 10 f.

16 Siehe die Empfehlungen des HRC zur Ausdehnung des Gleichbehandlungsgrundsatzes für alle Formen der Diskriminierung auf alle öffentlich verfügbaren Güter, ua „housing space", *Human Rights Council*, A/HRC/30/43/Add.2 (2015) Punkt 101; darüber hinaus wird auf den Bedarf von den Bedürfnissen älterer Menschen entsprechenden Bauweisen hingewiesen, *Human Rights Council*, A/HRC/30/43/Add.2 (2015), Punkt 113 f; letztlich wird sogar ein Mangel an einheitlichen und verpflichtenden Normen zur Schaffung von barrierefreiem Zugang festgestellt, *Human Rights Council*, A/HRC/30/43/Add.2 (2015) Punkt 118. Darüber hinaus besteht die völkerrechtliche Verpflichtung zur Implementierung von barrierefreien Wohnhäusern auch ausdrücklich gem Art 4 Abs 1 iVm Art 9 Abs 1 lit a CRPD (Ratifizierung am 26.9.2008, BGBl III 2008/155; vgl in diesem Zusammenhang die dem Gleichheitssatz entspringenden notwenigen Anstrengungen der Gesellschaft zur Realisierung tatsächlicher Chancengleichheit am Beispiel baurechtlicher Rahmenbedingungen, *Berka/Binder/Kneihs*, Die Grundrechte², 595; siehe auch die völkerrechtliche Verpflichtung *„Menschen mit Behinderungen ein selbstbestimmtes Leben und die volle Teilhabe in allen Lebensbereichen zu ermöglichen"*, Art 9 Abs 1 CRPD.

17 BGBl I 2021/222.

18 Siehe zu den „begünstigungswürdigen" Tatbeständen gem § 16 Abs 5 WEG als Kern der gesetzgeberischen Bestrebung im Änderungsrecht IV.H.1.

19 Darunter wird im Folgenden primär der Einfluss „begünstigungswürdiger" Änderungen gem § 16 Abs 5 WEG auf die Beurteilung der gerichtlichen Änderungsvoraussetzungen gem § 16 Abs 2 WEG verstanden, vgl ErläutRV WEG idF 2022, 1174 BlgNR 27. GP 11.

20 Vgl dazu ErläutRV WEG idF 2022, 1174 BlgNR 27. GP 8.

B. Der Gang der Untersuchung und Methodik

Um das zentrale Fundament des wohnungseigentumsrechtlichen „Änderungsrechts“ darzustellen und die besondere Fortentwicklung des allgemeinen zivilrechtlichen Verfügungsbegriffes zu begreifen, bedarf es anfangs einer Beleuchtung dessen historischen Entwicklung. Jener Zugang ermöglicht auch vertiefende historische Interpretationsmöglichkeiten aktueller änderungsrechtlicher Normen.

Nach jenem kurzen legistischen Abriss stellt die Abgrenzung zwischen Verwaltungs- und Verfügungsmaßnahmen zur Einteilung von Umgestaltungsmaßnahmen im Generellen den ersten großen Meilenstein der vorliegenden Untersuchung dar. Die Bedeutsamkeit jener Abgrenzung verdeutlicht sich nicht zuletzt in verschiedenen Konsensquoren als auch durch Unterschiedlichkeiten im Rahmen der Kostentragung. Im Mittelpunkt steht die Betrachtung des „Änderungsrechts“ als Ausfluss des ausschließlichen wohnungseigentumsrechtlichen Verfügungsrechts gem § 2 Abs 1 WEG. In der Gestalt lässt sich das „Änderungsrecht“ als Sachverfügungsmaßnahme *sui generis* aufgreifen, welches seinerseits wieder durch das Ausschließlichkeitsrecht anderer Wohnungseigentümer abzustecken ist.

Anschließend gilt es auf Grundlage des Änderungsbegriffes die allgemeine Systematik des Änderungsrechts darzustellen. Abstrakt erfordert dies auch die Eingrenzung des Änderungsobjekts und die Identifizierung des Trägers des Änderungsrechts. Aufbauend auf dieses dogmatische Fundament steht die Auslegung der änderungsrechtlichen Voraussetzungen des § 16 Abs 2 WEG im Mittelpunkt dieser Untersuchung. Neben den interessensabgestuften materiellen[21] Voraussetzungen des gerichtlichen Zustimmungsersatzes gem § 52 Abs 1 Z 2 WEG gilt es sohin auch die Voraussetzungen alternativer Rechtfertigungswirkungen darzustellen.

Hierfür wird der klassische „Kanon“ der Interpretationsmethoden angewandt.[22] Im Lichte des gesamtgesellschaftlichen Wandels und dem damit verbundenen stetigen gesetzgeberischen Feinschliffen eines an sich beständigen wohnungseigentumsrechtlichen Instituts fällt die historische Auslegungsmethode zur Ermittlung der Absicht des Gesetzgebers besonders ins Gewicht. Letztlich genießt auch die teleologisch-systematische Interpretation einen hohen Stellenwert aufgrund der besonders greifbaren, änderungsrechtlichen Systematik, welche von einer typischen wechselseitigen Interessenskonstellation

---

21 So seien formelle Aspekte der Durchsetzbarkeit von Änderungsmaßnahmen überwiegend ausgeklammert.

22 Darunter fällt in erster Linie die wörtliche, die systematisch-logische, die historische und letztlich die objektiv-teleologische Auslegung; in didaktisch kaum zu übertreffender Darstellung *F. Bydlinski*, Juristische Methodenlehre und Rechtsbegriff[2] (1991) 436 ff mwN; vgl auch die Fortentwicklung systematischer Interpretation durch teleologisch-systematische Ansätze *F. Bydlinski/P. Bydlinski*, Grundzüge der juristischen Methodenlehre[3] (2018) 46 ff.

der Wohnungseigentümer geprägt ist. Die historisch bedingte Synchronisation wohnrechtlicher Materien, insb mit dem MRG, erlaubt sogar einen breiteren systematischen Auslegungszugang.[23]

Darüber hinaus kommt der richterlichen Rechtsfortbildung in Anbetracht der vorliegenden Rechtsprechungsvielfalt zur Destillation des Interessensgefüges herausragende Bedeutung zu. Im Zusammenhang mit dessen Einarbeitung besteht die Bestrebung, allgemein gültige, über den Einzelfall hinausgehend bedeutsame Ableitungen herauszukristallisieren.[24]

Im Lichte der jüngsten Novelle und des neugeschaffenen Rechtfertigungsmodus der Zustimmungsfiktion, welche an konkrete Änderungsformen anknüpft, ist die Beleuchtung der tatbestandsmäßig bezeichneten begünstigungswürdigen Änderungsformen des § 16 Abs 5 WEG idF 2022 zentral.[25] Der Rechtssicherheit wegen ist eine penible Auslegung der Änderungstatbestände von Nöten, um nicht Gefahr zu laufen eine aufgrund extensiver Auslegung scheinbar begünstigungswürdige Änderung eigenmächtig – wenn auch *bona fide* – zu setzen. Diesfalls wäre der Ändernde einem streitigen Beseitigungs- und Wiederherstellungsbegehren gem § 523 iVm § 828 ABGB eines entgegenstehenden Miteigentümers ausgesetzt.[26]

Die Auslegung der Gesetzesbegriffe der „Langsamladestationen für Elektrofahrzeuge" und der „Photovoltaikanlage" setzt sohin ein besonderes technisches Verständnis voraus. Überdies ist der Begriff der „Barrierefreiheit", welcher maßgeblich an den Begriff der Behinderung zu knüpfen scheint, von beträchtlicher Bedeutung.[27] Jenem Tatbestand ist – seinem Abstrahierungsgehalt zu Folge – der weiteste Anwendungsbereich sämtlicher begünstigungswürdiger Maßnahmen zuzuordnen, welcher eben nicht auf eine baulich konkretisierte

23 Siehe zur stetigen Interferenz zwischen WEG und MRG, II.

24 Dies erschwert sich nicht zuletzt durch den stetigen judikaturtechnischen Hinweis der Einzelfallrelevanz, vgl exemplarisch RIS-Justiz RS0083309, wonach für die Zulässigkeit einer Änderung auf den Einzelfall abzustellen sei, wobei alle in Betracht kommenden Umstände der Interessensbeeinträchtigung zu berücksichtigen sind.

25 Siehe zum besonderen Rechtfertigungsmodus „begünstigungswürdiger" Änderungsformen IV.H.

26 Jene Anspruchsgrundlage sichert die Beseitigung genehmigungsbedürftiger Veränderungen unter Ausübung rechtswidriger Eigenmacht eines Wohnungseigentümers, *Illedits/Illedits-Lohr,* Wohnungseigentum[6] (2018) Rz 893 ff mwN; siehe dazu auch *Markl* in *Böhm/Pletzer/Spruzina/Stabentheiner*, GeKo Wohnrecht II § 16 WEG Rz 23 mwN; vgl weiters *Vonkilch* in *Hausmann/Vonkilch*, Österreichisches Wohnrecht WEG[4] (2017) § 16 WEG Rz 59 f mwN; vgl auch OGH 19.1.2011, 3 Ob 148/10a, immolex 2013/60; vgl zum Prüfungskalkül im Petitorium auch 20.4.2021, 5 Ob 45/21k, immolex 2021/121*(Räth);* vgl weiters RIS-Justiz RS0083156. Eigenmächtige Änderungsmaßnahmen sind sohin nicht durch eine änderungsrechtliche Rechtfertigungswirkung gedeckt. Bis auf die Erörterung der Gehnemigungsbedürftigkeit als Schwelle der Zustimmungsnotwendigkeit zur Abgrenzung von bagatellhaften Umgestaltungen soll jener Rechtsbehelf von dieser Untersuchung ausgeklammert werden.

27 Im Ministerialentwurf ursprünglich noch als „behindertengerecht" bezeichnet, ErläutME WEG idF 2022, 134/ME 27. GP 2 Z 3.

Ausstülpung abstellt, sondern aufgrund seiner individuellen Ausprägung vielmehr eine Bandbreite an baulichen Maßnahmen umfasst. An dieser Stelle gilt es ohne Zweifel den Bezug zu bautechnischen Normen herzustellen.[28]

Die systematische Gesamtdarstellung aller Änderungsvoraussetzungen ist insoweit unumgänglich, als die Privilegierung begünstigungswürdiger Änderungen einen speziellen „gesetzgeberischen Förderungswillen" determiniert, welcher über die Auslösung einer etwaigen Zustimmungsfiktion hinaus, auch im Falle eines widersprechenden Wohnungseigentümers Reflexwirkungen auf die Voraussetzungen im Rahmen eines außerstreitigen Zustimmungsersatzes projiziert. Letztlich gilt es im Lichte dessen auch jene Kriterien abzubilden, welche die gerichtliche Genehmigungsfähigkeit einer Änderungsmaßnahme determinieren.

[28] Hierzu gilt es auch Empfehlungen einschlägiger Institutionen einzuarbeiten, unter anderem die OIB RL 4 des *Österreichischen Instituts für Bautechnik, OIB*, zur „Nutzungssicherheit und Barrierefreiheit" und weiters auch *Austrian Standards*, ÖNORM B 1600:2017-04 Barrierefreies Bauen – Planungsunterlagen (2017); ebenjenen Richtlinien kommt nur jene Bedeutung zu, welche ihnen durch Gesetz oder Verordnung beigemessen wurde und haben ohne jene Beimessung keine normative Wirkung, *W. Kirchmayer*, Wiener Baurecht[5], § 88 WrBO (442 f) mwN, vgl VwGH 16.10.1972, Slg 8297 A; so auch die Notwendigkeit der gesetzlichen Implementierung von ÖNORMEN welche anderenfalls als Empfehlungen des Normungsinstitutes keine normative Wirkung entfalten, VwGH 28.11.1995, 94/05/0365; siehe auch § 5 Normengesetz 1971, BGBl 1971/240; *Fuchs/Markouschek/Schlossnickel*, Barrierefreiheit im Spannungsfeld unterschiedlicher Rechtsvorschriften und Normen, bau aktuell 2017, 161.

II. Die historische Entwicklung des wohnungseigentumsrechtlichen Änderungsrechts

Das Rechtsinstitut des Wohnungseigentums ist eine Neuheit der zweiten Republik Österreichs und verfolgte die Grundidee des „Eigentums“ für die breite Bevölkerungsschicht und stellte gewissermaßen das parteipolitische Gegenmodell zum Gemeindebau dar.[29] Es ist das dingliche Recht, welches den ideellen Miteigentumsanteil untrennbar mit dem „servitutsähnlichen“ Nutzungsrecht an einem bestimmten Wohnungseigentumsobjekt verbindet.[30]

Der Nährboden für die Fortentwicklung des klassischen Miteigentums, hin zu dem mit dem Miteigentumsanteil verbundenen ausschließlichen Nutzungs- und Verfügungsrecht an einem Wohnungseigentumsobjekt, fand sich in der Wohnungsnot der Nachkriegszeit.[31] Mit der Sonderform des Miteigentums, „Wohnungseigentum“ galt es insbesondere Privatkapital für den Wohnhausbau und den Wiederaufbau kriegsgeschädigter oder zerstörter Häuser zu mobilisieren.[32] Die Fortentwicklung war das Ergebnis eines Rechtsformdiskurses, bei welchem der Gesetzgeber das „Stockwerkseigentum“ als Einrichtung des älteren österreichischen Rechts aufgrund der ungeeigneten Kreditbasis und der Tatsache, dass dieses dem österreichischen Rechtssystem und der österreichischen Grundbuchsordnung widerspreche, ablehnte und er das Miteigentumsrecht des ABGB mangels ausreichender Rechtssicherheit hinsichtlich der konkreten Wohnung als ungeeignet empfand.[33]

Dass mit dem neuen Rechtsinstitut kein Versuch realer Teilung angestrebt wurde, zeigt auch die in § 5 Abs 1 WEG 1948[34] verankerte Ideologie, Wohnungseigentum sei eine Beschränkung des Eigentumsrechts der übrigen Miteigentümer zugunsten des jeweiligen Eigentümers des Anteils und insofern dienstbarkeitsähnlicher als tatsächlich real geteilt.[35]

---

[29] *Mentschl*, Wohnungseigentum – Geschichte und Gegenwart (2013) 18.

[30] *Ofner* in *Böhm/Pletzer/Spruzina/Stabentheiner*, GeKo Wohnrecht II (2019) § 2 WEG Rz 2 mwN; *Illedits* in *Illedits/Reich-Rohrwig*, Wohnrecht Taschenkommentar^3 (2018) § 2 WEG Rz 1; vgl OGH 25.4.2019, 5 Ob 238/18p Rz 3.

[31] *Havel/Fink/Barta*, Wohnungseigentum – Anspruch und Wirklichkeit Entwicklung, Probleme, Lösungsstrategien (1999) 197.

[32] AB 676 BlgNR V. GP.

[33] *Jensik*, Miteigentum, Wohnungseigentum: Eine kurzgefaßte systematische Darstellung unter besonderer Berücksichtigung der neueren Rechtsprechung und Literatur mit dem Wortlaut der einschlägigen Gesetzestexte (1962) 54.

[34] BGBl 1948/149.

[35] *Jensik* vergleicht WE wirtschaftlich gesehen mit einem geteilten Nutzungsrecht an der Liegenschaft als *„besonders gestalteter Ausschnitt des Anteilrechtes des Miteigentümers mit dinglicher Wirkung gegenüber Dritten“*. *Jensik*, Miteigentum, Wohnungseigentum: Eine kurzgefaßte systematische Darstellung unter besonderer Berücksichtigung der neueren Rechtsprechung und Literatur mit dem Wortlaut der einschlägigen Gesetzestexte (1962) 55.

Das Wohnungseigentumsrecht kennzeichnende und ihm Flexibilität verleihende „Plus“[36] im Vergleich zum schlichten Miteigentum ist das dem Wohnungseigentümer zukommende ausschließliche Nutzungs- und Verfügungsrecht an einem bestimmten Wohnungseigentumsobjekt, welches auch ein unabdingbares Änderungsrecht des Wohnungseigentümers inkludiert, welches allerdings zunächst keinen gesetzlichen Niederschlag fand.

Der Wandel der Zeit zeugt von der Bedeutung der legistischen Präzisierung des wohnungseigentumsrechtlichen Individualrechts auf Änderung. Das Änderungsrecht ist einerseits der Schlüssel für bauliche als auch für rechtliche Umgestaltungen des Wohnungseigentumsobjekts. Andererseits stellt es nicht zuletzt durch den Katalog allgemeiner, negativer Änderungsvoraussetzungen auch eine gesetzliche Beschränkung des Nutzungs- und Verfügungsrechts dar.[37]

Die gesetzgeberische Rolle beschränkte sich ursprünglich mit dem WEG 1948 auf die Zuweisung der „Wohnungseigentumsobjektsverwaltung“ an die jeweiligen Wohnungseigentümer ohne deren Radien voraussetzungstechnisch abzustecken. Der Radius des Individualrechts steckte sich sohin immanent durch das Individualrecht der anderen Wohnungseigentümer ab. Es war zunächst Aufgabe der Judikatur diese Zäsur herauszuarbeiten und die damit verbundenen Rechtskreise zu sezieren. Mit der Begrifflichkeit der „schutzwürdigen Interessen anderer Wohnungseigentümer“ konnte man diese Grenze zumindest begrifflich fassen.

Die Entwicklung des Änderungsrechts fundierte sohin zum einen auf der Einarbeitung judizieller Auslegungsergebnisse der „Verwaltung des Wohnungseigentümers“[38] und der Bestrebung das in Sondergesetzen verankerte Wohnrecht zumindest teilweise aneinander anzunähern. Die wohl bekanntesten Vertreter des Wohnrechts WEG und MRG[39] stehen demnach im Rahmen ihrer geschichtlichen Entwicklung keineswegs isoliert nebeneinander. Vielmehr bilden beide vergleichbare Interessensgewichtungen des Wohnenden[40] ab, welche sich immerzu *vice versa* beeinflussten.[41] Nicht umsonst lässt

---

36 Das Rechtsinstitut des Wohnungseigentums klarstellend als Aliud bezeichnend, OGH 25.6.1998, 6 Ob 162/98m; vgl zuletzt auch 29.8.2022, 5 Ob 122/22k.

37 *Hinteregger*, Verwaltung von Wohnungseigentum (2014) 7.

38 Vgl dazu § 8 Abs 3 WEG 1948.

39 Das WGG gilt es im änderungsrechtlichen Zusammenhang insoweit außer Acht zu lassen, da hierbei gem § 20 Abs 1 Z 1 lit b WGG, dem „normierten Umkehrschluss“ von § 20 Abs 1 Z 1 lit a WGG, auf die mietrechtlichen Bestimmungen verwiesen wird – ein hervorragendes Beispiel für einen gänzlich durchlöcherten Generalverweis und die Gesetzesdschungel-Liste in *Call*, Mietrecht und Wohnungseigentum (1983) 37 ergänzend.

40 Als Sammelbegriff im weiteren Sinne für „Wohnungseigentümer“ und „Mieter“ mit der beidseitigen Unschärfe die Fremdverwertung (Vermietung und Untervermietung) im Wortlaut nicht einfassend.

sich in diesem Zusammenhang eine stetige legistische Synchronisation feststellen.[42]

Durch das WEG 1975 und der Schaffung einzelner Voraussetzungen zur Ausgestaltung schutzwürdiger Interessen fand das Änderungsrecht seinen legistischen Niederschlag. Die seiner Zeit geschaffene Voraussetzungssystematik basierte auf dem Veränderungsrecht des obligatorisch berechtigten Mieters iSd § 18 MG[43] als Vorgängerbestimmung von § 9 MRG.[44]

Die mietrechtliche Bestimmung § 18 MG[45] bot einen Katalog an unbestimmten Gesetzesbegriffen zur Veränderung des Mietobjekts – wenn auch unter einer anderen Systematik, auf welche der wohnungseigentumsrechtliche Gesetzgeber zugreifen konnte, um die Voraussetzungen des Änderungsrechts zu definieren. Dieser Umstand unterstreicht die Bedeutung der mietrechtlichen Schwesternbestimmung zur Auslegung der wohnungseigentumsrechtlichen Änderungsbestimmungen.[46] Dass dieser wohnrechtliche Annäherungsprozess noch andauert, wird durch die kürzlich aufgekommenen Bestrebungen des Gesetzgebers im Rahmen des wohnungseigentumsrechtlichen Änderungsrecht bei objektiv unterstützungswürdigen Änderungen[47] eine Zustimmungsfiktion zu normieren, ersichtlich- ähnlich der Zustimmungsfiktion zugunsten des Mieters iSd § 9 Abs 1 Satz 2 MRG.

Wohingegen sich das WEG 2002 in änderungsrechtlicher Sicht auf sprachliche Anpassungen beschränkte, gedenkt der Gesetzgeber mit der angestrebten WEG-Novelle 2022 neben einigen Klarstellungen auch zeitgemäße Änderungsmöglichkeiten zur Modernisierung zur Verfügung zu stellen. Schutzwürdige Interessen werden schließlich zugunsten der Modernisierungsflexibilität bei gesellschaftlich begrüßenswerten Maßnahmen zurückgedrängt, nicht zu-

---

41 Vgl hierzu das systematische Meisterwerk *Call*, Mietrecht und Wohnungseigentum (1983) 55 f; Vgl zur „*wesensgleichen Aufgabenstellung*" insb den im Zhg mit der Verwaltung „gebotenen Interessensausgleich", *Meinhart*, Das Wohnungseigentumsgesetz 1975 (1975) 117.

42 So fußt ua die Grundlage des hier zu untersuchenden wohnungseigentumsrechtlichen Änderungsrechts am historischen Veränderungsrecht des Mieters gem § 18 Abs 1 MG; vgl zur ua zur Wechselwirkung iZhg mit Dachbodenausbauten bereits *Lenk*, Dachbodenausbauten – endlich lukrativ?, immolex 2002, 295 ff.

43 BGBl 210 idF BGBl 1974/409.

44 Es bietet sich an, diese Wechselwirkung insb bei wortgleichen Änderungsvoraussetzungen als systematische Auslegungshilfe heranzuziehen. Am Beispiel des vermieteten, dem Vollanwendungsbereich MRG unterliegenden, Wohnungseigentumsobjekts soll im Folgenden auch die Radien des wohnrechtlichen Änderungsrechts abgesteckt werden und die Reflexwirkungen beider wohnrechtlicher Materien dargestellt werden; die Problematik der Überschneidung der Rechtsgebiete bei der Vermietung einer „Eigentumswohnung" aufzeigend Call, Mietrecht und Wohnungseigentum (1983) 56 ff.

45 Vgl BGBl 1974/409.

46 Vgl dazu ErläutRV 240 BlgNR, 13. GP, 18.

47 Vgl dazu ErläutME WEG idF 2022, 134/ME 27. GP 10; vgl nunmehr auch § 16 Abs 5 WEG idF 2022; siehe zur Rechtfertigungswirkung begünstigungswürdiger Änderungen auch IV.H.

letzt um dem Klimawandel und der bereits heute unmittelbar erkennbaren Folgen auch im Wohnsektor den Kampf anzusagen.

In diesem Sinne gilt es aus der Perspektive des Änderungsrechts die historischen Meilensteine des österreichischen Wohnungseigentumsrechts herauszuarbeiten, um ein tiefgreifendes Verständnis für die Rechtsentwicklung zur Lösung aktueller änderungsrechtlicher Herausforderungen aufzubauen.

A. Das Änderungsrecht vor seiner „Vergesetzlichung" – WEG 1948

Der Ausschussbericht zum 13 Paragraphen schlanken WEG 1948 nennt in erster Linie zwei Hauptmotive für die Schaffung des neuen Rechtsinstitutes: Zum einen die (grundbücherliche) Sicherung des beigestellten Kapitals und zum anderen die Verfügungsmöglichkeit der Kapitalgeber über die mit ihren Mitteln wiederhergestellte Wohnung.[48] Letzteres fand seinen Niederschlag in § 8 Abs 3 WEG 1948: *„Die Verwaltung einer im Wohnungseigentum stehenden Wohnung (eines Geschäftsraumes) obliegt ausschließlich dem Wohnungseigentümer. Für die Verwaltung der anderen Bestandteile einer Liegenschaft gelten die Vorschriften des Sechzehnten Hauptstückes des ABGB."*

In optimistischer Kürze beschreibt der damalige Gesetzgeber in zweidimensionaler Darstellung ein komplexes Feld an verschiedensten Rechtsbeziehungen, die es bis heute sowohl durch Legistik, Judikatur und Literatur zu trennen gilt. So findet nicht nur die gemeinschaftliche Liegenschaftsverwaltung nach modernem wohnungseigentumsrechtlichen Begriffsverständnis ihren Ursprung in dieser Bestimmung, sondern auch der Rechtskreis einiger Verfügungsgeschäfte,[49] sowohl jene der gemeinschaftlichen, sämtliche Wohnungseigentümer betreffende, als auch jene hinsichtlich eins konkreten Anteils.[50] Nicht umsonst haben sich nach zwei großen Reformen[51] aus einem Absatz eine Vielzahl an Bestimmungen[52] entwickelt und die Sezierung genau dieser Rechtsphären stellt bis heute wohl einen beträchtlichen Teil wohnungseigentumsrechtlicher Judikatur dar.[53]

48 Vgl AB 676 BlgNR 5. GP.

49 Siehe hierzu III.D.

50 Zum Begriff der „Sach- und Anteilsverfügung" siehe III.D.

51 Siehe zum WEG 1975 und zum WEG 2002 auch die Folgekapitel.

52 Vgl ua die Bestimmungen zur Nutzung und zum Änderungsrecht als bestimmte Form der Verfügung § 16 WEG, die Möglichkeit auch über allgemeine Teile zu verfügen und die Nutzung einzelnen Wohnungseigentümern zuweisen zu können § 17 WEG und schließlich die Bestimmungen zur Liegenschaftsverwaltung § 28 ff WEG 2002.

53 Jene Zuweisung in den entsprechenden Regelungsbereich gibt nicht zuletzt Ausschlag über das Konsenserfordernis und die Kostentragungspflicht einer Maßnahme.

Von dieser Norm lässt sich bereits der Ursprung zweigeteilter Zuständigkeitskreise[54] (geteilte Verfügungsmaßnahmen ausklammernd[55]) ableiten. Darunter fällt der Kreis der einzelnen „Wohnungseigentumsobjektsverwaltungen“[56] und der Komplementärkreis allgemeiner Liegenschaftsverwaltung. Der Verweis auf die allgemeinen Bestimmungen des 16. Hauptstücks des ABGB im Zusammenhang mit der „Liegenschaftsverwaltung“ („der anderen Bestandteile der Liegenschaft“) bedeutet, dass der Gesetzgeber mit der zuerst genannten „Wohnungseigentumsobjektverwaltung“ ein *novum* zu regeln versucht hat, dessen Umfang jedenfalls vorrangig durch das WEG selbst abzustecken ist.

Die Bestärkung durch die Beifügung der Ausschließlichkeit zeugt vom eisernen Willen des damaligen Gesetzgebers, dem Wohnungseigentümer als „Kapitalgeber“ ein umfassendes Bündel von Rechten im Zusammenhang mit diesem bestimmten Teil der Liegenschaftsfläche zur Verfügung stellen zu wollen. Für ein zeitgemäßes Begriffsverständnis möglicherweise verwirrend ist die Bezeichnung dieses Bündels als „Verwaltung“ der im Wohnungseigentum stehenden Wohnung bzw Geschäftsraumes.[57] Jene Begriffsparallelität rührte allerdings daher, dass das *novum* „Wohnungseigentum“ auf bestehende Gesetzesbegriffe zurückzugreifen versucht hat.

Der historische Rechtsbegriff wollte die Rechtsposition des Wohnungseigentümers insoweit bestärken, als diesem nicht bloß das ausschließliche Selbstnutzungsrecht eingeräumt wird, sondern darüberhinausgehend zum Ausdruck bringen, dass dem Wohnungseigentümer die dem ausschließlichen Verfügungsrecht entspringende Befugnis eingeräumt wird, sein Wohnungseigentumsobjekt ohne Mitwirkungsmöglichkeiten anderer in Bestand zu geben und ihm hierfür auch die Früchte zukommen.[58] Umgekehrt geht mit der Zuordnung der Verwaltungskompetenz an den jeweiligen Wohnungseigentümer durch § 8 Abs 3 WEG 1948 auch die objektspezifische Instandhaltungspflicht einher.

Dass der Gesetzgeber dem historischen Verwaltungsbegriff ein weiteres Begriffsverständnis beigemessen hat, zeigt nicht nur *ex post* die Reformbe-

---

[54] *Oberndorfer* kategorisierte Verwaltungsmaßnamen im Rahmen des WEG 1948 in Mehrheits- und Minderheitsmaßnamen; vgl hierzu die Strukturierung *Oberndorfer, Das* Wohnungseigentum (1948) 52.

[55] Siehe hierzu III.D.

[56] Namentlich selbstverständlich noch nicht als WE-Objekt bezeichnet, da der Begriff als Sammelbegriff aus dem WEG 2002 resultiert, vgl ErläutRV 989 BlgNR 21. GP 23, 34.

[57] Nach zeitgemäßem Begriffsverständnis werden das einzelne Wohnungseigentumsobjekt betreffende Maßnahmen dem Maßnamenkreis der Anteilsverfügungen zugeordnet; siehe dazu III.D.

[58] *Oberndorfer*, Wohnungseigentum (1948) 52: *„Dieser kann seine Wohn- oder Geschäftsräume vermieten, er kann seinen Mieter kündigen oder ihn auf Räumung klagen, er kann mit ihm Vergleiche vor dem Gericht abschließen, ohne hiezu der Zustimmung der anderen Miteigentümer zu bedürfen.“* Vgl auch *Borotha*, Das Wohnungseigentumsgesetz (1949) 41.

strebungen diesen Begriff zu schärfen, sondern auch das Ergebnis einer systematischen und historischen Interpretation des WEG 1948:

So bemüht sich bereits § 1 Abs 1 WEG 1948 die „ausschließliche Nutzung und die alleinige Verfügung“ des einzelnen Wohnungseigentümers als *plus* im Vergleich zum schlichten Miteigentum plakativ darzustellen. Auch durch die Zuweisung dinglicher Wirkung versucht die damals neu geschaffene Rechtsform – einem Werbetext ähnelnd – potentielle Kapitalgeber zu überzeugen und deren Investition insoweit sicherzustellen, als jene künftig alleine darüber verfügen können und diese im Zweifel das Wohnungseigentumsobjekt wieder einfach abstoßen können.[59] Dass der Begriff des „Wohnungseigentums“ in Wahrheit zweifach suboptimal ist, verdeutlichten auch Stimmen der Literatur:[60] Zum einen war es bereits ursprünglich möglich, Wohnungseigentum auch an Geschäftsräumen zu begründen, sohin ist die begriffliche Einschränkung auf den Wohnzweck verfehlt,[61] und zum anderen assoziiert man mit dem Begriff des „Eigentums“ iSd der Befugnis mit der Substanz und den Nutzungen nach Willkür zu schalten,[62] eine andere als die gesetzlich definierte Rechtsposition des Wohnungseigentümers.[63] Gerade letzteres führt bis heute zu Uneinsichtigkeiten juristischer Laien im änderungsrechtlichen Zusammenhang und zu der trügerischen Annahme, dass die Zustimmung der übrigen Wohnungseigentümer für jegliche Änderungen geradezu „innerhalb“ des Wohnungseigentumsobjekts nicht notwendig sei.[64]

Im Lichte der einleitenden proklamatorischen Bestimmung § 1 Abs 1 WEG 1948 lässt sich aus § 8 Abs 3 WEG 1948 ergänzend ableiten, dass der Gesetzgeber damit genau dieses Bündel an Rechten, nämlich die „ausschließliche Nutzung und alleinige Verfügung“ insoweit zu präzisieren versucht hat, als er es zumindest gegenüber anderen („Liegenschaftsverwaltung“) abgrenzt. Ausschließlich obliegt dem Wohnungseigentümer demnach nur die „Verwaltung“ seines Wohnungseigentumsobjektes. Für die Verwaltung der anderen Bestandteile der Liegenschaft gelten die Vorschriften §§ 828 ff ABGB.[65] Mit anderen

---

59 Vgl § 1 Abs 1 WEG 1948 iVm § 3 WEG 1948.

60 *Jensik*, Miteigentum, Wohnungseigentum: Eine kurzgefaßte systematische Darstellung unter besonderer Berücksichtigung der neueren Rechtsprechung und Literatur mit dem Wortlaut der einschlägigen Gesetzestexte (1962) 54 f.

61 Vgl in diesem Sinne die begriffliche Unterscheidung nach Wohn- und Teileigentum § 1 Abs 2 f dWEG, als das Sondereigentum an einer Wohnung bzw an nicht zu Wohnzwecken dienenden Räumen eines Gebäudes in Verbindung mit dem Miteigentumsanteil an dem gemeinschaftlichen Eigentum.

62 Vgl § 354 ABGB.

63 So zeigt sich diese Unschärfe bis heute im Bewusstsein so mancher Wohnungseigentümer, welche nicht selten über den Umfang und die Ausgestaltung des individuellen Änderungsrechts irren und Gefahr laufen, sich einem Beseitigungsanspruch auszusetzen.

64 Siehe zum änderungsrechtlichen Rechtfertigungsapparat allerdings IV.F.

65 Vgl OGH 15.1.1964, 6 Ob 290/63: *„Danach können die Teilnehmer über die gemeinschaftliche Sache in der Regel nur einverständlich (§ 828 ABGB) oder, soweit es sich um Angelegenheiten der ordentlichen Verwaltung handelt, auf Grund eines Mehrheitsbeschlusses*

Worten wird der Umfang des Verfügungsrechts des Einzelnen bereits nach den Bestimmungen des WEG 1948 zum einen durch die Verfügungsrechte der anderen Wohnungseigentümer als auch durch der Liegenschaftsverwaltung zugehörigen Materien abgesteckt.[66] Aufgabe der Judikatur war es nun durch Anregungen der Literatur diesen Rahmen mit Inhalt zu füllen, die der Gesetzgeber, dann sukzessive wieder in legistisches Gewand überführte.[67]

Auch das im Rahmen dieser Arbeit zu untersuchende Änderungsrecht, als Teil dieses Verfügungsrechts, stellt einen Teil dieser inhaltlichen Ausgestaltung dar, welches erst im Rahmen des WEG 1975 in gesetzliche Form[68] gegossen wurde.

Dass sich der Ruf nach baulicher Abänderung oder gar Neugestaltung von Wohnungseigentumsobjekten ursprünglich in Grenzen hält, ist der Natur der Sache geschuldet. So lässt sich der *telos* des jungen Rechtsinstituts überwiegend in der Mobilisierung von Geldmitteln zum Wiederaufbau oder Neubau von Gebäuden beschreiben. Demzufolge hat sich das Verlangen nach einem gesetzlich festgelegten Änderungsrecht erst mit dem Verlauf der Zeit im Zuge erster fälliger Renovierungsarbeiten verdichtet.[69]

Zweifelsohne war es dem Wohnungseigentümer allerdings auch vor einer ausdrücklichen gesetzlichen Regelung möglich gewesen, sein Wohnungseigentumsobjekt im Rahmen aufzuzeigender Schranken zu gestalten bzw zu „ändern“.[70]

Borotha sah in der Zuweisung der Ausschließlichkeit iSv § 1 Abs 1 und § 8 Abs 3 WEG 1948 und dem Konnex zu den Begrifflichkeiten „Nutzung und alleinige Verfügung“ einerseits und der „Verwaltung“ anderseits, den Bedarf einer Gegenüberstellung: Er kam zum Ergebnis, dass der Begriff der „Verfügung“ „mehr Befugnisse“[71] als die „die bloße Verwaltung“ einschließe. Erkennt man in § 8 Abs 3 WEG 1948 nicht bloß eine Wiederholung von § 1 Abs 1 WEG 1948, so ließe sich davon im Innenverhältnis eine Befugniserweiterung des Wohnungseigentümers gegenüber den Miteigentümern auf Maß-

---

(§ 833 ABGB) verfügen. Bei wichtigen Veränderungen aber bedarf es, sofern sie sich weder auf das Los noch auf einen Schiedsmann einigen, der Entscheidung des Richters (§ 834 ABGB).“

66 Siehe zur Abgrenzung von Verwaltungs- und Verfügungshandlungen III.

67 Auch gängige Entwicklungen der Praxis insb vertragliche Regelungen zur Rücklagenbildung als Teil der ordentlichen Verwaltung fanden ihren Weg in die Legistik vgl dazu ErläutRV 240 BlgNR, 13. GP, 5.

68 Vgl § 13 Abs 2 WEG 1975.

69 *Meinhart*, Das Wohnungseigentumsgesetz 1975 (1975) 115 f; vgl auch im Zusammenhang notwendiger Wohnungseigentumsobjekterhaltung, *Faistenberger/Barta/Call*, Kommentar zum Wohnungseigentumsgesetz 1975 (1976) § 13 Rz 1.

70 Vgl Mauerdurchbrüche zu Kellerräumlichkeiten OGH 11.5.1971, 4 Ob 535/71.

71 Wohl gemeint „andere“ im Sinne eines Aliuds, nicht im Sinne eines Plus, anderenfalls der Begriff der Erweiterung im Zusammenhang mit dem Begriff der „Verfügung als Überbegriff“ bedeutungslos wäre.

nahmen notwendiger Erhaltungsarbeiten und kleiner baulicher Veränderungen im Inneren der Wohnung ableiten.[72] Im Rahmen dieser systematischen Interpretation skizziert sich bereits die Problematik sämtliche Maßnahmen nicht in zwei Dimensionen abbilden zu können.[73] Die Grenze sah er zum einen rechtlich in der ordentlichen Verwaltung und zum anderen faktisch „am Gegenstand des Wohnungseigentums“.[74]

Klang kommentierte die Meinung *Borothas,* dieser im Kern zwar zu folgen, dem Begriff der „Verfügung“ jedoch keinen Umfang beimessen zu können und er gehe davon aus, dass die Wirkung von Herstellungen oder Änderungen auf den Gegenstand der wohnungseigentumsbildenden Räume zu beschränken sei und ein eigenmächtiges Hinausgreifen über die Grenze zu einer rechtswidrigen Belastung der übrigen Wohnungseigentümer führe.[75]

Jensik versuchte den Radius der Befugnis angelehnt an die Klassifizierung *Borothas* und dem Hinweis, dass § 8 Abs 3 Satz 1 WEG 1948 ohne entsprechender Deutung als Befugniserweiterung, jedwede selbstständige Bedeutung verliere, durch drei abstrakte Maßnahmenkategorien abzustecken: Dem Wohnungseigentümer seien ohne die übrigen Miteigentümer um ihre Zustimmung fragen zu müssen, Instandhaltungs- und Verbesserungsarbeiten und die Durchführung von kleineren baulichen Veränderungen zuzubilligen, soweit die übrigen Teile der Liegenschaft hierdurch nicht berührt werden.[76]

Zingher hielt auch Nutzungsänderungen für zulässig, soweit diese nicht mit unzumutbaren Nachteilen für die Gemeinschaft verbunden sind und nennt in letzterem Zusammenhang exemplarisch Kliniken für ansteckende Krankheiten oder Musikschulen.[77] Auf der anderen Seite hielt er bauliche Änderungen, welche sich auf allgemeine Teile erstecken *per se* unzulässig, da die Interessen der Miteigentümer im Zusammenhang mit der Erhaltung des Gebäudebestandes geschädigt werden, stellt aber gleichzeitig in analoger Anwendung des § 18 Abs 1 MG[78] fest, dass das Abstellen auf eine Baugenehmigung

---

72 *„Wie die Behebung von Bauschäden, Rohrbrüchen, […] Zwischenwände, die Verlegung von Türen, von Herden und Öfen, sowie Installationen“*, *Borotha*, Das Wohnungseigentumsgesetz (1949) 43.

73 Zur allgemeinen wohnungseigentumsrechtlichen Kompetenzverteilung ua zur Unterscheidung zwischen Verwaltung und Verfügung, siehe III; zur Unterscheidung zwischen Sach- und Anteilsverfügungen siehe im Besonderen III.D.

74 *Borotha*, Das Wohnungseigentumsgesetz (1949) 43.

75 *Klang* in *Klang*, Kommentar zum allgemeinen bürgerlichen Gesetzbuch III[2] (1952) 1170 f.

76 *Jensik*, Miteigentum, Wohnungseigentum: Eine kurzgefaßte systematische Darstellung unter besonderer Berücksichtigung der neueren Rechtsprechung und Literatur mit dem Wortlaut der einschlägigen Gesetzestexte (1962) 68.

77 *Zingher*, Mietengesetz[14] (1967) F § 8 Abs 3 Z 3 lit b sublit bb.

78 BGBl 1967/281; vgl die analoge Heranziehung der mietrechtlichen Bestimmung unter Entfall der Wiederherstellungspflicht des ursprünglichen Zustands, *Jensik*, Miteigentum, Wohnungseigentum: Eine kurzgefaßte systematische Darstellung unter besonderer Berücksich-

zu eng wäre, da es auch zu genehmigende bauliche Änderungen gäbe, welche die Sicherheit anderer jedenfalls nicht beeinträchtigten.[79]

Leser, welche bereits mit der zeitgenössischen Änderungsrechtssystematik vertraut sind, werden in den Literaturanmerkungen zum WEG 1948 bereits Ansätze einzelner gesetzlicher Voraussetzungen der Interessensabsteckung wiedererkannt haben. Systematisch ließ sich die absolute Grenze des Verwaltungsrechts des Wohnungseigentümers jedenfalls aus dem *ultima ratio* Gemeinschaftsausschlussgrundes des *„Interessen der übrigen Miteigentümer empfindlich schädigenden Gebrauchs“* gem § 10 Abs 1 lit b f WEG 1948 ableiten.[80] Das Recht zur eigenmächtigen Verwaltung des Wohnungseigentums fand schließlich auch dort seine Grenze, *„wo ihre Wirkungen die Interessen der anderen Miteigentümer berühren, etwa die Veränderung des Anstriches, die das Aussehen des ganzen Hauses beeinflusst und deshalb in den Bereich der gemeinsamen Verwaltung gehört.“*[81]

Ab dem Zeitpunkt zu welchem sich die Miteigentümerinteressen als entsprechende Verfügungsgrenzen iSd § 828 ABGB („Verwaltungsgrenzen“ nach alter Terminologie) manifestieren, verdeutlicht sich der Umstand, dass die „Ausschließlichkeit“ iSd § 8 Abs 3 WEG 1948 wohl zu weit geschossen ist.[82] Spannungsfelder ergaben sich insbesondere bei der Gestaltung der Außenflächen eines Wohnungseigentumsobjektes zu Werbezwecken oder im Zusammenhang mit Änderungen an den Außenfenstern.[83] Sukzessive zeigt sich, dass sich das Änderungsrecht nicht durch den Begriff des Wohnungseigentumsobjekts räumlich abgrenzen lässt, anderenfalls Änderungen an der Außenseite des Wohnungseigentumsobjekts bspw an der Hausfassade bereits schutzwürdige Interessen der Miteigentümer beeinträchtigen würde. Insbesondere nach modernem Verständnis zeigt sich, dass Änderungen an allgemeinen Teilen allein deshalb gerade nicht ausgeschlossen sind.[84]

---

tigung der neueren Rechtsprechung und Literatur mit dem Wortlaut der einschlägigen Gesetzestexte (1962) 68.

79 *Zingher*, Mietengesetz[14] (1967) F § 8 Abs 3 Z 3 lit b sublit cc.

80 Vgl *Zingher*, Mietengesetz[17] (1976) 253; die Grenze in leg cit findend, *Jensik*, Miteigentum, Wohnungseigentum: Eine kurzgefaßte systematische Darstellung unter besonderer Berücksichtigung der neueren Rechtsprechung und Literatur mit dem Wortlaut der einschlägigen Gesetzestexte (1962) 68.

81 Richtungsweisend, auf die Interessen der Miteigentümer verweisend und bis heute der wesentliche Maßstab, wenn auch in § 16 Abs 2 WEG spezifische Interessen gesetzlich festgelegt sind, siehe OGH 23.9.1969, 4 Ob 566/69 (Geschäftsaufschrift des Mieters eines Wohnungseigentumsobjektes); vgl dazu auch RIS-Justiz RS0013205.

82 Vgl zur räumlichen Schranke des Individualrechts auf Änderung IV.B.

83 Vgl OGH 5.11.1969, 6 Ob 266/69.

84 Vgl dazu Änderungen mit Inanspruchnahme allgemeiner Teile im Rahmen des gerichtlichen Zustimmungsersatzes IV.I.2; siehe zur räumlichen Schranke des Individualrechts auf Änderung IV.E.

Dem in § 8 Abs 3 WEG 1948 vorgegebenen Rahmen war kein zwingender Regelungscharakter zu entnehmen, vielmehr war dieser auch abweichenden vertraglichen Regelungen zwischen den Miteigentümern zugänglich.[85] So konnte sich auch eine konkrete die Grenze des alleinigen Verfügungsrechts hinausgehende Änderungsmaßnahme des ändernden Wohnungseigentümers durch Zustimmung der übrigen Wohnungseigentümer der rechtswidrigen Eigenmacht entledigen.[86] An dieser Stelle verdeutlichte sich bereits der grundsätzliche Verfügungscharakter von Änderungsmaßnahmen, welcher stets der Zustimmung aller erfordert – mag diese auch teilweise – wie nunmehr – fingiert werden.[87]

B. Gesetzliche Meilensteine änderungsrechtlicher Systematik

1. WEG 1975 – Die umfassend schutzwürdigen Interessen

Die in der Geschichte des wohnungseigentumsrechtlichen Änderungsrechts bedeutsamste Determinierung geht auf die WEG-Novelle 1975[88] zurück. Aus der ursprünglichen „ausschließlichen Wohnungseigentumsobjektverwaltung" iSd § 8 Abs 3 WEG 1948 stülpte sich – gestützt auf einen konkreten Voraussetzungskatalog – das nunmehr legistisch ausdrücklich verankerte „Individualrecht auf Änderung" gem § 13 Abs 2 WEG 1975. Auch wenn sich noch der Verwaltungsbegriff für jenen Maßnahmenkreis terminologisch niederschlug, zeichnete sich ein viel detaillierteres Bild der Duldungspflicht der Änderung entgegenstehender Miteigentümer ab.

§ 13 Abs 1 WEG 1975 übernahm den Begriff der „Wohnungseigentumsverwaltung" iSd § 8 Abs 3 S 1 WEG 1948 bis auf sprachliche Adaptierungen des WE Gegenstandes – ua hinsichtlich des Geschäftsraumes,[89] welcher durch „die sonstigen Räumlichkeiten"[90] eine Ausdehnung erfuhr. Demgegenüber stellte § 13 Abs 2 WEG 1975 hingegen erstmals konkrete Voraussetzungen für Änderungen am jeweiligen Wohnungseigentumsobjekt auf. Neben der allgemeinen Kostentragungspflicht des Änderungswilligen finden sich darin bereits die abgestuften Voraussetzungen des gerichtlichen Zustim-

---

[85] § 8 Abs 4 WEG 1948 legt fest, dass jene Vereinbarungen (Abs 1–3) bloß keine Wirkung gegenüber Dritten entfalten können; siehe auch OGH 30.6.1987, 5 Ob 61/87.

[86] Vgl OGH 5.11.1969, 6 Ob 266/69, wonach eine Zustimmung der übrigen Wohnungseigentümer dann nicht erforderlich ist, wenn auch einem Mieter solche Veränderungen nicht untersagt werden können.

[87] Vgl zur Zustimmungsfiktion im Rahmen einzelner Änderungsmaßnahmen IV.H.2.

[88] Vgl BGBl 1975/417.

[89] Vgl § 8 Abs 3 S1 WEG 1948: *„Die Verwaltung einer im Wohnungseigentum stehenden Wohnung (eines Geschäftsraumes) obliegt ausschließlich dem Wohnungseigentümer."*

[90] Vgl § 13 Abs 2 WEG 1975: *„Die Verwaltung der im Wohnungseigentum stehenden Wohnung oder sonstigen Räumlichkeit kommt dem Wohnungseigentümer zu."*

mungsersatzes,[91] welche an die in Anspruch genommene Flächenkategorie anknüpfen.

Offenlassend, ob das Änderungsrecht tatsächlich als *novum* oder als Präzisierung des „Verwaltungsrechts des Wohnungseigentümers" Eingang in das Wohnungseigentumsrecht fand und unabhängig davon, dass der Begriff der „Verwaltung" nunmehr sprachlich einer anderen Maßnahmenkategorie zuzuordnen ist,[92] ist dessen Grundsystematik bis heute erhalten geblieben. Dessen intensitätsabgestufte Grundsystematik spiegelt sich bis heute im wohnungseigentumsrechtlichen Änderungsrecht gem § 16 Abs 2 WEG wider. So lassen sich bereits nahezu wortgleich die allgemeinen Änderungsvoraussetzungen[93] und jene bei Inanspruchnahme allgemeiner Teile, oder gar Wohnungseigentumsobjekte anderer erkennen.[94]

Selbst privilegierte Änderungsformen,[95] welche vom Erfordernis besonderer Voraussetzungen[96] befreit werden, nannte der Gesetzgeber bereits ausdrücklich. Überdies zeichnete sich die Weite des Änderungsbegriffs ab, indem über bauliche Änderungen hinausgehend auch rechtliche, bspw Änderungen der Benützungsart, davon umfasst sind.[97]

In Anbetracht der Tatsache, dass Änderungen bereits nach dem WEG 1948 bis zur Grenze der wesentlichen Interessensbeeinträchtigung ohne ausdrückliche Rechtsgrundlage möglich waren, stellt sich die Frage, inwieweit das mit dem WEG 1975 verankerte Individualrecht nicht vielmehr eine Unterlassungspflicht[98] eigenmächtiger Änderungen im Gewand eines unmittelbar anmutenden Durchführungsanspruch darstellt. Diese Betrachtungsform wird dahingehend zu entkräften sein, da im Zuge der Änderungsmaßnahme zumindest theoretisch die Möglichkeit besteht, über das WE-Objekt hinausgehend auch allgemeine Teile oder gar Wohnungseigentumsobjekte anderer in Anspruch nehmen zu können. Im Ergebnis geht das normierte Änderungsrecht sohin über die Grenze der allgemeinen zivilrechtlichen Anteilsverfügung[99] hinaus.

---

[91] Vgl § 13 Abs 2 WEG 1975, BGBl 1975/417.

[92] Zur wohnungseigentumsrechtlichen Kompetenzverteilung insb zur Unterscheidung zwischen Verwaltung und Verfügung siehe III.

[93] Siehe zu den allgemeinen Voraussetzungen IV.I.1.

[94] Vgl *Zingher*, Das Mietengesetz[17] (1976) 275 ff.

[95] Siehe zu den „klassisch" privilegierten Maßnahmen IV.I.3.

[96] Siehe zu den besonderen Voraussetzungen bei Inanspruchnahme allgemeiner Teile IV.I.2.

[97] Vgl *Meinhart*, Das Wohnungseigentumsgesetz 1975 (1975) 132 mwN.

[98] So hat der Änderungswillige jegliche eigenmächtigen Änderungen zu unterlassen und im Zuge von Änderungsmaßnahmen stets die Zustimmung aller einzuholen oder diese gegebenfalls durch außerstreitigen Zustimmungsersatz zu substituieren; vgl die Unterlassungspflicht anmerkend *Vonkilch* in *Hausmann/Vonkilch*, Österreichisches Wohnrecht WEG[4] (2017) § 16 WEG Rz 16.

[99] Vgl § 829 S 2 ABGB.

Im Sinne eines zu vereinheitlichenden Wohnrechts wurde die Stellung des dinglich berechtigten Wohnungseigentümers nach dem Vorbild des Veränderungsrechts des obligatorisch berechtigten Mieters iSd § 18 Abs 1 f MG,[100] nunmehr § 9 MRG,[101] sinngemäß übernommen und erweitert.[102] Vergleicht man § 13 Abs 2 WEG mit dem historischen Veränderungsrecht des Mieters iSd § 18 Abs 1 f MG, so ist dessen Ähnlichkeit markant und verglichen mit dem nunmehrigen Veränderungsrecht gemäß § 9 MRG sogar noch deutlicher zu erkennen.[103] Die historische Fundierung des wohnungseigentumsrechtlichen Änderungssystems auf der mietrechtlichen Pendantbestimmung legt auf den ersten Blick nahe, systematische Parallelitäten herauszuarbeiten.[104] Gerade im Hinblick auf die Verankerung allgemeiner negativer Änderungsvoraussetzungen,[105] die Kostentragung,[106] die Änderungsprivilegierungen,[107] die alternativen besonderen Voraussetzungen[108] und die abgestuften Änderungsvoraussetzungen bei „Inanspruchnahme allgemeiner Teile“[109] lässt sich die systematische Verwandtschaft nicht leugnen. Auch der Begriff der „Änderung“ selbst führte noch kein Präfix, wie sein mietrechtlicher Nachfolger.[110] Die Bezugnahme auf das Mietobjekt veranschaulichte den Umstand, dass das Objekt die Änderungsgrundlage bildet und nicht jegliche Umgestaltungsmaßnahmen sämtlicher Intensitätsabstufungen ohne jegliche Bezugnahme zum diesem umfasst sein sollen.[111] Darüber hinausgehend verankerte der Gesetzgeber die Befugnis im Zuge der Änderung auch (allgemeine) Teile des Hauses in Anspruch nehmen zu können.[112]

Der Nachfolgebestimmung des § 9 MRG ermangelt es allerdings einer solchen Bestimmung, weshalb sich der mietrechtliche Grundsatz gefestigt hat,

---

[100] BGBl 1974/409.

[101] BGBl 1981/520.

[102] ErläutRV 240 BlgNR, 13. GP, 17; vgl zur notwendigen Anpassungen an die Rechte eines dinglich berechtigten Wohnungseigentümers gegenüber dem schuldrechtlich berechtigten Mieter insb iZhgm der Gestattung von Änderungen über das Innere seiner Wohnung hinausgehend auch an allgemeinen Teilen, *Meinhart*, Das Wohnungseigentumsgesetz 1975 (1975) 129 mwN.

[103] Vgl *Meinhart*, Das Wohnungseigentumsgesetz 1975 (1975) 129 mwN.

[104] Vgl zur geschichtlichen Entwicklung des Änderungsrechts, insb zu den mietrechtlichen Einflüssen II.B.

[105] Vgl § 18 Abs 1 MG; so zeichneten sich darin bereits begrifflich die Änderungsvoraussetzungen, die Kostentragungspflicht und die klassischen Leitungsprivilegierungen ab.

[106] Vgl § 18 Abs 1 MG.

[107] Vgl § 18 Abs 2 MG.

[108] Vgl § 18 Abs 1 MG; im Gegensatz zu § 9 Abs 1 Z 2 MRG hatte das wichtige Interesse alternativ zur Verkehrsüblichkeit vorzuliegen.

[109] Vgl § 18 Abs 4 MG.

[110] Vgl begrifflich zur „Veränderung“ § 9 Abs 1 MRG.

[111] Vgl den weiteren Änderungsbegriff des § 18 MG verglichen mit § 9 MRG.

[112] Vgl zur einseitigen Ausweitung der Mietrechte gegen angemessene Entschädigung § 18 Abs 4 MG.

dass Veränderungen jedenfalls nicht den Umfang des Mietrechts erweitern könnten und das Recht sohin nur auf Veränderungen innerhalb des Mietgegenstandes abziele.[113] Dies stellt zweifelsohne ein gefährliches Feuer dar, soweit der Rechtsanwender zu glauben vermag, diese absolute Grenze im Rahmen einer „historisch systematischen Interpretation" auf das wohnungseigentumsrechtliche Änderungsrecht umlegen zu können – insb vor dem Hintergrund die Interessenslage konkretisierender, ausdrücklich bezeichneter Änderungsvoraussetzungen iSd § 16 Abs 2 WEG.[114]

Bereits der erläuternden Regierungsvorlage zum WEG 1975 ist zu entnehmen, dass der Umfang des wohnungseigentumsrechtlichen Änderungsrechts über jenes des Mieters hinausgeht, da *die Grundsätze des § 18 Abs 1 und 2 MG*[115] *ausdrücklich mit der Erweiterung eingeführt* [werden], *dass das Erfordernis einer baubehördlichen Bewilligung den Anspruch des* [änderungswilligen] *Wohnungseigentümers nicht aufhebt.*[116]

Das WEG 1975 normiert sohin keine objektive, in den baurechtlichen Vorschriften fußfassende und sohin länderspezifische Grenze des Änderungsrechts.[117]

Nach näherer Beleuchtung geht das Änderungsrecht des dinglich berechtigten Wohnungseigentümers sogar noch weiter. Die allgemeinen negativen Änderungsvoraussetzungen[118] gem § 13 Abs 2 Z 1 WEG aF bzw § 16 Abs 2 Z 1 WEG und jene des historischen mietrechtlichen Veränderungsrechts gleichen sich strenggenommen sogar in der Aufzählungsreihenfolge. Wohingegen

---

113 Vgl RIS-Justiz RS0069635, zuletzt OGH 30.3.2021, 10 Ob 4/21t; vgl *in concreto* die Zulässigkeit von Vergrößerungen von WE-Objekten auf Kosten allgemeiner Teile, *Würth* in *Rummel*, ABGB^2 (1990) § 16 WEG Rz 11.

114 Vgl in der Gestalt auch die hinterfragungswürdige Unzulässigkeit der Einbindung allgemeiner Teile in den Verband des Wohnungseigentumsobjekts, OGH 26.8.2008, 5 Ob 38/08m.

115 BGBl 1974/409 § 18 Abs 1f MG: *„Die Vornahme von Änderungen am Mietgegenstand, die einer baubehördlichen Bewilligung nicht bedürfen und entweder der Übung des Verkehrs entsprechen oder einem wichtigen Interesse des Mieters dienen, kann der Vermieter nicht untersagen, falls die Änderung weder eine Schädigung des Hauses noch eine Beeinträchtigung schutzwürdiger Interessen des Vermieters oder der Mieter, insbesondere auch keine Beeinträchtigung der äußeren Erscheinung des Hauses noch eine Beeinträchtigung schutzwürdiger Interessen des Vermieters oder der Mieter, insbesondere auch keine Beeinträchtigung der äußeren Erscheinung des Hauses noch eine Gefahr für die Sicherheit zur Folge hat. Die Kosten hat der Mieter zu tragen. (2) Als Änderung im Sinne des Absatzes 1 ist insbesondere auch die Einführung von Licht- und Kraftleitungen, von Gas, Wasser, Telephon anzu sehen."*

116 ErläutRV 240 BlgNR, 13. GP, 4 f, 17 f.

117 Vgl mit dem Verweis auf Raumaufteilungen, welche die Sicherheit nicht gefährden bereits zum WEG 1948, *Zingher*, Das Mietengesetz^{14} (1967) 253.

118 Darunter die Schädigung des Hauses, die Beeinträchtigung schutzwürdiger Interessen, die Beeinträchtigung der äußeren Erscheinung des Hauses, die Gefahr für die Sicherheit und die Kostentragung, vgl hierzu IV.I.

allerdings jegliche Veränderung des Mieters alternativ[119] auf ein wichtiges Interesse des Mieters oder auf die Übung des Verkehrs abstellte, knüpfte das Änderungsrecht an dieselben Alternativvoraussetzungen nur insoweit „gemeinsame“[120] Teile von der Änderung in Anspruch genommen werden.

Dem legistischen Vorstoß im Änderungsrecht sind mehrere Bestrebungen zu Grunde zu legen. In erster Linie galt es nicht nur bauliche bzw tatsächliche Änderungen zu erfassen, sondern durch den in § 13 Abs 2 S1 WEG 1975 beigefügten Klammerverweis der „Widmungsänderungen“[121] auch rechtliche Änderungen im Sinne einer Abänderung des –zumeist im Wohnungseigentumsvertrag von allen Miteigentümern einstimmig – festgelegten Nutzens.

Dem weiten Änderungsbegriff ist grundsätzlich ein doppelter Schutz wohnungseigentumsrechtlicher Interessen inhärent: Zum einen jene des Änderungswilligen, welcher unter bestimmten Voraussetzungen eine breite Palette an Änderungen begehren kann und zum anderen jene der übrigen Wohnungseigentümer, die Änderungen eben nur unter Wahrung der vom Gesetzgeber festgelegten schutzwürdiger Interessen zu dulden haben. Dass dieser theoretische Schutz *in praxi* aufgrund der Vielzahl an auslegungsbedürftigen unbestimmten Gesetzesbegriffen aufgeweicht ist und von einer nicht zwingend der Rechtssicherheit beitragenden Einzelfallentscheidungsrealität[122] übersäht ist, erschwert es dem Rechtsanwender ungemein die konkreten Voraussetzungen zu begreifen.

Die konkreten gesetzlichen Änderungsvoraussetzungen knüpfen sohin seit dem WEG 1975 an die Qualität der begehrten Änderungsform und den damit einhergehenden Beeinträchtigungsumfang. So lässt sich aus § 13 Abs 2 WEG 1975 ein Katalog aus Voraussetzungen ableiten, welche jedenfalls erfüllt sein muss, um eine entsprechende Gestaltungsmaßnahme auch gerichtlich durchsetzen zu können.[123]

---

119 Vgl demgegenüber das nunmehr kumulative Veränderungserfordernis gem § 9 Abs 1 Z 2 MRG nach geltender Rechtslage.

120 „Allgemeine Teile“ iSd § 16 Abs 2 Z 2 WEG idF 2022.

121 Siehe zum Begriff der Widmungsänderung/Nutzungsänderung nach dWEG IV.D.2.

122 Vgl exemplarisch zur Interessensabwägung im Einzelfall RIS-Justiz RS0109643; vgl zur „Übung des Verkehrs“ im Änderungsumfeld als Voraussetzung der Inanspruchnahme allgemeiner Teile RIS-Justiz RS0119528, RS0126244, RS0110976; vgl die notwendige Gegenüberstellung aktueller und beabsichtigter Verwendung iZhgm Widmungsänderungen RIS-Justiz RS0101800.

123 § 26 Abs 1 Z 2 WEG 1975 wies die Duldung und die Unterlassung von Änderungen bereits in das Außerstreitverfahren. Die Besonderheit dieser verfahrensrechtlichen Norm zeigt sich in der Vorreiterfunktion des damaligen Gesetzgebers die Durchsetzung und die Abwehr eigenmächtiger Änderungen einer Verfahrensart zuführen zu wollen und verfahrensrechtlich zu vereinheitlichen; vgl im Unterschied dazu § 52 Abs 1 Z 2 WEG aF, welcher bloß die Duldung dem außerstreitigen Verfahren zuordnet und *e contrario* die Abwehr ohne Anwendung des § 838a ABGB sohin in das streitige Verfahren eingliedert, vgl auch OGH 13.1.2009, 5 Ob 275/08i; Ein Verfahren nach § 52 Abs 1 Z 2 WEG ist hierfür auch nicht präjudiziell iSd § 190

2. WEG 2002 – Die Systematisierung wohnungseigentumsrechtlicher Kompetenzverteilung

Im Mittelpunkt der Novelle WEG 2002 stand die *„Verbesserung der Verständlichkeit und die Übersichtlichkeit der [wohnungseigentumsrechtlichen] Regelungen“* durch *„mehr der Alltagssprache angenäherte Formulierungen“* und *„verbesserte Begriffsbildung“*.[124] Auch der vereinfachte Begriff des „Wohnungseigentumsobjekts“ selbst geht auf die Ambition des damaligen Gesetzgebers zurück.[125] Die Novelle brachte sohin eine sprachliche Anpassung des Änderungsobjekts[126] mit sich. Wohingegen § 13 Abs 2 iVm § 1 Abs 1 WEG 1975 noch im änderungsrechtlichen Zusammenhang an die „Wohnung“ oder „sonstige Räumlichkeit“ anknüpfte, beschränkt sich § 16 Abs 2 WEG nunmehr mit dem Sammelbegriff des „Wohnungseigentumsobjekts“, welcher bekanntlich nunmehr auch KFZ-Abstellplätze einschließt.[127] Zusätzlich kam es durch das Zubehörcharakteristikum baulicher Trennungsnotwendigkeit zu einer Anpassung der Zäsur zwischen Wohnungseigentumsobjekten und Zubehörobjekten.[128]

Ausgehend von den Formulierungen des WEG 1975 erfuhr das Gesetz insgesamt einen terminologischen und systematischen Neuanstrich.[129] Das in § 13 Abs 2 WEG 1975 verankerte Änderungsrecht des Wohnungseigentümers wurde allerdings bis auf einzelne Adaptierungen insb iZhg mit privilegierten Maßnahmen[130] im Wesentlichen durch § 16 Abs 2 WEG 2002 übernommen. In dieser Gestalt zog sich sprachlich auch der Begriff der „Verwaltung“ aus dem das Verfügungsrecht des Wohnungseigentümers absteckenden Änderungsrecht zurück.[131]

Die Präzisierung der wohnungseigentumsrechtlichen Kompetenzverteilung[132] und die Zuweisung in eine konkrete Maßnahmenkategorie bewirkt mit-

---

ZPO, weswegen ein streitiges Verfahren auf Beseitigung der eigenmächtigen Änderung auch nicht zu unterbrechen ist, *Vonkilch* in *Etzersdorfer/Vonkilch* (Hrsg), Festschrift Helmuth Würth (2014) 240; jene verfahrensrechtliche Konzeption gedenkt der Gesetzgeber auch beizubehalten, vgl zur „Anarchie im Wohnungseigentumsrecht“ *Stabentheiner*, Die WEG-Novelle 2022, ÖJZ 2022, 259; siehe zur Begriffsunterscheidung Genehmigungsbedürftigkeit und -fähigkeit IV.B.

124 Vgl ErläutRV 989 BlgNR 21. GP 23, 27.

125 *Stabentheiner,* Das Wohnungseigentumsgesetz 2002, ÖJZ 2002, 884.

126 Siehe hierzu IV.E.

127 Vgl ErläutRV 989 BlgNR 21. GP 34, vgl § 2 Abs 2 WEG.

128 Vgl ErläutRV 989 BlgNR 21. GP 35.

129 *Stabentheiner,* Das Wohnungseigentumsgesetz 2002, ÖJZ 2002, 884.

130 Siehe zu den terminologisch zusammengezogenen Leitungsprivilegien und der privilegierten Änderung von Substandardwohnungen, IV.I.3.

131 Vgl ErläutRV 989 BlgNR 21. GP 51 f.

132 Siehe hierzu die generelle Maßnahmenunterteilung in Gebrauchs-, Verfügungs-, und Verwaltungshandlungen III.

telbar auch eine schärfere (negative) Abgrenzung des Änderungsbegriffes.[133] Dies verdeutlicht sich sowohl in einer legistischen Präzisierung des Verwaltungsbegriffes durch eine begriffliche Abgrenzung zu Formen der Verfügung als auch durch eine Unterteilung in die authentisch interpretierte ordentliche und außerordentliche (Liegenschafts-)Verwaltung.[134]

Zu einer mittelbaren Ausweitung des Zugangs zum wohnungseigentumsrechtlichen Änderungsrechts kam es durch die zwingende Begründung von Wohnungseigentum an allen wohnungseigentumsfähigen Objekten und der damit verbundenen Zurückdrängung sog „Mischhäuser", welche von zwei verschiedenen Eigentümerkategorien geprägt sind.[135] So ist es schlichten Miteigentümern versagt, änderungsrechtliche Instrumente analog in Anspruch zu nehmen.[136]

Die änderungsrechtliche Bedeutsamkeit der wohnungseigentumsrechtlichen Flächenkategorisierung hält sich allerdings insoweit in Grenzen, als das Änderungsrecht zwar begrifflich an das „Wohnungseigentumsobjekt" anknüpft, als Ausfluss des ausschließlichen Nutzungs- und Verfügungsrechts sind allerdings neben Zubehörobjekten selbst Änderungen an allgemeinen Teilen erfasst.[137]

3. WEG 2002 idF 2022 – Die supranationale Dekarbonisierung und Entdiskriminierung des Wohnungseigentums

Dem zwei Jahrzehnte geprägten WE-Novellierungsrhythmus folgend kam dem Gesetzgeber der 27. Legislaturperiode die Ehre zu, zeitgemäße wohnrechtliche Adaptierungen vorzunehmen.[138] Im Wesentlichen lassen sich die damit verbundenen gesetzlichen Änderungen unter dem Begriff der „Dekarbonisierung" des Wohnungseigentums zusammenfassen.[139] Die besondere Praxisrelevanz jener Novellenbestrebung verdeutlicht auch die Vielzahl an Stel-

---

[133] Siehe hierzu IV.D.

[134] Vgl § 28 f WEG; siehe hierzu auch III.C.

[135] Vgl ErläutRV 989 BlgNR 21. GP 32.

[136] Schlichte Miteigentümer kommen nicht in Genuss des Änderungsrechts und können die etwaig erforderliche Zustimmung nicht durch ein gerichtliches Substitut ersetzen lassen, OGH 9.8.2012, 5 Ob 40/12m, immolex-LS 2012/86; gleiches wird für den Rechtfertigungsmodus der Zustimmungsfiktion gelten, siehe dazu IV.H.1.

[137] Siehe zum Änderungsobjekt IV.E.

[138] So lassen sich (weitere) Punkte von den zukunftsträchtigen Anregungen *Dirnbachers* abhaken, wohl nicht zuletzt im Zusammenhang mit der Willensbildung, insb dem Einstimmigkeitserfordernis, Nutzwertanpassungen und der angemessenen Rücklagendotierung, vgl bereits *Dirnbacher*, Baustelle Wohnrecht – Wünsche, Anregungen und Forderungen an den Gesetzgeber (Wohnrechtsnovelle), wobl 2011, 295 f.

[139] Vgl ME WEG idF 2022, 134/ME 27. GP 1; vgl zu „unterstützungswürdigen" Änderungen *Balthasar-Wach/Wach,* WEG-Novelle 2022 als Puzzlestein zur Erreichung der Klimaziele?, Zak 2022/8; vgl zum „positiven Einfluss auf das Klima", *Borkowski*, Die Highlights der Wohnungseigentumsgesetz-Novelle 2022 (WEG-Novelle 2022), ImmoZak 2022, 3.

lungnahmen im Rahmen des gesetzlichen Begutachtungsverfahrens. So sind im Rahmen der Begutachtung 64 zT äußerst kritische Stellungnahmen eingegangen.[140] Vor dem Hintergrund der Vielzahl unbestimmter Gesetzesbegriffe und in Anbetracht des hoch sensiblen Rechtsbereichs mit verfassungsrechtlichen Berührungspunkten ist umfassender Forschungsbedarf zur WEG-Novelle 2022 augenscheinlich.

Die bereits im letzten Regierungsprogramm[141] festgelegten Konzepte zur Dekarbonisierung des Gebäudesektors, welche im Rahmen des IWD 2020 aus wohnrechtlicher Perspektive aufgegriffen wurden,[142] fußen im Grunde auf der völkerrechtlich mehrfach verankerten globalen Bestrebung Treibhausgasemissionen maßgeblich zu reduzieren.[143] So ist die CO_2 Konzentration in der Atmosphäre so hoch, wie schon seit zwei Millionen Jahren nicht mehr, nicht zuletzt aufgrund der globalen Nutzung fossiler Energieträger.[144]

Demgemäß ist die zentrale Zielsetzung des Pariser Übereinkommens den weltweiten Temperaturanstieg deutlich unter 2 °C gegenüber dem vorindustriellen Niveau zu halten, indem bis 2050 weitestgehend auf fossile Energieträger verzichtet wird.[145] Jeder Vertragspartner, darunter die EU selbst, war verpflichtet, festgelegte Beiträge zur Erreichung des Zieles mitzuteilen und entsprechende „innerstaatliche" Minderungsmaßnahmen zu setzen.[146]

So billigte der Europäische Rat im Dezember 2019 in Anbetracht der Mitteilung der Kommission[147] hinsichtlich des „Europäischen Grünen Deals" das Ziel bis 2050 eine klimaneutrale Europäische Union zu realisieren.[148] Im Mittelpunkt stand sohin die Schaffung des ersten klimaneutralen Kontinents.[149] Zu jenem Zeitpunkt kam dem Empfehlungscharakter als „soft law" Unver-

---

140 Vgl https://www.parlament.gv.at/PAKT/VHG/27/ME/ME_00134/index.shtml#tab-Stellungnahmen (zuletzt abgerufen am 14.9.2022).

141 *Bundeskanzleramt*, Aus Verantwortung für Österreich. Regierungsprogramm 2020–2024 (2020) 33.

142 Vgl *Scharmer*, IWD-Die WEG-Novelle 2021, wobl 2020, 363.

143 So ratifizierte Österreich ua am 14.6.2005 das Protokoll von Kyoto zum Rahmenübereinkommen der Vereinten Nationen über Klimaänderungen, BGBl III 2005/89 und am 3.11.2016 das Pariser Übereinkommen, BGBl III 2016/197.

144 Vgl *Umweltbundesamt GmbH*, Klimaschutzbericht 2022 (2022) 5.

145 Vgl Art 2 lit a Pariser Übereinkommen, BGBl III 2016/197; vgl *Umweltbundesamt GmbH*, Klimaschutzbericht 2022 (2022) 10.

146 Vgl Art 4 Abs 2 Pariser Übereinkommen, BGBl III 2016/197.

147 Vgl Mitteilung der Kommission vom 11.12.2019, Der europäische Grüne Deal, KOM (2019) 640 final.

148 Vgl Schlussfolgerungen des Europäischen Rates vom 12.12.2019, EUCO 29/19; durch das Gesetzgebungspaket „Fit for 55" als Anpassung rechtlicher Grundlagen, wird versucht Treibhausemissionen um 55 % zu reduzieren, vgl *Umweltbundesamt GmbH*, Klimaschutzbericht 2022 (2022) 10.

149 *Luttermann*, Europas „Green Deal": Zur ökologischen Transformation der Ökonomie, RIW 2021 H 1–2, I.

bindlichkeitswirkung zu, dennoch stellte sie einen wichtigen Fahrplan und die Grundlage weiterer legistischer Verankerungen auf.[150]

Denn daran knüpfte eine Reihe von Rechtsakten, welche die allgemeinen Ziele des Pariser Übereinkommen in konkrete Maßnahmengestalt gossen: Mit der Verordnung (EU) 2018/1999[151] wurde die erforderliche Rechtsgrundlage für die Energieunion und den Klimaschutz („Governance-Mechanismus") verabschiedet und die Verpflichtungen aus dem Pariser Übereinkommen auch in den supranationalen Sanktionsmechanismus integriert.

Die Energieunion lässt sich durch fünf Dimensionen[152] abbilden. Einen zentralen Stellenwert nimmt die Förderung der Energieerzeugung aus erneuerbaren Quellen ein.[153] Sämtliche Regelungsbereiche, darunter die Energieeffizienz, die Dekarbonisierung bis hin zur Innovation schlagen maßgeblich in den Gebäude- bzw Wohnsektor aus, weswegen erstmalig auch von der Supranationalisierung des grundsätzlich nationalstaatlich geprägten Wohnrechts gesprochen werden kann.

Auf Ebene der Mitgliedstaaten galt es konkrete Maßnahmen in Form von nationalen Energie- und Klimaplänen darzulegen und diese öffentlich zugänglich zu machen.[154] Sohin legte Österreich im Dezember 2019 seine Langfriststrategie 2050[155] dar, welche auch an den Gebäudesektor anknüpft und in Kombination mit Aktionsfeldern im Bereich Verkehr maßgeblich den privaten Lebens- bzw Wohnbereich tangiert. Das Ziel die Stromerzeugung auf Basis erneuerbarer Quellen auszubauen, fand schließlich auch seine verfassungsrechtliche Verankerung im EAG 2020.[156]

Letztlich entstand auf Vorschlag der Kommission nach dem strategischen Rückfluss der Mitgliedstaaten mit dem „Europäischen Klimagesetz"[157] im Gewand einer Verordnung eine verbindliche Verpflichtung zur Erreichung der Klimaneutralität bis 2050.[158] Hierfür steckt die Verordnung auch wesentliche Klimazwischenziele ab, worunter auch die Verpflichtung zur Senkung

---

150 *Pallitsch/Reisinger/Ullreich,* Der European Green Deal – Ein gewaltiger Sprung für Europa, NR 2021, 117.

151 Vgl Verordnung (EU) 2018/1999 des Europäischen Parlaments und des Rates vom 11. Dezember 2018 über das Governance-System für die Energieunion und für den Klimaschutz.

152 Vgl Art 1 Abs 2 lit a ff VO (EU) 2018/1999: Sicherheit der Energieversorgung, Energiebinnenmarkt, Energieeffizienz, Dekarbonisierung sowie Forschung, Innovation und Wettbewerbsfähigkeit.

153 Vgl ErwGr 47 f RL (EU) 2018/2001 zur Förderung der Nutzung von Energie aus erneuerbaren Quellen, vgl auch § 4 EAG 2020.

154 Vgl Art 3 VO (EU) 2018/1999.

155 *Bundesministerium für Nachhaltigkeit und Tourismus*, Langfriststrategie 2050 – Österreich (2019).

156 Vgl § 1 iVm § 4 EAG 2020.

157 VO (EU) 2021/1119 zur Schaffung des Rahmens für die Verwirklichung der Klimaneutralität und zur Änderung der VO (EG) 2009/401 und (EU) 2018/1999.

158 Vgl Art 2 Abs 1 VO (EU) 2021/1119.

der Nettotreibhausgasemissionen innerhalb der Union um 55 % gegenüber dem Stand von 1990 fällt.[159] Die Verpflichtung erstreckt sich auf alle Wirtschaftszweige.[160] Aus der Perspektive des Wohnrechts lassen im Besonderen zwei Sektoren herausstreichen: Der Gebäudesektor, welcher stark mit dem Energiesektor verwurzelt ist,[161] und der Verkehrssektor, welcher im Hinblick auf die Alltagsmobilität maßgeblich mit der jeweiligen Wohnsituation im Zusammenhang steht.

Einer entsprechenden Untersuchung konnte dem Gebäudesektor in Österreich im Jahr 2017 Treibhausgasemissionen in Höhe von 8,3 Millionen Tonnen CO_2 Äquivalent, einem Zehntel des österreichischen Gesamtausstoßes zugewiesen werden.[162] Europaweit werden dem Gebäudesektor gar 36 % der Emissionen zugeschrieben.[163]

Verglichen mit dem gesamten energetischen Verbrauch Österreichs für Raumklima und Warmwasseraufbereitung im Jahr 2019 in Höhe von knapp 305.000 PJ[164] (26,8 % des Gesamtenergiebedarfs) lässt sich zum einen erkennen, dass in diesem Bereich bereits nachhaltige Energieformen integriert sind,[165] aber auch, dass das Einsparungspotential dieses Sektors auch weiterhin nicht zu unterschätzen ist. Das Potential vervielfacht sich, wenn in diesem Zusammenhang auch nachhaltige Mobilitätsformen (E-Fahrzeuge[166]) in die Gebäudestruktur integriert werden können.[167]

Auch jüngere Untersuchungen auf Basis des CO_2 Äquivalents schärfen die Notwendigkeit nachhaltiger Gebäudestrukturen iwS. Die Treibhausgasemissionen betrugen 2020 in Österreich gesamtheitlich 73,6 Mio Tonnen CO_2 Äqui-

---

159 Vgl Art 4 Abs 1 VO (EU) 2021/1119.

160 Vgl ErwGr 7 VO (EU) 2021/1119, *„unter anderem Energie, Industrie, Verkehr, Wärme- und Kälteerzeugung und Gebäude, Landwirtschaft, Abfallwirtschaft und Landnutzung, Landnutzungsänderungen und Forstwirtschaft"*.

161 Emissionen für die Erzeugung von Strom und Fernwärme sind zumeist dem Sektor Energie und Industrie zugeordnet, vgl ua *Umweltbundesamt GmbH*, Klimaschutzbericht 2022 (2022) 159.

162 *Bundesministerium für Nachhaltigkeit und Tourismus*, Langfriststrategie 61 f.

163 Bei einem Endenergieverbrauch von 40 %, vgl *Europäische Kommission*, EU-Klimazielplan für 2030 Hauptfaktoren und politische Instrumente 1.

164 *Statistik Austria*, Energiestatistik: Energiebilanzen Österreich 1970 bis 2019, Stand 11.12. 2020.

165 Unter der Annahme, dass die CO_2 Äquivalentsberechnung des Gebäudesektors auf Raumklima und Wasseraufbereitung zurückzuführen ist, entspricht knapp 27 % des Energiebedarfs „nur" 10 % des CO_2 Ausstoßes.

166 Der überwiegende Teil mit nachhaltigen Energieträgern angetriebenen PKWs sind Hybridfahrzeuge, die zweitgrößte Gruppe (77.000, + 70 % zum Vorjahr 2020) sind batterie-elektrisch angetriebene Fahrzeuge (2021), vgl *Umweltbundesamt GmbH*, Klimaschutzbericht 2022 (2022) 139.

167 Vgl in diesem Zusammenhang Gebäude als Dekarbonisierungshebel des Verkehrssektors, ErwGr 22 Richtlinie 2010/31/EU über die Gesamtenergieeffizienz von Gebäuden idF Richtlinie (EU) 2018/844.

valent.[168] Die globale Corona-Pandemie führte zwar im Jahr 2020 im Vergleich zum Vorjahr zu einem knapp 8 %-Emissionsrückgang, doch darf dieser begrüßungswürdige Einbruch nicht als Maßnahmenwirkung gedeutet werden.[169]

Dem Gebäudesektor sind mit 8 Mio Tonnen CO_2 Äquivalent – mehr oder weniger unverändert – knapp 11 % der nationalen Emissionen (nE) zuordnen.[170] Als Hauptverursacher lassen sich private Haushalte im Zusammenhang mit der Verbrennung fossiler Brennstoffe zur Bereitstellung von Raumwärme und Warmwasser (9 % nE) ausmachen.[171]

Der Verkehrssektor ist nach dem Sektor Energie und Industrie[172] mit 28,2 % nE der größte nationale Emissionsverursacher.[173] 99 % davon (27,9 % nE) entfallen auf den Straßenverkehr, unter anderem auf den Güterverkehr (11,2 % nE) und den Personenverkehr (16,6 % nE).[174] Knüpft man an die einzelnen Fahrzeugkategorien an (PKW-Benzin, PKW-Diesel, Mofas und Motorräder) an, wird deutlich, dass der Großteil der Emissionen, nämlich knapp 12 Mio Tonnen CO_2 Äquivalent (16,2 % nE), auf den individuellen Personenverkehr zurückzuführen ist.[175] Nicht zuletzt aufgrund der Tatsache, dass etwa 95 % aller zugelassenen Straßenfahrzeuge mit konventionellem, fossilen Kraftstoff betrieben werden.[176]

Summa summarum ist sohin den privaten Haushalten und dem individuellen Personenverkehr mehr als ein Viertel der Gesamtemissionen zuzurechnen.

---

168 *Umweltbundesamt GmbH*, Klimaschutzbericht 2022 (2022) 6; 2019: 79,8 Mio Tonnen, vgl *Umweltbundesamt GmbH*, Die Ökobilanz von Personenkraftwagen (2021) 11.

169 *Umweltbundesamt GmbH*, Klimaschutzbericht 2022 (2022) 6; Bemerkenswert erscheint auch der dokumentierte Absatzrückgang von fossilen Treibstoffen (Diesel – 11 %, Benzin – 17 %).

170 *Umweltbundesamt GmbH*, Klimaschutzbericht 2022 (2022) 9, 157; der Endenergieeinsatz lässt sich im Sektor Gebäude mit 388 854 TJ (108 TWh) ausmachen, vgl *Umweltbundesamt GmbH*, Klimaschutzbericht 2022 (2022) 161.

171 *Umweltbundesamt GmbH*, Klimaschutzbericht 2022 (2022) 9, 158 f; zu beachten gilt, dass Treibhausgas-Emissionen für die Erzeugung von Strom und Fernwärme dem Sektor Energie und Industrie zugeordnet sind, vgl *Umweltbundesamt GmbH*, Klimaschutzbericht 2022 (2022) 159; Solarthermieanlagen verursachen bspw keine direkten Treibhausgas-Emissionen, vgl *Umweltbundesamt GmbH*, Klimaschutzbericht 2022 (2022) 159; siehe zu deren änderungsrechtlichen Begünstigungswürdigkeit IV.H.1.c).

172 Energie und Industrie schlägt sich mit 44 % nE bzw mit 32,4 Mio Tonnen CO_2 Äquivalent) zu Buche, *Umweltbundesamt GmbH*, Klimaschutzbericht 2022 (2022) 7.

173 *Umweltbundesamt GmbH*, Klimaschutzbericht 2022 (2022) 7.

174 *Umweltbundesamt GmbH*, Klimaschutzbericht 2022 (2022) 136; vgl den Verkehrssektor EU weit mit ca 25 % (72 % davon Straßenverkehr), *Europäischer Rechnungshof*, Ladeinfrastruktur für Elektrofahrzeuge: mehr Ladestationen, aber deren ungleichmäßige Verteilung macht das Fahren innerhalb der EU schwierig (2021), 7.

175 Berechnung basierend auf *Umweltbundesamt GmbH*, Klimaschutzbericht 2022 (2022) 141.

176 Grund hierfür ist nicht weniger als die hohen Anschaffungskosten und der Mangel an Ladeinfrastruktur, *Europäischer Rechnungshof*, Ladeinfrastruktur für Elektrofahrzeuge: mehr Ladestationen, aber deren ungleichmäßige Verteilung macht das Fahren innerhalb der EU schwierig (2021), 7; vgl dazu auch die wesentlich höhere Abhängigkeit vom Erdöl im Verkehrssektor (94 %) im Vergleich zu anderen Sektoren COM (2016) 501, 5.

So gilt es gerade in diesen Bereichen die Energieherkunft auf nachhaltige Energieträger zu verlagern und entsprechende Anreizsysteme zu schaffen. Dass die Klimaziele auch tatsächlich erreichbar sind, verdeutlicht der Ausbau erneuerbarer Energie, welcher im Jahr 2020 – mit nun insgesamt 36,5 % – das Ziel von 34 % überschreiten konnte.[177]

Die WEG-Novelle 2022 knüpft genau an dieses Potential an und versucht Innovation und klimaneutrale Modernisierung von Wohnraum zu erleichtern.[178] Damit breitet sich die Förderung klimaeffizienter Maßnahmen über das bereits geregelte Energiemanagement von Unternehmen und Energielieferanten[179] weiter in den Sektor der privaten Haushalte aus.[180] Zum einen sind hiermit Neuerungen im Zusammenhang mit dem individuellen Änderungsrecht des Wohnungseigentümers gem § 16 Abs 2 WEG verbunden und zum anderen lassen sich losgelöst von der zentralen Thematik dieser Arbeit, auch Erleichterungen in der allgemeinen Willensbildung der Eigentümergemeinschaft[181] und die Bestrebung finanzieller Umsetzbarkeit[182] von Modernisierungsmaßnahmen erkennen.

Die herausragende Bedeutung von Energieeffizienzmaßnahmen verdeutlicht sich im änderungsrechtlichen Zusammenhang durch die Schaffung einer neuen privilegierten Änderungskategorie gem § 16 Abs 5 WEG,[183] welche (teilweise überschneidend) neben die bisherige Privilegierungssystematik[184] iSd § 16 Abs 2 Z 2 S 2 WEG tritt.

Davon umfasst sind primär klimaneutrale Änderungsbegehren iZhgm E-Ladevorrichtungen, Solaranlagen und Beschattungsvorrichtungen. Auch die barrierefreie Ausgestaltung und der Einbau von Sicherheitstüren fallen in die neue Privilegierungswirkung. Jene, in konkrete Tatbestände gegossene, „begüns-

---

177 *Umweltbundesamt GmbH*, Klimaschutzbericht 2022 (2022) 42 mwN.

178 Vgl *Höllwerth*, Zum neuen Änderungsrecht des Wohnungseigentümers nach der WEG-Novelle 2022, wobl 2022, 115.

179 Vgl § 2 Z 1 iVm § 9 f EEffG.

180 Vgl hierzu die Supranationalität des Wohnungseigentumsrechts noch ausdrücklich verneinend, *Weiß* in *Christian/Kerschner/Wagner*, Rechtsrahmen für eine Energiewende Österreichs (2016) 369.

181 Bisher setzte ein gültiger Beschluss der Wohnungseigentumsgemeinschaft gem § 24 Abs 4 WEG 2002 die Stimmenmehrheit nach Miteigentumsanteilen voraus. Aufgrund der rückläufigen Beteiligung am Stimmfindungsprozess und der Nichtumsetzbarkeit von Renovierungsarbeiten bestimmt § 24 Abs 4 WEG nunmehr, mit einem alternativen Beschlussmodus zusätzlich an die Mehrheit der abgegebenen Stimmen zu knüpfen. Durch zusätzliche Voraussetzungen wird die Dominanz der aktiven Minderheit ein Riegel vorgeschoben: So setzt ein gültiger Beschluss nach der WEG-Novelle 2022 eine zwei Drittelmehrheit der abgegebenen Stimmen nach Miteigentumsanteilen voraus, soweit diese zumindest ein Drittel aller Miteigentumsanteile repräsentieren.

182 Vgl zur Mindestrücklagendotierung gem § 31 Abs 1 WEG idF 2022 zur finanziellen Sicherstellung von Kapital zur Modernisierung.

183 Siehe hierzu IV.H.

184 Siehe hierzu IV.I.3.

tigungswürdige" Maßnahmenkategorie kommt in den Genuss der neugeschaffenen Rechtfertigungsfigur der Zustimmungsfiktion,[185] welche vom mietrechtlichen Veränderungsrecht in das Wohnungseigentumsrecht diffundierte.

Mit dem *telos* der Verfahrensökonomie[186] gilt die Zustimmung eines Wohnungseigentümers dann als erteilt, wenn dieser von der geplanten begünstigten Änderung durch Übersendung iSd § 24 Abs 5 WEG verständigt wurde und der Änderung nicht binnen zwei Monaten nach Zugang widerspricht. Die Zustimmungsfiktion soll allerdings jedenfalls dann nicht, wenn mit der Änderung eine wesentliche und dauernde Beeinträchtigung seines Wohnungseigentums- oder Zubehörobjekts verbunden ist und die Interessen des Änderungswilligen sohin in den Hintergrund geraten.[187]

Umso mehr beleuchtungswürdig erscheint folglich die Abgrenzung zwischen den einzigen Änderungsmaßnahmenkategorien. Denn neben „klassisch" privilegierten Änderungen gilt es künftig „bloß" begünstigungswürdige Maßnahmen zu unterscheiden.[188] Wohingegen der mit der WEG-Novelle 2022 ausgeweitete Katalog[189] privilegierter Maßnahmen gem § 16 Abs 2 Z 2 S 2 WEG von der gesetzlichen Fiktion der Verkehrsüblichkeit bzw des wichtigen Interesses des Änderungswilligen profitiert, kommen begünstigungswürdige Maßnahmen in Genuss der Zustimmungsfiktion, soweit sich kein Eigentümer dagegen ausspricht. Diese Änderungsformen müssen im Widerspruchsfall idR allerdings im Rahmen eines gerichtlichen Zustimmungsersatzes von einem „wichtigen Interesse" oder der „Verkehrsüblichkeit" getragen sein, soweit diese nicht gleichzeitig in den Anwendungsbereich von § 16 Abs 2 Z 2 S 2 WEG fallen.[190]

Perfekt wird der Maßnahmenindividualismus dadurch, dass sich die „klassisch" privilegierten und die begünstigungswürdigen nicht zwangsweise ausschließen. Denn bei „Langsamladestationen" für Elektrofahrzeuge und bei der barrierefreien Ausgestaltung lässt sich erkennen, dass Änderungsmaßnahmen in den Genuss beider Privilegien kommen.

Mit dem neu geschaffenen Rechtfertigungsmodus und der damit einhergehenden Übersendungsnotwendigkeit geht auch die entsprechende Auskunfts-

185 Siehe hierzu IV.H.2.

186 Nicht zuletzt vor dem Hintergrund der Passivitätshürde und der Gleichgültigkeit anderer Wohnungseigentümer, vgl *Stabentheiner*, Die WEG-Novelle 2022, ÖJZ 2022, 259 f; vgl auch *Kothbauer*, WEG-Novelle 2022 (2022) 27.

187 Vgl § 16 Abs 5 letzter Satz WEG idF 2022.

188 Das an dieser Stelle angedeutete Minus begründet sich durch die vergleichsweise einfache, nämlich durch Widerspruch, beseitigbare Privilegierungswirkung letzterer Kategorie, siehe hierzu

189 Vgl *Schimböck*, Neuerungen der WEG-Novelle 2022, immo aktuell 2022, 137; vgl auch *Richter*, Das neue Änderungsrecht des Wohnungseigentümers nach § 16 WEG, immolex 2022, 6.

190 Vgl *Richter*, Das neue Änderungsrecht des Wohnungseigentümers nach § 16 WEG, immolex 2022, 6.

verpflichtung des Verwalters gem § 20 Abs 8 WEG idF 2022 einher: Der Verwalter ist nunmehr verpflichtet, dem Änderungswilligen generell[191] Auskunft über den Namen und die Zustellanschrift der anderen Wohnungseigentümer bekannt zu geben.[192] In dieser Gestalt vereinfacht sich auch der außergerichtliche Zugang zur Umsetzung zustimmungspflichtiger[193] Änderungsbegehren.

Überdies erfuhr die Kostentragung im Zuge von Änderungsmaßnahmen eine Klarstellung: Demzufolge hat der Änderungswillige nicht bloß die Kosten der Änderungserrichtung selbst, sondern auch den durch die Änderung bedingten Erhaltungsmehraufwand zu tragen.[194]

[191] Sohin unabhängig des in Anspruch genommenen Rechtfertigungssystems – für die Auslösung der neugeschaffenen Zustimmungsfiktion aber umso bedeutsamer.

[192] Vgl ErläutRV WEG idF 2022, 1174 BlgNR 27. GP 15; so handelt es sich hierbei um die „Ausübung von Rechten und Gestaltungsmöglichkeiten, die sich aus dem Wohnungseigentumsrecht ergeben", vgl § 20 Abs 8 S 1 WEG; vgl auch zu bedeutsamen Erleichterungen für den Verwalter *Gartner*, WEG-Novelle 2022: Facts and Figures, AnwBl 2022, 153.

[193] Siehe zur Zustimmung als Primärvoraussetzung IV.F.

[194] Vgl § 16 Abs 6 WEG idF 2022; siehe hierzu IV.G.

III. Die Abgrenzung zwischen Nutzungs-, Verwaltungs- und Verfügungshandlungen

A. Grundlegendes zur Maßnahmenabgrenzung

1. Die Kompetenzverteilung des wohnungseigentumsrechtlichen Maßnahmenrechts

Das Wohnungseigentumsgesetz 2002 kennt eine Reihe von Maßnahmen, welche aber nicht zwingend den gleichen Rechtsfolgen und Erfordernissen unterworfen werden. So lassen sich Maßnahmen allgemein je nach Intensität und der Tatsache, ob sie vom Gemeinschaftsinteresse getragen sind, in bloße Gebrauchs-, Verwaltungs-, oder gar Verfügungshandlungen unterteilen.

Die Unterscheidung ist insoweit von praktischer Bedeutung, als ein Beschluss mit fälschlich angenommenem Gemeinschaftsinteresse und somit unter Umgehung der Zustimmung aller Wohnungseigentümer, unbefristet bekämpft werden kann.[195] Anderenfalls wären überstimmte Wohnungseigentümer bei Änderungen im Individualinteresse – getarnt als außerordentliche Verwaltung – in ihren Rechten insoweit beschnitten, als ihnen lediglich die Minderheitsrechte gem § 30 WEG zukämen.

Im Mittelpunkt steht demzufolge die Abgrenzung zwischen Verwaltungsmaßnahmen und den – nicht in die Kompetenz des Verwalters fallenden – Verfügungsmaßnahmen, unter anderem der Individualrechte des Wohnungseigentümers im Sinne des § 16 Abs 2 WEG.[196]

Soweit das Änderungsvorhaben von kollektivem (mehrheitlichem) Interesse geprägt ist, könnte dieses Vorhaben als außerordentliche Maßnahme iSd § 29 WEG oder als Verfügungsmaßnahme iSd § 834 f ABGB zu qualifizieren sein, weswegen diese Unterscheidung ebenfalls als untersuchungsrelevant gilt. Die Maßnahmenqualifikation ist zum einen maßgeblich für das Konsensquorum, zum anderen für etwaige Abwehrmöglichkeiten der übrigen Wohnungseigentümer und für die Kostentragung. Darüber hinaus ist die korrekte Zuordnung der Maßnahme für den Verwalter von Relevanz, um potentielle Haftungsrisiken zu minimieren.[197]

Die Großartigkeit eines Systems zeigt sich an seiner Beständigkeit und seiner stetigen Funktionalität. So eilt den allgemeinen Zivilrechtsinstrumenten seit über 200 Jahren – aufbauend auf der Bestrebung nach Abgeschlossenheit und Vollständigkeit *Zeillers* – ein unübertroffener Ruf voraus. Auch

---

[195] *Illedits/Illedits-Lohr*, Wohnungseigentum^6 (2018) Rz 840.

[196] *Illedits/Illedits-Lohr*, Wohnungseigentum^6 (2018) Rz 839.

[197] Vgl *Hinteregger*, Verwaltung von Wohnungseigentum (2014) 2.

wenn stets die Versuchung besteht, Wohnungseigentum als Aliud[198] darzustellen, ist es – seiner Beschaffenheit als Miteigentumsform entsprechend – in die Maßnahmensystematik des allgemeinen Zivilrechts zu integrieren.

Demzufolge gilt es die Handlungsformen des Wohnungseigentums gerade aus dem änderungsrechtlichen Blickwinkel der altbewährten Maßnahmenkategorisierung des allgemeinen Zivilrechts darzustellen. Betrachtet man das Wohnungseigentumsrecht als Ausstülpung des schlichten Miteigentumsrechts liegt die Vorstellung nahe, dass jegliche wohnungseigentumsrechtliche Handlungsform in erster Linie auf die im schlichten Miteigentumsrecht zur Anwendung gelangende Einteilung in Gebrauchs-, Verwaltungs-, und Verfügungshandlungen zurückgeführt werden kann.[199]

Jene Maßnahmenkategorien entspringen dem für das Miteigentum charakteristischen Interessensgefüge aus Einzel- und Gemeinschaftsinteressen hinsichtlich der gemeinsamen – eben nicht in realiter geteilten – Sache. Ohne Zweifel kommt der jeweiligen Miteigentumsform eine maßgebliche Strukturierungsaufgabe hinsichtlich der verschiedenen Interessensbereiche zu. Führt man sich historische Rechtsformen (nahezu![200]) real geteilten Eigentums vor Augen – man denke an die Rechtsform des Stockwerkeigentums[201] – wird deutlich, dass darin der Versuch vollständiger Separation der einzelnen Interessens-, bzw Rechtsbündel und der Zurückdrängung von Gemeinschaftsinteressen bestand.

Demgegenüber gründet sich das Wohnungseigentumsrecht als Sonderform des klassischen Miteigentumsrechts auf einen ideellen Miteigentumsanteil, welcher untrennbar mit einem servitutsähnlichen Nutzungs- und Verfügungsrecht dinglicher Wirkung an einem bestimmten Wohnungseigentumsobjekt verknüpft ist.[202] Jene rechtliche Konstruktion baut sohin auf dem klassischen Miteigentumsrecht auf und versucht im Besonderen Einzelinteressen[203] zu

[198] Kritisch zum „Aliud österreichischer Prägung“, *Bittner*, Wohnungseigentum als nicht nur juristische Ideologie, wobl 2019, 238 ff.

[199] Die Koppelung an die allgemeine zivilrechtliche Systematik lässt sich dogmatisch seit der Urfassung des Wohnungseigentumsgesetzes durch den Verweis auf das 16. Hauptstück des ABGB durch § 8 Abs 3 Satz 2 WEG 1948 ableiten und bis heute trotz einem ausgeprägten *leges speciales* Katalog durch den Verweis auf §§ 834 f im Rahmen des § 29 Abs 5 WEG aufrechterhalten; siehe in diesem Zusammenhang die gelungene und herausragende Gegenüberstellung, *Terlitza*, Miteigentum und Wohnungseigentum-Parallelwelten (2021).

[200] Auch das „Stockwerkseigentum“ verfolgt keine vollständige Teilung des gemeinschaftlichen Gutes, vielmehr besteht der Versuch darin, gemeinschaftliche Gebäudeteile aus welchem womöglich Gemeinschaftsinteressen resultieren weitgehend zu verdrängen, vgl dazu OGH 13.3. 2018, 5 Ob 207/17b.

[201] Eine horizontale Gebäudeteilung ist nunmehr unzulässig, vgl RGBl 1879/50; siehe dazu *Helmich* in *Kletečka/Schauer*, ABGB-ON$^{1.04}$ § 297 Rz 13 (Stand 1.7.2018, rdb.at).

[202] Vgl ua *Würth* in *Rummel*, ABGB^{3} § 2 WEG 2002 Rz 2 (Stand 1.1.2003, rdb.at).

[203] Zentrale Bedeutung nimmt diesbezüglich das ausschließliche Nutzungs- und Verfügungsrecht des Wohnungseigentümers ein, vgl § 2 Abs 1 iVm § 16 WEG.

präzisieren und abzugrenzen, ohne diese aus dem Gesamtinteressensgefüge herauszulösen.

Das für eine Rechtsgemeinschaft[204] typische Spannungsverhältnis und die Wechselwirkung zwischen Einzel- und Gemeinschaftsinteresse nimmt demzufolge auch im Wohnungseigentumsrecht eine übergeordnete Rolle wahr. Die Maßnahmenkategorisierung stellt sohin nichts anderes dar, als das Ergebnis der Gegenüberstellung der Rechte Einzelner aus dem jeweiligen Anteil[205] und jenen der Gemeinschaft als Einheit[206] und bietet im Kollisionsfall eine Art „Geschäftsordnung". So lässt sich gerade im Zusammenhang mit dem individuellen „Änderungsrecht" eine vom Gesetzgeber getroffene konkrete Gewichtung von Einzel- und Gemeinschaftsinteressen erkennen.[207]

Die richtige Zuordnung einer Maßnahme hat über die dogmatische Bedeutung hinausgehend, weitreichende praktische Relevanz. So knüpft an die fehlerfreie Maßnahmenkategorisierung die Frage des zuständigen Entscheidungsträgers, der Zustimmungsvoraussetzungen sowie etwaiger Bekämpfungsmöglichkeiten geplanter Maßnahmen.[208] Daraus ergibt sich das Ausmaß notwendiger Einbindungspflicht übriger Teilhaber, die Form der Entscheidungsfindung, die Eigenständigkeit des Verwalters[209] und das anzuwendende Verfahrensrecht.[210]

Wohingegen Verfügungsmaßnahmen[211] grundsätzlich der Einstimmigkeit[212] bedürfen, sind Gebrauchshandlungen im Wesentlichen ohne Einbindung der übrigen Teilhaber möglich. Dazwischen setzen Verwaltungsmaßnahmen in der Regel eine Mehrheitsentscheidung voraus.[213] Abstrakt gesehen lässt sich sohin aus diesem Gesichtspunkt eine die Maßnahmen qualifizierende Intensitäts-

204 Vgl § 825 S 2 ABGB.

205 Vgl § 829 S 1 iVm § 361 letzter Satz ABGB.

206 Vgl § 825 iVm § 361 S 2 ABGB; so ist Gemeinschaft als Einheit vollständiger Eigentümer.

207 Vgl dazu III.D.

208 Vgl *Hinteregger,* Verwaltung von Wohnungseigentum (2014) 2.

209 Vgl zur auf die ordentliche Verwaltung beschränkten Eigenständigkeit und zur unbeschränkten Vertretungsbefugnis im Außenverhältnis des Verwalters, *Löcker* in *Hausmann/Vonkilch*, Österreichisches Wohnrecht WEG[4] (2017) § 28 WEG Rz 34 f; vgl zur Vertretungsmacht des Verwalters im Zusammenhang mit dem Verkehrsschutz OGH 22.11.2016, 5 Ob 173/16a.

210 Vgl wohlgemerkt die Bibel des Maßnahmenrechts, *Terlitza*, Miteigentum und Wohnungseigentum-Parallelwelten (2021) 46 ff, 269; Maßnahmen der Verwaltung sind ausdrücklich dem außerstreitigen Verfahren zugewiesen, *Tanczos/Eliskases* in *Rummel/Lukas*, ABGB[4] § 838a ABGB Rz 2 (Stand 1.8.2015, rdb.at); vgl die wohnrungseigentumsrechtliche Pendantbestimmung § 52 Abs 1 WEG.

211 Gemeint sind an dieser Stelle Sachverfügungen; zur begrifflichen Trennung zwischen Anteils- und Sachverfügung siehe III.D.

212 Zur begrifflichen Unschärfe der „Einstimmigkeit" (präziser: „Vereinbarung") und dessen irreführenden Bezug zur Beschlussfassung, vgl *Terlitza*, Miteigentum und Wohnungseigentum-Parallelwelten (2021) 47 f, 269 f.

213 *Terlitza*, Miteigentum und Wohnungseigentum-Parallelwelten (2021) 46 ff.

abstufung ableiten, welcher auch der Aufbau der folgenden Kapitel geschuldet ist.

Ebenjene Dreiteilung in Gebrauchs-, Verwaltungs-, und Verfügungshandlungen lässt sich gewiss auch als ungeschriebene Kompetenzverteilung des wohnungseigentumsrechtlichen Maßnahmenrechts[214] beschreiben, worunter auch gewissermaßen das individuelle Änderungsrecht gemäß § 16 Abs 2 WEG einzuordnen ist.[215]

2. Die Schwierigkeit der Maßnahmenzuordnung

Bestimmte Handlungsformen lassen sich einwandfrei – wohl auch aufgrund deren Intensitätsausprägung oder gar aufgrund einer Legaldefinition, wie im Rahmen ordentlicher Verwaltung iSv § 28 WEG – den drei Maßnahmenblöcken zuordnen, bei anderen ist die Zuordnung vor allem in den Randbereichen juristische Feinarbeit.[216]

Vorweg sei an dieser Stelle bereits klargestellt, dass die Maßnahmenbeurteilung insb im Rahmen einer Veränderung stets im Einzelfall durchzuführen ist und eine rezeptartige Kategorisierung ausschließlich aufgrund der geplanten Handlung und deren baulichen Ausgestaltung, losgelöst von jeglicher Interessensbeurteilung und der Gesamtheit der Umstände, keineswegs möglich ist.[217] Mit anderen Worten kann unter gewissen Umständen die nach außen in

---

[214] Angelehnt an *Terlitza*, Zur Abgrenzung von Verwaltung und Verfügung, wobl 2011, 199; *Vonkilch*, Glosse zu OGH 5 Ob 213/04s, immolex 2005, 151.

[215] Die Bedeutsamkeit sprachlicher Unterscheidung zwischen Verwaltung und Verfügung spiegelt sich auch in der geschichtlichen Entwicklung des Wohnungseigentumsrechts wider. Bekanntlich wies der Begriff der Verwaltung bis zum WEG 2002 nicht bloß Bezug zur Liegenschaft im Allgemeinen auf, sondern umfasste auch das Institut des Änderungsrechts als „Recht auf Verwaltung der im Wohnungseigentum stehenden Wohnung oder sonstigen Räumlichkeit". Unstrittig zählen nunmehr Gebrauchshandlungen einzelner Miteigentümer neben Verfügungen, welche in die Gemeinschafts- oder Anteilsrechte der Miteigentümer eingreifen nicht zur Verwaltung der Liegenschaft, vgl OGH 25.4.2019, 5 Ob 226/18y.

[216] *Böhm/Palma* in *Kletečka/Schauer*, ABGB-ON[1.02] § 828 ABGB Rz 6 mwN (Stand 1.8.2020, rdb.at).

[217] Zum Unterschied dazu knüpft das dWEG mit dem Begriff der über die ordnungsgemäße Erhaltung hinausgehenden (§ 13 Abs 2 dWEG) „baulichen Änderung" iSd § 20 dWEG an einen einheitlichen Änderungsbegriff an. Bauliche Veränderungen als „Verwaltungsmaßnahmen" nach österreichischer Systematisierung finden sich sohin nur in der Maßnahmenrechtfertigung durch einen sog „Vornahmebeschluss", wonach die Mehrheit der Wohnungseigentümer beschließt, dass die Gemeinschaft der Wohnungseigentümer eine bauliche Veränderung vorzunehmen hat, *Hügel/Elzer*, Wohnungseigentumsgesetz[3] (2021) § 20 dWEG Rz 26; vgl zu den „baulichen Änderungen der Gemeinschaft", *Emmerich/Dötsch/Baer*, Wohnungseigentumsgesetz[20] (2020) § 22 dWEG aF Rz 21. Im Mittelpunkt steht sohin ein objektiver Änderungstatbestand, welcher subjektive Elemente zB den Interessensbezug oder konkrete Widmungen unberücksichtigt lässt, vgl *Emmerich/Dötsch/Baer*, Wohnungseigentumsgesetz[20] (2020) § 22 dWEG aF Rz 4. Dass ein solcher Änderungsbegriff, losgelöst von subjektiven Elementen, zur erhöhten Präjudizialität – eben über den Einzelfall hinausgehend – führt, versteht sich von selbst.

Erscheinung tretende Umgestaltung entweder als Verwaltungsmaßnahme oder als individuelle Verfügungsmaßnahme umgesetzt werden.[218]

Die Illusion der einwandfreien ausschließlichen Maßnahmenzuordnung zerrüttet der Gesetzgeber jüngst auch mit der Individualisierung begünstigungswürdiger Änderungen im Rahmen der WEG-Novelle 2022.[219] Allen voran lässt sich in diesem Zusammenhang die barrierefreie Ausgestaltung allgemeiner Teile bspw durch den Einbau eines Treppenlifts darlegen, welche wohl je nach Interessenslage bei identer baulicher Durchführung zum einen als Maßnahme der außerordentlichen Verwaltung iSd § 29 WEG umgesetzt werden kann, oder wie nunmehr *lex scripta* als individualrechtliche Maßnahme iSd § 16 Abs 5 WEG idF 2022, als eine Form der Verfügung.[220]

Dass mit der Verankerung der Begünstigungswürdigkeit nicht die Bestrebung besteht, den Kreis von Verwaltungsagenden zu schmälern, verdeutlicht auch die Begünstigung von Solaranlagen iSd § 16 Abs 5 WEG idF 2022. Denn die damit verbundene Zugänglichkeit zur Zustimmungsfiktion[221] greift diesfalls nicht uneingeschränkt, sondern setzt *per se* eine „interessensindividualisierende" Bauweise (Reihenhaus oder Einzelgebäude im Wohnungseigentum) voraus.[222] Eine solche Bauweise erschwert ohne Zweifel die Mehrheitsfindung, weswegen der Gesetzgeber diesfalls klar Einzelinteressen hervorhebt.[223] Eine gemeinschaftliche Anlage an jenen allgemeinen Teilen als außerordentliche Verwaltungsmaßnahme bleibt selbstverständlich weiterhin möglich.

Der Gesetzgeber hat demzufolge bewusst Mehrfachzuordnungen im Auge, insbesondere um zusätzlich die Vornahme ganz bestimmter Änderungen zu erleichtern.[224] Hielte man nunmehr eine mehrfache Maßnahmenzuordnung für ausgeschlossen und ordnete man ua den Einbau eines Treppenliftes ausschließlich dem individuellen Änderungsrecht gem § 16 Abs 2 WEG als *lex specialis* zu, würde man den *„gesetzgeberischen Förderungswillen"*,[225] in-

[218] Das trifft selbstverständlich nicht für alle Maßnahmen zu. Dies kann allerdings dann der Fall sein, wenn Umgestaltungsmaßnahmen an nicht dem Ausschließlichkeitsrecht entspringenden Teilen durchgeführt werden sollen und im kollektiven Interesse stehen, bspw die Überdachung von durch Benutzüngsregelung zugewiesenen allgemeinen Teilen.

[219] Siehe dazu IV.H.

[220] Siehe dazu V.H.1.a); Zudem finden sich auch in den Materialien zur WEG-Novelle 2022 Andeutungen, dass sich insb im Rahmen der Installation von Ladestationen als „E-Mobilitätsgemeinschaft" neben der Verwaltungszuordnung gem § 29 Abs 1 WEG ein (kollektiver) Individualanspruch gem § 16 Abs 2 WEG abbilden lässt; vgl ErläutRV WEG idF 2022, 1174 BlgNR 27. GP 12 f.

[221] Siehe dazu IV.H.1.

[222] Vgl ErläutRV WEG idF 2022, 1174 BlgNR 27. GP 9 f.

[223] An dieser Stelle lässt sich bereits auf die Indizienwirkung des Maßnahmenobjekts zur Gewichtung von Einzel- und Gemeinschaftsinteresse hinweisen, vgl dazu III.C und III.D.

[224] Vgl ErläutRV WEG idF 2022, 1174 BlgNR 27. GP 3 Z 6.

[225] Vgl bereits ErläutME WEG idF 2022, 134/ME 27. GP 10 Z 4.

soweit missdeuten, als nunmehr das Einstimmigkeitsprinzip[226] (wenn auch in Genuss der Zustimmungsfiktion[227]) das Mehrheitsprinzip[228] ablöse und im Ergebnis die Implementierung jener Maßnahmen gar erschwert sein würde. Auch wenn das kollektive Interesse im Zusammenhang mit jenen Maßnahmen nicht zuletzt aufgrund der Kostentragung[229] durch die Gemeinschaft in den seltensten Fällen gegeben sein wird und eine Durchsetzung als außerordentliche Verwaltung daher illusorisch scheint, lässt sich daraus Bedeutung für die dogmatische Einordnung schöpfen.

Demzufolge lässt sich isoliert betrachtet auch aus der Maßnahmenlokalisierung[230] auf die einschlägige Maßnahmenqualifikation schließen, da auch die ausschließliche Inanspruchnahme allgemeiner Teile unbestritten kein ausreichendes Kriterium für eine Verwaltungsmaßnahme ist.[231] Umgekehrt kommt der Lokalisierung insoweit Bedeutung zu, als Maßnahmen welche ohne entsprechende Rechtfertigung[232] in das ausschließliche Nutzungs- und Verfügungsrecht eines Wohnungseigentümers gem § 2 Abs 1 WEG eingreifen, sprich in das Wohnungseigentums- oder Zubehörobjekt, keine Maßnahmen der Verwaltung sein können, andernfalls die Kompetenz der Eigentümermehrheit unvereinbar mit der Ausschließlichkeitszuweisung wäre. Eine fälschlich angenommene Verwaltungsangelegenheit und ein daran anknüpfender nicht einstimmiger Willensbildungsprozess der Eigentümergemeinschaft stellt keine gültige Rechtsgrundlage zur Durchführung dar.[233]

---

226 So bedarf die Durchführung wesentlicher Änderungen im individuellen Interesse iSd § 16 Abs 2 f WEG wie nunmehr ausdrücklich klargestellt, der Zustimmung aller Miteigentümer, vgl IV.F.6.

227 Siehe dazu IV.H.1.

228 Vgl § 29 Abs 1 WEG iVm § 24 Abs 4 WEG idF 2022; zu beachten gilt es, dass nunmehr nicht ausschließlich die Mehrheit nach Miteigentumsanteile einen gültigen Beschluss fassen kann, siehe dazu II.B.3.

229 *Kothbauer* in *Böhm/Pletzer/Spruzina/Stabentheiner*, GeKo Wohnrecht II (2019) § 32 WEG Rz 5; vgl zur Kostentragung im Zusammenhang mit dem individuellen Änderungsrecht, IV.G.

230 Dennoch entfließt dem Maßnahmenobjekt eine Indizienwirkung hinsichtlich des für die Maßnahmenqualifizierung notwendigen Interessensbezuges, vgl dazu die Abgrenzung zwischen Verwaltungsmaßnahmen und individuellen Änderungen, III.C und III.D; siehe dazu den Begriff des „Wohnungseigentumsobjekts", IV.E.2; vgl dazu auch den einheitlichen Begriff der „baulichen Veränderung" iSv § 20 Abs 1 dWEG ohne notwendiger Maßnahmendifferenzierung.

231 In diesem Zusammenhang gilt es in erster Linie Änderungen im individuellen Interesse an allgemeinen Teilen, welche einer vorteilhafteren Nutzung des Wohnungseigentumsobjekts dienlich sind, darzustellen, vgl RIS-Justiz RS0083108.

232 Siehe dazu die Ausführungen zur notwendigen Gewichtung von Gemeinschaftsinteressen (zB Erhaltungspflicht der Eigentümergemeinschaft), II.C; vgl dazu auch das Betriebsverbot einer individuellen Ladevorrichtung als Beschluss der außerordentlichen Verwaltung, IV.H.1.b)(3).

233 Verfügungsmaßnahmen erfordern der Einstimmigkeit, vgl RIS-Justiz RS0108763; so können nur Maßnahmen der Verwaltung Gegenstand eines Mehrheitsbeschlusses sein, vgl RIS-Justiz RS0130070.

Eine systematische Neuheit brachte allerdings § 16 Abs 8 WEG idF 2022, welcher die Unterlassung des Betriebes einer begünstigungswürdigen Änderung im individuellen Interesse (Einzelladestationen elektrisch betriebener Fahrzeuge im Rahmen des ausschließlichen Nutzungs- und Verfügungsrechts) fünf Jahre nach der Errichtung als Gegenstand der Beschlussfassung und somit der außerordentlichen[234] Verwaltung definiert.[235] Zwar sind dem Wohnungseigentumsrecht Wechselwirkungen zwischen den einzelnen Maßnahmenkategorien nicht gänzlich fremd, – man denke bis dato an die umstrittene Kostentragung im Rahmen eines durch eine individuelle Änderungsmaßnahme bedingten Erhaltungsmehrsaufwandes[236] – jene Zuordnungsschwierigkeiten führen allerdings zu erheblichen Rechtsunsicherheiten.

Ebenjene Wechselwirkung aus Verfügungs- und Verwaltungsmaßnahmen verdeutlicht nicht zuletzt eine wohnungseigentumsrechtliche Spezialität und wird aufgrund diametral divergenter, aufeinanderprallender Interessen *in praxi* (Stichwort: Kostentragung und Zustimmungserfordernisse) an stetiger Bedeutung gewinnen, was eine ordentliche Maßnahmenabgrenzung unumgänglich gestaltet. Da das individuelle Änderungsrecht gem § 16 Abs 2 WEG in sämtliche Maßnahmenkategorien wurzelt, wird im Folgenden ein Kategorisierungsversuch angestrebt und auf die wesentlichen Merkmale zur Maßnahmenabgrenzung hingewiesen.

B. Nutzungshandlungen im Wohnungseigentumsrecht

Die Rechtsgrundlage für die Nutzung einer Sache lässt sich allgemein aus dem Vollrecht „Eigentum", als von der Rechtsordnung umfassendstes dingliches Herrschaftsrecht, ableiten.[237] Steht eine Sache im Miteigentum mehrerer Teilhaber so weist § 833 ABGB den Besitz, unter anderem auch den aus der Gewahrsame resultierenden Nutzen daran, der Eigentümergesamtheit zu.[238] Jeder Miteigentümer kann jedoch als vollständiger Eigentümer seines Anteils

---

[234] Vgl ErläutRV WEG idF 2022, 1174 BlgNR 27. GP 14 Z 4 lit a.

[235] Durch jene ausdrückliche Aushöhlung des Ausschließlichkeitsrecht und die Kompetenzzuweisung an die Eigentümergemeinschaft wird Sorge getragen, dass künftige Stromversorgungsengpässe, welche womöglich im Rahmen einer *ex ante* Bewertung kein schutzwürdiges Interesse abbilden konnten nicht einer Gemeinschaftsanlage im Wege stehen; vgl dazu im Detail IV.H.1.b)(3).

[236] Vgl hierzu IV.G.2; so wird auch künftig von der Erhaltungspflicht der Eigentümergemeinschaft hinsichtlich veränderter allgemeiner Teile auszugehen sein, es lässt sich allerdings ein Kostenersatzanspruch der Eigentümergemeinschaft in Höhe des Mehraufwandes abbilden.

[237] *Eccher/Riss* in *Koziol/Bydlinski/Bollenberger* (Hrsg), Kurzkommentar zum ABGB[6] (2020) § 354 Rz 1.

[238] Vgl *Tanczos/Eliskases* in *Rummel/Lukas* (Hrsg), ABGB Teilband §§ 825–858 ABGB Miteigentum[4] (2015) § 833 Rz 1; vgl *Sailer* in *Koziol/Bydlinski/Bollenberger* (Hrsg), Kurzkommentar zum ABGB[6] (2020) § 833 Rz 1.

bis zur Grenze der Rechtsverletzung seiner Miteigentümer über die Nutzungen daran frei verfügen.[239]

Nutzungshandlungen lassen sich allgemein als nicht in die Substanz eindringende Akte[240] der einzelnen Teilhaber[241] beschreiben, welche sich im wohnungseigentumsrechtlichen Zusammenhang vordergründig auf das Innere des Wohnungseigentumsobjekts[242] und damit in Verbindung stehende Zubehörobjekte beziehen. Naturgemäß ist jedenfalls auch die gemeinschaftliche Nutzung von Allgemeinflächen in jenem Umfang umfasst, als es für die Nutzung des Wohnungseigentumsobjekts *„notwendig"*[243] ist und nicht in die Rechte der Miteigentümer eingegriffen wird.[244] Generell teilt sich diese Maßnahmenkategorie mit den Maßnahmen ordentlicher, idR „erhaltender" Verwaltung, den Rang niedrigster Handlungsintensität. Der zweckentsprechende Gebrauch des Stiegenhauses, des Gemeinschaftsaufzuges, oder -gartens als auch andere Akte mit vergleichbarer Intensität ist als bloße Benutzungshandlung zu qualifizieren. Wird allerdings maßgeblich in das Gemeinschaftsrecht oder den Anteil der anderen Miteigentümer eingegriffen, bspw durch bauliche bleibende Substanzveränderungen oder Widmungsänderungen, ist die Schwelle zur Verfügungshandlung überschritten.[245]

Aus wohnungseigentumsrechtlicher Perspektive lässt sich der Umfang des anteiligen Benützungsrechts des Wohnungseigentümers im Wesentlichen auf zwei Rechtsgrundlagen dinglichen Ursprungs zurückführen:

Zum einen kann sich jenes ausdrücklich aus dem ausschließlichen Nutzungsrecht hinsichtlich des jeweiligen Wohnungseigentums- oder Zubehörob-

---

239 Vgl § 829 S 2 ABGB unter Verweis auf § 361 ABGB; so bereits *Klang* in *Klang*, Kommentar zum allgemeinen bürgerlichen Gesetzbuch II[2] (1935) 877, wonach *„Gebrauchshandlungen, durch welche die anderen Teilhaber in ihrem Rechte nicht beeinträchtigt werden, dem Einzelnen freistehen"*.

240 Vgl dazu die Abgrenzung zur Maßnahme der „Verfügung", welche in die Substanz der Gemeinschafts- oder Anteilsrechte eingreift und von der Zustimmung sämtlicher Miteigentümer abhängt, RIS-Justiz RS0109188; siehe dazu III.D.

241 Vgl dazu die Abgrenzung zur Maßnahme der „Verwaltung", welche zur Besorgung der Geschäfte der Gemeinschaft aufgrund der spezifischen Interessenslage ein gemeinschaftliches Vorgehen erfordert, RIS-Justiz RS0109188; vgl zur Handlung einzelner Teilhaber, *Beer/Vospernik* in *Illedits/Reich-Rohrwig*, Wohnrecht[3] (2018) § 29 WEG Rz 6; siehe zum Verwaltungsbegriff als Kollektivum, III.C.

242 *Ofner* in *Böhm/Pletzer/Spruzina/Stabentheiner*, GeKo Wohnrecht II (2019) § 2 WEG Rz 5; vgl auch *Würth* in *Rummel*, ABGB[3] (2003) § 16 WEG Rz 13.

243 Die lässt sich systematisch ua im Umkehrschluss zu § 17 Abs 1 WEG begründen, als eine Nutzungszuweisung durch Vereinbarung bloß an *„verfügbaren"* allgemeinen Teilen möglich ist. Das Nutzungsrecht an sog *„notwendig allgemeinen Teilen"*, ist bereits Ausfluss des dinglichen wohnungseigentumsrechtlichen Nutzungsrechts gemäß § 16 Abs 1 WEG, anderenfalls dieses durch obligatorisch wirkende Vereinbarungen hinsichtlich der Benutzung etwaiger Zugangsflächen unterlaufen werden könnte, vgl *Prader*, WEG[5] (2018) § 17 E40.

244 An dieser Stelle verdeutlicht sich auch die Eingriffsgrenze des Änderungsrechts vor seiner Vergesetzlichung, siehe hierzu II.A.

245 *Egglmeier-Schmolke* in *Schwimann/Neumayr*, ABGB Taschenkommentar[5] (2020) §828 Rz 2.

jekts iSv § 16 Abs 1 WEG als *lex specialis* ergeben. So fallen neben später zu beleuchtenden Verfügungshandlungen bloße Nutzungs-, Besitz- bzw Gebrauchshandlungen[246] iSd § 16 Abs 1 iVm § 2 Abs 1 WEG an jenen Flächen *ex lege* in die Kompetenz des Wohnungseigentümers.[247] Durch die wohnungseigentumsrechtliche *lex specialis* erfolgt sohin eine Präzisierung der „Nutzungen des Anteils" iSv § 829 iVm § 839 ABGB.

Zum anderen ist dem Wohnungseigentümer auch darüberhinausgehend bereits nach der Grundregel gem § 829 S 2 ABGB bis zur Grenze der Rechtsverletzung anderer Miteigentümer ein Mitbenützungsrecht der Liegenschaft zugeordnet.[248] Dies bildet die Rechtsgrundlage für die Benützung allgemeiner Teile ab, welche keine vorherige Absprache im Sinne einer Gebrauchsordnung erfordert.[249] In diesem Rahmen lässt sich *ex lege* der Umfang des Rechts auf „anteilige" Mitbenutzung der gemeinsamen Sache abbilden.[250]

Bereits nach ebenjener Grundsystematik sind jegliche Veränderungen, welche in das Anteilsrecht der Miteigentümer eingreifen, ausdrücklich unzulässig.[251] In Anbetracht dessen bestätigt sich der herausragende Stellenwert des für die Begründung von Wohnungseigentum erforderlichen Widmungsaktes, als einvernehmliche Zuordnung einer Liegenschaftsfläche in die drei Flächenkategorien (allgemeine Teile, Wohnungseigentums- und Zubehörobjekte) durch die Gesamtheit der Miteigentümer.[252]

---

246 So werden die Begriffe der Besitz- und Gebrauchshandlung von der Judikatur zur besseren Darstellung als ein tautologisches Begriffspaar genannt, mE ohne der einzelnen Begrifflichkeit eine andere Bedeutung beimessen zu wollen; vgl zB OGH 20.11.2002, 5 Ob 268/02a.

247 Die Bestrebung des historischen Gesetzgebers mit der begrifflichen Dominanz der Ausschließlichkeit bestand im Ausschluss der Gemeinschaftsverwaltung hinsichtlich ebenjener Teile, vgl bereits § 1 Abs 1 S 1 WEG 1948.

248 Vgl zu den Schranken des Gebrauchsrechts, *Oberhofer*, Anspruch des Miteigentümers auf Benützungsentgelt auch für die Vergangenheit?, wobl 2004, 209; bloß verkürzt dargestellt, *Markl* in *Böhm/Pletzer/Spruzina/Stabentheiner*, GeKo Wohnrecht II § 16 WEG Rz 5, wonach sich das (ausschließliche?) Nutzungsrecht ausschließlich auf das WE-Objekt bezieht und die Verwaltungskompetenz hinsichtlich der übrigen Teile der Mehrheit zugeordnet ist; vgl RIS-Justiz RS0013197.

249 Vgl außerhalb wohnungseigentumsrechtlicher Betrachtung, *Tanczos/Eliskases* in *Rummel/Lukas* (Hrsg), ABGB Teilband §§ 825–858 ABGB Miteigentum[4] (2015) § 828 Rz 8; vgl auch *Egglmeier-Schmolke* in *Schwimann/Neumayr*, ABGB Taschenkommentar[5] (2020) § 828 Rz 11; vgl zur wohnungseigentumsrechtlichen Dispositionsfreiheit der Benützung, sind jedenfalls die Schranken des § 17 Abs 1 ff WEG zu beachten; ohne Benützungsregelung allerdings ist eine ausschließliche Nutzung (zB durch Ausschluss der Miteigentümer) rechtswidrig, RIS-Justiz RS0103287; siehe zur Grenze des Gebrauchsrecht durch das Änderungsverbot, *Sprohar-Heimlich* in *Schwimann/Kodek* (Hrsg), ABGB Praxiskommentar Band 4[5] (2018) § 828 ABGB Rz 29.

250 Vgl *Sailer* in *Koziol/Bydlinski/Bollenberger* (Hrsg), Kommentar zum ABGB[6] (2020) § 829 ABGB Rz 3; vgl zum Umfang des Gebrauchsrechts, RIS-Justiz RS0013211.

251 Vgl § 828 Abs 1 S 2 ABGB.

252 Vgl *Hausmann* in *Hausmann/Vonkilch*, Österreichisches Wohnrecht WEG[4] (2017) § 3 WEG Rz 14c.

Mit anderen Worten resultiert bereits aus der Wohnungseigentumsbegründung und der Ausschließlichkeitszuweisung ein, in ein eigenes Rechtsinstitut gegossener benützungsregelungsähnlicher Zustand mit dinglicher Wirkung. Für eine darüberhinausgehende Disposition der Liegenschaftsbenützung im Sinne des § 828 Abs 2 ABGB[253] bleibt nur Raum im Rahmen einer Benützungsregelung bei „verfügbaren" allgemeinen Teilen.[254]

Nutzungshandlungen sind demzufolge nicht ausschließlich von der dinglichen Rechtsstellung des Wohnungseigentümers selbst abzuleiten. Vielmehr kann die Vereinbarung einer Benützungsregelung[255] den Radius zulässiger Nutzungshandlungen auf die obligatorische Ebene ausdehnen und dadurch die Nutzung konkret einem oder mehreren Wohnungseigentümern zuweisen.[256]

Der Abschluss einer Benützungsregelung iSd § 17 WEG als wohnungseigentumsrechtliche Ausstülpung einer Sachverfügung bedarf allerdings der Einstimmigkeit sämtlicher Wohnungseigentümer.[257] Im Ergebnis kann sohin – abstrakt gesehen – eine Verfügungsmaßnahme die Grenze der zulässigen Gebrauchshandlungen dinglichen Ursprungs erweitern, was wiederum das Zusammenspiel jener Maßnahmenkategorien unterstreicht und den „Prinzipalcharakter" der Verfügungshandlungen verdeutlicht.[258]

Überträgt man diese Grundsystematik und die Handlungskategorisierung im Allgemeinen auf die Ebene des wohnungseigentumsrechtlichen Änderungsrechts, wird deutlich, dass jene Zäsur zwischen den (den Nutzungshandlungen

---

253 Wohlgemerkt findet sich die *lex specialis* hierzu in § 17 WEG.

254 Vgl § 17 Abs 1 ff WEG; vgl zum Begriff der „Verfügbarkeit", *Vonkilch* in *Hausmann/Vonkilch*, Österreichisches Wohnrecht WEG[4] (2017) § 17 WEG Rz 13ff, 17ff; jene Schranken fußen in erster Linie auf der Vorstellung, dass das ausschließliche Nutzungsrecht dinglicher Wirkung zwingend ein Mitnutzungsrecht an bestimmten allgemeinen Teilen („zwingend allgemeine Teile", zB das Stiegenhaus) voraussetzt.

255 So kann die Benützung verfügbarer allgemeiner Teile durch spezielle Regelung in das alleinige Nutzungs- und Verfügungsrecht einzelner Wohnungseigentümer zugewiesen werden; Vgl *Vonkilch* in *Hausmann/Vonkilch*, Österreichisches Wohnrecht WEG[4] (2017) § 17 WEG Rz 1.

256 Jene Vereinbarungen finden sich aufgrund des Einstimmigkeitsbedarfs nicht selten im Wohnungseigentumsvertrag selbst und sind innerhalb der Grenzen des § 38 WEG auch zulässig, weswegen abermals auf den Stellenwert des Widmungsaktes zu verweisen ist, OGH 30.8. 2021, 5 Ob 135/21w.

257 Vgl § 17 Abs 1 WEG; auf die Möglichkeit einer gerichtlichen Festsetzung einer Benützungsregelung sei hier bloß hingewiesen, siehe dazu *Vonkilch* in *Hausmann/Vonkilch*, Österreichisches Wohnrecht WEG[4] (2017) § 17 WEG Rz 26 ff.

258 In Fällen einer Benützungsregelung stellt sich demnach die Frage, in welchem Umfang änderungsrechtliche Befugnisse des Wohnungseigentümers an ebendiesen Flächen resultieren. So kann einer den Besitz an bestimmten Teilen der Liegenschaft zuweisenden Benützungsvereinbarung zur alleinigen Nutzung ein Verfügungsrecht ausfließen, welches das Recht zur physischen Veränderung inkludiert, vgl OGH 12.9.2002, 5 Ob 174/02b; siehe dazu auch *Egglmeier-Schmolke* in *Schwimann/Neumayr*, ABGB Taschenkommentar[5] (2020) § 828 Rz 3; tatsächlich bedarf es allerdings der Zuweisung alleiniger Nutzung, vgl OGH 2.12.2021, 5 Ob 153/21t.

zuzuordnenden) sog bloß *„bagatellhaften Umgestaltungen"*[259] und den (bereits in den Bereich der zustimmungspflichtigen Sachverfügung ragenden) eigentlichen *„Änderungen"* im Sinne des § 16 Abs 2 WEG verläuft.

Der Begriffsabgrenzung der Nutzungshandlung kommt im Lichte änderungsrechtlicher Individualbefugnisse des Wohnungseigentümers ein hoher Stellenwert zu. Denn im Gegensatz zur in der Vergangenheit oft fehlinterpretierten änderungsrechtlichen Bestimmung des § 13 Abs 2 WEG 1975, der Vorgängerbestimmung des § 16 Abs 2 WEG,[260] wonach der Änderungswillige keinen unmittelbaren Anspruch auf Durchführung der Änderung hat,[261] hat der Wohnungseigentümer gemäß § 16 Abs 1 WEG ex lege das Recht Nutzungshandlungen zu setzen. Die bloße Möglichkeit einer Interessensbeeinträchtigung[262] stellt hier den Wendepunkt der unmittelbaren Durchführungsbefugnis dar. Ein ausgedehntes Verständnis des Nutzungsbegriffes führt sohin zur Aushöhlung des Änderungstatbestandes, weswegen eine Präzisierung jener Handlungskategorie unerlässlich ist.

Gerade das wohnungseigentumsrechtliche Änderungsrecht verdeutlicht die Verzahnung der allgemeinen Handlungskategorien, da ebenjenes in seiner Gesamtheit *quod esset demonstrandum* nicht ausschließlich einer Maßnahmenkategorie zugeordnet werden kann, sondern gewissermaßen trotz dessen Verfügungscharakters mit den übrigen Maßnahmenkategorien verwoben ist. Scheint die Qualifikation der Nutzungshandlung im Kern einleuchtend, ist die Trennlinie zu den anderen beiden in diesem Kapitel aufgezeigten Handlungskategorien oftmals mehr als verschwommen.

C. Verwaltungshandlungen im Wohnungseigentumsrecht

Die zweite große Maßnahmenkategorie stellt jene der „Verwaltungshandlungen" dar, welche es von den Gebrauchs- und Verfügungshandlungen abzugrenzen gilt.[263] Die Komplexität jener Handlungskategorie ist derart umfassend, dass in Anbetracht des gegenständlichen Arbeitsfokus, eine über die rudimentäre Skizzierung hinausgehende Darstellung, unter anderem der Abgrenzung zum wohnungseigentumsrechtlichen Änderungsrecht den Rahmen sprengen

259 Vgl RIS-Justitz RS0109247.

260 *Sammer* in *Kothbauer/Sammer/Berger/Holzapfel*, Dirnbacher Praxiskommentar WEG[8] (2017) 196.

261 *Würth/Zingher/Kovanyi*, Miet- und Wohnrecht II[23] § 16 WEG 10; siehe zur Genehmigungspflicht bzw Genehmigungsbedürftigkeit IV.B.

262 Vgl nunmehr ausdrücklich § 16 Abs 2 S 2 idF WEG 2022; so ließ sich der Befugnisumfang auch im Rahmen der Nutzung gem § 829 S 2 ABGB bereits nach allgemein zivilrechtlichen Miteigentumsgrundsätzen jedenfalls mit der „Verletzung der Mitgenossenrechte" abgrenzen.

263 Vgl OGH 29.9.1998, 5 Ob 216/98w, RIS-Justiz RS0109188; vgl *Klang* in *Klang*, ABGB III[2] 1109; vgl auch *Prader*, WEG[5.13] § 29 E 12; siehe auch *Würth/Zingher/Kovanyi*, Miet- und Wohnrecht II[23] § 16 WEG 17.

würde. Die Trennlinie zwischen Verwaltungs- und Verfügungshandlungen ist in ihrer Gesamtheit allerdings eine ungemein weitere und nicht zuletzt aufgrund unterschiedlicher Zustimmungsquoren und zur Absteckung der Verwalterbefugnisse[264] von herausragender praktischer Relevanz.

1. Der dreigeteilte wohnungseigentumsrechtliche Verwaltungsbegriff

Im ABGB selbst lässt sich keine Legaldefinition des Verwaltungsbegriffs finden,[265] vielmehr wird dieser vorausgesetzt und von der Judikatur und Lehre abgesteckt.[266] Die Bündelung jener Maßnahmenkategorie unter dem Begriff der „Verwaltung" lässt sich bereits seit der Stammfassung des ABGB erfassen.[267] So kommt seit jeher die Verwaltung der gemeinschaftlichen Sache neben dem Besitz allen Teilhabern insgesamt zu.[268]

Zeiller verdeutlichte bereits die notwendige Unterscheidung innerhalb jenes Rechtsbündels zwischen der ordentlichen Verwaltung, *„welche nach der Beschaffenheit des Gegenstandes gewöhnlicher Weise Statt findet"* und der *„außerordentliche[n], welche in wichtigen, durch besondere Umstände veranlaßten, Veränderungen bestehe[n]"*.[269]

Innerhalb der Kategorie der Verwaltungshandlungen gilt es demnach ursprünglich zwischen Maßnahmen der ordentlichen[270] und der außerordentlicher[271] Verwaltung iSv „wichtigen Veränderungen" zu unterscheiden.[272] Dass geradezu bauliche Veränderungen Zuordnungsschwierigkeiten bereiten, war nach *Klang* augenscheinlich.[273]

---

264 *Kothbauer*, Zu den Befugnissen des Verwalters im Wohnungseigentum, immolex 2015, 260; vgl zur Beschränkung der Rechtsfähigkeit der Eigentümergemeinschaft, *Häublein/Knöll*, Die rechtsfähige Eigentümergemeinschaft als Liegenschaftseigentümerin, wobl 2019, 258 f.

265 *Terlitza*, wobl 2011, 186; vgl *Terlitza*, Miteigentum und Wohnungseigentum-Parallelwelten (2021) 58.

266 Vgl ua der Abgrenzungsversuch der Judikatur, RIS-Justiz RS0109188; vgl OGH 22.10.2020, OGH Ob 97/20f Rz 2.3; siehe auch *Terlitza*, wobl 2011, 186.

267 Vgl Allgemeines bürgerliches Gesetzbuch für die gesammten Deutschen Erbländer der Oesterreichischen Monarchie II. Theil (1811) § 833 ABGB.

268 Vgl § 833 S 1 ABGB.

269 *Zeiller*, Commentar über das allgemeine bürgerliche Gesetzbuch für die gesammten Deutschen Erbländer der Oesterreichischen Monarchie II (1812) 886.

270 *Tanczos/Eliskases* in *Rummel/Lukas*, ABGB^4 § 833 Rz 3.

271 *Tanczos/Eliskases* in *Rummel/Lukas*, ABGB^4 § 834 Rz 1.

272 Sprachlich wurde zunächst dem Gesetzeswortlaut entsprechend zwischen ordentlicher Verwaltung und wichtigen Veränderungen unterschieden, vgl *Klang* in *Klang*, Kommentar zum allgemeinen bürgerlichen Gesetzbuch II^2 (1935) 877;

273 *Klang* in *Klang*, Kommentar zum allgemeinen bürgerlichen Gesetzbuch II^2 (1935) 880 f, wonach *„ständig wiederkehrende Ausbesserungen und notwendige Instandhaltungsarbeiten"* der ordentlichen Verwaltung zugehören und jene über den „bloßen Erhaltungszweck" hinausgehend der außerordentlichen Verwaltung.

Klang umriss die ordentliche Verwaltung mit der notwendigen und zweckmäßigen Erhaltung im Rahmen des gewöhnlichen Verlaufes der Dinge, welche im Wesentlichen der Miteigentümergemeinschaft zugutekäme und keine besonderen Kosten erfordere.[274] Darüber hinausgehend stellen „wichtige Veränderungen" als außerordentliche Geschäfte, schwerwiegende faktische Veränderungen wirtschaftlicher Bedeutung dar.[275] „Wichtige Veränderungen" iSd § 834 ABGB sind als Maßnahmen der Verwaltung jedenfalls von den „verfügenden Veränderungen" abzugrenzen.[276] Erstere sind mehrheitsfähig und qualifizieren sich entweder über durch den Bezug zur Erhaltung oder durch eine bessere Benutzbarkeit „des Hauptstammes" und verdrängen somit durch die Hervorhebung von Gemeinschaftsinteressen Einzelinteressen.[277]

Indessen stellt §§ 28 f WEG in deklarativer Form *prima facie* begriffskongruent die „ordentliche" der „außerordentlichen" Verwaltung gegenüber und schafft seinerseits durch eine demonstrative Zuweisung von einzelnen Angelegenheiten ein mosaikartiges Bild des Verwaltungsbegriffes wohnungseigentumsrechtlicher Prägung.[278] Dieses sei durch Maßnahmen der Erhaltung, des Betriebes, sowie der Verbesserung samt baulicher Änderungen der Liegenschaft zusammengefasst.[279] Eine Abgrenzung zwischen jenen Verwaltungskategorien ist stets nach den Umständen des Einzelfalls zu beurteilen.[280] Die Bedeutung des Verwaltungsbegriffes in seiner Gesamtheit versteht sich vor dem Hintergrund des Mehrheitsprinzips.[281] Jenes findet nicht bloß im Rahmen ordentlicher Verwaltung Anwendung,[282] sondern es löst auch die Rechtfertigung außerordentlicher Verwaltungsmaßnahmen vom Einstimmigkeitserfordernis.[283]

---

274 Vgl *Klang* in *Klang*, ABGB III² 1110; zur Differenzierung nach wirtschaftlichen Gesichtspunkten, vgl OGH 27.6.2017, 5 Ob 82/17w; siehe auch *Löcker* in *Hausmann/Vonkilch*, Österreichisches Wohnrecht WEG⁴ (2017) § 28 Rz 37 mwN;

275 Vgl *Hoyer*, Aufkündigung von Bestandverhältnissen bei Miteigentum, wobl 1991, 152 f; siehe dazu auch *Tanczos/Eliskases* in *Rummel/Lukas*, ABGB⁴ § 834 Rz 1.

276 Vgl *Terlitza*, Miteigentum und Wohnungseigentum-Parallelwelten (2021) 55; vgl auch *H. Böhm/Palma* in *Kletečka/Schauer*, ABGB-ON$^{1.02}$ § 835 Rz 1 (Stand 1.8.2020, rdb.at).

277 Vgl den Wortlaut § 834 ABGB; zum einen die Verankerung des Mehrheitsprinzips *expressis verbis „Überstimmten"* und zum anderen die Maßnahmenqualifikation durch die *„Erhaltung oder [die] bessere[n] Benützung des Hauptstammes"*.

278 Vgl *Beer/Vospernik* in *Illedits/Reich-Rohrwig*, Wohnrecht³ (2018) § 28 WEG Rz 1; vgl auch *Würth* in *Rummel* ABGB³ § 28 WEG Rz 2 (Stand 1.1.2003, rdb.at).

279 Vgl auch der für eine Verwaltungsmaßnahme notwendige Bezug auf Nutzung, Erhaltung oder Vervesserung, *Häublein/Knöll*, Die rechtsfähige Eigentümergemeinschaft als Liegenschaftseigentümerin, wobl 2019, 258 f;

280 *Löcker* in *Hausmann/Vonkilch*, Österreichisches Wohnrecht WEG⁴ (2017) § 28 WEG Rz 36.

281 § 29 Abs 1 S 1 iVm § 24 Abs 4 WEG idF 2022; vgl zum alternativen Beschlussmodus der Mehrheit abgegebener Stimmen allgemein, ErläutRV WEG idF 2022, 1174 BlgNR 27. GP 16 ff; vgl dazu bereits *Klang* in *Klang*, Kommentar zum allgemeinen bürgerlichen Gesetzbuch II² (1935) 881, wonach auch bei wichtigen Veränderungen der Mehrheitsgrundsatz gelte.

282 So der allgemein zivilrechtliche Regelungszugang, § 833 S 2 ABGB; auch § 14 Abs 3 Stammfassung WEG 1975 zog den Einstimmigkeitsmodus (allerdings mit gerichtlicher Genehmigungsmöglichkeit eines Mehrheitsbeschlusses) zur Rechtfertigung außerordentlicher Verwaltungsmaßnahmen heran, *Beer/Vospernik* in *Illedits/Reich-Rohrwig*, Wohnrecht³ (2018) § 29

Die Parallelität zum allgemeinen zivilrechtlichen Verwaltungsbegriff nicht leugnend, lassen sich iZhgm dem wohnungseigentumsrechtlichen Verwaltungsbegriff letztlich dennoch Unterschiedlichkeiten ableiten. So verweist § 28 Abs 1 WEG auf den *„dynamischen“*[284] Erhaltungsbegriff des kostenschrankenlosen § 3 MRG und dehnt verglichen mit dem zivilrechtlichen Pendant den Begriff ordentlicher Verwaltung wohnungseigentumsrechtlicher Terminologie aus.[285] Alle darüberhinausgehenden Verwaltungsmaßnahmen, unter anderem Veränderungen, wie nützliche Verbesserungen oder sonstige über die Erhaltung hinausgehende bauliche Veränderungen finden in § 29 WEG ihren Niederschlag.[286]

Die wohnungseigentumsrechtlichen *leges speciales* decken allerdings nicht die Gesamtheit des zivilrechtlichen Verwaltungsbegriffes meritorisch ab, da § 29 Abs 5 WEG selbst hinsichtlich eines Verwaltungsteilbereiches im Übrigen auf die Bestimmungen §§ 834 f ABGB („wichtige Veränderung“) zurückgreift und die allgemeine zivilrechtliche Systematik ausdrücklich subsidiär heranzieht.[287] Jede „Veränderung“ iSv § 29 Abs 1 WEG sei eine wichtige iSv § 834 ABGB, umgekehrt muss aber eine wichtige Veränderung iSv § 834 ABGB nicht zwingend eine Veränderung nach § 29 Abs 1 WEG darstellen.[288] Der Begriff der „wichtigen Veränderung“ iSv § 834 ABGB nimmt sohin die Rolle eines Überbegriffes wahr. Der wohnungseigentumsrechtliche Verwaltungsbegriff ist demzufolge ein engerer. Das Ergebnis ist sohin eine wohnungseigentumsrechtliche Dreiteilung von Verwaltungshandlungen mit einer mehr als verschwommenen Abgrenzung innerhalb der Maßnahmen außerordentlicher Verwaltung.[289]

WEG Rz 2 f; vgl diesbezüglich auch *Spruzina* in *Böhm/Pletzer/Spruzina/Stabentheiner*, GeKo Wohnrecht II § 29 WEG Rz 2.

283 *Spruzina* in *Böhm/Pletzer/Spruzina/Stabentheiner*, GeKo Wohnrecht II § 29 WEG Rz 1 ff; *Beer/Vospernik* in *Illedits/Reich-Rohrwig*, Wohnrecht³ (2018) § 29 WEG Rz 3; *Würth* in *Rummel* ABGB³ § 29 WEG Rz 3 (Stand 1.1.2003, rdb.at).

284 Vgl zum durchaus kleine Verbesserungen abbildenden *„dynamischen“* Erhaltungsbegriff, *Hausmann/Riss* in *Hausmann/Vonkilch*, Österreichisches Wohnrecht MRG³ (2013) § 3 MRG Rz 8a; *Riss*, Dynamischer Erhaltungsbegriff und Verbesserungspflicht des Vermieters im MRG, wobl 2007, 237; vgl OGH 22.10.2019, 5 Ob 149/19a, ecolex 2020/91.

285 Vgl *Würth* in *Rummel* ABGB³ § 28 WEG Rz 2 ff (Stand 1.1.2003, rdb.at).

286 *Würth* in *Rummel* ABGB³ § 29 WEG Rz 1 (Stand 1.1.2003, rdb.at).

287 Vgl ErläutRV WEG 2002, 989 BlgNR 21. GP 69 mwN; *Würth* in *Rummel* ABGB³ § 29 WEG Rz 1 (Stand 1.1.2003, rdb.at); vgl zur Historie der (stetig schrumpfenden) Bezugnahme auf das ABGB, *Löcker* in *Hausmann/Vonkilch*, Österreichisches Wohnrecht WEG⁴ (2017) § 28 WEG Rz 18 f.

288 *Tanczos/Eliskases* in *Rummel/Lukas*, ABGB⁴ § 834 Rz 1.

289 *Beer/Vospernik* in *Illedits/Reich-Rohrwig*, Wohnrecht³ (2018) § 29 WEG Rz 5 mwN; siehe auch *Hinteregger*, Verwaltung von Wohnungseigentum (2014) 6; siehe auch *Spruzina* in *Böhm/Pletzer/Spruzina/Stabentheiner*, GeKo Wohnrecht II § 29 WEG Rz 36; als *„Trias der Verwaltungsmaßnahmen“* bezeichnend *Löcker* in *Hausmann/Vonkilch*, Österreichisches Wohnrecht WEG⁴ (2017) § 28 WEG Rz 20; vgl auch *Terlitza*, Miteigentum und Wohnungseigentum-Parallelwelten (2021) 387.

„Wichtige Veränderungen", welche sich nicht als Veränderungen im Sinne von § 29 Abs 1 WEG abbilden lassen, unterliegen auch materiell-rechtlichen strengeren Maßstäben, als jene Maßnahmen allen Teilhabern zum eindeutigen Vorteil gereichen müssen,[290] überschreiten allerdings noch nicht die Schwelle zu den Verfügungshandlungen.[291]

Die Problematik die sich an dieser Schwelle aufbäumt ist, dass sich durchaus auch „verwaltungsmäßige" Veränderungen, insb bauliche Umgestaltungen, bereits als *„schwerwiegende faktische Eingriffe"*[292] in das Gemeinschaftsgut darstellen lassen und die Abgrenzung zur Verfügung *in concreto* eine über das Merkmal der Intensität hinausgehende Untersuchung erfordern wird.

Die Berufung auf die Umstände des Einzelfalls und den daraus resultierenden gerichtlichen Beurteilungsspielraum stellt sich bereits bei der Abgrenzung zwischen der ordentlichen und außerordentlichen Verwaltung (beide dem Mehrheitsprinzip unterliegend!) unbefriedigend dar[293] – man denke an die unterschiedlichen Beschlussanfechtungsgründe und -fristen[294] und die Haftung des Verwalters für außerordentliche Maßnahmen ohne Beschlussdeckung.[295]

---

290 *Tanczos/Eliskases* in *Rummel/Lukas*, ABGB^{4} § 834 Rz 1; vgl auch *Löcker* in *Hausmann/Vonkilch*, Österreichisches Wohnrecht WEG^{4} (2017) § 29 WEG Rz 53; vereinfacht dargestellt erfordert die Anfechtung außerordentlicher Maßnahmen iSv § 29 Abs 2 WEG bestimmter Anfechtungsgründe und umgekehrt fordern „wichtige Veränderungen" bestimmte gerichtlich zu prüfende positive Voraussetzungen.

291 *Terlitza*, Miteigentum und Wohnungseigentum-Parallelwelten (2021) 58 mwN; so sind zT für eine Verfügungsmaßnahme vorbereitende Maßnahmen noch dem Verwaltungsrahmen zugeordnet, vgl *Sprohar-Heimlich* in *Schwimann/Kodek* (Hrsg), ABGB Praxiskommentar Band 4^{5} (2018) § 833 ABGB Rz 9 mwN.

292 *Sailer* in *Koziol/Bydlinski/Bollenberger* (Hrsg), Kurzkommentar zum ABGB^{6} (2020) § 835 Rz 10 mwN.

293 *Löcker* in *Hausmann/Vonkilch*, Österreichisches Wohnrecht WEG^{4} (2017) § 28 Rz 36; die Rechtssicherheit durch das Heilen von Fehlern im Bereich der Verwaltungshandlungen allerdings nicht gefährdet, vgl *Löcker* in *Hausmann/Vonkilch*, Österreichisches Wohnrecht WEG^{4} (2017) § 24 Rz 85a.

294 Vgl § 24 Abs 6 iVm § 29 Abs 1 f WEG; siehe dazu *Löcker* in *Hausmann/Vonkilch*, Österreichisches Wohnrecht WEG^{4} (2017) § 29 Rz 25ff; siehe zur Heilung von etwaigen Beschlussmängeln, *Löcker* in *Hausmann/Vonkilch*, Österreichisches Wohnrecht WEG^{4} (2017) § 24 Rz 85f.

295 *Kothbauer*, Zur Verwalterhaftung im WE, immolex 2022/38, 88; vgl zur Haftung des Verwalters bereits bei der Vornahme wichtiger Veränderungen im Bereich der Verwaltungshandlungen ohne entsprechendem Mehrheitsbeschluss iSv § 29 Abs 6 iVm § 20 Abs 1 S 2 WEG, RIS-Justiz RS0013740; so gilt es zwar zu beachten, dass dem Verwalter von Gesetzes wegen keine Vertretungsmacht im Bereich der Verfügungshandlungen zukommt. Ohne entsprechender Spezialbevollmächtigung scheint zB ein Werkvertrag mit dem (die bauliche Verfügungsmaßnahme durchführenden) Dritten unwirksam zu sein und der Verwalter haftet dem Dritten gegenüber gem § 1019 S 1 ABGB auf den entstandenen Vertrauensschaden. So wird sich mangels mit der Verwaltung in Verbindung stehender Gewöhnlichkeit auch keine Anscheinsvollmacht (basierend auf §§ 54, 56 UGB iVm § 1029 ABGB) konstruieren lassen, vgl OGH 7 Ob 108/1997a = RdW 1997, 655; siehe dazu auch *Apathy/Burtscher* in *Schwimann/*

Im Hinblick auf die Rechtssicherheit bedenklicher erscheint allerdings ein Beurteilungsspielraum zwischen Verwaltungs- und Verfügungsmaßnahmen vor dem Hintergrund zeitlich unbefristeter Bekämpfbarkeit[296] bei fälschlich als Verwaltungshandlung qualifizierter Maßnahmen.[297]

Aus dem Winkel verfahrensrechtlicher Divergenzen[298] steht sohin zweifelsohne fest, dass die Zäsur zwischen den noch dem WEG unterliegenden Verwaltungsangelegenheiten zu den wichtigen Veränderungen iSv § 834 ABGB nicht weniger bedeutsam erscheint, als die Grenze zu den der Einstimmigkeit bedürfenden Verfügungshandlungen im Generellen.

Eine womöglich über den Verkehrsschutz[299] konstruierbare Zweifelsregel, dass in Grenzfällen grundsätzlich von einer die Teilrechtsfähigkeit der Eigentümergemeinschaft[300] prägenden Verwaltungsangelegenheit auszugehen sei,

---

Kodek (Hrsg), ABGB Praxiskommentar Band 6[5] (2021) § 1029 ABGB Rz 7 mwN; Wohl aber könnte sich bei einem zurechenbaren Rechtsschein und aufgrund des Vertrauens des Dritten eine das Geschäft deckende Anscheinsvollmacht ergeben, vgl Unabhängig der Problematik des Zustandekommens des Werkvertrages wird der Verwalter nach der Installation der Veränderung (§ 416 f ABGB) und einem bereicherungsrechtlichen Vorgehen des Dritten einem Regress der Eigentümergemeinschaft ausgesetzt sein.

296 Wohlgemerkt unpassend ist der Begriff der „Anfechtung" in Zusammenhang mit einem nichtigen und sohin rechtsunwirksamen Willensbildungsakt. Einem etwaigen die Maßnahme betreffenden Unterlassungsbegehren ist sohin keine Anfechtungsverfahren vorzuschalten; vgl OGH 26.8.2008, 5 Ob 130/08s; vgl auch OGH 26.9.2017, 5 Ob 161/17p.

297 Zur Unheilbarkeit fehlerhafter Akte, insbesonders jener außerhalb des vom Gemeinschaftsinteresse geprägten Verwaltungsrahmens, darunter auch persönlich dem Wohnungseigentümer zugewiesener Verfügungshandlungen, vgl *Löcker* in *Hausmann/Vonkilch*, Österreichisches Wohnrecht WEG[4] (2017) § 24 Rz 85 f, siehe dazu auch III.C.2.

298 Vgl zum Verweis von Verwaltungsmaßnahmen in das außerstreige Verfahren, *Terlitza*, Miteigentum und Wohnungseigentum-Parallelwelten (2021) 49; vgl die Verwehrung des gerichtlichen Zustimmungsersatzes bei Qualifizierung als Verfügungsmaßnahme am Beispiel des Ausbaus eines nicht „parifizierten" (als allgemeiner Teil gewidmeten) Rohdachbodens, *Prader*, WEG[5.13] § 29 E 130 (Stand 13.10.2021, Manz Wohnrecht in rdb.at); siehe zu den verfahrensrechtlichen Maßstäben im Zusammenhang mit der Willensbildung außerordentlicher Verwaltungsmaßnahmen, OGH 21.12.2004, 5 Ob 278/04z.

299 So gelten Rechtsgeschäfte der Eigentümergemeinschaft, welche den Rahmen der Verwaltungsangelegenheit sprengen als nichtig, auch wenn diese äußerlich schwer von Verfügungsmaßnahmen zu unterscheiden sind, *Löcker* in *Hausmann/Vonkilch*, Österreichisches Wohnrecht WEG[4] (2017) § 18 WEG Rz 26 f; Aufgrund des Charakters als gesetzliche Schranke (losgelöst von privatrechtlicher Willenseinigung) wird nach hL darin allerdings keine Wiederbelebung der „Ultra-vires" Lehre gesehen, *Löcker* aaO; vgl auch *Painsi/Terlitza,* Wohnungseigentumsrecht (2022) Rz 368.

300 Vgl § 18 Abs 1 WEG; siehe dazu auch *Löcker* in *Hausmann/Vonkilch*, Österreichisches Wohnrecht WEG[4] (2017) § 18 WEG Rz 24; zur Ausdehnung der Rechtsfähigkeit durch Abtretungszugänglichkeit, vgl § 18 Abs 2 WEG; so ist auch der Unterlassungsanspruch gegen den eigenmächtig Ändernden der Abtretung zugänglich, *Prader*, WEG[5.13] § 18 E 246 (Stand 13.10.2021, Manz Wohnrecht in rdb.at); Die objektive Abtretungszugänglichkeit erweitert mE bloß die Rechtsfähigkeit der EigG und verschiebt nicht die begriffliche Grenze der Verwaltungshandlung, da die ausgedehnte Rechtsfähigkeit unabhängig eines konkreten Abtretungsfalls bereits im vollen Ausmaß besteht und sohin auch nicht der Verwaltungsbegriff

lässt sich womöglich im Verhältnis der Eigentümergemeinschaft gegenüber einem Dritten rechtfertigen.[301] Im von der Handlungskategorisierung abhängigen wohnungseigentumsrechtlichen Willensbildungsprozess ist ein solcher auf den Schutz des Rechtsverkehrs gestützter Auslegungszugang allerdings nicht rechtfertigbar. Auch eine verfassungskonforme Interpretation verbietet jene Zweifelsregel zur Ausdehnung des Verwaltungsbegriffes, da jene Eigentumsbeschränkung als Eingriff in das Eigentumsrecht einzelner Teilhaber– nämlich die Zugänglichkeit zur Mehrheitsentscheidung aus Zweckmäßigkeitsgründen *praeter legem*- einen unverhältnismäßigen Eingriff in das Rechtsgut (Anteils-)Eigentum darstellt.

An dieser Stelle außenvorlassend ist die der Zweifelsregel entspringende Problematik, dass zwar der Rechtsverkehr, ein womöglich die „Veränderung“ ausführender Werkunternehmer, nicht um seinen Werklohn umfällt, die ausgeführte Pseudo-Verwaltungsangelegenheit aber keinem Unterlassungs- oder Beseitigungsanspruch eines Miteigentümers standhalten wird. Die Schwierigkeit der Handlungsqualifikation scheint demzufolge nur aufgeschoben zu werden. An einer fein ziselierten Handlungsgrenze wird sohin auch hierdurch kein Weg vorbeiführen.

2. Die Charakteristika von Verwaltungshandlungen

In diesem Sinne gilt es die Charakteristika der Verwaltungshandlung insb aus der Perspektive der Veränderungen herauszuarbeiten, um jene Maßnahmen davon abgrenzen zu können, welche dem strengeren Verfügungsrahmen, unter anderem dem wohnungseigentumsrechtlichen Individualrecht auf Änderung, zuzuordnen sind.

Verwaltungshandlungen fokussieren primär die Erfüllung gemeinschaftlicher Pflichten und nehmen kollektive Interessen im Zusammenhang mit der gemeinsamen Liegenschaft wahr.[302] Für Verwaltungshandlungen ist charakteristisch, dass dadurch Geschäfte der Gemeinschaft besorgt werden.[303] Das bedeutet, dass der Verwaltungsbegriff jene Handlungen einzuschließen versucht, welche gemeinschaftliche Interessen bei der Nutzung und Erhaltung des Ge-

---

durch den Anlassfall adaptiert wird; vgl zur „latenten“ Rechtspersönlichkeit, *Terlitza*, Festschrift Helmuth Würth (2014) 229.

301 Vgl *Häublein/Knöll*, Die rechtsfähige Eigentümergemeinschaft als Liegenschaftseigentümerin, wobl 2019, 260; siehe dazu auch *Löcker* in *Hausmann/Vonkilch*, Österreichisches Wohnrecht WEG[4] (2017) § 18 WEG Rz 25 f.

302 RIS-Justiz RS0109188, RS0013204: *„Charakteristisch für Verwaltungshandlungen ist, daß sie sich als Maßregeln einer Geschäftsführung im Interesse aller Gemeinschafter bzw. der Gemeinschaft als solcher darstellen oder wenigstens darstellen sollen.“*; vgl dazu bereits OGH 28.8.1969, 1 Ob 148/69 mwN; siehe dazu auch RIS-Justiz RS0013204, zuletzt OGH 22.10.2020, 5 Ob 97/20f; vgl zum Verwaltungsbegriff auch *Gamerith* in *Rummel*, ABGB[2] § 833 Rz 3.

303 Vgl ua OGH 18.3.2004, 1 Ob 47/04z.

meinschaftsguts beeinträchtigen könnten.[304] An jenem Stehsatz lässt sich auch das zweigeteilte Tatbestandserfordernis erkennen, welches sich in einem objektiven Element („Nutzung und Erhaltung“[305]) und in einem subjektiven Element (Interessensbezug) verdeutlicht. Wohingegen ersteres versucht durch eine objektive Schranke gewisse invasive Handlungsformen auszugrenzen, definiert letzteres das zentrale Charakteristikum gemeinschaftlichen Handelns.

Die hL beschreibt die Verwaltungshandlung als *„Maßnahme rechtlicher oder tatsächlicher Natur, die der Erhaltung oder Verbesserung des gemeinschaftlichen Gegenstand oder Ziehung und Veräußerung der Früchte dienen soll“* und unterstreicht ebenso den für diese Maßnahmenkategorie charakteristischen Bezug zum gemeinschaftlichen Interesse.[306]

Maßgeblich ist allerdings nicht, inwieweit die einzelnen Teilhaber tatsächlich an der Maßnahme interessiert sind, sondern inwieweit jene ein objektivierbares überindividuelles Interesse daran haben können,[307] bspw durch die Indizierung der Maßnahmenlokalisation. Eine Verwaltungshandlung gründet sich sohin auf einem potentiell mehrheitsfähigen Interessensbezug.[308]

Maßnahmen im bloß individuellen Interesse – unter anderem auch ausschließlich an allgemeinen Teilen[309] – indizieren eine Zugehörigkeit zu einer anderen Maßnahmenkategorie und können je nach Intensitätsabstufung den Nutzungshandlungen oder ua bei bleibenden Substanzeingriffen den Verfügungshandlungen – somit der Kompetenz der Eigentümergesamtheit – zugeordnet werden.[310]

Neben der Interessensqualifikation ist auch das Auswirkungsausmaß als Ausfluss des objektiven Elements von zentraler Bedeutung, um eine sinnvolle

---

304 Vgl OGH 20.11.2002, 5 Ob 268/02a; siehe auch RIS-Justiz RS0109188.

305 Vgl § 834 S 1 ABGB wodurch der Sachbezug als *„Erhaltung oder […] Benützung“* definiert wird.

306 So ausdrücklich *Terlitza*, Miteigentum und Wohnungseigentum-Parallelwelten (2021) 58; vgl *Sprohar-Heimlich* in *Schwimann/Kodek* (Hrsg), ABGB Praxiskommentar Band IV^5 (2018) § 828 Rz 2; *Sailer* in *Koziol/Bydlinski/Bollenberger* (Hrsg), Kurzkommentar zum ABGB^6 (2020) § 828 Rz 4 mwN.

307 Vgl *Häublein/Knöll*, Die rechtsfähige Eigentümergemeinschaft als Liegenschaftseigentümerin, wobl 2019, 258 f.

308 *„Verwaltung darf nur angenommen werden, wo auch tatsächlich ein Gemeinschaftsinteresse verfolgt wird […]“*, *Terlitza*, Miteigentum und Wohnungseigentum-Parallelwelten (2021) 268; vgl zur Abgrenzung zwischen Verwaltung und Änderung, *Painsi/Terlitza*, Wohnungseigentumsrecht (2022) Rz 362.

309 RIS-Justiz RS0083108.

310 Siehe dazu OGH 26.8.2008, 5 Ob 38/08m; vgl § 828 Abs 1 S 1 ABGB; vgl auch *Terlitza*, wobl 2011, 187; siehe dazu auch *Egglmeier-Schmolke* in *Schwimann/Neumayr* (Hrsg), ABGB Taschenkommentar^5 § 828 Rz 2 mwN; an dieser Stelle bereits anmerkend, dass es bei Maßnahmen im Interesse mehrerer einzelner durchaus zu Überlagerungen von Verwaltungs-, und Änderungsmaßnahmen kommen kann, siehe hierzu später in diesem Kapitel; siehe auch zu „Quasi-Gemeinschaftsladevorrichtungen“ IV.H.1.b)(2).

Abgrenzung zur Verfügungshandlung abstecken zu können: Verändert eine Maßnahme maßgeblich die Substanz der Gemeinschafts- oder Anteilsrechte ist von einer Verfügungsmaßnahme auszugehen.[311] Genau an dieser Schnittstelle – man denke an umfassende Umgestaltungen einer Liegenschaft – stellt die Abgrenzung der Maßnahme eine große juristische Herausforderung dar. Ein besonders intensiver Eingriff in die dingliche Rechtsphäre eines Miteigentümers verhindert sohin eine Qualifizierung als Verwaltungsmaßnahme.[312]

Das Subjekt des Handelnden *per se* ist selbstverständlich kein taugliches Differenzierungsmerkmal, da die eigenmächtige Verwaltungshandlung nicht zwingend eigennützige Motive manifestieren muss und diesfalls auch die Grenze zur Verfügungshandlung nicht überschritten sein wird.[313]

Darüber hinaus erscheint die Tauglichkeit des Maßnahmenobjekts – insbesondere dessen Lokalisierung sowohl als Indikator für den Interessensbezug als auch für die Beurteilung von Ausschließlichkeitsrechten als Kategorisierungsmerkmal untersuchungswert.[314]

Historisch betrachtet hat jenes Charakteristikums augenscheinlich an Bedeutung verloren. Wohingegen im WEG 1948 das Anteilsrecht als „Wohnungseigentumsobjektsverwaltung" räumlich auf das Wohnungseigentumsobjekt begrenzt war und sich die Liegenschaftsverwaltung als Komplementärstück darstellen ließ, erscheint das Verfügungsrecht des Einzelnen räumlich nicht mehr begreifbar zu sein und zumindest flächenmäßig auch in gemeinschaftliche Teile zu wurzeln.[315] Aufgrund des Umstandes, dass allgemeine Teile ausdrücklich Gegenstand der von Änderungsmaßnahmen sein können,

311 Der Unterscheidung kommt weitreichende praktische Bedeutung zu, da der Eigentümergemeinschaft ausschließlich im Bereich der Verwaltung Rechts- bzw Parteifähigkeit zukommt, VwGH 1.8.2018, 2016/06/0026; vgl auch mwN, VwGH 20.11.2007, 2006/05/0144.

312 Vgl § 829 S 2 ABGB; vgl zur Individualnützigkeit des Eigentums als Grenze der Verwaltungshandlung, *Häublein/Knöll*, Die rechtsfähige Eigentümergemeinschaft als Liegenschaftseigentümerin, wobl 2019, 258.

313 Die Rechtfertigung einer solchen Maßnahme erfolgt im Falle ordentlicher Verwaltung iSv § 28 WEG durch den Verwalter selbst und verhindert sohin eine Eigentumsfreiheitsklage, vgl OGH 22.10.2020, 5 Ob 97/20f; im Falle einer Maßnahme ao Verwaltung analog durch Mehrheitsbeschluss der Eigentümergemeinschaft, soweit die Grenze des § 29 Abs 5 WEG noch nicht überschritten ist.

314 Vgl *Hinteregger*, Verwaltung von Wohnungseigentum (2014) 9 ff; räumliche Kriterien richtigerweise oftmals unzureichend betrachtend, *Löcker* in *Hausmann/Vonkilch*, Österreichisches Wohnrecht WEG[4] (2017) § 28 WEG Rz 29; siehe zum zweistufigen Prüfungsverfahren von Verwaltungsangelegenheiten insb *Terlitza*, Miteigentum und Wohnungseigentum-Parallelwelten (2021) 268.

315 Hier sei insbesondere auf die Möglichkeit zur Inanspruchnahme allgemeiner Teile im Zusammenhang mit Änderungen im individuellen Interesse verwiesen, vgl § 16 Abs 2 Z 2 WEG, vormals § 13 Abs 2 Z 2 WEG 1975.

lässt sich sohin nicht automatisch auf die Qualifikation als Verwaltungsmaßnahme schließen.[316]

Umgekehrt stellt sich die Frage, inwieweit die Einbeziehung von dem Wohnungseigentümer ausschließlich zugewiesenen Flächenteilen iSd § 2 Abs 1 WEG als Ausfluss des dinglichen Nutzungs- und Verfügungsrechts eine Qualifikation als Verwaltungshandlung ausschließt.[317] *Vonkilch* und *Löcker* zufolge steht die mit einer Maßnahme einhergehende Beeinträchtigung des Alleinbenutzungsrechts eines Wohnungseigentümers im übergeordneten Gemeinschaftsinteresse nicht der Einordnung als Verwaltungsmaßnahme entgegen.[318] Zweifelsohne darf durch Mehrheitsbeschluss nicht der Charakter des ausschließlichen Nutzungs- und Verfügungsrechts des einzelnen ausgehöhlt werden. Gerade aber im Zusammenhang mit der ausdrücklich verankerten Erhaltungspflicht der Eigentümergemeinschaft im Sinne des § 28 Abs 1 Z 1 WEG werden vorbeugende Maßnahmen im Gemeinschaftsinteresse, unter anderem jener die nicht über den Erhaltungszweck hinausgehen und Schäden an der Substanz verhindern, Einzelinteressen zurückdrängen.[319]

Die Maßnahmenlokalisierung stellt isoliert betrachtet jedenfalls kein taugliches Abgrenzungsmerkmal dar.[320] Über die bloße Indizienwirkung hinsichtlich des Interessensbezuges hinausgehend ist ihr allerdings als absolute Schranke der Verwaltung vor dem Hintergrund fixierter Individualnützigkeit des Eigentums und dem Schutz des Ausschließlichkeitsrechts ein hoher Stellenwert einzuräumen.[321]

---

[316] Vgl bei Änderungen mit Inanspruchnahme allgemeiner Teile iSd § 16 Abs 2 Z 2 WEG; RIS-Justiz RS0083108; vgl bereits OGH 13.10.1992, 5 Ob 126/92, wonach eine „Änderung" nicht zwingend eine bauliche Änderung des Wohnungseigentumsobjekts selbst voraussetzt.

[317] Vgl *Prader*, WEG[5.13] § 16 Vorbemerkung 4 (Stand 13.10.2021, Manz Wohnrecht in rdb.at); siehe auch auf die Kompetenz des einzelnen Wohnungseigentümers verweisend, *Terlitza*, wobl 2011, 188; vgl zum historischen zweigeteilten Verwaltungsbegriff (Wohnungseigentums- und Liegenschaftsverwaltung) dessen gemeinsame Grenze – wenn sie nun auch begrifflich Maßnahmen der Verfügung absteckt – zieht sich in diesem Sinne auch in das WEG idF 2022, vgl *Jensik*, Miteigentum, Wohnungseigentum: Eine kurzgefaßte systematische Darstellung unter besonderer Berücksichtigung der neueren Rechtsprechung und Literatur mit dem Wortlaut der einschlägigen Gesetzestexte (1962) 69; vgl zu den räumlichen Grenzen allgemeiner Erhaltungspflicht im Zusammenhang mit der als allgemeiner Teil angesehenen Außenhaut (Balkone/Terrassen), *Löcker* in *Hausmann/Vonkilch*, Österreichisches Wohnrecht WEG[4] (2017) § 28 WEG 58.

[318] Vgl im Zusammenhang mit einem Schneeschutz auf der Terasse eines Wohngseigentümers zur Verhinderung von Feuchtigkeitsschäden, *Löcker* in *Hausmann/Vonkilch*, Österreichisches Wohnrecht WEG[4] (2017) § 29 WEG Rz 17b.

[319] *Löcker* in *Hausmann/Vonkilch*, Österreichisches Wohnrecht WEG[4] (2017) § 29 WEG Rz 17b; vgl auch zum Betriebsverbot von individuellen Ladevorrichtungen als Maßnahme außerordentlicher Verwaltung IV.H.1.b)(3).

[320] So käme es nicht auf den Veränderungsgegenstand an, vgl bereits *Jensik*, Miteigentum, Wohnungseigentum (1962) 23.

[321] Vgl dazu die Erörterung der Merkmale der Verwaltungshandlung, *Häublein/Knöll*, Die rechtsfähige Eigentümergemeinschaft als Liegenschaftseigentümerin, wobl 2019, 258.

Maßnahmen außerordentlicher Verwaltung wie nützliche Verbesserungen können sohin nicht (dauerhaft[322]) und rechtfertigungslos in das Ausschließlichkeitsrecht des Einzelnen eingreifen.[323] So verankert § 16 Abs 7 WEG idF 2022 ausdrücklich eine auf die Erhaltung und Behebung ernster Schäden eingegrenzte Duldungspflicht des Wohnungseigentümers. Eine Rechtslücke ist angesichts der ausdrücklich auch „Verbesserungen“ einfangenden mietrechtlichen Pendantbestimmung § 8 Abs 2 Z 2 MRG nicht anzunehmen.[324] Wohlgemerkt stünden auch die Wertungen des Gesetzgebers im Zusammenhang mit der übermäßigen Beeinträchtigung als Anfechtungsgrund außerordentlicher Verwaltungsmaßnahmen gem § 29 Abs 2 Z 2 WEG einem anderen Ergebnis entgegen.

Würde die Zulässigkeit „verbessernder“ Eingriffe in Ausschließlichkeitsrechte bejaht werden und sohin das Gemeinschaftsinteresse stets Vorrang genießen, ließe sich umgekehrt auch der Bedarf einer Rechtsgrundlage zur Gebrauchseinschränkungsmöglichkeit im Gemeinschaftsinteresse (iZhg mit individueller Elektro-Ladeanlagen[325]) hinterfragen.

Eine etwaige Beschlussfassung über Verfügungshandlungen, worunter auch Maßnahmen des änderungsrechtlichen Individualrechts gem § 16 Abs 2 WEG zu qualifizieren sind, ist rechtsunwirksam.[326]

Jene durch das Ausschließlichkeitsrecht begründete Interessensabwägung schützt allerdings nicht nur vor einem Eingriff in Einzelinteressen, vielmehr

322 Vgl zur Duldungspflicht des Wohnungseigentümers hinsichtlich der Betretung und der Benützung gem § 16 Abs 7 S 2 WEG im Rahmen von Verbesserungsarbeiten, *Vonkilch* in *Hausmann/Vonkilch*, Österreichisches Wohnrecht WEG[4] (2017) § 16 WEG Rz 63.

323 Vgl zur notwendigen Abwägung von Gemeinschafts- und Einzelinteressen hinsichtlich einer Duldungspflicht des Einzelnen bis zur Grenze schutzwürdiger Individualinteressen, *Terlitza*, Miteigentum und Wohnungseigentum-Parallelwelten (2021) 329 ff.

324 Vgl *Vonkilch* in *Hausmann/Vonkilch*, Österreichisches Wohnrecht WEG[4] (2017) § 16 WEG Rz 101.

325 Vgl nunmehr § 16 Abs 8 WEG idF 2022, wonach auf Grundlage eines Beschlusses der Eigentümergemeinschaft die an sich zweifach privilegierte Änderung (siehe dazu IV.H.1.b), IV.I.3) der Installation einer individuellen E-Ladestation untersagt werden kann.

326 Vgl auch die zweistufige Prüfung der Verwaltungszuordnung nach *Terlitza,* wonach in erster Linie die Souveränität des Einzelnen als negative Voraussetzung die Qualifikation einer Verwaltungsmaßnahme verhindere und erst in einem zweiten Schritt das erforderliche Gemeinschaftsinteresse zu prüfen sei, *Terlitza*, Miteigentum und Wohnungseigentum-Parallelwelten (2021) 268, 278; Es gilt allerdings zu beachten, dass sich die verschiedenen Willensbildungsprozesse (insb iZhgm einem Umlaufbeschluss) oftmals nicht trennen lassen. Demzufolge lassen sich die Voten der Beschließenden als „Zustimmung“ im änderungsrechtlichen Sinn begreifen und allenfalls aus dem Duldungsverhalten der übrigen eine die Änderung rechtfertigende mögliche konkludente Zustimmung ableiten, vgl OGH 8.11.2011, 3 Ob 151/11v; siehe zur Möglichkeit unbefristeter Beschlussbekämpfung bei fälschlich angenommener Verwaltungsmaßnahme, *Prader*, WEG[5.13] § 16 E 101 (Stand 1.1.2022, Manz Wohnrecht in rdb.at); vgl auch zur Beschlussfassung der Eigentümergemeinschaft über Herausgabeansprüche, OGH 25.4.2019, 5 Ob 226/18y, immo aktuell 2019/44, 208 (*Höllwerth)*; vgl OGH 25.1.2005, 5 Ob 213/04s [Änderungsmaßnahme als Beschlussgegenstand der Verwaltung].

schützt es auch vor Eingriffen in Gemeinschaftsinteressen, welche sich womöglich durch die Kostentragungspflicht der Eigentümergemeinschaft ergeben würden. Demzufolge wird auch der Abgrenzungsversuch, welcher zur Beurteilung einer Verwaltungsmaßnahme bloß auf die Interessen mehrerer Wohnungseigentümer abstellt, nicht ausreichen.[327]

Dadurch scheint auch die Zusammenfassung mehrerer – vielleicht sogar mehrheitlicher – individueller Interessen (weil dem ausschließlichen Nutzungs- und Verfügungsrecht im Sinne des § 16 Abs 2 WEG entspringend) zu scheinbar einer kollektiven Änderungsmaßnahme (zB Klimaanlageneinbau in mehreren WE-Objekten), nicht als eine der Mehrheitsentscheidung zugänglichen Verwaltungshandlung (und damit der Kostentragungspflicht der Eigentümergemeinschaft!) zu qualifizieren sein. Auch wenn damit notweniger Weise maßgebliche Änderungen allgemeiner Teile verbunden sind (Leitungsführungen, Außengeräte) ist der Hauptzweck innerhalb des ausschließlich genutzten Flächenteils gelegen und sohin primär Ausfluss des durch Individualinteressen abgesteckten Ausschließlichkeitsrechts, weswegen die Gesamtheit aller Teilhaber ohne entsprechende „Vereinbarung"[328] nicht verpflichtet werden kann (dh jedenfalls nicht durch Mehrheitsbeschluss).

Auch die Materialien zur WEG-Novelle 2022 bringen bei sog „E-Mobilitätsgemeinschaften", als Zusammenschluss einzelner Wohnungseigentümer zur gemeinsamen Errichtung einer Ladestation zum Ausdruck, dass diese primär dem Individualrecht zugehörig seien.[329]

---

[327] Vgl *Prader/Malaun*, Zur Zulässigkeit einer vertraglichen Regelung des Änderungsrechts des Wohnungseigentümers gem § 16 WEG im Kaufvertrag, immolex 2008, 326 mwN.

[328] Damit die Schwelle zur Verfügung aufzeigend, als *„einverständliche Verfügung aller Gemeinschafter"* bezeichnend bereits, *Klang* in *Klang*, Kommentar zum allgemeinen bürgerlichen Gesetzbuch II^{2} (1935) 860 f; vgl zum Begriff der Vereinbarung und deren begrifflichen Loslösung von der Beschlussfassung, *Terlitza*, Miteigentum und Wohnungseigentum-Parallelwelten (2021) 50.

[329] Vgl zum „kollektiven Änderungsrecht" ErläutRV WEG idF 2022, 1174 BlgNR 27. GP 12 f; Begründet wurde dies vor dem Hintergrund, dass bereits im Zeitpunkt der Regierungsvorlage die Mehrheit solcher Abstellplätze außerhalb einer Verwaltungsmaßnahme installiert wurden. Auch wenn der in der Begründung angestrebte Schluss von Seien auf Sollen wohl unzulässig erscheint, zeigt sich zum einen deutlich, dass eine Maßnahme bei Vorliegen eines objektivierbaren Gemeinschaftsinteresses durchaus zweiseitiger Rechtfertigungsmöglichkeiten unterliegt (im Rahmen der Verwaltung und auf Basis des Individualrechts) und zum anderen, dass bloß kollektives subjektives Interesse nicht zwingend ein die Verwaltungszugehörigkeit voraussetzendes „Gemeinschaftsinteresse" darstellt. Selbst wenn den Materialien zu Folge die Qualifikation als Verwaltungsmaßnahme nicht ausgeschlossen scheint, gilt es dennoch zu unterscheiden, inwieweit sich daran tatsächlich ein notwendig objektivierbares Gemeinschaftsinteresse abzeichnet. Dies ist möglicherweise bei Abstellflächen an allgemeinen Teilen, welche durch Benützungsregelung zugewiesen sind vertretbar. Bei KFZ-Abstellplätzen im Wohnungseigentum lässt sich im Regelfall kein objektivierbares Gemeinschaftsinteresse (anders wohl bei Zummenschlüssen zur Aufrechterhaltung der Strominfrastruktur) und somit keine Verwaltungsmaßnahme ableiten, selbst dann nicht, wenn mehrere benachbarte Wohnungseigentümer an jener Maßnahme interessiert sind; vgl zum

Greift man in diesem Zusammenhang die obige Erörterung zum notwendig objektiven überindividuellen Interesse[330] auf, wird auch deutlich, dass es eben nicht auf die konkrete subjektive Interessenslage ankommt. Denn die Grenze zwischen Verwaltung und Verfügung ist als eine vom Gesetzgeber getroffene Abwägung von Einzel- und Gemeinschaftsinteressen ein der Disposition entzogenes *fixum* und kann nicht durch die subjektive Interessenslage verschoben werden. Vor diesem Hintergrund kann es für die Beurteilung einer Maßnahme keinen Unterschied machen, ob die Umgestaltung in einem Wohnungseigentumsobjekt oder in mehreren umgesetzt werden soll.[331] Aus Installationen in einem konkreten Wohnungseigentumsobjekt lässt sich idR kein objektivierbares Gemeinschaftsinteresse ableiten.[332]

Eine gegenteilige Betrachtung würde bedeuten, dass der Rechtsanwender die vom Gesetzgeber im WEG verankerte Interessensabwägung (und den damit einhergehenden Schutz übriger Teilhaber![333]) verwerfen und *contra legem* wieder selbst die Interessen zur Maßnahmenkategorisierung gewichten könne.

Um die wahrscheinlich für diese Untersuchung bedeutsamste Abgrenzung individualrechtlicher Änderungsmaßnamen iSv § 16 Abs 2 WEG zu den Verwaltungsmaßnahmen abstecken zu können, empfiehlt es sich zunächst die Maßnahmenkategorie der allgemeinen Verfügungshandlungen aufzuarbeiten, um entsprechende Redundanzen zu vermeiden.

D. Verfügungshandlungen im Wohnungseigentumsrecht

1. Der zweigeteilte Verfügungsbegriff im Miteigentum

Der Begriff der „Verfügung“ erfreut sich ebenso wenig einer Legaldefinition, wie jener der „Verwaltung“.[334] In § 828 Abs 1 S 2 ABGB, im 16. Hauptstück findet sich lediglich eine Andeutung des Verfügungsbegriffs im Gewand einer negativ formulierten Handlungsgrenze.[335]

Wegfall des Anspruches auf Zustimmungsersatz bei Vorliegen eines Mehrheitsbeschlusses RIS-Justiz RS0117168; vgl zum kollektiven Änderungsrecht auch die vom Änderungsbegriff umfasste ausschließliche Inanspruchnahme allgemeiner Teile zur Errichtung eines Aufzuges im Interesse mehrerer Wohnungseigentümer OGH 25.10.2016, 5 Ob 36/16d.

330 Vgl auch *Häublein/Knöll*, Die rechtsfähige Eigentümergemeinschaft als Liegenschaftseigentümerin, wobl 2019, 258 f.

331 Vgl zur Differenzierung zwischen Verwaltung und Verfügung in der Gestalt als individuelles Änderungsrecht anhand des Interessensbezuges, *Prader*, WEG[5.13] § 16 E 113 f (Stand 13.10.2021, Manz Wohnrecht in rdb.at).

332 Siehe zu den besonderen Rechtfertigungsgründen in diesem Kapitel.

333 Vgl zum Schutz individueller Interessen *Häublein/Knöll*, Die rechtsfähige Eigentümergemeinschaft als Liegenschaftseigentümerin, wobl 2019, 258.

334 Vgl zur Abgrenzung von Verwaltung und Verfügung, *Terlitza*, wobl 2011, 186.

335 Vgl *Terlitza*, wobl 2011, 186.

Dieser zufolge können bei Uneinigkeit nur jene Veränderungen vorgenommen werden, welche keine Verfügung über die Anteile der anderen Miteigentümer bewirken.[336] Maßnahmen, welche die „gesamte Sache“ substanziell betreffen oder das Recht an dieser dauerhaft verändern, erfordern sohin der Einstimmigkeit aller Teilhaber („Sachverfügungen“).[337] Bis zu jener Schwelle allerdings kann jeder Miteigentümer, als vollständiger Eigentümer seines Anteils, mit der Substanz und den Nutzungen daran nach Willkür schalten („Anteilsverfügung“).[338]

Der Gesetzgeber verdeutlicht in der Gestalt auch das Zusammenspiel der Maßnahmenkategorien. So leitet sich das Nutzungsrecht des Einzelnen („Nutzungshandlung“) aus seinem Anteilsrecht ab, über welches er im hier aufgezeigten Rahmen verfügen kann („Anteilsverfügung“). Aus der Vorstellung *Zeillers* ist das individuelle Nutzungsrecht ohnehin Teil des Anteilverfügungsrechts,[339] was den Kategorisierungsbedarf der Nutzungshandlung *per se* in Frage stellt.

Jegliches rechtsgeschäftliche oder faktische Handeln, welches nicht als bloße Nutzungs-[340] oder Verwaltungshandlung[341] zu qualifizieren ist,[342] lässt sich entweder auf den jeweiligen Anteil („Anteilsverfügung“), oder auf die gemein-

---

336 Vgl § 828 Abs 1 ABGB.

337 Vgl *Tanczos/Eliskases* in *Rummel/Lukas,* ABGB⁴ § 828 ABGB Rz 1 (Stand 1.8.2015, rdb.at).

338 Vgl § 829 S 1 iVm § 361 iVm § 354 ABGB; darunter fällt jedenfalls die Veräußerung und die Belastung des Miteigentumsanteils im Rahmen des rechtlich Möglichen, soweit vertraglich nicht ausgeschlossen, *H. Böhm/Palma* in *Kletečka/Schauer*, ABGB-ON$^{1.02}$ § 828 Rz 5 (Stand 1.8.2020, rdb.at); vgl auch *Häublein/Köll*, Die rechtsfähige Eigentümergemeinschaft als Liegenschaftseigentümerin – zu den Grenzen der Verwaltungsangelegenheiten iSv § 18 Abs 1 WEG 2002, wobl 2019, 258 f mwN; vgl zur Grenze der Anteilsverfügung, RIS-Justiz RS0013604; *Painsi/Terlitza,* Wohnungseigentumsrecht (2022) Rz 432; So determinierte bereits *Zeiller* das Recht, unbeschränkt über seinen Anteil verfügen zu können, *Zeiller*, Commentar über das allgemeine bürgerliche Gesetzbuch für die gesammten Deutschen Erbländer der Oesterreichischen Monarchie II (1812) 880 f; so könne man diesen *„beziehen oder nicht beziehen, […] entgeltlich oder unentgeltlich veräußern oder auch gänzlich verlassen“*, zur nichtverbücherungsfähigen Dereliktion unbeweglicher Güter, vgl nunmehr *H. Böhm/Palma* in *Kletečka/Schauer*, ABGB-ON$^{1.02}$ § 828 Rz 5 (Stand 1.8.2020, rdb.at).

339 So könne *„jeder Teilhaber […] als vollständiger Eigentümer [seines Anteils] nach Belieben [darüber] verfügen. Er kann die Nutzungen davon beziehen oder nicht beziehen […]“*. Vgl *Zeiller*, Commentar über das allgemeine bürgerliche Gesetzbuch für die gesammten Deutschen Erbländer der Oesterreichischen Monarchie II (1812) 880.

340 Siehe dazu III.A.

341 Siehe dazu III.C.

342 Es gilt allerdings zu beachten, dass die ersten beiden Kategorien nur anzunehmen wären, wenn es sich um keine Verfügungshandlung handle; die Qualifikation der Maßnahmen hätte sohin primär von der Perspektive der Verfügung auszugehen, dazu eingehend *Terlitza*, Miteigentum und Wohnungseigentum-Parallelwelten (2021) 239, 273; vgl aber auch die ausgeprägten Charakteristiken der Verwaltungshandlung und die *ex lege* Maßnahmenzuordnung im Wohnungseigentumsrecht, III.C; vgl zu den „negativen Verwaltungsvoraussetzungen“ bei Veränderungen der dinglichen Rechtsposition, *Terlitza*, Miteigentum und Wohnungseigentum-Parallelwelten (2021) 277.

schaftliche Sache als Ausfluss der der Rechtsgemeinschaft zustehenden Rechte beziehen („Sach- bzw Rechtsverfügung").[343]

Wohingegen die Abgrenzung zwischen Nutzungshandlung und Anteilsverfügung – um den Gedanken *Zeillers*[344] wieder aufzugreifen – aufgrund der nicht vorhandenen Mitwirkungsbefugnis anderer Teilhaber bloß dogmatischer Bedeutung ist, ist die Unterscheidung zwischen Nutzungs- und Sachverfügungshandlung aufgrund des im Miteigentumsrecht massivsten Mitwirkungsausbaus letzterer von bedeutender Relevanz.

Unstrittig ist der Interessensbezug[345] die Schlüsselvoraussetzung des Maßnahmenrechts. Durch die gesetzliche Verankerung der Einzelinteressen gelingt es dem Gesetzgeber, das wohnungseigentumsrechtliche „Maßnahmenrecht" zu schärfen. Aufbauend auf der allgemein zivilrechtlichen Maßnahmenkategorisierung soll im Folgenden ebenjene Präzisierung herausgearbeitet werden.

„Sachverfügungen" stellen maximal invasive Handlungen dar, welche aufgrund ihrer Eingriffswirkung in die Rechte der Teilhabergesamtheit unstrittig die „Einverständlichkeit" aller Teilhaber voraussetzen.[346] Der OGH stellt diesbezüglich auf die Auswirkungen auf das gemeinschaftliche Gut ab – insb inwieweit die Maßnahme in die Substanz der Gemeinschafts- oder Anteilsrechte eingreift.[347] Sie zeichnen sich sohin dadurch aus, dass damit eine endgültige dh nicht bloß vorübergehende substanzielle „Veränderung des Hauptstammes"[348] verbunden ist.[349]

---

343 Vgl § 828 Abs 1 ABGB; so komplementieren sich Anteils- und Sachverfügung und spalten den Begriff der „Verfügungen", *Sprohar-Heimlich* in *Schwimann/Kodek* (Hrsg), ABGB Praxiskommentar Band 4^5 (2018) § 828 Rz 2; wohl passender ist der Begriff der „Rechtsverfügung" als Verfügung über das gemeinschaftliche Recht, anstatt der auf dem Wortlaut von § 828 Abs 1 S 1 ABGB („gemeinschaftliche Sache") begrifflich aufbauenden „Sachverfügung", da sich zum einen auch bei Anteilsverfügungen der Bezug zur Sache herstellen lässt. Vielmehr wird durch jene maximal invasive Verfügungshandlung in das (Anteils-)Recht anderer eingegriffen, vgl hierzu *Terlitza*, Miteigentum und Wohnungseigentum-Parallelwelten (2021) 274; Es gilt zu beachten, dass die Rechtsgemeinschaft kein Träger eines Gesamtwillens darstellt, vgl *Sailer* in *Koziol/Bydlinski/Bollenberger* (Hrsg), Kurzkommentar zum $ABGB^6$ (2020) § 828 Rz 1 mwN.

344 Vgl *Zeiller*, Commentar über das allgemeine bürgerliche Gesetzbuch für die gesammten Deutschen Erbländer der Oesterreichischen Monarchie II (1812) 880.

345 Vgl diesbezüglich insb die Grenze zwischen Verwaltungs- und Verfügungsmaßnahmen, III.C und weiter unten in diesem Kapitel.

346 Vgl *Sprohar-Heimlich* in *Schwimann/Kodek* (Hrsg), ABGB Praxiskommentar Band 4^5 (2018) § 828 ABGB Rz 2; vgl auch *Tanczos/Eliskases* in *Rummel/Lukas*, $ABGB^4$ § 828 ABGB Rz 1 (Stand 1.8.2015, rdb.at); *Terlitza*, Miteigentum und Wohnungseigentum-Parallelwelten (2021) 55.

347 RIS-Justiz RS0109188, vgl OGH 19.12.2017, 9 Ob 18/17p; vgl auch *Sprohar-Heimlich* in *Schwimann/Kodek* (Hrsg), ABGB Praxiskommentar Band 4^5 (2018) § 833 ABGB Rz 8.

348 Vgl diesbezüglich den Wortlaut § 834 ABGB, welcher wichtige Veränderungen als Verwaltungshandlungen ua auf die bessere Benützung des (jedoch seine Identität wahrenden) „Hauptstammes" stützt.

So sprechen zwar Gründe dafür, sich begrifflich von der „Sachverfügung" zugunsten der „Rechtsverfügung" zu lösen, nicht zuletzt aufgrund der Tatsache, dass die gemeinschaftliche Sache auch bei Anteilsverfügungen – womöglich intensitätsabgestuft – zum Handlungsobjekt werden kann.[350] Bspw lassen sich im WE bestimmte Substanzeingriffe im Inneren des WE Objekts und kleine Umbauten als Anteilsverfügung qualifizieren, soweit diese keine schutzwürdigen Interessen anderer Teilhaber berühren.[351] Dennoch soll aus Gründen der literarischen Einheitlichkeit vom Begriff der „Sachverfügung" Gebrauch gemacht werden.

Der zentrale Anknüpfungspunkt der Verfügung ist sohin eine Maßnahme, welche je nach Reichweite, entweder bloß in die Substanz des Anteilsrechts des jeweiligen Teilhabers selbst eingreift, oder womöglich sogar darüber hinaus geht und Anteilsrechte der Miteigentümer berührt. Ebenjenes ausgeprägte Intensitätsmerkmal typisiert das Wesen der Verfügungshandlung und hebt es von der mehrheitsfähigen Handlungsform der Verwaltung ab, indem der Gesetzgeber für diesen Bereich schutzwürdige Interessen aller Teilhaber anerkennt.[352]

Es darf allerdings nicht aus den Augen verloren werden, dass Verfügungshandlungen, nicht ausschließlich rechtlicher Natur (insb auf Grundlage von Rechtsgeschäften[353] wie Veräußerungen,[354] Umwidmungen[355] oder die Einräumung von Dienstbarkeiten[356]), sondern auch tatsächlicher bzw faktischer Natur (umfassende bauliche Umgestaltungen als „Substanzveränderungen"[357]) sein können.[358]

Gerade bei baulichen Veränderungen, bedarf es einer besonderen Abgrenzung zu den Maßnahmen der Verwaltung.[359] Rein begrifflich lässt sich den

---

349 Vgl dazu *Häublein/Köll*, Die rechtsfähige Eigentümergemeinschaft als Liegenschaftseigentümerin – zu den Grenzen der Verwaltungsangelegenheiten iSv § 18 Abs 1 WEG 2002, wobl 2019, 258 f mwN.

350 Zum alternativen/ergänzenden Begriff der „Rechtsverfügung" ausführlich, *Terlitza*, Miteigentum und Wohnungseigentum-Parallelwelten (2021) 274, 279.

351 *H. Böhm/Palma* in *Kletečka/Schauer*, ABGB-ON[1.02] § 828 Rz 5 (Stand 1.8.2020, rdb.at); zum änderungsrechtlichen Begriff der „bagatellhaften Änderungen" siehe IV.D.1.

352 Vgl RIS-Justiz RS0131875, zuletzt OGH 19.12.2017, 9 Ob 18/17p.

353 Vgl *H. Böhm/Palma* in *Kletečka/Schauer*, ABGB-ON[1.02] § 828 Rz 6 (Stand 1.8.2020, rdb.at).

354 Vgl bereits *Zeiller*, Commentar über das allgemeine bürgerliche Gesetzbuch für die gesammten Deutschen Erbländer der Oesterreichischen Monarchie II (1812) 880 f.

355 Vgl in diesem Zusammenhang die eigenmächtige Veränderung der bisherigen Nutzungsverhätnisse, RIS-Justiz RS0123177.

356 Vgl RIS-Justiz RS0049051.

357 *Tanczos/Eliskases* in *Rummel/Lukas*, ABGB[4] § 828 ABGB Rz 10 (Stand 1.8.2015, rdb.at); vgl zu endgültigen substanziellen Veränderungen durch umfängliche Baumaßnahmen, *H. Böhm/Palma* in *Kletečka/Schauer*, ABGB-ON[1.02] § 828 Rz 6 (Stand 1.8.2020, rdb.at).

358 *H. Böhm/Palma* in *Kletečka/Schauer*, ABGB-ON[1.02] § 828 Rz 2 (Stand 1.8.2020, rdb.at); vgl dazu auch *Gamerith* in *Rummel*, ABGB[3] § 828 Rz 4.

359 *H. Böhm/Palma* in *Kletečka/Schauer*, ABGB-ON[1.02] § 835 Rz 7 (Stand 1.8.2020, rdb.at).

der Verwaltung zugehörigen „wichtigen Veränderungen“ iSd § 834 ABGB und den „verfügenden“ Veränderungen iSd § 828 Abs 1 S 2 ABGB im Wege der Wortinterpretation kein tatsächlicher Gestaltungsrahmen entnehmen.[360] Der bereits aufgezeigte notwendige Bezug zur „besseren Benutzbarkeit des Hauptstammes“ iSv § 834 ABGB stellt für die Qualifizierung einer der Verwaltung zugeordneten „wichtigen Veränderung“ insoweit ein Abgrenzungskriterium dar, als die konkrete zu untersuchende Maßnahme, im Hinblick auf den „Hauptstamm“, als zentraler Verwendungszweck, zwar verbessernd, aber nicht wesensändernd ist. Bei einer „endgültigen substanziellen Veränderung des Hauptstammes“[361] scheint die Schwelle der Verfügungshandlung überschritten zu werden.

Die Grenze gestaltet sich freilich fließend. Vor dem Hintergrund, dass „umfängliche Baumaßnahmen“ nicht notwendiger Weise eine Verfügungsmaßnahme darstellen müssen, sondern bei Vorliegen eines Erhaltungsbezugs der ordentlichen Verwaltung, oder darüberhinausgehend der außerordentlichen Verwaltung zugeordnet werden können, scheidet eine rezeptartige nur auf die Intensität abstellende Maßnahmenqualifikation aus.[362]

Auch die isolierte Tatsache, dass sich eine Maßnahme lokationstechnisch auf „gemeinschaftliche Teile“ bezieht, reicht *per se* für die Qualifikation als Verfügungshandlung nicht aus, da der Verfügungsbegriff zum einen ein weiterer ist (zB „Anteilsverfügungen“) und zum anderen beide Maßnahmen maßgeblich an „gemeinschaftliche Teile“ als Maßnahmenobjekt anknüpfen können.[363] Wie im vorherigen Kapitel aufgezeigt, entfließt der Lokation des Maßnahmenobjekts jedenfalls eine Indizienwirkung hinsichtlich des Interessenbezuges. Dieser ist von herausstechender Bedeutung im Rahmen der Maßnahmenabgrenzung.

Wohingegen sich Maßnahmen der Verwaltung über den Gemeinschaftsinteressensbezug definieren,[364] können Verfügungshandlungen im individuellen oder kollektiven Interesse[365] stehen. Oftmals entspringen sie gar ausschließ-

---

[360] Vgl *Terlitza*, Miteigentum und Wohnungseigentum-Parallelwelten (2021) 55.

[361] Siehe dazu auch *Häublein/Köll*, Die rechtsfähige Eigentümergemeinschaft als Liegenschaftseigentümerin – zu den Grenzen der Verwaltungsangelegenheiten iSv § 18 Abs 1 WEG 2002, wobl 2019, 258; vgl auch *H. Böhm/Palma* in *Kletečka/Schauer*, ABGB-ON$^{1.02}$ § 828 Rz 6.

[362] *H. Böhm/Palma* in *Kletečka/Schauer*, ABGB-ON$^{1.02}$ § 828 Rz 6.

[363] *Egglmeier-Schmolke* in *Schwimann/Neumayr* (Hrsg), ABGB Taschenkommentar^{5} § 828 Rz 2 mwN; vgl aber die Ausführungen zur Indizienwirkung des Verwaltungsobjekts insb im Zusammenhang mit Eingriffen in das wohnungseigentumsrechtliche Ausschließlichkeitsrecht, III.C.

[364] So hat die Maßnahme selbst vom Gemeinschaftsinteresse getragen zu werden, siehe dazu III.C; vgl zur interessensbezogenen Abgrenzung zwischen Verwaltungs- und Verfügungsmaßnahme insb *H. Böhm/Palma* in *Kletečka/Schauer*, ABGB-ON$^{1.02}$ § 828 Rz 6 (Stand 1.8. 2020, rdb.at).

[365] Wird eine Maßnahme vom Gemeinschaftsinteresse getragen, welcher keine schutzwürdigen Interessen entgegenstehen, oder rührt die Veränderung von einer Erhaltungsmaßnahme her,

lich dem individuellen Interesse, gestalten sich allerdings derart eingriffsintensiv, sodass schutzwürdige Interessen anderer Teilhaber berührt werden, weswegen sie der Zustimmung aller erfordern („Sachverfügung").[366]

Bei Sachverfügungen lässt sich durch die Abgrenzung „schutzwürdiger Interessen" somit ein negativer Interessenszusammenhang feststellen. Rührt eine Maßnahme ausschließlich von individuellen Interessen her, erübrigt sich jedenfalls die Frage, inwieweit eine Verwaltungsmaßnahme gegeben sein könnte. In diesen Fällen ist stets von einer Verfügungsmaßnahme auszugehen. Lässt sich bei baulichen über die Bagatellgrenze hinausgehenden Umgestaltungen kein (mehrheitliches[367]) Gemeinschaftsinteresse abzeichnen, ist sohin nicht nur ein verlässlicher Indikator für Verfügungshandlungen gefunden,[368] sondern es ist im Wohnungseigentumsrecht auch der Grundstein für das dem einzelnen Wohnungseigentümer zustehende Individualrecht auf Änderung gelegt.

2. Die wohnungseigentumsrechtliche Verfügungskompetenz unter Beleuchtung des Änderungsrechts gem § 16 Abs 2 WEG

Aus wohnungseigentumsrechtlicher Perspektive verdeutlicht die Zuweisung der Verfügungskompetenz an den jeweiligen Wohnungseigentümer in einem bestimmten Umfang (arg: „Wohnungseigentumsobjekt" iSv § 2 Abs 1 S 2 WEG) ebenjene Parallelität zum zweigeteilten Verfügungsbegriff im schlichten Miteigentum,[369] wonach es zwischen „Anteils- und Sachverfügungen" zu unterscheiden gilt.[370] Die Zäsur zwischen beiden Verfügungsarten ist auch wohnungseigentumsrechtlich von herausragender praktischer Bedeutung, da die Mitwirkungsbefugnis der übrigen Wohnungseigentümer von „nicht vorhanden" bei der Anteilsverfügung auf die erforderliche Einstimmigkeit bei der Sachverfügung klettert.

Dem Wohnungseigentümer kommt als Miteigentümer der Liegenschaft das dingliche Recht zu, das Wohnungseigentumsobjekt zu nutzen und alleine darüber zu verfügen.[371] Der Gesetzgeber versucht das „Anteilsrecht" als dingliches Ausschließlichkeitsrecht des einzelnen Wohnungseigentümers durch

---

die zu einer Verbesserung führt, gilt es zu überprüfen, ob eine mehrheitsfähige Verwaltungshandlung vorliegen könnte, vgl *Löcker* in *Hausmann/Vonkilch*, Österreichisches Wohnrecht WEG[4] (2017) § 29 WEG Rz 17b.

366 Im wohnungseigentumsrechtlichen Zusammenhang wird von „eigenmächtigen Änderungen" gesprochen.

367 Vgl aber zu den neuen Beschlussquoren § 24 Abs 4 WEG idF WEG 2022.

368 Bedeutsam ist allerdings ist, dass das zentrale Charakteristikum von Verwaltungsmaßnahmen, das objektivierbare Gemeinschaftsinteresse ist, nicht das subjektive Gemeinschaftsinteresse, siehe hierzu III.C.2.

369 Vgl § 828 f ABGB.

370 *Böhm/Palma* in *Kletečka/Schauer*, ABGB-ON[1.02] § 828 Rz 1 (Stand 1.8.2020, rdb.at).

371 Vgl § 2 Abs 1 S 1 WEG.

die Bezugnahme auf das „Wohnungseigentumsobjekt“[372] vereinfacht abzubilden. So kann der Wohnungseigentümer über seinen Miteigentumsanteil und dem damit untrennbar verbundenen Nutzungsrecht an einem Wohnungseigentumsobjekt allerdings nur insoweit verfügen, als er die Rechte der Miteigentümer nicht verletzt.[373]

Das wohnungseigentumsrechtliche Änderungsrecht resultiert sohin aus dem besonderen gesellschaftsähnlichen[374] Verhältnis, welches aus der zumeist vertraglich begründeten[375] untrennbaren Verbindung zwischen dem ideellen Miteigentumsanteil und dem objektbezogenen ausschließlichen Nutzungs- und Verfügungsrecht gespannt wird.[376]

Durch die *leges speciales* zur Nutzung und zum Verfügungsumfang unterstreicht der Gesetzgeber im miteigentumsrechtlichen Interessensgefüge die Einzelinteressen des Wohnungseigentümers und erweitert gar dessen Rechtsstellung in den Bereich der Sachverfügungen. So wird im fünften Abschnitt des WEG die Nutzung, Änderung und Erhaltung des Wohnungseigentümers in § 16 WEG zusammengefasst und der Benützungsregelung gem § 17 WEG, einer schriftlichen Vereinbarung der Miteigentümer über die Benützung verfügbarer[377] allgemeiner Teile, gegenübergestellt.

Systematisch lassen sich beide Regelungsbereiche grundsätzlich als wohnungseigentumsrechtliche Ausstülpung von Verfügungshandlungen beschreiben.[378] Jedenfalls davon abzugrenzen sind Verwaltungshandlungen,[379] nicht zuletzt aufgrund der Tatsache, dass der Gesetzgeber die Kompetenz zur Durch-

---

372 Vgl zum (weiten) Begriff des „Wohnungseigentumsobjekts“ als Versuch der vereinfachten Darstellung des Ausschließlichkeitsrechts, IV.E.

373 Vgl § 829 ABGB; siehe hierzu auch *Böhm/Palma* in *Kletečka/Schauer*, ABGB-ON[1.02] § 828 Rz 1 (Stand 1.8.2020, rdb.at); *Kothbauer*, Fehlerfreie Beschlussfassung im Wohnungseigentum (2014) Rz 13.

374 Vgl OGH 31.7.2019, 5 Ob 37/19f; vgl auch OGH 21.10.2021, 3 Ob 173/21v, immolex 2022/27.

375 Vgl § 3 Abs 1 Z 1–4 WEG.

376 Dies exkludiert sowohl den schlichten Miteigentümer (in sog Mischhäusern) als Änderungswilligen, vgl OGH 9.8.2012, 5 Ob 40/12m, immolex-LS 2012/86; als auch den Wohnungsgebrauchsberechtigten (in diesem Fall unter fälschlicher Annahme der Rechtsstellung eines Wohnungseigentümers auf Unterlassung klagend, wobei die Verwehrung der Rechte eines Wohnungseigentümers auch auf die aktive Geltendmachung von Änderungsrechten zu übertragen ist und eine analoge Anwendung ausscheidet), vgl OGH 21.10.2021, 3 Ob 173/21v.

377 Vgl *Illedits* in *Illedits/Reich-Rohrwig*, Wohnrecht § 17 WEG Rz 1; siehe dazu auch ErläutRV WEG 2002, 989 BlgNR 21. GP 52.

378 Vgl *Vonkilch* in *Hausmann/Vonkilch*, Österreichisches Wohnrecht WEG[4] (2017) § 16 WEG Rz 11.

379 *Markl* in *Böhm/Pletzer/Spruzina/Stabentheiner*, GeKo Wohnrecht II § 16 WEG Rz 11; vgl dazu III.A; vgl die Abgrenzung von Verwaltungshandlungen zu individuellen Änderungen im Detail III.C.

führung dieser Angelegenheiten mit Gemeinschaftsinteressenbezug der Eigentümergemeinschaft zugeordnet hat.[380]

Wohingegen § 16 Abs 1 WEG die Nutzung des Wohnungseigentumsobjekts in bewundernswerter Kürze regelt, findet sich in § 16 Abs 2 WEG der Begriff der Änderung, dessen Inhalt er voraussetzt: *„Der Wohnungseigentümer ist zu Änderungen (einschließlich Widmungsänderungen) an seinem Wohnungseigentumsobjekt auf seine Kosten berechtigt."*

In der Gestalt bildet § 16 Abs 2 f WEG die Grundlage des Individualrechts des Wohnungseigentümers ab, Änderungsmaßnahmen im Zusammenhang mit dem Wohnungseigentumsobjekt[381] im individuellen Interesse zu setzen. Die änderungsrechtliche Systematik räumt dem Änderungswilligen unter gewissen Voraussetzungen gar die Möglichkeit ein, im Zuge von Änderungsmaßnahmen auch allgemeine Teile oder gar Wohnungseigentums- und Zubehörobjekte anderer Wohnungseigentümer zu beanspruchen.[382]

Das Institut des „Individualrechts auf Änderung" geht sohin in seiner Gesamtheit über die Schwelle der Anteilsverfügung hinaus, da unter bestimmten sehr restriktiv[383] auszulegenden Voraussetzungen – dh jedenfalls über den ausschließlich nutzbaren Flächenteil hinausgehend – in Anspruch genommen werden können.

Obwohl diesbezüglich die Anmutung eines unmittelbaren Durchführungsanspruches des Wohnungseigentümers ohnehin von der stRsp seit jeher widerlegt wurde,[384] stellt nunmehr § 16 Abs 2 S 2 WEG idF 2022 ausdrücklich

---

380 Vgl aber die missverständliche Überschrift zur Vorgängerbestimmung § 13 WEG 1975, welche ihre Grundlage in § 8 Abs 3 WEG 1948 fand und bloß zum Ausdruck bringen sollte, dass dem einzelnen Wohnungseigentümer nicht bloß das Recht zur Eigennutzung, sondern auch zur Fremdnutzung (Vermietung) zu kommt: *„Verwaltung der im Wohnungseigentum stehenden Wohnung oder sonstigen Räumlichkeit";* zur Titeländerung anstoßend siehe auch *Call*, Glosse zu wobl 1998/51, wobl 1998/50; siehe dazu auch ErläutRV 989 BlgNR, 21. GP 51; Begrifflich wurde im WEG 1975 zwischen der *Verwaltung der im Wohnungseigentum stehenden Wohnung* und der *Verwaltung der Liegenschaft* unterschieden, vgl hierzu AB 1681 XIII. GP, 2 Z 4.

381 Vgl zum Begriff des „Wohnungseigentumsobjekts" IV.E.

382 Vgl die intensitätsabgestufte, an die Flächenkategorie knüpfende Änderungssystematik gem § 16 Abs 2 Z 1–3 WEG.

383 Vgl *Markl* in *Böhm/Pletzer/Spruzina/Stabentheiner*, GeKo Wohnrecht II (2019) § 16 WEG Rz 15 ff; vgl § 16 Abs 2 Z 2 f.

384 Vgl zum Zustimmungsbedarf, RIS-Justiz RS0005944; siehe zur bloßen Möglichkeit der Beeinträchtigung, RIS-Justiz RS0083156; lediglich bagatellhafte Änderungen als die Schwelle der Beeinträchtigungsmöglichkeit nicht überschreitend, RIS-Justiz RS0109247. Wider der historischen Praxis zur oft fehlinterpretierten Vorgängerbestimmung § 13 WEG 1975 darf nicht verkannt werden, dass dem änderungswilligen Wohnungseigentümer selbst bei Erfüllung sämtlicher (im Außerstreitverfahren zu prüfender!) Voraussetzungen kein unmittelbarer Anspruch auf Durchführung der Änderung zukommt, so wie man es dem Wortlaut des § 16 Abs 2 WEG aF möglicherweise entnehmen mochte, klarstellend *Würth/Zingher/Kovanyi*, Miet- und Wohnrecht II[23] § 16 WEG 10; vgl auch *Sammer* in *Kothbauer/Sammer/Berger/*

klar, dass es bei der bloßen Möglichkeit der Beeinträchtigung schutzwürdiger Interessen anderer der Zustimmung aller Wohnungseigentümer bedarf. Dadurch fand auch das dem individuellen Änderungsrecht zugrundeliegende Charakteristikum als „Sachverfügungsmaßnahme" ihren deutlichen legistischen Niederschlag.[385]

In Anbetracht der Zustimmungsnotwendigkeit ist die Grenze zwischen den „bagatellhaften" Umgestaltungen als bloße Anteilsverfügungen und den eigentlichen „Änderungen" iSd § 16 Abs 2 WEG als jene Schwelle überschreitende „Sachverfügungen" bedeutsam.[386] Wird diese Schwelle überschritten, wird die Umgestaltungsmaßnahme zur genehmigungspflichtigen „Sachverfügung". Aufgrund der bloßen Möglichkeit einer Beeinträchtigung schutzwürdiger Interessen anderer Wohnungseigentümer[387] ist sohin die Zustimmung sämtlicher Wohnungseigentümer notwendig.[388] Mit anderen Worten ist stets die Zustimmung aller einzuholen, soweit im Zuge eines geplanten Eingriffes eine Beeinträchtigung schutzwürdiger Interessen der übrigen Wohnungseigentümer nicht völlig ausgeschlossen ist.[389] Das bedeutet, dass bei sämtlichen Maßnahmen, welche über den bloßen Gebrauch[390] als Ausfluss der Anteilsverfügung hinausgehen (die Grenze der bagatellhaften Änderungen sprengende Maßnahmen) Rechtfertigungsbedarf entsteht.

Dass die Konsensfindung bei Liegenschaften mit steigender Anzahl der Wohnungseigentümer indirekt proportional unwahrscheinlich wird, liegt auf der Hand. Anders als im schlichten Miteigentum dessen Reglement sich mit

---

Holzapfel, Dirnbacher Praxiskommentar WEG 2017[8] (2017) 196. Die Ansicht, dass dem Wohnungseigentümer bereits *ex lege* das Änderungsrecht zu käme, ohne die bei bloßer Möglichkeit einer Beeinträchtigung schutzwürdiger Interessen verpflichtende Zustimmung einholen zu müssen, lehnte der OGH bereits im Rahmen der alten Rechtslage zum WEG 2002 aF ab, vgl OGH 19.5.2015, 5 Ob 38/15x.

385 Vgl *Terlitza*, Miteigentum und Wohnungseigentum-Parallelwelten (2021) 304.

386 Vgl auch zum Änderungsrecht als Schnittstelle zwischen Anteils-, und Sachverfügung je nach Beeinträchtigungsmöglichkeit anderer, *Painsi/Terlitza,* Wohnungseigentumsrecht (2022) Rz 371; aufgrund des grundsätzlichen Zustimmungsbedarfes wird nicht von einer Anteilsverfügung auszugehen sein, wenn gleich die Rechtfertigungsinstitute des § 16 Abs 2 WEG eine Hybridstellung konstruieren, vgl demgegenüber *Pittl*, Handbuch Wohnungseigentumsrecht (2022) 5.2; *Kothbauer* beschreibt die Trennlinie zwischen Sach- und Anteilsverfügung nach dem Prinzip „immanenter Anteilsverfügungsrechtsschranken": So endet die Freiheit eines Wohnungseigentümers dort, wo die Freiheit des anderen Wohnungseigentümers beginnt, *Kothbauer*, Fehlerfreie Beschlussfassung im Wohnungseigentum (2014) Rz 14.

387 Vgl OGH 25.4.2019, 5 Ob 248/18h: *„bereits jede Änderung, die die Möglichkeit einer Beeinträchtigung schutzwürdiger Interessen anderer Wohnungseigentümer mit sich bringen könnte, [bedarf] der Zustimmung aller übrigen Wohnungseigentümer oder der Genehmigung durch den Außerstreitrichter in einem Verfahren nach § 52 Abs 1 Z 2 WEG"*; vgl nunmehr ausdrücklich § 16 Abs 2 S 2 WEG idF 2022.

388 *Sammer* in *Kothbauer/Sammer/Berger/Holzapfel*, Dirnbacher Praxiskommentar WEG 2017[8] (2017) 196 f; RIS-Justiz RS0083156, zuletzt OGH 31.7.2019, 5 Ob 55/19b.

389 *Vonkilch* in *Hausmann/Vonkilch*, Österreichisches Wohnrecht WEG[4] (2017) § 16 WEG Rz 58.

390 § 16 Abs 1 WEG; vgl dazu auch III.A.

dem ABGB begnügt, findet sich im 11. Abschnitt des WEG eine Kompromisslösung bei Konsenslosigkeit: der Zustimmungsersatz im Außerstreitverfahren unter den Voraussetzungen des 5. Abschnitts.[391] Entspricht die gewollte Änderung (soweit diese nicht ohnehin aufgrund von Begünstigungswürdigkeit der Zustimmungsfiktion zugänglich ist[392]) den Voraussetzungen des § 16 Abs 2 WEG so gilt diese als „genehmigungsfähig" und die Zustimmung der Wohnungseigentümer kann durch einen Beschluss im Außerstreitverfahren ersetzt werden.[393]

Entspricht die geplante Änderungsmaßnahme (soweit diese nicht ohnehin aufgrund von Begünstigungswürdigkeit der Zustimmungsfiktion zugänglich ist[394]) den Voraussetzungen des § 16 Abs 2 WEG so gilt diese als „genehmigungsfähig" und die Zustimmung der Wohnungseigentümer kann durch Beschluss im Außerstreitverfahren ersetzt werden.[395]

Der Gesetzgeber verankert in jenem Voraussetzungskanon eine feinziselierte Interessensabwägung zwischen den Einzelinteressen des Änderungswilligen und den Interessen der übrigen Teilhaber und knüpft deren Schutzwürdigkeit an besondere Kriterien.[396] Darüber hinaus bedürfen besonders eingriffsintensive Änderungsmaßnahmen grundsätzlich gewichtigerer Interessen des Änderungswilligen.[397] Durch die in konkrete gesetzliche Voraussetzungen gegossenen objektivierten Interessen, wird dem Rechtsanwender in weiten Teilen eine Interessensabwägung abgenommen.

Eben jene Aspekte verdeutlichen die Hybridstellung des wohnungseigentumsrechtlichen Änderungsrechts als Mischform von Anteils- und (dem Zustimmungsersatz zugänglichen) Sachverfügungsmaßnahmen.[398] Verbildlicht bedeutet dies, dass die Änderungsrechte der Gesamtheit der Wohnungseigentümer nicht isoliert nebeneinanderstehen, wie es bei bloßen Anteilsverfügungen zu erwarten ist, sondern diese können vielmehr aufgrund des erweiterten Radius Schnittmengen bilden.[399]

---

391 Vgl § 16 Abs 2 f WEG.

392 Vgl in diesem Zusammenhang IV.H.

393 Vgl § 52 Abs 1 Z 2 WEG.

394 Vgl in diesem Zusammenhang IV.H.

395 Vgl § 52 Abs 1 Z 2 WEG.

396 Schutzwürdige Interessen lassen sich durch die allgemeinen Änderungsvoraussetzungen iSv § 16 Abs 2 Z 1 WEG abbilden. So darf mit einer Änderungen keine Schädigung des Hauses, keine Beeinträchtigung des äußeren Erscheinungsbildes noch eine Gefahr für Personen oder Sachen einhergehen, siehe dazu IV.I.1.

397 Vgl § 16 Abs 2 Z 2 WEG, wonach ein gerichtlicher Zustimmungsersatz bei Eingriffen in allgemeine Teile zusätzlich alternativ eines wichtigen Interesses oder der Verkehrsüblichkeit bedarf, siehe dazu IV.I.2.

398 Vgl *Terlitza*, Miteigentum und Wohnungseigentum-Parallelwelten (2021) 304 mwN.

399 Dieser Aspekt zeigt sich vorrangig bei begrenzt verfügbaren allgemeinen Teilen, zB iZhgm der Montage von Solarpanelen am allgemeinen Hausdach zugusten eines Änderungswilligen. Änderungen welche künftige Änderungen anderer Miteigentümer einschränken oder gar aus-

Vergleicht man nun in diesem Zusammenhang das wohnungseigentumsrechtliche Änderungsrecht mit den Handlungsmaßnahmen im schlichten Miteigentum,[400] wurde der Miteigentümerschutz zugunsten individueller Flexibilität dezent aufgeweicht – oder mit anderen Worten: die Interessensgewichtung zugunsten des einzelnen Wohnungseigentümers verlagert.

schließen, sind besonders unter dem Gesichtspunkt entgegenstehender schutzwürdiger Interessen zu prüfen.

400 Vgl in diesem Zusammenhang den Dachbodenausbau im schlichten Miteigentum, OGH 21.12.2006, 6 Ob 83/06h.

IV. Individuelle Änderungen im Wohnungseigentum

A. Die allgemeine Systematik des wohnungseigentumsrechtlichen „Änderungsrechts“

> „Nach § 16 Abs 2 WEG ist der Wohnungseigentümer zu Änderungen (einschließlich Widmungsänderungen) an seinem Wohnungseigentumsobjekt auf seine Kosten berechtigt.“[401]

Jener sich an den Wortlaut des § 16 Abs 2 S 1 WEG anlehnende Stehsatz findet sich in einer mehr oder weniger abgeänderten Form in jedem über die Genehmigungsfähigkeit eines Änderungsbegehrens erkennenden Beschluss.

Individuelle Änderungen iSd § 16 Abs 2 WEG sind Ausfluss des wohnungseigentumsrechtlichen Sachverfügungsrechts *sui generis*.[402] Primäre Erfordernisse zur „Ausübung“ des Individualrechts auf Änderung sind neben der Kostentragung[403] durch den Änderungswilligen die Zustimmung[404] aller Wohnungseigentümer. Neben der legistischen Klarstellung des Zustimmungsbedarfes[405] schuf der Gesetzgeber im Rahmen der WEG-Novelle 2022 nunmehr einen dualen Rechtfertigungsmodus als Zustimmungssubstitut.[406]

Im Rahmen des gerichtlichen Zustimmungsersatzes hat der Außerstreitrichter die durch unbestimmte Gesetzesbegriffe umrissenen Voraussetzungen[407] zu prüfen, welche sich je nach Intensität der Änderungsmaßnahme und dem damit einhergehenden Interessensbeeinträchtigungspotential gegenüber anderen Wohnungseigentümern verdichten.[408]

Jedenfalls darf mit einer Änderung keine Beeinträchtigung schutzwürdiger Interessen anderer Wohnungseigentümer eingehen. Als absolute Schranke und Ausfluss des Interessensschutzes ist eine *„Schädigung des Hauses“*, eine *„Beeinträchtigung des äußeren Erscheinungsbildes“* oder eine *„Gefahr für die Sicherheit von Personen bzw Sachen“* ein der Änderung ausnahmslos entgegenstehender Hindernisgrund.[409]

Bei der Inanspruchnahme allgemeiner Teile außerhalb des Anwendungsfalles privilegierter Änderungen[410] bedarf über die durch den Gesetzgeber als

---

401 Vgl exemplarisch OGH 14.6.2021 5 Ob 68/21t.

402 Siehe hierzu III.D.2.

403 Siehe zur Kostentragungspflicht des Änderungswilligen IV.G.

404 Siehe zu den Modi änderungsrechtlicher Rechtfertigung IV.F.

405 Vgl *Pittl*, Handbuch Wohnungseigentumsrecht (2022) 96.

406 Siehe dazu IV.F.6; vgl hierzu

407 Vgl § 16 Abs 2 WEG idF 2022.

408 *Markl* in *Böhm/Pletzer/Spruzina/Stabentheiner*, GeKo Wohnrecht II (2019) § 16 WEG Rz 13; siehe darüber hinaus auch *Illedits* in *Illedits/Reich-Rohrwig*, Wohnrecht § 16 WEG Rz 2.

409 Vgl § 16 Abs 2 Z 1 WEG; siehe dazu IV.I.1.

410 Vgl § 16 Abs 2 Z 2 WEG; siehe zu den privilegierten Maßnahmen IV.I.3.

allgemeine negative Voraussetzung formulierten Einschränkungen wie bereits dargestellt, entweder eines „wichtigen Interesses“ des Änderungsberechtigen oder die Änderung hat der „Übung des Verkehrs“ zu entsprechen.[411]

Wird für eine Änderung allerdings darüber hinaus sogar das Wohnungseigentumsobjekt oder Zubehörobjekt anderer in Anspruch genommen, ist es für die Durchsetzbarkeit der Änderung über die Voraussetzungen des § 16 Abs 2 Z 1 und Z 2 hinaus, erforderlich, dass der Eingriff keine wesentliche und dauernde Beeinträchtigung des Wohnungseigentümers darstellt, die Änderung *„bei billiger Abwägung aller Interessen“* für den betroffenen Wohnungseigentümer zumutbar ist und der betroffene Wohnungseigentümer angemessen entschädigt wird.[412]

Haben die Miteigentümer eine Änderung zu dulden, ist sie also „genehmigungsfähig“,[413] kann der änderungswillige Wohnungseigentümer auch die Mitwirkung entgegenstehender Wohnungseigentümer für eine etwaig notwendige behördliche Bewilligung verlangen.[414]

Beiseits des bisherigen gerichtlichen Zustimmungsersatzes gem § 52 Abs 1 Z 2 WEG[415] definierte der Gesetzgeber einen Katalog begünstigungswürdiger Maßnahmen,[416] welche dem Institut der Zustimmungsfiktion[417] zugänglich sind. Bei jenen Änderungsformen haben entgegenstehende Wohnungseigentümer nach gehöriger Information[418] aktiv zu widersprechen, anderenfalls deren Schweigen als Zustimmung zu deuten ist.[419]

Anders als schon bisher privilegierte Maßnahmen,[420] welche im Rahmen des gerichtlichen Zustimmungsersatzes geradezu bei Eingriffen in allgemeine Teile die unwiderlegliche Vermutung eines *„wichtigen Interesses“* bzw der

---

411 Vgl § 16 Abs 2 Z 2 WEG; siehe zu den Voraussetzungen bei Inanspruchnahme allgemeiner Teile IV.I.2.

412 Vgl § 16 Abs 2 Z 3 WEG; vgl *Würth/Zingher/Kovanyi*, Miet- und Wohnrecht II^{23} (2015) §16 Rz 39.

413 Siehe dazu im Folgekapitel, IV.B.

414 Vgl § 16 Abs 3 WEG; vgl hierzu *Sammer* in *Kothbauer/Sammer/Berger/Holzapfel*, Dirnbacher Praxiskommentar WEG 2017^{8} (2017) 236 mwN; vgl auch *Feil/Friedl* in *Feil/Friedl/Bayer*, Wohnungseigentumsgesetz (2014) § 16 Rz 34 mwN; vgl auch zur exekutiven Durchsetzung gem § 52 Abs 1 Z 2 WEG iVm § 367 Abs 1 EO *Würth/Zingher/Kovanyi*, Miet- und Wohnrecht II^{23} (2015) § 16 WEG Rz 40; der Bedarf einer öffentlichrechtlichen Genehmigung schließt jedenfalls das Änderungsrecht im Gegensatz zur Patenbestimmung § 18 MG nicht *per se* aus, vgl auch *Vonkilch* in *Hausmann/Vonkilch*, Österreichisches Wohnrecht WEG^{4} (2017) § 16 WEG Rz 54 ff mwN; es wird allerdings davon auszugehen sein, dass der Genehmigungsbedarf auch eine wohnungseigentumsrechtliche Genehmigungsbedürftigkeit indiziert, vgl *Illedits* in *Illedits/Reich-Rohrwig*, Wohnrecht § 16 WEG Rz 19.

415 Siehe dazu IV.I.

416 Siehe dazu IV.H.

417 Siehe dazu IV.H.1.

418 Vgl § 16 Abs 5 S 2 WEG idF 2022; siehe dazu IV.H.1.

419 Vgl § 16 Abs 5 S 1 WEG idF 2022; siehe dazu IV.H.5.

420 Vgl § 16 Abs 2 Z 2 WEG.

„Verkehrsüblichkeit“ aufstellten, schuf der Gesetzgeber mit der Verankerung der „Begünstigungswürdigkeit“[421] einen dem Wohnungseigentumsrecht völlig neuen Rechtfertigungsmodus.[422]

So stehen zwar die unterschiedlichen Privilegierungsebenen nicht völlig interferenzlos nebeneinander, da auch der Katalog bisheriger klassischer Privilegierung, um einzelne Tatbestände der Begünstigungswürdigkeit erweitert wurde. Der „gesetzgeberische Förderungswille“[423] bei begünstigungswürdigen Maßnahmen zeichnet sich im Widerspruchsfall (und somit im Rahmen des gerichtlichen Zustimmungsersatzes) allerdings nur bei der *„barrierefreien Ausgestaltung“* und bei *„Vorrichtung[en] zum Langsamladen eines elektrisch betriebenen Fahrzeugs“* ab. Die übrigen Begünstigungswürdigkeitstatbestände haben sich im Außerstreitverfahren zur Prüfung der „Genehmigungsfähigkeit“[424] mit einer widerleglichen Vermutung der „Verkehrsüblichkeit“ oder des *„wichtigen Interesse[s]“* des Änderungswilligen zu begnügen.[425]

In allen anderen Fällen fehlender ausdrücklicher Zustimmung muss der Änderungswillige – bei sonstiger rechtswidriger Eigenmacht – die Zustimmung durch den Beschluss des Außerstreitrichters ersetzen lassen,[426] anderenfalls sich der Änderungswillige einem im streitigen Verfahren durchzusetzenden Unterlassungsbegehren anderer Wohnungseigentümer aussetzen würde.[427]

B. Die Qualifikation der „Genehmigungsbedürftigkeit“ und die „Genehmigungsfähigkeit“

Die oftmals Änderungsmaßnahmen qualifizierenden Attribute der „Genehmigungsbedürftigkeit“[428] und der „Genehmigungsfähigkeit“[429] sind gesetzlich

[421] Vgl zum Begriff der „Begünstigungswürdigkeit“ erstmals, ErläutME WEG idF 2022, 134/ME 27. GP 2 Z 3; vgl dazu auch die „Unterstützungswürdigkeit“, Folgeabschätzung 134/ME 27. GP 1.

[422] Vgl ErläutRV WEG idF 2022, 1174 BlgNR 27. GP 10 ff.

[423] Vgl ErläutRV WEG idF 2022, 1174 BlgNR 27. GP 11.

[424] Siehe dazu IV.B.

[425] Vgl § 16 Abs 2 Z 2 WEG idF 2022.

[426] Vgl nunmehr ausdrücklich § 16 Abs 2 S 3 WEG idF 2022.

[427] Vgl RIS-Justiz RS0083156.

[428] Gelegentlich als „Genehmigungspflichtigkeit“ bezeichnet, vgl RIS-Justiz RS0119528; siehe auch *Sammer* in *Kothbauer/Sammer/Berger/Holzapfel*, Dirnbacher Praxiskommentar WEG 2017[8] (2017) 203 ff; Der Begriff der „Genehmigungsbedürftigkeit“ ist mE jedoch insb in der *ex post* Betrachtung einer bereits gesetzten Maßnahme treffender, da durch den inbegriffenen Konjunktiv die eigentliche Hauptfrage des streitigen Beseitigungsverfahrens abgebildet wird, nämlich dass die vom Ändernden bereits gesetzte Maßnahme einen unberechtigten Eingriff in das Eigentumsrecht des Miteigentümers darstellt und eben der Zustimmung aller bedurft hätte. Die Qualifikation einer Maßnahme als genehmigungspflichtig beschreibt vielmehr das über die Bagatellgrenze hinausgehende, potentielle Miteigentümerinteressen beeinträchtigende Intensitätsausmaß eines künftigen Änderungsvorhabens und die damit einhergehende Obliegenheit des Änderungswilligen *ex ante* die Zustimmung aller einholen zu

nicht definierte, rechtliche Zustandsbeschreibungen, welche versuchen das zentrale Prüfungskalkül der mit dem Individualrecht auf Änderung in Zusammenhang stehenden Verfahren[430] abzubilden. Jene Begrifflichkeiten spielen insoweit zusammen, als der Änderungswillige bei Änderungen über der Bagatellgrenze („genehmigungsbedürftige Änderungen“) die Zustimmung aller einzuholen hat, und diese allenfalls gerichtlich ersetzen kann („genehmigungsfähig“), um sich der rechtswidrigen Eigenmacht zu entledigen.

Wohingegen die „Genehmigungsbedürftigkeit“ das Ergebnis der Zuordnung zum Bereich der Sachverfügung kennzeichnet und somit den Bedarf der notwendigen Zustimmung und die Hauptfrage im streitigen Verfahren gem § 523 ABGB zur Beseitigung eigenmächtiger Änderungen abbildet,[431] ist die Genehmigungsfähigkeit, das positive Ergebnis eines gerichtlichen außerstreitigen Zustimmungsersatzverfahrens gem § 52 Abs 1 Z 2 WEG.[432] In der Literatur wird zur Abgrenzung des Genehmigungsbedarfes oftmals von „wesentlichen“ Änderungen gesprochen.[433] In Anbetracht der gleichlautenden negativen, besonderen Voraussetzungen bei Inanspruchnahme anderer Wohnungseigentumsobjekte gem § 16 Abs 2 Z 3 WEG (*„wesentliche und dauernde Beeinträchtigungen“)* ist von dieser Klassifizierung Abstand zu nehmen, anderenfalls der Eindruck entsteht, Änderungen gem § 16 Abs 2 Z 3 WEG knüpften aufgrund der ohnehin als „wesentlich“ qualifizierten Änderung nur an das Dauerelement.[434]

Eine Änderung ist schließlich dann „genehmigungspflichtig“, wenn diese unter dem weiten Änderungsbegriff[435] subsumiert werden kann. Ist jene Änderung nicht von der Zustimmung[436] der übrigen Miteigentümer gedeckt, so handelt der Änderungswillige in rechtswidriger Eigenmacht.[437] In verfahrens-

müssen oder subsidiär – soweit die Voraussetzungen des § 16 Abs 2 WEG vorliegen („Genehmigungsfähigkeit“) – den außerstreitigen Zustimmungsersatz anzustreben. Die „Genehmigungsbedürftigkeit“ bildet sohin das tatsächliche Prüfungskalkül der Eigentumsfreiheitsklage ab, wohingegen die „Genehmigungspflichtigkeit“ das Ergebnis einer hypothetischen Beeinträchtigungsmöglichkeit *ex ante* darstellt.

429 Vgl zur Genehmigungsfähigkeit als positive Subsumtion unter allen änderungsrechtlichen Voraussetzungen *Painsi/Terlitza,* Wohnungseigentumsrecht (2022) Rz 384, 406 ff.

430 Vgl zum außerstreitigen Zustimmungsersatz gem § 52 Abs 1 Z 2 WEG und zum antagonistischen streitigen Beseitigungsanspruch eigenmächtiger zustimmungsloser Änderungen gem § 523 ABGB.

431 Vgl *Painsi/Terlitza,* Wohnungseigentumsrecht (2022) Rz 372 ff.

432 Vgl zur absoluten Genehmigungsunfähigkeit im Rahmen einer *ex ante* Beurteilung ohne den Bedarf eines Rückgriffes auf änderungsrechtliche Voraussetzungen, IV.D.2.

433 Vgl die Geringfügigkeit, die leichte Beseitigbarkeit und die fehlende Beeinträchtigung von schutzwürdigen Interessen des Vermieters als Indizien der Unwesentlichkeit *Vonkilch* in *Hausmann/Vonkilch,* Österreichisches Wohnrecht MRG^4 (2021) § 9 Rz 5 mwN.

434 Siehe hierzu IV.I.5.b).

435 Vgl dazu IV.D.

436 Vgl zu den änderungsrechtlichen Rechtfertigungsmodi, IV.F.

437 Vgl RIS-Justiz RS0083156, vgl zur konsenslosen, quasi vollständigen Verlegung des Zubehörgartens mit Terrassendielen, OGH 18.4.2023, 5 Ob 18/23t.

technischer Hinsicht stellt die „Genehmigungsbedürftigkeit" bzw „Genehmigungspflichtigkeit" die zentrale Frage im Petitorium[438] eines in seinen Interessen beeinträchtigten Miteigentümers dar.[439] Bei einem solchen gilt es im Rahmen eines streitigen Verfahrens über das Unterlassungs- und Beseitigungsbegehren hinsichtlich einer bereits gesetzten zustimmungslosen, sohin eigenmächtigen Änderung eines Wohnungseigentümers abzusprechen.[440] Über das Prüfungskalkül im streitigen Verfahren hinausgehend, kommt jenem Kriterium bei der *ex ante* Prüfung einer Änderungsmaßnahme Bedeutung zu, um ein solches Verfahren gar nicht erst auszulösen.

Der Begriff der „Genehmigungsfähigkeit" beschreibt die – über das allgemein zivilrechtliche Anteilsverfügungsrecht iSd § 829 S1 ABGB hinausgehende – Möglichkeit subsidiär die Zustimmung der Miteigentümer im Rahmen der Voraussetzungen des § 16 Abs 2 WEG durch Beschluss des Außerstreitgerichts gemäß § 52 Abs 1 Z 2 WEG zu ersetzen. Mit anderen Worten ist die „Genehmigungsfähigkeit" das positive Ergebnis eines Subsumtionsvorganges einer gewünschten Änderungsmaßnahme unter sämtlichen Voraussetzungen des § 16 Abs 2 WEG, welche es im Folgenden darzustellen gilt.

C. Grundlegendes zum Individualrecht iSv § 16 Abs 2 WEG

1. Der allgemeine „Rechtsinhalt"

Im Zuge der WEG-Novelle 2022 wurde ausdrücklich klargestellt, dass das Änderungsrecht gem § 16 Abs 2 WEG idF WEG 2022 selbst bei Vorliegen sämtlicher Voraussetzungen keinen *ex lege* Durchführungsanspruch definiert (wie bisher auch stRsp[441]), sondern bereits ab der bloßen Möglichkeit der Beeinträchtigung schutzwürdiger Interessen die Zustimmung aller einzuholen

---

438 Vgl zur Eigentumsfreiheitsklage § 523 ABGB; vgl RIS-Justiz RS0005944, RS0083156, RS0012112, RS0012137; siehe dazu auch *Prader*, WEG[5.13] § 16 E 28 (Stand 1.1.2022, Manz Wohnrecht in rdb.at).

439 Siehe zur Kalkülsabgrenzung auch, *Vonkilch*, Konsequenzen der eigenmächtigen Vornahme von Änderungen am WE-Objekt durch einen Wohnungseigentümer, wobl 2015, 32 f.

440 Demnach darf nicht verkannt werden, dass die „Genehmigungsfähigkeit" – als Umstandsbeschreibung für die Zugänglichkeit zur ersatzweisen außergerichtlichen Feststellung der Duldungspflicht nach den Voraussetzungen des § 16 Abs 2 Z 1–3 WEG gerade keinen Prüfungsgegenstand im streitigen Beseitigungsverfahren darstellt. Ein solches Verfahren kann auch nicht bis zum rechtsgestaltenden Beschluss eines vom Änderungswilligen bereits anhängig gemachten Verfahrens nach § 52 Abs 1 Z 2 WEG unterbrochen werden, vgl OGH 20.4.2021, 5 Ob 45/21k = immolex 2021/121; ein Verfahren nach § 52 Abs 1 Z 2 WEG ist nicht präjudiziell iSd § 190 ZPO, weswegen ein streitiges Verfahren auf Beseitigung der eigenmächtigen Änderung auch nicht zu unterbrechen ist, *Vonkilch*, Festschrift Helmuth Würth (2014) 240; jene verfahrensrechtliche Konzeption gedenkt der Gesetzgeber auch beizubehalten, vgl zur „Anarchie im Wohnungseigentumsrecht" *Stabentheiner*, Die WEG-Novelle 2022, ÖJZ 2022, 259.

441 Vgl ua OGH 19.5.2015, 5 Ob 38/15x.

ist. Unter den Voraussetzungen des § 16 Abs 2 Z 1 WEG idF 2022 darf diese nicht verweigert und kann gerichtlich ersetzt werden.[442] Es lässt sich an dieser Stelle sohin die berechtigte Frage stellen, welchen Inhalt jenes „Recht" tatsächlich ausfüllt.

In erster Linie birgt das „Individualrecht" diesfalls vielmehr die Pflicht zur Einholung der Zustimmung der Miteigentümer. Das Recht selbst besteht sohin primär in der verfahrensrechtlichen Antragslegitimation hinsichtlich eines gerichtlichen Zustimmungsersatzes gem § 52 Abs 1 Z 2 WEG, wenn die Zustimmung der übrigen Wohnungseigentümer unberechtigt verweigert wird.[443] Aufgrund der Zustimmungsnotwendigkeit lässt sich das „Individualrecht auf Änderung" jedenfalls über bagatellhafte Änderungen[444] hinausgehend nicht als Gestaltungsrecht begreifen.[445]

Dieses Paradoxon verdeutlicht auch, dass die „Inanspruchnahme des Änderungsrechts" im Grunde die verfahrensrechtliche Bekämpfungsmöglichkeit unzulässiger Zustimmungsverweigerungen anderer Miteigentümer voraussetzt und sohin in erster Linie an eine formelle Legitimierung zur Erwirkung eines rechtsgestaltenden Beschlusses des Außerstreitgerichts geknüpft ist.[446] Auch wenn sich diese – zugegebener Maßen – strenge Rechtsqualifikation durch den Zugang zum Rechtfertigungsmodus der Zustimmungsfiktion im Rahmen von begünstigungswürdigen Änderungen[447] abschwächt, ergibt sich durch die Widerspruchsmöglichkeit anderer ebenso wenig ein Gestaltungsrecht.

2. Der Träger des „Änderungsrechts"

Der Träger des wohnungseigentumsrechtlichen „Änderungsrechts" ist *expressis verbis verba legalia* der Wohnungseigentümer.[448] Ausdrücklich in den Genuss des Änderungsrechts (§ 16 Abs 2 iVm § 52 Abs 1 Z 2 WEG) kommt gem § 37 Abs 5 WEG auch der Wohnungseigentumsbewerber, welchem eine Zusage der Einräumung des Wohnungseigentums im Grundbuch gem § 40 Abs 2 WEG angemerkt wurde, soweit zumindest ein Wohnungseigentums-

442 Vgl § 16 Abs 2 S 2 WEG idF 2022; so ist dadurch zwar keine materielle Änderung verbunden, es wird allerdings abermals deutlich zum Ausdruck gebracht, dass den „Änderungsvoraussetzungen" ausschließlich Relevanz im gerichtlichen Zustimmungsersatzverfahren beigemessen wird, vgl dazu IV.I.

443 Vgl §§ 16 Abs 2 S 3 iVm § 52 Abs 1 Z 2 WEG idF 2022.

444 Siehe hierzu IV.D.1.

445 *Welser/Zöchling-Jud,* Bürgerliches Recht II[14] (2015) Rz 24; *P. Bydlinski,* Die Übertragung von Gestaltungsrechten (1986) 5 mwN.

446 Die verfahrensrechtliche Parteistellung zog der OGH auch im Rahmen der Akzessorietätsbeurteilung des „Änderungsrechts" heran, vgl OGH 26.5.2011, 5 Ob 59/11d.

447 Siehe hierzu IV.H.

448 Vgl § 16 Abs 2 S 1 WEG *„Der Wohnungseigentümer [...] ist berechtigt."* Darunter ist auch eine Eigentümerpartnerschaft zu verstehen, welche das Änderungsrecht nur gemeinsam ausüben kann, *Vonkilch* in *Hausmann/Vonkilch*, Österreichisches Wohnrecht WEG[4] (2017) § 16 WEG Rz 3.

bewerber bereits Miteigentum erworben hat; darüber hinaus auch dann, wenn dieser zwar noch nicht Miteigentümer ist, eine solche Zusage allerdings schon angemerkt ist und dieser das wohnungseigentumstaugliche Objekt[449] bereits bezogen hat.[450] So findet das Änderungsrecht jedenfalls im wohnungseigentumsrechtlichen Vorbereitungsstudium Anwendung.[451] Der schlichte Miteigentümer kommt nicht in den Genuss des Änderungsrechts gem § 16 Abs 2 WEG.[452]

Das wohnungseigentumsrechtliche Änderungsrecht ist akzessorisch und lässt sich nicht von der sachenrechtlichen Hauptposition des Wohnungseigentümers lösen. Zu diesem Ergebnis kam der OGH durch einen Rückgriff auf die Parteistellung des änderungswilligen Wohnungseigentümers im außerstreitigen Zustimmungsersatzverfahren anlässlich einer „Abtretung“ des Änderungsrechts an den im laufenden Änderungsverfahren erwerbenden Käufer.[453]

Es sei an dieser Stelle erwähnt, dass der Rückschluss von der formellen Legitimierung auf den materiellen Änderungsanspruch zur Erörterung der Zessionstauglichkeit nicht gänzlich überzeugen kann, da der außerstreitige Zustimmungsersatz bloß einen der möglichen Rechtfertigungswege einer Änderungsmaßnahme darstellt.[454] Gegen eine „Zession“ entsprechender Rechte spräche aber jedenfalls das mit der Abtretung dinglicher Rechte[455] verbundene Publizi-

---

449 Unterscheide hierzu den änderungsrechtlichen Begriff des „Wohnungseigentumsobjekts“ als Änderungsobjekt nach der Begründung von WE, IV.E.

450 Vgl OGH 24.4.2012, 5 Ob 208/11s, immolex 2012/79.

451 Vgl *Vonkilch* in *Hausmann/Vonkilch*, Österreichisches Wohnrecht WEG[4] (2017) § 16 WEG Rz 2 f; vgl auch *Vonkilch* in *Hausmann/Vonkilch*, Österreichisches Wohnrecht WEG[4] (2017) § 37 WEG Rz 53.

452 Selbst bei sog „Mischhäusern“ nicht, vgl OGH 26.8.2008, 5 Ob 38/08m; vgl auch *Vonkilch* in *Hausmann/Vonkilch*, Österreichisches Wohnrecht WEG[4] (2017) § 16 WEG Rz 2 mwN; vgl RIS-Justiz RS0083174.

453 Vgl OGH 26.5.2011, 5 Ob 59/11d; so auch *Illedits/Illedits-Lohr,* Wohnungseigentum[6] (2018) Rz 724; vgl auch *Häublein/Köll*, Die rechtsfähige Eigentümergemeinschaft als Liegenschaftseigentümerin – zu den Grenzen der Verwaltungsangelegenheiten iSv § 18 Abs 1 WEG 2002, wobl 2019, 258 f; siehe zur Unübertragbarkeit einzelner dem WE entspringender isolierter Mitgliedschaftsrechte, *Schauer* in *Gutknecht/Amann*, Zukunftsperspektiven zum Wohnrecht (2003) 27; Ähnlich beurteilte der OGH die Abtretungsuntauglichkeit von Abrechnungsansprüchen gegenüber dem Verwalter, welche primär nicht obligatorischer Natur seien, sondern aus dem bücherlichen Wohnungseigentum selbst herrührten, vgl OGH 29.12.2006, 5 Ob 245/06z. *„Dieser Anspruch ist akzessorisch zum Wohnungseigentum und haftet quasi an diesem.“*

454 Siehe zum dualen Rechtfertigungssystem IV.F.2.

455 Das Institut des Wohnungseigentums ist selbst den dinglichen Rechten zuzuordnen, wenn gleich für dessen Begründung in der Regel ein schuldrechtlicher Akt notwendig ist. Dies bekräftigend ließe die Legaldefinition des „Wohnungseigentum“ gem § 2 Abs 1 WEG bezugnehmend auf die Dinglichkeit keinen anderen Schluss zu; vgl hierzu auch die Bedeutung dinglicher Anknüpfung im Rahmen der internationalen ausschließlichen Zuständigkeit gemäß Art 24 Z 1 EuGVVO 2012 (dingliches Recht an einer unbeweglichen Sache) beim Unterlassungsbegehren aufgrund widmungswidriger Nutzung, OGH 21.1.2021, 5 Ob 216/20f.

tätserfordernis[456] und der höchstpersönliche Bezug[457] jenes „Rechts“. Darüber hinaus lässt sich auch aus dem Wohnungseigentumsrecht selbst keine jenen allgemeinen zessionsrechtlichen Regelungsrahmen überlagernde speziellere Norm aufgreifen.[458]

Das Ergebnis der Unübertragbarkeit lässt sich losgelöst von der Parteistellung jedenfalls auch auf andere änderungsrechtliche Rechtfertigungsmodi übertragen, sodass ohne (stellvertretungsrechtliche) Mitwirkung des Wohnungseigentümers die von einem Dritten geäußerte Absicht eine Änderungsmaßnahme iSd § 16 Abs 5 WEG umzusetzen, nicht die Rechtswirkung der Zustimmungsfiktion entfaltet.

Nicht unproblematisch erscheint ein Wechsel der Person des Änderungswilligen nach Durchführung der Änderung aus der Perspektive seiner umfassenden Folgekostentragungspflicht iSd § 16 Abs 6 WEG.[459] Im Zusammenhang mit der Wirkung der änderungsrechtlichen Zustimmung hat der OGH hat eine Bindung an den der Ändung zustimmenden Rechtsvorgänger in dem Fall bejaht, in welchem der Erwerber sowohl in Kenntnis der Zustimmung des Rechtsvorgängers als auch von Art und Ausmaß der bereits durchgeführ-

---

456 Vgl *Wolff* in *Klang*, Kommentar zum allgemeinen bürgerlichen Gesetzbuch VI² (1951) 292; vgl auch *Heidinger* in *Schwimann/Kodek*, ABGB⁴ VI § 1393 Rz 9; zur Übertragung dinglicher Rechte ist sohin ein Modus erforderlich, vgl *Spitzer/Wilfinger,* Übertragbarkeit oder Höchstpersönlichkeit von Anfechtungsrechten, ÖBA 2019, 801; vgl zur Abtretbarkeit des dinglichen Herausgabeanspruches *Holzner,* Abtretbarkeit des dinglichen Herausgabeanspruchs bei eigenem Erwerbstitel des „Neugläubigers“ gegenüber dem Eigentümer?, JBl 2013, 435 ff.

457 Rechte, welcher der Person „ankleben“ können ebenso wenig Gegenstand einer Zession sein; vgl § 1393 S 2 ABGB. Jene höchstpersönlichen Rechte entnehmen ihren Umfang und ihren Inhalt der Person des Berechtigten, *Wolff* in *Klang*, Kommentar zum allgemeinen bürgerlichen Gesetzbuch VI² (1951) 293 mwN; vgl RIS-Justiz RS0032673. Demzufolge würde ein Wechsel der berechtigten Person *de facto* auch eine Veränderung des Leistungsinhalts selbst oder gar eine für die Abtretung schädliche Schlechterstellung des Schuldners bedeuten, vgl *Neumayr* in *Koziol/Bydlinski/Bollenberger* (Hrsg), Kurzkommentar zum ABGB⁶ (2020) § 1393 Rz 3; vgl zu gänzlich unübertragbaren streng höchstpersönlichen Rechten *P. Bydlinski,* Die Übertragung von Gestaltungsrechten (1986) 289; das wohnungseigentumsrechtliche Änderungsrecht lässt sich nach der Terminologie *Bydlinskis* als Gestaltungsrecht im weiteren Sinn bezeichnen, welches grundsätzlich – die Adaption der Zustimmungsfiktion außen vorlassend – der gerichtlichen Geltendmachung bedarf (*Bydlinski,* Übertragung 7 mwN); Demzufolge ließe sich durch entsprechende Abtretungskonstruktionen Einfluss auf subjektiv geprägte Änderungsvoraussetzungen nehmen. Allen voran wäre die Voraussetzung des „wichtigen Interesses“ des Änderungswilligen im Rahmen des gerichtlichen Zustimmungsersatzes bei Inanspruchnahme allgemeiner Teile oder die gebotene Interessensabwägung im Zusammenhang mit der Inanspruchnahme anderer Wohnungseigentums- oder Zubehörobjekte insoweit willkürlich disponibel; siehe zu jenen subjektiv geprägten Voraussetzungen IV.I.2.c)(2) und IV.I.5.

458 So regelt § 18 Abs 2 WEG bloß die Abtretungszugänglichkeit spezieller schuldrechtlicher Rechtsverhältnisse im Zusammenhang mit Unterlassungsbegehren und die Liegenschaft betreffende Gewährleistungs- und Schadenersatzansprüche an den „fixierten“ Zessionar, „Eigentümergemeinschaft“.

459 Siehe dazu IV.G.2.

ten Maßnahme gewesen ist.[460] Analog dazu wird man jedenfalls annehmen, dass der Rechtsnachfolger des Ändernden selbst, dann die Mehrkosten zu tragen hat, wenn er in Kenntnis der Art und des Ausmaßes der konkreten Änderungsmaßnahme ist, oder wenn er die Änderungsmaßnahme (zB als Abweichung vom ursprünglichen Bauzustand) zumindest hätte erkennen können (analog zur offenkundigen Dienstbarkeit[461]).

3. Der Dispositivitätscharakter des „Änderungsrechts"

Daran anknüpfend gilt es die Dispositionszugänglichkeit des gesetzlichen Änderungsrechts darzustellen. Es stellt sich sohin die Frage, inwieweit es den Wohnungseigentümern möglich ist, das Individualrecht auf Änderung vertraglich zu adaptieren oder gar gänzlich auszuschließen. Von vornherein gilt es jene Gestaltungsformen von der Disposition auszuschließen, welche nicht unter dem Änderungsbegriff iSd § 16 Abs 2 WEG subsumierbar sind (wohnungseigentumsrechtlichen Grundsätzen widersprechende Gestaltungen) und bei welchen sohin eine Maßnahmenrechtfertigung durch „Zustimmung" generell nicht in Frage kommt.[462]

a) Änderungsrechtliche Dispositionen im Allgemeinen

In diesem Zusammenhang gilt es zwischen das Änderungsrecht des Einzelnen einschränkenden und ausdehnenden Vereinbarungen zu differenzieren.[463] In der Praxis finden sich jene Vereinbarungen oftmals im Rahmen des Wohnungseigentumsvertrages selbst.[464] Neben vertraglichen Verpflichtungen zur einheitlichen baulichen Gestaltung,[465] darunter sogar Änderungsverboten[466]

---

460 Siehe dazu auch im Folgekapitel; Vgl zur Bindung des Erwerbers bei Änderungen mit Inanspruchnahme allgemeiner Teile, OGH 21.7.2020, 5 Ob 119/20s, immo aktuell 2020/48 mwN *(Höllwerth);* siehe dazu auch *Prader/Malaun,* Zur Frage der Bindung des Einzelrechtsnachfolgers an Verfügungsakte im WEG, immolex 2008, 134 ff; vgl auch auf eine mögliche weitere Bindungswirkung hinweisend *Vonkilch* in *Hausmann/Vonkilch,* Österreichisches Wohnrecht WEG[4] (2017) § 16 WEG Rz 58.

461 Vgl RIS-Justiz RS0034803.

462 Darunter fallen ua Umgestaltungen, welche die WE-Tauglichkeit aufgeben (zB Zusammenlegungen von WE-Objekten ohne Eigentümeridentität); siehe dazu IV.D.2.

463 *Prader/Malaun,* Zur Zulässigkeit einer vertraglichen Regelung des Änderungsrechts des Wohnungseigentümers gem § 16 WEG im Kaufvertrag, immolex 2008, 326.

464 *Prader/Markl,* Zu Vorbehalten und Vorgaben in Wohnungseigentumsverträgen von Bauträgern, immolex 2011, 102.

465 Vgl OGH 10.11.1992, 5 Ob 1082/92 [Verpflichtung zur einheitlichen Gestaltung I]; OGH 23.3.1999, 5 Ob 58/99m [Verpflichtung zur einheitlichen Gestaltung II].

466 Vgl OGH 9.2.1999, 5 Ob 22/99t; jenes muss sich nicht zwingend auf bauliche Änderungen beschränken, sondern kann sich auch aus dem Verbot einen anderen Geschäftszweig auszuüben ergeben, vgl *Prader/Malaun,* Zur Zulässigkeit einer vertraglichen Regelung des Änderungsrechts des Wohnungseigentümers gem § 16 WEG im Kaufvertrag, immolex 2008, 326; siehe zu Widmungsänderungen generell, IV.D.2.

finden sich darin auch das Änderungsrecht des Einzelnen erweiternde Vereinbarungen oder maßnahmenspezifische Vorwegzustimmungen.[467] Ebenso denkbar wären Adaptionen des änderungsrechtlichen Zustimmungserfordernisses (bspw nur die Eigentümer einer Stiege oder die einfache Mehrheit der Miteigentümer).

Vor dem Hintergrund der Formfreiheit einer änderungsrechtlichen Zustimmung sind jene Vereinbarungen nicht notwendiger Weise auf den Wohnungseigentumsvertrag selbst beschränkt.[468] Allerdings wird sich in den seltensten Fällen nachträglich ein entsprechender Konsens sämtlicher Wohnungseigentümer hinsichtlich einer Bandbreite von Änderungsmaßnahmen ergeben.

Führt man sich vor Augen, dass das Individualrecht auf Änderung iSd § 16 Abs 2 WEG Ausfluss des Verfügungsrechts iSd § 2 Abs 1 WEG ist, welcher seinerseits wiederum die dingliche Rechtsposition des Wohnungseigentümers absteckt, wird deutlich, dass allein schon aufgrund des sachenrechtlichen Typenzwangs und dem Postulat als „ausschließliches" Verfügungsrecht die Rechtstellung des Wohnungseigentümers nicht schrankenlos ausgehöhlt werden kann.[469]

Faistenberger determinierte die Vorgängerbestimmung § 13 Abs 2 WEG 1975 gar als zwingendes Recht und qualifizierte sämtliche abweichende Vertragsgestaltungen, ua der Mehrheit die „Verwaltung" der im Wohnungseigentum stehenden Einzelwohnung einzuräumen, als nichtig.[470] Auch wenn hinsichtlich des konkret angeführten Beispiels primär auf die Akzessorietät[471] des Änderungsrechts und auf die Kategorisierung der Maßnahmen[472] zu verweisen ist, gilt es zu analysieren, welche Wirkung eine etwaige vertragliche Beschränkung ebenjenes entfaltet.

Die historische Interpretation deutet durch den Nachbau des zugunsten des Mieters zwingenden § 18 MG, als Vorgänger des § 9 MRG, auf einen zwingenden Charakter hin.[473] Der Literatur zu Folge könne das Änderungsrecht vertraglich weder abgeändert noch ausgeschlossen werden.[474]

---

467 Vgl OGH 20.4.2021, 5 Ob 45/21k.

468 Siehe dazu IV.F.1.

469 Vgl *Prader/Malaun*, Zur Zulässigkeit einer vertraglichen Regelung des Änderungsrechts des Wohnungseigentümers gem § 16 WEG im Kaufvertrag, immolex 2008, 327.

470 *Faistenberger/Barta/Call*, Kommentar zum Wohnungseigentumsgesetz 1975 (1976) 324.

471 Siehe dazu IV.C.2.

472 Die Abgrenzung der Maßnahmen zueinander ist der Disposition der Teilhaber weitestgehend (arg: Benützungsregelungen) entzogen, siehe dazu III.

473 Vgl *Prader/Malaun*, Zur Zulässigkeit einer vertraglichen Regelung des Änderungsrechts des Wohnungseigentümers gem § 16 WEG im Kaufvertrag, immolex 2008, 327.

474 *Markl* in *Böhm/Pletzer/Spruzina/Stabentheiner*, GeKo Wohnrecht II (2019) § 16 WEG Rz 8 f mwN; vgl *Vonkilch* in *Hausmann/Vonkilch*, Österreichisches Wohnrecht WEG[4] (2017) § 16 WEG Rz 11; vgl auch auf den zwingenden Charakter der Regelungen §§ 16–36 WEG hinweisend, *Würth/Zingher/Kovanyi*, Miet- und Wohnrecht II[23] (2015) § 38 WEG Rz 1.

Ferner determinierte der OGH im Zusammenhang mit einem vertraglichen absoluten Änderungsverbot an der Gebäudeaußenseite, dass der Umfang des wohnungseigentumsrechtlichen Individualrechts auf Änderung grundsätzlich nach der zwingenden Regelung des § 13 Abs 2 WEG 1975 zu beurteilen sei.[475] Zu diesem Schluss kam er, ohne auf § 24 Abs 1 WEG 1975, der Vorgängerbestimmung des nunmehrigen § 38 Abs 1 WEG („unbillige Beschränkungen") zu verweisen.[476] Jene Vereinbarung kann keinen Versagungsgrund zur Einleitung eines Zustimmungsersatzverfahrens nach § 52 Abs 1 Z 2 WEG noch *per se* einen zur konkret begehrten Änderung darstellen.[477] Daraus resultiert gewiss ein Mindestradius gesetzlicher Änderungsrechte.[478]

Die Unwirksamkeit einer solchen Vereinbarung hinterlässt allerdings kein rechtliches Vakuum. Diese kann sich – sowohl in Form eines Änderungsverbotes, umso mehr aber in Form einer Verpflichtung zur einheitlichen Gestaltung – durchaus im Rahmen des gerichtlichen Zustimmungsersatzes als beachtliche Ausstülpung schutzwürdiger Miteigentümerinteressen niederschlagen.[479]

Dass dem wohnungseigentumsrechtlichen Änderungsrecht nicht absolut zwingender Charakter zu unterstellen ist, verdeutlicht der höchstgerichtlich bestätigte Zugang, das gesetzliche Änderungsrecht „vertraglich ausweiten" zu können.[480] In diesem Zusammenhang erinnert auch die Genehmigungsvoraussetzung der *„Übung des Verkehrs"* iSv § 16 Abs 2 Z 2 WEG bei Inanspruchnahme allgemeiner Teile, an eine Form der ergänzenden Vertragsauslegung.[481] So scheint es, dass der Gesetzgeber gerade eine Vertragslücke hinsichtlich je-

---

475 Vgl OGH 9.2.1999, 5 Ob 22/99t [Vertragliches Änderungsverbot]; vgl *Prader*, WEG$^{5.11}$ § 38 E 19 (Stand 1.7.2021, Manz Wohnrecht in rdb.at); vgl auch auf den zwingenden Charakter des Änderungsrechts hinweisend, weswegen es keines Rückgriffs auf § 38 WEG bedürfe, *Prader/Markl*, Zu Vorbehalten und Vorgaben in Wohnungseigentumsverträgen von Bauträgern, immolex 2011, 104.

476 OGH 9.2.1999, 5 Ob 22/99t [Vertragliches Änderungsverbot].

477 Vgl OGH 23.3.1999, OGH Ob 58/99m [Verpflichtung zur einheitlichen Gestaltung II]; siehe dazu auch *Illedits*, (Wohnungseigentums)Vertraglich vereinbartes Änderungsverbot als Haftungsfalle für den Vertragserrichter, wobl 2021, 334.

478 Vgl diesbezüglich auch *Kothbauer*, Vorausvereinbarungen zu Änderungen von Wohnungseigentumsobjekten, immolex 2021/131.

479 OGH 10.11.1992, 5 Ob 1082/92 [Verpflichtung zur einheitlichen Gestaltung I]; OGH 5 Ob 58/99m [Verpflichtung zur einheitlichen Gestaltung II]; OGH 9.2.1999, 5 Ob 22/99t [Vertragliches Änderungsverbot]; siehe zur Bedeutung vertraglicher Änderungsverbote auch *Illedits*, (Wohnungseigentums)Vertraglich vereinbartes Änderungsverbot als Haftungsfalle für den Vertragserrichter, wobl 2021, 334; siehe zu den schutzwürdigen Interessen als allgemeine Änderungsvoraussetzungen IV.I.1.a).

480 RIS-Justiz RS0083047; siehe ua die Zustimmung im Wohnungseigentumsvertrag für die Errichtung eines Carports, OGH 20.4.2021, 5 Ob 45/21k [Vorwegzustimmung Carport]; vgl zur vertraglichen Gestaltung des Änderungsrechts allgemein auch *Vonkilch* in *Hausmann/Vonkilch*, Österreichisches Wohnrecht WEG^4 (2017) § 16 WEG Rz 11.

481 Siehe aber zur Problematik ergänzender Vertragsauslegung des WE-Vertrages ausführlich, *Hausmann* in *Hausmann/Vonkilch*, Österreichisches Wohnrecht WEG^4 (2017) § 3 WEG Rz 10a f.

ner Änderungsmaßnahmen „mittlerer Intensität“[482] durch das Abstellen auf das objektive Kriterium der „Verkehrssitte“ zu schließen gedenkt. Es ist sohin bereits aufgrund der gesetzlichen Systematik anzunehmen, dass vertragliche Gestaltungsformen, welche zumindest in keine Ausschließlichkeitsrechte der Miteigentümer eingreifen, zulässig sind.

Die vertragliche Ausweitung des Änderungsrechts (womöglich auf einen bestimmten Kreis von Maßnahmen)[483] bzw die Vorwegzustimmung[484] zu einer konkreteren Maßnahme (sofern man diese überhaupt davon zu unterscheiden vermag) entfaltet die selbige Rechtfertigungswirkung wie eine „änderungsrechtliche Zustimmung“ iSd § 16 Abs 2 S 2 WEG im zeitlichen Konnex zur Änderung.[485] Im Ergebnis bewirkt eine solche Vereinbarung die Einräumung eines Gestaltungsrechts, wonach es *in concreto* einer weiteren Mitwirkung der Miteigentümer bei einer grundsätzlich änderungsrechtlich relevanten Gestaltungsmaßnahme nicht mehr bedarf. In der dRsp spiegelt sich jene Adaption begrifflich im sog „Änderungsvorbehalt“ wider, welchem aufgrund der eingeschränkten Möglichkeit zu nachträglichen Widmungsänderungen im Rahmen des dWEG gerade bei Nutzungsänderungen ein hoher Stellenwert einzuräumen ist.[486]

Zweifelsohne ist mit der vertraglichen Ausweitung des Änderungsrechts auch eine Zurückdrängung (sonst im gerichtlichen Zustimmungsersatz gem § 52 Abs 1 Z 2 WEG zu prüfender) schutzwürdiger Interessen verbunden,[487] welche sich geradezu im Falle der Rechtsnachfolge[488] abzeichnet. Vor diesem Hintergrund wird deutlich, dass das gesetzliche Änderungsrecht nicht bloß die Funktion hat, dem Einzelnen Änderungen zu ermöglichen, sondern durch entsprechende Änderungsvoraussetzungen auch die Interessen der übrigen Wohnungseigentümer sicherzustellen gedenkt. Gerade im Hinblick auf ebenjene Doppelschutzfunktion gilt es an dieser Stelle der Frage nachzugehen, inwieweit ein extensives Änderungsrecht selbst nicht den postulierten indivi-

---

482 Vgl dazu den abgestuften Voraussetzungskatalog im Rahmen der Genehmigungsfähigkeitsbeurteilung, IV.I..

483 Vgl OGH 4.12.1990, 4 Ob 552/90 [Jederzeitige Änderungsmöglichkeit].

484 Vgl OGH 20.4.2021, 5 Ob 45/21k [Vorwegzustimmung Carport].

485 Siehe zur Vorwegzustimmung IV.F.4.

486 Vgl BGH 16.7.2021, V ZR 284/19 = BeckRS 2021, 23748 Rz 21; siehe dazu auch IV.D.3.a).

487 Vgl auf den relativ zwingenden Charakter der mietrechtlichen Pendatbestimmung § 9 MRG zugunsten des Änderungswilligen hinweisend, *Prader/Malaun*, Zur Zulässigkeit einer vertraglichen Regelung des Änderungsrechts des Wohnungseigentümers gem § 16 WEG im Kaufvertrag, immolex 2008, 328 mwN; vgl unter jenen Nachweisen auch die Publikation der AK Wien, *Reichholf/Rosifka,* Gesetzwidrige Vertragsbestimmungen in Bauträgerverträgen im Speziellen in Kaufverträgen über Neubau-Eigentumswohnungen (2007) 35.

488 Vgl im Zusammenhang mit der Bindung eines Einzelrechtsnachfolgers an die Zustimmungserklärung seines Rechtsvorgängers ohne ausdrückliche vertragliche Überbindung, OGH 21.7. 2020, 5 Ob 119/20s, immo aktuell 2020/48 *(Höllwerth)* mwN; vgl hierzu auch *Painsi/Terlitza,* Wohnungseigentumsrecht (2022) Rz 370; siehe zur Problematik der Folgekostentragung bei Einzelrechtsnachfolge des Ändernden, IV.C.2.

duellen Interessensschutz konterkariert, da dadurch maßgeblich in das Verfügungsrecht der anderen Wohnungseigentümer eingegriffen wird. Wird durch eine solche Vereinbarung maßgeblich in das ausschließliche Verfügungsrecht einzelner Wohnungseigentümer eingegriffen, sind Dispositionen über das Änderungsrecht rechtsunwirksam.[489] Dem wohnungseigentumsrechtlichen Änderungsrecht lässt sich demzufolge der Charakter einer „beidseitigen Schutznorm“[490] einräumen. Der änderungsrechtlichen Doppelschutzfunktion entfließen sohin neben einem Mindestradius an Änderungsrechten auch absolute Änderungsschranken, welche es im Folgekapitel zu untersuchen gilt.

b) Grenzen änderungsrechtlicher Disposition

Prader/Markl sprechen generell jenen Vereinbarungen Unwirksamkeitscharakter ab, welche im änderungsrechtlichen Kontext ohnehin von einem Antrag auf Zustimmungsersatz gedeckt wären.[491] Auch wenn die bloße „Antragszugänglichkeit“ wohl kein ausreichendes Kriterium darstellen wird, zeichnet sich ab, dass die Autoren primär Änderungen mit Inanspruchnahme allgemeiner Teile mit hypothetisch guten Erfolgsaussichten hinsichtlich deren Genehmigungsfähigkeit (zB ein Dachbodenausbau) fokussierten.[492] Vertragliche Vereinbarungen zur änderungsbedingten Inanspruchnahme werden sich ohnehin als zulässig erweisen. Im Ergebnis führt allerdings das Abstellen auf die Genehmigungsfähigkeit zur Wirksamkeitsbeurteilung jener Vereinbarungen zur Unterstellung einer Form zwingender „Vertragssitte“ und zu erheblichen Rechtsunsicherheiten, welche der Privatautonomie im Änderungsrecht den Todesstich setzen würde.

Der Systematik des Änderungsrechts entsprechend ist die in einzelne Voraussetzungen des gerichtlichen Zustimmungsersatzes gegossene „Schutzwürdigkeit“ kein allgemeines „Sittenwidrigkeitskorrektiv“ vertraglicher Vereinbarungen.[493] Vielmehr stellt die Möglichkeit der Beeinträchtigung schutzwürdiger Interessen gar erst den Auslöser des Genehmigungsbedarfes dar.[494] Die „Zustimmung“ aller Teilhaber ist als vertragliche Einigung gewissermaßen die primäre Änderungsvoraussetzung.[495] Jene beseitigt ihrerseits die rechts-

---

489 Siehe hierzu im Folgekapitel, IV.C.3.b).

490 Jener *terminus* verdeutlicht, dass das wohnungseigentumsrechtliche Änderungsrecht nicht nur die Gestaltungsfreiheit des Änderungswilligen zu schützen versucht, sondern weitestgehend auch auf die Schutzwürdigkeit der Teilhabergesamtheit Bezug nimmt.

491 Siehe auf die Maßnahme des Dachbodenausbaus verweisend, *Prader/Markl*, Zu Vorbehalten und Vorgaben in Wohnungseigentumsverträgen von Bauträgern, immolex 2011, 103.

492 *Prader/Markl*, Zu Vorbehalten und Vorgaben in Wohnungseigentumsverträgen von Bauträgern, immolex 2011, 103.

493 Sehr wohl kommt den Voraussetzungen des gerichtlichen Zustimmungsersatzes Bedeutung im Rahmen der Vertragsergänzung zu, RIS-Justiz RS0083047.

494 Vgl OGH 20.4.2021, 5 Ob 45/21k Rz 9.

495 Siehe dazu IV.F.

widrige Eigenmacht,[496] weshalb keineswegs auf Voraussetzungen „alternativer Rechtfertigungsmodi“[497] abzustellen ist. Wäre die Wirksamkeit einer „Zustimmung“ ohnehin an die Kriterien der Genehmigungsfähigkeit geknüpft, würde der Rechtsanwender die primäre Änderungsvoraussetzung *ad absudrum* führen.

Es gilt sohin zu überprüfen, inwieweit einer vertraglichen extensiven Adaption des Individualrechts auf Änderung losgelöst von änderungsrechtlichen Voraussetzungen gesetzliche Schranken entgegenstehen. Bei personalem Ungleichgewicht – nämlich im Verhältnis WE-Organisator gegenüber den Wohnungseigentümern bzw – bewerbern – gelten gemäß § 38 Abs 1 WEG Vereinbarungen, welche die Nutzungs- und Verfügungsrechte dieser unbillig beschränken als rechtsunwirksam.

So werden sich insb vertragliche Vereinbarungen zwischen den Wohnungseigentümern hinsichtlich *„wesentlicher und dauerhafter Eingriffe“* in die Ausschließlichkeitsrechte anderer jedenfalls dann als nichtig beurteilen lassen müssen, soweit jene als „unbillige Beschränkung des Verfügungsrechts“[498] im Zusammenhang mit den Nachwirkungen der Vertragsmacht des WE Organisators stehen.[499] Dieser Aspekt hilft bei der Beurteilung immanenter Dispositionsschranken nur bedingt, weil Vereinbarungen zwischen Wohnungseigentümern idR aus dem Anwendungsbereich fallen.[500] In Wahrheit wird dadurch sogar die Unwirksamkeitsschwelle angehoben, da dem Gesetzgeber durch die Eingrenzung des persönlichen Anwendungsbereiches iSd § 38 Abs 1 WEG keine Rechtslücke unterstellt werden kann und sohin eine analoge Anwendung im Verhältnis zwischen Wohnungseigentümern untereinander ausscheidet.[501]

Generell lässt sich die Unwirksamkeit einer vertraglichen Modifikation des Änderungsrechts aufgrund des wohnungseigentumsrechtlichen Charakters als ein „dingliches Recht zur ausschließlichen Nutzung und Verfügung“[502] begrün-

[496] Vgl OGH 20.4.2021, 5 Ob 45/21k Rz 8.

[497] Vgl IV.F.6.

[498] Vgl gerade im Zusammenhang mit unterschiedlich starken Vertragsparteien, § 38 Abs 1 WEG; siehe dazu *Prader*, WEG[5.13] § 38 E 9 (Stand 1.1.2022, Manz Wohnrecht in rdb.at).

[499] *Feil/Friedl* in *Feil/Friedl/Bayer*, Wohnungseigentumsgesetz (2014) § 38 Rz 1 mwN; Verpflichtungen bei gleichgewichtiger Vertragslage lassen sich nicht nach jener Bestimmung messen, siehe *Prader/Markl*, Zu Vorbehalten und Vorgaben in Wohnungseigentumsverträgen von Bauträgern, immolex 2011, 102 mwN; Zudem gilt es zu beachten, dass die Nichtigkeitssanktion des § 38 WEG, nicht jegliche Nutzungs- und Verfügungsrecht einschränkende Vereinbarungen mitumfasst, sondern insb jene ausgenommen sind, welche bei Gleichgewicht der Vertragslage (zB zwischen Wohnungseigentümern ohne zeitlichem und faktischem Zusammenhang mit dem WE-Organisator) abgeschlossen worden wären.

[500] Vgl zur nachteiligen Vertragsgestaltung des übermächtigen WE-Organisators, *Ofner* in *Böhm/Pletzer/Spruzina/Stabentheiner*, GeKo Wohnrecht II (2019) § 38 WEG Rz 1; vgl zur ausschlaggebenden Vertragsübermacht, *Vonkilch* in *Hausmann/Vonkilch*, Österreichisches Wohnrecht WEG[4] (2017) § 38 WEG Rz 1.

[501] Vgl *Prader*, WEG[6.00] § 38 WEG E 5.

[502] Vgl § 2 Abs 1 WEG.

den, indem das Ausschließlichkeitsrecht dadurch immerzu untergraben wird. Klar ist, dass sich das verdinglichte Ausschließlichkeitsrecht „Wohnungseigentum“ nicht durch schuldrechtliche Instrumentarien ohne entsprechenden Publizitätsakt, sprich entsprechender Grundbuchseintragung, aushöhlen lässt.[503] Demzufolge wird sowohl eine extensive Modifikation des Änderungsrechts, welche das Ausschließlichkeitsrecht der Änderung entgegenstehender Wohnungseigentümer untergräbt, genauso wie ein völliger Ausschluss des Änderungsrechts unwirksam sein. Es darf allerdings nicht übersehen werden, dass selbst im Rahmen maximalinvasiver Änderungsformen, nämlich bei Inanspruchnahme von Wohnungseigentums- oder Zubehörobjekte anderer, partielle Eingriffe in das Ausschließlichkeitsrecht anderer zu dulden sind. Ein Abstellen auf das Ausschließlichkeitsrecht anderer zur Absteckung vertraglicher Modifikationsmöglichkeiten ist sohin jedenfalls zu eng.[504]

Jene Problematik wird sich insb bei der Einzelrechtsnachfolge abzeichnen. Man denke in diesem Zusammenhang an die potentielle Bindung des Rechtsnachfolgers an die Zustimmung des Voreigentümers, welcher einer gravierenden Bestandsverschiebung zugestimmt hat, ohne dass eine neuerliche Nutzwertfestsetzung iSd § 10 Abs 1 iVm § 9 Abs 2 Z 5 WEG[505] samt einer grundbücherlichen Berichtigung durchgeführt wurde. Der OGH hat zwar eine Bindung an den zustimmenden Rechtsvorgänger jedenfalls in dem Fall bejaht, in welchem der Erwerber sowohl in Kenntnis der Zustimmung des Rechtsvorgängers als auch von Art und Ausmaß der bereits durchgeführten Maßnahme gewesen ist – selbst ohne entsprechende vertragliche Überbindung.[506] Die Bindungswirkung in *casu* lässt sich mE allerdings nicht generell auf Änderungen mit Eingriffen in Ausschließlichkeitsrechte übertragen. Anders als bei sonstigen Änderungsmaßnahmen lassen sich jedenfalls bei der „höchsten Stufe“[507] der Eingriffsintensität (bei Eingriffen in Ausschließlichkeitsrechte an-

---

503 Vgl im Hinblick dazu die zwingende Verbindung zwischen Nutzwerten und Mindestanteil und der damit in Zusammenhang stehende Eintragungsgrundsatz, *Punt*, Änderung der Widmung eines WE-Objekts, immolex 2019, 53.

504 Der Gesetzgeber im Rahmen des gerichtlichen Zustimmungsersatzes iSv § 16 Abs 2 Z 3 WEG klar zum Ausdruck, dass das Ausschließlichkeitsrecht des Wohnungseigentümers nicht *per se* Eingriffe Änderungswilliger abzuwehren gedenkt. In den Fällen des iSv § 16 Abs 2 Z 3 WEG kann die Zustimmung sogar nicht verwehrt werden. Daraus lässt sich im Umkehrschluss jedenfalls nicht ableiten, dass darüberhinausgehend eine Zustimmung unwirksam sei. Ohne abermals systemwidrig auf die Voraussetzungen der Genehmigungsfähigkeit zu greifen, gilt es die Grenze der Privatautonomie jedenfalls nach anderen Grundsätzen zu bestimmen.

505 Vgl zur befristeten nachträglichen Nutzwertfestsetzung, *Punt*, Änderung der Widmung eines WE-Objekts, immolex 2019, 54.

506 Vgl zur Bindung des Erwerbers bei Änderungen mit Inanspruchnahme allgemeiner Teile, OGH 21.7.2020, 5 Ob 119/20s, immo aktuell 2020/48 mwN *(Höllwerth);* siehe dazu auch *Prader/Malaun,* Zur Frage der Bindung des Einzelrechtsnachfolgers an Verfügungsakte im WEG, immolex 2008, 134 ff; vgl auch auf eine mögliche weitere Bindungswirkung hinweisend *Vonkilch* in *Hausmann/Vonkilch*, Österreichisches Wohnrecht WEG[4] (2017) § 16 WEG Rz 58.

507 Siehe dazu IV.I.4.

derer) zumindest im Rahmen des gerichtlichen Zustimmungsersatzes nicht ausschließlich objektivierte Voraussetzungen erkennen, weswegen stets die konkrete Interessenslage in den Vordergrund rückt, was wiederum gegen eine weite Bindungswirkung spricht.

Neben der Grenze freilich zwingender WE-Maßstäbe[508] gilt es zumindest theoretisch eine etwaige Unwirksamkeit durch die allgemeine Sittenwidrigkeitsprüfung gem § 879 ABGB im Einzelfall abzustecken.[509] Letzteres darf jedoch nicht insoweit missverstanden werden, als dadurch fehlende Tatbestände des § 38 Abs 1 WEG (darunter der Bedarf eines Verhältnisses zwischen WE-Bewerber und WE-Organisator[510]) jedenfalls ersetzt werden könnten, um eine Vereinbarung als nichtig zu beurteilen.[511] Für eine Unwirksamkeit maßgeblich ist eine grobe Verletzung rechtlich geschützter Interessen im Rahmen einer Interessensabwägung oder ein grobes Missverhältnis zwischen dem durch die vertragliche Vereinbarung Benachteiligten und seinen gesetzlich geförderten Interessen.[512]

D. Der Begriff der „Änderung" iSd § 16 Abs 2 WEG

§ 16 Abs 2 S 1 WEG nennt lediglich den Begriff der „Änderung" als solche, ohne eine entsprechende Legaldefinition darzulegen, weswegen eine penible Auslegung dieses unbestimmten Gesetzesbegriffes für den Rechtsanwender unumgänglich bleibt.

Der wohnungseigentumsrechtliche Änderungsbegriff iSd § 16 Abs 2 WEG ist sehr weit auszulegen.[513] Von jenem sind neben tatsächlichen, sprich baulichen Substanzänderungen auch rechtliche Änderungen (Widmungsänderungen[514]) umfasst.[515]

---

508 Hierzu zählt jedenfalls die Beibehaltung der WE-Tauglichkeit von WE-Objekten, unter anderem der Bedarf baulicher Abgeschlossenheit ua im Rahmen von Zusammenlegungen zweier WE-Einheiten bei nicht vorhandener Eigentümeridentität, vgl *Prader*, WEG[5.13] § 16 E 530 (Stand 13.10.2021, Manz Wohnrecht in rdb.at).

509 Vgl zur Sittenwidrigkeitsprüfung einzelner Bestimmungen im Wohnungseigentumsvertrag bereits, OGH 4.12.1987, 5 Ob 39/86.

510 Vgl § 38 Abs 1 Z 1 WEG.

511 Vgl in diesem Zhg zum Wiederkaufsrecht OGH 15.12.1998, OGH Ob 185/98m.

512 So unter Verweis auf *Apathy* in *Schwimann*, ABGB Praxiskommentar[3] § 879 Rz 8, OGH 15.12.1998, 5 Ob 185/98m. Jenes Verbot fängt sohin ausschließlich bloß „offenbare Rechtswidrigkeiten" ein, vgl OGH 4.12.1987, 5 Ob 39/86 mwN.

513 *Markl* in *Böhm/Pletzer/Spruzina/Stabentheiner*, GeKo Wohnrecht II (2019) § 16 WEG Rz 28; vgl *Vonkilch* in *Hausmann/Vonkilch*, Österreichisches Wohnrecht WEG[4] (2017) § 16 WEG Rz 16; vgl RIS-Justiz RS0132624, RS0083108, zuletzt OGH 31.7.2019, 5 Ob 55/19b; vgl *„Änderungen sind im weitesten Sinn zu verstehen"*, *Faistenberger/Barta/Call*, Kommentar zum Wohnungseigentumsgesetz 1975 (1976) 325.

514 Vgl zum Begriff der „Widmungsänderung" IV.D.3.

515 Vgl *Feil/Friedl* in *Feil/Friedl/Bayer*, Wohnungseigentumsgesetz (2014) § 16 Rz 2 mwN.

Das zentrale Anknüpfungselement zur Abgrenzung des Änderungsbegriffes ist nicht primär das Ausmaß physischer Veränderung,[516] sondern das Beeinträchtigungspotential von Miteigentümern,[517] wenngleich das besondere Ausmaß der Änderung ein solches indizieren kann. Erreicht eine Maßnahme jene Intensitätsschwelle an welcher eine Beeinträchtigung schutzwürdiger Interessen der übrigen Wohnungseigentümer nicht ausgeschlossen werden kann, untersteht diese einem lückenlosen Genehmigungs- bzw Rechtfertigungsbedarf sämtlicher Miteigentümer und ist als „Änderung" iSd § 16 Abs 2 WEG zu qualifizieren.[518]

Die Weite des Änderungsbegriffes ist Ausfluss einer umfassenden Interessensabwägung der Wohnungseigentümergesamtheit, einschließlich des Änderungswilligen. Zum einen sichert sie diesem den einfachen Zugang zum änderungsrechtlichen System,[519] ua zum gerichtlichen Zustimmungsersatz und zum anderen stellt sie sicher, dass durch den damit einhergehenden Genehmigungsbedarf die Interessen der Miteigentümer berücksichtigt werden.[520]

Der Begriff der „Änderung" gem § 16 Abs 2 S 1 WEG knüpft an der „unteren" Schwelle der Maßnahmenintensität an ein Mindestmaß an Außenwirkung,[521] wie etwa bei baulichen Umgestaltungen eine Substanzmodifikation, welche die bloße Nutzungshandlung übersteigt. Der Änderungsbegriff ist allerdings nicht bloß von bagatellhaften (genehmigungsfreien) Umgestaltungen abzugrenzen, welche die Schwelle zur Änderung (noch nicht) übersteigen,[522] sondern der Rsp entsprechend auch von jenen Maßnahmen, welche derart umfassend vom rechtmäßigen Ist-Zustand[523] abweichen, dass sie außerhalb des individualrechtlichen Rechtsschutzziels liegen. So sind auch mehrere Umgestaltungen in ihrer Gesamtheit zu bewerten, sodass von einer „Änderung" auszugehen ist.[524] In Anbetracht konkreter schutzwürdiger Miteigentümerin-

516 Vgl OGH 12.3.2002, 5 Ob 50/02t.

517 Vgl nunmehr ausdrücklich zur Möglichkeit der Beeinträchtigungsmöglichkeit § 16 Abs 2 S 2 WEG.

518 Siehe zum Begriff der Genehmigungsbedürftigkeit IV.B, siehe zu den Rechtfertigungsformen IV.F.

519 Siehe in diesem Zusammenhang aber die umstrittene Deckelung des Änderungsbegriffes unter der Annahme, dass nicht jegliche Änderungsinteressen ua auf völlige Neu- und Umgestaltung davon umfasst sein soll, IV.D.2.

520 Siehe zur Rechtfertigungswirkung der Zustimmungssubstitute IV.F.

521 Siehe zur Möglichkeit der Interessensbeeinträchtigung als Maßstab der Änderungsqualifizierung, IV.D.1; vgl auch *Painsi/Terlitza,* Wohnungseigentumsrecht (2022) Rz 365.

522 Siehe dazu IV.D.2.

523 Damit ist nicht der bisherige tatsächliche bauliche Ist-Zustand zu verstehen, sondern der rechtliche Zustand, welcher durch den in Vereinbarungen gegossenen Willen sämtlicher Wohnungseigentümer abgesteckt wird, unabhängig davon, ob der Konsens durch den Wohnungseigentumsvertrag selbst oder durch eine andere einstimmige Zusatzvereinbarung dargelegt wird, vgl OGH 23.2.2016, 5 Ob 9/16h.

524 Vgl *Prader,* WEG[5.13] § 16 E 16 (Stand 1.1.2022, Manz Wohnrecht in rdb.at); verfahrensrechtlich ist es in Anbetracht dessen empfehlenswert, zumindest durch ein Eventualbegeh-

teressen im Rahmen des Zustimmungsersatzverfahrens erscheint eine judikaturtechnische „vorab“ Begriffseingrenzung allerdings besonders fraglich.[525]

In diesem Sinne gilt es eben jenes Intensitätsmittelmaß zu definieren, welches den gesetzgeberischen Vorstellungen hinsichtlich eines wohnungseigentumsrechtlichen Individualrechts auf Änderung zu Grunde liegt.

1. Bagatellhafte genehmigungsfreie „Änderungen“

Der weite Änderungsbegriff des § 16 Abs 2 Z 1 WEG umfasst keine bagatellhaften Umgestaltungen.[526] Geringfügige Umgestaltungen, welche ebenjene Schwelle nicht überschreiten lösen keinen Genehmigungsbedarf aus und sind *ex lege* bereits ohne weitere Mitwirkung der übrigen Wohnungseigentümer durchführbar.[527] Der Beurteilungsmaßstab ist die aus dem Abweichungsgrad zum aktuellen rechtmäßigen, vertraglich vereinbarten, Bestand resultierende abstrakte Interessensbeeinträchtigungsmöglichkeit anderer Wohnungseigentümer.[528] Generell wird man annehmen müssen, dass die Schwelle des Genehmigungsbedarfes von Änderungsmaßnahmen im Wohnungseigentumsrecht grundsätzlich nicht unterhalb der mietrechtlichen Wesentlichkeitsschwelle ist.

Die Abgrenzung zu Maßnahmen der Erhaltungspflicht des Wohnungseigentümers iSd § 16 Abs 7 WEG idF 2022 ist oftmals schwierig. In Anbetracht der bestehenden *ex lege* Durchführbarkeit beider Maßnahmenkreise ist jene aber bloß von akademischem Interesse.[529]

Die Zäsur zwischen bagatellhaften „Änderungen“ und Änderungen iSd § 16 Abs 2 WEG wird durch das Bestehen einer etwaigen Beeinträchtigungsmöglichkeit anderer Wohnungseigentümer gesetzt.[530] Für das Ausmaß der Interes-

---

ren ein Teilinteresse zum Ausdruck zu bringen, vgl OGH 19.11.2020, 5 Ob 222/19m; vgl demgegenüber zur eindeutigen Abgrenzung des Gegenstandes, um den Bestimmtheitserfordernissen zu genügen, *Prader*, WEG[5.13] § 16 E 132 (Stand 1.1.2022, Manz Wohnrecht in rdb.at).

525 Siehe hierzu IV.D.2.

526 RIS-Justiz RS0109247; vgl auch zu unwesentlichen Änderungen im mietrechtlichen Veränderungsrecht, welche geringfügig, unerheblich und leicht wieder zu beseitigen sind; weder schutzwürdige Interessen des Vermieters berühren, noch den Wert des Mietgegenstandes gefährden und sohin nicht der Zustimmung des Vermieters bedürfen, vgl *Korinek/Krejci*, Handbuch zum MRG (1985) 256; vgl auch *Vonkilch* in *Hausmann/Vonkilch*, Österreichisches Wohnrecht MRG[4] (2021) § 9 Rz 5; nicht zu verwechseln mit wesentlichen und dauernden Änderungen im Rahmen des gerichtlichen Zustimmungsersatz bei Inanspruchnahme anderer Wohnungseigentumsobjekte, siehe dazu IV.I.5.b).

527 Vgl *Painsi/Terlitza*, Wohnungseigentumsrecht (2022) Rz 376.

528 Vgl OGH 31.7.2019, 5 Ob 55/19b = wobl 2020/122.

529 Vgl zum Austausch einer „alten“ Gasleitung, OGH 23.6.2020, 5 Ob 85/20s, bbl 2020/186.

530 Vgl *Feil/Friedl* in *Feil/Friedl/Bayer*, WEG (2014) § 16 Rz 3; vgl nunmehr ausdrücklich § 16 Abs 2 S 2 WEG idF 2022, wonach die Zustimmung notwendig ist, sofern die Beeinträchtigung anderer „möglich“ ist.

sensbeeinträchtigung ausschlaggebend ist der Umfang der geplanten Änderungsmaßnahme und dessen Entfernung vom vertraglichen Konsens.[531]

Unterhalb jener Schwelle, nämlich bei definitivem Ausschluss einer Interessenbeeinträchtigung lassen sich zwei Typen an Maßnahmen abbilden: Zum einen sind dies Maßnahmen, bei welchen von vornherein eine Interessensbeeinträchtigung insoweit ausscheidet, als deren moderater Charakter keine über das Anteilsrecht des Änderungswilligen hinausgehende Wirkung entfaltet.[532] Zum anderen fallen auch jene Maßnahmen nicht (mehr) unter § 16 Abs 2 WEG, welche aufgrund vertraglicher Deckung keine Interessensbeeinträchtigung darstellen.[533]

Aus änderungsrechtlicher Perspektive lassen sich jene niederschwelligen Umgestaltungsformen als bloße Nutzungshandlungen im Sinne eines Ausflusses des Anteilverfügungsrechts darstellen.[534] Gerade die jederzeitige Wiederherstellbarkeit des Vorzustandes und die naturgemäß nicht dauerhafte Anlegung kann ein entsprechendes Indizium hierfür sein.[535] In diesem Sinne lässt sich das Anbohren von Wänden und das Einschlagen von Nägeln,[536] ebenso wie die das Entfernen nichttragender Innenwände ohne Versorgungsleitungen[537] bzw von statisch nicht relevanten Zwischendecken,[538] oder die Gartengestaltung bei alleiniger Nutzung[539] jenen Gestaltungsformen ohne Genehmigungsbedarf zuordnen.[540]

Das Ausmaß der geplanten Änderung knüpft im Unterschied zur bloß bagatellhaften Gestaltung an ein Minimum an Außenwirkung, wobei diese keineswegs mit der Sichtbarkeit der Maßnahme gleichgesetzt werden kann. Letzteres bestätigt die Genehmigungsbedürftigkeit[541] von Abänderungen tragender Innenwände,[542] bei welchen sich die Außenwirkung nicht in der Sichtbarkeit manifestiert, sondern in einer potentiellen statischen Beeinträchtigung. Umgekehrt wird sich eine rein oberflächliche, jederzeit umkehrbare „Gestaltungs-

---

531 Vgl OGH 20.4.2021, 5 Ob 64/21d = immolex 2021/140.

532 Vgl in diesem Zusammenhang die bereits dem Nutzungsrecht entspringenden und einem unmittelbaren Durchführungsanspruch unterliegenden sog „bagatellhafte Änderungen“, IV.D.2.

533 Vgl OGH 20.4.2021, 5 Ob 64/21d = immolex 2021/140; siehe zur Vorwegzustimmung IV.F.4.

534 Vgl diesbezüglich zum allgemeinen Maßnahmenrecht, III.A, III.D.

535 Vgl OGH 12.3.2002, 5 Ob 50/02t; vgl auch *Vonkilch* in *Hausmann/Vonkilch*, Österreichisches Wohnrecht MRG[4] (2021) § 9 Rz 5 mwN.

536 Vgl OGH 12.3.2002, 5 Ob 50/02t.

537 Vgl RIS-Justiz RS0109843; vgl auch den Intensitätsvergleich bei Zusammenlegungen, LGZ Wien 21.9.2011, 39 R 250/11w.

538 Vgl OGH 1.3.2017, 5 Ob 206/16d.

539 Vgl OGH 28.8.2013, 5 Ob 25/13g.

540 Vgl zum großzügigeren Maßstab bei der Gestaltung von Außenflächen, *Painsi/Terlitza,* Wohnungseigentumsrecht (2022) Rz 377.

541 Siehe zur Unterscheidung Genehmigungsbedürftigkeit, und -fähigkeit IV.B.

542 Vgl ua OGH 16.12.2014, 5 Ob 220/14k.

maßnahme" ohne bindende Vereinbarung zur einheitlichen Gestaltung in der Regel als nicht genehmigungsbedürftig qualifizieren lassen.[543]

Zur Beurteilung der entsprechenden Interessensbeeinträchtigung lassen sich die in § 16 Abs 2 Z 1 WEG genannten negativen (Genehmigungs-)Voraussetzungen heranzuziehen.[544] Maßgeblich für die Subsumtion unter dem Änderungsbegriff ist nicht, ob tatsächlich ein Eingriff in jene deklarativen schutzwürdigen Interessen erfolgt, sondern ob ein solcher hypothetisch bestehen könnte. In dieser Gestalt lässt sich ua eine Veränderung des äußeren Erscheinungsbildes nicht mehr als bagatellhaft qualifizieren und ein entsprechender Genehmigungsbedarf ist gegeben.[545] Es gilt jedoch zu beachten, dass der Beurteilungsmaßstab dieser *ex ante* Prüfung nicht überspannt werden darf. Würde die Begriffsabgrenzung zwischen genehmigungsfreien und genehmigungsbedürftigen Änderungen effektiv das Vorliegen einer negativen Voraussetzung verlangen, würde ein entsprechender Zustimmungsersatz jedenfalls wegfallen und sich das Individualrecht auf Änderung gewissermaßen selbst aushöhlen. Besteht die bloße Möglichkeit einer Beeinträchtigung[546] (die es dann in einem etwaigen außerstreitigen Zustimmungsersatzverfahren zu widerlegen gilt) ist die Schwelle zur (genehmigungspflichtigen) Änderung überschritten.[547]

Geradezu bei nutzwertrelevanten Änderungen,[548] wie bspw bei der Teilung eines Wohnungseigentumsobjekts,[549] oder beim Bedarf einer Baubewilligung,[550] welche zwar in erster Linie öffentliche Interessen zu wahren versucht, lässt sich eine mögliche Interessenbeeinträchtigung indizieren. Überdies indiziert auch die Berührung allgemeiner Teile ein die Änderungsmaßnahme kennzeichnendes Beeinträchtigungspotential. Schließlich knüpft die gerichtliche Genehmigungsfähigkeit von Änderungsmaßnahmen, welche allgemeine Teile in Anspruch nehmen, auch an restriktivere Voraussetzungen.[551]

---

543 Vgl zur gärtnerischen Gestaltung innerhalb des Zuweisungszwecks OGH 28.8.2013, 5 Ob 25/13g.

544 Siehe dazu IV.I.

545 Vgl zum Austausch einer zweiflügeligen Holzwohnungseingangstüre in eine moderne einflügelige Sicherheitstüre, OGH 25.7.2014, 5 Ob 73/14t.

546 Vgl nunmehr ausdrücklich § 16 Abs 2 S 2 WEG idF 2022.

547 Vgl OGH 8.11.2011, 3 Ob 158/11y, immolex 2012/37 *(Neugebauer-Herl)*.

548 Siehe dazu IV.D.4

549 OGH 18.11.2014, 5 Ob 48/14s.

550 Gerade wenn andere Schutznormen berührt werden, wird sich eine mögliche Interessenbeeinträchtigung nicht mehr gänzlich ausschließen lassen; vgl im mietrechtlichen Zusammenhang auch *Vonkilch* in *Hausmann/Vonkilch*, Österreichisches Wohnrecht MRG[4] (2021) § 9 Rz 8 mwN.

551 Vgl § 16 Abs 2 Z 2 WEG; siehe dazu IV.I.2.

2. Der scheinbar gedeckelte Änderungsbegriff

Im Folgenden gilt es im Lichte dessen den vielfach als weit postulierten Änderungsbegriff auf seine Grenzen zu überprüfen.[552] Jedenfalls nicht dem weiten Änderungsbegriff unterliegend und „absolut genehmigungsunfähig“[553] und sohin auch nicht zustimmungsfähig[554] sind rechtlich unmögliche Umgestaltungen. Darunter fallen Maßnahmen, welche allgemeine wohnungseigentumsrechtliche Prinzipien dinglichen Ursprungs unterlaufen würden, wie der Bedarf der Selbstständigkeit bzw der baulichen Abgeschlossenheit der Wohnungseigentumsobjekte, welche aus den Objektstauglichkeitsbeschreibungen des § 2 Abs 2 f WEG resultieren.[555] Daraus folgt, dass Zusammenlegungen mehrerer Wohnungseigentumsobjekte ohne Eigentümeridentität bzw ohne WE-Partnerschaftsbegründung oder gar die liegenschaftsübergreifende Zusammenlegungen durch entsprechende Wanddurchbrüche unzulässig sind.[556] Aus diesem Gesichtspunkt ergibt sich – verglichen mit dem schlichten Miteigentum – eine absolute, dem Charakter des Wohnungseigentumsrechts geschuldete, sachenrechtliche Umgestaltungsschranke.

Den Begriff der „Änderung“ gilt es allerdings vereinzelter Rsp zur Folge auch unterhalb dieser Schwelle bei zunehmender Intensität abzugrenzen.[557] So dürfe die „Sachidentität“ bei zunehmender Intensität nicht gänzlich aufgegeben werden, da das Änderungsrecht eben nicht jegliche Interessen des Änderungswilligen schütze.[558] Es steht außer Frage, dass der Gesetzgeber im Rahmen des Wohnungseigentums als Sonderform des Miteigentums[559] zwar dem Wohnungseigentümer zeitgemäße Adaptierungen erleichtern, aber keineswegs die allgemeinen Prinzipien des Miteigentums iSv § 828 ff ABGB,

---

552 RIS-Justiz RS0083132.

553 Unter jenem *terminus* versteht sich die Genehmigungsunfähigkeit *ex ante*, ohne eines Rückgriffes auf änderungsrechtliche Voraussetzungen zu bedürfen.

554 Vgl OGH 24.1.2011, 5 Ob 162/10z.

555 Siehe dazu IV.E.

556 Vgl OGH 7.1.2021, 5 Ob 117/20x; vgl weiters *Prader*, WEG[5.13] § 16 E 530 (Stand 1.1.2022, Manz Wohnrecht in rdb.at).

557 Vgl OGH 7.3.2006, 5 Ob 275/05k [Geschäftsflächenverdoppelung].

558 Jedenfalls *in concreto* nicht geschützt ist *„praktisch [der] Austausch des vermieteten Objekts“*, so ausdrücklich OGH 7.3.2006, 5 Ob 275/05k [Geschäftsflächenverdoppelung]; vgl auch die begrenzte Schutzwürdigkeit des änderungswilligen Wohnungseigentümers *praeter legem* im Zusammenhang mit der Aufstockung einer Dachgeschoßwohnung und der Errichtung von vier Maisonettwohnungen, OGH 15.7.2021, 5 Ob 12/21g.

559 Sonderform im Sinne eines Aliuds nicht im Sinne eines Plus, vgl im Zusammenhang mit der Beurteilung der Naturalrestitution eines schlichten Miteigentumsanteils, OGH 25.6.1998, 6 Ob 162/98m: *„Miteigentum verbunden mit dem ausschließlichen Nutzungsrecht an einer bestimmten Wohnung stellt gegenüber schlichtem Miteigentum, selbst wenn eine Benützungsregelung bestanden haben sollte, nicht nur eine qualitative, auszugleichende Verbesserung, sondern ein rechtliches aliud dar.“*

darunter die Rechte der Mitgenossen nicht zu verletzen,[560] gänzlich verwerfen wollte.[561]

Klar ist, dass dem Außerstreitrichter ein breiter Ermessenspielraum in der Beurteilung der Schutzwürdigkeit entgegenstehender Interessen zukommt.[562] Fraglich erscheint allerdings die Spruchpraxis, welche den Änderungsbegriff ohne jeglichen Bezug auf konkrete subjektive Miteigentümerinteressen – und dem Grundsatz des weiten Änderungsbegriffs[563] widerstrebend – durch Rückgriffe auf die Voraussetzungen der Genehmigungsfähigkeit nach oben hin einzugrenzen versucht.[564] Tatsächlich steht der Versuch verallgemeinerter Begriffsabsteckung in Widerspruch mit der sonst postulierten notwendigen Betrachtung im Einzelfall.[565]

So entschied der OGH, dass die annähernde Verdoppelung einer Geschäftsfläche als *„totale Um- oder Neugestaltung mit schwerwiegenden Eingriffen in das Allgemeingut“* nicht als Änderung zu qualifizieren sei – dies selbst dann nicht, wenn die eingebundenen Allgemeinflächen (eine offenbar bestehende Grünfläche) *„mangelnder Nutzungsmöglichkeit“*[566] unterlägen.[567] Durch die qualitative Deckelung des Änderungsbegriffes verwirft der OGH auch den Ansatz, dass das Ausmaß der Änderung für sich allein eben kein Kriterium der Genehmigungsfähigkeit darstellt.[568]

Trotz der tatbestandsmäßigen Anknüpfung an die subjektive Interessenslage der Miteigentümer im Rahmen der Voraussetzungen des § 16 Abs 2 Z 1 WEG knüpft die höchstgerichtliche Rechtsprechung sohin zusätzlich an eine objektive Grenze des Änderungsbegriffes an.[569] Auch wenn jene Entscheidung

---

560 *Tanczos/Eliskases* in *Rummel/Lukas*, Kommentar zum Allgemeinen bürgerlichen Gesetzbuch[4], Teilband §§825–858 ABGB (2015) § 829 Rz 1.

561 So beschreibt bereits *Zingher* die Stellung des Wohnungseigentümers als Doppelstellung im Sinne eines *„Bruchteileigentümers und Mitglied der ‚Gemeinschaft‘ einerseits und des ausschließlich Nutzungsberechtigten anderseits“*, *Zingher*, Das Mietengesetz[14] (1967) 242; § 2 Abs 1 WEG knüpft ebenfalls ausdrücklich an das Miteigentum an.

562 Vgl RIS-Justiz RS0083309.

563 Vgl RIS-Justiz RS0083108.

564 Kritisch und als willkürlich anmutender Richtsatz bezeichnend, *Vonkilch* in *Hausmann/Vonkilch*, Österreichisches Wohnrecht WEG[4] (2017) § 16 WEG Rz 17.

565 Vgl zur gebotenen Interessensabwägung im Einzelfall RIS-Justiz RS0109643; „unter Berücksichtigung aller Umstände“ vgl RIS-Justiz RS0083240.

566 Vgl die mangelnde Nutzbarkeit allgemeiner Teile als Darlegung eines wichtigen Interessens verneinend, OGH 27.10.1998, 5 Ob 269/98i.

567 OGH 7.3.2006, 5 Ob 275/05k [Geschäftsflächenverdoppelung]; vgl auch die Teilung eines Dachgeschoßobjekts in vier Einheiten, wobei letztlich systemkonform auf entgegenstehende schutzwürdige Miteigentümerinteressen verwiesen wird, OGH 15.7.2021, 5 Ob 12/21g.

568 RIS-Justiz RS0083356, zuletzt OGH 25.8.2011, 5 Ob 98/11i.

569 Vgl dazu das wichtige Interesse verneinend und die *obiter dictum* – Anknüpfung an den Änderungsbegriff selbst: *„Das geschützte Interesse bezieht sich grundsätzlich nur auf eine ‚Änderung‘ des Wohnungseigentumsobjekts […]“*, OGH 7.3.2006, 5 Ob 275/05k [Geschäftsflächenverdoppelung].

gerade deswegen kritisch beäugt wurde,[570] ließe sich daraus ableiten, dass eine „wesensverändernde“ Umgestaltung nicht unter dem rechtlichen Begriff der „Änderung“ zu subsumieren ist.

Umgekehrt bedeutet dies, dass die Genehmigungsfähigkeit einer Änderungsmaßnahme überwiegend unveränderte Teile des Wohnungseigentumsobjekts[571] voraussetzt, was wiederum im Spannungsverhältnis zu dem vielfach judizierten weiten Änderungsbegriff stünde. In diesem Zusammenhang gilt es insoweit Vorsicht walten zu lassen, als der Rechtsanwender Gefahr läuft, die Wertungen der negativen Änderungsvoraussetzungen im Sinne des § 16 Abs 2 Z 1 WEG, zur Verallgemeinerung des Änderungsbegriffes heranzuziehen. Demzufolge gilt es die in einzelne Voraussetzungen gegossenen schutzwürdigen Interessen entgegenstehender Miteigentümer stets im Einzelfall zu betrachten und nicht systemwidrig daraus allgemeine Stehsätze zur *per se* Unzulässigkeit abzuleiten.

Dass der Begriff der „Änderung“ tatsächlich weiter ist, als eine aus den Voraussetzungen des gerichtlichen Zustimmungsersatz gem § 16 Abs 2 WEG abgeleitete Reflexwirkung, verdeutlicht der OGH im Rahmen eines Änderungsbegehrens auf Verdreifachung der Nutzfläche durch einen Aufbau.[572] Die Genehmigungsunfähigkeit jenes Begehrens resultierte jedoch nicht aus einem systemwidrigen Korsett des Änderungsbegriffes selbst, sondern aus dem Vorliegen schutzwürdiger Interessen iSv § 16 Abs 2 Z 1 WEG des Antragsgegners. Schutzwürdig erschienen diese im Zusammenhang mit einer wesentlichen Veränderung der Benützungsverhältnisse und zu einer Überlastung entsprechender Gemeinschaftsanlagen bzw einer generellen Beeinträchtigung der Wohnqualität durch eine unzumutbare Steigerung der Wohndichte und einer damit einhergehenden Reduktion des Verkehrswertes anderer Wohnungseigentümer.[573]

Ähnlich bewertete der OGH ein Begehren hinsichtlich eines Komplettumbaus einer ehemaligen Tankstelle in zwei Wohnungen und ein Büro samt gravierenden Umgestaltungen der Außenanlagen und der Beseitigung einer Grünfläche, welches aufgrund der Beeinträchtigungseignung ebenfalls abzulehnen war.[574]

Nach gebotener Einzelfallbetrachtung ist auch eine nutzwertrelevante Umgestaltung[575] unter dem Begriff der Änderung zu subsumieren und stellt nicht *per se* bereits einen unzulässigen empfindlichen Eingriff in die Rechtsphäre

570 Vgl *Vonkilch* in *Hausmann/Vonkilch*, Österreichisches Wohnrecht WEG[4] (2017) § 16 WEG Rz 17.

571 Siehe zur weiten Auslegung dieser Begrifflichkeit IV.D.

572 Vgl OGH 7.7.2009, 5 Ob 60/09y [Nutzflächenverdreifachung durch Aufbau].

573 Vgl *Markl* in *Böhm/Pletzer/Spruzina/Stabentheiner*, GeKo Wohnrecht II (2019) § 16 WEG Rz 59 mwN.

574 Vgl OGH 18.12.2019, 5 Ob 153/19i.

575 Siehe hierzu IV.D.4.

übriger Miteigentümer dar.[576] Zwar werden in den meisten Fällen *„gänzlicher Neu- oder Umgestaltungen“*[577] schutzwürdige Interessen der Miteigentümer entgegenstehen, doch verbietet die änderungsrechtliche Systematik eine pauschalierende *ex ante* Qualifikation schutzwürdiger Änderungsinteressen und sohin eine Einschränkung des Änderungsbegriffes *praeter legem*. Ausschließen lässt sich die Beeinträchtigung schutzwürdiger Interessen im Lichte dessen jedenfalls dann, wenn die Wohnungseigentümer mit einem entsprechenden Ausbau (zB des Dachbodens durch den Käufer des Rohdachbodens) rechnen mussten.[578] Im Ergebnis lässt sich sohin erkennen, dass zur Absteckung des Änderungsbegriffes keine objektivierten – nämlich vom Einzelfall losgelösten – Grenzen aufgreifbar sind. Vielmehr können sich änderungsrechtliche Schranken ausschließlich aus den konkret zu prüfenden schutzwürdigen Interessen der Miteigentümer gem § 16 Abs 2 Z 1 WEG ableiten.

3. Der Begriff der „Widmungsänderung“ iSd § 16 Abs 2 S 1 WEG

Der Begriff der wohnungseigentumsrechtlichen Widmung ist vollständig vom bau- oder raumordnungsrechtlichen Widmungsverständnis abzukoppeln.[579] Die Widmung wohnungseigentumsrechtlicher Prägung knüpft an die von allen Miteigentümern vertraglich abgesteckte Verwendungsart einer bestimmten Liegenschaftsfläche.[580] Aufgrund der Tatsache, dass der Widmungsprozess der Teilhaberhabergesamtheit zugewiesen ist,[581] lässt sich dessen Ver-

---

576 RIS-Justiz RS0109643, RS0083271; siehe hierzu auch insb im Zhg mit Widmungsänderungen IV.D.4; So lässt sich ein Änderungsbegehren nicht grundsätzlich bejahen oder verneinen, es kommt vielmehr auf die Umstände des Einzelfalls an welche in ihrer Gesamtheit zu berücksichtigen [wären], OGH 22.12.2021 5 Ob 211/21x; siehe dazu auch RIS-Justiz RS0083309.

577 Vgl OGH 15.7.2021, 5 Ob 12/21g.

578 Vgl *Markl* in *Böhm/Pletzer/Spruzina/Stabentheiner*, GeKo Wohnrecht II (2019) § 16 WEG Rz 56 mwN; siehe auch zur Vorwegzustimmung IV.F.4.

579 Vgl RIS-Justiz RS0120725; vgl auch *Hausmann* in *Hausmann/Vonkilch*, Österreichisches Wohnrecht WEG^{4} (2017) § 3 WEG Rz 14a; vgl auch *Sammer* in *Kothbauer/Sammer/Berger/Holzapfel*, Dirnbacher Praxiskommentar WEG 2017^{8} (2017) 220; siehe zur privatrechtlichen Unbeachtlichkeit baurechtlich geforderter Erreichbarkeit von allgemeinen Teilen (Putztüren auf der Terrasse), OGH 18.6.2020, 5 Ob 73/20a; eine öffentlich-rechtliche Flächenwidmung kann allerdings dann durchschlagen, wenn die privatrechtliche Widmung darauf Bezug nimmt, vgl iZhg mit als „Industriegrundstücke“ gewidmeten Einheiten, OGH 14.6.2021, 5 Ob 54/21h; vgl zur Irrelevanz der baubehördlichen Bewilligung für die Beurteilung des zivilrechtlichen Unterlassungsanspruches iZhg mit eigenmächtigen Änderungen, RIS-Justiz RS0083330; vgl auch zur Zulässigkeit einer „Genehmigungsregelung“ für Kurzzeitvermietungen (touristische Nutzung) als Einschränkung der Dienstleistungsfreiheit zur Bekämpfung einer erheblichen Inflationswirkung auf Mieten, EuGH 22.9.2020, C-724/18 Cali Apartments; vgl auch *Painsi/Terlitza,* Wohnungseigentumsrecht (2022) Rz 379.

580 *Prader*, WEG$^{5.13}$ § 16 E 416 (Stand 1.1.2022, Manz Wohnrecht in rdb.at); vgl zur Widmung als *„privatrechtliche Einigung der Wohnungseigentümer“*, *Pittl* in *Böhm/Pletzer/Spruzina/Stabentheiner*, GeKo Wohnrecht II (2019) § 3 WEG Rz 8 mwN.

581 Vgl zur allgemeinen „Flächenwidmung“ § 3 Abs 2 WEG.

fügungscharakter erkennen.[582] Die konkrete Widmung schlägt sich auch in der Nutzwertermittlung, sprich in weiterer Folge in der Berechnung der Miteigentumsanteile nieder.[583] Denn neben den objektiven Maßstäben[584] zur Nutzwertfeststellung bildet die Widmung die Grundlage für die Nutzwertberechnung.[585] Gesamtheitlich betrachtet äußert sich der wohnungseigentumsrechtliche Widmungsbegriff in zweierlei Gestalt. Für die Zugänglichkeit zur „änderungsrechtlichen“ Widmungsänderung“ iSd § 16 Abs 2 S 1 WEG gilt es notwendigerweise zu differenzieren:[586] Der Widmungsbegriff findet sich zum einen im Rahmen der allgemeinen Flächenkategorisierung in erster Linie im Begründungsstadium (in „selbstständige“ Wohnungseigentumsobjekte, Zubehör – Wohnungseigentum und allgemeine Teile[587]) und zum anderen in der konkreten Zweckbestimmung innerhalb der Kategorie der Wohnungseigentumsobjekte als bereits „verselbstständigte“ Flächenteile (Wohnungen, sonstige selbstständige Räumlichkeiten und KFZ-Abstellplätze).[588] Im Regelfall werden im Wohnungseigentumsvertrag beide Widmungsformen (uU auch in einem planlichem Annex zu diesem oder gar unter Verweis auf ein entsprechendes Nutzwertgutachten[589]) festgelegt.[590] In dieser Gestalt werden allgemeine Teile,

---

582 Siehe dazu auch (abgesehen von den gerichtlichen Begründungsformen) das Schriftformgebot iSv § 3 Abs 1 Z 1 iVm § 3 Abs 2 WEG.

583 Es gilt allerdings zu beachten, dass die nachträgliche – womöglich auch änderungsbedingte – Nutzwertänderung keinen unmittelbaren Titel zur Veränderung der Miteigentumsanteile darstellt, *Ofner* in *Böhm/Pletzer/Spruzina/Stabentheiner*, GeKo Wohnrecht II (2019) § 9 WEG Rz 9 mwN.

584 *Ofner* in *Böhm/Pletzer/Spruzina/Stabentheiner*, GeKo Wohnrecht II (2019) § 9 WEG Rz 8 mwN; Jene Maßstäbe sind der Disposition der Miteigentümer entzogen, vgl OGH 26.9.2000, 5 Ob 52/00h; siehe dazu auch OGH 20.11.2012, 5 Ob 200/12s.

585 Vgl RIS-Justiz RS0083252; vgl zum notwendigen Abstellen auf die „Zweckbestimmung“ im Rahmen der Nutzwertberechnung, § 8 Abs 1 S 2 WEG; vgl die Nutzwertrelevanz im Zusammenhang mit der Zuordnung einer Dachterrasse, OGH 18.6.2020, 5 Ob 73/20a; siehe zu nutzwertrelevanten Umwidmungen generell, IV.D.4.

586 Vgl *Vonkilch* in *Hausmann/Vonkilch*, Österreichisches Wohnrecht WEG[4] (2017) § 16 WEG Rz 20.

586 Vgl dazu III.A.

587 Vgl § 2 Abs 2 iVm § 3 Abs 2 WEG; vgl zu den allgemeinen wohnungseigentumsrechtlichen Flächenkategorien, *Feil/Friedl* in *Feil/Friedl/Bayer,* WEG (2014) § 2 Rz 32 mwN.

588 Vgl zur Differenzierungsnotwendigkeit auch *Pittl* in *Böhm/Pletzer/Spruzina/Stabentheiner*, GeKo Wohnrecht II (2019) § 3 WEG Rz 9 mwN, wonach es sich bei Änderungen iSv § 16 Abs 2 WEG um Änderungen der *„Benützungsart bzw [der] Zweckbestimmung“* handle, wohingegen sich die § 3 Abs 2 WEG Widmung primär auf die Verselbständigung eines WE-Objekt beziehe.

589 Vgl zur widmungsrechtlichen Bedeutung des Nutzwertgutachtens ua OGH 13.6.2019, 5 Ob 72/19b mwN aus der Rsp; die Bezeichnung im Nutzwertgutachten kann ein bei der Auslegung der Widmungsvereinbarung zu berücksichtigender Aspekt sein, wenn sich ein Konnex auf die vertragliche Einbeziehung indiziert ist, vgl OGH 25.8.2016, 5 Ob 105/16a unter Verweis auf OGH 20.4.2016, 5 Ob 224/15z.

590 Vgl RIS-Justiz RS0120725, RS0119528; Zu beachten gilt allerdings, dass es hinsichtlich des Widmungsprozesses keiner Einhaltung besonderer Formvorschriften bedarf – und zwar weder hinsichtlich der allgemeinen Flächenkategorie, noch im Rahmen des konkreten Ver-

Wohnungen und „Geschäftsräumen" als selbstständige Räumlichkeiten samt Zubehörobjekten gegenübergestellt.

Die aus der „Widmung" eines Wohnungseigentumsobjekts resultierende Verwendungsart und das Festhalten an dieser gehört zu den absolut geschützten Rechten jedes Wohnungseigentümers.[591] Jenem Rechtsschutz entfließt allerdings nicht absolute Unveränderlichkeit. Durch die in § 16 Abs 2 S 1 WEG in Klammer gesetzte Beifügung „einschließlich Widmungsänderungen" ist unstrittig davon auszugehen, dass der Gesetzgeber nicht nur bauliche Änderungen, sprich in die Bausubstanz eindringende Umgestaltungen vor Augen hat, sondern darüber hinaus, auch rechtliche, wie eine Nutzungsänderung davon erfasst.[592]

a) Die tatbestandsmäßige Widmungsänderung von Wohnungseigentumsobjekten

Die Grundlage der individualrechtlichen Widmungsänderungsbefugnis iSv § 16 Abs 2 WEG ist die zeitlich vorgelagerte Zuweisung des ausschließlichen Nutzungs- und Verfügungsrechts („Verselbstständigung") an ebenjenem Flächenteil durch die allgemeine Widmungskategorie[593] „Wohnungseigentumsobjekt".

Der weite Änderungsbegriff, welcher somit auch Widmungsänderungen als Änderungen der Nutzungsart eines Wohnungseigentumsobjekts umfasst,[594] präzisiert folglich das ausschließliche Verfügungsrecht des einzelnen änderungswilligen Wohnungseigentümers innerhalb jener allgemeinen Flächenkategorie und schützt andere Wohnungseigentümer insoweit, als ihr Umfeld durch eine andere Nutzungsart nicht eigenmächtig unter Verletzung schutzwürdiger Interessen geändert wird.[595] Von der änderungsrechtlichen „Widmungsänderung" ist die allgemeine Widmungsänderung[596] zu unterscheiden,

wendungszwecks eines Wohnungseigentumsobjekts, RIS-Justiz RS0082712; zustimmend *Punt*, Änderung der Widmung eines WE-Objekts, immolex 2019, 54 f; vgl hierzu kritisch *Fürst*, Konkludenz im Grundbuchsrecht?, immolex 2015, 170; vgl ein Schriftlichkeitsgebot *de lege lata* erkennend, *Hausmann* in *Hausmann/Vonkilch*, Österreichisches Wohnrecht WEG[4] (2017) § 3 WEG Rz 14a; siehe zur Zugänglichkeit konkludenter Umwidmung allgemeiner Teile, OGH 18.11.2019, 8 Ob 93/19p; siehe zur konkludenten Umwidmung eines Wohnungseigentumsobjekts, OGH 20.5.2014, 5 Ob 210/13p.

591 Vgl OGH 20.11.2012, 5 Ob 200/12s; siehe ursprünglich OGH 24.11.2009, 5 Ob 241/09s; vgl zur absoluten Wirkung der Widmung, welche im Rahmen internationaler Zuständigkeit einen ausschließlichen Gerichtsstand nach Art 24 Nr 1 EuGVVO 2012 begründet, OGH 21.1.2021, 5 Ob 216/20f.

592 Vgl zum „weiten" Änderungsbegriff, RIS-Justiz RS0083132.

593 Siehe dazu IV.D.3.b).

594 Vgl RIS-Justiz RS0083132; vgl hierzu auch *Würth/Zingher/Kovanyi*, Miet- und Wohnrecht II[23] § 16 WEG 17, 28; vgl bereits OGH 30.6.1992, 5 Ob 1028/92.

595 Vgl zum Schutz von Miteigentümerinteressen, OGH 25.8.2016, 5 Ob 105/16a mwN.

596 Siehe hierzu im Folgekapitel.

wodurch eine Fläche einer Liegenschaft im Wohnungseigentum der Kategorie „allgemeiner Teil“, WE- bzw Zubehörobjekt zugeordnet wird. Selbst wenn im änderungsrechtlichen Zusammenhang Interferenzen zwischen beiden Widmungsformen nicht ausgeschlossen sind,[597] knüpft der änderungsrechtliche Widmungsbegriff primär an die vertragliche Zweck- und Nutzungsbestimmung eines (bereits) selbstständigen Wohnungseigentumsobjekts. Überschneidungen können sich bei der Zusammenlegung von Wohnungseigentumsobjekten, bei der Aufteilung eines Wohnungseigentumsobjektes in mehrere Objekte oder der Einbeziehung von allgemeinen Teilen („Nutzflächenveränderungen“) generell entstehen. Die Problematik, welche in jenen Fällen auftritt ist, dass durch jene Maßnahmen allgemeine Teile entweder wegfallen oder neugeschaffen werden und zumeist eine Änderung der Nutzwerte erforderlich sein wird.[598] Dies versteht sich schon bereits vor dem Hintergrund notwendiger Nutzwertbildung iZhg mit (allgemeinen) Umwidmungsvorgängen,[599] welche auch für die selbstständige Verkehrsfähigkeit neuer WE-Objekte erforderlich ist.[600]

Von einer genehmigungspflichtigen „Widmungsänderung“ ist dann auszugehen, wenn die beabsichtigte Nutzung nicht ohnehin bereits eine vertragliche Deckung findet.[601] Der zentrale Vergleichsmaßstab ist sohin die vertraglich bedungene Verwendungsart eines Wohnungseigentumsobjekts.[602] Der konkrete Inhalt einer Widmungsvereinbarung ist durch Auslegung §§ 914 f ABGB entsprechend zu ermitteln.[603] Dabei gilt es zu beachten, dass die Miteigentümer im Unterschied zur allgemeinen Flächenkategorisierung („allgemeine

---

597 So auch ausdrücklich, *Pittl* in *Böhm/Pletzer/Spruzina/Stabentheiner*, GeKo Wohnrecht II (2019) § 3 WEG Rz 9 mwN. Dies gilt insbesondere dann, wenn durch bauliche Änderungsmaßnahmen neue allgemeine Teile geschaffen werden, vgl zur Teilung eines WE-Objekts, OGH 16.5.2012, 5 Ob 21/12t [Aufteilung in mehrere KFZ-Abstellplätze]; vgl auch die „Umwidmung“ eines Zubehörobjekts durch die änderungsbedingte Herstellung einer baulichen Verbindung mit dem Wohnungseigentumsobjekt, OGH 15.2.2021, 5 Ob 15/21y.

598 Siehe hierzu IV.D.4.

599 Vgl zur unzulässigen Schaffung neuer Wohnungseigentumsobjekte „ohne Nutzwert“ bereits im Rahmen der Nutzwertberechnung, RIS-Justiz RS0117710.

600 Vgl zum Erwerb von Wohnungseigentumsobjekten § 2 Abs 9 WEG.

601 Vgl zum Vergleich mit der bestandenen vertraglichen Einigung, OGH 20.5.2014, 5 Ob 210/13p; An dieser Stelle lässt sich auch der dispositive Charakter des Änderungsrechts erkennen. Denn eine breit gefasste Zweckbestimmung, reduziert den Genehmigungsbedarf entsprechender rechtlicher Gestaltung – ähnlich der Wirkung einer Vorwegzustimmung hinsichtlich konkreter baulicher Änderungen, siehe zum dispositiven Charakter generell IV.C.3 und zur Vorwegzustimmung IV.F.4.

602 *Prader*, WEG$^{5.13}$ § 16 E 416 mwN; vgl LGZ Wien 22.3.1988, 41 R 506/87; vgl RIS-Justiz RS0119528; vgl hierzu *Würth/Zingher/Kovanyi*, Miet- und Wohnrecht II^{23} § 16 WEG 27 f.

603 Vgl OGH 13.6.2019, 5 Ob 72/19b; vgl zur objektiven Betrachtung OGH 25.8.2016, 5 Ob 105/16a; vgl hierzu auch die Schwierigkeit der Ermittlung des historischen Parteiwillens und den notwendigen Vertrauensschutz neuer Wohnungseigentümer, OGH 21.5.2019, 5 Ob 38/19b; vgl zur Auslegung entsprechender Vereinbarungen auch OGH 20.4.2016, 5 Ob 224/15z.

Widmung“) als Ausfluss sachenrechtlichen Typenzwangs, nicht an die vom Gesetzgeber genannte Trilogie der Wohnungseigentumsobjektsformen[604] gebunden sind, sondern die Verwendungsform privatautonom konkretisieren können (zB „Gastwirtschaft“).[605] Überdies ist auch die Kombination aus Wohn- und Geschäftsräumlichkeitswidmung als solches widmungstechnisch zulässig.[606]

Soweit sich aufgrund einer unspezifischen Widmung vertraglich kein konkreter Verwendungsumfang abstecken lässt, was oftmals bei terminologisch weit gefassten Verwendungsformen der Fall sein wird, ist zur Beurteilung der Genehmigungsbedürftigkeit, das Kriterium der Verkehrsüblichkeit nunmehr von bloß untergeordneter Bedeutung.[607] Vielmehr haben sich die Miteigentümer diesfalls für eine breite Verwendungsart ausgesprochen, ohne dass auf die Übung des Verkehrs als eine Form der ergänzenden Vertragsauslegung bzw auf die strengeren Änderungsvoraussetzungen wie bei Inanspruchnahme allgemeiner Teile zurückgegriffen werden müsste.[608]

An dieser Stelle gilt es zu beachten, dass geradezu bei Widmungsänderungen der konkludenten Vereinbarung als Rechtfertigung besonderer Stellenwert zukommt.[609] So kann die langjährige Duldung einer stillschweigenden Zustimmung zur (vormals eigenmächtigen) Widmungsänderung entsprechen. Umgekehrt aber dürfe die durch eine konkrete Nutzung nicht gänzliche „Ausschöpfung“ der Widmung, nicht insoweit gedeutet werden, als der Wohnungseigentümer auf eine die aktuelle Nutzung übersteigende Verwendung verzichten wolle.[610] Daran ändert bspw auch eine langjährige Nutzung eines als „Geschäftslokal“ gewidmeten Wohnungseigentumsobjekts als „Tageskaffee“ nichts, weshalb nicht angenommen werden kann, die Widmung würde sich dadurch auf diese Gastronomiesparte einschränken und dem Betrieb eines Restaurants mit anderen Öffnungszeiten entgegenstehen.[611]

---

604 Vgl § 2 Abs 2 WEG.

605 Die Widmungsspezialisierung ist sohin nicht notwendiger Weise an die Kategorisierung des Gesetzgebers gebunden, vgl ausdrücklich OGH 21.5.2019, 5 Ob 45/19g Rz 4.3; vgl zur „Gastwirtschaft“ OGH 18.1.2018, 5 Ob 160/17s.

606 Vgl in diesem Zusammenhang die neutralen Widmungsbezeichnungen (*„Wohnungseigentumsobjekte, Räumlichkeiten, Einheiten“*), OGH 13.6.2019, 5 Ob 72/19b.

607 Vgl ausdrücklich dazu OGH 8.3.2021, 5 Ob 16/21w; vgl dazu auch RIS-Justiz RS0119528.

608 Vgl initiativ OGH 25.8.2016, 5 Ob 105/16a; so kommt dem Kriterium der Verkehrsüblichkeit in erster Linie Bedeutung im Rahmen der Beurteilung der Reichweite besonders spezifischer Widmungen zu, wohl aber keine ausschließliche; vgl zum Betrieb eines Prostitutionslokals im Rahmen unspezifischer Geschäftsraumwidmung, OGH 18.7.2018, 5 Ob 41/18t.

609 Vgl OGH 20.5.2014, 5 Ob 210/13p; siehe dazu auch IV.F.1.

610 Vgl zur Bedeutung des Erklärungsempfängereindrucks und des Vorhandenseins besonderer Umstände, welche auf einen ernstlichen Willen hindeuten, OGH 31.7.2019, 5 Ob 55/19b; vgl auch OGH 21.5.2019, 5 Ob 38/19b; vgl dazu auch OGH 25.8.2016, 5 Ob 105/16a; bloße Untätigkeit des Berechtigten ist jedenfalls nicht ausreichend, RIS-Justiz RS0014190.

611 Vgl OGH 8.11.2022, 5 Ob 115/22f.

Erfährt eine Nutzungsart keine Deckung in der (allenfalls stillschweigenden[612]) vertraglichen Widmung, kann sie gegebenenfalls als genehmigungspflichtige Widmungsänderung durch einen gerichtlichen Zustimmungsersatz gerechtfertigt werden. Im Rahmen der gerichtlichen Überprüfung der Genehmigungsfähigkeit gem § 52 Abs 1 Z 2 gilt es – der stRsp entsprechend – die beabsichtigte Verwendungsart samt den mit ihr „typischerweise verbundenen Beeinträchtigungen“[613] der vertraglich vereinbarten gegenüberzustellen.[614] Die Genehmigungsfähigkeit von Umwidmungen bestimmt sich sohin unstrittig nach denselben Maßstäben wie die Gesamtheit baulicher Änderungsformen, wobei ausschließlich die allgemeinen Änderungsvoraussetzungen zu prüfen sind.[615] Hierbei gilt es zu überprüfen, inwieweit die mit der Umwidmung zu erwartenden Beeinträchtigungen *ex ante* mit damit entgegenstehenden schutzwürdigen Interessen gem § 16 Abs 2 Z 1 WEG der übrigen Miteigentümer kollidieren.[616]

In dieser Gestalt veranschaulicht sich eine Widmungsänderung eines als „Wohnung“ iSv § 2 Abs 1 S 2 WEG gewidmeten, bereits selbstständigen Wohnungseigentumsobjekts in ein „Geschäftslokal“,[617] genauso wie die Änderung des Geschäftszwecks bzw der Betriebsform[618] eines solchen. Nicht selten treten Widmungsänderung auch in Kombination mit baulichen Änderungen auf.[619] Die Genehmigungsfähigkeit mehrerer bzw verschiedener Änderungsmaßnahmen ist grundsätzlich im Rahmen einer Gesamtbeurteilung zu prüfen.[620] Eine solche ist aber dann nicht erforderlich, wenn die einzelnen

---

612 Hinsichtlich eines konkludenten Verzichts im Zusammenhang mit einer unspezifizierten Widmung ist besondere Vorsicht geboten, vgl OGH 2.11.2022, 5 Ob 134/22z.

613 Vgl OGH 26.8.2008, 5 Ob 81/08k mwN.

614 Vgl RIS-Justiz RS0101800, RS0119528.

615 Vgl RIS-Justiz RS0083156, RS0101800; siehe zur Prüfung allgemeiner Änderungsvoraussetzungen IV.I.1.; siehe zu den günstigeren Änderungsvoraussetzungen bei Widmungsänderungen, IV.I.2.b).

616 Vgl *Markl* in *Böhm/Pletzer/Spruzina/Stabentheiner*, GeKo Wohnrecht II (2019) § 16 WEG Rz 31.

617 Der Begriff des „Geschäftslokals“ ist im Sinne einer sammelbegriffsartigen Zweckbindung einer selbständigen Räumlichkeit zu verstehen; vgl zur Widmungsänderung im Rahmen der Kurzzeitvermietung (touristische Nutzung) eines als Wohnung gewidmeten Objekts, OGH 23.4.2014, 5 Ob 59/14h; vgl dazu auch die ausschließliche internationale Zuständigkeit erkennend OGH 21.1.2021, 5 Ob 216/20f; siehe auch im Zusammenhang mit der Umwidmung einer Wohnung auf den Betrieb einer Arztordination, *Markl* in *Böhm/Pletzer/Spruzina/Stabentheiner*, GeKo Wohnrecht II (2019) § 16 WEG Rz 39; siehe dazu auch *Illedits/Illedits-Lohr,* Wohnungseigentum[6] (2018) Rz 748 f.

618 Vgl RIS-Justiz RS0083132; Vgl ua OGH 24.11.2009, 5 Ob 241/09s; siehe auch *Markl* in *Böhm/Pletzer/Spruzina/Stabentheiner*, GeKo Wohnrecht II (2019) § 16 WEG Rz 32 f, 35.

619 Vgl zur Umwidmung unter gleichzeitiger baulicher Umgestaltung eines Geschäftsraumes in mehrere KFZ-Abstellplätze, OGH 21.2.2014, 5 Ob 13/14v; vgl zur Umwidmung eines Geschäftslokals in eine Wohnung samt damit einhergehender (teilgenehmigter) baulichen Umgestaltungen, OGH 15.2.2021, 5 Ob 15/21y.

620 Vgl OGH 21.5.2019, 5 Ob 38/19b Rz 2.4; vgl auch RIS-Justiz RS0109643, RS0083309.

Maßnahmen objektiv voneinander getrennt werden können und der Änderungswillige unmissverständlich zum Ausdruck bringt, auch an der Genehmigung bloß einzelner Maßnahmen ein Interesse zu haben.[621]

Die widmungsrechtliche Änderungsmöglichkeit eines zu Wohnzwecken gewidmeten Wohnungseigentumsobjekts zu einem mit Geschäftszweck, verdeutlicht die Weite des Änderungsbegriffs besonders im Hinblick auf das deutsche Wohnungseigentumsrecht. Letzteres unterscheidet unter dem Begriff des Sondereigentums zwischen Wohn- und Teileigentum.[622] Im Unterschied zum österreichischen Wohnungseigentum, wonach der Verwendungszweck primär[623] Ausfluss der zivilrechtlichen Widmung ist, scheint der Verwendungszweck im dWEG aufgrund soeben dargestellter unterschiedlicher Eigentumsformen die sachenrechtliche Sphäre zu berühren. § 20 dWEG stellt, als änderungsrechtliche Pendantbestimmung, ausschließlich die Rechtsgrundlage für bauliche Änderungen[624] dar, ohne eine Grundlage für rechtliche Änderungen, sprich „Nutzungsänderungen", abzubilden. Eine entsprechende Nutzungsänderung im Sondereigentum setzt sohin eine einstimmige Änderung des dinglichen Begründungsaktes, samt einer entsprechenden Eintragung im Grundbuch voraus.[625] Ersteres ist möglicherweise dann nicht erforderlich, wenn eine vorweggenommene Umwandlungsermächtigung bereits einen diesbezüglichen Konsens abdeckt.[626] Fakt ist jedenfalls, dass eine Nutzungsänderung im Rah-

621 Vgl RIS-Justiz RS0083040; hinsichtlich der Interessensdarstellung wird es ratsam sein, ein Eventualbegehren zu fassen, vgl OGH 19.11.2020, 5 Ob 222/19m; die gesonderte Beurteilung ist gar nur dann zulässig, wenn diese nicht in einem untrennbaren Zusammenhang stehen, anderenfalls „das Änderungsbegehren" in seiner Gesamtheit zu berücksichtigen ist, OGH 4.4. 2022, 5 Ob 182/21g.

622 Vgl § 1 Abs 1 dWEG, wonach an Wohnungen Wohnungseigentum und an nicht zu Wohnzwecken dienenden Räumen Teileigentum geschaffen werden kann.

623 Darüber hinaus bedeutsam ist die entsprechende objektive Tauglichkeit, welche jedenfalls bei Wohnungen und selbstständigen Räumlichkeit gegeben ist, vgl § 2 Abs 2 S 1 WEG.

624 Jene Maßnahmen eines Wohnungseigentümers gehen über die ordnungsgemäße Erhaltung hinaus und können entweder beschlossen oder dem einzelnen WE durch Beschluss gestattet werden (Vornahme- bzw Gestattungsbeschluss), vgl § 20 Abs 1 dWEG; siehe hierzu auch *Hügel/Elzer*, Wohnungseigentumsgesetz[3] (2021) § 20 dWEG Rz 26; vgl diesbezüglich auch *Rüscher* in *Gaier*, Münchener Kommentar zum BGB VIII[8] (2021) § 21 dWEG Rz 7 f; Der diesbezügliche Willen der Mehrheit ist nur durch die Grenze der grundlegenden Umgestaltung und der unbilligen Benachteiligung eines nicht einwilligenden Wohnungseigentümers iSd § 20 Abs 4 dWEG gebunden, vgl hierzu *Rüscher* in *Gaier*, Münchener Kommentar zum BGB VIII[8] (2021) § 20 dWEG Rz 33 f; Nur besonders privilegierte Maßnahmen und jene, welche das unvermeidliche Maß an Beeinträchtigungen anderer nicht überschreiten, können vom WE verlangt werden, vgl § 20 Abs 2 f dWEG. An dieser Stelle zeigen sich tatbestandsmäßige Parallelen zu den begünstigungswürdigen Änderungen iSd § 16 Abs 5 öWEG ohne auf die deutsche Rechtfertigungssystematik des Vornahme- bzw Gestattungsbeschlusses zu verweisen.

625 OLG Celle 30.5.2000, 4 W 53/00= ZWE 2001, 33 f.

626 Siehe dazu im Zusammenhang mit einer (baubezogenen) Umwandlungsermächtigung in der Gemeinschaftsordnung, OLG München 11.11.2013, 34 Wx 335/13 = RNotZ 2014, 431; vgl auch zum sog „Änderungsvorbehalt" der Teilungserklärung BGH 16.7.2021, V ZR 284/19 = BeckRS 2021, 23748 = RNotZ 2022, 82.

men des dWEG über die Grenze des konkreten Sondereigentums hinausgehend einen materiellrechtlichen Mitwirkungsakt der Eigentümergesamtheit erfordert und in diesem Zusammenhang jedenfalls nicht von einem vergleichbaren Individualrecht auf Änderung gesprochen werden kann.[627] Dem Änderungsbegriff iSd § 16 Abs 2 öWEG kommt demzufolge ein breiterer Anwendungsbereich zu, welcher auch Wohn- und Geschäftszweck übergreifende Nutzungsänderungen im weitesten Sinn miteinschließt.

b) Die notwendige Abgrenzung zur „allgemeinen Umwidmung“[628]

Grundsätzlich[629] nicht vom änderungsrechtlichen Begriff der Widmungsänderung umfasst – und sohin als (darüber hinausgehende) Verfügungsmaßnahme iSv § 828 ABGB und jedenfalls ein Einvernehmen[630] voraussetzend – ist die „Umwidmung“ der allgemeinen wohnungseigentumsrechtlichen Flächenkategorien.[631] Daraus folgt, dass hinsichtlich jener Umwidmungsvorgänge nicht bloß der gerichtliche Zustimmungsersatz ausscheidet, sondern auch die Qualifizierung als mehrheitsfähige Verwaltungsmaßnahme.[632] Darunter fällt jedenfalls die Umwidmung allgemeiner Teile in selbstständige Wohnungseigentumsobjekte,[633] wie bspw im Zusammenhang mit der „Verselbstständigung“ neuer WE-Objekte am im schlichten Miteigentum befindlichen Rohdachboden oder die Umwidmung der Hausbesorgerwohnung.[634]

---

627 Vgl ausdrücklich BGH 16.7.2021, V ZR 284/19 = BeckRS 2021, 23748 Rz 22.

628 Vgl demgegenüber „Widmungsänderungen an allgemeinen Teilen der Liegenschaft“, *Tschütscher*, Wohnungseigentumsrecht[4] (2022) 227, mag diese Kategoriebezeichnung auch für den Großteil allgemeiner Widmungsvorgänge zutreffend sein, schließt er dennoch nicht alle Widmungsvorgänge insb von Zubehörobjekten nicht mit ein.

629 Zu den Überschneidungsbereichen siehe auch das Vorkapitel; dies bedeutet aber nicht, dass eine einverständliche allgemeine Umwidmung änderungsrechtlich bedeutungslos ist, denn aus einer solchen lassen sich durch aus auch Änderungsrechte zuordnen (Vorwegzustimmung), siehe hierzu IV.F.4.

630 Auf die Einstimmigkeit ohne einhergehendem Schriftformgebot hinweisend, *Feil/Friedl* in *Feil/Friedl/Bayer,* WEG (2014) § 2 Rz 40 mwN; vgl im Zusammenhang mit der „Umwandlung“ eines Zubehörobjekts, welche einer Änderung des WE-Vertrages und einer Neufestsetzung der Nutzwerte bedarf, *Pittl*, Handbuch Wohnungseigentumsrecht (2022) 32; vgl hinsichtlich des Bedarfes der Einstimmigkeit bereits die Notwendigkeit dieser iZhg mit der Zuweisung allgemeiner Teile zur (bloß vorübergehenden) Sondernutzung (Benützungsregelung), RIS-Justiz RS0082931; siehe zur Umwidmung allgemeiner Teile, OGH 20.11.2012, 5 Ob 200/12s; vgl künftig RIS-Justiz RS0128354.

631 Vgl aber zu möglichen Interferenzen ua im Rahmen der Einbeziehung eines Zubehörobjekts, OGH 15.2.2021, 5 Ob 15/21y, und durch die Schaffung neuer allgemeiner Teile durch Teilung eines Wohnungseigentumsobjekts, OGH 16.5.2012, 5 Ob 21/12t [Aufteilung in mehrere KFZ-Abstellplätze].

632 Eine Umwidmung gegen den Willen der Minderheit scheidet sohin jedenfalls aus – und zwar ohne gerichtliche Substituierbarkeit, vgl *Feil/Friedl* in *Feil/Friedl/Bayer,* WEG (2014) § 2 Rz 49 mwN.

633 *Illedits/Illedits-Lohr,* Wohnungseigentum[6] (2018) Rz 723 mwN.

634 Vgl zur „Umwidmung“ einer sog „Hausbesorgerwohnung“ als allgemeiner Teil in ein Wohnungseigentumsobjekt, OGH 20.12.2010, 5 Ob 205/10y; siehe dazu auch die einhergehende

Gleichermaßen ist auch die „Umwandlung" allgemeiner Teile in (dinglich ausschließlich nutzbare) Zubehörobjekte zu beurteilen. Letztere haben zwar keinen eigenen Nutzwert zugeordnet, werden im Regelfall aber einen Nutzwertzuschlag zum zugehörigen WE-Objekt begründen.[635] Es gilt diesbezüglich auch zu berücksichtigen, dass allgemeine Umwidmungsvorgänge, welche künftig Ausschließlichkeitsrechte begründen sollen, nicht ausschließlich einen einvernehmlichen Willensakt der Miteigentümergesamtheit voraussetzen, sondern darüber hinausgehend an objektive Kriterien entsprechender Flächenteile geknüpft sind.[636] Mangelt es an jenen objektiven Tauglichkeitskriterien oder scheidet die sachenrechtliche Existenz eines Zubehörobjekts aufgrund uneindeutiger Zuweisung aus,[637] könne sich allenfalls aus der (schriftlichen![638]) obligatorischen Einräumung des Ausschließlichkeitsrechts mit dem Ziel Zubehör-Wohnungseigentum zu begründen, eine Benützungsvereinbarung ableiten.[639] Aus einer solchen wiederum ergeben sich gem § 16 Abs 2 WEG anlog ebenfalls Änderungsrechte des Begünstigten.[640]

Umgekehrt ist auch die Umwidmung ausschließlich genutzter Flächenteile, sohin eines Wohnungseigentumsobjekts[641] oder eines Zubehörobjekts,[642] in

---

Notwendigkeit der Neupazifizierung, *Feil/Friedl* in *Feil/Friedl/Bayer,* WEG (2014) § 2 Rz 49 mwN; vgl auch zum umgekehrten Widmungsvorgang in eine Hausbesorgerwohnung als allgemeiner Teil durch Konkludenz, RIS-Justiz RS0114928; vgl zur rechtsunwirksamen Wohnungseigentumsbegründung an einer Hausbesorgerwohnung allgemein, RIS-Justiz RS0082927.

635 *Pittl*, Handbuch Wohnungseigentumsrecht (2022) 33; siehe zur Nutzwertrelevanz IV.D.4.

636 Vgl § 2 Abs 2 WEG; vgl zu notwendig allgemeinen Teilen an welchen die Begründung von Wohnungseigentum als auch von Zubehöreigentum unmöglich ist, RIS-Justiz RS0117164; vgl zur unmöglichen Begründung von Zubehör-Wohnungseigentum, OGH 28.4.2009, 5 Ob 19/09v; siehe weiters OGH 3.6.2020, 5 Ob 76/20t; vgl aber einen bereits als Wohnung gewidmeten Rohdachboden, OGH 15.7.2010, 5 Ob 12/10s mwN aus der Rsp; vgl zur *„faktischen Beschaffenheit"* allgemeiner Teile welche ausschließlicher Nutzung und entsprechender Widmung entgegenstehen, *Pittl*, Handbuch Wohnungseigentumsrecht (2022) 35.

637 Vgl § 5 Abs 3 WEG seit der WRN 2015; vgl zur Zuweisungsdeutlichkeit ohne Eintragungsbedarf *Pittl* in *Böhm/Pletzer/Spruzina/Stabentheiner*, GeKo Wohnrecht II (2019) § 5 WEG Rz 7 ff; siehe zur sachenrechtlichen Zuordnung eines Zubehörobjekts auch RIS-Justiz RS0111616.

638 Vgl zur seit dem WEG 2002 geforderten Schriftlichkeit, § 17 Abs 1 WEG; soweit die Benützungsvereinbarung bereits vor Inkrafttreten des WEG 2002 schriftlich abgeschlossen wurde, wird die Gültigkeit einer solchen nicht durch den Wohnungseigentümerwechsel berührt, OGH 21.10.2003, 5 Ob 205/03p.

639 Vgl dazu ausdrücklich OGH 18.6.2020, 5 Ob 73/20a; vgl zur änderungsrechtlichen Relevanz der Zuordnung des alleinigen Nutzungsrechts, vgl OGH 2.12.2021, 5 Ob 153/21t.

640 Vgl OGH 20.2.2019, 5 Ob 246/18i [Gebäude auf allgemeinem Gartenstreifen]; vgl OGH 23.11.1999, 5 Ob 299/99b [Carport auf durch eine Benützungsregelung zugewiesenen allgemeinen Teilen]; vgl auch OGH 23.3.1999, 5 Ob 58/99m [Gartenhäuschen auf Gartenflächen zur alleinigen Nutzung]; siehe zum Objektbezug des Änderungsrechts auch IV.E.2.

641 Vgl OGH 9.11.2004, 5 Ob 249/04k mwN, wonach die einvernehmliche konkludente Umwidmung eines WE-Objekts in einen als Abstellraum genutzten allgemeinen Teil der Liegenschaft – trotz gegenteiliger Verbücherung – möglich sei.

642 Vgl *Pittl*, Handbuch Wohnungseigentumsrecht (2022) 32.

einen allgemeinen Teil denkbar, wenngleich auch jener Vorgang die – nicht ersetzbare – Zustimmung aller voraussetzt und entsprechende Nutzwertrelevanz entfaltet.[643]

Diese Grundsatzvorstellung zweier Widmungsformen und die eingeschränkte änderungsrechtliche Zugänglichkeit von allgemeinen Umwidmungen darf nicht insoweit missverstanden werden, als das Wohnungseigentumsobjekt ausweitende bauliche Maßnahmen, welche allgemeine Teile, bspw eines Gangteiles, in den Wohnungseigentumsobjektsverband inkludieren, dem Änderungsrecht jedenfalls entzogen seien. Durch eine baulich abgeschlossene ausschließliche Nutzbarkeit eines zulässig, nämlich unter den Voraussetzungen gem § 16 Abs 2 Z 2 WEG, in das Wohnungseigentumsobjekt einbezogenen allgemeinen Teils wird die vormalige Widmung aufgegeben. Gleichermaßen lässt sich die zulässige Inklusion (je nach Zugehörigkeit unter den Voraussetzungen nach Z 2 oder Z 3 *leg cit*) von Zubehörobjekten zum Wohnungseigentumsobjekt durch die Aufhebung zwischenliegender baulichen Trennung (allgemeiner Teil) beurteilen. Diesfalls wird unstrittig die Zubehörobjektstauglichkeit iSd § 2 Abs 3 WEG aufgegeben und jener Flächenteil künftig dem Wohnungseigentumsobjekt zugeordnet werden müssen.[644] All jene die allgemeine Widmung berührenden baulichen Änderungsformen entfalten durch die notwendige Inanspruchnahme allgemeiner Teile stets Genehmigungsbedarf[645] und unterliegen den besonderen Voraussetzungen des § 16 Abs 2 Z 2 f WEG. In weiterer Folge kann sich dadurch auch die Notwendigkeit der Neufeststellung der Nutzwerte ergeben.[646]

4. Die änderungsbedingte Nutzwertrelevanz

Der Nutzwert basiert auf der Nutzfläche[647] und ist jene Maßzahl, welche durch entsprechende Zuschläge bzw Abstriche den Wert eines WE-Objekts im Verhältnis zu den anderen WE-Objekten darlegt.[648] An jene wohnungseigentumsrechtliche Maßzahl knüpft im Begründungsstadium der objektspezifische unteilbare Mindestanteil,[649] welcher grundbücherlich verankert ist und

643 Zur änderungsbedingten Nutzwertrelevanz siehe im Folgekapitel, IV.D.4; zu den Einzelfällen widmungsrechtlicher Überschneidungen bspw durch zusammenlegende Baumaßnahmen siehe das Vorkapitel.

644 Vgl OGH 4.5.2017, 5 Ob 75/17s.

645 Siehe dazu IV.B; so besteht bei der Inklusion allgemeiner Teile jedenfalls die Möglichkeit der Interessensbeeinträchtigung iSd § 16 Abs 2 S 2 WEG; vgl bereits RIS-Justiz RS0013186 als bauliche Veränderung und Umwidmung bezeichnend, welche rechtliche und wirtschaftliche Auswirkungen auf die Parifizierung haben und einen empfindlichen Eingriff in die Rechtsphäre der übrigen Wohnungseigentümer darstellen.

646 Vgl OGH 9.11.2004, 5 Ob 249/04k; so auch *Pittl*, Handbuch Wohnungseigentumsrecht (2022) 32 mwN; siehe dazu auch IV.D.4.

647 Vgl § 8 Abs 1 S 2 WEG.

648 Vgl § 2 Abs 8 WEG.

649 Vgl § 2 Abs 9 WEG.

maßgeblich für die Kostenverteilung[650] und die Stimmgewichtung[651] ist. Die Tatsache, dass sich jenes Werteverhältnis im Rahmen von Änderungsmaßnahmen iSd § 16 Abs 2 WEG ändern könnte, stellt *per se* noch keine der Änderung entgegenstehende Beeinträchtigung schutzwürdiger Interessen iSd § 16 Abs 2 Z 1 WEG dar.[652]

Zwar bewirkt eine „nutzwertrelevante" Änderungsmaßnahme nicht *eo ipso* die Änderung der Nutzwerte, sie entfaltet allerdings insoweit Relevanz, als durch den neuen Verwendungskonsens uU eine neuerliche Feststellung der Nutzwerte iSd § 10 WEG verlangt werden kann. Dies ist ua dann der Fall, wenn mit der Änderung eine wesentliche Veränderung der Nutzwerte iSv § 9 Abs 2 Z 4 WEG einhergeht.[653] Diese kann wiederum die Grundlage für die Änderung der Miteigentumsanteile darstellen.[654] Erst mit dem letztgenannten Schritt und seiner Einverleibung im Grundbuch würde sich eine entsprechende Adaption der aus dem geänderten Mindestanteil resultierenden Rechte ergeben.[655]

Es gilt allerdings zu beachten, dass das Änderungsbegehren selbst, bspw eine Widmungsänderung, nicht Gegenstand eines Nutzwertfestsetzungsverfahrens iSv § 52 Abs 1 Z 1 WEG sein kann.[656] Umgekehrt sind auch die Gründe, welche zu einer Neufestsetzung der Nutzwerte berechtigen, nicht unmittelbar im änderungsrechtlichen Verfahren von Bedeutung.[657] Vielmehr schlüge sich die „Nutzwertrelevanz" erst im Rahmen der an die genehmigte Änderung anknüpfenden Zugänglichkeit zur Neufeststellung der Nutzwerte nieder. Das

---

650 Vgl § 32 Abs 1 WEG.

651 Vgl § 24 Abs 4 WEG.

652 So stellt die Nutzwertänderung keinen generellen Versagungsgrund dar, RIS-Justiz RS0109643, RS0083271; vgl auch *Prader*, WEG$^{5.13}$ § 16 E 292 mwN; siehe auch *Markl* in *Böhm/Pletzer/Spruzina/Stabentheiner*, GeKo Wohnrecht II (2019) § 16 WEG Rz 47 f; vgl demgenüber noch die Miteigentumsquote (dessen Änderung einen gesonderten *titelus* erfordert, RIS-Justiz RS0106054) als Schutzobjekt erkennend, vgl OGH 3.5.1983, 5 Ob 14/83; demzufolge können Miteigentümer *„nicht verpflichtet werden, von ihren Miteigentumsanteilen soviel an die Antragstellerin abzutreten"*.

653 Vgl OGH 23.2.2016, 5 Ob 9/16h.

654 Siehe zum Erfordernis der grundbücherlichen Durchführung für eine wirksame Änderung von Anteilen, OGH 29.8.2022, 5 Ob 122/22k; vgl auch RIS-Justiz RS0133650; vgl auch OGH 14.6.2021, 5 Ob 234/20b; das grundbücherliche Verfahren setzt bei sonstigem Eintragungshindernis gem § 94 Abs 1 Z 1 GBG den urkundlichen Nachweis der Zustimmung aller bzw den Beschluss des Außerstreitrichters voraus, vgl RIS-Justiz RS0060530, RS0115744; vgl an dieser Stelle allerdings die Möglichkeit zur bloßen grundbücherlichen Berichtigung auf Antrag nur eines Miteigentümers gem § 10 Abs 3 WEG.

655 RIS-Justiz RES0000047; vgl LG Eisenstadt, 13 R 275/04w.

656 Vgl RIS-Justiz RS0128352; siehe dazu OGH 20.11.2012, 5 Ob 200/12s Rz 2.1.

657 *Markl* in *Böhm/Pletzer/Spruzina/Stabentheiner*, GeKo Wohnrecht II (2019) § 16 WEG Rz 46, 57 mwN; vgl zum unterschiedlichen Rechtsschutzziel beider Bestimmungen, *Prader*, WEG$^{5.13}$ § 9 E 68 (Stand 13.10.2021, Manz Wohnrecht in rdb.at).

Verfahren zur Nutzwertneufestsetzung gem § 9 Abs 3 WEG stellt sohin erst die Folge einer genehmigten Änderung dar.[658]

Dadurch, dass sich aber ebenjene gewichtigen „Mitgliedschaftsrechte“ von der Maßzahl „Nutzwert“ ableiten (wenn auch nicht unmittelbar), ist bei nutzwertrelevanten Änderungen eine der Genehmigungsfähigkeit entgegenstehende schutzwürdige Interessensbeeinträchtigung jedoch ebenso wenig *per se* ausgeschlossen. Denn im vorgelagerten Zustimmungsersatzverfahren gilt es auch die in Zukunft typischerweise zu erwartenden Beeinträchtigungen iZhg mit einer Nutzwertneufestsetzung auf deren Schutzwürdigkeit zu überprüfen,[659] weshalb im Lichte jenes Dominoeffekts eine Änderungsmaßnahme einer *ex ante*-Prüfung Stand zu halten hat. Sohin werden einer Änderungsmaßnahme, insb dann schutzwürdige Interessen entgegenstehen, wenn dadurch eine wesentliche Änderung des Stimmverhaltens oder der Kostentragung zu erwarten ist.

Demzufolge wird eine änderungsbedingte Nutzwerterhöhung dann als problematisch erweisen, wenn sich daraus in weiterer Folge ein „Mehrheitseigentümer“ etabliert und sich die Stimmgewichtung wesentlich verändert.[660] Wobei es zu berücksichtigen gilt, dass sich im Lichte der Änderungen der Beschlussfassungsmodi mit der WEG-Novelle 2022 geradezu bei „verwaltungsmüden“ Eigentumsgemeinschaften die „kritische Zäsur“ von der Hälfte auf ein Drittel der Miteigentumsanteile verschoben hat.[661] Die Interessensbeeinträchtigung wird allerdings in allen anderen Fällen in der Gestalt entschärft, als der seinen Nutzwert erhöhende änderungswillige Wohnungseigentümer im Falle einer notwendigen Anteilsberichtigung um mehr als 10 % iSv § 10 Abs 3 f WEG ein angemessenes Entgelt zu entrichten hat. Treten sohin nicht besondere Interessen hinzu (zB kritische Erhöhung des Stimmrechts, Mehrbelastung durch Nutzungsänderungen von Wohnung auf Geschäftsraum) wird es einer Interessensbeeinträchtigung am Schutzbedarf ermangeln, sodass diese zur Beurteilung der Genehmigungsfähigkeit nicht nach § 16 Abs 2 Z 1 WEG zu berücksichtigen sind.[662]

Aber auch Nutzwertminderungen seitens des Änderungswilligen können Interessen der Miteigentümer in der Gestalt beeinträchtigen, dass diese zum

---

[658] Vgl RIS-Justiz RS0118149; vgl OGH 18.11.2014, 5 Ob 48/14s Rz 1.3; Umgekehrt aber könnte aus einer einvernehmlichen Nutzwertneufestsetzung iSd § 9 Abs 6 WEG im Zuge von Bauplanabweichungen uU eine konkludente Änderungszustimmung resultieren, vgl auch *Prader*, WEG[5.13] § 16 E 31.

[659] Vgl zu den befürchteten änderungsbedingten Folgekosten, OGH 30.10.2015, 5 Ob 188/15f.

[660] Vgl *Würth/Zingher/Kovanyi*, Miet- und Wohnrecht II[23] § 16 WEG 23 mwN; vgl aber zum (im Rekursverfahren vorgebrachten Umstand des sohin unbeachtlichen) Verlust der Stimmenmehrheit, OGH 11.3.2021 5 Ob 24/21x.

[661] Vgl in diesem Zusammenhang § 24 Abs 4 WEG idF WEG 2022.

[662] Vgl zur bereicherungsrechtlichen Ansprüchen entgegenstehenden Ausgleichspflicht, *Markl* in *Böhm/Pletzer/Spruzina/Stabentheiner*, GeKo Wohnrecht II (2019) § 16 WEG Rz 47.

einen unter ebenjener Ausgleichspflicht dessen Miteigentumsanteile gem § 10 Abs 4 WEG zu übernehmen haben und zum anderen künftig in höherem Ausmaß Liegenschaftsaufwendungen zu tragen haben.

Markl misst dem Nutzwert als bloß arithmetische Größe *per se* eine untergeordnete änderungsrechtliche Bedeutung zu.[663] Vielmehr sei der Verkehrswert der einzelnen Objekte der entsprechende wertbildende Faktor,[664] welcher auch im Rahmen des gerichtlichen Zustimmungsersatzes im Falle dessen Verringerung als der Änderung entgegenstehendes schutzwürdiges Interesse aufzugreifen sei.[665] ME ist der Fall der Nutzwertminderung änderungsrechtlich sogar problematischer als obiger Fall der Nutzwerterhöhung, da diesfalls keine vergleichbare Ausgleichsverpflichtung des Änderungswilligen besteht, soweit man in der Kostentragungsregelung § 16 Abs 2 iVm 6 WEG kein generelles änderungsbedingtes finanzielles Belastungsverbot von Miteigentümern erkennt, welches wiederum dazu führt, dass der Änderungswillige trotz etwaiger änderungsbedingter Nutzwertminderungen die Liegenschaftsaufwendungen im Ausmaß wie vor der Änderung zu tragen hätte.

Spätestens an dieser Stelle verdeutlicht sich auch das völlig differenzierte Rechtsschutzziel der beiden wohnungseigentumsrechtlichen Verfahren gem §§ 52 Abs 1 Z 1 f WEG, wonach nicht zwingend der Änderungswillige selbst ein Interesse an einer Nutzwertneufeststellung haben muss. Selbst (bei in weiterer Folge) unveränderten Mindestanteilen der Änderung entgegenstehender Miteigentümer können schutzwürdige Interessen im Rahmen der Teilung von Wohnungseigentumsobjekten berührt werden, indem die Schaffung mehrerer eigenständiger Objekte zu einer wesentlich veränderten Benützungssituation[666] oder zu einer ausgedehnten allgemeinen Erhaltungspflicht führt. Demzufolge hängt die Zulässigkeit einer Änderung unabhängig ihres Nutzwertzusammenhangs stets von den allgemeinen Voraussetzungen ab, unter anderem von einer aus den geänderten Benützungsverhältnissen ergebenden Beeinträchtigung schutzwürdiger Interessen.[667]

Eine Beeinträchtigung schutzwürdiger Interessen ist im Hinblick auf den Nutzwertzusammenhang *ex ante* jedenfalls dann ausgeschlossen, wenn die Voraussetzungen zur Nutzwertneufestsetzung nicht gegeben sind. So bilden §§ 10 Abs 1 iVm 9 Abs 2 f WEG das durch konkrete Tatbestände gezeichnete Individualrecht eines Wohnungseigentümers ab, die Nutzwerte gerichtlich neu-

663 Vgl zur Verringerung des Nutzwertes als relative Größe, *Markl* in *Böhm/Pletzer/Spruzina/Stabentheiner*, GeKo Wohnrecht II (2019) § 16 WEG Rz 58.

664 Vgl *Markl* in *Böhm/Pletzer/Spruzina/Stabentheiner*, GeKo Wohnrecht II (2019) § 16 WEG Rz 58; vgl zum

665 Vgl OGH 15.5.2018, 5 Ob 235/17w unter Verweis auf RIS-Justiz RS0109643 (T8).

666 Vgl diesfalls zur Erforderlichkeit einer Nutzwertneufeststellung OGH 18.11.2014, 5 Ob 48/14s.; vgl auch OGH 23.3.1993, 5 Ob 24/93.

667 Siehe dazu IV.I.1.a).

feststellen zu lassen (§ 52 Abs 1 Z 1 WEG).[668] Im Hinblick auf jene Tatbestände werden sich (zumindest bauliche, wohl analog aber auch rechtliche) Änderungen eines Wohnungseigentumsobjekts, aus welchen bloß eine Nutzwertänderung bis zu 3 % resultiert, im Lichte des § 9 Abs 2 Z 3 WEG nicht in einer Neufestsetzung niederschlagen.

5. Die Abgrenzung zur Wartungs- und Instandhaltungspflicht iSd § 16 Abs 7 S 1 WEG idF 2022

Die Wartungs- und Instandhaltungspflicht des Wohnungseigentümers im Zusammenhang mit dem Wohnungseigentumsobjekt und den dafür bestimmten Einrichtungen ist kein *novum* der jüngsten Novellelierungsbestrebung. Vielmehr war sie seit dem WEG 1975 den änderungsrechtlichen Bestimmungen legistisch nachgeschalten und unverändert mit dem WEG idF 2022 übernommen worden.[669] Sie ist das notwendige Komplementärstück des dem Wohnungseigentümer zugewiesenen Bündel an ausschließlichen Nutzungs- und Verfügungsrechten.[670] Als Ausfluss der miteigentumsrechtlichen Interessensgewichtung[671] hat diese primär die Aufgabe, dass trotz des Ausschließlichkeitsrechts (umfasst sohin auch Zubehörobjekte[672]) eines einzelnen Wohnungseigentümers Gemeinschaftsinteressen gewahrt werden und der Eigentümergesamtheit kein *„Nachteil erwächst“*.[673] Der Wortlaut des Erwachsens verdeutlicht, dass ebenjene Erhaltungspflicht bereits Maßnahmen zur Schadens-, bzw „Nachteilsabwehr“ umfasst und sohin auch vorbeugende Maßnahmen miteinschließt, weswegen nicht zwingend ein tatsächlicher Schaden vorausgesetzt wird.[674] Sie umfasst gem § 16 Abs 7 S 1 WEG idF 2022 nicht bloß Nachteile am Wohnungseigentumsobjekt selbst, sondern auch an dafür bestimmten Einrichtungen, wie bspw Leitungen oder Beheizungsanlagen. Insbesondere in letztgenannten Konstellationen zieht sich sohin die Erhaltungspflicht des Wohnungseigentümers aus dem WE-Objekt und ein Kompetenzkonflikt mit der

668 Die zeitlich begrenzte Frist von einem Jahr zur Geltendmachung entsprechender Nutzwertänderungen gem § 10 Abs 2 WEG kann an dieser Stelle dahingestellt bleiben, da die Prüfung, inwieweit einer nutzwertrelevanten Änderung schutzwürdige Interessen entgegenstehen, ohnehin *ex ante* statt zu finden hat.

669 Vgl §§ 13 Abs 3 S 3 WEG 1975, 16 Abs 3 S 1 WEG aF; siehe nunmehr § 16 Abs 7 S 1 WEG idF 2022.

670 Vgl *Vonkilch* in *Hausmann/Vonkilch*, Österreichisches Wohnrecht WEG[4] (2017) § 16 WEG Rz 60.

671 Vgl dazu III.A.

672 *Sammer* in *Kothbauer/Sammer/Berger/Holzapfel*, Dirnbacher Praxiskommentar WEG 2017[8] (2017) 248; siehe dazu auch RIS-Justiz RS0115914.

673 ZB Verwahrlosungs-, und Durchfeuchtungsschutz, vgl *Würth/Zingher/Kovanyi*, Miet- und Wohnrecht II[23] § 16 WEG 45.

674 Vgl in diesem Zusammenhang auch den Begriff des „im Stand halten“, *Feil/Friedl* in *Feil/Friedl/Bayer*, WEG (2014) § 16 Rz 37 mwN; siehe diesbezüglich auch *Edelhauser*, Schimmelbildung im Bereich des Wohnungseigentums, immolex 2012, 339.

Erhaltungspflicht allgemeiner Teile der Eigentümergemeinschaft ist unausweichlich.[675]

Begrenzt wird die Erhaltungspflicht (als Überbegriff der Wartung- und Instandhaltungspflicht[676]) des Wohnungseigentümers durch die Erhaltungspflicht der Eigentümergemeinschaft hinsichtlich allgemeiner Teile bzw innerhalb des WE-Objekts bei ernsten Schäden des Hauses gem § 28 Abs 1 Z 1 WEG.[677] Gerade im Hinblick auf die weite Erhaltungspflicht der Gemeinschaft, welche zum einen eine Abgrenzung zwischen dem WE-Objekt und allgemeinen Teilen[678] erfordert und zum anderen eine Auseinandersetzung mit der Schadensqualität[679] bedarf, wird deutlich, dass der Erhaltungspflicht des Wohnungseigentümers ein schmaler Anwendungsbereich übrigbleibt.[680]

Innerhalb jenes Anwendungsbereiches wird allerdings deutlich, dass sich schutzwürdige Gemeinschaftsinteressen –im Unterschied zum individuellen Änderungsrecht als Ausfluss von Einzelinteressen des Änderungswilligen – in der Durchführung der zur Schadensabwehr notwendigen Maßnahmen abzeichnen. Nichtsdestotrotz wird die Bedeutung jener Norm – wohl aufgrund ihres Beständigkeitscharakters – unterschätzt.[681] So lässt sich aus jener neben der Beseitigungspflicht eine Kostentragungspflicht[682] erkennen, welche auch die Anspruchsgrundlage eines Regresses der erhaltungspflichtig gewordenen

---

675 Vgl ua OGH 4.11.2008, 5 Ob 154/08w.

676 Vgl *Markl* in *Böhm/Pletzer/Spruzina/Stabentheiner*, GeKo Wohnrecht II (2019) § 16 WEG Rz 87.

677 Vgl im Zusammenhang mit einer undichten Gas- oder Wasserleitung, RIS-Justiz RS0112445; siehe zum „bloßen" Austausch einer alten Gasleitung als bagatellhafte nicht genehmigungspflichtige Änderung auch OGH 23.6.2020, 5 Ob 85/20s Rz 4.4; vgl *Markl* in *Böhm/Pletzer/Spruzina/Stabentheiner*, GeKo Wohnrecht II (2019) § 16 WEG Rz 89 mwN; siehe dazu auch *Vonkilch* in *Hausmann/Vonkilch*, Österreichisches Wohnrecht WEG[4] (2017) § 16 WEG Rz 61; vgl die an dieselbe Zäsur anknüpfende Tragung änderungsbedingter Folgekosten IV.G.2.

678 Vgl zur Abgrenzung der Erhaltungspflichten zueinander insb *Löcker* in *Hausmann/Vonkilch*, Österreichisches Wohnrecht WEG[4] (2017) § 28 WEG Rz 58 f mwN.

679 Vgl zum ernsten Schaden des Hauses als Schaden an der Bausubstanz, *Sammer* in *Kothbauer/Sammer/Berger/Holzapfel*, Dirnbacher Praxiskommentar WEG 2017[8] (2017) 249.

680 Vgl den Durchfeuchtungsschutz generell der Eigentümergemeinschaft zuweisend, *Sammer* in *Kothbauer/Sammer/Berger/Holzapfel*, Dirnbacher Praxiskommentar WEG 2017[8] (2017) 250 mwN; außerhalb des Anwendungsbereiches des § 16 Abs 7 WEG und als nicht genehmigungspflichtige Änderung wurde der „bloße" Austausch einer Gasleitung unbekannten Zustands im Zuge eines Thermentausches erkannt, OGH 23.6.2020, 5 Ob 85/20s Rz 4.4.

681 Vgl ua das *obiter dictum* im Zusammenhang mit einem Schadenersatzanspruch eines Mieters gegen den darüberliegenden Wohnungseigentümer gem § 1318 ABGB hinsichtlich eines schadhaften Wasserablaufes auf der Terrasse, OGH 26.2.2021, 10 Ob 27/20y Rz 12, 30; so hat das Berufungsgericht zur Darlegung des Sorfaltsmaßstabes – trotz der Annahme einer Erhaltungspflicht gem § 16 Abs 3 S 1 WEG aF – ausschließlich auf die bloße Möglichkeit des Wohnungseigentümers hingewiesen, (genehmigungsbedürftige!) Änderungsmaßnahmen gem § 16 Abs 2 Z 2 WEG (die Vergrößerung des Abflussrohres) setzen bzw allenfalls die Zustimmung diesbezüglich ersetzen lassen zu können, um sich einer Haftung zu entziehen.

682 Siehe dazu IV.G.

Eigentümergemeinschaft[683] darstellen kann. Die Verzahnung der Erhaltungspflicht mit dem Individualrecht auf Änderung verdeutlicht sich insbesondere, wenn die Gefährdungslage gar erst aus einer Änderungsmaßnahme resultiert.[684]

Im Zusammenhang mit der notwendigen Schadensabwehr könnte demzufolge von einer „Änderungspflicht“[685] im Interesse der Gemeinschaft gesprochen werden, welche im Hinblick auf die Wahrung von Gemeinschaftsinteressen bereits einen *ex lege* Durchführungsanspruch ebenjener Gestaltungsmaßnahmen rechtfertigt. Im Hinblick auf den dynamischen Erhaltungsbegriff gem § 3 MRG analog lässt sich unter dem Deckmantel der Erhaltungspflicht ein beträchtlicher Gestaltungsmaßnahmen erkennen, welcher mit dem Änderungsrecht teilweise konkurriert.[686] Man denke in diesem Zusammenhang bspw an den Austausch einer alten, gerade noch ausreichend dichten Gasleitung. Ordnet man diesen tatsächlich dem Änderungsrecht zu, stellt sich die Frage, welchen Anwendungsbereich die Erhaltungspflicht des Wohnungseigentümers tatsächlich hat, da eine defekte Gasleitung jedenfalls einen ernsten Schaden des Hauses darstellt und jedenfalls von der Eigentümergemeinschaft zu erhalten ist.

Zweifelsohne lässt sich dem Begriff der „Wartung“ und „Instandhaltung“ kein mit der „Änderung“ iSd § 16 Abs 2 WEG vergleichbarer Gestaltungsrahmen konstruieren. Dennoch wird es im Gefährdungsfall zur Erhaltung der Funktionalität diverser WE Einrichtungen oftmals notwendig sein, auch weitgehend in die Substanz einzugreifen. Wäre jene Eingriffsintensität vom Anwendungsbereich nicht gedeckt, würde man dem Gesetzgeber unterstellen, den Wohnungseigentümer bloß zur Nachteilsabwehr im Rahmen genehmigungsfreier Eingriffe zu verpflichten. Bei Letzterem wird sich allerdings wohl in den seltensten Fällen eine die Anwendung des § 16 Abs 7 S 1 WEG determinierende Interessensgefährdung ableiten lassen, weswegen der Norm der Anwendungsbereich entzogen wäre.

Unbillig schiene es auch, den Wohnungseigentümer zur Beseitigung der Gefahrenquelle auf das Änderungsrecht iSd § 16 Abs 2 WEG samt seinen durch die Nichtzustimmung der Wohnungseigentümergesamtheit begründeten verfahrensrechtlichen Langwierigkeiten[687] zu verweisen, gleichzeitig diesem

[683] RIS-Justiz RS0013764.

[684] Vgl zur Erhaltungspflicht im Zusammenhang mit einem „selbstständig errichteten“ Schwimmbad (wohl auf Basis eines individuellen Änderungsrechts) und des Kostenersatzes auf Basis schadenersatzrechtlicher Grundsätze, OGH 22.11.1994, 5 Ob 102/94; dieses Ergebnis stützt nunmehr ausdrücklich die Kostentragungsregelung des § 16 Abs 6 WEG idF 2022, vgl dazu IV.G.2.b).

[685] Vgl zum Begriff der „Sanierungspflicht“, *Feil/Friedl* in *Feil/Friedl/Bayer,* WEG (2014) § 16 Rz 37.

[686] Vgl zur dynamischen zeitgemäßen Obergrenze des Erhaltungsbegriffes, *Löcker* in *Hausmann/Vonkilch*, Österreichisches Wohnrecht WEG[4] (2017) § 28 WEG Rz 48 mwN.

[687] Siehe zum gerichtlichen Zustimmungsersatz IV.I.

aber im Schadensfall eine Haftung für die Verletzung der Instandhaltungspflicht iSv § 16 Abs 7 S 1 WEG aufzuerlegen.[688]

Diesem Interpretationsansatz liegt das Verständnis zugrunde, dass durch die Beseitigung der potentiellen Interessensgefährdung an sich bereits Gemeinschaftsinteressen gewahrt werden und es nicht der Prüfung entgegenstehender schutzwürdiger Interessen iSd § 16 Abs 2 Z 1 WEG bedarf. Dies wird insbesondere dann gelten, wenn in die Interessen der Miteigentümer durch die Vornahme der „Änderung" weniger eingegriffen wird, als durch eine aus einer Unterlassung resultierende Gefährdung. Vor diesem Hintergrund ließe sich für bauliche Gestaltungen zur „Nachteilsabwehr" durch § 16 Abs 7 S 1 WEG idF 2022 eine *lex specialis* zum allgemeinen Änderungsrecht erkennen und ein unmittelbarer Durchführungsanspruch ableiten.

E. Der Begriff des Wohnungseigentumsobjekts iSd § 16 Abs 2 WEG als Änderungsgegenstand

„Der Wohnungseigentümer ist zu Änderungen [...]an seinem Wohnungseigentumsobjekt [...] berechtigt."[689] Das Individualrecht auf Änderung scheint – dem Wortlaut des § 16 Abs 2 WEG streng folgend – so würde man meinen – räumlich auf das Wohnungseigentumsobjekt selbst beschränkt zu sein.[690] Um den lokationsspezifischen Umfang des Individualrechts abstecken zu können, ist es jedoch zwingend erforderlich, den Begriff des „Wohnungseigentumsobjekts" im Sinne dieser Bestimmung näher zu beleuchten.

Der Gang folgender Untersuchung versucht zunächst die gesetzlichen Erfordernisse von Wohnungseigentumsobjekten sowohl anhand der Begriffsbestimmung iSd § 2 Abs 2 WEG, als auch durch die Begründungserfordernisse iSd § 3 Abs 2 WEG als gesetzesautonome Begriffsbasis darzulegen. In einem zweiten Schritt gilt es den Begriff des „Wohnungseigentumsobjekts" als räumliche und funktionale Abgrenzung des Änderungsrechts iSd § 16 Abs 2 WEG auf seine Deckungsgleichheit mit der allgemeinen Flächenkategorisierung im Wohnungseigentumsrecht zu überprüfen oder gegebenenfalls umfangsmäßig neu zu definieren.

---

688 Vgl aber einen *ex lege* „Änderungsanspruch" im Gefahrenfall verkennend, OGH 26.2.2021, 10 Ob 27/20y Rz 12, 30.

689 Vgl § 16 Abs 2 WEG.

690 So bezieht sich das Änderungsrecht nach § 16 Abs 2 WEG Satz 1 auf *„Änderungen [...] an seinem Wohnungseigentumsobjekt"*. Insb vor der gesetzlichen Verankerung des Änderungsrechts mit dem WEG 1975 war man einer Änderungsbefugnis über das Innere des Wohnungseigentumsobjekts hinaus überwiegend skeptisch gegenüber, siehe hierzu insb die Stellungnahmen *Klangs* und *Borothas,* II.A.

1. Wohnungseigentumsobjekte iSd § 2 Abs 2 WEG als allgemeine Flächenkategorie

Gerade im Hinblick auf die ausdrückliche Bezugnahme der änderungsrechtlichen Bestimmungen auf den in den Vorbestimmungen legaldefinierten Begriff des „Wohnungseigentumsobjekts" stellt sich die Frage inwieweit, der allgemeinen Flächenkategorisierung änderungsrechtliche Relevanz zukommt.

Der Begriff des Wohnungseigentumsobjekts erfährt durch die Tauglichkeitsbeschreibung des § 2 Abs 2 WEG jedenfalls eine legaldefinierte Dreiteilung in Wohnungen, selbstständige Räumlichkeiten und KFZ-Abstellplätze.[691] All jene werden unter dem Gesetzesbegriff der wohnungseigentumstauglichen Objekte zusammengefasst und anderen Flächenkategorien, wie Zubehör-Wohnungseigentumsflächen[692] oder allgemeinen Teilen[693] gegenübergestellt.[694] Der Gesetzgeber stellt objektive Kriterien für das Vorliegen der WE-Tauglichkeit auf. An der Tauglichkeit lässt sich allerdings nicht bloß ein abstrakter Maßstab für die maximal mögliche Anzahl von widmungsbaren WE-Objekten einer Liegenschaft erkennen.[695] Vielmehr lässt sich durch den Bedarf baulicher Abgeschlossenheit[696] von Wohnungseigentumsobjekten im Rahmen der Tauglichkeitsbeschreibung auch eine absolute Schranke des Änderungsrechts erkennen.[697]

Durch die Klammerbeifügung „wohnungseigentumstaugliche Objekte" in § 2 Abs 2 WEG verdeutlicht der Gesetzgeber, dass für die einwandfreie Zuweisung[698] in die entsprechende Flächenkategorie, neben den objektiven Kriterien der einzelnen Unterkategorien[699] der subjektive Widmungsakt der Miteigentümergemeinschaft[700] bzw ein Richterspruch[701] erforderlich ist.[702] Ab-

691 Vgl § 2 Abs 2 WEG idF WEG 2002.

692 Vgl § 2 Abs 3 WEG.

693 Vgl § 2 Abs 4 WEG.

694 Siehe zur allgemeinen (ebenso) dreigeteilten wohnungseigentumsrechtlichen Flächenkategorisierung (WE-Objekte, Zubehör und allgemeine Teile der Liegenschaft) OGH 14.7.2008, 5 Ob 29/08p.

695 Aus § 3 Abs 2 WEG lässt sich keine Pflicht ableiten, die maximale Anzahl an Wohnungseigentumsobjekten auszuschöpfen. Vielmehr soll dadurch die Entstehung neuer Mischhäuser verhindert werden, vgl *Würth/Zingher/Kovanyi*, Miet- und Wohnrecht II[23] § 3 WEG 26.

696 Vgl § 2 Abs 2 WEG; Dies trifft auf Wohnungen und selbstständige Räumlichkeiten zu; KFZ-Abstellplätze erfordern bloß eine deutliche Abgrenzung.

697 Vgl OGH 24.1.2011 5 Ob 162/10z; siehe zu den Schranken des Änderungsrechts auch IV.D.2.

698 Zu den Rechtsfolgen fehlerhafter Flächenzuweisung und fehlerhafter Wohnungseigentumsbegründung siehe OGH 29.8.2017, 5 Ob 137/17h = JBl 2018, 318.

699 Vgl § 2 Abs 2 S 2 ff WEG; So stünden notwendig allgemeine Teile einer Wohnungseigentumsbegründung bzw der ausschließlichen Nutzung generell entgegen, vgl OGH 18.6.2020, 5 Ob 73/20a; vgl zur erforderlichen Unterscheidung im Sinne eines beweglichen Systems bei geringfügiger räumlichen und zeitlichen Inanspruchnahme durch die Allgemeinheit, *Ofner* in *Böhm/Pletzer/Spruzina/Stabentheiner*, GeKo Wohnrecht II (2019) § 2 WEG Rz 11 mwN.

700 Der allgemeine Widmungsakt iSd § 3 Abs 1 WEG ist in Form einer Vereinbarung sämtlicher Miteigentümer zu treffen; vgl dazu IV.D.3.b); beispielhaft sei die Möglichkeit der Wid-

gesehen von den gerichtlichen Begründungsformen haben grundsätzlich die Miteigentümer einer Liegenschaft zu entscheiden, an welchen Teilen tatsächlich Wohnungseigentum begründet wird.[703]

Tatsächlich lässt sich der Objektbezug iSv § 16 Abs 2 S 1 WEG allerdings nicht räumlich auf die konkret als „Wohnungseigentumsobjekt" iSd § 2 Abs 2 WEG gewidmete Liegenschaftsfläche reduzieren.[704] Vielmehr geht mit dem Begriff des „Wohnungseigentumsobjekts" als Umschreibung des Änderungsobjekts die Bestrebung einher, einen illustrativen Sammelbegriff für das ausschließliche Nutzungs- und Verfügungsrecht, als wohnungseigentumsrechtliches Hauptcharakteristikum, zu definieren. Jenes Rechtsbündel, welches sohin auch das Änderungsrecht als solches umfasst, wird dem einzelnen Miteigentümer erst durch den entsprechenden Widmungsakt zugeordnet. Durch den Begriff des „Wohnungseigentumsobjekts" iSd § 16 Abs 2 S 1 WEG wird sohin in erster Linie der Bezug zum ausschließlichen Verfügungsrecht als Ursprung des Änderungsrechts unterstrichen, anstatt eine räumliche Schranke abzustecken.

2. Der Objektbezug des Änderungsrechts

Dass sich aber das Änderungsrecht tatsächlich nicht auf das Innere des jeweiligen Wohnungseigentumsobjekts beschränkt, ist das Ergebnis einer teleologisch-systematischen Auslegung des Änderungstatbestandes selbst.[705] So bestimmt § 16 Abs 2 Z 2 f WEG – wenn auch unter besonderen Voraussetzungen – die objektive Möglichkeit Änderungsmaßnahmen über das jeweilige Wohnungseigentumsobjekt hinaus unter Inanspruchnahme allgemeiner Teile[706] bzw von Wohnungseigentums- bzw Zubehörobjekten anderer setzen zu können. Als Grundregel ist dem Begriff der *„Änderung an seinem Wohnungseigen-*

mung eines grundsätzlich wohnungseigentumstauglichen Objekts als Hausbesorgerwohnung genannt, woraus sich die Zuordnung zu den allgemeinen Teilen ergibt, vgl OGH 20.12.10, 5 Ob 205/10y.

701 So wurden im Rahmen des WEG 1975 die Begründungsalternativen um die gerichtlichen Begründungsformen erweitert. Vgl *Pittl* in *Böhm/Pletzer/Spruzina/Stabentheiner*, GeKo Wohnrecht II (2019) § 3 WEG Rz 3; siehe dazu auch *Hausmann* in *Hausmann/Vonkilch*, Österreichisches Wohnrecht WEG[4] (2017) § 3 WEG Rz 3.

702 *Würth/Zingher/Kovanyi*, Miet- und Wohnrecht II[23] § 2 WEG 6; Der Regelfall ist in diesem Zusammenhang der Wohnungseigentumsvertrag iSv § 3 Abs 1 Z 1 WEG. Der Vollständigkeit wegen sei jedoch auf die gerichtlichen Begründungsformen von Wohnungseigentum § 3 Abs 1 Z 2 ff verwiesen.

703 *Pittl* in *Böhm/Pletzer/Spruzina/Stabentheiner*, GeKo Wohnrecht II (2019) § 3 WEG Rz 4.

704 Siehe zum notwendigen Objektbezug hinsichtlich Änderungen an allgemeinen Teilen und Zubehörobjekten gem § 16 Abs 2 Z 2 f WEG im Folgekapitel.

705 Vgl *Vonkilch* in *Hausmann/Vonkilch*, Österreichisches Wohnrecht WEG[4] (2017) § 16 WEG Rz 17.

706 Siehe hierzu auch IV.I.2.

tumsobjekt"[707] auch in lokaler Hinsicht über die allgemeine wohnungseigentumsrechtliche Flächenwidmung ein weites Begriffsverständnis beizumessen.[708]

Historisch gesehen war die Grenze des wohnungseigentumsrechtlichen Verfügungsrechts – über sämtliche Novellierungsbestrebungen hinweg – alles andere als unbestritten: Vor der „Positivierung" des Änderungsrechts mit dem WEG 1975 zog man die Schranken – angelehnt an die allgemein zivilrechtliche Anteilsverfügung iSv § 828 f ABGB und den wohnungseigentumsrechtlichen Ausschlussgründen § 10 Abs 1 WEG 1948 – ausschließlich mit der *„Beeinträchtigung der Miteigentümerinteressen"*.[709] Es entsprach der hM,[710] dass die Zulässigkeit von Änderungen räumlich an die Grenze des Wohnungseigentumsobjekts (damals „Wohnungen und selbstständige Räumlichkeiten") knüpft. Erst mit dem WEG 1975 und der gesetzlichen Verankerung der Änderungsvoraussetzungen insb dessen ausdrücklichen Bezug auf andere Flächenkategorien dehnte sich das Änderungsrecht über die räumlichen Grenzen des Wohnungseigentumsobjekts aus.

Fakt ist, dass die „Positivierung" des Änderungsrechts mit dem WEG 1975 der Verankerung der Legaldefinition des Wohnungseigentumsobjekts iSd § 2 Abs 2 idF WEG 2002 zeitlich vorangegangen ist. Zentrales Anliegen des WEG 2002 war die Bestrebung mehr der Alltagssprache angenäherte Formulierungen zur besseren Lesbarkeit, Übersichtlichkeit und Verständlichkeit zu integrieren,[711] worunter auch die zusammenfassende Begriffsbildung von „Wohnung", „sonstigen Räumlichkeiten" und die mit ebenjener Novelle geschaffene Kategorie der „KFZ-Abstellplätzen" unter dem Begriff der „Wohnungseigentumsobjekte" fällt.[712] Durch die mit dem WEG 2002 ebenfalls neu definierte allgemeine wohnungseigentumsrechtliche Flächenkategorie der sog „Zubehörobjekte"[713] wurde das begriffliche Chaos perfekt: So waren bis dahin ebenjene Flächen unabhängig ihrer baulichen Trennung Akzessorien[714] zum Wohnungseigentumsobjekt.[715] Die begriffliche Absteckung jener akzessorischen

---

707 Vgl den Wortlaut § 16 Abs 2 WEG.

708 Vgl die lokale Ausweitung des Änderungsbegriffes auf Änderungen allgemeiner Teile zur besseren Benutzbarkeit des Wohnungseigentumsobjekts (finale Voraussetzung) OGH 23.11.1999, 5 Ob 299/99b; siehe dazu auch *Prader*, WEG$^{6.01}$ § 16 E6; siehe auch *Würth/Zingher/Kovanyi*, Miet- und Wohnrecht II^{23} § 16 WEG 17; vgl zum „weiten Änderungsbegriff" auch RIS-Justiz RS0083108.

709 Vgl zum historischen Änderungsbegriff WEG 1948, II.A.

710 Vgl in diesem Zusammenhang die Meinungen *Borothas*, *Klangs*, *Jensiks* und *Zinghers* II.A.

711 ErläutRV 989 BlgNR 21. GP 27.

712 ErläutRV 989 BlgNR 21. GP 34.

713 Vgl § 2 Abs 3 WEG in Abgrenzung zu allgemeinen Teilen gem § 2 Abs 4 WEG und zu Wohnungseigentumsobjekten gem § 2 Abs 2 WEG.

714 Vgl zur Begrifflichkeit ua *Faistenberger/Barta/Call*, Kommentar zum Wohnungseigentumsgesetz 1975 (1976) 335.

715 Vgl § 1 Abs 2 WEG 1975: *„Mit selbständigen Wohnungen oder sonstigen selbständigen Räumlichkeiten können auch andere Teile der Liegenschaft, wie besonders offene Balkone,*

Flächen, welche zwar mit dem Wohnungseigentum nicht aber mit dem Wohnungseigentumsobjekt verbunden sind, brachte die allgemeine Dreiteilung wohnrechtlicher Flächenkategorien und das seltsame Ergebnis mit sich, dass der Begriff des „Wohnungseigentumsobjekts" – KFZ-Abstellplätze außenvorlassend – enger wurde.[716]

Im Zuge der Novelle WEG 2002 wurde die Kritik *Würths*[717] aufgegriffen und nunmehr zwischen jenen Flächen differenziert, wo bereits tatsächlich Wohnungseigentum begründet war und jenen, an welchen potentielles Wohnungseigentum begründet werden kann („wohnungstaugliche Objekte"). Dadurch verlagerte sich die durch den Überbegriff des „Wohnungseigentumsobjekts" aufgebrachte Unschärfe insoweit, als dieser Begriff einerseits für die veränderte räumliche Abgrenzung[718] als auch für die rechtliche – eben nicht deckungsgleiche – Schranke des ausschließlichen Verfügungsrechts herangezogen werden kann. Die inkonsequente Verwendung des legal definierten Begriffs als vereinfachtes plastisches Synonym für den Umfang des Verfügungsrechts des einzelnen Wohnungseigentümers führt aber gerade im Zusammenhang mit den Änderungsrechten zu Rechtsunsicherheiten. So wurde es die Aufgabe der Judikatur den Objektsbezug sukzessive zu verdünnen.

Vom Änderungsrecht jedenfalls umfasst sind (nicht selbständig verkehrsfähige[719]) mit dem Wohnungseigentumsobjekt in Verbindung stehende Zubehörobjekte.[720] Dies lässt sich durch die das ausschließliche Nutzungs- und Verfügungsrecht ausdehnende Verweiskette auf Zubehörobjekte iSd § 2 Abs 1, 3 WEG begründen: Demnach ist Zubehör-Wohnungseigentum ein mit dem Wohnungseigentum verbundenes Recht, welches *expressis verbis* das Anteilsrecht des Wohnungseigentümers im Sinne eines ausschließlichen Nutzungs- und Verfügungsrechts räumlich über das Wohnungseigentumsobjekt hinaus, auf jene baulich nicht verbundene Liegenschaftsteile ausweitet.[721] Im Ergebnis bedarf es hinsichtlich der „Ausweitung" des Änderungsrechts auf Zubehörobjekte nicht einmal eines Analogieschlusses. Anders als bei der Änderung

---

Terrassen, Keller- oder Dachbodenräume, Hausgärten […] im Wohnungseigentum stehen […]."

716 Siehe zu den Begründungsvoraussetzungen von Zubehör-Wohnungseigentum, IV.I.5.a); so lässt sich generell erkennen, dass ein Zubehörobjekt nur dann im Rahmen der WE-Begründung in Frage kommt, wenn es sich um kein wohnungseigentumstaugliches Objekt handelt, OGH 19.7.2022, 5 Ob 118/22x.

717 Vgl hierzu *Würth* in *Rummel*, ABGB^2 (1990) § 1 WEG Rz 9 ff.

718 Vgl die nunmehrige Legaldefinition des „Wohnungseigentumsobjekts" iSv § 2 Abs 2 WEG.

719 Vgl zur sachenrechtlichen Zuordnung zum Wohnungseigentumsobjekt, RIS-Justiz RS0111616.

720 Siehe zum Änderungsrecht *per analogiam* auf Zubehörobjekte erstreckend, *Vonkilch* in *Hausmann/Vonkilch*, Österreichisches Wohnrecht WEG^4 (2017) § 16 WEG Rz 24 f mwN; siehe dazu auch OGH 28.4.2009, 5 Ob 19/09v [Gartenhaus auf Zubehörfläche]; jene Änderungsformen bedürfen im gerichtlichen Zustimmungsersatz wie Änderungen im Wohnungseigentumsobjekt nur der allgemeinen Änderungsvoraussetzungen gem § 16 Abs 2 Z 1 WEG, vgl RIS-Justiz RS0124684.

721 Ausdrücklich klarstellend, AB 1050 21. GP 6.

mit (ausschließlicher) Inanspruchnahme allgemeiner Teile, setzt die Änderung eines Zubehörobjekts sohin auch keine vorteilhaftere Nutzungsmöglichkeit des Wohnungseigentumsobjekts voraus,[722] da eine solche ohnehin bereits aus der gesetzlich verankerten Verbindung zwischen Zubehörobjekt und dem Wohnungseigentumsobjekt resultiert.[723]

Dass Änderungsmaßnahmen über das einzelne Wohnungseigentumsobjekt hinausgehend auch allgemeine Teile in Anspruch nehmen können, wurde bereits mehrfach aufgezeigt und ist angesichts des ausdrücklichen Bezugs in § 16 Abs 2 Z 2 WEG, welcher nahezu wortgleich § 13 Abs 2 Z 2 WEG 1975 entspricht und besondere Voraussetzungen im gerichtlichen Zustimmungsersatz auferlegt, wenig überraschend.

Der OGH hat diesbezüglich mehrfach deutlich zum Ausdruck gebracht, dass der *„Wohnungseigentümer in Ausübung seines Verfügungsrechtes über die ihm zur ausschließlichen Nutzung überlassene Wohnung gemeinsame Teile der Liegenschaft [auch] dann in Anspruch nehmen"* kann, wenn das Wohnungseigentumsobjekt selbst baulich nicht verändert wird.[724] Dieser Grundsatz bestätigt sich auch durch die Verankerung der Begünstigungswürdigkeit im Zuge der WEG-Novelle 2022, welche primär an gesellschaftlich begünstigungswürdige Änderungen an allgemeinen Teilen knüpft – man denke an die Schaffung eines barrierefreien Zugangs im Stiegenhaus.[725]

Dass bei Veränderung allgemeiner Teile die gleichzeitige bauliche Änderung des Wohnungseigentumsobjekts selbst nicht vorausgesetzt sein kann, verdeutlicht auch die systematische Wertung des Gesetzgebers im Zusammenhang mit einzelnen privilegierten Änderungsmaßnahmen iSd § 16 Abs 2 Z 2 WEG,[726] welche ausschließlich allgemeine Teile betreffen, wie beispielsweise die Einrichtung von Fernsprechleitungen oder Fernsehantennen.

Es lässt sich demnach feststellen, dass die Bedeutung der veränderten wohnungseigentumsrechtlichen Flächenkategorie für den Änderungsbegriff selbst

---

[722] Vgl diesbezüglich unten in diesem Kapitel; siehe zum Bedarf verbesserter Nutzungsmöglichkeit auch *Markl* in *Böhm/Pletzer/Spruzina/Stabentheiner*, GeKo Wohnrecht II (2019) § 16 WEG Rz 28 mwN; siehe dazu auch RIS-Justiz RS0083108; vgl ua ausdrücklich OGH 18.5. 2016, 5 Ob 216/15y.

[723] Vgl zur rechtlichen Verbindung ausdrücklich § 2 Abs 3 WEG; Sohin bedarf auch der gerichtliche Zustimmungersatz hinsichtlich Änderungen von Zubehörobjekten lediglich allgemeiner Änderungsvoraussetzungen iSv § 16 Abs 2 Z 1 WEG, RIS-Justiz RS0124684.

[724] Vgl OGH 23.11.1999, 5 Ob 299/99b [Carport auf durch eine Benützungsregelung zugewiesenen allgemeinen Teilen], so bezog sich entsprechendes Judikat zwar auf den Bezug zur „Wohnung". Nach modernem Begriffsverständnis ist dies auf sämtliche wohnungseigentumstaugliche Objekte umzulegen; vgl auch OGH 18.10.1983, 5 Ob 63/82 [Geschäftsschild an der Außenfassade].

[725] Siehe dazu ausdrücklich die Notwendigkeit der Inanspruchnahme allgemeiner Teile, ErläutRV WEG idF 2022, 1174 BlgNR 27. GP 2.

[726] Siehe zu den privilegierten Änderungsmaßnahmen im Detail IV.E.

in den Hintergrund rückt.[727] Maßgeblich ist sohin nicht die entsprechende Maßnahmenlokalisierung, sondern vielmehr, ob die angestrebte Änderung *„einer vorteilhafteren Nutzung des Wohnungseigentumsobjektes dienlich"* ist.[728] Eine räumliche Nähe der Änderungsmaßnahme zum Wohnungseigentumsobjekt kann mE eine Indizienwirkung einer künftig vorteilhafteren Nutzung mitbringen. Die Änderungsmaßnahme ist demnach jedenfalls nicht lokal auf das Innere des Wohnungseigentumsobjekts beschränkt.[729] Von im Mittelpunkt stehender Bedeutung ist bloß der Zusammenhang mit einem Wohnungseigentumsobjekt, der insoweit auch durch einen funktionalen Zweck bestimmt werden kann. So ist die vorteilhaftere Nutzung im Zusammenhang mit einer einfacheren Zugangsmöglichkeit zum Wohnungseigentumsobjekt oder der Installation einer Klimaanlage – mag diese auch nicht begünstigungswürdig erscheinen – augenscheinlich.

Dass das wohnungseigentumsrechtliche Individualrecht auf Änderung nicht ausschließlich Ausfluss des dinglichen Nutzungs- und Verfügungsrechts ist, verdeutlicht die Ausweitung ebendieses Rechts *per analogiam* auf Liegenschaftsflächen, welche dem Wohnungseigentümer durch obligatorische Werkzeuge, insb Benützungsregelung gem § 17 Abs 1 WEG zugewiesen sind. Dem durch die Benützungsvereinbarung zur alleinigen Nutzung und Verfügung Berechtigten kommt sohin auch grundsätzlich das damit verbundene Recht zur physischen Veränderung zu Gute.[730]

Zusammenfassend lässt sich dem Begriff des „Wohnungseigentumsobjekts" iSd § 16 Abs 2 WEG im Gegensatz zum legal definierten Begriff des „Wohnungseigentumsobjekts" iSd § 2 Abs 2 WEG ein funktionales Begriffsverständnis beimessen, welches von seinen räumlichen Grenzen loszulösen ist.

---

[727] Zentrale Relevanz hat die Maßnahmenlokalisierung im Zusammenhang mit den konkreten Änderungsvoraussetzungen, vgl IV.I.2.

[728] OGH 23.11.1999, 5 Ob 299/99b [Carport auf durch eine Benützungsregelung zugewiesenen allgemeinen Teilen]; OGH 5.4.3005, 5 Ob 28/05m [Holzschuppenabteil als Zweitabstellplatz für PKW].

[729] Vgl RIS-Justitz RS0083108.

[730] Vgl RIS-Justiz RS0013205, RS0113011; siehe dazu auch OGH 20.2.2019, 5 Ob 246/18i [Gebäude auf allgemeinem Gartenstreifen]; vgl OGH 23.11.1999, 5 Ob 299/99b [Carport auf durch eine Benützungsregelung zugewiesenen allgemeinen Teilen]; siehe dazu auch OGH 23.3.1999, 5 Ob 58/99m [Gartenhäuschen auf Gartenflächen zur alleinigen Nutzung]; siehe dazu auch *Vonkilch* in *Hausmann/Vonkilch*, Österreichisches Wohnrecht WEG[4] (2017) § 16 WEG Rz 22.

F. Die Zustimmung als änderungsrechtliche Primärvoraussetzung

Die primäre Rechtfertigung einer Änderungsmaßnahme erfolgt durch die Zustimmung aller anderen Wohnungseigentümer.[731] Mit der WEG-Novelle 2022 hat der Gesetzgeber durch § 16 Abs 2 S 2 WEG idF 2022 den Zustimmungsbedarf („Genehmigungsbedarf") ausdrücklich verankert und klargestellt, ohne dass dadurch eine systematische Änderung verbunden wäre. Denn wie es schon der bisherigen stRsp[732] zu entnehmen ist, löst die bloße Möglichkeit der Beeinträchtigung[733] schutzwürdiger Interessen anderer die Notwendigkeit der Zustimmung aus.

Das Erfordernis der Zustimmung resultiert aus der Qualifikation als „Sachverfügungsmaßnahme"[734] und dem für das Miteigentum charakteristischen „Einigungsbedarf", soweit schutzwürdige Interessen bedroht werden könnten.[735] Die Zustimmungen sämtlicher Miteigentümer zu einer bestimmten Änderung wirken materiell-rechtlich und führen unmittelbar zu einer entsprechenden Rechtsänderung.[736]Losgelöst von Formen der Beschlussfassung als Modus der verwaltungsmäßigen Mehrheitsfindung, gründet sich die notwendige Maßnahmenrechtfertigung auf der vertraglichen Einigung und somit der Willensbildung aller.[737] Diese Grundvorstellung wird auch durch diverse wohnungseigentumsrechtliche Adaptionen zugunsten des Änderungswilligen – sei es der gerichtliche Zustimmungsersatz[738] oder die Zustimmungsfiktion im Rahmen gewisser Änderungsformen[739] – nicht konterkariert. Der Bedarf der Zustimmung lässt sich sohin wie bereits dargestellt bloß für bagatellhafte unwesentliche Änderungen zu verneinen.[740]

Die Rechtfertigungswirkung der Zustimmung oder deren Substituierung[741] beseitigt sohin die Eigenmacht entsprechender Änderungsmaßnahmen,[742] wel-

---

731 Vgl *Painsi/Terlitza,* Wohnungseigentumsrecht (2022) Rz 365.

732 RIS-Justiz RS0083156.

733 Vgl zum Begriff der bagatellhaften „Änderung", IV.D.1.

734 Siehe dazu III.D.

735 *Terlitza*, Miteigentum und Wohnungseigentum-Parallelwelten (2021) 269 ff.

736 Vgl OGH 23.1.2017, 5 Ob 219/16s; Sohin gilt es auch weder die allgemeinen, noch die besonderen Änderungsvoraussetzungen des gerichtlichen Zustimmungsersatzes zu prüfen.

737 *Terlitza*, aaO 270 f; aus einem solchen Willensbildungsprozess, lassen sich die Voten der „Beschließenden" als Zustimmung qualifizieren und allenfalls bei entsprechender Duldung der übrigen eine konkludente Zustimmung ableiten lassen, siehe dazu OGH 8.11.2011, 3 Ob 151/11v.

738 Vgl dazu IV.I.

739 Vgl dazu IV.H.

740 RIS-Justiz RS0109247; siehe dazu IV.D.1.

741 Siehe hierzu IV.F.6.

742 Klar ist, dass die änderungsrechtliche Zustimmung nur jene Umgestaltungsformen Rechtfertigungswirkung zu kommen lässt, welche unter dem Änderungsbegriff subsumiert werden können, siehe dazu IV.D.2.

che anderenfalls einen im streitigen Rechtsweg durchzusetzenden Unterlassungs- und Beseitigungsanspruch nach § 523 ABGB jedes einzelnen Miteigentümers begründen würde.[743]

1. Das Formerfordernis der änderungsrechtlichen Zustimmung

Das WEG 2002 stellt für die Zustimmung als Grundlage für die einverständliche „Vereinbarung“[744] im Zusammenhang mit der Rechtfertigung von Änderungen keine besonderen Formvorschriften auf, weswegen auf jene Willenserklärungen § 863 ABGB Anwendung findet. Demzufolge ist es wenig überraschend, dass eine solche nicht bloß ausdrücklich schriftlich oder mündlich, sondern auch konkludent erklärt werden kann,[745] wenngleich letzter Erklärungsform ein strenger Maßstab anzulegen, und besondere Vorsicht geboten ist – nicht zuletzt aus Gründen der Beweisbarkeit.[746]

Gerade im Hinblick auf Änderungen der Nutzungsart (Widmungsänderungen[747]) häuft sich die Judikatur zur nachträglichen schlüssigen Zustimmung. Verglichen mit baulichen Änderungen sind Widmungsänderungen nicht zuletzt von einem verminderten Problembewusstsein des Änderungswilligen geprägt.[748]

In dieser Form kann sich im Einzelfall[749] insbesondere bei lang geübter Nutzung (in Kenntnis der Änderungsgegner) oder durch die Neufestsetzung der Nutzwerte im Zuge von Bauplanabweichungen eine Zustimmungswirkung ableiten lassen.[750] Zweifelsohne darf dem Oblaten, als dem der Änderung ent-

---

743 Vgl RIS-Justiz RS0005944, RS0083156; vgl ua OGH 20.4.2021, 5 Ob 64/21d.

744 Vgl zum „Vereinbarungsbegriff“, *Terlitza*, Miteigentum und Wohnungseigentum-Parallelwelten (2021) 47, 269.

745 Vgl ausdrücklich OGH 21.5.2019, 5 Ob 45/19g; vgl zur Gleichwertigkeit jener Willenserklärungsarten, *Bollenberger/P. Bydlinski, Koziol/Bydlinski/Bollenberger* (Hrsg), Kurzkommentar zum ABGB[6] § 863 ABGB Rz 2, 6; vgl auch OGH 8.11.2011, 3 Ob 151/11v.

746 Vgl RIS-Justiz RS0014190; siehe hierzu auch IV.D.3.a).

747 Siehe hierzu IV.D.3.

748 Vgl zur Änderung der Nutzungsart eines als Büro gewidmeten Wohnungseigentumsobjekts in eine Arztpraxis, OGH 20.5.2014, 5 Ob 210/13p; Wohl nicht förderlich in diesem Zusammenhang ist der Begriff des „Wohnungseigentums“ an sich, welcher unter Zugrundelegung der Maßstäbe des § 354 ABGB die Befugnis indiziert, mit der Nutzung nach Willkür schalten zu können. Umgekehrt aber hätte das „Wohnungsmiteigentum“ im Rahmen des WEG 1948 begrifflich mit Sicherheit an Verlockung zur Kapitalaufbringung eingebüßt; vgl in diesem Zusammenhang das verfolgenswerte Gemeinwohl als stetiger Antagonist des Absolutheitsanspruches, *T. Rabl*, Zum Lärm der Zeit, ecolex 2022, 245.

749 So hängt die Annahme konkludenter Willenserklärungen stets von den Umständen im Einzelfall ab, OGH 25.7.2014, 5 Ob 100/14p; vgl dazu RIS-Justiz RS0043253; Die Beurteilung hätte „keine über die besonderen Umstände des Einzelfalls hinausgehende Bedeutung“, OGH 21.5.2019, 5 Ob 45/19g; dennoch abstrakt vergleichend, OGH 20.5.2014, 5 Ob 210/13p.

750 Vgl OGH 25.7.2014, 5 Ob 100/14p, wonach sich eine solche Wirkung auch am Baukonsens bei einvernehmlich vorgenommenen Umgestaltungen festmachen lässt; siehe zur konkludenten Widmungsänderung bereits OGH 2.5.1979, 1 Ob 585/79, OGH 29.9.1998, 5 Ob 156/98x;

gegenstehenden Miteigentümer, nicht jegliches Verhalten als Zustimmung unterstellt werden. Ein Verhalten des Erklärungsempfängers kann ausschließlich dann einen entsprechenden Erklärungswert haben, wenn mit Überlegung aller Umstände kein vernünftiger Grund besteht, daran zu zweifeln.[751] Maßgeblich ist der objektive Erklärungswert einer Willenserklärung, was gleichermaßen auch auf konkludente Willenserklärungen zutrifft.[752]

Ein Grund am Erklärungswert eines „duldenden" Verhaltens zu zweifeln ist in erster Linie dann gegeben, wenn es fraglich erscheint, dass der scheinbar Erklärende überhaupt in Kenntnis der Änderung ist. Eine konkludente Zustimmung zu einer wesentlichen Änderung erfordert sohin ein gewisses Maß an Erkennbarkeit geänderter Umstände.[753] Maßgeblich sind demzufolge die „äußerlich" in Erscheinung tretenden Umstände, bspw eine erstmalige Kundenpräsenz oder eine Geschäftsbeschilderung, bspw bei einer Umwidmung eines ehemals als Wohnung genutzten Wohnungseigentumsobjekts zur Kurzzeitvermietung.

Zumeist treten Widmungsänderungen zwischen den vom Gesetzgeber aufgestellten allgemeinen Wohnungseigentumsobjektkategorien iSd § 2 Abs 2 WEG äußerlich in Erscheinung, wohingegen spezifische Umwidmungen im Rahmen einer legaldefinierten Kategorie womöglich nicht eindeutig für die übrigen Wohnungseigentümer erkennbar sein werden. Im Hinblick auf die Änderung einer spezifizierten Geschäftsraumwidmung („Büro", „Verkaufsfläche" oder „Gastwirtschaft") in eine unspezifizierte Widmung wird sohin mangels objektiv eindeutiger Erkennbarkeit im Regelfall ohne Hinzutreten besonderer Umstände eine schlüssige Widmungsänderung ausscheiden.[754] Fraglich erscheint, inwieweit das aktive Informieren sämtlicher Miteigentümer über die geänderten Umstände durch ein entsprechendes Rundschreiben das Element der Erkennbarkeit entschärfen und eine konkludente Zustimmung erleichtern könnte. Die Annahme zustimmungsfiktionsgleicher Wirkung stünde allerdings in direktem Widerspruch zu § 16 Abs 5 WEG idF 2022, welcher jene Wirkung ausschließlich auf einzelne Tatbestände reduziert und den Schutz der Miteigentümerinteressen bloß in jenen konkreten Fällen zurückstellt. Spinnt

OGH 9.3.1999, 5 Ob 57/99i; siehe hierzu auch *Prader*, WEG[6.01] § 16 E 31 (Stand 13.10.2021, Manz Wohnrecht in rdb.at); siehe hierzu auch IV.D.4.

751 Vgl § 863 Abs 1 ABGB; vgl auch die dogmatische Begründung rechtmäßiger Änderungsmaßnahmen durch einen Verzicht auf die Geltendmachung dinglicher Abwehrrechte entgegenstehender Wohnungseigentümer, wofür die bloße Untätigkeit des Berechtigten selbst über einen längeren Zeitraum nicht ausreicht, OGH 18.4.2023, 5 Ob 18/23t mwN.

752 Vgl OGH 25.7.2014, 5 Ob 100/14p.

753 Vgl OGH 21.5.2019, 5 Ob 45/19g Rz 4.2.

754 Vgl zur Widmungsänderung eines als Gastwirtschaft gewidmeten Wohnungseigentumsobjekts in ein Verkaufslokal, OGH 18.1.2018, 5 Ob 160/17s; Insbesondere, wenn das änderungsverfangene Wohnungseigentumsobjekt als einziges eine besondere Widmung aufweist, bringt dies ein besonderes Interesse an der konkreten, vertraglich vereinbarten Betriebsform zum Ausdruck, welche gegen eine konkludente Widmungsänderung spricht.

man ebenjenen Gedanken fort, würde dies auch bedeuten, dass die nunmehrige gesetzliche Verankerung der Zustimmungsfiktion im Rahmen begünstigungswürdiger Änderungen darüberhinausgehenden Änderungen die konkludente Zustimmung erschwert.

2. Der duale Zustimmungsersatz nach dem WEG idF 2022

Das zentrale Rechtfertigungselement einer wesentlichen Änderung im individuellen Interesse ist die Zustimmung aller Miteigentümer.[755] Die WEG-Novelle 2022 brachte über die sprachliche Klarstellung des Zustimmungsbedarfes hinausgehend auch eine zu begrüßende Neuordnung der Änderungssystematik. Kann die Zustimmung nicht eingeholt werden, entfaltet sich nunmehr ein zweispuriges alternatives Rechtfertigungssystem:

Im Falle einer begünstigungswürdigen Änderung iSd § 16 Abs 5 WEG bestünde Zugänglichkeit zu einer Zustimmungsfiktion,[756] anderenfalls (oder im Widerspruchsfall) müsste diese wie bisher im Rahmen eines gerichtlichen Zustimmungsersatzverfahrens nach § 52 Abs 1 Z 2 WEG unter den Voraussetzungen § 16 Abs 2 WEG idF 2022 ersetzt werden.[757]

Wie *Höllwerth* zutreffend anmerkt, stehen jene Rechtfertigungsmodi im Rahmen eines gleichwertigen „Mischsystems“ nebeneinander, sodass es dem Änderungswilligen überlassen ist, ob er die Zustimmung (teilweise) persönlich einholt, bei bestimmten Änderungsformen den Weg der Zustimmungsfiktion versucht, oder ob er schließlich im Streben nach Rechtssicherheit sogleich den Außerstreitrichter anruft.[758]

3. Der Widerruf der Zustimmungserklärung

Durch die (einzelnen) Zustimmungen aller Miteigentümer und deren Qualität als rechtsgestaltende Parteienerklärungen wird direkt die beabsichtigte

---

755 So war es bereits vor der *lex scripta* stRsp, dass selbst bei Vorliegen sämtlicher Änderungsvoraussetzungen trotz des dazu verleitenden Wortlauts kein *ex lege* Durchführungsanspruch bestand, vgl OGH 19.5.2015, 5 Ob 38/15x; vgl auch *Sammer* in *Kothbauer/Sammer/Berger/Holzapfel*, Dirnbacher Praxiskommentar WEG 2017[8] (2017) 196.

756 Siehe hierzu IV.H.

757 Vgl *Painsi/Terlitza,* Wohnungseigentumsrecht (2022) Rz 366; siehe hierzu IV.I.

758 *Höllwerth,* Zum neuen Änderungsrecht des Wohnungseigentümers nach der WEG-Novelle 2022, wobl 2022, 124; So mag sich letzteres vielleicht verfahrenskostentechnisch niederschlagen; vgl zum Erfordernis außergerichtlicher Aufforderungen zur Vermeidung von Kostenfolgen, *Illedits/Klausegger,* Aktuelle Fragen zum Änderungsrecht des Wohnungseigentümers, wobl 2017, 173; In Anbetracht viererlei unbestimmter Gesetzesbegriffe an welche die Wirksamkeit der Zustimmungsfiktion geknüpft ist, wird letztere Variante jedenfalls bei kosten- und eingriffsintensiven Maßnahmen vorzuziehen sein; siehe dazu auch IV.H; mag damit letztlich auch eine verfahrenskostenrechtlich Intensivierung einhergehen, siehe dazu IV.G.1.b).

Rechtsänderung materiell-rechtlich herbeigeführt.[759] Im Rahmen dieses Prozesses fungiert jeder Wohnungseigentümer – unabhängig eines einheitlichen Gesamtwillens – für sich als Teilhaber der Rechtsgemeinschaft.[760] Demzufolge gilt es jede Zustimmungserklärung als selbständige Willenserklärung eigens zu beurteilen. In diesem Sinne finden gem § 876 ABGB die Bestimmungen §§ 869 bis 875 ABGB auf jene Erklärungen Anwendung.[761]

Unabhängig vom Eintritt der durch die Zustimmung aller bewirkten materiellen Rechtsänderung lässt sich eine bereits abgegebene Zustimmungserklärung sohin nicht mehr frei widerrufen.[762] Eine entsprechende Beseitigung setzt jedenfalls eine erfolgreiche Anfechtung nach den Bestimmungen *leg cit* voraus.

4. Die (versteckte) Vorwegzustimmung

Unter dem Begriff der „Vorwegzustimmung“[763] werden änderungsbegünstigende (zumeist generelle) vertragliche Adaptionen des Änderungsrechts verstanden.[764] Diese sind Ausfluss des weitestgehend relativ zwingenden Charakters änderungsrechtlicher Normen.[765] Der Gesetzgeber nennt in § 16 Abs 2 WEG weder den Bedarf eines temporalen Zusammenhangs zwischen Zustimmung und Änderungsmaßnahme, noch spricht er sich gegen generelle, sich nicht ausdrücklich auf konkrete Änderungsmaßnahmen beziehende, Zustimmungsformen aus. Findet eine geplante Änderungsmaßnahme Deckung im Rahmen einer zulässigen Vorwegzustimmung ist deren unmittelbare Durchführung nicht eigenmächtig.[766] Durch den aus dieser Vereinbarung ableitbaren unmittelbaren Durchführungsanspruch *ex contractu* wird dem Änderungsrecht ein gestaltungsrechtlicher Charakter eingehaucht.

Der Prüfmaßstab zur Beurteilung des Genehmigungsbedarfes ist in diesem Sinne nicht ein konkreter aktueller Bestand des zu ändernden Wohnungseigentumsobjekts, sondern der weitere vertragliche Konsens der Miteigentümer.[767]

---

759 Vgl OGH 23.1.2017, 5 Ob 219/16s mwN; vgl auch OGH 21.7.2020, 5 Ob 119/20s, immo aktuell 2020/48.

760 Vgl OGH 8.11.2011, 3 Ob 151/11v.

761 Vgl OGH 8.11.2011, 3 Ob 151/11v.

762 Vgl OGH 8.11.2011, 3 Ob 151/11v.

763 Vgl begrifflich auch die „Vorweggenehmigung“, OGH 20.4.2021, 5 Ob 45/21k Rz 3.2.

764 Vgl *Würth/Zingher/Kovanyi*, Miet- und Wohnrecht II[23] § 16 WEG 14; vgl auch *Markl* in *Böhm/Pletzer/Spruzina/Stabentheiner*, GeKo Wohnrecht II (2019) § 16 WEG Rz 26.

765 Vgl zu den Schranken des Änderungsrechts siehe IV.C.3.

766 Vgl die Unbeachtlichkeit schutzwürdiger Interessen im Rahmen der Vorwegzustimmungsbeurteilung allein aufgrund der änderungsrechtlichen Systematik, OGH 20.4.2021, 5 Ob 45/21k Rz 3.2; vgl zur Vorwegzustimmung im Rahmen einer Widmungsänderung OGH 23.2.2016, 5 Ob 9/16h.

767 So sind Maßnahmen, welche den konsensualen Zustand herstellen keine genehmigungspflichtigen Änderungen iSd § 16 Abs 2 WEG, vgl OGH 31.7.2019, 5 Ob 55/19b, immolex 2019/100 (*Prader*); vgl auch OGH 20.4.2021, 5 Ob 64/21d.

Folglich fallen nur noch jene Änderungen unter § 16 Abs 2 WEG, welche keine Deckung in ebenjenem Vereinbarungsspielraum finden.[768] Genaugenommen kann in jenen Fällen somit auch nicht mehr von einer „Änderungsmaßnahme" gesprochen werden, da der vertragliche Konsens unverändert bleibt.

Im Hinblick auf die rechtlich notwendige Einhaltung des Bestimmtheitsgebotes und im Lichte der Rechtssicherheit sind die vorab zugestandenen Änderungsmaßnahmen hinsichtlich ihrer Art, ihres Umfanges und ihrer Form zu präzisieren.[769] Soweit die Grenzen gedeckter Änderungsmaßnahmen nicht ausdrücklich entnommen werden können und sich jene auch nicht aus der dem Erklärungsgegner erkennbaren Absicht des Erklärenden ergeben, sind hierzu die Regeln ergänzender Vertragsauslegung heranzuziehen, sodass jene Zustimmungserklärung so zu verstehen ist, wie es der Übung des redlichen Verkehrs entspricht.[770]

In der Regel wird sich eine solche Regelung im Wohnungseigentumsvertrag finden lassen.[771] So ließe sich auch aus der Vereinbarung der Zulässigkeit von Änderungen „im Inneren" des Wohnungseigentumsobjekts eine teilweise Loslösung von der gesetzlichen Änderungssystematik erkennen, wodurch es zumindest innerhalb dieser Vereinbarung nicht auf das Abstellen schutzwürdiger Miteigentümerinteressen bedarf.[772] Umgekehrt aber könne diesfalls im Rahmen der Zulässigkeitsprüfung von Änderungsmaßnahmen mit Inanspruchnahme allgemeiner Teile das Interesse an unveränderten allgemeinen Teilen umso schützenswerter erscheinen.[773]

Neben der ausdrücklichen Vorwegzustimmung, welche im Kern aus grundsätzlich genehmigungsbedürftigen Änderungen genehmigungsfreie konstruieren, sichern allerdings auch Benützungsregelungen iSd § 17 WEG in gewissem Umfang Änderungsrechte an verfügbaren allgemeinen Teilen.[774] Demzufolge lässt sich das wohnungseigentumsrechtliche Änderungsrecht auch analog auf Flächenteile ausdehnen, welche dem Änderungswilligen durch Benützungs-

---

768 Vgl OGH 20.4.2021, 5 Ob 64/21d.

769 *Kothbauer*, Vorausvereinbarungen zu Änderungen von Wohnungseigentumsobjekten, immolex 2021/131.

770 Vgl RIS-Justiz RS0083047; siehe zur vertraglichen Deckung bei unspezifischen Widmungen auch IV.D.3.a); Der Vertragsauslegung kommt allerdings wohl instanzenbeschränkend außerhalb eines unvertretbaren Auslegungsergebnisses keine erhebliche Bedeutung nach § 502 Abs 1 ZPO zu, vgl RIS-Justiz RS0042776; siehe zur erheblichen Rechtsfrage geradezu im Rahmen ergänzender Vertragsauslegung RIS-Justiz RS0042936.

771 Vgl OGH 20.2.2019, 5 Ob 246/18i; vgl auch *Prader*, WEG[6.01] § 16 E 28/3 (Stand 13.10.2021, Manz Wohnrecht in rdb.at); siehe auch *Räth*, Zum Prüfungskalkül im Petitorium, immolex 2021/121.

772 Vgl eine solche Vereinbarung übersteigend allerdings OGH 19.5.2015, 5 Ob 38/15x.

773 Siehe zur Wirkung von Änderungsverboten, IV.C.3.

774 Vgl OGH 20.2.2019, 5 Ob 246/18i; siehe diesbezüglich IV.I.2.

vereinbarungen zugewiesen sind und diesem daran ein ausschließliches Nutzungsrecht einräumen.[775]

Jene, die ausschließliche Nutzung zuweisende Benützungsregelung, wird allerdings den notwendigen Konnex zum Wohnungseigentumsobjekt, welcher im Wesentlichen eine vorteilhaftere Nutzung dessen voraussetzt,[776] in der Gestalt abschwächen, als mit der Benützungsvereinbarung selbst schon eine gewisse Vermutung der vorteilhafteren Nutzung des Wohnungseigentumsobjekts einhergeht und diesbezüglich kein sonderlich strenger Maßstab anzulegen sein wird (zB Zuweisung eines allgemeinen Gartenstreifens samt Gestattung von Terrassen und Gartenhütten).[777] Ganz im Gegenteil – Dadurch, dass die Benützungsregelung, verglichen mit Änderungen, welche sich unmittelbar auf das gesetzliche Änderungsrecht stützen, auf einem abgeschlossenen Konsensfindungsprozess[778] basiert, wird man zum Ergebnis kommen, dass ebenjene Flächenteile zumindest den gleichen Änderungsvoraussetzungen unterliegen.

5. Die Abweichung von einer ursprünglich konsensualen Änderungsmaßnahme

Von bagatellhaften bzw geringfügigen Änderungen,[779] welche von vornherein keiner Zustimmung der übrigen Wohnungseigentümer bedürfen, gilt es (geringfügige) Abweichungen von einer durch die übrigen Wohnungseigentümer ursprünglich genehmigten, nicht geringfügigen, in erster Linie baulichen Änderungsmaßnahmen zu unterscheiden. Gemein haben beide Änderungsformen unterschiedlicher Intensitätsausgestaltung den mangelnden Genehmigungsbedarf.[780]

Gerade aber bei weit zurückreichenden vertraglichen Genehmigungen hinsichtlich eines noch herzustellenden Ist-Zustandes, darf nicht übersehen werden, dass durchaus die Gefahr besteht, dass sich schlüssig – wenn auch unter strengen Voraussetzungen – ein davon abgewandelter Konsens entwickelt haben könnte.[781] Auch wenn die bloße „Nichtausschöpfung" einer vertraglichen Genehmigung alleine – ohne erkennbarer Erklärungsabsicht des Ände-

---

775 Vgl OGH 2.12.2021, 5 Ob 153/21t; vgl bereits OGH 23.11.1999, 5 Ob 299/99b; vgl zum Begriff des Wohnungseigentumsobjekts und der daraus resultierenden lokalen Reichweite des Änderungsrechts IV.D.

776 Siehe dazu IV.E.2.

777 Vgl OGH 20.2.2019, 5 Ob 246/18i.

778 So haben sämtliche Wohnungseigentümer eine solche einstimmig zu vereinbaren oder dieser kann unter bestimmten Voraussetzungen gerichtlich festgelegt werden, vgl § 17 WEG.

779 Siehe dazu IV.D.1; vgl RIS-Justiz RS0109247.

780 Vgl OGH 4.4.2022, 5 Ob 182/21g; vgl weiters OGH 19.11.2020, 5 Ob 222/19m Rz 4.3; So bedürfen geringfügige Abweichungen bereits genehmigter Änderungen wie bagatellhafte Änderungen keiner (weiteren) Zustimmung.

781 Siehe zum Formerfordernis von Zustimmungserklärungen, IV.F.1.

rungsbegünstigten – nicht zur Veränderung des vereinbarten Zustandes führt.[782] So wird in dieser Gestalt auch der nicht unverzüglich durchgeführte, aber bereits genehmigte Dachbodenausbau nicht als stillschweigender Verzicht auf die bereits genehmigte Änderung zu deuten sein.

In den in diesem Kapitel zu untersuchenden Fällen wurde der rechtmäßige Bestand einvernehmlich abgeändert – der Änderungswillige gedenkt allerdings hiervon im Zuge der Umsetzung abzuweichen. Die zentrale Frage, welche sich an dieser Stelle aufbäumt ist, unter welchen Voraussetzungen eine erneute Zustimmung aller einzuholen ist.

Zur grundsätzlichen Beurteilung des Genehmigungsbedarfes ist zunächst auf die zugrundeliegende vertragliche Einigung als rechtmäßiger Bestand zurückzugreifen.[783]

Die Auslegung der Zustimmungserklärung hängt unstrittig von den Umständen des Einzelfalls ab.[784] Klar ist auch, dass der vertragliche Konsens – womöglich durch eine breite Formulierung– nicht ausschließlich auf eine einzigmögliche bauliche Ausgestaltung hinauslaufen muss.[785]

Umgekehrt muss nicht jegliche Abweichung von einer derart spezifizierten bereits genehmigten Änderungsmaßnahme *per se* auf einen erneuten Genehmigungsbedarf hindeuten. In jenen Fällen, bei welchen vom „ausdrücklichen" Konsens abgewichen wird, gilt es die Grenze der ursprünglichen Rechtfertigungswirkung stets durch eine Form der ergänzenden Vertragsauslegung zu ermitteln.[786] Nichtsdestotrotz hat sich eine solche Vertragsauslegung Einschläge der wohnungseigentumsrechtlichen wechselseitigen Treuepflicht gefallen zu lassen, welche es sogleich zu untersuchen gilt.

Inwieweit eine Bauabweichung einer neuerlichen Zustimmung aller, und sohin einer Prüfung der Interessensbeeinträchtigungen in ihrer Gesamtheit (ausgehend vom geplanten Vorhaben, nicht bloß im Hinblick auf das ungenehmigte Plus) bedarf,[787] hängt schließlich davon ab, ob die Diskrepanz zwischen der geplanten Umsetzung und dem genehmigten Zustand als gravierend

---

782 Siehe auch zur Nichtausschöpfung breiter Widmung IV.D.3; vgl zur Bedeutung des Erklärungsempfängereindrucks und des Vorhandenseins besonderer Umstände, welche auf einen ernstlichen Willen hindeuten, OGH 31.7.2019, 5 Ob 55/19b; vgl auch OGH 21.5.2019, 5 Ob 38/19b; vgl dazu auch OGH 25.8.2016, 5 Ob 105/16a; bloße Untätigkeit des Berechtigten ist jedenfalls nicht ausreichend, RIS-Justiz RS0014190.

783 Vgl OGH 23.2.2016, 5 Ob 9/16h; siehe zur Auslegung von Zustimmungserklärungen IV.F.1; siehe zur Vorwegzustimmung auch IV.F.4.

784 Vgl OGH 27.6.2017, 5 Ob 30/17y.

785 Vgl zur Auslegungsproblematik im Rahmen der Vorwegzustimmung IV.F.4; wohl kann eine ergänzende Vertragsauslegung zum Ergebnis kommen, dass geringfügige Abweichungen vom ursprünglich genehmigten Zustand davon gedeckt sind, vgl OGH 4.4.2022, 5 Ob 182/21g.

786 Vgl OGH 19.11.2020, 5 Ob 222/19m; vgl auch OGH 4.4.2022, 5 Ob 182/21g.

787 *Illedits/Illedits-Lohr,* Wohnungseigentum[6] (2018) Rz 726 mwN; vgl OGH 4.4.2022, 5 Ob 182/21g.

zu qualifizieren ist.[788] Eine solche gravierende Abweichung ist allerdings (nur![789]) dann gegeben, wenn diese eine derart erheblich ist, sodass keine Identität mit der vereinbarten Bauführung gegeben ist.[790] Dies gilt ua dann, wenn das Bauvorhaben an einer völlig anderen Stelle umgesetzt wird.[791]

Die Rechtfertigungswirkung einer Zustimmungserklärung bzw deren Substitute scheint tatsächlich bis zu jener Schwelle über den ursprünglichen, ausdrücklich vereinbarten Zustand hinauszugehen, indem jedenfalls geringfügige Abweichungen davon von den Miteigentümern zu tolerieren sind. Der Judikatur zu Folge sind insbesondere jene Abweichungen geringfügig, welche aus der notwendigen Anpassung an die tatsächlichen Gegebenheiten resultieren und keine weiteren schutzwürdigen Interessen der Miteigentümer berühren.[792] In dieser Gestalt ist auch ein – verglichen mit dem vertraglichen Konsens – versetztes Fensters keine relevante Abweichung.[793] Allerdings ist die Tatsache, dass eine genehmigte Änderung baurechtlich in der planmäßigen Gestalt ohne weitere Auflagen der Baubehörde nicht genehmigt werden kann, keine pauschale Rechtfertigung einseitiger Adaption der genehmigten Änderung.[794]

Die Duldungspflicht iZhg mit geringfügigen Abweichungen lässt sich auch als Ausfluss der wechselseitigen wohnungseigentumsrechtlichen Treuepflicht[795] ableiten. Der OGH hat sogar einen aus der Treuepflicht abgeleiteten, die Privatautonomie durchbrechenden Zwang zum Vertragsabschluss in den Fällen angenommen, bei welchen ein Schaden von der Gemeinschaft abzuwenden war und die Nachteile für die betroffenen Wohnungseigentümer in den Hintergrund traten, sodass die Verweigerung des Rechtsgeschäfts in die Sphäre schikanöser Rechtsausübung geriete.[796]

Darüberhinausgehend nimmt die Judikatur in Einzelfällen bei einem besonders krassen Missverhältnis zwischen den Interessenslagen oder bei ein-

---

788 Vgl OGH 31.7.2019, 5 Ob 55/19b; vgl *Painsi/Terlitza*, Wohnungseigentumsrecht (2022) Rz 378.

789 Vgl gravierende Änderungen einschränkend das Rekursgericht in OGH 19.11.2020, 5 Ob 222/19m.

790 RIS-Justiz RS0127250; vgl OGH 19.11.2020, 5 Ob 222/19m mwN; vgl auch OGH 25.8. 2011, 5 Ob 143/11g.

791 Vgl OGH 25.8.2011, 5 Ob 143/11g.

792 Vgl zur Nichtausführbarkeit eines Bauplans zum Ausbau eines Dachbodens, OGH 20.9.2011, 4 Ob 109/11z.

793 Vgl OGH 31.7.2019, 5 Ob 55/19b.

794 Vgl im Zhg mit der Errichtung einer Rampe zur Barrierefreiheit, welche die Parkplatzbereiche verändert, OGH 18.3.2021, 5 Ob 182/20f; Wohl nicht zu unterschätzen ist *in concreto* die Förderwirkung des Gesetzgebers innerhalb des WEG selbst, welche der Tatbestand begünstigungswürdiger barrierefreier Ausgestaltung gem § 16 Abs 5 S 1 WEG idF 2022 nach sich zieht und die Interessen des Änderungswilligen unterstreicht.

795 Die zwischen Wohnungseigentümern bestehende Treuepflicht geht aufgrund des gesetzlichen Dauerschuldverhältnisses auf sachenrechtlicher Grundlage jedenfalls über die Treuepflicht schlichter Vertragspartner hinaus, OGH 6 Ob 211/17y = wobl 2019/33 *(Knoll)*; vgl auch OGH 14.2.2013, 5 Ob249/12x.

796 OGH 26.8.2003, 5 Ob 82/03z; vgl auch OGH 21.12.2017, 6 Ob 211/17y.

deutigem Überwiegen unlauterer Motive des sich weigernden Wohnungseigentümer Rechtsmissbrauch an,[797] was wiederum mittelbar zu einem Duldungsverhalten verpflichten kann.[798] So sprächen jene Wertungen allerdings nach einer entsprechenden Abwägung der Interessen des Änderungswilligen mit jenen entgegenstehender Miteigentümer für eine weite Duldungspflicht. Dies gilt vor allem dann, wenn durch die bauliche Abweichung bloß geringfügig in die Interessen der Miteigentümer eingegriffen wird, wohingegen der Änderungswillige durch die Beseitigungspflicht bzw das neuerliche Zustimmungsverfahren mit einer massiven Konsequenz sanktioniert werden würde. Es wird sohin zwangsweise auf eine Interessensabwägung hinauslaufen. Auch wenn im Petitorium grundsätzlich nicht auf die Voraussetzungen der Genehmigungsfähigkeit gem § 16 Abs 2 WEG abzustellen ist, gilt es im Rahmen dieser konkreten Geringfügigkeitsbeurteilung zu überprüfen, inwieweit die Abweichung vom ursprünglichen Konsens im Spannungsverhältnis mit (weiteren) schutzwürdigen Interessen[799] entgegenstehender Miteigentümer steht. So kann dem Gesetzgeber jedenfalls nicht unterstellt werden, dass durch Bauabweichungen im Nachhinein hinzukommende schutzwürdige Interessensbeeinträchtigungen iSd § 16 Abs 2 Z 1 WEG bedeutungslos seien. Anderenfalls man Gefahr liefe, bewusst minimalinvasiv dargestellte Änderungsbegehren nachträglich aufblasen zu können.

Die Gefahr besteht allerdings insb aus zeit- und kostenökonomischer Sicht, dass bei fälschlich angenommener, im streitigen Verfahren[800] festzustellender Duldungspflicht anschließend ohnehin ein gerichtlicher Zustimmungsersatz im Außerstreitverfahren betreffend der Gesamtänderung anzustreben ist.[801] Auch wenn sich eine weite Rechtfertigungswirkung aus der Treuepflicht ableiten ließe, stünde dem Änderungswilligen in Anbetracht der Rechtssicherheit jedenfalls der Weg (neuerlicher) gerichtlicher Genehmigung gem § 52 Abs 1 Z 2 iVm § 16 Abs 2 WEG offen.[802]

Nicht weniger problematisch sind auch „passive Abweichungen" vom vertraglichen Konsens, indem ein vertraglich vereinbarter Zustand gar nicht her-

---

797 Vgl RIS-Justiz RS0026271.

798 Vgl in Betracht ziehend OGH 21.12.2017, 6 Ob 211/17y Rz 3.1.

799 Vgl zur Beurteilung der Erheblichkeit auf schutzwürdige Interessen hinweisend OGH 31.7.2019, 5 Ob 55/19b Rz 4.3; siehe dazu auch OGH 20.9.2011, 4 Ob 109/11z. Rz 5; vgl dagegen, dass es ausdrücklich nicht auf die Voraussetzungen des § 16 Abs 2 WEG ankäme, OGH 19.11.2020, 5 Ob 222/19m.

800 Vgl OGH 9.2.2011, 5 Ob 10/11y.

801 Vgl OGH 4.4.2022, 5 Ob 182/21g, immolex 2022/117 *(Räth);* vgl zur Duldungsverpflichtung einer Änderung RIS-Justiz RS0083148.

802 Dies gilt grsl auch bei einem nachvollziehbaren Rechtschutzinteresse für die Beurteilung der Genehmigungsfähigkeit geringfügiger Abweichungen, vgl OGH 19.11.2020, 5 Ob 222/19m Rz 4.3; dies gilt umso mehr in Anbetracht der nunmehrigen Möglichkeit gerichtlicher Absicherung iZhg mit Feststellungsbegehren, welche geradezu iZhg mit fraglichen Zustimmungsfiktionen gerechtfertigt sind, vgl *Stabentheiner*, Die WEG-Novelle 2022, ÖJZ 2022, 263; vgl zum außerstreitigen Feststellungsbegehren ErläutRV WEG idF 2022, 1174 BlgNR 27. GP 22.

gestellt wird. Zu einem solchen Interessenskonflikt kann es bspw im Rahmen einer endgültig feststehenden Nichterrichtung eines in die WE-Begründung einbezogenen Objekts (zB ein Rohdachboden) kommen.[803]

In casu geht auch der bei „sonstiger Eigenmacht“ treffsichere Anspruch nach § 523 ABGB ins Leere. Es stellt sich allerdings die Frage, ob sich aus einer „Vorwegzustimmung“ eine „Änderungsverpflichtung“ ableiten lässt. Dies wird sich dann bejahen lassen, wenn bspw an einem Rohdachboden zum Zwecke des Abverkaufs und Ausbaus und unter Einbindung des „kaufenden Dritten“ nachträglich WE geschaffen wurde, insb wenn der künftige Herstellungsaufwand einer neuen Gebäudehülle seitens des kaufenden Änderungswilligen preislichen Niederschlag fand.

6. Die Rückgängigmachung einer Änderungsmaßnahme

Die rechtliche Zulässigkeit der Rückgängigmachung einer Änderungsmaßnahme hängt vom rechtmäßigen, vertraglichen Zustand ab. So ist die Wiederherstellung des rechtmäßigen Zustandes – dh im Falle einer bereits durchgeführten eigenmächtigen Änderungen- jedenfalls ohne jegliche Voraussetzungen durchführbar.[804] Im Falle einer genehmigten Änderung, unabhängig ihres Rechtfertigungsgrundes,[805] würde die bauliche Herstellung des Vorzustandes ohne neuerliche Rechtfertigung eine eigenmächtige Änderung darstellen. Dies kann insb dann problematisch sein, wenn die Änderungsmaßnahme nur in eine Richtung einer Privilegierung zugänglich ist, bspw bei der Wiederaufteilung zusammengelegter Wohnungen.[806]

G. Die umfassende Kostentragungspflicht des Änderungswilligen gem § 16 WEG

1. Die unmittelbaren Änderungskosten

a) Die Tragung der Umsetzungskosten iSd § 16 Abs 2 WEG als änderungsrechtliche Voraussetzung

Die Kostentragungspflicht ließ sich vor der WEG-Novelle 2022 als allgemeine Voraussetzung des gerichtlichen Zustimmungsersatzes begreifen, welche verglichen mit dem Katalog der allgemeinen negativen Voraussetzungen

---

803 Vgl OGH 7.2.2022, 5 Ob 128/21s, wonach dies das Erlöschen des WE und in weiterer Folge die Nutzwertneufesetzung nach sich ziehen kann – jedenfalls dann, wenn es diesfalls gänzlich an der Wohnungseigentumstauglichkeit ermangelt.

804 Vgl *Vonkilch* in *Hausmann/Vonkilch*, Österreichisches Wohnrecht WEG[4] (2017) § 16 WEG Rz 21a; vgl auch Vgl OGH 31.7.2019, 5 Ob 55/19b.

805 Siehe hierzu IV.F.2.

806 Siehe zur privilegierten Zusammenlegung benachbarter Wohnungseigentumsobjekte bei Eigentümeridentität, IV.I.4.

des § 16 Abs 2 Z 1 WEG[807] als einzige eine positive Formulierung erfahren hat. Dieser Voraussetzung zufolge war, wie schon der einleitende Satz des § 13 Abs 2 WEG 1975 unschwer zu erkennen gab, die Kostentragung der Änderungsdurchführung bereits ursprünglich dem zur Änderung berechtigten Wohnungseigentümer zugeordnet.[808]

Mit der WEG-Novelle 2022 wurde jener Voraussetzungstatbestand in der Gestalt „aufgewertet", dass dieser nunmehr nicht ausschließlich eine Voraussetzung im gerichtlichen Zustimmungsersatz darstellt, sondern eine für die Gesamtheit der änderungsrechtlichen Rechtfertigungssystematik.[809] Das bedeutet sohin, dass die umfassende Kostentragung durch den Änderungswilligen auch ein Grunderfordernis für eine wirksame Zustimmungsfiktion bei begünstigungswürdigen Änderungen[810] ist.

Dass die unmittelbaren Kosten der Änderung des Wohnungseigentumsobjekts vom Änderungsberechtigten zu tragen sind, war und ist bereits als Ergebnis der Wortinterpretation unstrittig.[811] Die tatsächliche Komplexität des Kostenbegriffs zeigt sich jedoch nicht im Zusammenhang mit der Änderung selbst, sondern zumeist erst dann, wenn die Euphorie des Ändernden längst verblasst ist und die Frage aufkommt, wer denn für etwaige Reparatur- und Erhaltungskosten aufzukommen hätte. Jene Unbestimmtheit befeuerte die Vielzahl – bisher selten beständiger – Judikatur zur Kostentragung. Der *prima facie* einfachen Kostentragungsregelung des § 16 Abs 2 WEG folgt sohin ein Rattenschwanz an zuzuweisenden Folgekosten, welche es – losgelöst von Fairnessaspekten – tatbestandsmäßig zu erfassen gilt. Die Weite des Kostenbegriffs verdeutlichte bereits *Tschütscher,* welcher im Rahmen von konkreten baulichen Änderungen stets neben schadenersatz- bzw gewährleistungsrechtlichen Kostenfacetten zwischen Anschaffungskosten, Entschädigungen, Erhaltungskosten und Folgekosten differenzierte.[812] Wohingegen Entschädigungen als Voraussetzung des gerichtlichen Zustimmungsersatzes gem § 16 Abs 2 Z 3 in diesem Kapitel ausgeklammert werden sollen, gilt es auf die Klassifizierung *Tschütschers*[813] insoweit zurückzugreifen, als jedenfalls zwischen Anschaffungs- bzw Herstellungskosten und Folgekosten im weiteren Sinne zu unterscheiden ist.

Dem Kostentragungsgrundsatz unterliegen jedenfalls nicht nur die Kosten der Änderung des Wohnungseigentumsobjekts selbst, sondern sämtliche mit

[807] Siehe hierzu IV.I.1.

[808] Arg *„auf seine Kosten berechtigt"*, § 13 Abs 2 S 1 WEG 1975, § 16 Abs 2 S 1 WEG 2002; vgl OGH 18.12.2019, 5 Ob 173/19f Rz 3.2; siehe auch OGH 30.10.2015, 5 Ob 188/15f.

[809] Siehe hierzu IV.F.2.

[810] Siehe hierzu IV.H.

[811] Vgl OGH 18.12.2019, 5 Ob 173/19f Rz 3.2 [Wallbox]; OGH 30.10.2015, 5 Ob 188/15f [Gartenmarkise].

[812] *Tschütscher*, Wer anschafft zahlt? – wer trägt die Kosten von baulichen Änderungen des Wohnungseigentumsobjektes, wobl 2004, 233ff.

[813] *Tschütscher*, aaO.

der Durchführung der Änderung notwendiger Weise verbunden Maßnahmen an allgemeinen Teilen der Liegenschaft.[814]

Für die Zuteilung der unmittelbaren Änderungskosten an allgemeinen Teilen oder anderen Flächenteilen, welche im Rahmen eines individuellen Änderungsrechts adaptiert werden, zog die Rechtsprechung die Tatsache heran, wem die Änderung im Endeffekt zu Gute kommt.[815] Dieser Entscheidungsgrundsatz lässt sich insoweit verallgemeinern, als der Wohnungseigentümer selbst jedenfalls sämtliche durch die Änderung bedingten Herstellungskosten zu tragen hat. Klargestellt sei bloß, dass das Individualrecht auch kollektiv ausgeübt werden kann und mehrere Wohnungseigentümer gemeinsam als Ändernde auftreten können. Dies würde schließlich dann der Fall sein, kein Mehrheitsbeschluss[816] im Rahmen der außerordentlichen Verwaltung gem § 29 Abs 1 WEG zu Stande kommt und die Kostentragung durch die Eigentumsgemeinschaft sohin ausscheidet.[817]

Auch wenn § 16 Abs 2 WEG vordergründig die tatsächlichen baulichen Änderungskosten samt dem Betrieb und mit dem WEG 2022 durch § 16 Abs 7 WEG auch ausdrücklich die Erhaltung zu regeln versucht,[818] gilt es zu beachten, dass die Kostentragungspflicht des Änderungswilligen darüber hinaus geht. Dies versteht sich nicht zuletzt vor dem Hintergrund unterschiedlich ausgeprägter Vorbereitungshandlungen[819] und hinsichtlich des spezifischen Verfahrensaufwandes.

In diesem Sinne treffen den Änderungswilligen unabhängig des gewählten Rechtfertigungsmodus[820] oftmals beträchtliche Planungskosten. Selbst bei der Einholung persönlicher Zustimmung der Miteigentümer werden idR entsprechende Pläne vorzulegen sein, um hinsichtlich des Zustimmungsumfanges

---

814 OGH 27.6.2006, 5 Ob 93/06x; OGH 28.11.2006, 5 Ob 190/06m [Unterkellerung]; *Würth/Zingher/Kovanyi*, Miet- und Wohnrecht II^{23} § 16 WEG 11.

815 OGH 29.1.2002, 5 Ob 277/01y [Überwälzung der Dachbodenausbaukosten]; OGH 27.6.2006, 5 Ob 93/06x.

816 Mit dem WEG 2022 wurde in Anbetracht der Gefahr von „Verwaltungslähmungen" bedingt durch zunehmende Enthaltungen uninteressierter Wohnungseigentümer das Beschlusserfordernis des § 24 Abs 1 WEG um einen weiteren Modus ergänzt, welcher einen gültigen Beschluss neben der bisherigen Mehrheit aller Miteigentumsanteile auch durch zwei Drittel Mehrheit abgegebener Stimmen ermöglicht, soweit diese – ebenfalls gerechnet nach Miteigentumsanteilen – zumindest ein Drittel der Miteigentumsanteile darstellen, vgl ErläutRV WEG idF 2022, 1174 BlgNR 27. GP 16 ff;

817 Siehe allerdings zu den Grenzen der Verwaltungsmaßnahmen, welche eben nicht ohne besondere Rechtfertigung, wie bspw zu Zwecken der notwendigen Erhaltung, in das Ausschließlichkeitrecht des einzelnen Wohnungseigentümers eingreifen können, III.C.2.

818 Siehe zu den Folgekosten, IV.G.2.

819 Wie insb das Übersendungsgebot für die Wirksamkeit einer Zustimmungsfiktion bei Maßnahmen gem § 16 Abs 5 WEG.

820 Siehe dazu IV.F.6.

nachträgliche Auslegungsschwierigkeiten zu vermeiden.[821] Umso bedeutsamer – nämlich erforderlich für die Wirksamkeit der Zustimmungsfiktion und sohin für die Beseitigung der Eigenmacht generell – ist die Vermittlung eines nachvollziehbaren Änderungsumfanges durch die „klare und verständliche“ Beschreibung der Änderungsmaßnahme im Zusammenhang mit den begünstigungswürdigen Änderungen iSd § 16 Abs 5 WEG idF 2022.[822] Im Hinblick auf die notwendige Darstellungsobliegenheit zur Beurteilbarkeit möglicher Interessenskonflikte, scheint diesfalls die planliche Darstellung der Änderungsmaßnahme unumgänglich zu sein. Anderenfalls setzt sich der Änderungswillige im Vertrauen auf eine gültige Zustimmungsfiktion – womöglich nach kostenintensiver Installation einer Ladestation oder einer Solaranlage- einer *actio negatoria* aus.

Im Unterschied dazu gilt es im Rahmen des gerichtlichen Zustimmungsersatzes nach § 52 Abs 1 Z 2 WEG[823] einen nicht allzu strengen Maßstab an die Bestimmtheit des Begehrens anzulegen, was in dieser Hinsicht den Kostenaufwand beschränkt.[824] In Folge dessen ist die Änderung samt deren Durchführungsweise zwar genau zu erläutern, um die Reichweite der Duldungspflicht verlässlich beurteilen zu können,[825] die Beschreibung aller Details ist aber untunlich und nicht zu verlangen.[826] So ist es im wohnrechtlichen Verfahren ausreichend, wenn die Art und der Umfang der zu duldenden Handlung eindeutig erkennbar sind.[827] In dieser Gestalt ist auch eine verbale Beschreibung des Bauvorhabens ausreichend, soweit für dessen schlüssige Darlegung keine Planunterlagen erforderlich sein sollten.[828] Darüber hinausgehend hat das Gericht allenfalls zur Präzisierung des Begehrens anzuleiten,[829] und dem Änderungswilligen im Rahmen des Verfahrens auch Gelegenheit zu geben, entsprechende Modifikationen bzw Vervollständigungen einfließen zu lassen.[830]

b) Exkurs: Verfahrenskosten im gerichtlichen Zustimmungsersatz gem § 52 Abs 1 Z 2 WEG

Einen weiteren Kostenpunkt stellen die Verfahrenskosten im Rahmen des gerichtlichen Zustimmungsersatzes gem § 52 Abs 1 Z 2 WEG, samt Gerichts-,

---

821 Vgl RIS-Justiz RS0083047; vgl zur Reichweite privatrechtlicher Einigung iZhgm einer unspezifischen Geschäftsraumwidmung auch OGH 25.8.2016, 5 Ob 105/16a.

822 Vgl hierzu *Höllwerth*, Zum neuen Änderungsrecht des Wohnungseigentümers nach der WEG-Novelle 2022, wobl 2022, 123.

823 Siehe hierzu IV.I.

824 Vgl RIS-Justiz RS0070562, zuletzt OGH 15.11.2021, 5 Ob 178/21v.

825 Vgl *Illedits/Reich-Rohrwig*, Wohnrecht Taschenkommentar[3] § 16 Rz 17.

826 Vgl RIS-Justiz RS0000808.

827 Vgl RIS-Justiz RS0000966.

828 Vgl RIS-Justiz RS0114876.

829 Vgl OGH 27.5.2020, 5 Ob 169/19t mwN; vgl auch OGH 15.11.2021, 5 Ob 178/21v.

830 Vgl *Illedits/Reich-Rohrwig*, Wohnrecht Taschenkommentar[3] § 16 Rz 17 mwN; vgl RIS-Justiz RS0083165.

Vertretungs-[831] und Sachverständigenkosten, dar.[832] Jener Kostenfaktor ist dann von Bedeutung, wenn die notwendige Zustimmung weder ausdrücklich noch schlüssig (unter anderem durch eine Zustimmungsfiktion gem § 16 Abs 5 WEG) eingeholt werden konnte. Damit verbunden sind auch die unterschiedlichen, nämlich die an den gewählten Rechtfertigungsmodus anknüpfenden Planungskosten.[833]

§ 16 Abs 2 WEG umfasst zwar grundsätzlich nicht die Tragung der Verfahrenskosten, wenngleich das Verfahrensinteresse des antragstellenden Änderungswilligen durch den Verteilungsmaßstab der Billigkeit eine wesentliche Rolle spielt. Dennoch können diese Kosten einen nicht unerheblichen Teil der gesamten Änderungskosten darstellen, weshalb es diese kurz zu skizzieren gilt.

In jedem die Sache erledigenden Beschluss hat das Gericht – mit Ausnahme bei Inanspruchnahme eines in dessen Ermessen stehenden Kostenvorbehalts[834] – auch über die Tragung der Kosten abzusprechen.[835] Die Gerichtskosten hinsichtlich des außerstreitigen Zustimmungsersatzes bestimmen sich als Pauschale[836] gemäß § 53 WEG iVm TP 12 lit c Z 6 GGG.[837]

Der Kostenersatz rechtsfreundlicher Vertretung durch einen Rechtsanwalt oder Notar[838] bestimmt sich nach der zwingenden Bestimmung § 10 Z 3 RATG und dem bemessungsgrundlagenabhängigen Leistungskatalog TP 3A samt Zuschlägen[839] und USt.[840] Bei Vertretung durch andere Interessensver-

---

[831] Zu beachten gilt, dass allerdings bis auf das Revisionsverfahren vor dem OGH keine Vertretungspflicht besteht, vgl *Illedits/Illedits-Lohr,* Wohnungseigentum[6] (2018) Rz 827.

[832] Vgl *Illedits/Illedits-Lohr,* Wohnungseigentum[6] (2018) Rz 828, 831.

[833] Siehe hierzu als Ausfluss des Bestimmtheitsgebotes IV.G.1.a).

[834] Vgl *Rechberger/Klicka* in *Rechberger/Klicka,* AußStrG[3] § 78 Rz 8; siehe dazu auch *Stabentheiner,* Der Verfahrenskostenersatz im neuen wohnrechtlichen Außerstreitverfahren, immolex 2004, 210; dies ist dann sinnvoll, wenn der weitere Verfahrensablauf nicht klar abgesteckt werden kann, vgl OGH 18.12.2019, 5 Ob173/19f; vgl zur Verpflichtung zum Kostenvorbehalt bei der Zurückverweisung generell, RIS-Justiz RS0123011.

[835] Vgl § 78 Abs 1 AußStrG.

[836] Jene Gebühr erhöht sich somit auch nicht bei Erhebung eines Rechtsmittels, vgl *Klicka* in *Hausmann/Vonkilch,* Österreichisches Wohnrecht WEG[4] (2017) § 53 WEG Rz 1.

[837] Diese beträgt mit 1.1.2022 Euro 87,00 (BGBl I 2022/61); vgl hierzu *Illedits/Illedits-Lohr,* Wohnungseigentum[6] (2018) Rz 826.

[838] Vgl § 1 Abs 1 f RATG.

[839] Vgl zum Streitgenossenzuschlag § 15 RATG; zu beachten gilt, dass dieser nur für die tatsächlich im Verfahren als Partei auftretenden Personen gebührt; denn der Umstand, dass der Antragsteller seinen Antrag gegen alle Wohnungseigentümer zu richten hat, rechtfertigt keinen zuschlagsrelevanten Verfahrensaufwand, vgl *Illedits/Illedits-Lohr,* Wohnungseigentum[6] (2018) Rz 829 mwN.

[840] Vgl § 10 Z 3 RATG, wonach sich der Kostenersatz nach der in der *leg cit* genannten Bemessungsgrundlage zu richten hat, welche zwischen objekt- und liegenschaftsbezogenen Ansprüche unterscheidet; Inwieweit ein Zustimmungsersatzbegehren iSd § 52 Abs 1 Z 2 WEG objekt- oder liegenschaftsbezogen ist, hängt von der Ausgestaltung ab, vgl dazu die Liegenschaftsbezogenheit bei der Beeinträchtigung des äußeren Erscheinungsbildes, LGZ Graz 22.8. 2011, 7 R 11/11f; *Stabentheiner* klassifiziert Ansprüche auf Duldung der Änderung grund-

tretungen, darunter auch eigene Eigentümervereine, finden sich in § 37 Abs 3 Z 17 S 2 MRG Gesamtvertretungskostenpauschalen.[841] Dazu kommen oftmals nicht unerhebliche Kosten für Sachverständigengutachten und uU Dolmetscherleistungen.[842]

Entgegen der alten Rechtslage, wonach jede Partei im Zustimmungsersatzverfahren ihre Vertretungskosten ersatzlos selbst zu tragen hatte, greifen für den gesamten Kostenersatz nunmehr „mietrechtliche" Verfahrensgrundsätze.[843] So bestimmt § 52 Abs 2 WEG iVm § 37 Abs 3 Z 17 MRG, dass die Verfahrensgesamtkosten – anders als im übrigen Außerstreitverfahren[844] – nach Billigkeit zu tragen sind.

Der Billigkeit entsprechend werden Mit- und Wohnungseigentümer, welche dem Änderungsbegehren nicht widersprechen nicht kostenersatzpflichtig.[845] Sohin sind die Kosten zwischen dem Antragsteller selbst und den im Verfahren aktiven Antragsgegnern zu verteilen. Zur Beurteilung dessen verweist der Gesetzgeber auf einen demonstrativen Wertungsrahmen im Sinne eines „beweglichen Systems", repräsentiert durch folgende Eckpunkte:[846]

---

sätzlich als objektbezogen, wobei sich gerade bei Änderungen mit Inanspruchnahme allgemeiner Teile liegenschaftsbezogene Ansprüche zum Ausdruck bringen können, *Stabentheiner*, Der Verfahrenskostenersatz im neuen wohnrechtlichen Außerstreitverfahren, immolex 2004, 214. Im Rahmen objektbezogener Ansprüche gilt es nach Art und Größe zu unterscheiden: Geschäftsräume und Wohnungen über 90 m^2 haben eine Bemessungsgrundlage von Euro 2.000,00; Wohnungen über 60 m^2 Euro 1.500,00; andere Objekte Euro 1.000,00; Die Bemessungsgrundlage liegenschaftsbezogener Ansprüche richtet sich nach der Anzahl einzelner (wohnungstauglicher!) Objekte: bei mehr als 50 Einheiten Euro 4.000,00; sonst Euro 2.500,00; vgl hierzu auch *Illedits/Illedits-Lohr,* Wohnungseigentum[6] (2018) Rz 828.

841 Diese beträgt Euro 400,00 für das Verfahren in erster Instanz, Euro 180,00 in den Rechtsmittelinstanzen; zuzüglich Mehrvertretungszuschlägen von 10–25 %; vgl hierzu auch *Stabentheiner*, Der Verfahrenskostenersatz im neuen wohnrechtlichen Außerstreitverfahren, immolex 2004, 214.

842 Vgl insb zum Kostenvorschuss und zum Kostenersatzanspruch des Bundes gem § 2 GEG, *Stabentheiner*, Der Verfahrenskostenersatz im neuen wohnrechtlichen Außerstreitverfahren, immolex 2004, 212.

843 Vgl *Klicka* in *Hausmann/Vonkilch*, Österreichisches Wohnrecht WEG[4] (2017) § 52 WEG Rz 41; vgl dazu auch *Stabentheiner*, Der Verfahrenskostenersatz im neuen wohnrechtlichen Außerstreitverfahren, immolex 2004, 206.

844 Vgl zur Aufteilung nach dem Erfolgsprinzip *Kulhanek* in *Böhm/Pletzer/Spruzina/Stabentheiner*, GeKo Wohnrecht I (2018) § 37 WEG Rz 230.

845 Vgl OGH 18.5.2016, 5 Ob 19/16d; vgl demgegenüber das passive Verhalten eines zum Kostenersatz zu verpflichtenden Wohnungseigentümers iZhg mit der Beseitigung eines Mehrheitsbeschlusses, RIS-Justiz RS0127576; sehr wohl sind alle anderen Wohnungseigentümer Antragsgegener, auch jene welche die Zustimmung bereits erteilt haben, vgl auch *Painsi/Terlitza,* Wohnungseigentumsrecht (2022) Rz 409 – freilich muss dies eine Kostenersatzpflicht ausschließen.

846 Vgl den genauen Wortlaut § 37 Abs 3 Z 17 MRG; vgl auch *Klicka* in *Hausmann/Vonkilch*, Österreichisches Wohnrecht MRG[4] (2021) § 37 MRG Rz 80; siehe zu den einzelnen Grundsätzen insb *Stabentheiner*, Der Verfahrenskostenersatz im neuen wohnrechtlichen Außerstreitverfahren, immolex 2004, 207 ff.

- Verfahrenserfolg
- Verfahrensinteresse
- Verursachung des (nicht zweckentsprechenden)[847] Verfahrensaufwandes
- Übermäßige Kostenbelastung durch Mehrparteiverfahren[848]

Im Folgenden besteht der Versuch Billigkeitsaspekte bei änderungsrechtlichen Verfahren zu skizzieren: Auch wenn der Verfahrensfolg, als Ausmaß des Durchdringens, bloß einem von vier demonstrativ genannten Billigkeitskriterien entspricht, stellt die Praxis überwiegend darauf ab.[849] In diesem Sinne wird zumeist auf die Kostenregeln des § 41 ff ZPO zurückgegriffen.[850] Mangels eines konkreten monetären Anspruches ist iZhg mit einem Zustimmungsersatzverfahren als Mehrparteienverfahren zur Beurteilung des Verfahrenserfolges eine wertende Betrachtung unter Berücksichtigung des gesamten Verfahrensablaufes durchzuführen.[851]

Jenes Kriterium spricht dann für den Kostenersatzanspruch des Änderungswilligen, wenn diesem für die geplante Änderung ohne wesentliche Adaptionen zum ursprünglichen Antrag Genehmigungsfähigkeit zuerkannt wurde. Kommt es im Zuge einzelner Verfahrenshandlungen zur Abänderung des Änderungsbegehrens und anschließender (eingeschränkter) Genehmigungsfähigkeit oder zur bloßen Genehmigung des Eventualbegehrens ist mE anzunehmen, dass insbesondere der besondere Verfahrensaufwand, bspw die Kosten eines die „Verkehrsüblichkeit" verkennenden Sachverständigengutachtens, vom Änderungswilligen zu tragen sein werden (bzw Kostenaufhebung bei Kostenvorschuss des Änderungswilligen).[852] Dies gilt wohl auch im Lichte des dritten Billigkeitskriteriums, wonach jener Verfahrensaufwand, bei einem engeren Änderungsbegehren nicht erforderlich gewesen wäre. Umgekehrt schlägt der

---

847 Vgl *Illedits/Klausegger*, Aktuelle Fragen zum Änderungsrecht des Wohnungseigentümers, wobl 2017, 172.

848 Vgl § 10 Z 3 lit a RATG, wonach sich der Kostenersatz bei objektbezogenen Ansprüchen abhängig vom konkreten Objekt nach jener Bemessungsgrundlage zu richten hat; Geschäftsräume und Wohnungen über 90 m^2 haben eine Bemessungsgrundlage von Euro 2.000,00; Wohnungen über 60 m^2 Euro 1.500,00; andere Objekte Euro 1.000,00; vgl auch die Loslösung vom formellen Parteibegriff, wonach alle nicht änderungswilligen Wohnungseigentümer Antragsgegner sind, OGH 18.5.2016, 5 Ob 19/16d.

849 *Würth/Zingher/Kovanyi*, Miet- und Wohnrecht II[23] § 52 WEG 65; vgl auch *Kulhanek* in *Böhm/Pletzer/Spruzina/Stabentheiner*, GeKo Wohnrecht II (2019) § 52 WEG Rz 135.

850 Vgl auch *Illedits/Klausegger*, Aktuelle Fragen zum Änderungsrecht des Wohnungseigentümers, wobl 2017, 172; vgl OGH 24.9.2019, 5 Ob 142/19x; vgl OGH 31.7.2019, 5 Ob 55/19b; vgl auch OGH 4.5.2017, 5 Ob 75/17s.

851 *Stabentheiner*, Der Verfahrenskostenersatz im neuen wohnrechtlichen Außerstreitverfahren, immolex 2004, 207; Dieser Aspekt verdeutlicht abermals die Bedeutung des Kostenvorbehalts, siehe oben in diesem Kapitel.

852 Vgl hierzu auch mit dem Hinweis auf die aktuelle Rsp und der Anwendung von § 43 ZPO *Illedits/Klausegger*, Aktuelle Fragen zum Änderungsrecht des Wohnungseigentümers, wobl 2017, 172 mwN; vgl auch RIS-Justiz RS0110839.

Misserfolg des Änderungswilligen iSd § 41 Abs 1 ZPO dann vollständig auf die Verpflichtung zum vollständigen Kostenersatz durch, wenn die anderen Billigkeitskriterien – insb ohne übermäßige Kostenbelastung durch etwaige Mehrfachvertretungen der Gegenseite – in den Hintergrund treten.

Das Verfahrensinteresse ist demgegenüber zweifelsohne – bereits aufgrund der Anspruchsnatur als Individualrecht – dem Änderungswilligen zuzuordnen, weshalb *in concreto* unter diesem Gesichtspunkt ein stetiger Hang zur Kostentragungspflicht des Änderungswilligen zu erkennen ist. Diese Schieflage verstärkt sich vor dem Hintergrund, dass der Änderungswillige ja ausdrücklich gem § 16 Abs 2 WEG zu tragen hat, soweit man darunter auch die Kosten zur Darlegung der Änderungsvoraussetzungen verstehen mag.[853] Die Verfolgung eines nicht zweckmäßigen Verfahrensaufwands durch die Antragsgegner kann im Genehmigungsfall allerdings jene Schieflage allerdings wieder ausgleichen und das Erfolgsprinzip verstärken, sodass an einen zivilprozessähnlichen Kostenersatz analog § 41 Abs 1 ZPO angeknüpft werden kann.

Dem Charakter als Individualanspruch ist es auch geschuldet, dass der Änderungswillige in den meisten Fällen in der Minderheit steht. Das gilt ausnahmsweise dann nicht, wenn sich tatsächlich mehrere Änderungswillige zusammenschließen[854] oder wenn die Anzahl[855] der Wohnungseigentümer jener Liegenschaft entsprechend gering ist. In allen anderen Fällen besteht die Gefahr, dass der Änderungswillige im Rahmen ebenjenes Mehrparteiverfahrens durch eine Vielzahl an individual vertretenen Wohnungseigentümern einer erhöhten Kostenbelastung ausgesetzt werden könnte. Diese Gefahr verstärkt sich nicht zuletzt bei liegenschaftsbezogenen Änderungsansprüchen in der Gestalt, als zum einen die höhere Bemessungsgrundlage gem § 10 Z 3 lit b RATG einschlägig ist und zum anderen die Abwehrbereitschaft der Miteigentümer tendenziell höher ist, als bei objektbezogenen Änderungsansprüchen, welche zumeist bloß von unmittelbaren „WE-Nachbarn" zu unterbinden versucht werden. In jenen Fällen wird es sohin – je nach dem Ausschlagen anderer Kriterien – auch bei einem etwaigen Unterliegen des Änderungswilligen zu keinem vollständigen Kostenersatz kommen.

---

853 Vor diesem Hintergrund lässt sich auch die Kostenaufhebung gem § 43 Abs 1 ZPO iZhgm einem zumindest mit dem Eventualbegehren obsiegenden Änderungswilligen – trotz dessen alleinigen Bevorschussung der Sachverständigenkosten – erklären, vgl *Illedits/Klausegger,* Aktuelle Fragen zum Änderungsrecht des Wohnungseigentümers, wobl 2017, 173 mwN.

854 Vgl bei kollektiven Änderungsmaßnehmen im Besonderen die erforderliche Abgrenzung zur Verwaltungshandlung, siehe III.C; vgl zum Wegfall des Anspruches auf Zustimmungsersatz bei Vorliegen eines Mehrheitsbeschlusses RIS-Justiz RS0117168.

855 Vgl im Zusammenhang mit Ansprüchen bei Doppelhaushälften, OGH 22.12.2021, 5 Ob 211/21x.

2. Die (Änderungs-)Folgekosten

a) Ein historischer Kompetenzkonflikt zwischen dem Änderungswilligen und der Eigentümergemeinschaft im Rahmen der Erhaltungspflicht und Kostentragung

Wohingegen sich hinsichtlich des Umfanges der unmittelbaren Kostentragungspflicht und dessen Loslösung von allgemeinen wohnungseigentumsrechtlichen Flächenkategorien iSv § 2 Abs 2–4 WEG zunehmend Einhelligkeit abzeichnete und sohin der Änderungswillige unstrittig auch die durch die Änderung bedingten unmittelbaren Kosten zur Adaption allgemeiner Teile zu tragen hat,[856] verlagerte sich der Klärungsbedarf auf die Tragung der Folgekosten, namentlich des künftigen Erhaltungsaufwands und der Bewirtschaftungs- bzw Betriebskosten.

Problematisch erwies sich demzufolge die Kostenzuteilung im Erhaltungsfall, insbesondere an der Schnittstelle zur Verwaltung der Liegenschaft iSv § 28 f WEG. Denn durch die extensive Auslegung des änderungsrechtlichen Begriffes „Wohnungseigentumsobjekt"[857] mit der Miteinbeziehung allgemeiner Teile weitete auch den Schnittstellenbereich und die damit verbundenen juristischen Herausforderungen aus. Inwieweit dadurch dem breiten Kostentragungsgrundsatz zusätzlich die Tragung etwaiger „Folgekosten" zugeordnet werden soll und wie die Erhaltungspflicht[858] der Eigentümergemeinschaft hiervon abzugrenzen ist, wurde im Zusammenhang mit der Rechtslage WEG 2002 nicht eindeutig festgestellt[859] und der Versuch legistischer Klarstellung ließ – wie sich später herausstellte – knapp 20 Jahre auf sich warten.[860]

Die judikaturtechnische Schärfung des änderungsrechtlichen Kostentragungsgrundsatzes erfolgte im Wesentlichen aufgrund dreier Fallkonstellatio-

[856] OGH 29.1.2002, 5 Ob 277/01y [Überwälzung der Dachbodenausbaukosten]; OGH 27.6.2006, 5 Ob 93/06x.

[857] Vgl zum weiten änderungsrechtlichen Begriff des „Wohnungseigentumsobjekts" IV.E.

[858] Jene setzt jedenfalls eine Reparaturbedürftigkeit, Schadensgeneigtheit oder Funktionsbeeinträchtigung voraus, *Löcker* in *Hausmann/Vonkilch*, Österreichisches Wohnrecht WEG[4] (2017) § 28 WEG Rz 48 mwN; die gemeinschaftliche Erhaltungspflicht gem § 28 Abs 1 Z 1 umfasst neben der Schadensbehebung auch die gesamte Wiederherstellung des ordnungsgemäßen (Vor-)Zustandes, OGH 13.3.2018, 5 Ob 15/18v; nicht umfasst ist jedenfalls die erstmalige Brauchbarmachung eines Wohnungseigentumsobjekts, vgl OGH 27.11.2013, 5 Ob 136/13f, vgl auch OGH 1.3.2021, 5 Ob 212/20t.

[859] *Sammer* in *Kothbauer/Sammer/Berger/Holzapfel*, Dirnbacher Praxiskommentar WEG 2017[8] (2017) 214 f mwN; vgl auch *Vonkilch* in *Hausmann/Vonkilch*, Österreichisches Wohnrecht WEG[4] (2017) § 16 WEG Rz 41a; vgl weiters auch die Bedeutungslosigkeit, ob die Teile bereits vor Änderung bestanden haben, OGH 20.11.2017, 5 Ob 122/17b [Lichtkuppel]; vgl auch *Tschütscher*, Wer anschafft zahlt? – wer trägt die Kosten von baulichen Änderungen des Wohnungseigentumsobjektes, wobl 2004, 238; siehe auch *Illedits/Reich-Rohrwig*, Wohnrecht Taschenkommentar[3] (2018) § 16 WEG Rz 11 unter Verweis auf OGH 24.11.2009, 5 Ob 63/09i [Dachbodenausbau], *„keinesfalls* hätte *[der Wohnungseigentümer] […] die Erhaltung der geänderten allgemeinen Teile zu bestreiten"*.

[860] Siehe hierzu im Folgekapitel IV.G.2.b); vgl auch § 16 Abs 6 WEG.

nen: Einerseits durch einen auf § 30 Abs 1 Z 1 WEG gestützten außerstreitigen Antrag eines Wohnungseigentümers[861] gegen die Eigentümergemeinschaft auf Sanierung im Rahmen der ordentlichen Verwaltung, andererseits durch ein auf § 1042 ABGB gestütztes streitiges Kostenersatzbegehren der erhaltenden Eigentümergemeinschaft gegen den ehemals ändernden Wohnungseigentümer und letztlich als änderungsrechtlicher Einwand künftiger finanzieller Belastungen im Rahmen des außerstreitigen Zustimmungsersatzes gem § 16 Abs 2 Z 1 WEG.[862]

(1) Der änderungsrechtliche Kostentragungsgrundsatz aus der Perspektive der Erhaltungspflicht der Eigentümergemeinschaft

Zunächst gilt es das Verhältnis des weiten Kostentragungsgrundsatzes nach § 16 Abs 2 iVm § 16 Abs 7 S 1 WEG[863] zu der – der Eigentümergemeinschaft zugeordneten – Erhaltungspflicht gem § 28 Abs 1 Z 1 WEG[864] zu determinieren. Als Maßstab für die Zuteilung der Kosten diente ursprünglich das Ausmaß des individuellen Nutzens der Änderung.[865]

Ist der künftige Nutzen mit dem von der dinglichen Rechtsposition abgeleiteten Recht, ein Wohnungseigentumsobjekt ausschließlich zu nutzen, vergleichbar und nimmt jener Wohnungseigentümer jene Fläche, welche nicht im Rahmen der Nutzwertberechnung einbezogen wurde, „ausschließlich in Anspruch", so hätte der Änderungswillige ebendiese Kosten zu tragen und die aus der Erhaltungspflicht der Gemeinschaft resultierende Kostentragung schränke sich auf Fälle ernster Schäden des Hauses ein.[866] Bis zu ebenjener Grenze hatte der Wohnungseigentümer selbst bereits nach alter Rechtslage für die Erhaltung allgemeiner Teile aufzukommen und konnte keine Beitragsleistungen der Gemeinschaft einfordern.[867]

Das Kriterium des Ausschlusses von Nutzungsrechten anderer gäbe auch im Zusammenhang mit der Tragung der Betriebskosten an jenen Flächenteilen den Ausschlag.[868] Das *obiter dictum* im Rahmen 5 Ob 81/08k wies überdies

---

[861] Unter anderem auch auf Antrag des ehemals Ändernden.

[862] Den Kostenersatzanspruch der Eigentümergemeinschaft klar verneinend, *Fidler*, Elektromobilität im Wohnungseigentumsrecht, wobl 2017, 373 mwN; in Anbetracht der nunmehr klaren Folgekostentragungsregelung, nämlich zulasten des Ändernden, wird künftig ein dieser Einwand nicht erfolgreich sein.

[863] Vormals § 16 Abs 3 WEG aF.

[864] Maßgeblich ist der Verweis dieser Bestimmung auf § 3 MRG, welcher es ermöglicht mietrechtliche Judikatur zur Schärfung der Erhaltungspflicht heranzuziehen; auf die Parallelität *vice versa* rückgreifend ua OGH 20.11.2017, 5 Ob 122/17b [Lichtkuppel].

[865] Vgl RIS-Justiz RS0112445.

[866] Vgl OGH 28.11.2006, 5 Ob 190/06m [Eigenmächtige? Unterkellerung]; vgl hierzu auch *Maierhofer/Huber,* Fensterkostenrefundierung – ex post, immolex 2014, 210.

[867] OGH 28.11.2006, 5 Ob 190/06m [Eigenmächtige? Unterkellerung].

[868] OGH 6.11.2007, 5 Ob 223/07s [Finanzierung Behindertenlift], OGH 28.11.2006, 5 Ob 190/06m [Eigenmächtige? Unterkellerung]; So lassen sich auch Kosten des laufenden Be-

die Gesamtheit an Folgekosten dem Ändernden zu, ohne zu differenzieren, ob die Begrifflichkeit der „Folgekosten" über die unmittelbaren Änderungskosten hinausgeht und auch einen künftigen (zusätzlichen?) Erhaltungsaufwand umfasst.[869]

Die Problematik verschärfte sich allerdings, je weiter sich der zu erhaltende Teil vom „eigentlichen" Wohnungseigentumsobjekt distanzierte. Dergestalt führten Gesamtkonstruktionen, welche eben nicht ausschließlich genutzt werden, wie Terrassen- oder Balkonunterseiten zu juristischen Tücken. Die Kompetenzbegründung der Eigentümergemeinschaft hing undifferenziert davon ab, inwieweit der zu erhaltende Teil als „allgemeiner Teil" zu qualifizieren war.[870] Als unproblematisch sah der OGH die Zuordnung all jener Teile zur gemeinschaftlichen Erhaltung an, welche zweifelsfrei außerhalb der Wohnungseigentumsobjekte liegen („Außenhaut") und wenn sich schadhafte Stellen in tragenden Konstruktionen lokalisierten.[871]

Ähnlich entschied der OGH im Zusammenhang mit einem vom Konsens aller getragenen Dachbodenausbau, bei welchem die neu geschaffene Außenhaut nicht allein und auf Dauer dem Verantwortungsbereich des neuen Mit- und Wohnungseigentümers zuzuordnen sei, sondern allen Miteigentümern gemeinsam zugutekäme.[872] Hierbei bestand die Intention unabhängig einer vorgenommenen Änderung die Erhaltungspflicht der Eigentümergemeinschaft als *lex specialis* heranzuziehen. Demzufolge hätte der Änderungswillige zwar die Kosten der Errichtung alleine zu tragen, aber nicht jene der Erhaltung geänderter allermeiner Teile.[873] Im Rahmen einer Langzeitbetrachtung leuchtet es auch ein, dass der ein Wohnungseigentumsobjekt herstellende Wohnungseigentümer nicht die Gesamtheit der damit verbundenen Außenhaut insb des Gebäudeabschlusses nach obenhin, welcher wohl am meisten der Witterung ausgesetzt ist, auf alle Zeit allein zu erhalten habe. Auch wenn man jener Entscheidung im Ergebnis Richtigkeit zumessen mag, wurde im Rahmen ihrer Begründung verkannt, dass schließlich jede individualrechtliche Änderung von Konsens getragen zu sein hat und jenes Kriterium für die Zuweisung der Kos-

---

triebs bei nur dem Wohnungseigentümer zur ausschließlichen Nutzung obliegender Teile nicht als Liegenschaftsaufwendung iSd § 32 WEG qualifizieren, vgl *Illedits/Illedits-Lohr,* Wohnungseigentum[6] (2018) Rz 1822 f.

869 Offenlassend was der Begriff der Folgekosten umfasst, OGH 26.8.2008, 5 Ob 81/08k; denkbar wäre auch ein eingeschränkter Interpretationszugang, da sich der OGH die Frage stellt, inwieweit jene Kosten noch „offen" seien und sohin nicht der künftige Erhaltungsaufwand, sondern bloß die unmittelbaren Kosten zur „bereits durchgeführten" Änderung allgemeiner Teile gemeint sein könnten.

870 Vgl schon § 14 Abs 1 Z 1 1975, nunmehr § 28 Abs 1 Z 1 WEG, welche ausdrücklich auf den mietrechtlichen Erhaltungsbegriff iSv § 3 Abs 1 Z 1 abstellen.

871 Diesbezüglich seien „räumliche" und „funktionelle" Kriterien einzubeziehen, vgl OGH 4.11.2008, 5 Ob 154/08w [Balkonsanierung] mwN.

872 OGH 24.11.2009, 5 Ob 63/09i [Dachbodenausbau].

873 OGH 24.11.2009, 5 Ob 63/09i [Dachbodenausbau].

tentragung künftiger Erhaltung nicht geeignet sein kann. Ganz im Gegenteil – Ein von einer eigenmächtigen, sprich konsenslosen Änderung herrührender Erhaltungsaufwand ist unabhängig seiner Qualifikation als allgemeiner Teil, stets vom durchführenden Wohnungseigentümer zu tragen.[874]

Die Schwierigkeit, die sich besonders in jenem Fall verdeutlicht, ist dass die Kostentragung in erster Linie vom *Alles-oder-Nichts-Prinzip* geprägt war.[875] Die Ideologie des sog „Mehraufwandes“, welcher sich womöglich bereits aus § 16 Abs 3 WEG aF[876] ableiten ließe,[877] wurde im änderungsrechtlichen Zusammenhang kaum Bedeutung beigemessen.[878] Bis auf den Fall der eigenmächtigen Änderung erschien auch die Tatsache bedeutungslos, ob der allgemeine Teil, dessen Erhaltungspflicht zu beurteilen ist, ursprünglich bestanden hat oder gar erst durch Ausübung eines Änderungsrechts hergestellt wurde.[879]

Demzufolge galt es in dogmatischer Hinsicht jene Systematik weiter zu schärfen. In diesem Sinne war der OGH in 5 Ob 170/11b bestrebt, den Kostentragungsgrundsatz unter Klarstellung der Ausführungen zu 5 Ob 190/06m[880] zu systematisieren. Der OGH ging davon aus, dass mit der Erhaltungspflicht der Eigentümergemeinschaft gem § 28 Abs 1 Z 1 WEG notwendigerweise auch dessen Kostentragung verbunden ist.[881] Gegenstand jener Erhaltungspflicht seien zunächst, inwieweit allgemeine Teile der Liegenschaft[882] von den Sanierungsarbeiten betroffen seien. In diesem Fall sei die Erhaltungspflicht unab-

---

874 *Spruzina* in *Böhm/Pletzer/Spruzina/Stabentheiner*, GeKo § 29 WEG Rz 36; vgl auch OGH 28.11.2006, 5 Ob 190/06m [Eigenmächtige? Unterkellerung], wonach auch eine nachträgliche stillschweigende Genehmigung nicht als stillschweigende Kostenübernahme durch die Eigentümergemeinschaft zu werten ist, weshalb das Kriterium des „ernsten Schaden des Hauses“ für die Zuständigkeitsbegründung der Eigentümergemeinschaft stets nach dem ursprünglichen (konsensgemäßen) Bauzustand zu beurteilen sei; bestätigend OGH 13.12.2011, 5 Ob 170/11b [Eigenmächtige Terrassensanierung].

875 Die Verwendung des Imperfekts soll die Hoffnung des Autors zum Ausdruck bringen, künftig die änderungsrechtlichen Normen der Kostenzuweisung als *lex specialis* heranzuziehen.

876 Arg *„den anderen Wohnungseigentümern kein Nachteil erwächst“*; nunmehr unverändert § 16 Abs 7 WEG idF 2022.

877 Und mit § 16 Abs 6 WEG *de lege lata* Anwendung findet.

878 Siehe dazu weiter unten in diesem Kapitel.

879 OGH 20.11.2017, 5 Ob 122/17b [Lichtkuppel]; vgl auch *Tschütscher*, Wer anschafft zahlt? – wer trägt die Kosten von baulichen Änderungen des Wohnungseigentumsobjektes, wobl 2004, 238; siehe auch *Illedits/Reich-Rohrwig*, Wohnrecht Taschenkommentar[3] (2018) § 16 WEG Rz 11 unter Verweis auf OGH 24.11.2009, 5 Ob 63/09i [Dachbodenausbau], *„keinesfalls* hätte *[der Wohnungseigentümer] […] die Erhaltung der geänderten allgemeinen Teile zu bestreiten“*.

880 OGH 28.11.2006, 5 Ob 190/06m [Eigenmächtige? Unterkellerung].

881 OGH 13.12.2011, 5 Ob 170/11b [Eigenmächtige Terrassensanierung].

882 Jene Flächenteile lassen sich nach den Grundsätzen des § 3 MRG determinieren und sind von Wohnungseigentumsobjektsflächen abzugrenzen, *Löcker* in *Hausmann/Vonkilch*, Österreichisches Wohnrecht WEG[4] (2017) § 28 WEG Rz 51ff mwN; vgl zum Begriff „allgemeiner Teile“ auch IV.I.2.

hängig der Schadensqualifikation und des Reparaturausmaßes der Eigentümergemeinschaft zuzuordnen.[883]

Auf eine Differenzierung zwischen allgemeinen Teilen und anderen Flächenteilen (Zubehör- oder Wohnungseigentumsobjektsflächen) käme es weiters dann nicht an, wenn „ernste Schäden des Hauses" Gegenstand der Erhaltung sind.[884] Von einem ernsten Schaden des Hauses ist dann auszugehen, wenn einerseits die ordentlichen Benützung des Objekts unmöglich ist und andererseits wenn ein außergewöhnliches Ausmaß erreicht ist, dass dieser Auswirkungen auf den Bauzustand des Hauses hat – es sei denn, diese sind ohne besonderen Aufwand jeder Zeit zu beseitigen.[885]

Diesfalls träfe losgelöst von der Lokalisation (selbst im Inneren des Wohnungseigentumsobjekts) die Eigentümergemeinschaft die Erhaltungspflicht unabhängig davon, ob die Schadensbehebung jedem Wohnungseigentümer zum Vorteil gereicht.[886] Es lassen sich betreffend der gemeinschaftlichen Erhaltungspflicht sohin zwei „Kompetenztatbestände" definieren: Zum einen die Schadenslokalisierung („allgemeiner Teil") und zum anderen das Schadensausmaß („ernster Schaden des Hauses").[887] Wohingegen sich klare Ansätze zur Begründung der allgemeinen Erhaltungspflicht der Eigentümergemeinschaft abzeichneten, war eine Kostenverlagerung bei Ausübung eines Änderungsrechts mit Inanspruchnahme allgemeiner Teile weiterhin strittig.[888]

Zieht man den Schluss eine weite Erhaltungspflicht der Eigentümergemeinschaft, schlage zugunsten des Änderungswilligen aus, der irrt allerdings, da die Kosten für die Erhaltung gem § 32 Abs 1 S 2 WEG stets von der Gesamtheit der Miteigentümer nach Miteigentumsanteilen zu tragen sind und damit ohne Übernahmeerklärung durch den Änderungswilligen der Änderung im gerichtlichen Zustimmungsersatzverfahren nach § 52 Abs 1 Z 2 WEG zumin-

---

883 OGH 13.12.2011, 5 Ob 170/11b [Eigenmächtige Terrassensanierung].

884 *Löcker* in *Hausmann/Vonkilch*, Österreichisches Wohnrecht WEG⁴ (2017) § 28 WEG Rz 55 ff mwN; OGH 13.12.2011, 5 Ob 170/11b [Eigenmächtige Terrassensanierung]; Als ernste Schäden des Hauses gelten jedenfalls Feuchtigkeitsschäden infolge ständigen Wassereintritts, RIS-Justiz RS0083089, zuletzt OGH 21.5.2019, 5 Ob 57/19x.

885 Vgl RIS-Justiz RS0102183, zuletzt OGH 16.1.2020, 5 Ob 177/19v.

886 OGH 13.12.2011, 5 Ob 170/11b [Eigenmächtige Terrassensanierung].

887 Vgl zur räumlichen und funktionalen Grenzziehung, *Löcker* in *Hausmann/Vonkilch*, Österreichisches Wohnrecht WEG⁴ (2017) § 28 WEG Rz 53; problematisch erscheint die Kompetenzbegründung durch die (subjektiv vorwerfbare) Untätigkeit des womöglich ursprünglich zur Schadensbehebung zuständigen Wohnungseigentümers wodurch erst ein „ernster" Schaden entstanden ist; wobei stets Kausalitätsaspekte und der Einwand der Verjährung zu prüfen ist, vgl in diesem Zusammenhang, OGH 27.1.2015, 5 Ob 230/14f.

888 Siehe hierzu die unterschiedlichen Verteilungszugänge einzelner Entscheidungen, RIS-Justiz RS0116332; vgl auch im besonderen den Hinweis schwankender Rechtsprechung *Fidler*, Elektromobilität im Wohnungseigentumsrecht, wobl 2017, 374 mwN.

dest nach alter Rechtslage der Einwand der Beeinträchtigung schutzwürdiger Interessen der Miteigentümer[889] entgegengehalten werden könnte.[890]

Die Kostentragungsproblematik zeichnete sich allerdings in den meisten Fällen erst im Erhaltungsfall geänderter allgemeiner Teile ab, wenn eine solche Zusage nicht erfolgt ist. So wäre ein Ersatzanspruch der erhaltenden Eigentümergemeinschaft davon abhängig, inwieweit den Ändernden eine Kostentragungspflicht hinsichtlich des Erhaltungsmehraufwandes trifft.

Es erscheint fraglich, ob sich von der Erhaltungspflicht notwendigerweise auf die endgültige unbedingte Kostentragung schließen lässt. Demzufolge scheint es prüfenswert, ob sich aus dem Normengefüge änderungsrechtlicher Bestimmungen zur Kostentragung und den verankerten Erhaltungspflichten, wie von der Judikatur oftmals angenommen,[891] ein einheitliches System zur Kostentragung ableiten lässt. Diesfalls wäre davon auszugehen, dass die erhaltungspflichtige Eigentümergemeinschaft keinen Kostenersatzanspruch gegen den Änderungswilligen hätte.[892] Umgekehrt wäre in einem sich nicht ausschließenden System, von der Erhaltungspflicht nicht notwendigerweise auch auf die endgültige Kostentragung zu schließen.

(2) Der änderungsrechtliche Kostentragungsgrundsatz aus der Perspektive der Erhaltungspflicht des Wohnungseigentümers gem § 16 Abs 7 WEG

Gemäß § 16 Abs 7 WEG hat *„der Wohnungseigentümer das Wohnungseigentumsobjekt und die dafür bestimmten Einrichtungen, insbesondere die Strom-, Gas- und Wasserleitungen sowie die Beheizungs- und sanitären Anlagen, auf seine Kosten so zu warten und in Stand zu halten, dass den anderen Wohnungseigentümern kein Nachteil erwächst. Er hat ferner das Betreten und die Benützung des Wohnungseigentumsobjekts zu gestatten, soweit dies zur Erhaltung der allgemeinen Teile der Liegenschaft oder zur Behebung ernster Schäden des Hauses erforderlich ist; für die vermögensrechtlichen*

---

889 Vgl allerdings die Schlussfolgerung zu § 16 Abs 6 WEG im unteren Teil dieses Kapitels; zu jener Voraussetzung allgemein das Folgekapitel IV.I.1.a).

890 Siehe zur Schutzwürdigkeit künftiger Mehrbelastung der Miteigentümer als Änderungsvoraussetzung im Zusammenhang mit einer Markise, OGH 30.10.2015, 5 Ob 188/15f; zur Schaffung allgemeiner Teile durch Teilung, OGH 16.5.2012, 5 Ob 21/12t; Zur Befriedigung Änderungswilliger sei an dieser Stelle eingeworfen, dass die Unschärfe des Kostentragungsgrundsatzes, insb hinsichtlich der Folgekosten, zumindest insoweit für die Genehmigungsfähigkeit der Änderung bedeutungslos war, als der Änderungswillige im Rahmen des gerichtlichen Zustimmungsersatzes gem § 52 Abs 1 Z 2 WEG ex ante neben der Tragung der ohnehin unstrittigen Herstellungskosten auch die Tragung des Erhaltungsmehraufwandes zu zusichern hatte. In dieser Gestalt ist die Präzisierung des Grundsatzes nicht mehr als bedeutsam für den änderungsrechtlichen gerichtlichen Zustimmungsersatz zu beurteilen; Siehe allerdings zur änderungsrechtlichen Bedeutung der Folgekostentragung gem § 16 Abs 6 WEG im unteren Teil dieses Kapitels; vgl allgemein zu jener Voraussetzung das Folgekapitel IV.I.1.a).

891 Vgl in diesem Zusammenhang, RIS-Justiz RS0083089.

892 Vgl abermals *Fidler*, Elektromobilität im Wohnungseigentumsrecht, wobl 2017, 373 mwN.

Nachteile, die er dadurch erleidet, ist er von der Eigentümergemeinschaft angemessen zu entschädigen."

Jener Bestimmung zu Folge ließ sich bereits für bestimmte Einrichtungen eine Wartungs- und Instandhaltungspflicht[893] des jeweiligen Wohnungseigentümers erkennen mit welcher diesem auch die Kostentragung ausdrücklich zugewiesen wurde.

ME wurde die Bedeutung jener Bestimmung sowohl im Schrifttum als in der Judikatur[894] weit unterschätzt. Abgesehen von sprachlichen Feinschliffen hat auch jene änderungsrechtliche Norm nunmehr seit knapp einem halben Jahrhundert unverändert bestanden. Dessen hochkarätiger Bestandscharakter potenziert sich, nachdem dem österreichischen WE Gesetzgeber verglichen mit dem deutschen allgemein eine hohe Anpassungsbereitschaft und österreichischen wohnungseigentumsrechtlichen Normen sohin grundsätzlich eine geringere Beständigkeit beigemessen werden kann.[895]

Der Grund des Vergessenwerdens ist womöglich, dass die Duldungspflicht des Wohnungseigentümers nach § 16 Abs 7 S 2 WEG iVm § 28 WEG den Anwendungsbereich von S 1 *leg cit* erheblich aushöhlt. Mit dem „ernsten Schaden des Hauses" innerhalb des Wohnungseigentumsobjekts besteht, an dessen Behebung in erster Linie der Wohnungseigentümer selbst als unmittelbar Betroffener interessiert ist und dies womöglich ohnehin in die Wege leitete, geht die Erhaltungskompetenz an die Gemeinschaft über.

Faistenberger bezeichnete diese Norm dessen Inhalt ohnehin schon aus § 1 Abs 1 WEG 1975 erschließbar sei, als bloßes Gebot der Rechtssicherheit.[896] – Wohl ein höflicher Ausdruck legistischer Redundanz. *Meinhart* wies dem Wortlaut entsprechend auf eine etwaige Schadenersatzpflicht des Wohnungseigentümers bei Vernachlässigung seiner Instandhaltungspflicht hin und ging davon aus, dass die Verpflichtungen zur Instandsetzung vertraglich adaptierbar seien.[897]

Einzig *Zingher* verdeutlichte bereits die Bedeutsamkeit von § 13 Abs 3 S 1 WEG 1975.[898] Dieser erkannte die eigentliche Abgrenzungsproblematik, welche bis dato für Kopfzerbrechen sorgte: Die Instandhaltungspflicht für das „Wohnungseigentumsobjekt und der dafür bestimmten Einrichtungen" in Ab-

---

893 Siehe zur bereits erörterten unmittelbaren Durchführbarkeit von Erhaltungsmaßnahmen IV.D.5.

894 So lassen sich durch RIS Abfragen hinsichtlich der Bestimmung *leg cit* WEG 1975 bzw WEG 2002 nur 26 Entscheidungen ausmachen.

895 *Häublein* in *Reiß-Fechter/Häublein*, Wohnungseigentum in Österreich und Deutschland (2012) 7.

896 *Faistenberger/Barta/Call*, Kommentar zum Wohnungseigentumsgesetz 1975 (1976) § 13 Rz 30.

897 *Meinhart*, Das Wohnungseigentumsgesetz 1975 (1975) 117.

898 *Zingher*, Das Mietengesetz[17] (1976) 279 f.

grenzung zur Erhaltungspflicht der Eigentümergemeinschaft und die damit einhergehende Kostentragung.[899]

Der Gesetzgeber nennt allen voran *Strom-, Gas- und Wasserleitungen sowie die Beheizungs- und sanitären Anlagen* als in die Instandhaltungspflicht des Wohnungseigentümers fallende Einrichtungen. In meinen Augen ist die Similarität zu den seit jeher privilegierten Änderungen iSd § 16 Abs 2 Z 2 WEG[900] derartig augenscheinlich, dass dessen Nichtaufgreifen im änderungsrechtlichen Zusammenhang nahezu unverständlich erscheint. So wollte der Gesetzgeber bereits ursprünglich mit der durch die Privilegierung erreichten einfacheren Umsetzung jener Maßnahmen Sorge tragen, *dass den anderen Wohnungseigentümern* dadurch im Rahmen künftiger Instandhaltung zumindest *kein Nachteil erwächst.*

Demzufolge hätte der Wohnungseigentümer den durch die Änderung bedingten erhaltungsmäßigen Mehraufwand jedenfalls zu tragen. Unterstelle man dem Gesetzgeber, dass dieser bereits bei Maßnahmen mit gesetzgeberischer Förderabsicht dem Änderungswilligen die Kostentragung zuordnen wolle, so bliebe für die Kostentragung unprivilegierter Änderung kein Raum für eine anderwärtige Zuordnung.

Doch die Judikatur versetzte der Bedeutung ebenjener vergessenen Norm den (endgültigen?) Todesstich, indem sie die an den ernsten Schaden des Hauses anknüpfende Erhaltungspflicht der Eigentümergemeinschaft gem § 28 Abs 1 Z 1 WEG extensiv auslegte[901] und nach stRsp davon ausging, dass damit abschließend auch die Kostentragung[902] durch die Eigentümergemeinschaft

---

899 So wurde im Grenzbereich insb im Zhg mit Außenfenstern, Eingangstüren, Rollläden, gemeinsamer Terrassen usw auf die Verkehrsauffassung verwiesen, *Zingher*, Das Mietengesetz[17] (1976) 279f; *Zingher* verwies hinsichtlich des abzugrenzenden Umfangs der Instandhaltungspflicht auch auf den Stellenwert mietrechtlicher Grundsätze; vgl auch *Würth/Zingher/Kovanyi*, Miet- und Wohnrecht II[23] § 16 WEG 45; zur Verkehrsauffassung vgl auch *Markl* in *Böhm/Pletzer/Spruzina/Stabentheiner*, GeKo § 16 WEG Rz 19.

900 *„Die Einbeziehung oder der Einbau einer Wasserentnahmestelle oder eines Klosetts in das Innere des Wohnungseigentumsobjekts, die Errichtung von Strom-, Gas-, Wasser- oder Fernsprechleitungen, Beheizungsanlagen und ähnlichen Einrichtungen kann aus diesem Grund jedenfalls nicht untersagt werden."*

901 Vgl OGH 22.11.1994, 5 Ob 102/94, wonach im inneren der Mauern verlaufende Leitungen nicht wohnungseigentumsobjektzugehörig (und auch keine dafür bestimmte Einrichtung?) iSd § 13 Abs 3 WEG 1975 seien; im Umkehrschluss würde dies bedeuten, dass man dem Gesetzgeber unterstelle, im Rahmen von § 13 Abs 3 WEG 1975, ausschließlich Leitungen „über Putz" im Inneren des WE Objekts zuordnen zu wollen; Mag die Erhaltungspflicht auf Grund eines ernsten Schadens des Hauses tatsächlich zutreffen, wage ich zu bezweifeln, dass damit die endgültige Kostentragung einhergeht; Die Kostentragung durch den Wohnungseigentümer selbst wäre allerdings nach dem *obiter dictum* dieser Entscheidung nur bei anfänglich mangelhafter Konstruktion zu erwarten gewesen; vgl zur Rohrleitungen auf Sonderwunsch in ausschließlicher Nutzung, *Markl* in *Böhm/Pletzer/Spruzina/Stabentheiner*, GeKo § 16 WEG Rz 91.

902 Vgl zur Zahlungspflicht der Eigentümergemeinschaft bei ernsten Schäden des Hauses, OGH 21.5.2019, 5 Ob 57/19x mwN, vgl auch OGH 13.3.2018, 5 Ob 15/18v.

verbunden sei. Für § 16 Abs 3 S 1 aF, nunmehr § 16 Abs 7 S 1 WEG blieb sohin kein Raum, soweit man darin keine *lex specialis* zur Kostentragung erblicke.[903]

Am besten illustriert dies die in *leg cit* verankerte Instandhaltungspflicht von „Wasserleitungen". So stellt die Schadhaftigkeit einer solchen, insb durch Feuchtigkeitsaustritt, unabhängig deren Zugehörigkeit zum Wohnungseigentumsobjekt stets einen ernsten Schaden des Hauses dar und löst zunächst die Erhaltungspflicht der Eigentümergemeinschaft aus, ohne dass Raum für eine vom Wohnungseigentümer zu erhaltenden Wasserleitung verbliebe.[904]

Dass damit aber nicht die abschließende Kostentragung einhergeht, verdeutlichen mehrere Aspekte:

Klar ist, dass sich durch Zuwarten des Wohnungseigentümers ein die Kompetenz der Eigentümergemeinschaft auslösender ernster Schaden des Hauses gar erst entwickeln kann. Ein Regress auf schadenersatzrechtlicher Grundlage wird den Kostentragungsgrundsatz in dieser Hinsicht jedenfalls durchbrechen. Dies ist in all jenen Fällen augenscheinlich bei welchen der ernste Schaden des Hauses auf eine Unterlassung der Wartungs- und Instandhaltungspflicht nach § 16 Abs 7 S 1 WEG zurückzuführen ist.

Auch nach der Grundkonzeption der auf § 3 MRG[905] verweisenden weiten Erhaltungspflicht der Eigentumsgemeinschaft gem § 28 Abs 1 Z 1 WEG soll jene in erster Linie unabhängig der endgültigen Kostenzuordnung und der Schadensverursachung eine unverzügliche zuständigkeitskonfliktlose Schadensbehebung ermöglichen und darüber hinaus die Interessenslage sämtlicher „Hausbenützer" sicherstellen.[906]

Diesen Aspekt verdeutlichen auch die Rechtsätze zur Erhaltungspflicht des Vermieters, welche sich vom Kriterium des Verursachens oder gar des Verschuldens des Mieters – jedenfalls bis zur Grenze des Rechtsmissbrauchs[907] – distanzieren.[908] Sehr wohl schlagen jene Elemente allerdings auf die Frage der daran anknüpfenden Kostentragung durch: Zum einen entfällt bei Verschulden des Mieters das Recht den Bestandzins diesbezüglich zu mindern,[909] auf

903 In diesem Sinne auch *Vonkilch* in *Hausmann/Vonkilch*, Österreichisches Wohnrecht WEG^4 (2017) § 16 WEG Rz 41a.

904 Vgl ua OGH 3.4.2007, 5 Ob 19/07s; vgl auch oben in diesem Unterkapitel, RIS-Justiz RS0083089, zuletzt OGH 21.5.2019, 5 Ob 57/19x.

905 Jenem Verweis ist nicht bloß das Abstellen auf den mietrechtlichen Erhaltungsbegriff zu entnehmen, sondern auch auf die in § 3 Abs 2 MRG verankerte Pflichtenverteilung zwischen Vermieter und Mieter, welche sich im Wohnungseigentumsrecht zwischen Wohnungseigentümer und Eigentümergemeinschaft nicht anders gestalten soll, *Illedits* in *Illedits/Reich-Rohrwig*, Wohnrecht Taschenkommentar^3 (2018) § 28 WEG Rz 11.

906 RIS-Justiz RS0069294.

907 Vgl OGH 23.5.2017, 5 Ob 69/17h; vgl auch OGH 14.5.1996, 5 Ob 2002/96i.

908 Vgl *Pletzer* in *Böhm/Pletzer/Spruzina/Stabentheiner*, GeKo Wohnrecht I (2018) § 3 MRG Rz 5, 58 mwN; RIS-Justiz RS0069992; RIS-Justiz RS0069294.

909 Arg „ohne Schuld des Bestandnehmers", § 1096 Abs 1 S 2 ABGB; vgl zum Rückschluss von der Erhaltungspflicht auf die Mietzinsminderung, OGH 10.12.2020, 3 Ob 104/20w; aufgrund

der anderen Seite ist bloß im außerstreitigen Verfahren hinsichtlich der „absoluten“ Erhaltungspflicht kein Raum für die schadenersatzrechtliche Auseinandersetzung zwischen Mieter und Vermieter.[910]

Schließlich scheint bei Übertragung jener Grundsätze auch bei zu bejahender Erhaltungspflicht der Eigentümergemeinschaft ein etwaiger Regressanspruch[911] gegenüber dem Ändernden – insbesondere hinsichtlich des Mehraufwandes – bereits nach der Grundkonzeption nicht ausgeschlossen zu sein.[912] Auch *Dirnbacher* hielt unter Verweis auf einige Entscheidungen zu § 3 MRG und der daraus resultierenden uneingeschränkten Erhaltungspflicht der Eigentumsgemeinschaft hinsichtlich allgemeiner Teile einen Kostenersatz im Ausmaß des durch die Änderung allgemeiner Teile bedingten Mehraufwandes für möglich.[913]

In diesem Sinne war auch *Vonkilch* bestrebt, die Kostentragungspflicht des Wohnungseigentümers für veränderte allgemeine Teile durch einen Hinweis auf die *lex specialis* § 16 Abs 2 S 1 WEG wiederzubeleben und dem Ändernden sohin den mit der Änderung verbundenen Mehraufwand zuzuweisen.[914] Ferner hat auch die Judikatur unter ausdrücklichem Verweis auf *Vonkilch*[915] jenen Interpretationszugang (wieder?) aufgegriffen, indem der änderungsbedingte Mehraufwand zu erhaltender allgemeiner Teile bis zur Grenze des ernsten Schaden des Hauses, dann dem Ändernden zugewiesen sei, wenn dieser jenen Teil ausschließlich in Anspruch nehme oder die Änderung bloß ihm zugutekäme.[916]

Ein weiterer literarischer Reanimierungsversuch der Kostentragungspflicht des Änderungswilligen kann an dieser Stelle insoweit dahin gestellt bleiben, da der Gesetzgeber durch § 16 Abs 6 WEG idF 2022 künftig die durch die

---

des obligatorischen Zusammenhangs zur Herstellung subjektiver Äquivalenz wohl für wohnungseigentumsrechtliche Fragen unbeachtlich.

910 Vgl OGH 14.5.1996, 5 Ob 2002/96i; siehe auch OGH 15.9.2009, 5 Ob 132/09m.

911 Neben einem etwaigen Aufwandersatz, scheint auch ein schadenersatzrechtlicher Regressanspruch einer Eigentümergemeinschaft dann nicht ausgeschlossen, wenn die die Erhaltungskompetenz der Eigentümergemeinschaft auslösenden, „ernsten Schäden des Hauses“ aus der Untätigkeit des ursprünglich zuständigen Wohnungseigentümers herrühren, OGH 27.1.2015, 5 Ob 230/14f.

912 Daran vermag auch die Verpflichtung der Eigentümergemeinschaft zunächst die Kosten tragen zu müssen nichts zu ändern, vgl aber die undifferenzierte Zuweisung der Kostentragung in OGH 13.3.2018, 5 Ob 15/18v Rz 3.3 unter Verweis auf RIS-Justiz RS0112445.

913 *ÖVI/Dirnbacher,* WEG idF WRN 2009 (2010) 166.

914 *Vonkilch* in *Hausmann/Vonkilch*, Österreichisches Wohnrecht WEG^4 (2017) § 16 WEG Rz 41a; zustimmend und auf die Problematik der Kostenbelastung künftiger Einzelrechtsnachfolger hinweisend Holzner, Zubehör-Wohnungseigentum ohne Eintragung ins Hauptbuch?, wobl 2010, 163.

915 *Vonkilch*, aaO.

916 Siehe das *obiter dictum,* OGH 13.3.2018, 5 Ob 15/18v; vgl die Ungewissheit der Mehrbelastung der Eigentümergemeinschaft im Rahmen eines gerichtlichen Zustimmungsersatzes als nicht schutzwürdiges Interesse, OGH 30.10.2015, 5 Ob 188/15f.

Änderung anfallenden Mehrkosten im Rahmen der Erhaltung dem Ändernden zuweist und insoweit den Kostentragungsgrundsatz des Ändernden in die *lex scripta* überführt, ohne dass damit die gemeinschaftliche Erhaltungspflicht abgeändert werden soll.[917] Demzufolge zeichnet sich die Bestrebung ab, dem Rechtsanwender sohin ein zweites Mal zu signalisieren, dass der Wohnungseigentümer jenen Erhaltungsmehraufwand zu tragen habe – diesmal jedoch ausdrücklich.

b) Die Folgekostentragung gem § 16 Abs 6 f WEG idF 2022 als änderungsrechtliche Konsequenz und Zurückdrängung schutzwürdiger Interessen

§ 16 Abs 6 WEG normiert nunmehr ausdrücklich, dass der ändernde Wohnungseigentümer[918] sämtliche änderungsbedingten Mehrkosten im Rahmen der Erhaltung allgemeiner Teile zu tragen hätte. Die damit verbundene Präzisierung des Kostentragungsgrundsatzes ist in Anbetracht der weiten Erhaltungspflicht der Eigentümergemeinschaft in erster Linie für den Regress der erhaltungspflichtigen Eigentümergemeinschaft gegenüber dem Änderungswilligen bedeutsam.[919]

Es gilt sohin zu beachten, dass jene Norm ausschließlich die Kostentragung selbst regelt und den Ändernden keine unmittelbare Erhaltungspflicht an allgemeinen Teilen im Sinne einer selbständigen Durchführung der Erhaltungsmaßnahmen trifft, wie beispielsweise im Rahmen der Wartungs- und Instandhaltungspflicht gem § 16 Abs 7 WEG.[920]

An dieser Stelle bestätigt sich der Interpretationszugang, dass sich von der Erhaltungspflicht nicht abschließend auf die endgültige (Mehr-)Kostentragung schließen lässt.[921] Die Erhaltungspflicht der Eigentümergemeinschaft bestimmt sich weiterhin an der Flächenqualifikation als allgemeiner Teil und an der Schadensqualität.[922]

---

917 Vgl ErläutRV WEG idF 2022, 1174 BlgNR 27. GP 13, wonach *für die Erhaltung der Fassade [bei der Monatage einer Beschattungsvorrichtung] nach wie vor die Eigentümergemeinschaft Sorge und [abgesehen von den Mehrkosten] die Kosten zu tragen* hat.

918 Darunter wird auch der Rechtsnachfolger dessen fallen, vgl *Richter*, Das neue Änderungsrecht des Wohnungseigentümers nach § 16 WEG, immolex 2022, 12, was im Erwerbsfall die Recherche des baulichen Ist-Zustandes im WE-Begründungszeitpunkt bzw eine vertragsmäßige Präzisierung gewährleistungstechnischer Ansprüche unumgänglich macht; siehe zur Folgekostentragung im Erwerbsfall, IV.C.2.

919 Siehe zu anderen Formen des Nachteilsausgleich IV.G.2.b)(3).

920 Vgl ErläutRV WEG idF 2022, 1174 BlgNR 27. GP 13; siehe zur Erhaltungspflicht des Wohnungseigentümers gem § 16 Abs 7 WEG auch IV.G.2.a)(2); sohin ist damit kein Übergang der Erhaltungspflicht verbunden, vgl *Stabentheiner*, Die WEG-Novelle 2022, ÖJZ 2022, 264.

921 Siehe hierzu IV.G.2.a)(1).

922 Arg *„nach wie vor"* vgl *Stabentheiner*, Die WEG-Novelle 2022, ÖJZ 2022, 264 mwN; vgl auch ErläutRV WEG idF 2022, 1174 BlgNR 27. GP 13; siehe zur Erhaltungspflicht der Eigentümergemeinschaft auch IV.G.2.a).

(1) Die tatbestandsmäßigen Mehrkosten gem § 16 Abs 6 WEG

So findet sich in § 16 Abs 6 WEG nunmehr ausdrücklich eine Regelung zur Kostentragung des künftigen Erhaltungsmehraufwandes: *„Hat eine Änderung, für die auch allgemeine Teile der Liegenschaft in Anspruch genommen wurden (Abs. 2 Z 2), im Weiteren höhere Kosten für die Erhaltung dieser allgemeinen Teile zur Folge, so hat der Wohnungseigentümer die durch seine Änderung verursachten Mehrkosten zu tragen.“*[923]

Tatbestandsmäßig sind Änderungen im Sinne § 16 Abs 2 Z 2 WEG,[924] sprich jene, welche allgemeine Teile iSv § 2 Abs 4 WEG in Anspruch nehmen und einen Mehraufwand in der Erhaltung erzeugen. Dem Normenverweis dieser Bestimmungen gilt es jedenfalls keinen strengen Maßstab anzulegen. Dies bestätigend illustriert der Gesetzgeber in den Erläuterungen die Kostenmehrbelastung von Montage/Demontage einer Sonnenmarkise (einer begünstigungswürdigen Änderung iSv § 16 Abs 5 WEG) im Zuge von Erhaltungsarbeiten an der Fassade.[925] Dementsprechend gelten jene Grundsätze auch für allgemeine Teile betreffende, begünstigungswürdige Änderungen, welche ihre Rechtfertigungswirkung durch Zustimmungsfiktion erlangen. Insofern wollte sich der Gesetzgeber keineswegs auf den Anwendungsfall des gerichtlichen Zustimmungsersatzes beschränken.[926]

Unproblematisch erscheint den Erläuterungen entsprechend sohin die Zuweisung „unmittelbarer Folgekosten“, welche sich mit der temporären Beseitigung der Änderung zur Erhaltung allgemeiner Teile zusammenfassen lassen können (zB Demontage-, und Wiederanbringungskosten). Bei all jenen Maßnahmen lässt sich der Mehraufwand unschwer direkt feststellen. Klarstellend sehen die Erläuterungen vor, dass der Ändernde, welcher mit seiner Änderung allgemeine Teile in Anspruch nimmt, nicht *„für alle Zukunft zur Erhaltung des entsprechenden Gebäudebereichs verpflichtet wäre“* und *„die Erhaltung* (der Fassade iZhg mit einer Markise) *nach wie vor* [der] *Eigentümergemeinschaft* [zufällt]*“*.[927]

Schwieriger ist die Mehrkostenbeurteilung hingegen, wenn durch die Änderungsmaßnahme gar erst neue allgemeine Teile geschaffen werden, wie

---

923 § 16 Abs 6 WEG idF 2022.

924 Siehe dazu IV.I.2.

925 Vgl ErläutRV 1174 BlgNR 27. GP 11 unter Verweis auf OGH 30.10.2015, 5 Ob 188/15f, *„wie etwa [bei] einem neuen Anstrich“*.

926 Vgl zur Neustrukturierung des § 16 Abs 2 WEG und daraus resultierende duale Rechtfertigungssystem, IV.F.6.

927 Vgl ErläutRV 1174 BlgNR 27. GP 13; daraus lässt sich schließen, dass die Erhaltungspflicht der Eigentümergemeinschaft als solche durch jene Regelung unverändert bestehen bleiben soll; vgl zum „generellen“, „notwendigen Erhaltungsaufwand“, Richter, Das neue Änderungsrecht des Wohnungseigentümers nach § 16 WEG, immolex 2022, 12.

bspw im Rahmen eines Dachbodenausbaus.[928] Die „Neuschaffung“ war bisher für die Kostentragung nach dem *Alles-oder-Nichts-Prinzip* (keine Kostenteilung) grundsätzlich bedeutungslos.[929] Durch den undifferenzierten Normenverweis auf § 16 Abs 2 Z 2 WEG ist auch der „Inanspruchnahme allgemeiner Teile“ im Rahmen des § 16 Abs 6 WEG der gleiche Inhalt beizumessen, wie bisher.[930] Nunmehr ist dem Wortlaut nach allerdings, eine zweigeteilte Kostentragung des Erhaltungsaufwandes (selbst bei klarer Erhaltungspflicht der Eigentümergemeinschaft[931]) allerdings nicht ausgeschlossen.[932]

ME bringt der Gesetzgeber nunmehr eine klare Kostentragungssystematik zum Ausdruck: Das wohnungseigentumsrechtliche Individualrecht auf Änderung geht in seiner Gesamtheit über das eigentliche Anteilsverfügungsrecht hinaus, indem unter gewissen Voraussetzungen gewisse Sachverfügungsmaßnahmen (wohlgemerkt Eingriffe in das Anteilsrecht der Miteigentümer) zu dulden sind. Im selben Ausmaß gilt es aber sicherzustellen, dass dadurch den anderen Wohnungseigentümern kostenseitig *kein Nachteil erwächst.*[933] Dies gilt nicht nur für die unmittelbare Herstellung der Änderungsmaßnahme unabhängig der Maßnahmenlokalisierung,[934] sondern auch für die Gesamtheit künftiger änderungsbedingter Mehrkosten.[935]

---

928 Vgl bisher zur grundsätzlichen Bedeutungslosigkeit für die Erhaltungskostentragung iZhgm änderungsbedingten neuen allgemeinen Teilen, OGH 24.11.2009, 5 Ob 63/09i [Dachbodenausbau]; siehe dazu auch IV.G.2.a)(1).

929 Siehe dazu IV.G.2.a)(1).

930 Vgl die „Inanspruchnahme allgemeiner Teile“ durch Neuschaffung im Rahmen eines Dachbodenausbaus, OGH 24.11.2009, 5 Ob 63/09i; bis zur Grenze der gänzlichen Um- und/oder Neugestaltung mit schwerwiegenden Eingriffen in das Allgemeingut, OGH 15.7.2021, 5 Ob 12/21g; durch Teilung in mehrere selbstständige Einheiten bereits zum WEG 1975, OGH 23.3.1993, 5 Ob 24/93; vgl auch OGH 13.10.1998, 5 Ob 241/98x; OGH 23.10.2001, 5 Ob 176/01w; vgl auch die Schaffung mehrerer KFZ-Abstellplätze, OGH 16.5.2012, 5 Ob 21/12t.

931 Vgl ErläutRV 1174 BlgNR 27. GP 13.

932 Aa *Richter*, Das neue Änderungsrecht des Wohnungseigentümers nach § 16 WEG, immolex 2022, 12, wonach sich diese Regelung nur auf die „Mehrkosten“ und nicht auf den „generellen Erhaltungsaufwand“, welcher mit den geschaffenen Teilen „notwendig verbunden ist“, beziehe, weshalb damit keine Änderung der bisherigen Rsp verbunden sein soll (und weiterhin die Eigentümergemeinschaft gänzlich zur Kostentragung verpflichtet sein soll?). Wollte der Gesetzgeber dem Ändernden tatsächlich ausschließlich unmittelbare Mehrkosten zuweisen, ist der Gesetzwortlaut zu weit und wäre teleologisch einzuschränken, arg: *„nach wie vor die Eigentümergemeinschaft Sorge und die Kosten zu tragen“*, ErläutRV 1174 BlgNR 27. GP 13; ME steht jener Interpretationszugang allerdings in Widerspruch mit der gesamten Änderungssystematik, vielmehr wollte der Gesetzgeber verdeutlichen, dass Teile welche eben nicht von der Änderungsmaßnahme berührt werden, klarer Weise weiterhin erhaltungs- und kostentechnisch der Eigentümergemeinschaft zugeordnet sind und darüberhinausgehend die Eigentümergemeinschaft von änderungsbedingten Kostennachteilen verschonen.

933 Vgl den Wortlaut von § 16 Abs 7 WEG, welcher bereits auf die einstigen privilegierten Änderungsmaßnahmen abstellt; siehe dazu auch im Vorkapitel.

934 Vgl § 16 Abs 2 S 1 WEG.

935 Vgl § 16 Abs 6 WEG; siehe zu den Einschränkungen weiter unten in diesem Kapitel.

Insbesondere bei irreversiblen Maßnahmen, welche neue allgemeine Teile schaffen (zB Dachbodenausbauten), verdeutlicht sich, dass die nunmehrige theoretische Rechtssicherheit des Kostentragungssubjekts, wohl *in praxi* auf zu Lasten der Rechtssicherheit in Bezug auf die tatsächliche Mehrkostenverteilung ausschlagen wird.[936]

Dahingehend wird ein hypothetischer Kostenvergleich der fiktiven Erhaltung des historischen Bauzustandes vor der Änderungsmaßnahme (Urzustand) mit jenem des tatsächlichen Erhaltungsaufwandes anzustellen, und das *Plus* dem Ändernden zuzuordnen sein.[937]

Im Ergebnis wird man annehmen müssen, dass ein schlechter Vorzustand und die damit verbundenen höheren hypothetischen Erhaltungskosten zulasten der Eigentümergemeinschaft ausschlagen und der Wohnungseigentümer zumeist keine (Mehr-)Erhaltungskosten zu tragen haben wird.[938] Kommen Änderungsmaßnahmen allen zu Gute, wie bspw die Erneuerung der Außenflächen, wird sich die Frage nach den Mehrkosten zumeist nicht stellen und der Änderungswillige ist nicht *„für alle Zukunft [jenem] Gebäudebereich verpflichtet"*.[939] Gerade nutzwertrelevante Änderungen und damit verbundene Nutzwertneufeststellungen werden die Mehrkostenbelastung gem § 16 Abs 6 WEG entschärfen, sodass sich die Frage nach den Mehrkosten bei jenem fiktiven Beispiel des Dachbodenausbaus gar nicht stellen wird, da die Änderungsmaßnahme durch die ausgedehnte Verpflichtung Liegenschaftsaufwendungen (§ 32 WEG) zu tragen, bereits berücksichtigt wird.[940]

In Anbetracht ebenjener aufgezeigten Inkongruenz von Erhaltung und endgültiger Kostentragung gilt es vom Versuch, den Kostentragungsgrundsatz durch einen Umkehrschluss aus der Erhaltungspflicht der Eigentümergemeinschaft abzuleiten, Abstand zu nehmen. Methodisch käme ein Umkehrschluss – als ein eine (unechte iSv planmäßige[941]) Regelungslücke voraussetzendes

---

936 Vgl demgegenüber die vermiedene Rechtsunsicherheit bei geteilter Erhaltungszuständigkeit, *Stabentheiner*, Die WEG-Novelle 2022, ÖJZ 2022, 264.

937 Vgl dazu in Grundzügen bereits zum WEG 2002 aF *Sammer* in *Kothbauer/Sammer/Berger/Holzapfel*, Dirnbacher Praxiskommentar WEG 2017[8] (2017) 215; Um exemplarisch das Beispiel des Dachbodenausbaus heranzuziehen, würde ein Sachverständiger theorethisch unter Berücksichtigung des Vorzustandes und etwaiger bereits bestehender Baufälligkeiten, zu klären haben, inwieweit sich durch die änderungsbedingte Neuschaffung im Zusammenhang mit der Erhaltung überhaupt Mehrkosten ergeben. Darüber hinaus wird nicht stets von einer Generalsanierung auszugehen sein, welches die Gegenüberstellung der Gesamtkosten erlauben würde. Demzufolge stellt sich weiters die Frage, wie sich jene Mehrkosten bei punktuellen (nicht die gesamte Änderung einfassenden) Sanierungsarbeiten überhaupt feststellen lassen.

938 Siehe zu den „hypothetischen Erhaltungskosten" zur Berechnung der Mehrkosten im Folgekapitel, IV.G.2.b)(3).

939 Vgl ErläutRV 1174 BlgNR 27. GP 13.

940 Siehe zu den nutzwertrelevanten Änderungen IV.D.4; siehe zur Wechselwirkung einer solchen mit der Mehrkostentragung gem § 16 Abs 6 WEG im folgenden Kapitel IV.G.2.b)(3).

941 *Barth/Dokalik/Potyka,* ABGB[26] (2018) 4.

Interpretationsmittel der Logik[942] – nur in Frage, soweit keine einschlägige ausdrückliche Norm jenen Sachverhalt einzufangen scheint.

In diesem Sinne gilt es an die im Schrifttum besonderen Anklang finden-den Überlegungen *Vonkilchs*[943] anzuknüpfen und die Kostenregelung des § 16 WEG als *lex specialis* zu § 32 Abs 1 S 1 WEG heranzuziehen. In Anbetracht von mittlerweile drei änderungsrechtlichen Normen[944] zur wohnungseigentumsrechtlichen Kostentragung wird sich jene nunmehr endgültig *sui generis* bestimmen lassen müssen, ohne primär auf die Erhaltungspflicht der Eigentümergemeinschaft abstellen zu müssen.

Es bietet sich demzufolge an § 28 Abs 1 Z 1 iVm § 32 Abs 1 S 1 WEG erst dann subsidiär heranzuziehen, soweit sich nicht aus den änderungsrechtlichen Kostenbestimmungen *leg cit* kein Ergebnis ableiten lässt.

(2) Die Entschärfung schutzwürdiger Interessen gem § 16 Abs 2 Z 1 WEG und die kostentechnische Loslösung von der Erhaltungspflicht der Eigentümergemeinschaft

Als änderungsrechtliche Voraussetzung zur Genehmigungsfähigkeit schlug die Bedeutung der Folgekostentragung auch bisher nur als Übernahmeobliegenheit des Änderungswilligen zur Beseitigung der finanziellen Beeinträchtigung der Eigentümergemeinschaft gem § 16 Abs 2 Z 1 WEG mittelbar durch.[945] Durch die neugeschaffene Kostentragungsregelung des § 16 Abs 6 WEG geht der dem Änderungsbegehren bisher oftmals entgegengehaltene, auf schutzwürdige Interessen der Miteigentümer gestützte Einwand, die Änderung würde *pro futuro* zu einer finanziellen Belastung die Eigentümergemeinschaft führen, ins Leere, da der Änderungswillige ebendiese Kosten ohnehin *ex lege* zu tragen hat.[946] So scheint es nunmehr im Rahmen der Beurteilung der Genehmigungsfähigkeit iS schutzwürdiger Interessen anderer auch bedeutungslos, ob der Änderungswillige explizit die Mehrkostenübernahme erklärt.

---

942 Den Begriff des „armseligen Umkehrschluss" unter Verweis auf *Ehrenzweig* prägend, *F. Bydlinski*, Juristische Methodenlehre und Rechtsbegriff² (1991) 476; siehe auch *Ehrenzweig*, System des österreichischen allgemeinen Privatrechts² I (1913) 60f. *„Der Umkehrschluss ist das ärgste Hindernis vernünftiger Rechtsfortbildung. Er tritt der Analogie entgegen und verhindert die Verwertung eines brauchbaren Rechtsatzes für andere ähnliche Fälle."*

943 *Vonkilch* in *Hausmann/Vonkilch*, Österreichisches Wohnrecht WEG⁴ (2017) § 16 WEG Rz 41a.

944 Vgl § 16 Abs 2,6,7 WEG.

945 Siehe zur Folgekostentragung als bisher ungeschriebene Änderungsvoraussetzung IV.G.2.a); vgl hierzu die *„typischerweise zu erwartenden Folgen, dort also die Höhe der zu befürchtenden Folge-(mehr-)kosten"* OGH 18.12.2019, 5 Ob 173/19f [Wallbox]; vgl dazu auch die Schaffung mehrerer KFZ-Abstellplätze, OGH 16.5.2012, 5 Ob 21/12t.

946 So auch hier der Widerlegungsversuch der Antragsgegner, OGH 18.12.2019, 5 Ob 173/19f [Wallbox]; vgl auch OGH 6.11.2007, 5 Ob 223/07s [Finanzierung Behindertenlift]; siehe hierzu auch IV.I.1.a).

Auch wenn es im Rahmen der gemeinschaftlichen unveränderten Erhaltungspflicht geänderter allgemeiner Teile zunächst zu einer finanziellen Vorbelastung der Eigentümergemeinschaft kommt, erscheint auch eine fragliche Geltendmachung der Mehrkosten im Regressweg nicht schutzwürdig. Selbst eine damit einhergehende Insolvenzgefahr des Wohnungseigentümers ist in Anbetracht des gesetzlichen Vorzugspfandrechts der Eigentümergemeinschaft gem § 27 Abs 1 Z 1 WEG nicht schutzwürdig, sodass sich hierdurch eine Änderung nicht *per se* verhindern lassen wird. Eine mögliche Interessensbeeinträchtigung lässt sich im Falle der Rechtsnachfolge des Ändernden erkennen, soweit der Rechtsnachfolger nicht in Kenntnis der änderungsbedingten Mehrkostenbelastung ist und diese auch nicht erkennen kann.[947] Auch diese Interessensbeeinträchtigung lässt sich mE im Rahmen des gerichtlichen Zustimmungsersatzes entschärfen, indem sich der Änderungswillige einer Überbindungspflicht an seinen Rechtsnachfolger unterwirft.

Dass die Folgekostenzuweisung an den Ändernden primär als Rechtsfolge aus einer Änderung resultiert und keine Änderungsvoraussetzung darstellt, verdeutlichte auch der Gesetzgeber durch die neue Systematisierung sämtlicher Absätze des Individualrechts. Wohingegen § 16 Abs 2 S 1 WEG nunmehr die unmittelbaren Kosten als Voraussetzung versiert, finden sich nachgereiht in Abs 6 und 7 *leg cit* Regelungen zur Folgekostentragung.[948] Ein interpretationstechnischer Rückgriff auf Abs 2 S 1 leg cit scheint sohin zur Beurteilung der künftigen Kostentragung im Rahmen von Erhaltungsmaßnahmen sohin obsolet geworden zu sein.[949] Abschließend lässt sich sohin feststellen, dass das Änderungsrecht durch die Kostentragungsregelung erleichtert wurde, da das „Totschlagsargument“ der finanziellen Belastung der Eigentümergemeinschaft im Zusammenhang mit der änderungsbedingten Inanspruchnahme allgemeiner Teile wegfällt.

(3) Die Mehrkostentragung gem § 16 Abs 6 WEG außerhalb des Regressweges

Die Regressproblematik der Eigentümergemeinschaft wird sich dann nicht ergeben, wenn mit der Änderungsmaßnahme eine vertragliche Regelung eines künftig abweichenden Aufteilungsschlüssels[950] (bzw allenfalls dessen gerichtlicherer Zustimmungsersatz) einhergeht. Denn § 16 Abs 6 WEG gibt keinen

---

[947] Siehe dazu IV.C.2.

[948] ErläutRV WEG idF 2022, 1174 BlgNR 27. GP 13.

[949] Vgl zum WEG aF, *Sammer* in *Kothbauer/Sammer/Berger/Holzapfel*, Dirnbacher Praxiskommentar WEG 2017[8] (2017) 214.

[950] IS eines in Schriftform gegossenen abweichenden Aufteilungsschlüssels sämtlicher Wohnungseigentümer (Unterschriftlichkeit!) gem § 32 Abs 2 WEG; so kann jene auf Antrag des Wohnungseigentümers bei erheblich abweichenden Nutzungsmöglichkeiten oder soweit bereits eine abweichende Aufteilung besteht, bei einer wesentlichen Änderung seither auch gerichtlich festgestellt werden, vgl § 32 Abs 5,6 iVm § 52 Abs 1 Z 9.

Modus vor, wie die Kostentragung des Ändernden zu erfolgen hat. Es schwingt einzig die gesetzgeberische Wertung mit, dass die Eigentümergemeinschaft durch Maßnahmen im individuellen Interesse kostentechnisch nicht zu belasten ist. Richtigerweise wird man also davon ausgehen können, dass die Geltendmachung der aus der erweiterten Erhaltungspflicht „erwachsenden Nachteile" nicht ausschließlich im Regressweg[951] niederschlagen muss.

Es wird sich auch die Frage stellen lassen müssen, inwieweit sich neben einer änderungsbedingten Neufestsetzung des Kostenaufteilungsschlüssels eine Änderung der Nutzwerte iSv § 9 Abs 2 f WEG[952] auf den Ersatz etwaiger Mehrkosten auswirkt.

Auch wenn sich ein tatsächlicher Erhaltungsmehraufwand nicht zwingend mit der verbesserten Nutzungsmöglichkeit des Ändernden iSd § 32 Abs 5 WEG bzw mit dem Ausmaß der gerichtlich festzustellenden Nutzwertänderung iSd § 9 Abs 2 f WEG decken muss, ist dennoch sicherzustellen, dass diesfalls ein zusätzlicher Ersatz des Mehraufwandes jene Kosten nicht doppelt berücksichtigen würde.[953]

ME bleibt jedenfalls bei einem die Änderung berücksichtigenden abweichenden Aufteilungsschlüssel, kein Raum für die Geltendmachung eines zusätzlichen Mehraufwandes. Diesfalls ist die ausdrückliche, dem Pauschalierungsgedanken folgende Kostenverteilung vorzuziehen, ohne dass es eines Rückgriffes auf das dispositive Recht bedarf, wodurch auch der Rechtssicherheit zum Durchbruch verholfen wäre.

Gleichermaßen kann sich eine (Neu-)Feststellung der Nutzwerte auf die Mehrkostentragung iSd § 16 Abs 6 WEG auswirken, da genehmigte Änderungsmaßnahmen in der Gestalt Niederschlag erfahren, als wären sie bereits ursprünglich vorhanden und konsensual gedeckt gewesen. Schließlich liegen der Neufeststellung zwingende Bewertungsmaßstäbe zu Grunde, welcher der Parteiendisposition entzogen sind und implizit die Bewertung der einzelnen WE Objekte zueinander „richtigstellt", ohne dass zusätzlicher monetärer Ausgleich iSd § 16 Abs 6 WEG stattzufinden hätte.[954] Ausgehend von der

---

951 Nicht zu vernachlässigen ist diesfalls die Eigentümergemeinschaft treffende Beweispflicht.

952 Eine solche ist nicht *per se* als Änderungshindernis, sprich als empfindlicher Eingriff in die Rechtssphäre der übrigen Miteigentümer anzusehen, vgl RIS-Justiz RS0109643, RS0083271; zu beachten gilt allerdings die Grenze gänzlicher Neugestaltung mit schwerwiegenden Eingriffen in das Allgemeingut, vgl zuletzt OGH 15.7.2021, 5 Ob 12/21g mwN; vgl auch den Begriff der Änderung, IV.D.

953 Wohl dem Anspruch eines jeden Wohnungseigentümers auf Gleichbehandlung entsprechend, vgl Kothbauer in *Kothbauer/Sammer/Berger/Holzapfel*, Dirnbacher Praxiskommentar WEG 530 mwN; vgl zur Wechselwirkung einer Nutzwertänderung und eines zusätzlichen abweichenden Aufteilungsschlüssels, OGH 5 Ob 75/12h, *Limberg* immolex 2012/99.

954 Vgl § 8 WEG; zu den zwingenden Pazifizierungsgrundsätzen, siehe *Holzapfel* in *Kothbauer/Sammer/Berger/Holzapfel*, Dirnbacher Praxiskommentar WEG 66 f mwN; zum beträchtlichen Ermessenspielraum, *Ofner* in *Böhm/Pletzer/Spruzina/Stabentheiner*, GeKo Wohnrecht II (2019) § 8 WEG Rz 4.

Nutzfläche sind zu dessen Bestimmung wertrelevante Zuschläge und Abstriche nach der Verkehrsauffassung zu bestimmen.[955]

In diesem Zusammenhang ergeben sich zwei bedeutsame Fragen: Zum einen stellt sich die Frage, inwieweit mit der durch die Änderung bedingten Verpflichtung zur Tragung künftiger Mehrkosten nicht gar ein nutzwertrelevanter Abstrich verbunden ist, welcher mit der verbesserten Nutzungsmöglichkeit konkurriert und zum anderen, ob eine erhöhende Nutzwertänderung des geänderten Objekts auf die Mehrkostentragung des Wohnungseigentümers Anrechnung findet.

Tatsächlich ist die Reflexwirkung änderungsbedingter Gestaltungsmaßnahmen (samt dessen Kostentragungen) auf die Bestimmung des Nutzwertes ungeklärt.[956] Wohingegen sich in der Stammfassung des WEG 2002 bis zur Wohnrechtsnovelle 2006[957] in § 8 Abs 1 WEG noch die nutzwerttechnische Irrelevanz individueller Maßnahmen auf Kosten des Ändernden ausdrücklich niederschlug,[958] findet sich nunmehr – begründet mit dessen Entbehrlichkeit – keine Norm dieser Art.[959] Demzufolge wird davon auszugehen sein, dass wesentliche bauliche Maßnahmen unabhängig Ihrer Maßnahmenqualifikation, grundsätzlich als bauliche Vorgänge auf der Liegenschaft nach Vollendung der Bauführung Nutzwertrelevanz begründen.[960]

ME kann aber durch die Verpflichtung zur künftigen Mehrkostentragung gem § 16 Abs 6 WEG nicht dazu führen, dass sich dadurch ein Nutzwertabschlag abzeichnet. Anderenfalls würde durch jene „Neutralisierungswirkung" der Zweck, die Eigentümergemeinschaft durch ebenjene Änderung nicht zu belasten, konterkariert werden. Schließlich wären Fälle denkbar, wo mit einer Änderung kaum werterhöhende Faktoren verbunden sind, schließlich damit aber eine massive erhaltungstechnische Mehrbelastung einhergeht. Eine „änderungsbedingte Nutzwertreduzierung" stünde sohin stets in direktem Widerspruch mit der *lex specialis* des § 16 Abs 6 WEG und würde jene ausdrückliche Kostenregelung wieder *ad absurdum* führen.

Jener Interpretationszugang gibt zugleich Aufschluss darüber, inwieweit durch eine „änderungsbedingte Nutzwerterhöhung" künftige Mehrkosten iSd

---

[955] Zur Berechnungsmodalität siehe *Hausmann* in *Hausmann/Vonkilch*, Österreichisches Wohnrecht WEG^4 (2017) § 8 WEG Rz 5 ff.

[956] Vgl zum *telos* jener Bestimmung, *Hausmann* in *Hausmann/Vonkilch*, Österreichisches Wohnrecht WEG^4 (2017) § 8 WEG Rz 14 ff mwN; siehe auch iZhg mit der Kostentragung *Prader*, WEG$^{6.01}$ § 8 E 2 (Stand 1.7.2022, Manz Wohnrecht in rdb.at); Vgl LGZ Wien 41 R 567/84 MietSlg 36.609/57.

[957] Vgl BGBl I 2006/124.

[958] Vgl § 8 Abs 1 letzter Satz WEG 2002 in der Stammfassung, *„eine Verbesserung der sonstigen Ausstattung oder der Grundrissgestaltung des Objekts ist nur zu berücksichtigen, wenn sie nicht allein auf Kosten des Miteigentümers vorgenommen wurde"*.

[959] Vgl dazu ErläutRV 1183 BlgNR, 22. GP, 13.

[960] Vgl § 9 Abs 2 Z 4 f iVm § 9 Abs 3 WEG; siehe dazu auch IV.D.4.

§ 16 Abs 6 WEG abgedeckt sind. Dadurch dass eine Nutzwertänderung in diesem Zusammenhang nicht direkt das Ausmaß künftiger Mehrbelastung als nutzwertrelevantes Kriterium abbildet,[961] scheint allerdings eine weitergehende Kostentragungspflicht des Ändernden nicht *per se* ausgeschlossen zu sein. Mit der Nutzwerterhöhung erweitert sich allerdings die allgemeine Kostentragungspflicht des Ändernden: Denn neben der an den Nutzwert knüpfenden Aufteilung sämtlicher Liegenschaftsaufwendungen gem § 32 Abs 1 WEG ergibt sich, womöglich mangels vereinbarter Unentgeltlichkeit und soweit die bloße Anteilsberichtigung iSd § 10 Abs 3 WEG ausscheidet, auch eine Ausgleichspflicht des ändernden (Miteigentumsanteile übernehmenden) Wohnungseigentümers iSd § 10 Abs 4 WEG. Schließlich wird durch die Nutzwertneufestsetzung im Regelfall eine gewisse Neutralisierungswirkung konstruiert, welche den Kostennachteil der Eigentümergemeinschaft durch die angepasste Kostentragung wesentlich entschärft.

(4) Der Verwalter als Sündenbock der Kostenverteilung

Dass sich die Problematik der änderungsbedingten Mehrkosten im Regressweg auf den Rücken der Verwalter türmen, veranschaulicht die Tatsache, dass jene gem § 20 Abs 5 WEG rückständige Zahlungen eines Wohnungseigentümers hinsichtlich der Liegenschaftsaufwendungen bei sonstiger Vernachlässigung der Verwalterpflichten einzumahnen und gegebenenfalls einzuklagen haben – unter anderem auch jene änderungsbedingten Mehrkosten iSd § 16 Abs 6 WEG nach der Durchführung der Erhaltung geänderter allgemeiner Teile.[962] Die Handlungspflicht des Verwalters nach pflichtgemäßen Ermessen setzt in der Gestalt auch keinen Beschluss der Eigentumsgemeinschaft voraus.[963]

Umgekehrt darf dieser aber abrechnungstechnisch „Gerechtigkeitsüberlegungen“ ohne schriftliche Vereinbarung der Wohnungseigentümer oder ohne den Beschluss eines Außerstreitrichters nicht einfließen lassen. Dies würde regelrecht unabhängig einer gegenteiligen (rechtswidrigen) Weisung der Eigentümergemeinschaft, eine Pflichtwidrigkeit darstellen.[964]

Diese unbefriedigende Pflichtenkollision macht den Verwalter zum Lastenträger dieser „Kostennovellierung“. Zudem wird die Ausweglosigkeit aus jenem Dilemma durch die mangelnde Aktivlegitimation[965] des Verwalters zur

---

961 Zum Unterschied des abweichenden Aufteilungsschlüssels, welcher sich *in concreto* privatautonom gestalten lässt, siehe oben.

962 *Schatzl/Spruzina* in *Böhm/Pletzer/Spruzina/Stabentheiner*, GeKo Wohnrecht II (2019) § 20 WEG Rz 86 ff; vgl den Wortlaut des § 20 Abs 5 WEG.

963 So ist *dieser „verpflichtet und befugt alle Maßnahmen durchzuführen, die zur Erhaltung und Verwaltung des gemeinsamen Guts dienen“*, vgl OGH 1.6.2022, 5 Ob 48/22b.

964 Vgl in diesem Sinne *Kothbauer* in *Kothbauer/Sammer/Berger/Holzapfel*, Dirnbacher Praxiskommentar WEG 531.

965 Die Antragslegitimation bestimmt sich nicht nach den verfahrensrechtlichen Bestimmungen des § 52 Abs 2 WEG, sondern nach den materiellrechtlichen Normen des WEG, *Prader*,

gerichtlichen Nutzwertfestsetzung und zur gerichtlichen Neufestsetzung des Aufteilungsschlüssels bestärkt.[966] Demzufolge wird der Verwalter, welcher sich vor einem Pflichtenverstoß und einer etwaigen damit einhergehenden Haftung zu schützen versucht, zumindest im Rahmen seiner interessenswahrenden Koordinierungstätigkeit nachdrücklich auf die Bedeutung einer vertraglichen Regelung sämtlicher Wohnungseigentümer zur Folgekostentragung hinweisen.

H. Die begünstigungswürdigen Änderungen gem § 16 Abs 5 WEG idF 2022

In diesem Zusammenhang lässt sich aus der änderungsrechtlichen Historie erkennen, dass der Gesetzgeber stets gesellschaftlich bedeutsame Maßnahmen – insb zur Absteckung eines Mindeststandards – voraussetzungstechnisch privilegierte.[967] Diesen Gedanken aufgreifend beabsichtigt auch die WEG-Novelle 2022 nicht zuletzt im Lichte der dringlichen Klimawandelbekämpfung die Durchführung bestimmter begünstigungswürdiger Maßnahmen[968] zu erleichtern und langwierige wohnungseigentumsrechtliche Verfahren zu beschleunigen.

In diesem Sinne wurden tatbestandsmäßig determinierte, „begünstigungswürdige“[969] Umgestaltungen dem bisherigen innovationsunfreundlichen Rechtrahmen entzogen und eine neue Änderungsmaßnahmenkategorie definiert.[970]

Die ehemals klassischen privilegierten Änderungen[971] außenvorlassend, galt es auch die jüngere Privilegierungskategorie mit Vorzügen auszustatten:

WEG[6.01] § 52 E 109 mwN (Stand 1.7.2022, Manz Wohnrecht in rdb.at); siehe hierzu § 10 Abs 1 WEG und § 32 Abs 5 WEG, wonach diese im Wesentlichen auf den Wohnungseigentümer selbst beschränkt ist.

966 Dieser sichert sich aufgrund seiner unmittelbar berührten Interessen ausschließlich Parteistellung iSd § 52 Abs 2 Z 1 WEG.

967 So auch im Zusammenhang zur Standardisierung von Substandardwohnungen durch Einbeziehung von Wasserentnahmestellen und Toiletten, *Würth/Zingher/Kovanyi*, Miet- und Wohnrecht II[23] § 16 WEG Rz 38; vgl § 16 Abs 2 Z 2 S 2 WEG.

968 Vgl zur Begrifflichkeit der begünstigungswürdigen Änderungen die Anlehnung an ErläutME WEG idF 2022, 134/ME 27. GP 2 Z 3; siehe dazu im Detail § 16 Abs 5 WEG idF 2022.

969 Vgl zur Begrifflichkeit der begünstigungswürdigen Änderungen die Anlehnung an ErläutME WEG idF 2022, 134/ME 27. GP 2 Z 3.

970 Vgl *Stabentheiner*, Die WEG-Novelle 2022, ÖJZ 2022, 259 ff; siehe dazu auch *Prader/Gottardis*, Fingierte Zustimmung gemäß § 16 Abs 5 idF der WEG-Novelle 2022, ImmoZak 2022, 7; vgl auch *Kothbauer*, WEG-Novelle 2022 (2022) 28 ff; vgl auch *Gumhold/Schmied*, Kompendium Wohnungseigentum Österreich (2022) 99 ff; vgl weiters *Richter*, Das neue Änderungsrecht des Wohnungseigentümers nach § 16 WEG, immolex 2022, 9 ff; siehe weiters *Höllwerth*, Zum neuen Änderungsrecht des Wohnungseigentümers nach der WEG-Novelle 2022, wobl 2022, 122.

971 Siehe dazu IV.E; vgl auch *Sammer* in *Kothbauer/Sammer/Berger/Holzapfel*, Dirnbacher Praxiskommentar WEG 2017[8] (2017) 234.

Mit der mächtigsten Waffe gegen privatautonome Grundsätze – der Zustimmungsfiktion.[972]

Die änderungsrechtliche „Begünstigungswürdigkeit"[973] lässt sich im Wesentlichen durch klimafreundliche Implementierungen und barrierefreie bzw sicherheitstechnische Ausgestaltungen zusammenfassen. Diese gestaltet sich im Detail tatbestandsmäßig wie folgt:[974]

- *„Barrierefreie Ausgestaltung eines Wohnungseigentumsobjekts oder von allgemeinen Teilen der Liegenschaft"*
- *„Anbringung einer Vorrichtung zum Langsamladen eines elektrisch betriebenen Fahrzeugs"*
- *„Anbringung einer Photovoltaikanlage an einem als Reihenhaus oder Einzelgebäude errichteten Wohnungseigentumsobjekt"*
- *„Anbringung von sich in das Erscheinungsbild des Hauses harmonisch einfügenden Vorrichtungen zur Beschattung eines Wohnungseigentumsobjekts"*
- *„Einbau von einbruchsicheren Türen"*

Ausdrücklich einschränkend ordnet der Gesetzgeber Begünstigungswürdigkeit nur *„in den Fällen"*[975] an. An dieser Stelle sei angemerkt, dass die Begünstigungswürdigkeit mit der damit verbundenen Zustimmungsfiktion ein gewichtiges Mittel[976] auslöst, dessen enge Auslegung sogar verfassungsrechtlich[977] geboten ist.

Dafür spricht nicht ausschließlich das Ergebnis der Wortinterpretation, sondern auch die bereits im Ministerialentwurf genannte Einschränkung, dass jene Begünstigung *„nur für die drei*[978] *genannten, spezifisch privilegierungs-*

[972] Die Zweispurigkeit der Privilegierungen lässt sich auch nicht isolieren, diese enthält vielmehr durch besonders begünstigungswürdige Änderungen auch Interferenzen; vgl zu den drei Privilegierungen samt Interferenzbereich zweifacher Privilegierung, *Painsi/Terlitza,* Wohnungseigentumsrecht (2022) Rz 420; zählt man die Privilegierung von Bestandsänderungen räumlich unmittelbar aneinandergrenzender Wohnungseigentumsobjekte dazu, lässt sich gar ein vierspuriger Privilegierungsrahmen abbilden, siehe dazu IV.I.4.

[973] Vgl zur Begrifflichkeit der begünstigungswürdigen Änderungen die Anlehnung an ErläutME WEG idF 2022, 134/ME 27. GP 2 Z 3.

[974] Vgl § 16 Abs 5 WEG idF 2022.

[975] Vgl § 16 Abs 5 WEG erster Satz idF 2022; vgl auch *Pittl*, Handbuch Wohnungseigentumsrecht (2022) 103.

[976] Wie auch der Gesetzgeber als *„sehr weitgehende Maßnahme, die von den allgemeinen Grundsätzen des Zivilrechts abweicht"* eingesteht, vgl ErläutME WEG idF 2022, 134/ME 27. GP 3 Z 4.

[977] So wird sich jeder begünstigungswürdige Tatbestand stets eigens unter den verfassungsrechtlichen Schranken messen lassen müssen und soweit der Tatbestand selbst Ausfluss eines Grundrechts ist, gilt es diesen mit dem breiten verfassungsrechtlichen Eigentumsschutz über Art 5 StGG, Art 17 GRC (VfGH 14.3.2012, U 466/11) und Art 1 1. ZPEMRK (BGBl 1964/59) hinaus abzuwägen.

[978] Wohl gemeint „fünf", soweit nicht Maßnahmen (nicht nachvollziehbar) zusammengezogen wurden, ErläutME WEG idF 2022, 134/ME 27. GP 3 Z 4.

würdigen Maßnahmen gelten" und *„keineswegs […] bei anderen nicht privilegierten Änderungen zum Tragen kommen*"[979] solle.

Dieser Beisatz verdeutlicht auch die grundsätzliche Analogiefeindlichkeit der neugeschaffenen Privilegierungskategorie. Eine planwidrige Lücke im Zusammenhang mit ähnlichen Änderungsmaßnahmen ist jedenfalls in zeitlicher Nähe zur Reformbestrebung undenkbar. Dass ein in derart konkrete Tatbestände gefasster Privilegierungskatalog selbst technologiefeindlich ist, versteht sich von selbst. Bedauerlicherweise ist diese Impulssetzung allerdings im Lichte restriktiver Auslegung von Änderungsvoraussetzungen notwendig,[980] um zumindest unmittelbar zeitgemäße Gestaltungsmaßnahmen zu fördern.

Die rechtstechnische Umsetzung der Begünstigung erfolgt in der Gestalt, als der Änderungswillige sämtliche Miteigentümer *„von der geplanten Änderung durch Übersendung auf die in § 24 Abs. 5 bestimmte Weise*" zu verständigen hat. Mit dem Zugang der im Folgesatz qualifizierten Verständigung wird dem verständigten Miteigentümer eine zweimonatige Reaktionsfrist eingeräumt, binnen welcher dieser der bezeichneten Änderung widersprechen kann, anderenfalls *„die Zustimmung* […] *als erteilt*" gilt.

Aus rechtspolitischer Sicht gilt es den „gesetzgeberischen Förderungswillen"[981] und den Zeitgeist des Gesetzgebers vor allem im Nachhaltigkeitsbereich zu befürworten. Inwieweit sich durch die Zweispurigkeit der Privilegierungen tatsächlich Umsetzungserleichterungen ableiten lassen, wird sich wohl erst zeigen. Gerade bei Liegenschaften mit vielen Wohnungseigentümern sind der Verständigungsaufwand und die mit der Begünstigungswürdigkeit einhergehende Rechtsunsicherheit generell nicht zu unterschätzen.[982] Auch aus verfahrensökonomischer Sicht lässt sich die konkrete Umsetzung kritisch hinterfragen, da die Entbehrlichkeit eines rechtsgestaltenden gerichtlichen Zustimmungsersatzes eine – in einem Feststellungsverfahren zu beseitigende[983] – Rechtsunsicherheit mit sich bringt.

Im Folgenden soll zunächst jenes Rechtfertigungsinstitut skizziert und anschließend die besonderen tatbestandsmäßigen Ausgestaltungsformen dargelegt werden.

---

979 Vgl ErläutME WEG idF 2022, 134/ME 27. GP 3 Z 4.

980 Siehe zum mehrfachen Miteigentümerschutz im Rahmen des Verkehrsüblichkeitstatbestandes bei Inanspruchnahme allgemeiner Teile, IV.I.2.c)(1).

981 Vgl ErläutRV WEG idF 2022, 1174 BlgNR 27. GP 11.

982 *Kothbauer*, WEG-Novelle 2022 (2022) 34 ff; Um den Tadel ausdrücklich zurückzunehmen, sei an dieser Stelle bloß auf die löbliche Nichtumsetzung des noch in den ME ausdrücklich bezeichneten „mündlichen Widerspruches" zur Zustimmungsfiktionsverwirkung verwiesen, vgl ErläutME WEG idF 2022, 134/ME 27. GP 11 Z 5.

983 Vgl *Stabentheiner*, Die WEG-Novelle 2022, ÖJZ 2022, 263; vgl zum außerstreitigen Feststellungsbegehren ErläutRV WEG idF 2022, 1174 BlgNR 27. GP 22.

1. Die Tatbestände begünstigungswürdiger Änderungsmaßnahmen

Die sich aufgrund der Vielzahl unbestimmter Gesetzesbegriffe ergebende Rechtsunsicherheit hinsichtlich einer wirksamen Fiktion bei begünstigungswürdigen Maßnahmen liegt auf der Hand. Demensprechend ist eine penible Auslegung der Änderungstatbestände von Nöten, um nicht Gefahr zu laufen, eine – aufgrund überschießender Auslegung – scheinbar begünstigungswürdige Änderung eigenmächtig zu setzen und den Ändernden somit einem Beseitigungs- und Wiederherstellungsbegehren auszusetzen.

a) Die barrierefreie Ausgestaltung eines Wohnungseigentumsobjekts oder von allgemeinen Teilen der Liegenschaft

Wohl nicht dem Deckmantel des Umwelt- und Klimaschutzes zuordenbar, aber dennoch gesellschaftspolitisch seit langem als für notwendig betrachtet,[984] sind Erleichterungen in der Durchsetzung von barrierefreiem Wohnen. Dem Abstrahierungsgehalt der *„barrierefreien Ausgestaltung"* zu Folge ist jenem Privilegierungstatbestand der weiteste Anwendungsbereich sämtlicher begünstigungswürdiger Maßnahmen zuzuordnen, welcher eben nicht auf eine konkretisierte Ausstülpung abstellt, sondern den Bedürfnissen entsprechend vielmehr eine Bandbreite an baulichen Maßnahmen in dessen Anwendungsbereich miteinschließt. Neben der Begünstigungswürdigkeit iSd § 16 Abs 5 WEG kommt jener Ausgestaltungsform auch im gerichtlichen Zustimmungsersatz ausdrücklich Bedeutung zu, da insb das erforderliche „wichtige Interesse" gem § 16 Abs 2 Z 2 S 2 WEG im Zusammenhang mit der änderungsrechtlichen Inanspruchnahme allgemeiner Teile unwiderleglich vermutet wird.[985]

Wohingegen der Ministerialentwurf noch von *„behindertengerechten"* Maßnahmen sprach, fand nach der Stellungnahme[986] des Bundesministeriums für Soziales, Gesundheit, Pflege und Konsumentenschutz korrekterweise der Begriff der *„barrierefreien Ausgestaltung"* Eingang in § 16 Abs 5 WEG.[987]

---

984 ErläutME WEG idF 2022, 134/ME 27. GP 2 Z 3. Siehe die Empfehlungen des HRC zur Ausdehnung des Gleichbehandlungsgrundsatzes für alle Formen der Diskriminierung auf alle öffentlich verfügbaren Güter, ua „housing space", *Human Rights Council*, A/HRC/30/43/Add.2 (2015) Punkt 101; darüber hinaus wird auf den Bedarf von den Bedürfnissen älterer Menschen entsprechenden Bauweisen hingewiesen, *Human Rights Council*, A/HRC/30/43/Add.2 (2015), Punkt 113 f; letztlich wird sogar ein Mangel an einheitlichen und verpflichtenden Normen zur Schaffung von barrierefreiem Zugang festgestellt, *Human Rights Council*, A/HRC/30/43/Add.2 (2015) Punkt 118. Darüber hinaus besteht die völkerrechtliche Verpflichtung zur Implementierung von barrierefreien Wohnhäusern auch ausdrücklich gem Art 4 Abs 1 iVm Art 9 Abs 1 lit a CRPD (Ratifizierung am 26.9.2008, BGBl III 2008/155.

985 Siehe zu den "klassisch" privilegierten Änderungsformen, IV.I.3.

986 Vgl 43/SN-134/ME 27. GP 2.

987 Der Begriff der Barrierefreiheit im Sinne einer baulichen Ausgestaltungsform war allerdings kein wohnungseigentumsrechtliches *novum*, sondern findet sich noch neben baurechtlichen Verankerungen ua bereits in § 21 ASchG im Rahmen der barrierefreien Ausgestal-

Jene sprachliche Adaptierung ist zu begrüßen, da es Menschen nicht auf jene Funktionsbeeinträchtigung reduziert.

Der Begriff der „Behindertengerechtigkeit" nunmehr „Barrierefreiheit" fand auch schon im Entwurfsstadium keine Legaldefinition, vielmehr wurde dessen Verständnis vorausgesetzt und bloß durch fallspezifische Denkanstöße im Ministerialentwurf unterstrichen. Letztere zielen in erster Linie auf die *„speziellen Bedürfnisse behinderter Menschen"*[988] ab, welche es durch entsprechende begünstigte barrierefreie Umgestaltungsmöglichkeiten in ihrem Wohnbereich zu kompensieren gilt.[989]

So spricht die erläuternde Regierungsvorlage beispielhaft die *„barrierefreie Umgestaltung einer Wohnung, aber auch die Errichtung beispielsweise einer rollstuhltauglichen Rampe am Gebäudeeingang oder eines Treppenlifts [...]"* an. Um die tatsächliche Tragweite der barrierefreien Maßnahmen einfangen zu können, bedarf es allen voran einer Interpretation des Begriffes „Behinderung", um schließlich dann in einem zweiten Schritt das Ausmaß der notwendigen Ausgleichsvorkehrungen zur diskriminierungsfreien, gleichberechtigten Teilhabe von Menschen mit Behinderung[990] im Rahmen des Grundbedürfnisses „Wohnen", zu definieren.

(1) Die pluralistische Verankerung des Diskriminierungsschutzes

Wenig überraschend und unschwer zu erkennen ist die wohnungseigentumsrechtliche Privilegierung dieser Änderungsmaßnahme als Extrakt des Diskriminierungsschutzes zu qualifizieren. Die hochkarätige Bedeutung der Gleichheit wird durch mehrfache Verankerung und durch deren Beständigkeit unterstrichen. So normiert Art 2 StGG seit dem 21. Dezember 1867[991] die Gleichheit aller Staatsbürger vor dem Gesetz. Daran anknüpfend unterstreicht Art 7 Abs 1 S 1 B-VG in nahezu perfekter Kopie dessen Gewichtigkeit und präzisiert dessen Gehalt[992] insoweit, als dieser das Verbot der Benachteiligung aufgrund von Behinderung und die Gewährleistung der Gleichbehandlung jener Menschen *„in allen Bereichen des täglichen Lebens"* normiert.

tung von Arbeitsstätten; vgl zum „behindertengerechten" Bauen *Bachmann/Baumgartner/Feik/Fuchs/Giese/Jahnel/Lienbacher*, Besonderes Verwaltungsrecht[13] (2020) 508.

988 ErläutME WEG idF 2022, 134/ME 27. GP 10 Z 3; eindeutig begrifflich vorzuziehen „spezielle Bedürfnisse von Menschen mit Behinderung".

989 ErläutME WEG idF 2022, 134/ME 27. GP 2 Z 3.

990 Vgl in diesem Zusammenhang die dem Gleichheitssatz entspringenden notwenigen Anstrengungen der Gesellschaft zur Realisierung tatsächlicher Chancengleichheit am Beispiel baurechtlicher Rahmenbedingungen, *Berka/Binder/Kneihs*, Die Grundrechte[2] (2019) 595; siehe auch die völkerrechtliche Verpflichtung *„Menschen mit Behinderungen ein selbstbestimmtes Leben und die volle Teilhabe in allen Lebensbereichen zu ermöglichen"*, Art 9 Abs 1 CRPD.

991 Vgl RGBl 142/1867.

992 Vgl Art 7 Abs 1 S 3 f idF BGBl I 1997/87.

Über die nationale verfassungsrechtliche Sphäre hinausgehend findet sich in Art 21 GRC ein allgemeiner grundrechtlicher Niederschlag eines Diskriminierungsverbotes insb im Zusammenhang mit personengebundenen Merkmalen, welches zwar in erster Linie die Union und ihre Organe verpflichtet, darüber hinaus aber auch unter Mitgliedstaaten im Rahmen der Durchführung von Unionsrecht und aufgrund des spezifischen Charakters auch Bindungswirkung unter Privaten entfalten kann.[993] Art 19 AEUV normiert *in concreto* die supranationale Kompetenz „geeignete Vorkehrungen"[994] gegen Diskriminierung ua aus Gründen einer Behinderung treffen zu können.

Völkerrechtlich findet der Diskriminierungsschutz aus Gründen der Behinderung in der von den Vereinten Nationen erarbeiteten CRPD[995] seinen Niederschlag, welche von der Republik Österreich am 26.8.2008 ratifiziert wurde. So verpflichtete sich Österreich ua *„alle geeigneten Gesetzgebungsmaßnahmen"*[996] zu treffen, um Menschen mit Behinderungen *„die volle Teilhabe in allen Lebensbereichen"*[997] insbesondere durch den barrierefreien Zugang *„zu Gebäuden, [...] einschließlich Wohnhäusern"*[998] und einen *„angemessenen Lebensstandard [...] einschließlich [einer] angemessene[n] Wohnung"* zu gewährleisten.[999]

Der sowohl völkerrechtlich, supranational als auch verfassungsrechtlich verankerte Diskriminierungsschutz diffundiert zunehmend durch den Stufenbau der Rechtsordnung in der Gestalt, als allgemein formulierte verfassungsrechtlich gewährleistete Rechte, welche auch die Problematik der Drittwirkung nach sich ziehen, zunehmend ihren Niederschlag in einfachgesetzlichen Ausstülplungen finden, welche dem Schutzsubjekt konkrete Rechte einräumen.

Grundsätzlich ist die „einfachgesetzliche Grundrechtsweiterleitung" in privatrechtliche Verhältnisse kein neues Phänomen, was ein Blick in das Gleichbehandlungsgesetz insbesondere im Zusammenhang mit der richtlinienbedingten[1000] prominenten Stellung der Gleichbehandlung in der *„Arbeitswelt"*[1001] bestätigen wird. An dieser Stelle lässt sich auch bereits das Schutzbereichspo-

---

993 *Jarass*, Charta der Grundrechte der EU^4 (2021) Art 21 GRC RZ 2 ff.

994 *Sporrer* in *Jaeger/Stöger* (Hrsg), EUV/AEUV (2021) Art 19 AEUV Rz 14; vgl ua RL 2000/78/EG (Richtlinie zur Festlegung eines allgemeinen Rahmens für die Verwirklichung der Gleichbehandlung in Beschäftigung und Beruf) welche ein umzusetzendes arbeitsrechtliches Diskriminierungsverbot ua aufgrund einer Behinderung festlegt.

995 Convention on the Rights of Persons with Disabilities – Übereinkommen über die Rechte von Menschen mit Behinderungen sowie das Fakultativprotokoll zum Übereinkommen über die Rechte von Menschen mit Behinderungen (UN-BRK), BGBl III 2008/155.

996 Vgl Art 4 Abs 1 lit a CRPD.

997 Vgl Art 9 Abs 1 CRPD.

998 Vgl Art 9 Abs 1 lit a CRPD.

999 Vgl Art 28 Abs 1 CRPD.

1000 Vgl RL 2000/78/EG.

1001 Vgl § 1 ff GlBG; weiters das Behinderteneinstellungsgesetz (BEinstG), BGBl 1970/22.

tential des „Wohnraums“ als ein der „Öffentlichkeit zur Verfügung stehendes Gut“ erkennen – wenn auch noch systematisch versteckt unter den „sonstigen Bereichen“.[1002] Obgleich jene Verankerung in erster Linie in die mietrechtliche Privatautonomie[1003] einzugreifen gedenkt, gilt es den Zugang zum Grundbedürfnis des „angemessenen Wohnens“[1004] mit der WEG-Novelle 2022 über obligatorisch berechtigte Schutzsubjekte hinausgehend auch für dinglich Berechtigte zu implementieren.

(2) Der Begriff der „Behinderung“

Auch wenn der Begriff der „Behinderung“ letztlich keinen gesetzlichen Niederschlag fand, ist dessen Verständnis von zentraler Bedeutung, um den Umfang der begünstigungswürdigen Ausgestaltungen als Einschränkungsausgleich abstecken zu können.

So gilt es den Begriffsinhalt durch rechtsanaloge Ansätze zu determinieren. Zur Auslegung des Behinderungsbegriffes bietet es sich jedenfalls an, gerade auf europa-, und völkerrechtliche Rechtsquellen zurückzugreifen,[1005] welche umfassende Diskriminierungsverbote aufstellen. Den Begriff ebenso voraussetzend lässt unionsrechtliches Primär- als auch Sekundärrecht[1006] eine entsprechende Legaldefinition vermissen,[1007] weswegen sich der Rechtsanwender bei der Auslegung dessen an den Maßstäben der CRPD zu bedienen hat.[1008] Der Behinderungsbegriff der CRPD umfasst jene *„Menschen, die lang-*

1002 Vgl zum Diskriminierungsverbot im Rahmen des *„Zugang[s] zu und bei der Versorgung mit Gütern und Dienstleistungen, die der Öffentlichkeit zur Verfügung stehen, einschließlich Wohnraum“*, gem § 31 Abs 1 f GlBG. Der Diskriminierungsschutz von Menschen mit Behinderung auf Grundlage von §§ 30 ff GlBG erfordert eine fortgeschrittene systematische Interpretation. Ausdrücklich erfasst § 30 GlBG die Diskriminierung aufgrund des Merkmals des Geschlechts und der ethnischen Zugehörigkeit. Nichtsdestotrotz findet sich auch das Gleichbehandlungsgebot im Rahmen des Abbaus sonstiger Diskriminierungen gem § 31 Abs 2 GlBG. Systematisch ergibt sich der Diskriminierungsschutz von Menschen mit Behinderungen durch § 38 Abs 1 iVm § 38 Abs 6 iVm § 31 GlBG indem Ansprüche auf Entschädigung für die durch eine Diskriminierung erlittene persönliche Beeinträchtigung zunächst ein Schlichtungsverfahren beim Bundesamt für „Soziales und Behindertenwesen“ erfordern, bevor ein solcher gerlichtlich geltend gemacht werden kann.

1003 Vgl dazu das Gebot des diskriminierungsfreien Inserierens, § 36 f GlBG.

1004 Vgl das Recht auf einen Lebensstandard einschließlich Wohnung, Art 25 Allgemeine Erklärung der Menschenrechte (AEMR – A/RES/217 A III).

1005 Siehe zum pluralistischen Diskriminierungsschutz, IV.H.1.a)(1).

1006 So auch RL 2000/78/EG (Gleichbehandlung in Beschäftigung und Beruf).

1007 *Grabenwarter/Struth,* Das Recht der Europäischen Union (2021) Art 19 AEUV Rz 55 mwN.

1008 *Groskreutz/Kassel*, Der EuGH zum Verhältnis von Krankheit und Behinderung Anmerkung zum Urteil des EuGH 11.4.2013, C-335/11 und C-337/11, DVfR 2013, 2; so hat auch die EU die CRPD ratifiziert und der EuGH in Anlehnung an die CRPD eine Behinderung als *„eine Einschränkung, die […] auf langfristige physische, geistige oder psychische Beeinträchtigungen zurückzuführen ist, die in Wechselwirkung mit verschiedenen Barrieren den Betreffenden an der vollen und wirksamen Teilhabe […], gleichberechtigt mit den anderen […], hindern können“* formuliert, *Ahrendt* in *Schaub*, Arbeitsrechts-Handbuch[19] (2021) § 36

fristige körperliche, psychische, intellektuelle oder Sinnesbeeinträchtigungen haben, welche sie in Wechselwirkung mit verschiedenen Barrieren an der vollen, wirksamen und gleichberechtigten Teilhabe an der Gesellschaft hindern können".[1009]

Die CRPD stellt durch die Aneinanderreihung entsprechender Adjektivattribute einen weiten Beeinträchtigungsbegriff auf, welcher in Wechselwirkung mit verschiedenen Barrieren eine (Be-)Hinderung darstellen kann. Zieht man die englische[1010] Sprachfassung heran, zeigt sich, dass sich das letzte gleichwertige Adjektiv „sensory" im Rahmen der deutschen Übersetzung in das zusammengesetzte Nomen „Sinnesbeeinträchtigung" gewandelt hat, welches nunmehr durch die übrigen Adjektive beschrieben wird. Die dadurch bedingte Unschärfe soll im Ergebnis den Beeinträchtigungsbegriff keineswegs auf sensorische Beeinträchtigungen reduzieren, sondern jene sollen den körperlichen, seelischen und geistigen Beeinträchtigungen gleichgestellt bleiben.

Fakt ist, dass sich der Begriff der „Behinderung" vom potentiellen Ausmaß beschränkter Teilhabe an der Gesellschaft[1011] ableitet und kein persönliches Charakteristikum zu definieren versucht. Dem Begriff der Behinderung ist sohin keineswegs der Gehalt einer persönlichen Eigenschaft zuzuschreiben, sondern das Ausmaß mangelnder Interaktionsmöglichkeiten in Wechselwirkung[1012] mit der Umwelt aufgrund einer Vielzahl an in Frage kommender nicht verallgemeinerbaren Funktionsbeeinträchtigungen.[1013] Dem Begriff der „Behinderung" lässt sich kein statischer unveränderlicher Gehalt beimessen, vielmehr entwickelt sich dieser ständig weiter,[1014] was auch der notwendig allgemeine Maßstab der „speziellen" Bedürfnisse im Rahmen der Novelle WEG 2022 zum Ausdruck bringt.[1015]

Gerade weil die legistische Reichweite unverändert bleibt, gilt es den Begriff „Menschen mit Behinderungen" dem Begriff der „Behinderten" vorzuziehen, um auch sprachlich sicherzustellen, dass ebenjene Menschen nicht auf ihre Einschränkung reduziert werden, sondern als gleichberechtigt wahrgenommen werden.[1016] Misst man dem Ausmaß der gegenwärtig eingeschränk-

Allgemeines Gleichbehandlungsgesetz und Mobbing, Rn 11; vgl hierzu auch EuGH 11.4.2013, C-335/11 C-337/1.

1009 Vgl Art 1 CRPD.

1010 Vgl Art 1 Abs 2 CRPD: „long-term physical, mental, intellectual or sensory impairments".

1011 *Ahrendt* in *Schaub*, Arbeitsrechts-Handbuch[19] (2021) § 36 Allgemeines Gleichbehandlungsgesetz und Mobbing, Rn 11.

1012 Vgl EuGH 11.4.2013, C-335/11 C-337/11 Rz 3, 37 ff.

1013 Vgl auch *Ossberger*, Wohnbau barrierefrei – Studie Teil 2 Bautechnische Analyse und Wohnbauförderung unter dem Aspekt der Barrierefreiheit (2013), 14.

1014 Vgl in diesem Sinne Präambel lit e CRPD, BGBl III 2008/155.

1015 Vgl das Erkenntnis der Vielfalt der Menschen mit Behinderungen, lit e CRPD, BGBl III 2008/155.

1016 Vgl die Präambel lit f und g CRPD ergänzend, Begleitdokument zu BGBl III 2016/105, 5.

ten Interaktionsmöglichkeiten ebenjene Bedeutung zu, wird deutlich, dass die Ursache der Behinderung nicht Gegenstand der Beurteilung sein kann.[1017]

Der Behinderungsbegriff der CPRD ist sohin überaus weitreichend. Inwieweit die beeinträchtigte Person tatsächlich an der Teilhabe an der Gesellschaft gehindert ist, oder ob diese womöglich durch entsprechende Mehranstrengung ohnehin nicht an der Teilhabe gehindert ist, ist nicht Gegenstand der Beurteilung. Vielmehr kommt es darauf an, inwieweit der Beeinträchtigung nach objektiven Maßstäben ein Potenzial einer etwaigen Teilhabeeinschränkung zugestanden werden kann. Ebenso bedeutungslos für die Qualifikation als Behinderung ist der Umstand, ob ein Bedarf an speziellen Hilfsmitteln, wie Gehhilfen oder ein Rollstuhl benötigt werden.[1018] Der Bedarf eines solchen wird umgekehrt aber ein Indizium hierfür darstellen.

Die CRPD knüpft darüber hinaus an ein unbestimmtes temporales Element („langfristig"),[1019] welches entsprechender Klärung bedarf.[1020] Die Langfristigkeit ist jedenfalls nicht mit Unheilbarkeit gleich zusetzen, weswegen auch eine heilbare Krankheit in Wechselwirkung mit der Umgebung als Behinderung qualifiziert werden kann. Auch chronische Krankheiten, als langwierige sich langsam entwickelnde und verlaufende Erkrankungen können als „langfristig" qualifiziert werden, insb wenn jene für längeren Zeitraum eine ärztliche Überwachung oder andere ärztliche Maßnahmen erfordern.[1021] In Anknüpfung daran lässt sich unter „langfristig" auch nicht „ununterbrochen" verstehen, weswegen auch saisonal unterschiedliche Erschwernisse eine Behinderung darstellen können.

Es bietet sich vor allem im temporalen Zusammenhang an, auf den Behinderungsbegriff einfachgesetzlicher Ebene abzustellen. So definieren § 3 BGStG,[1022] § 1 Abs 2 BBG[1023] als auch des § 3 BEinstG[1024] eine „Behinderung" als eine *„Auswirkung einer nicht nur vorübergehenden körperlichen,*

1017 *Grabenwarter/Struth,* Das Recht der Europäischen Union (2021) Art 19 AEUV Rz 59; vgl auch EuGH 11.4.2013, C-335/11 C-337/11 Rz 40.

1018 *Groskreutz/Kassel*, Der EuGH zum Verhältnis von Krankheit und Behinderung Anmerkung zum Urteil des EuGH vom 11.4.2013, C-335/11 und C-337/11, DVfR 2013, 4; jener Begründungsansatz rührt aus dem sozialversicherungsrechtlichen Anspruch auf Hilfsmittel, um eine Behinderung als „erhebliche oder wesentliche" Beeinträchtigung und *„Abweichung von der für das Lebensalter typischen körperlichen Funktion […]"* auszugleichen, *Nolte,* Kasseler Kommentar Sozialversicherungsrecht (2021), dSGB § 33 Rn 8.

1019 Vgl Art 1 Abs CRPD.

1020 *Groskreutz/Kassel*, Der EuGH zum Verhältnis von Krankheit und Behinderung. Anmerkung zum Urteil des EuGH vom 11.4.2013, C-335/11 und C-337/11, DVfR 2013, 5 mwN.

1021 Vgl zum Begriff der chronischen Krankheit, *Baier* in *Krauskopf*, Soziale Krankenversicherung, Pflegeversicherung (2021) SGB V § 62 Rz 9.

1022 Bundes-Behindertengleichstellungsgesetz, BGBl I 2005/82.

1023 Bundesbehindertengesetz, BGBl 1990/283.

1024 Behinderteneinstellungsgesetz, BGBl 1970/22; jener Behinderungsbegriff beschränkt sich allerdings auf Erschwernisse an der Teilhabe am Arbeitsleben.

geistigen oder psychischen Funktionsbeeinträchtigung oder Beeinträchtigung der Sinnesfunktionen" mit der Eignung, dass jenen Menschen die gesellschaftliche Teilhabe (im spezifischen Anwendungsbereich) erschwert sein kann.

Die *termini* leg cit, welche sich im Wesentlichen mit der CRPD decken, haben temporale Färbungen in der Gestalt, als die Auswirkungen einer nicht nur „vorübergehenden" Beeinträchtigung im weiteren Sinne darunter zu verstehen sind. In der dem Folgesatz zu entnehmenden Legaldefinition findet sich ein Zeitraum von mehr als voraussichtlich sechs Monaten als tatbestandsmäßig, welche sohin den Begriff nach unten hin absteckt.[1025] Sohin lässt sich die Auslegungsmaxime des Behinderungsbegriffs insb dessen temporales Element durch die einfachgesetzliche Ebene abstecken. Durch die Verankerung des Ausdrucks „voraussichtlich"[1026] im Rahmen dieses temporalen Elements wird der *ex ante* Bewertung auch kein sonderlich strenger Maßstab[1027] anzulegen sein und bei bereits länger andauernder Beeinträchtigung wird zumindest die Vermutung im Raum stehen, dass es sich nicht um eine bloß vorübergehende Einschränkung handelt.

Vergleicht man die der CRPD entspringende Langfristigkeit mit dem temporalen Begriff „nur vorübergehend" stellt sich die Frage, ob jene Begrifflichkeiten als Antonyme zu verstehen sind und sich nach einseitiger Negation begrifflich decken, oder ob sich ein Graubereich dazwischen abstecken lässt.

Vorsicht ist jedenfalls bei analoger Beurteilung einer „Funktionsbeeinträchtigung" bzw einer „Beeinträchtigung der Sinnesfunktionen" im Rahmen des einfachgesetzlichen Behinderungsbegriffes geboten, da hierbei nach hA ein Vergleich mit den Funktionen eines/einer „gesunden"[1028] Gleichaltrigen anzustreben ist.[1029] Jene hypothetische Vergleichssetzung ist für die Subsumtion unter dem wohnungseigentumsrechtlichen Behinderungsbegriff ungeeignet, da dadurch alterstypische Bewegungseinschränkungen dem Anwendungsbereich entzogen wären, welche ja den Materialien entsprechend ausdrücklich miteinzubeziehen sind.[1030]

Der Gesetzgeber knüpft im Rahmen des WEG 2022 an einen weiten Behinderungsbegriff – ähnlich jenem der CRPD – an, welcher neben Menschen

1025 Vgl § 1 Abs 2 S 2 BGStG; vgl auch zur Langfristigkeit, *Groskreutz/Kassel*, Der EuGH zum Verhältnis von Krankheit und Behinderung. Anmerkung zum Urteil des EuGH vom 11.4. 2013, C-335/11 und C-337/11, DVfR 2013, 1; vgl auch *Grabenwarter/Struth*, Das Recht der Europäischen Union (2021) Art 19 AEUV Rz 60 f.

1026 Vgl § 3 BGStG als auch des § 3 BEinstG.

1027 Vgl dazu auch § 2 Abs 1 dSGB IX: *„[...] mit hoher Wahrscheinlichkeit länger als sechs Monate [...]"*.

1028 Besser: „beeinträchtigungslosen".

1029 *Windisch-Graetz*, Der Behinderungsbegriff gem § 3 BEinstG, ecolex 2019, 454 mwN; vgl auch § 2 dSGB IX: *„[...] wenn der Körper- und Gesundheitszustand von dem für das Lebensalter typischen Zustand abweicht [...]"*.

1030 ErläutME WEG idF 2022, 134/ME 27. GP 2 Z 3.

mit einer Körperbehinderung auch Menschen mit anderen Funktionsbeeinträchtigungen, ua Alter, Krankheit oder Unfall bewegungsbeeinträchtigte miteinbezieht.[1031] Auch wenn sich jene beiden Kategorien in Wahrheit kaum voneinander trennen lassen und sich der Gesetzgeber gerade wieder auf verschiedene Ursachen bezieht, ist diesem nicht zu unterstellen, dass dieser sich vom Behinderungsbegriff der CRPD lösen möchte, vielmehr wollte er durch die deklarative Bandbreite die Gesamtheit sonstiger Ursachen miteinbeziehen.[1032] Vor diesem Hintergrund gilt es auch zu beachten, dass die Ursache „Krankheit“ nicht dem Begriff der Behinderung gleichzusetzen ist, sondern hierfür stets die bloße Möglichkeit einer Hinderung an der gesellschaftlichen Teile beurteilungsrelevant ist. Dies verdeutlichte auch der EuGH im Rahmen der Beurteilung von Fettleibigkeit als Behinderung, welches er zwar nicht grundsätzlich ausschließe, dies aber nach den Maßstäben der CRPD zu beurteilen sei.[1033]

Die qualifikationslose Bezugnahme auf Krankheit oder Unfall in den Materialien zum WEG 2022[1034] verdeutlicht, dass damit jedenfalls nicht ausschließlich unbefristete Funktionsbeeinträchtigungen tatbestandsmäßig sind. Mit dem weiten der CRPD entsprechenden Behinderungsbegriff, welcher durch entsprechende Bezugnahme in den Materialien[1035] auch Alterseinschränkungen[1036] umfasst, geht die Bestrebung einher, demographische Entwicklungen[1037] im Sinne eines angepassten altersgerechten Wohnraums im Sinne Art 21 GRC zu berücksichtigen.

Zusammenfassend lässt sich der wohnungseigentumsrechtliche Behinderungsbegriff an den weiten Terminus der CRPD anlehnen und dessen temporale Unbestimmtheit durch die Heranziehung insb einfachgesetzlicher Diskriminierungsschutzvorschriften klarstellen. Dem weiten Begriffsverständnis lässt sich sohin die Bedeutung eines umfangreichen Behinderungsdiskriminierungsschutzes im Wohnrecht beimessen. Der Begriff der „Behinderung“ ist zwingend von der – im Alltag bedauerlicher Weise oftmals – gefestigten Vorstellung als persönliche Eigenschaft loszulösen. (Es beginnt bei der symboli-

1031 ErläutME WEG idF 2022, 134/ME 27. GP 2 Z 3.

1032 Arg „oder sonst durch Alter, […]“, Vgl ErläutME WEG idF 2022, 134/ME 27. GP 2 Z 3.

1033 EuGH 18.12.2014, C-354/13 = *Krömer*, Adipositas als Behinderung, ZAS-Judikatur 2015, 75.

1034 ErläutME WEG idF 2022, 134/ME 27. GP 2 Z 3.

1035 ErläutME WEG idF 2022, 134/ME 27. GP 2 Z 3.

1036 Vgl im Gegensatz dazu die enge Abgrenzung des Begriffs der Behinderung als regelwidrigen Zustand, welcher vom für das Lebensalter typischen Zustand nicht nur geringfügig abweicht, *Grabenwarter/Struth,* Das Recht der Europäischen Union (2021) Art 19 AEUV Rz 56 mwN.

1037 So lässt sich durch Bevölkerungsprognose der Statistik Austria darlegen, dass noch im Laufe dieses Jahrhunderts die Bevölkerungsgruppe der 65+ Jährigen knapp die 30 % Marke erreichen wird, was im Vergleich zum Jahr 2020 einer Steigerung von knapp 55 % entspricht, *Statistik Austria*, Bevölkerungsprognose 2020-Vorausberechnete Bevölkerungsstruktur für Österreich 2019–2100 laut Hauptszenario (erstellt am 9.11.2020).

schen Darstellung eines Rollstuhlfahrers.) Erst wenn man dies als Erschwernis an der gesellschaftlichen Teilhabe wahrnimmt, lässt sich jener in der notwendigen Begriffsweite auffassen.

Zentraler Anknüpfungspunkt der „Behinderung“ ist sohin das Vorhandensein einer nicht bloß vorübergehenden Funktionsstörung im weitesten Sinne, welche zumindest das Potential hat – in Wechselwirkung mit der Umwelt (Barrieren) – ein Hindernis an der Teilhabe an möglichst uneingeschränktem Wohnen[1038] darzustellen, ohne dass der Ursache für jene Funktionsstörung irgendeine Bedeutung beizumessen wäre. Zur Feststellung einer die barrierefreie Ausgestaltung rechtfertigenden Funktionsstörung würde sich anbieten, den Vergleich mit dem *„Körper- und Gesundheitszustand von dem für das Lebensalter typischen Zustand“*[1039] auf jenen einer beeinträchtigungslosen Person mittleren Alters anzupassen, um schließlich auch altersabhängige Erschwernisse einzufangen.

So soll an dieser Stelle illustriert werden, dass wohl auch die schwerwiegende (saisonal geprägte) Allergie als auch die altersbedingte Gebrechlichkeit als Behinderung iSd WEG zu qualifizieren ist und entsprechende Ausgestaltungen (Einbau eines speziellen Filters an Lüftungen und Fenstern oder die Errichtung eines Handlaufs) rechtfertigen. Es wird jedoch letztlich Aufgabe der Gerichte sein, den begünstigungswürdigen Radius abzustecken.

(3) Der Begriff der „Barrierefreiheit“

Der Begriff der „Barrierefreiheit“ ist als sprachliche Neufassung der im Ministerialentwurf noch als „Behindertengerechtigkeit“[1040] verstandenen Qualifizierung das Komplementärstück zum Begriff der „Behinderung“ selbst. In der Gestalt gilt es das eine „Behinderung“ qualifizierende potentielle Hindernis an der gesellschaftlichen Teilhabe auszugleichen und Lebensqualität zu sichern. Umfassende „Barrierefreiheit“ ist als gesamtgesellschaftliches Desiderat aufzufassen, welches sich im Bereich des Wohnungseigentumsrechts als eine begünstigungswürdige Ausgestaltungform äußert. Jener wird sohin die Rolle der baulichen Barrierenbeseitigung zuteil. Zentral ist der Maßstab der Zugänglichkeit, sodass ein Mensch mit Behinderung das Wohnungseigentumsobjekt und damit verbundene Flächenteile ohne fremde Hilfe eigenständig nutzen kann.[1041] Neben der Stufen- und Schwellenbeseitigung kann die

---

1038 Vgl den Terminus „weitgehende Barrierefreiheit“, ErläutME WEG idF 2022, 134/ME 27. GP 10 Z 3.

1039 Vgl *Windisch-Graetz*, Der Behinderungsbegriff gem § 3 BEinstG, ecolex 2019, 454 mwN; vgl auch § 2 dSGB IX.

1040 Um Menschen nicht auf ihre Einschränkung zu reduzieren, gilt es den Begriff der „barrierefreien“, der „behindertengerechten“ Ausgestaltungen vorzuziehen, weshalb sich letztlich auch der Gesetzgeber für eine sprachliche Adaptierung entschieden hat. Letztere Begrifflichkeit läuft Gefahr das begriffsinhärente Schutzsubjekt „Behinderte“ – nicht der Vorstellung der CRPD entsprechend – nach einer persönlichen Eigenschaft zu beschreiben.

1041 Vgl zur Zugänglichkeit *Öllinger* in *ÖGNI,* Bestandsgebäude (2021) Kap 2.1.

Verbreiterung von Durchgängen oder die Schaffung von Rampen hierfür erforderlich sein.[1042]

Im Zusammenhang mit der Barrierenbeseitigung lässt sich im Wesentlichen auf entsprechende bautechnische Ausgestaltungsformen verweisen.[1043] Jene lassen sich im Gebäudesektor in erster Linie[1044] durch Maßnahmen zur Mobilitätserhaltung und Orientierungshilfen zusammenfassen. In concreto lassen sich jene auf folgenden Ebenen abbilden:[1045]

- Stufenlose Zugangsflächen[1046]
- Ausreichende Durchgangsbreiten[1047] und Bewegungsflächen[1048]
- Bedienelemente[1049] und Sicherheitsvorrichtungen[1050] in erreichbarer Höhe.

Vordergründig ist sohin die Beseitigung von Niveauunterschieden und eine entsprechende Grundrissgestaltung von der Barrierefreiheit umfasst.[1051] Keineswegs lassen sich die mit einer Behinderung einhergehenden „speziellen Bedürfnisse“ durch konkretisierte Maßnahmen abschließend beschreiben, weswegen diese Privilegierungsform auf jenen weiten unbestimmten Gesetzesbegriff abstellt. In Anbetracht der Ausführungen zum weiten Begriff der „Behinderung“ wird deutlich, dass der Begriff der der Barrierefreiheit über die Beseitigung von Mobilitätshürden hinausgeht und auch Maßnahmen abdeckt, welche versuchen sonstige langfristige, funktionsstörungsbedingte Lebensqualitätseinbußen auszugleichen.

1042 Vgl *Stabentheiner*, Die WEG-Novelle 2022, ÖJZ 2022, 261; vgl zur Rampenführung zur selbständigen Niveauunterschiedsüberwindung *Öllinger* in *ÖGNI*, Bestandsgebäude (2021) Kap 2.2.

1043 Vgl zum baurechtlichen Standard, IV.H.1.a)(2).

1044 Siehe darüberhinausgehend auch die Berücksichtigungsnotwendigkeit anderer spezieller Bedürfnisse im Rahmen des weiten Behinderungsbegriffes, welche nicht auf die Bewegungseinschränkung reduziert sind, IV.H.1.a)(2).

1045 Vgl BMASK, Barriere:frei! Handbuch für barrierefreies Wohnen[2] (2011) 10 ff, https://sozialministeriumservice.at/Downloads/sms_handbuch_barrierefrei_wohnen.pdf (21.9.2021).

1046 Siehe zur barrierefreien Gestaltung von Rampen, Personenliften und vertikalen Hebeeinrichtungen die OIB Richtlinie 4 zur Nutzungsfreiheit und Barrierefreiheit, *Österreichisches Institut für Bautechnik*, OIB-330.4-20/19 (2019) 2.2f; weiters auch *Austrian Standards*, ÖNORM B 1600:2017-04 Barrierefreies Bauen – Planungsunterlagen (2017) 5.3.

1047 Zur äußeren Erschließung von Gebäuden siehe ÖNORM B 1600:2017-04, 3; zur Gestaltung von Verbindungswegen im Gebäudeinneren siehe ÖNORM B 1600:2017-04, 5.2 f; zu Durchgangsbreiten von Gängen und Treppen OIB-330.4-20/19, 2.4-2,9.

1048 Siehe zu barrierefreien Toilettenräumen OIB-330.4-20/19, 7.1; Sanitärräumen, ÖNORM B 1600:2017-04, 5.5, 8.4; bei Sanitärräumen mit erhöhtem Standard, ÖNORM B 1600:2017-04 Anhang A.2 f; vgl auch OIB-330.4-20/19, 7.2; Freibereichen (Balkon, Terrasse, Loggia), OIB-330.4-20/19, 7.3; Stellplätzen für PKW, ÖNORM B 1600:2017-04, 4.

1049 Siehe zur Anbringung von Schaltern, Sprechanlagen, Steuerelemente und Briefkästen etc, ÖNORM B 1600:2017-04, 8,1.

1050 Siehe zur sicherheitstechnischen Orientierungssystemen und Beleuchtung, ÖNORM B 1600:2017-04, 8.2; zu Halte- und Stützgriffen in Sanitärräumen, ÖNORM B 1600:2017-04, 8.4.8.

1051 Vgl *Kothbauer*, WEG-Novelle 2022 (2022) 22.

Auch wenn sich die Erläuterungen des Ministerialentwurfs[1052] ausdrücklich auf die Kompensation der Mobilitätseinschränkung von bewegungsbeeinträchtigten Menschen (was unbestritten der Hauptanwendungsfall sein wird) bezieht, gilt gerade im Sinne der angebrachten Gleichbehandlung nicht zwischen den unterschiedlichen Behinderungsformen zu differenzieren.[1053]

An dieser Stelle sei wieder auf Maßnahmen zur Allergieeindämmung und zur Gewährleistung der Fortbewegungssicherheit, wie beispielsweise die Installation eines Handlaufs, verwiesen. Vor allem letzteres scheint vor dem Hintergrund der Begünstigungswürdigkeit weit aus aufwendigerer technische Hilfsmittel, insb im Zusammenhang mit dem Objektzugang, welche schwerwiegend allgemeine Teile in Anspruch nehmen (Arg: Treppenlift)[1054] kraft Größenschluss gerechtfertigt zu sein. Mit ähnlicher Methodik wird man die Ausgestaltung eines Wohnungseigentumsobjekts als „anpassbaren Wohnbau“[1055] rechtfertigen können. Jene Ausgestaltungsform ist als „Vorstufe“ der Barrierefreiheit zu qualifizieren, welche *„künftig notwendige Änderungen in möglichst kurzer Zeit und kostengünstig nur mit geringfügigen Änderungen von Installation, Technik, Dämmung oder Tragfähigkeit erlauben“* und so *„die barrierefreie Erschließung und Nutzung aller Wohnungen für alle Menschen in Lebensphasen“* ermöglicht.[1056] Darunter ist die Schaffung von Mindestbewegungsradien aber auch Wandverstärkungen für künftige Sicherheitsvorrichtungen, wie Halterungen, zu verstehen. Barrierefreie Ausgestaltungen umfassen alles in allem jegliche Maßnahmen zur Kompensation einer nichtgleichberechtigten Teilhabe, darunter also auch altersgerechte Gestaltungsformen.

Fraglich ist allerdings, inwieweit dem aktuellen subjektiven Bedürfnis nach Barrierefreiheit im Rahmen der begünstigungswürdigen Änderung Tatbestandsmäßigkeit zuzuordnen ist. Denn der Tatbestand der barrierefreien Ausgestaltungen impliziert zumindest dem Anschein nach – verglichen mit den übrigen vier begünstigungswürdigen Maßnahmen – ein subjektives Element. Wohingegen klimabegünstigende Maßnahmen und jener zur Einbruchsicherheit rein objektiv für jeden Wohnungseigentümer in Frage kommen, würde der Umfang der barrierefreien Maßnahmen potentiell (subjektiv) an die „spe-

---

1052 ErläutME WEG idF 2022, 134/ME 27. GP 2 Z 3.

1053 Vgl in diesem Sinne die Ursachendifferenzierung einer Behinderung, EuGH 11.4.2013, C-335/11 C-337/11 Rz 40; vgl auch die Willkürlichkeit der Ursachendifferenzierung unterstreichend, Schlussanträge GA *Kokott* 6.12.2012 Rs C-335/11 und C-337/11 (*HK Danmark/Dansk Almennyttigt Boligselskab DAB* und *HK Danmark/Pro Display*) Rz 32, EU:C:2012:775.

1054 OGH 20.2.2020, 5 Ob 218/19 y [Treppenlift]; Vgl auch ErläutME WEG idF 2022, 134/ME 27. GP 2 Z 3.

1055 Vgl *Austrian Standards*, ÖNORM B 1600:2017-04 Barrierefreies Bauen – Planungsunterlagen (2017) 6.

1056 Vgl *Austrian Standards*, ÖNORM B 1600:2017-04 Barrierefreies Bauen – Planungsunterlagen (2017) 6.1 f.

ziellen Bedürfnisse“[1057] des Begünstigtenkreises anknüpfen. An dieser Stelle lassen sich zwei Interpretationszugänge abbilden:

- Die Begünstigungswürdigkeit und die Wirkung der Zustimmungsfiktion knüpft an ein konkretes subjektives Bedürfnis – gewissermaßen eine Form des „wichtigen Interesses“.
- Der Tatbestand der barrierefreien Ausgestaltung hat wie die übrigen begünstigungswürdigen Tatbestände ausschließlich objektive Elemente, sodass bloß die Ausgestaltungsform maßgebend für die Begünstigungswürdigkeit ist.

Die erste Interpretationsvariante umfasst jedenfalls die nach den Materialien zu begünstigenden schutzwürdigen Wohnungseigentümer mit ebenjenem konkreten Bedarf. Es stellt sich allerdings die Frage, inwieweit „verlängerter“ subjektiver Bedarf Tatbestandsmäßigkeit entfalten würde. Mag wohl ein Bedarf naher Angehöriger ebenjenes zur Änderung berechtigten Wohnungseigentümers ausreichen,[1058] scheint es fragwürdig, ob der Bedarf eines Mieters[1059] (selbstverständlich im Einvernehmen mit dem Vermieter als Wohnungseigentümer) hierfür „durchschlägt“.

Demgegenüber steht das Verständnis rein objektiver Anknüpfung, welches grundsätzlich jedem Änderungswilligen – auch ohne subjektivem Bedürfnis – eine entsprechende Ausgestaltung zugesteht. Damit wäre zwar dem begünstigungswürdigen Tatbestand zum Durchbruch verholfen und sichergestellt, dass jedenfalls auch Änderungswillige mit ausschließlich wirtschaftlichem Interesse (weil ein barrierefreies, für Menschen in allen Lebenslagen geeignetes Objekt mit besonderer Ausstattung Zugang zu einem breiteren Mietmarkt eröffnet[1060]), in den Genuss der Privilegierung kommen.

Dafür spricht tatsächlich auch die Loslösung vom subjektiv geprägten, im Rahmen des gerichtlichen Zustimmungsersatzes erforderlichen, „wichtigen Interesse“ durch die Ausdehnung des Maßnahmenkatalogs klassischer Privilegierung gem § 16 Abs 2 Z 2 S 2 WEG.[1061] Die notwendige Loslösung vom subjektiven Bedarf verdeutlichen auch andere rechtliche Verpflichtungen, welche geradezu zur Beseitigung von Barrieren verpflichten.[1062] Eine Einschränkung auf den subjektiven Bedarf würde bedeuten, dass die änderungsrechtliche Zulässigkeit im gerichtlichen Zustimmungsersatz davon abhinge,

---

1057 ErläutME WEG idF 2022, 134/ME 27. GP 10 Z 3.

1058 Vgl zum Maßstab des schützenswerten „wichtigen Interesses“ als nachvollziehbarer Wunsch nach der konkreten Änderung, welcher fast das Ausmaß der Notwendigkeit zu erreichen hat, *Sammer* in *Kothbauer/Sammer/Berger/Holzapfel*, Dirnbacher Praxiskommentar WEG 2017[8] (2017) 231; vgl auch RIS-Justiz RS0083341.

1059 Vgl OGH 21.2.2014, 5 Ob 13/14v = *Prader*, WEG[5] (2018) § 16 E 635, die Anpassung an die Bedürfnisse des Neumieters als bloß wirtschaftliches Interesse.

1060 Dies betrifft in erster Linie Wohnungseigentumsobjekte zu Wohnzwecken.

1061 Siehe dazu IV.I.3.

1062 Siehe ua zum Bundes-Behindertengleichstellungsgesetz IV.H.1.a)(6).

inwieweit das Verhalten sich rechtskonform Verhalten zu wollen, einem „wichtigen Interesse“ gem § 16 Abs 2 Z 2 WEG entspräche – ein äußerst merkwürdiges Ergebnis.

Gesellschaftspolitisch wäre letztlich der objektiven Anknüpfung klar der Vorzug einzuräumen, nicht zuletzt, weil und sich das Angebot barrierefreier Wohnungen über den Eigentumssektor[1063] hinaus ausbauen würde, sondern auch die Durchsetzbarkeit im Rahmen bestehender Mietverträge gegenüber den übrigen Wohnungseigentümern erleichtert. Umgekehrt erscheint die breite Legitimation insoweit problematisch, als potentiell jede hypothetische Behinderung zu einer entsprechenden Ausgestaltung rechtfertigten würde.

Die Missbrauchsanfälligkeit wird umso deutlicher, wenn unter dem Vorwand der Barrierefreiheit Mindestflächen und damit verbundene Flächenausweitungen mit Inanspruchnahme allgemeiner Teile geschaffen werden. Wohingegen die mietrechtliche Zustimmungsfiktion[1064] ihre Grenze in der „Veränderung des Umfanges des Mietgegenstandes“[1065] zu finden scheint, scheidet eine analoge Grenzziehung für die wohnungseigentumsrechtliche Pendantbestimmung insoweit aus, als sich die barrierefreie Ausgestaltung von Gesetzes wegen ausdrücklich auch auf allgemeine Teile bezieht.[1066] Eine analoge Grenzziehung mit der mietrechtlichen Unzulässigkeit der Miteinbeziehung[1067] allgemeiner Teile scheidet sohin aus, da grundsätzlich auch diese begrifflich von der Ausgestaltung allgemeiner Teile umfasst wäre. Den Materialien zu Folge wird im Zusammenhang mit der Begünstigungswürdigkeit generell an *„objektiv besonders unterstützungswürdige Änderungswünsche“* anzuknüpfen

---

1063 43 % der knapp vier Millionen Hauptwohnsitzwohnungen unterliegen in Österreich dem Rechtsverhältnis „Miete“, *Statistik Austria*, Wohnen Zahlen, Daten und Indikatoren der Wohnstatistik (2020) 27.

1064 Vgl die Zustimmungsfiktion im Rahmen der *„Veränderung des Mietgegenstandes“,* § 9 Abs 1 MRG.

1065 *Pletzer* in *Böhm/Pletzer/Spruzina/Stabentheiner*, GeKo Wohnrecht I (2018) § 9 MRG Rz 39; vgl auch *Würth* in *Rummel*, ABGB³ (2003) § 9 MRG Rz 2, wonach Erweiterungen des Mietobjekts nicht ermöglicht werden; die Nichtäußerung würde diesfalls nicht zum Gegenstand einer fingierten Zustimmung werden und keine Möglichkeit zur Einbeziehung allgemeiner Teile (bis auf die Privilegierung iSd § 9 Abs 2 MRG) darstellen, *Prader*, MRG$^{6.05}$, § 9 MRG E 7, 9 (Stand 1.7.2022, Manz Wohnrecht in rdb.at); vgl auch OGH 30.3.2021, 10 Ob 4/21t.

1066 Vgl § 16 Abs 5 S 1 WEG idF 2022. Auch wenn sich diese starre mietrechtliche Grenze durch die Rechtsprechung zunehmend Lockerungen anmutet und mit der Mietgegenstandesveränderung auch Veränderungen allgemeiner Teile in Kauf genommen werden, lässt sich deren obligatorischer Ursprung (Beschränkung auf das Mietobjekt) nicht leugnen und dieses sohin nicht dem eigentumsrechtlichen Verfügungsrecht entspringenden Individualrecht gleichsetzen. Siehe hierzu das Beispiel einer Solaranlage am Dach, Videokameras und -attrappen oder einer Alarmanlage, vgl *Prader*, MRG$^{6.01}$, § 9 MRG E 9 (Stand 1.7. 2021, Manz Wohnrecht in rdb.at); vgl ausdrücklich auch die Schaffung barrierefreier Zugänge aus mietrechtlicher Betrachtung *Kothbauer*, Mietrecht Österreich, Praxishandbuch (2021) Rz 1633.

1067 Vgl *Prader*, MRG$^{6.05}$, § 9 MRG E 9 (Stand 1.7.2022, Manz Wohnrecht in rdb.at).

sein, weshalb jegliche hypothetisch in Frage kommende Behinderung und die damit einhergehende barrierefreie Ausgestaltung den Zugang zur Zustimmungsfiktion rechtfertigen wird.[1068]

Auch die Barrierefreiheit iSd § 20 Abs 2 Z 1 dWEG scheint durch die Formulierung im Plural rein an objektive Tatbestandsmerkmale anzuknüpfen. Der deutsche Privilegierungstatbestand begünstigt Ausgestaltungsformen, welche *„dem Gebrauch durch Menschen mit Behinderungen […] dienen“*. Darunter seien bauliche Maßnahmen zu verstehen, welche im Rahmen einer rein abstrakten Betrachtung erforderlich oder auch nur förderlich für Menschen mit Behinderungen sind.[1069] Ein konkreter Bedarf als solcher ist nicht Gegenstand der Beurteilung.[1070]

Die objektiv abstrakte Betrachtung dient dem weiten gesellschaftlichen Bedürfnis nach „barrierereduziertem“ Wohnraum.[1071] Außerdem sorgt der weite Interpretationszugang insoweit für Rechtssicherheit, als ein konkretes dem Einzelfall unterliegendes individuelles Bedürfnis nicht der Beurteilung unterliegt und im Rahmen der deutschen Bestimmung das Individualrecht auf Gestattung und im Anwendungsbereich der österreichischen Privilegierung nicht die Wirksamkeit der Zustimmungsfiktion konterkariert wird. Die Wirkung des deutschen Pendants ist jener der österreichischen Privilegierung allerdings überlegen, da die Zustimmungsfiktion gem § 16 Abs 5 WEG durch einen gültigen Widerspruch durchbrochen werden kann.

(4) Das begünstigte Änderungsobjekt barrierefreier Maßnahmen

Von Bedeutung ist die Absteckung des flächenmäßigen Änderungsumfangs barrierefreier Maßnahmen. Die Schaffung von stufenlosen Zugangsflächen bei bestehenden Gebäuden wird in erster Linie durch entsprechende bauliche Rampenführungen[1072] und durch die Installation technischer Unterstützungsapparate erreicht, welche naturgemäß allgemeine Teile betreffen.

Durch die im Gesetzestext verankerten Flächenkategorien (arg: *„Ausgestaltungen eines Wohnungseigentumsobjekts oder von allgemeinen Teilen der Liegenschaft“*[1073]) soll die lokale Ausweitung über das Wohnungseigentumsobjekt

[1068] Vgl ErläutME WEG idF 2022, 134/ME 27. GP 10 Z 2.

[1069] *Hügel* in *Hau/Poseck*, BeckOK BGB[59] (2021) § 20 WEG Rz 12.

[1070] Vgl insb bei Absehbarkeit des künftigen Bedarfes, AG Hamburg-Altona 25.11.2009, 303b C 23/09; jene Entscheidung spricht auch dafür den Begriff der Behinderung zugrunde zulegenden „Beeinträchtigung“ nicht vom Lebensalter typischen Zustand abhängig zu machen (§ 2 Abs 1 S 2 SGB IX), sondern jenen der CRPD heranzuziehen.

[1071] Vgl zum dWEG *Elzer* in *Hogenschurz*, BeckOK WEG § 20 Rz 64 f.

[1072] Vgl zur Rampenführung *Öllinger* in *ÖGNI*, Bestandsgebäude (2021) Kap 2.2, wonach das Längsgefälle 6 % nicht überschritten werden darf (Quergefälle ist generell unzulässig), eine Mindestbreite von 120 cm, eine Rangierfläche im Anfahrbereich von einem Durchmesser von 150 cm und rutschfester Bodenbelag erforderlich ist.

[1073] Vgl § 16 Abs 5 idF WEG 2022.

hinausgehend unterstrichen werden. Dass der änderungsrechtliche Begriff des „Wohnungseigentumsobjekts" ohnehin kaum Parallelen zur allgemeinen wohnungseigentumsrechtlichen Flächenkategorie „Wohnungseigentumsobjekt" aufweist und neben ausschließlich genutzter Zubehörobjekte, sohin auch allgemeine Teile umfassen kann, wurde bereits aufgezeigt.[1074] Die entsprechende Erweiterung allgemeiner Teile illustriert nunmehr, dass davon auch geradezu allgemeine Teile betroffen sein können, wie bspw ein Treppenlift im Stiegenhaus und damit einhergehende optische Beeinträchtigungen an ebendiesen Flächen als Ausfluss schutzwürdiger Interessen der Miteigentümer in diesem Zusammenhang zurückzubleiben haben.[1075]

Scheinbar vom Wortstamm des Begriffs „Wohnungseigentumsobjekt" in die Irre geführt, bezieht sich der Ministerialentwurf in seinen beispielhaften Ausgestaltungen stets auf „Wohnungen" im Sinne § 2 Abs 2 und lässt sonstige selbstständige Räumlichkeiten und KFZ-Abstellplätze außen vor. Im Mittelpunkt des Ministerialentwurfs steht sohin die *„barrierefreie Umgestaltung [der] Wohnung"*, durch welche man *„bewegungsbeeinträchtigte Menschen [mit] Mobilitätseinschränkung durch entsprechende Umgestaltungen in ihrem Wohnbereich möglichst weitgehend [zu] kompensieren [...]"* gedenkt.[1076]

Dieser Umstand wird durch den in die Erläuterungen Eingang findenden Judikaturverweis insoweit bestärkt, als im Falle einer massiven Gehbehinderung die Errichtung eines Behindertenlifts zu einer im zweiten Stock gelegenen Wohnung als zulässig erachtet wurde.[1077] Unterstellt man dem Gesetzgeber den Begriff des „Wohnungseigentumsobjekts" iSv § 16 Abs 5 WEG idF 2022 nicht (abermals) neu abstecken zu wollen – nämlich auf „Wohnungen" zu reduzieren – ist auch hier der Wohnungseigentumsobjektsbegriff iSv § 2 Abs 2 WEG heranzuziehen. Es ist sohin anzunehmen, dass der Gesetzgeber den weiten änderungsrechtlichen (auch allgemeine Teile miteinschließenden) Wohnungseigentumsobjektsbegriff des § 16 Abs 2 WEG heranziehen wollte.[1078] Auch wenn die überwiegende Zahl der Fälle womöglich ohnehin die Implementierung von Wohnräumen betrifft, ist zweifelsohne auch die barrierefreie Ausgestaltung von Geschäftsflächen als selbstständige Räumlichkeiten und von KFZ-Abstellplätzen hiervon umfasst.

(5) Der ländervielfältige baurechtliche Standard

Zweifelsohne ist es primär Aufgabe der in die Gesetzgebungskompetenz der Länder[1079] fallenden öffentlich-rechtlichen Bauordnungen, eine diskrimi-

1074 Vgl IV.D.

1075 Siehe dazu auch IV.H.1.a) IV.H.1.a)(2).

1076 ErläutME WEG idF 2022, 134/ME 27. GP 2 Z 3.

1077 OGH 20.2.2020, 5 Ob 218/19y [Treppenlift].

1078 Vgl IV.E.

1079 *Muzak*, B-VG[6] Art 15 Rz 3 (Stand 1.10.2020, rdb.at).

nierungsfreie Bebauung sicherzustellen und bautechnische Zugänglichkeit[1080] zu gewährleisten. Häufig verweisen nunmehr Bauordnungen hinsichtlich der technischen Anforderungen, oftmals auch in eigenen Bautechnikgesetzen oder -verordnungen verankert, auf Empfehlungen[1081] einschlägiger Institutionen und verleihen diesen normative Wirksamkeit.[1082] Allen voran sind an dieser Stelle die Richtlinien[1083] des *Österreichischen Instituts für Bautechnik, OIB*, einem gemeinnützigem Verein, welchem um die Jahrtausendwende durch eine Artikel 15a B-VG Vereinbarung zentrale Bedeutung im Zusammenhang mit der bundesländerübergreifenden Koordinierung und Harmonisierung des österreichischen Baurechts eingeräumt wurde, zu bezeichnen.[1084] In der OIB RL 4[1085] finden sich Gestaltungskriterien zur *„Nutzungssicherheit und Barrierefreiheit"*, welche jedenfalls als bautechnischer Maßstab heranzuziehen sind.

Nichtsdestotrotz bleibt es den Ländern überlassen, den überwiegend vereinheitlichten (bautechnischen) Standard, insoweit einzugrenzen, als die Aus-

1080 So riet der Ausschuss der vereinten Nationen dem Vertragsstaat Österreich die deutsche Übersetzung der CRPD zu überarbeiten, weswegen der gem § 13 Bundesbehindertengesetz aF (BGBl I 2008/109) eingerichtete Monitoringausschuss anstatt des Begriffes der „Zugänglichkeit" den Begriff der „Barrierefreiheit" zu implementieren, um schließlich alle Dimensionen der Einschränkungsbeseitigung einzufangen, vgl hierzu das Begleitdokument zu BGBl III 105/2016, 3,8.

1081 Ebenjenen Richtlinien kommt nur jene Bedeutung zu, welche ihnen durch Gesetz oder Verordnung beigemessen wurde und haben ohne jene Beimessung keine normative Wirkung, *W. Kirchmayer*, Wiener Baurecht[5], § 88 WrBO (442 f) mwN, vgl VwGH 16.10.1972, Slg 8297 A; so auch die Notwendigkeit der gesetzlichen Implementierung von ÖNORMEN welche anderenfalls als Empfehlungen des Normungsinstitutes keine normative Wirkung entfalten, VwGH 28.11.1995, 94/05/0365; siehe auch § 5 Normengesetz 1971, BGBl 1971/240.

1082 *Fuchs/Markouschek/Schlossnickel*, Barrierefreiheit im Spannungsfeld unterschiedlicher Rechtsvorschriften und Normen, bau aktuell 2017, 157 ff. In diesem Zusammenhang ist auf die Richtlinie des *Österreichisches Institut für Bautechnik*, OIB-330.4-20/19 (2019); weiters auch auf *Austrian Standards*, ÖNORM B 1600:2017-04 Barrierefreies Bauen – Planungsunterlagen (2017) auf welche die OIB-RL 4 nicht mehr ausdrücklich Bezug nimmt (*Fuchs/Markouschek/Schlossnickel*, Barrierefreiheit im Spannungsfeld unterschiedlicher Rechtsvorschriften und Normen, bau aktuell 2017, 159; vgl auch *Fritze* in *Hofer/Klinger*, Handbuch Immobilienverwaltung in der Praxis[2] [2016] 487; vgl ua im Zusammenhang mit Barrierefreiheit § 122 WrBO iVm § 1 WBTV 2020: *„Den im 9. Teil der Bauordnung für Wien festgelegten bautechnischen Vorschriften wird entsprochen, wenn die in den Anlagen enthaltenen Richtlinien des Österreichischen Instituts für Bautechnik* [unter anderem Anlage 11 [OIB-330.4-20/19 (2019)]]*, soweit in ihnen bautechnische Anforderungen geregelt werden, eingehalten werden. Ausgenommen ist Punkt 2.1.5 der Anlage 11."* Mit div Adaptionen § 43 Abs 3 NÖ BO 2014 iVm § 3 NÖ BTV 2014 iVm Anlage 4; weiters § 4 Blgd BG iVm § 36 Abs 1 Z 7 Bgld BauVO 2008 iVm Anlage 7; vgl auch § 82 Stmk BauG 1995; für eine Implementierungsübersicht hinsichtlich sämtlicher Bundesländer siehe *Fritze* in *Hofer/Klinger,* Handbuch Immobilienverwaltung in der Praxis[2] (2016) 480.

1083 Siehe dazu https://www.oib.or.at/oib-richtlinien/richtlinien/2019; zuletzt abgerufen 28.9.2021.

1084 *Kurbos*, Baurecht in der Praxis[8] (2018) 226.

1085 *OIB*, OIB-330.4-20/19 (2019), abrufbar unter https://www.oib.or.at/sites/default/files/richtlinie_4_12.04.19_0.pdf, zuletzt abgerufen 28.9.2021.

führungsverpflichtung adaptiert wird.[1086] So knüpft die tatsächliche Verpflichtung zur barrierefreien Gestaltung an spezifische Kriterien[1087] (zB Wohnungsanzahl, Gebäudehöhen, Gebäudeverwendungszweck, Gestaltungsformen), welche sich von Bundesland zu Bundesland divergent unterscheiden.

Darüber hinaus sind baurechtliche Bestimmungen oftmals zur Beseitigung bereits bestehender Barrieren unzureichend, da die Einhaltung jener in erster Linie an die Gebäudeerrichtung selbst anknüpft und darüberhinausgehend bei anderen Bauausführungen, wie bspw bei bloßen Umbau- oder Instandsetzungsmaßnahmen, zT Erleichterungen von diesen bautechnischen Erfordernissen barrierefreier Ausgestaltungen bestehen.[1088]

(6) Barrierefreiheit im Bundes-Behindertengleichstellungsgesetz[1089]

Auch das BGStG versucht die *„Gleichstellung von Menschen mit Behinderungen in allen Lebensbereichen“*[1090] zu fördern, indem der Diskriminierungsschutz neben der ohnehin im Schutz der Grundrechte stehenden Bundesverwaltung, einschließlich der Selbst- und Privatwirtschaftsverwaltung[1091] auch hinsichtlich des Zugangs zu der Öffentlichkeit zur Verfügung stehenden Gütern und Dienstleistungen[1092] Wirkung entfaltet. Vor diesem Hintergrund gilt es auch die Verpflichtung zur barrierefreien Ausgestaltung im Wohnrecht[1093] im Anwendungsbereich des BGStG darzustellen. So kann der Wohnungseigentümer als Vermieter des der Öffentlichkeit zur Verfügung stellen-

1086 Ua die durch den durchlöcherten Verweis des § 1 WBTV 2020 eingeschränkte Aufzugsverpflichtung, siehe *Fuchs/Markouschek/Schlossnickel*, Barrierefreiheit im Spannungsfeld unterschiedlicher Rechtsvorschriften und Normen, bau aktuell 2017, 161.

1087 Vgl ua die Verpflichtung zu bloß anpassbarem (OIB-330.4-20/19 7.4.2 und ÖNORM B 1600:2017-04 6.1) Wohnraum § 119 Abs 3 iVm § 115 Abs 1 Z 1 WrBO bei Wohngebäuden mit nur einer Wohnung, einer Gebäudehöhe von maximal 7,5m, Reihenhäuser oder Kleingartenhäusern; siehe auch zum Gebäudeverwendungszweck, *Kienastberger/Stellner-Bichler*, NÖ Baurecht[2] (2019) § 46 NÖ BO 2014 (366).

1088 Vgl § 68 Abs 1 Wr BO wonach bei Änderungen, Umbauten und Instandsetzungen an rechtmäßig bestehenden Gebäuden dann nicht der Gesamtheit baurechtlicher Vorschriften unterliegen, wenn deren Einhaltung einen (technischen oder wirtschaftlichen, vgl *W. Kirchmayer*, Wiener Baurecht[5], § 68 WrBO [326 ff]) unverhältnismäßigen Aufwand erfordern würde oder durch die Maßnahme insgesamt der Abstand des Baubestandes zu den gesetzlichen Bestimmungen verkleinert wird (Annäherungspflicht).

1089 Bundes-Behindertengleichstellungsgesetz, BGBl I 2005/82.

1090 Vgl ErläutRV BGStG, 836 BlgNR 22. GP 1.

1091 Vgl 2 Abs 1 BGStG.

1092 So gilt das BGStG auch „für Rechtsverhältnisse einschließlich deren Anbahnung und Begründung sowie für die Inanspruchnahme oder Geltendmachung von Leistungen außerhalb eines Rechtsverhältnisses, soweit es jeweils um den Zugang zu und die Versorgung mit Gütern und Dienstleistungen geht, die der Öffentlichkeit zur Verfügung stehen, und die unmittelbare Regelungskompetenz des Bundes gegeben ist.“ Vgl § 2 Abs 2 BGStG.

1093 In diesem Zusammenhang lässt sich jedenfalls das MRG, WEG und WGG als dem Zivilrechtswesen zugehörige in die Regelungskompetenz des Bundes fallende Materien (Art 10 Abs 1 Z 6 B-VG) dem Anwendungsbereich des § 2 Abs 2 BGStG zuordnen.

de „Gut" Immobilie, aber auch der Geschäftsmieter, welcher der Öffentlichkeit Zugang zur Versorgung mit Gütern und Dienstleistungen einräumt, dem Anwendungsbereich des BGStG unterliegen.[1094]

Bereits das Anbieten von Wohnraum, Geschäftsflächen[1095] oder anderen Gütern und Dienstleistungen in der Öffentlichkeit kann in den Anwendungsbereich des BGStG fallen und die Privatautonomie des Anbietenden insoweit zurückdrängen, als nicht barrierefreie Zugänge[1096] Menschen mit Behinderungen gegenüber anderen Personen benachteiligen können und als mittelbare Diskriminierung[1097] zu qualifizieren sind, welche schadenersatzrechtliche[1098] Konsequenzen auslösen und zumindest mittelbar zu einer Beseitigungspflicht führen.[1099]

Eine mittelbare Diskriminierung ist jedoch dann nicht gegeben, wenn die Beseitigung der Barrieren:

- *„rechtswidrig oder wegen unverhältnismäßiger Belastungen unzumutbar wäre"*[1100], und
- im Falle unverhältnismäßiger Belastungen nicht *„zumutbare Maßnahmen […] [zur]Verbesserung der Situation […] verabsäumt wurden"*[1101] und
- im Beurteilungsfall *„keine einschlägigen […] Rechtsvorschriften zur Barrierefreiheit vorliegen."*[1102]

Der Gesetzgeber selbst erkennt jedenfalls die mangelnde Barrierefreiheit ausdrücklich als Diskriminierungsgrund an, gewichtet aber auch den entsprechenden Beseitigungsaufwand, welcher oftmals ein besonderes Ausmaß finanzieller Mittel erfordert.[1103] Namentlich führt er den nachträglichen Einbau ei-

---

1094 *Vonkilch*, Anwendbarkeit des Verbotes der mittelbaren Diskriminierung durch bauliche Barrieren ab 1. Jänner 2016 auch bei Bestandsgebäuden: Auswirkungen auf bestehende Mietverhältnisse, wobl 2016, 120 f.

1095 *Vonkilch*, Anwendbarkeit des Verbotes der mittelbaren Diskriminierung durch bauliche Barrieren ab 1. Jänner 2016 auch bei Bestandsgebäuden: Auswirkungen auf bestehende Mietverhältnisse, wobl 2016, 120.

1096 Vgl § 5 Abs 2 iVm § 6 Abs 1 iVm § 16 Abs 5 BGStG.

1097 Vgl § 5 Abs 2 BGStG: Ein *„nach neutrale[n] […] Merkmale[n] gestalteter Lebensbereich[-], welcher Menschen mit Behinderungen […] benachteiligen"* kann.

1098 Vgl die Ersatzpflicht des Vermögensschadens und des immateriellen Schadens, § 9 Abs 1 BGStG.

1099 Vgl die Ausführungen *Vonkilchs*, dass zumindest dem Gesetzeswortlaut nach eine Naturalrestitution – im Sinne eines auf Beseitigung der Barriere gerichteten Begehrens – nicht ausgeschlossen scheint, dieser Umstand allerdings im Hinblick auf die Entstehungsgeschichte des BGStG und die bewusst nicht aufgenommene Beseitigungsverpflichtung teleologisch zu reduzieren ist, *Vonkilch*, Anwendbarkeit des Verbotes der mittelbaren Diskriminierung durch bauliche Barrieren ab 1. Jänner 2016 auch bei Bestandsgebäuden: Auswirkungen auf bestehende Mietverhältnisse, wobl 2016, 121.

1100 Vgl § 6 Abs 1 BGStG.

1101 Vgl § 6 Abs 3 BGStG.

1102 Vgl § 6 Abs 4 BGStG.

1103 Vgl ErläutRV BGStG, 836 BlgNR 22. GP 8.

nes Aufzuges in einen Altbau als Unzumutbarkeit in den Erläuterungen an und räumt dem Denkmalschutzrecht Bedeutung als rechtlichen Hindernisgrund ein.[1104]

Die Implementierung der Barrierefreiheit im Wohnungseigentumsrecht insb im Zusammenhang mit der Inanspruchnahme allgemeiner Teile, bei welcher sich im Regelfall um eine genehmigungsbedürftige Änderung handelt, gestaltet sich allerdings mit auch nur einer nichtersatzfähigen[1105] Nichtzustimmung eines Miteigentümers als eigenmächtig und sohin als rechtswidrig iSd § 6 Abs 1 BGStG.[1106]

Dies führt zu dem merkwürdigen Umstand, dass ohne der Initiative des dem BGStG unterliegenden Wohnungseigentümers selbst, jeglicher genehmigungsbedürftiger Eingriff als rechtswidrig und der Ausnahmetatbestand des § 6 Abs 1 BGStG als erfüllt gilt. Erst die in der Praxis im seltensten Fall erwirkbare einstimmige Zustimmung sämtlicher Wohnungseigentümer oder ein entsprechender Zustimmungsersatz würde die aus dem BGStG resultierende Schadenersatzpflicht für anders nicht rechtfertigbare mittelbare Diskriminierungen auslösen.

Für den dem BGStG unterliegenden Geschäftsmieter lässt sich ein ähnliches Ergebnis ableiten. Im Kontrast zum Änderungsrecht des Wohnungseigentümers ist das mietrechtliche Veränderungsrecht im Vollanwendungsbereich gar noch restriktiver: Neben dem vergrößerten Voraussetzungskatalog[1107] genügt diesem nicht das alternative Vorliegen eines wichtigen Interesses oder der Verkehrsüblichkeit,[1108] vielmehr haben sich diese beiden Tatbestände zu kumulieren. Darüber hinaus greift auch die Zustimmungsfiktion nicht bei jenen Veränderungen, welche solchen Implementierungen, welche eine „Ausdehnung der Mietrechte“[1109] zum Inhalt haben. Die Konsequenz ist, dass ohne die Zustimmung des Vermieters und im Falle einer Wohnungseigentumsanlage der Gesamtheit der Wohnungseigentümer die Barrierenbeseitigung als rechtswidrig zu qualifizieren ist.

Im wohnrechtlichen Kontext kam der Schadenersatzpflicht bzw der „mittelbaren Beseitigungspflicht“ von Barrieren aufgrund der weiten Ausnahmeregelung (zumindest bisher) kaum Bedeutung zu, mag man auch in § 6 Abs 3 BGStG analog[1110] die Verpflichtung erkennen, „zumutbare Maßnahmen“ zur

---

1104 Vgl ErläutRV BGStG, 836 BlgNR 22. GP 8;

1105 Im Sinne eines abweisenden Beschlusses gem § 52 Abs 1 Z 2 iVm § 16 Abs 2 WEG.

1106 Zum Begriff des wichtigen Interesses bei Bestehen einer gesetzlichen Verpflichtung vgl IV.I.2.c)(2).

1107 Vgl § 9 Abs 1 Z 1–7 MRG

1108 Vgl § 9 Abs 1 Z 2.

1109 Vgl zum Plattform Treppenlift in den Keller, OGH 25.1.2005, 5 Ob 310/04f.

1110 Jene Regelung knüpft ausdrücklich nur an den Ausnahmetatbestand der unverhältnismäßigen Belastungen.

Beseitigung der Rechtswidrigkeit zu setzen, wie bspw ein die Zustimmung ersetzendes Außerstreitverfahren zu initiieren.

Losgelöst von jener Verpflichtung, gilt es umgekehrt die Rechtsstellung des Wohnenden als Schutzsubjekt des BGStG – die Verwaltung und den bloßen Verbraucher der Öffentlichkeit zur Verfügung stehender beweglicher Güter und Dienstleistungen außenvorlassend[1111] – zu beleuchten: Wohingegen der von der Barrierefreiheit abhängige Mieter eines Wohnobjekts, als Adressat öffentlich zur Verfügung stehender Güter (zumindest potentiell) in den Schutzbereich des BGStG fällt, ergibt sich für den Wohnungseigentümer, welcher seine Änderungswilligkeit in der barrierefreien Ausgestaltung manifestiert eine unbefriedigende Regelungslücke,[1112] welche es mit der Begünstigungswürdigkeit jener Ausgestaltungen mit dem WEG idF 2022 zu schließen galt.

Aufgrund der Tatsache, dass nunmehr barrierefreie Maßnahmen zum einen durch die Zustimmungsfiktion[1113] selbst, zum anderen im Widerspruchsfall aufgrund der Reflexwirkungen[1114] auf sämtliche Tatbestände des Änderungsrechts, darunter das wichtige Interesse, begünstigt sind, wird die Ausnahme von der Verpflichtung zur Barrierefreiheit iSd § 6 Abs 1 BGStG im Wohnungseigentumsrecht eingeschränkt. Mit der wohnungseigentumsrechtlichen Begünstigung barrierefreier Ausgestaltungen geht sohin im Ergebnis eine Ausweitung der Umgestaltungspflicht nach dem BGStG einher. Die Rechtfertigung mittelbarer Diskriminierung durch Barrieren kommt sohin im Wesentlichen nur im Rahmen der Unzumutbarkeit aufgrund unverhältnismäßiger Belastungen in Frage, bei welcher es in erster Linie auf den mit der Beseitigung der Barriere verbundenen Aufwand, die wirtschaftliche Leistungsfähigkeit des im Rahmen des BGStG Verpflichteten, etwaige Förderungsmöglichkeiten, die Auswirkung der Benachteiligung und nicht zuletzt auf den subjektiven Bedarf des scheinbar Diskriminierten ankommt.[1115]

b) Die Anbringung einer Vorrichtung zum Langsamladen eines elektrisch betriebenen Fahrzeugs gem § 16 Abs 5 WEG

An der Spitze nachhaltiger Energieträger im Verkehr steht nach bisherigem Technologiestand der Strom.[1116] Der Schlüssel zu nachhaltiger Mobilität ist sohin der Ausbau entsprechender Ladeinfrastrukturen.[1117] Neben der Schaf-

---

1111 Vgl § 2 BGStG.

1112 Soweit man den Verkäufer des Wohnungseigentumsobjekts, womöglich den Bauträger, nicht den Pflichten des BGStG unterwirft.

1113 Siehe dazu IV.H.1.

1114 Siehe dazu IV.H.

1115 Vgl § 6 Abs 2 BGStG.

1116 *Europäischer Rechnungshof*, Ladeinfrastruktur für Elektrofahrzeuge: mehr Ladestationen, aber deren ungleichmäßige Verteilung macht das Fahren innerhalb der EU schwierig (2021), 7.

1117 Siehe zur strategischen Entwicklung alternativer Kraftstoffe, *Europäischer Rechnungshof*, Ladeinfrastruktur für Elektrofahrzeuge: mehr Ladestationen, aber deren ungleichmäßige Ver-

fung öffentlicher Ladepunkte bedarf es sohin eines massiven Ausbaus privater Ladepunkte, nicht zuletzt vor dem Hintergrund, dass Elektrofahrzeuge aufgrund der im Allgemeinen niedrigeren Reichweite öfter geladen werden müssen als konventionelle Fahrzeuge mit fossilem Kraftstoff.[1118] Zur Erreichung der Klimaneutralität im Verkehr bis 2050 müssen bis 2030 etwa 34 % der Haushalte über ein E-KFZ verfügen, was knapp 1,3 Mio private Ladepunkte erfordert.[1119] Neben der der rechtlichen Einbauzulässigkeit bestehen zumeist auch technische Hürden, da bestehende Gebäudeanschlüsse zumeist nicht für jene Lasten ausgelegt sind.[1120]

---

teilung macht das Fahren innerhalb der EU schwierig (2021), 10 f mwN; So fanden sich die ersten strategischen Ansätze für den Ausbau alternativer Kraftstoffe und der zugehörigen Infrastruktur in einer Empfehlung der Kommission 2011, COM (2011) 144; vgl darauf aufbauend die strategische Netzwerkgestaltung alternativer Kraftstoffe, COM (2013) 17; letztere fand ihren verbindlichen Charakter durch die RL (EU) 2014/94 über den Aufbau der Infrastruktur für alternative Kraftstoffe, welche gerade im städtischen Bereich den Ausbau von Ladepunkten zu verdichten gedenkt und ein spezielles Kontroll- und Berichtsverfahren mit bestimmten Mindestzielen im Fünfjahrestakt vorsieht. Die VO (EU) 2013/1315 definierte den erforderlichen Aufbau eines transeuropäischen Verkehrsnetzes durch ein aufzubauendes Kernnetz bis 2030 und einem Gesamtnetz bis 2050. Für eine emissionsarme Mobilität empfahl die Kommission starke Anreize für dessen Ausbau zu setzen. Darunter fällt der Ausbau der Ladeinfrastruktur, deren technische Normung, steuerliche Instrumente und finanzielle Investitionsfördermaßnahmen COM (2016) 501. 2017 stellte die Kommission einen Aktionsplan zur Beschleunigung der Infrastruktur auf Basis nachhaltiger Kraftstoffe auf mit dem Bedarf erheblicher öffentlicher und privater Investitionen, COM(2017) 652. Der europäische Grüne Deal, COM (2019) 640, empfahl ebenso die Produktion und die Verbreitung nachhaltiger alternativer Kraftstoffe auszubauen und bis 2025 etwa 13 Mio emissionsfreie und emissionsarme Fahrzeuge mit zumindest einer Million öffentlicher Ladepunkte für zu versorgen, um den Verkehr vor allem im städtischen Bereich drastisch weniger umweltschädlich zu gestalten. Daran anknüpfend erweiterte die Kommission jene Ziele durch die Fortentwicklung strategischer und intelligenter Mobilität, um den Verkehr in Europa auf Zukunftskurs zu bringen, COM (2020) 789. Dadurch soll das Endziel des flächendeckenden Ladenetzes und der Ausbau von drei Mio Ladestationen erreicht werden. Letztlich fand auch die Entwicklung nachhaltiger und intelligenter Mobilitäts- und Verkehrssysteme Eingang in das Europäische Klimagesetz, VO (EU) 2021/1119 ErwGr 34 f; vgl die Ladeinfrastruktur in Wohngebäuden als durchbruchsentscheidend für die Elektromobilität, *Pressmair/Lampersberger*, E-Mobiltität in Wohnhausanlagen – technische Herausforderungen und Möglichkeiten, immolex 2020, 342; vgl zum wesentlichen Faktor der Elektromobilität als Aufstiegschance aus der fossilen Energie im Verkehrsbereich, *Fraunhofer Austria Research GmbH/Technische Universität Wien, Institut für Fahrzeugantriebe und Automobiltechnik/ Smart Mobility Power GmbH,* E-MAPP 2 E-Mobility – Austrian Production Potential, Qualification and Training needs (2020) 24.

1118 Vgl *Europäischer Rechnungshof*, Ladeinfrastruktur für Elektrofahrzeuge: mehr Ladestationen, aber deren ungleichmäßige Verteilung macht das Fahren innerhalb der EU schwierig (2021), 9.

1119 Vgl *Pressmair/Lampersberger*, E-Mobiltität in Wohnhausanlagen – technische Herausforderungen und Möglichkeiten, immolex 2020, 342 mwN.

1120 So bedarf es jedenfalls eines sinnvollen Lasten(verteilungs)managements; vgl aber zum Pilotprojekt „Elektromobilität 2030“ bei welchem eine Wohnhausanlage (92 kW Hausanschluss) mit einer 12 Ladepunkte-Gemeinschaftsanlage ausgerüstet wurde; Trotz Leistungsspitzen im Zeitraum zwischen 18:00 und 20:00 kam es zu keinem Zeitpunkt zu Überlastungen und

Trotz der kontrovers[1121] diskutierten Frage hinsichtlich der gesamtheitlichen ökologischen Auswirkung von Elektrofahrzeugen lässt sich ein klarer Klimavorteil von batterieelektrisch betriebenen PKWs nahelegen, insb wenn diese die Herstellungs- und Antriebsenergie auf Basis erneuerbarer Quellen beziehen.[1122] In Anbetracht derzeitiger Rekord-Treibstoffpreise[1123] und des Ausbaus von Förderleistungen[1124] gewinnt jene Mobilitätsform jedenfalls heutzutage besonderen Aufschwung.[1125]

Anknüpfend an das Emissionsreduktionspotential auf dem Sektor des Individualverkehrs[1126] privilegierte der Gesetzgeber den Einbau von „Langsam-

---

es war eine Leistungsreserve von ca 40 % gegeben, *Pressmair/Lampersberger*, E-Mobilität in Wohnhausanlagen – technische Herausforderungen und Möglichkeiten, immolex 2020, 343.

1121 Kritisch zur einseitigen Begünstigung von Elektromobilität in Anbetracht fünfjähriger Nutzungsdauer *Höllwerth*, Zum neuen Änderungsrecht des Wohnungseigentümers nach der WEG-Novelle 2022, wobl 2022, 125 f.

1122 Vgl *Umweltbundesamt GmbH*, Die Ökobilanz von Personenkraftwagen (2021) 6, 29ff, wonach sich eine Emissionseinsparung zwischen 67 % (Oberklasse) und 79 % (Kleinwagen) gegenüber herkömmlichen rein fossil angetriebenen Fahrzeuge ableiten lässt; das entspricht einer Emission bezogen auf die Gesamtfahrleistung von knapp 80g (vs 260g bei Fahrzeugen mit Ottomotor) je Fahrzeugkilometer bei Energiebezug aus erneuerbaren Energiequellen; die Herstellungsemissionen fallen bei der elektrischen Kompaktklasse mit 17,4t CO_2 Äquivalent knapp 70 % höher aus als bei vergleichbaren, modernen ICE PKWs (Ottomotor: 10t, Dieselmotor 11t); vgl auch *Agora Verkehrswende*, Klimabilanz von Elektroautos. Einflussfaktoren und Verbesserungspotenzial (2019) 3, so weist das Elektrofahrzeug über den gesamten Lebensweg einen Klimavorteil auf; die wichtigste Einflussgröße sei die Herkunft der Antriebsenergie; durch technische Entwicklungen bei der Batterieentwicklung könne gar von einer Halbierung der Klimabilanz ausgegangen werden. Die Untersuchung stellt auch die notwendige Fahrleistung für eine positive Klimaauswirkung dar.

1123 Dass gelegentlich ein Zweier die Eurostelle der Preistafeln schmückt, überrascht wohl niemand mehr, weshalb zuletzt auch die Rufe nach einem Spritpreisdeckel lauter wurden, *Die Presse*, Print-Ausgabe, 15.9.2022 „Regierung beruft Sprit-Preiskommission ein"; Aber auch die Strompreise sind bekanntlich durch die Gaspreiskoppelung, trotz 85 %er nachhaltiger Energiequellen nicht unbescholten davongekommen, *Die Presse*, Print-Ausgabe, 10.9.2022, „Energiekrise kostet Haushalte 4,4 Mrd. Euro".

1124 Vgl ua *Klima- und Energiefonds*, Leitfaden E-Mobilität für Private Jahresprogramm 2022 (2022) 5, wonach E-Fahrzeuge mit 800–3.000 € und E-Infrastruktur mit 600-1.800 € gefördert werden; siehe auch zu den steuerrechtlichen Vorteilen zuletzt auf Basis der Ökosozialen Steuerreform 2022, insb zum Investitionsfreibetrag iHv 15 %, *Katzmayr*, Bringt die Ökosoziale Steuerreform die nächste Ausnahme für Elektrofahrzeuge?, taxlex 2022, 88.

1125 Insgesamt gab es 2021 knapp 240.000 PKW-Neuzulassungen, knapp 33.400 (13,9 %) sind hiervon elektrisch betrieben; im Jahr 2020 gab es etwa 249.000 PKW-Neuzulassungen, wovon knapp 16.000 elektrisch betrieben sind, so konnte sich die Zahl der Neuzulassung von ePKWs mehr als verdoppeln, *Statistik Austria,* Kfz-Zulassungen 2021 Pressekonferenz 17. Jänner 2022 Unterlagen zur Pressekonferenz (2022) Tabelle 2,4; vgl noch 2017 mit etwa insgesamt 3400 Zulassungen für E-Fahrzeuge *Fidler*, Elektromobilität im Wohnungseigentumsrecht, wobl 2017, 370 mwN; zur Erheiterung an dieser Stelle ein Zitat von Kaiser *Wilhelm II* (1859–1941) (unbelegt) „Das Automobil ist eine vorübergehende Erscheinung. Ich glaube an das Pferd."; als Protektor des kaiserlichen Automobilclubs ist dessen Autorenschaft womöglich unwahrscheinlich *(Wikipedia).*

1126 Siehe dazu II.B.3.

ladevorrichtungen" im Wohnungseigentum für elektrisch betriebene Fahrzeuge – ähnlich der barrierefreien Ausgestaltung – sowohl durch den Zugang zur Zustimmungsfiktion gem § 16 Abs 5 WEG, als auch durch die unwiderlegliche Vermutung der Voraussetzungen gem § 16 Abs 2 Z 2 S 2 WEG[1127] im Rahmen des gerichtlichen Zustimmungsersatzes.[1128] Dabei stellt die Einzelanlage im Gegensatz zur Gemeinschaftsanlage[1129] jene technische Lösung dar, welche dem einzelnen Wohnungseigentümer einen entsprechenden KFZ-Abstellplatz mit einer Ladestation zum exklusiven Gebrauch auszurüstet.[1130]

Als „Vorrichtung zum Langsamladen" ist eine elektrotechnische Anlage mit noch zu erörternder Ladeleistung[1131] zum Aufladen von elektrisch betriebenen Fahrzeugen zu verstehen, welche neben der erforderlichen elektrischen Leitungsführung[1132] eine Wandladestation, eine sog „Wallbox", als an der Wand befestigte Anschlussmöglichkeit erfordert.[1133] Die „Wallbox" ist die Schnittstelle zum E-Fahrzeug und ist zunehmend auch mit besonderen Funktionen ausgestattet.[1134] Darunter fallen nicht zuletzt ein intelligentes Lastenmanagement,[1135] Dokumentationsfunktionen, sowie ein gesonderter Stromzähler.

Jener Privilegierungstatbestand ist Ausfluss der Judikaturlinie weiter Leitungsprivilegien.[1136] So hatte sich der OGH bereits vor der WEG-Novelle mit

1127 Siehe dazu IV.I.3.f).

1128 Vgl zum Zentralanliegen der WEG-Novelle 2022 *Stabentheiner*, Die WEG-Novelle 2022, ÖJZ 2022, 261.

1129 Der Gesetzgeber zieht Gemeinschaftsanlagen den Einzelanlagen nicht zuletzt aufgrund der besser koordinierbaren Lastspitzen vor, siehe hierzu IV.I.3.f); Die Anschlussmöglichkeit an eine Gemeinschaftsanlage eleminiert auch die Privilegierungswirkung des § 16 Abs 2 Z 2 WEG; vgl hierzu auch *Fidler*, Elektromobilität nach der WEG-Nov 2022, ZVR 2023, 190.

1130 Siehe darüber hinaus auch zur technischen Differenzierung zwischen Einzel- und Gemeinschaftsanlage und damit verbundener Lastspitzenvermeidung durch „intelligentes Laden", *Fidler*, Elektromobilität nach der WEG-Nov 2022, ZVR 2023, 189.

1131 Siehe dazu IV.H.1.b)(1).

1132 So gilt es die Leitungsführung zwischen dem bestehenden Zählerpunkt und dem Abstellplatz durchzuführen, soweit nicht ein neuer Zählerpunkt geschaffen werden soll. Neben baulichen Durchbrüchen können bei Abstellplätzen im Freien auch Grabungsarbeiten zur Leitungsführung erforderlich sein, vgl *Fidler*, Elektromobilität im Wohnungseigentumsrecht, wobl 2017, 370 f. Anbieten würde sich auch die Schaffung eines neuen zentralen Zählerpunktes für alle Ladevorrichtungen, um einerseits eine effiziente Lastenverteilung und die jederzeitige Anschlussmöglichkeit anderer Wohnungseigentümer sicherzustellen; eine solche Installation erfordert kollektives Interesse und wird sich *in praxi* nicht zuletzt aufgrund der umfassenden Kostentragungspflicht des § 16 Abs 6 WEG individueller Änderungen nur als außerordentliche Verwaltungsmaßnahme umsetzen lassen, vgl *Fidler*, Elektromobilität im Wohnungseigentumsrecht, wobl 2017, 371, 375.

1133 Vgl *Fidler*, Elektromobilität im Wohnungseigentumsrecht, wobl 2017, 370.

1134 Vgl *Fidler*, Elektromobilität im Wohnungseigentumsrecht, wobl 2017, 370.

1135 Gerade ein solches könnte bei entsprechender technischer Gestaltung im Widerspruchsfall für eine gerichtliche Genehmigungsfähigkeit sprechen, indem schutzwürdige Interessen hinsichtlich einer Überlastung zurückgedrängt werden.

1136 Vgl RIS-Justiz RS0132948; nicht zuletzt, weil elektrische Energie überwiegend Nachhaltigkeitscharakter aufweist.

der Frage auseinanderzusetzen, inwieweit die Verlegung einer Stromleitung für eine sog „Wallbox" zum einphasigen Laden mit 3,7 kW eines E-Fahrzeuges dem Tatbestand der privilegierten Stromleitung iSd § 16 Abs 2 Z 2 S 2 WEG aF entsprach.[1137]

Sohin fand dieser Wertungszugang mit der Novelle 2022 als privilegierte Änderungsmaßahme[1138] ausdrücklichen gesetzlichen Niederschlag mit dem *„malus"*,[1139] als nunmehr nach fünf Jahren ab Errichtung unter bestimmten Voraussetzungen eine Gemeinschaftsanlage die Individualanlage verdrängen kann.

(1) Die tatbestandsmäßige Ladetechnologie

Begünstigungswürdig ist der Einbau von Vorrichtungen zum „Langsamladen" eines elektrisch betriebenen Fahrzeugs. Darunter fallen Ladeeinrichtungen unabhängig des Fahrzeugtypus.[1140] Die begünstigungswürdige Technologie knüpft durch das „Langsamkeitsattribut" an die Ladegeschwindigkeit an. Zweifelsohne hängt die „Aufladedauer" von der Batteriekapazität des Fahrzeuges ab, weshalb mangels ziffernmäßiger Festlegung mit dem technischen Fortschritt der Batteriekapazitäten und dem Ausbau der Anschlussleistungen eine tatbestandsmäßige Ausweitung stattfinden wird.

So finden sich im Allgemeinen nach heutigem Technologiestand vier Ladegeschwindigkeitsstufen, ohne dass hiermit bereits eine tatbestandsmäßige Einschränkung verbunden sein soll:[1141]

- Langsamladen (Wechselstrom-einphasig, 3–7 kW Ladeleistung)[1142]
- Normalladen (Wechselstrom-dreiphasig, 11–22 kW Ladeleistung)[1143]
- Schnellladen (Gleichstrom, 50–100 kW Ladeleistung)[1144]

1137 Vgl OGH 18.12.2019, 5 Ob 173/19f; die Argumentationsgrundlage hierfür aufbauend *Fidler*, Elektromobilität im Wohnungseigentumsrecht, wobl 2017, 369 ff; siehe dazu auch EvBl 2020/113, 791 ff *(Weixelbraun-Mohr)*.

1138 Zum Kreis der zweifach privilegierten Änderungsmaßnahmen zugehörig, vgl §§ 16 Abs 2 Z 2 S 2, § 16 Abs 5 WEG; siehe dazu auch IV.I.3.f).

1139 Siehe dazu allerdings einen weiten Zugang zu Ladevorrichtungen sichernd IV.H.1.b)(3).

1140 Darunter fallen auch Ladevorrichtungen für einspurige Fahrzeuge, ErläutRV WEG idF 2022, 1174 BlgNR 27. GP 12 Z 8 lit a.

1141 *Europäischer Rechnungshof*, Ladeinfrastruktur für Elektrofahrzeuge: mehr Ladestationen, aber deren ungleichmäßige Verteilung macht das Fahren innerhalb der EU schwierig (2021), 9 mwN.

1142 Siehe zum tatbestandsmäßigen dreiphasigen Laden in diesem Kapitel unten.

1143 Vgl dazu Vgl Art 2 Z 4 RL (EU) 2014/94; technisch ist bei dreiphasigem Wechselstrom (AC) Ladestrom bis 32 A bei einem Netzanschluss der Ladeinfrastruktur von 400 V, 3x 32A möglich, vgl *Deutsche Kommission Elektrotechnik Elektronik Informationstechnik in DIN und VDE*, Technischer Leitfaden Ladeinfrastruktur Elektromobilität Version 4 (2021) 20; vgl auch die Kategorisierung nach Level 1–3, AC Charging systems („Langsam- bis Normalladen") und Level 1–3 DC Charging systems, *Patel et al*, Electric Vehicles Modern Technologies and Trends (2021) 76 ff; so müsse das „Langsamladen" erheblich langsamer als das „Normalladen" sein, vgl *Stabentheiner*, Die WEG-Novelle 2022, ÖJZ 2022, 262.

- Ultraschnellladen (Gleichstrom, ab 100 kW Ladeleistung)[1145]

Im Mittelpunkt der Regelungssystematik von Ladevorrichtungen steht die Regelungsbalance zwischen dem zu fördernden Klimaschutzinteressierten und dem Überlastungspotential der Strominfrastruktur als Ausfluss schutzwürdiger Miteigentümerinteressen.[1146] In der reduzierten, bedarfsgerechten Ladeleistung verdeutlicht sich sohin ein Merkmal des besonderen Miteigentümerschutzes.[1147] Der Gesetzgeber verdeutlicht, dass der Begriff des „Langsamladens" keineswegs starr an die ziffernmäßige Ladegeschwindigkeit zu koppeln ist, da jene Maßzahl in Anbetracht des technischen Entwicklungspotentials möglicherweise bald überholt wäre und keinen Platz für den notwendigen technischen Spielraum erlaube.[1148]

Als Anhaltspunkt aus heutiger Sicht verwies er gleichzeitig auf die Leitentscheidung 5 Ob 173/19f, wonach die haushaltssteckdosenähnliche,[1149] einphasige Lademöglichkeit mit maximal 3,7 kW (Einphasen-Wechselstrom) jeden-

1144 Vgl demgegenüber Art 2 Z 5 RL (EU) 2014/94, welcher „Schnellladen" mit mehr als 22 kW definiert.

1145 Jene Kategorie fand keinen legistischen Niederschlag, gleichwohl erlaubt die HPC Ladetechnologie Ladeleistung bis zu 350 kW, vgl *Deutsche Kommission Elektrotechnik Elektronik Informationstechnik in DIN und VDE*, Technischer Leitfaden Ladeinfrastruktur Elektromobilität Version 4 (2021) 20; mit jener Ladeleistung ließe sich eine durchschnittliche E-Fahrzeug Akku (vgl https://www.mobilityhouse.com/de_de/ratgeber/ladezeitenuebersicht-fuer-elektroautos, zuletzt abgerufen am 27.9.2022) von 50 kWh bei entsprechender Batterieeigenschaft in knapp 9 Minuten aufladen; Jene Technologie, welche freilich auch einen besonderen Akku voraussetzt, wird vor allem im öffentlichen Raum Bedeutung zu kommen, da die Ladezeiten wohl dem herkömmlichen Tankvorgang entsprechen. Die Umsetzung der technischen Obergrenze im Wohnungseigentumsrecht, wo Abstellplatz und Ladestation vereint werden, erfordert wohl im gerichtlichen Zustimmungsersatz ein besonders wichtiges Interesse iSd § 16 Abs 2 Z 2 WEG (gewerblicher Elektrofuhrpark). Die meisten E-Fahrzeuge sind dieser Technologie allerdings ohnehin noch nicht zugänglich.

1146 Vgl ErläutRV WEG idF 2022, 1174 BlgNR 27. GP 9; vgl auch *Stabentheiner*, Die WEG-Novelle 2022, ÖJZ 2022, 262.

1147 Vgl demgegenüber die deutsche offene, ladetechnisch nicht eingeschränkte Privilegierungslösung des „right to plug" *Boban,* Right to Plug Ein wohnrechtlicher Rechtsvergleich in drei Gesichtspunkten, wobl 2022, 163.

1148 Vgl ErläutRV WEG idF 2022, 1174 BlgNR 27. GP 9; mit dem ausdrücklichen Verweis auf die bewusst in Kauf genommene Abstraktheit verbietet sich jeglicher Analogieschluss mangels Regelungslücke; da jener Terminus auch keine öffentlich-rechtlichen Begriffsprägung aufweist, nahm man auch von einer ziffernmäßigen wohnungseigentumsrechtlichen Verankerung zur Vermeidung von Interferenzen Abstand. Klar ist, dass der *status quo* 2022 jenem technischen Standard entspricht und eine auslegungstechnische Begriffsausweitung wohl erst in einigen Jahren erwartet werden kann; so wurde bewusst auf eine Definition verzichtet, vgl *Stabentheiner*, Die WEG-Novelle 2022, ÖJZ 2022, 262; vgl zum dynamischen Ladebegriff, *Fidler,* Elektromobilität nach der WEG-Novelle 2022, ZVR 2023,190.

1149 An dieser Stelle gilt es darauf hinzuweisen, dass das Aufladen von E-Fahrzeugen über die klassische „Schuko-Steckdose" nicht geeignet ist, ja sogar gefährlich sein kann und somit zumindest eine CEE-Steckdose verwendet werden sollte bzw eine dafür ausgelegte Wallbox, vgl *AustriaTech GmbH* 16/SN-134/ME 27. GP.

falls davon umfasst ist.[1150] Keineswegs sei der tatbestandsmäßigen Ladetechnologie eine Phasenbeschränkung zu unterstellen, wonach auch dreiphasige Ladevorrichtungen begünstigungswürdig sind. Nicht zuletzt, da einphasiges Laden bei mehreren Individualanlagen das allgemeine Verteilungsnetz überlasten könnte.[1151] Generell sind Wechselstromanlagen, nicht zuletzt aufgrund niedriger Ladeleistungen und geringerem Hardwarebedarf, auch günstiger in der Errichtung.[1152]

Aufgrund der Tatsache, dass dreiphasiges Laden elektrotechnisch mit mindestens 5,5 kW umgesetzt werden kann, dehnt sich der Begriff des Langsamladens jedenfalls auf jene Ladeleistung aus.[1153] Jene Aufwertung ist Ausfluss des Begutachtungsverfahrens und mehreren Stellungnahmen, welche auf die verbesserte Lastenverteilung hinwiesen.[1154]

Ausdrücklich stellt der Gesetzgeber das „Langsamladen" dem „Normal- und Schnelladen" als begriffliches *minus* gegenüber.[1155] Als Normalladen sei nach heutigem Technologiestand ein dreiphasiges Laden von bis zu 22 kW zu verstehen und jedenfalls von der Begünstigungswürdigkeit ausgenommen – „wohl" auch eine Ladeleistung von 11 kW.[1156] Anders als die Zäsur zwischen Schnell- und Normalladen, welche in der Richtlinie über den Aufbau der Infrastruktur für alternative Kraftstoffe mit 22 kW einen legaldefinierten Niederschlag fand,[1157] scheint die Zäsur zwischen Langsam- und Normalladen verschwommen zu sein.

1150 So sei die Schaffung einer Ladeinfrastruktur nicht sonderlich komplex, soweit die elektrischen Anschlüsse der Wohnung genutzt werden können und der Zählerverteiler zentral im Keller stationiert ist, vgl *Fidler*, Elektromobilität im Wohnungseigentumsrecht, wobl 2017, 370.

1151 Vgl ErläutRV WEG idF 2022, 1174 BlgNR 27. GP 9.

1152 Vgl *Patel et al*, Electric Vehicles Modern Technologies and Trends (2021) 76.

1153 Vgl „eindeutig" ErläutRV WEG idF 2022, 1174 BlgNR 27. GP 9 Z 2 letzter Satz; die in den Materialien bezeichneten elektrotechnischen Gegebenheiten, welche für ebenjenes Minimum sprechen, resultieren nicht aus der technischen Nichtumsetzbarkeit jener Leistung, vielmehr erfordert der Akku eine gewisse Mindestladeleistung um tatsächlich aufzuladen, vgl https://www.e-mobileo.de/grenzwerte-fuer-einphasiges-und-dreiphasiges-laden/ (zuletzt abgerufen 27.9.2022); 6 A dreiphasig mit 230V Spannung entspricht einer Ladeleistung in Höhe von 4,2 kW als absolute Mindestladesleistung, vielfach erfordern Modelle gar 8 A oder mehr – unabhängig der Phasenanzahl (8A dreiphasig entspricht einer Ladeleistung von 5,5 kW; 10 A, 6,9 kW).

1154 Vgl die empfehlende Stellungnahme des *ElektroMobilitätsClubs Österreich* zur expliziten Aufnahme der dreiphasigen, mit 8 Ampere begrenzten Ladevorrichtung (5,5 kW) 15/SN-134/ME 27. GP 2; kritisch auch *ARBÖ* 10/SN-134/ME 27. GP; vgl auch den Hinweis zu etwaigen Schieflagen im Stromnetz *AustriaTech GmbH* und die empfohlene privilegierte Aufnahme von dreiphasigem Wechselstrom mit 5,5 kW auf Basis des genormten Ladestroms gemäß IEC 61851-1 in Höhe von 8 A, 16/SN-134/ME 27. GP.

1155 Vgl ErläutRV WEG idF 2022, 1174 BlgNR 27. GP 9; vgl auch *Stabentheiner*, Die WEG-Novelle 2022, ÖJZ 2022, 262.

1156 Vgl ErläutRV WEG idF 2022, 1174 BlgNR 27. GP 9.

1157 Vgl Art 2 Z 4 f RL (EU) 2014/94.

So bildet sich zumindest nach der Regierungsvorlage ein Graubereich der Begünstigungswürdigkeit zwischen 5,5 kW und 11 kW.[1158] Nimmt man die Bezugnahme auf das technische Minimum bei dreiphasigem Laden ernst und stellt man es dem „durchaus" erfassten dreiphasigen Laden gegenüber,[1159] wäre anzunehmen, dass auch der nicht explizit angesprochene Graubereich begünstigungswürdig ist.[1160]

Für das Einfangen des Graubereiches spräche auch die Bezugnahme auf die gängige „elektrotechnische Einteilung" zwischen Langsam- und Normalladen.[1161] Anderenfalls man auch das „elektrotechnische" Langsamladen in einen begünstigungswürdigen und in einen nicht begünstigungswürdigen Interpretationszugang unterteilen würde.[1162] Auch in der Stellungnahme des *ÖAMTC* im Begutachtungsverfahren zur WEG-Novelle 2022 wird auf die quasi technische gleichaufwendige Umsetzung einer 11 kW Ladeleistungsvorrichtung hingewiesen.[1163] Tatsächlich wäre jener Interpretationszugang auch aus der Perspektive der Rechtssicherheit vorzuziehen.[1164] Gegen eine Ausdehnung der Begünstigungswürdigkeit spräche, dass dadurch wohl eher die bessere Nutzung einer Gemeinschaftsanlage in der Vordergrund rutscht und so ein Betriebsverbot der Individualanlage gem § 16 Abs 8 WEG gerechtfertigt wird.

1158 Vgl aber die Grenzempfehlung der *AustriaTech GmbH* auf Basis des genormten Ladestroms gem IEC 61851-1 in Höhe von 8 A (5,5 kW), gleichzeitig aber die Privilegierung bloß bei 11 kW versagend, 16/SN-134/ME 27. GP.

1159 Vgl ErläutRV WEG idF 2022, 1174 BlgNR 27. GP 9; *„eindeutig falle aber das Laden mit 5,5 kW darunter"*, vgl auch *Stabentheiner*, Die WEG-Novelle 2022, ÖJZ 2022, 262, wonach jedenfalls ein begünstigungswürdiger Begriffshof nicht ausgeschlossen wird.

1160 Ausdrücklich auf 5,5 kW reduzierend allerdings, *Stabentheiner*, Die WEG-Novelle 2022, ÖJZ 2022, 262.

1161 Vgl ErläutRV WEG idF 2022, 1174 BlgNR 27. GP 9.

1162 So bliebe es dem Rechtsanwender überlassen, ob jene Ladeleistung noch von der Förderung der „Pioniere" gedeckt ist oder ob das Interesse der Miteigentümer am Überlastungsschutz im Vordergrund steht, vgl *Stabentheiner*, Die WEG-Novelle 2022, ÖJZ 2022, 262.

1163 So erfordert eine 11 kW Ladevorrichtung anstatt bloß einer Phase mit 16 Ampere Absicherung dreiphasigen Wechselstrom mit der gleichen Absicherung, 63/SN-134/ME 27. GP 2.

1164 Die Rechtfertigungswirkung der Zustimmungsfiktion wäre sohin auch im Graubereich vom Unterbleiben eines Widerspruchs eines Miteigentümers abhängig. Der widersprechende Miteigentümer hätte im gerichtlichen Zustimmungsersatzverfahren das Vorliegen von schutzwürdigen Interessen gem § 16 Abs 2 Z 1 zu behaupten und zu beweisen; vgl zum gerichtlichen Zustimmungsersatz zum Einbau von Ladestationen und dem notwendigen Umbau allgemeiner Teile, *Frankl-Templ* in *Rainer*, Handbuch des Miet- und Wohnrechts Kap. 20.7.2 mwN (Stand 1.1.2022, rdb.at); wobei der Einbau nunmehr ausdrücklich gem § 16 Abs 2 Z 2 S 2 WEG privilegiert ist und auch die explizite Kostentragungspflicht des Wohnungseigentümers iZhg künftiger Erhaltung gem § 16 Abs 6 und 7 WEG entsprechendes Beeinträchtigungspotential reduziert. Fakt ist auch, dass das Beeinträchtigungspotential künftiger Versorgungssicherheit ausschließlich an der zu genehmigenden Änderung – und nicht an Folgeänderungen – zu messen ist, vgl *Markl* in *Böhm/Pletzer/Spruzina/Stabentheiner*, GeKo Wohnrecht II (2019) § 16 WEG Rz 86; vgl auch zur ausdrücklich weiten Kostentragung iZhg mit dem Betrieb, der Errichtung, der Wartung und der Erhaltung, ErläutRV WEG idF 2022, 1174 BlgNR 27. GP 12 Z 8 lit c.

Nichtsdestotrotz wird dem Änderungswilligen generell abzuraten sein, Ladeleistungen über 5,5 kW auf Basis der Zustimmungsfiktionswirkung rechtfertigen zu lassen.[1165] Scheidet die Begünstigungswürdigkeit und somit die Zustimmungsfiktion aufgrund der Ladeleistung aus, gilt es die Genehmigungsfähigkeit im gerichtlichen Zustimmungsersatz zu prüfen.

Die Genehmigungsfähigkeit wäre jedenfalls dann auszuschließen, wenn die Versorgungssicherheit durch die konkret zu prüfende Änderung nicht mehr gewährleistet werden kann. Durch ein effizientes Lastenmanagement ließe sich allerdings auch diese Beeinträchtigungsgefahr bannen. Ab einer Ladeleistung von 11 kW ist jedenfalls auch die Privilegierungswirkung gem § 16 Abs 2 Z 2 S 2 WEG nicht mehr einschlägig. Die Durchführbarkeit solcher Änderungen hängt zum einen von den damit verbundenen technischen Maßnahmen zur Lastenregulierung und zur Verbesserung der allgemeinen Stromversorgung zur Beseitigung der Beeinträchtigungswirkung ab (§ 16 Abs 2 Z 1 WEG). Die von Elektrofahrzeugen ausgehende, jedenfalls nicht vom Ladevorgang abhängige, Brandgefahr ist generell nicht höher zu bewerten als jene von konventionell betriebenen Fahrzeugen, insb dann nicht, wenn einschlägige technische Normen bei der Installation berücksichtigt werden.[1166]

Darüber hinaus käme es auf das wichtige Interesse des Änderungswilligen iSd § 16 Abs 2 Z 2 WEG an. Dieses ist für einen durchschnittlichen Wohnungseigentümer (einer Wohnung, um nicht das etwaige Interesse eines Gewerbetreibenden auszuschließen) wohl insoweit zu verneinen, als mit einer Ladeleistung von 11 kW nahezu jedes 2022 auf dem Markt befindliche Elektrofahrzeug-Model[1167] in knapp neun Stunden vollständig aufgeladen wäre. Die meisten Modelle haben sogar weit weniger Batteriekapazität als 100 kWh, wonach sich die Ladezeit gar aliquot verkürzt. In Anbetracht der durchschnittlichen täglichen Fahrleistung von privaten PKWs von ca 30 km[1168] (das entspricht einem durchschnittlichen Ladebedarf von 55 Minuten[1169]) wird jeden-

[1165] Einer Experteneinschätzung zu Folge, ist die Deckelung der Begünstigungswürdigkeit bei 5,5 kW ausreichend, um die durchschnittlichen Ansprüche im Wohnbereich zufriedenzustellen, vgl *Stabentheiner*, Die WEG-Novelle 2022, ÖJZ 2022, 262.

[1166] So hat sich jene Gefahr bereits iZhg mit der Abstellzulässigkeit anhand öffentlich-rechtlicher Normen bewerten zu lassen, ErläutRV WEG idF 2022, 1174 BlgNR 27. GP 12 Z 8 lit e.

[1167] Nur in seltenen Fällen ist die Batteriekapazität größer als 100 kW, vgl https://www.mobilityhouse.com/de_de/ratgeber/ladezeitenuebersicht-fuer-elektroautos, zuletzt abgerufen am 27.9.2022).

[1168] So hat ein privater PKW im österreichischen Durchschnitt eine Fahrleistung von ca 10.900 km per anno (2019/2020), in Wien gar 10.200 km (vorpandemisch im landesweiten Schnitt 2017/2018: 11.500, heraussstechend 2003/2004: 14.100), *Statistik Austria,* Fahrleistungen und Treibstoff-, Gas- und Stromverbrauch privater Pkw 2019/2020 Ergebnisse für Österreich (2022).

[1169] Diese Zahl wurde unter der Annahme einer – jedenfalls begünstigungswürdigen Ladeleistung – in Höhe von 5,5 kW unter Heranziehung der technischen Daten der fünf meistverkauften E-Fahrzeuge 2019 errechnet; vgl hierzu https://smatrics.com/privat/news/top-e-autos-

falls herausragender Argumentationsaufwand im gerichtlichen Zustimmungsersatz zur Begründung eines wichtigen Interesses gem § 16 Abs 2 Z 2 an einer verstärkten Ladeleistung erforderlich sein.

Hervorzuheben ist auch, dass im Unterschied zur wortgleichen, ebenfalls an Ladevorrichtungen anknüpfenden, „klassischen" Privilegierung gem § 16 Abs 2 Z 2 S 2 WEG, es nicht darauf ankommt,[1170] inwieweit bereits eine Gemeinschaftsanlage vorhanden ist, und ob ein „Anschluss" daran möglich und zumutbar ist.[1171] Aufgrund der zweispurigen Rechtfertigungswege[1172] kann sich der Änderungswillige durch die Wirkung der Zustimmungsfiktion auch dann der Eigenmacht entledigen, wenn es im Änderungszeitpunkt bereits eine solche gibt.

(2) Das Änderungsobjekt begünstigungswürdiger Ladevorrichtungen

§ 16 Abs 5 WEG schränkt das Änderungsobjekt, im Sinne jenes Flächenteiles, welcher dem begünstigungswürdigen Einbau einer Ladevorrichtung zugänglich ist, nicht ausdrücklich ein. Es steht jedenfalls außer Frage, dass gerade im Zusammenhang mit dem Einbau von elektrischen Leitungen und den dafür erforderlichen Durchbrechungen die Inanspruchnahme allgemeiner Teile verbunden ist.[1173]

Bedeutsam ist die Abgrenzung des Änderungsobjekts allerdings vor dem Hintergrund des weiten Änderungsbegriffes,[1174] welcher sich jedenfalls nicht durch das „flächenmäßige" dingliche Ausschließlichkeitsrecht absteckt. Im Kern trifft die begünstigungswürdige Ausgestaltung sohin KFZ-Abstellplätze

---

2019 (zuletzt abgerufen 27.9.2022) auf Basis *Statistik Austria*, PKW-Neuzulassungen im Zeitraum Jänner 2019 bis Juni 2019; Platz 1: Tesla Model 3 – ca 1.500 Neuzulassungen (530 km Reichweite, 75 kWh Akkukapazität); Platz 2: BMW i3 – ca 570 Neuzulassungen (260 km Reichweite, 42,2 kWh Akkukapazität); Platz 3: Renault Zoe (300 km Reichweite, 68 kWh Akkukapazität); Platz 4: VW E-Golf-ca 450 Neuzulassungen (231 km Reichweite, 35,8 kWh Akkukapazität); Platz 5: Hyundai Kona Elektro – ca. 330 Neuzulassungen (482 km Reichweite, 64 kWh); Dies entspricht im Durchschnitt 16,4 kWh/100 km; Die vom *ADAC* zusammengefasste Statistik legt eine modelabhängig eine Bandbreite von 16,3 kWh bis 30,9 kWh dar, vgl https://www.adac.de/rund-ums-fahrzeug/tests/elektromobilitaet/stromverbrauch-elektroautos-adac-test/ (zuletzt abgerufen 27.9.2022); Bei 30 km und dem errechneten Durchschnittsverbrauch ergibt sich sohin ein täglicher Strombedarf von 4,9 kWh, was wiederum 54 Minuten Ladezeit erfordert; den errechneten Durchschnittsverbrauch von etwa 16 kWh/100 km ebenso bestätigend, dargestellt nach Ladeleistung in km pro Stunde Ladezeit (3,7 kW: 23 km; 4,3 kW: 27 km; 7,4 kW: 46 km), vgl https://www.e-stations.de/wissen/ladeleistung (zuletzt abgerufen 27.9.2022).

1170 Siehe hierzu IV.I.3.f).

1171 Vgl § 16 Abs 2 Z 2 S 2 WEG.

1172 Siehe zum dualen Zustimmungsersatz IV.F.2.

1173 Vgl ErläutRV WEG idF 2022, 1174 BlgNR 27. GP 8 Z 1.

1174 Darunter fällt auch die ausschließliche Änderung allgemeiner Teile, soweit eine verbesserte Nutzung ausschließlicher Flächenteile einhergeht, ja sogar an durch Benützungsregelung zugewiesene Flächenteile sind dem Änderungsrecht zugänglich, siehe dazu IV.E.

im Wohnungseigentum und jene welche sich noch als Zubehörobjekt[1175] qualifizieren lassen müssen.[1176]

Systemrichtig hat der Gesetzgeber das begünstigte Änderungsobjekt allerdings nicht – wie im Einleitungssatz vermutet[1177] – erneut abgesteckt und auf jene Flächenteile beschränkt, sondern durch mehrfachen Verweis auf bestehende Rechtsprechung auch durch Benützungsregelung zugewiesene allgemeine Flächenteile[1178] ausdehnt, soweit diese „dauerhaft zur ausschließlichen Nutzung" zugewiesen sind.[1179] In der Gestalt kann der *„verankerte Gedanke der Privilegierung* [auch hier] *einfließen"*.[1180]

Vorausgesetzt ist sohin die ausschließliche Zuordnung des Abstellplatzes – unabhängig davon, ob diese Zuordnung Ausfluss des dinglichen ausschließlichen Nutzungs- und Verfügungsrechts ist (Wohnungseigentumsobjekt oder Zubehörobjekt) oder ob diese auf obligatorischer Ebene stattfand, trotz des damit verbundenen weitreichenderen *„Eingriffes in die Rechtssphäre der übrigen Teilhaber"*.[1181]

Umgekehrt erscheint der begünstigungswürdige Einbau eine Ladevorrichtung an allgemeinen Teilen ohne fixer Stellplatzzuweisung ausgeschlossen. Von jener Maßnahme wäre jedenfalls eine weitaus höhere Beeinträchtigungswirkung zu erwarten.[1182] Auch die Bezugnahme auf sog „Mobilitätsgemeinschaften"[1183] spricht nicht für eine Inklusion von Änderungen von Abstellplätzen in mehrfacher Nutzung, da der Gesetzgeber hiermit vielmehr eine „über-

---

1175 Aufgrund nunmehriger Wohnungseigentumsobjektstauglichkeit gem § 2 Abs 2 WEG nicht mehr zubehörfähig, vgl auch die Rechtsentwicklung der Zuordnung von Abstellplätzen *Hausmann* in *Hausmann/Vonkilch*, Österreichisches Wohnrecht WEG^4 (2017) § 2 WEG Rz 7, 25, 28.

1176 Vgl die etwas kryptische Darstellung der Änderungsvoraussetzungen in der Gestalt, als die begünstigungswürdige Errichtung einer Ladevorrichtung einen *„Abstellplatz oder eine Garage im Wohnungseigentum"* erfordere; im Folgenden aber weitgehend entschärfend, vgl ErläutRV WEG idF 2022, 1174 BlgNR 27. GP 9; siehe zur notwendigen Exklusivität auch *Stabentheiner*, Die WEG-Novelle 2022, ÖJZ 2022, 262.

1177 *„Die hier für Langsamladevorrichtungen getroffene Regelung hat zur Voraussetzung, dass der Kfz-Abstellplatz oder die Garage, an dem oder in der die Vorrichtung angebracht werden soll, im Wohnungseigentum des änderungswilligen Wohnungseigentümers steht"*, ErläutRV WEG idF 2022, 1174 BlgNR 27. GP 9 Rz 3.

1178 Siehe zum Änderungsrecht *per analogiam* IV.E.

1179 Vgl ErläutRV WEG idF 2022, 1174 BlgNR 27. GP 9 Rz 3.

1180 Vgl ErläutRV WEG idF 2022, 1174 BlgNR 27. GP 9 Rz 3; Die gelungene systematische Integration zeichnet sich auch im Rahmen der klassischen Privilegierungsformen gem § 16 Abs 2 Z 2 S 2 WEG ab, siehe dazu unten in diesem Kapitel.

1181 Vgl ErläutRV WEG idF 2022, 1174 BlgNR 27. GP 9 Z 3.

1182 So tragen begünstigungswürdige Änderungen als Maßnahmen *„sehr geringer Eingriffswirkung"* im Kern die Vermutung der Widerspruchslosigkeit mit sich, welche jedenfalls ohne jenes ausschließliche Nutzungsrecht nicht zu erwarten ist, vgl ErläutRV WEG idF 2022, 1174 BlgNR 27. GP 10 Z 3.

1183 Vgl ErläutRV WEG idF 2022, 1174 BlgNR 27. GP 12 Z 8 lit d.

greifende" Ladevorrichtung zur Versorgung mehrerer (zB benachbarter) Abstellplätze einbeziehen wollte.[1184]

Dies bedeutet allerdings nicht, dass eine derartige Maßnahme an allgemeinen Teilen ohne ausschließliche Nutzung keineswegs gänzlich vom individuellen Änderungsrecht ausgeschlossen ist. Eine solche Maßnahme kann im Interesse mehrerer Änderungswilliger stehen und als „kollektive Änderungsmaßnahme" iSd § 16 Abs 2 WEG genehmigungsfähig sein.[1185] Das ist gerade dann von Bedeutung, wenn sich kein Mehrheitsbeschluss erreichen lässt.

Im gerichtlichen Zustimmungsersatz wird sich eine Beeinträchtigung schutzwürdiger Interessen gem § 16 Abs 2 Z 1 WEG dann ausschließen lassen, wenn die allgemeine Fläche, an welcher die Ladevorrichtung installiert werden soll, weiterhin auch zum Abstellen konventioneller Fahrzeuge erhalten bleibt und die Abstellmöglichkeit – bspw durch besonders große Anlagen – nicht wesentlich verändert wird.

Fraglich erscheint, ob iZhg mit der Errichtung von Ladestationen der Privilegierungstatbestand gem § 16 Abs 2 Z 2 S 2 WEG, gleichermaßen auf das Änderungsobjekt ausschließlicher Nutzung zu reduzieren ist. Oder, ob die Vermutungswirkung der besonderen Voraussetzungen sehr wohl darüber hinaus besteht und der Gesetzgeber nur die Rechtfertigungswirkung der Zustimmungsfiktion gem § 16 Abs 5 WEG nicht dahingehend extensivieren wollte.

ME ist von einer weiteren Rechtfertigungswirkung im Rahmen des gerichtlichen Zustimmungsersatzes gem § 16 Abs 2 Z 2 S 2 WEG auszugehen, da in diesem Zusammenhang im Gegensatz zu § 16 Abs 5 WEG die Schutzwürdigkeit entgegenstehender Interessen (Z 1) ohnehin zu prüfen ist. Darüber hinaus ist anzumerken, dass es ja gerade das Ziel des Gesetzgebers ist, Gemeinschaftsanlagen, bei welchen die Gefahr von Überlastungen eher in den Begriff zu bekommen ist, zu fördern.[1186] So ist jenem Ziel durch die Genehmigungsfähigkeit von „quasi-Gemeinschaftsanalgen" noch am ehesten zum Durchbruch verholfen. Gleichzeitig wäre auch das gesamtgesellschaftliche Interesse an Klimaneutralität, welches bekanntermaßen den Kern der Novellenbestrebung darstellte,[1187] auch in jenen Wohnungseigentumsanlagen gesichert, bei welchen eine individualisierte Stellplatzgestaltung nicht vorhanden ist.

1184 Darunter lässt sich allerdings ebenso wenig eine, einen Beschluss voraussetzende „Gemeinschaftsanlage" iSd § 29 WEG verstehen, welche sich womöglich dem Betriebsverbot gem § 16 Abs 8 WEG entziehen könnte.

1185 Siehe hierzu und in Abgrenzung zu allgemeinen Verwaltungshandlungen, III.C; vgl zur vom Änderungsbegriff umfassten ausschließlichen Inanspruchnahme allgemeiner Teile zur Errichtung eines Aufzuges im Interesse mehrerer Wohnungseigentümer auch OGH 25.10.2016, 5 Ob 36/16d.

1186 Vgl dazu die Anmerkung zur E-Mobilitätsgemeinschaft, ErläutRV WEG idF 2022, 1174 BlgNR 27. GP 12 Z 8 lit d; vgl auch das Betriebsverbot individueller Ladevorrichtungen zugunsten von Gemeinschaftsanlagen gem § 16 Abs 8 WEG.

1187 Siehe zur supranationalen – ja sogar globalen – Dekarbonisierungsbestrebung II.B.3.

Auf eine extensive Auslegung der klassischen Privilegierungstatbestände kommt es bei der Genehmigungsfähigkeit dann nicht an, wenn das Interesse an der Klimaneutralität generell als „wichtiges Interesse" iSd § 16 Abs 2 Z 2 WEG qualifiziert werden kann und in dieser Änderungsvoraussetzung nicht der Mehrfachschutz (nach Z 1) von Miteigentümerinteressen abgebildet wird.[1188] In Anbetracht der wohl für sich sprechenden Zahlen in dieser Arbeit, ist das jenes Interesse, als gesamtgesellschaftliches Interesse wohl als besonders wichtig zu qualifizieren. Nicht zuletzt vor dem Hintergrund, dass im angesprochenen Fall nicht nur das Individualinteresse eines Wohnungseigentümers daran abgeleitet werden kann, sondern dem Interesse gar Kollektivcharakter zukommt, mag es auch nicht für den Beschluss einer Verwaltungsmaßnahme ausreichen. Schließlich soll das System des Änderungsrechts in seiner Gesamtheit gerade in solchen Fällen für einen gerechten Interessensausgleich sorgen und nicht den stetigen Modernisierungsstillstand unter dem Deckmantel des Miteigentümerschutzes rechtfertigen.

(3) Das Betriebsverbot zugunsten einer Gemeinschaftsanlage gem § 16 Abs 8 WEG

Unter dem Gesichtspunkt der allgemeinen Stromversorgungssicherheit und der Tatsache, dass insb ein gemeinschaftliches Lastenmanagement zur effizienteren Leistungsspitzenverteilung führt, eliminiert der Gesetzgeber den Beständigkeitscharakter von änderungsbedingten individuellen Ladevorrichtungen gem § 16 Abs 8 WEG.[1189]

Dies mag vielleicht tatsächlich *prima facie* eine gesetzliche Einschränkung bestehender Rechtsprechung[1190] zur extensiven Leitungsprivilegierung darstellen – gewissermaßen als Paradoxon, als die nunmehrige änderungsrechtliche Privilegierung nach der WEG-Novelle 2022 vielmehr eine Einschränkung mit sich bringt.

Blickt man allerdings über das individuelle wohnungseigentumsrechtliche Änderungsrecht hinaus auf die Maßnahmenkategorie der Verwaltung zeigt sich, dass das an bestimmte *„zeitliche, formale und inhaltliche Voraussetzungen"*[1191] geknüpfte Betriebsverbot von individuellen Ladevorrichtungen breiten Zugang zu Ladevorrichtungen zu wahren versucht – insbesondere, weil

1188 Siehe dazu im Besonderen IV.I.2.c)(2).

1189 So bringt eine Gemeinschaftsanlage mit Lastenmanagementsystem nicht nur eine bestmögliche Verteilung der verfügbaren Ladeleistung mit sich, welche auch entsprechend höher als bei Individualanlagen ist, sondern eine solche verhindert auch problematische Lastspitzen, vgl *Stabentheiner*, Die WEG-Novelle 2022, ÖJZ 2022, 265; vgl hierzu auch *Fidler*, Elektromobilität nach der WEG-Nov 2022, ZVR 2023, 189.

1190 Vgl OGH 18.12.2019, 5 Ob173/19f; vgl anmerkend, dass die Privilegierung durch jene Entscheidung „schon zuvor" gegeben war, vgl *Painsi/Terlitza,* Wohnungseigentumsrecht (2022) Rz 429.

1191 Vgl *Painsi/Terlitza,* Wohnungseigentumsrecht (2022) Rz 430.

sich das individuelle Änderungsrecht in diesem Zusammenhang selbst beschränkt:

Denn die Zulässigkeit einer individuellen Änderungsmaßnahme bemisst sich stets anhand entgegenstehender unmittelbar[1192] zu erwartender Beeinträchtigungswirkungen. Die durch mehrfache gleichartige Änderungen, künftig zweifelhafte Energieversorgungssicherheit steht der Genehmigungsfähigkeit einer Änderung sohin grundsätzlich nicht entgegen.[1193]

Maßgeblich ist sohin die Auswirkung der konkreten Änderungsmaßnahme. Schließlich hat sich jedes Änderungsbegehren einer neuerlichen Bewertung schutzwürdiger Interessen zu unterziehen, sodass künftige, technisch gleichartige Änderungsbegehren, insoweit ausgeschlossen werden könnten, als dadurch die allgemeine Versorgungssicherheit tatsächlich gefährdet wird und aus Kapazitätsgründen nicht mehr möglich ist.[1194]

§ 16 Abs 8 WEG ermöglicht in dieser Gestalt durch die Beseitigung der individualisierten Gestaltung – unabhängig, von der Art der Rechtfertigungswirkung[1195] – im Rahmen einer Gemeinschaftsanlage Zugang zu jener zukunftsträchtigen Ladeinfrastruktur. Davon ausgenommen sind gem § 58g Abs 3 WEG Einzelladestationen, welche bis zum 31.12.2021 errichtet wurden.[1196]

Die Unterlassungsverpflichtung knüpft allerdings an mehrere Voraussetzungen:[1197]

1192 Fraglich erscheint, inwieweit *„rein hypothetische, in der Zukunft allenfalls eintretende und möglicherweise dann zu einer Ungleichbehandlung der Wohnungseigentümer führende Entwicklungen unter den Begriff der wesentlichen Beeinträchtigung schutzwürdiger Interessen […] subsumiert werden kann"*, vgl OGH 18.12.2019, 5 Ob173/19f Rz 3.4 mwN; so ist der OGH weiterhin restriktiv was die *„Beispielwirkung"* betrifft, sodass *„jedenfalls in völlig unbestimmter Zukunft"* möglicherweise vorhandene Beeinträchtigungsmöglichkeiten außer Acht zu bleiben haben.

1193 Daraus lässt sich erkennen, dass die mögliche künftige Ungleichbehandlung von Änderungswilligen aufgrund des immer engeren werdenden Änderungsrahmens, welcher sich naturgemäß aus (jeglichen!) beschränkten Ressourcen ableitet, nicht als schutzwürdiges Interesse gem § 16 Abs 2 Z 1 WEG qualifizieren lässt. Wie Fachsenat zutreffend anmerkt, wäre anderenfalls jegliche bauliche Maßnahme vom Änderungsrecht ausgeschlossen, soweit sie nicht allen gleichermaßen eingeräumt werden kann, vgl OGH 18.12.2019, 5 Ob 173/19f Rz 3.5; Darunter fällt insbesondere auch der nicht begünstigungswürdige Einbau von PV-Anlagen auf „gemeinschaftlichen" Dachflächen; vgl aber eine zu groß dimensionierte PV-Anlage OGH 17.3.2022, 5 Ob 137/21i; siehe dazu auch IV.H.1.c)(2); siehe zu schutzwürdigen Interessen im gerichtlichen Zustimmungsersatz allgemein IV.I.1.a).

1194 Vgl ErläutRV WEG idF 2022, 1174 BlgNR 27. GP 13 Z 1.

1195 Darunter fällt die gerichtlich erkannte Genehmigungsfähigkeit genauso wie die Rechtfertigungswirkung durch Zustimmungsfiktion, da § 16 Abs 8 WEG an die „Errichtung" einer solchen Anlage anknüpft; vgl hierzu vgl auch *Richter*, Das neue Änderungsrecht des Wohnungseigentümers nach § 16 WEG, immolex 2022, 8.

1196 Vgl auch *Richter*, Das neue Änderungsrecht des Wohnungseigentümers nach § 16 WEG, immolex 2022, 8.

1197 Vgl *Stabentheiner*, Die WEG-Novelle 2022, ÖJZ 2022, 265; vgl auch *Richter*, Das neue Änderungsrecht des Wohnungseigentümers nach § 16 WEG, immolex 2022, 8.

- Ablauf von fünf Jahren nach Errichtung der Einzelladestation
- Mehrheitsbeschluss zur Einstellung der Einzelladestation und zur Inbetriebnahme einer Gemeinschaftsanlage
- Bessere Benutzbarkeit der elektrischen Versorgung durch eine (bereits errichtete) „gemeinsamen Anlage“

(a) Die temporale Voraussetzung als „Garantiezeitraum“[1198]

Die Individualanlage hat dem Änderungswilligen zumindest fünf Jahre ab Errichtung zu Verfügung zu stehen. Dadurch, dass tatbestandsmäßig an die „Errichtung“ als Zeitpunkt technischer Fertigstellung anzuknüpfen ist, wirken sich Installationsverzögerungen zugunsten des Änderungswilligen aus – auch wenn diese mit enormen Beweisbarkeitserschwernissen einhergehen. Errichtet ist eine Anlage dann, wenn sie vollständig funktionstüchtig ist. Darunter fällt auch das Einholen etwaiger Genehmigungen. Im Regelfall wird eine Anlage, dann errichtet sein, wenn der Professionist die Installationsleistung durchgeführt hat. Spätestens ist mit dem Zeitpunkt der tatsächlichen Benützung von einer Errichtung auszugehen, ohne dass es auf die tatsächliche Genehmigung ankäme. Jedenfalls gilt es den zugesicherten Benützungszeitraum von fünf Jahren sicherzustellen.[1199] Ein Anspruch auf Ersatz der frustrierten Aufwendungen aufgrund eines nach diesem Zeitraum wirksam werdenden[1200] Betriebsverbots scheidet in der Regel aus.[1201]

(b) Das Beschlusserfordernis außerordentlicher Verwaltung

Die Unterlassungspflicht des Änderungswilligen setzt darüber hinaus den positiven Beschluss über mehrere außerordentliche[1202] Verwaltungsmaßnahmen voraus. Darunter fällt einerseits das Betriebsverbot hinsichtlich der konkreten Individualanlage(n) und anderseits der Beschluss für die Errichtung und Inbetriebnahme der Gemeinschaftsanlage. Der Gesetzgeber meint zwischen jenen Beschlussgegenständen gar einen untrennbaren sachlichen Zu-

1198 Vgl zum Begriff des „Garantiezeitraums“ als Ausfluss eines sonst verfassungsrechtlich problematischen Eingriffes, vgl *Stabentheiner*, Die WEG-Novelle 2022, ÖJZ 2022, 265.

1199 Vgl ErläutRV WEG idF 2022, 1174 BlgNR 27. GP 13 Z 2.

1200 So kann der Beschluss womöglich schon innerhalb des fünfjährigen Garantiezeitraums gefasst werden. Freilich wird ein beschlossenes Betriebsverbot allerdings erst nach diesem Zeitraum wirksam, soweit alle anderen Voraussetzungen auch erfüllt sind, siehe hierzu in den Folgekapiteln.

1201 Vgl zum „Amortisationszeitraum“ *Stabentheiner*, Die WEG-Novelle 2022, ÖJZ 2022, 265 mwN; aA zum Aufwandersatz gem § 1037 ABGB *Richter*, Das neue Änderungsrecht des Wohnungseigentümers nach § 16 WEG, immolex 2022, 10, so könne ein Aufwandersatz mangels ausdrücklichem Ausschluss dennoch bestehen. Dies wird dann der Fall sein, wenn durch die besondere Ausgestaltung, bspw durch die bereits vorhandene Leitungsführung der Eigentümergemeinschaft ein Vorteil erwächst, indem sich die Errichtungskosten einer Gemeinschaftsanlage entsprechend reduzieren.

1202 Vgl ErläutRV WEG idF 2022, 1174 BlgNR 27. GP 14 Z 4 lit a.

sammenhang zu erkennen, welcher es erlaubt von bloß einem Beschlussgegenstand zu sprechen.[1203]

Tatsächlich muss es sich allerdings um zwei verschiedene Beschlussgegenstände handeln, da das Betriebsverbot noch an weitere objektive Voraussetzungen[1204] knüpft und eine Gemeinschaftsanlage (zumindest im Parallelbetrieb zu mehreren Individualanlagen) auch zusätzlich errichtet werden könnte.[1205] Daraus resultiert auch ein divergenter Beschlussanfechtungszusammenhang.[1206] So kann ein betroffener Wohnungseigentümer als Betreiber einer Individualanlage den Beschluss hinsichtlich des Betriebsverbotes dann erfolgreich gem § 29 Abs 2 Z 1 WEG anfechten, wenn es der objektiven Voraussetzung der besseren Benutzbarkeit der Gemeinschaftsanlage ermangelt und der Wohnungseigentümer durch das Betriebsverbot übermäßig beeinträchtigt werden würde.[1207] Die Errichtung und Inbetriebnahme der Gemeinschaftsanlage könne diesfalls bei entsprechender Beschlussdeckung dennoch durchgeführt werden.[1208] Demgegenüber kann die beschlossene Unterlassungspflicht des Betreibens einer Individualanlage als Eingriff in das Ausschließlichkeitsrecht des Betreibers diesen nicht *per se* übermäßig beeinträchtigen, da der Gesetzgeber jenen Eingriff unter Abwägung der Interessen aller ausdrücklich toleriert, anderenfalls das Betriebsverbot schlichtweg *ad absurdum* geführt wäre.

Klar ist, dass jeder Wohnungseigentümer, welcher bereits eine Individualanlage betreibt aufgrund allgemeiner Kollisionsregeln gem § 24 Abs 3 WEG

1203 Vgl ErläutRV WEG idF 2022, 1174 BlgNR 27. GP 14 Z 4 lit a.

1204 Siehe dazu im Folgekapitel IV.H.1.b)(3)(c).

1205 Darunter fallen insb Gemeinschaftsanlagen, welche womöglich an allgemeinen Flächen geschaffen werden, siehe hierzu sogleich.

1206 Nicht zuletzt, weil die einzelnen Individualanlagenbetreiber unterschiedlich beeinträchtigt sein könnten.

1207 In Anbetracht der verkürzten Anfechtungsfrist von einem anstatt von drei Monaten wäre auch der Anfechtungsgrund der „gesetzwidrigen" Beschlussfassung gem § 24 Abs 6 WEG anzudenken. ME schließt sich die „Gesetzwidrigkeit" gem § 24 Abs 6 WEG und die übermäßige Beeinträchtigung eines Wohnungseigentümers gem § 29 Abs 2 Z 1 WEG nicht aus, vielmehr versuchen die Anfechtungsgründe gem § 29 Abs 2 WEG die beschlossenen Maßnahmen in Anbetracht deren beeinträchtigenden Auswirkung einzustufen. Umgekehrt versuchen die Anfechtungsgründe gem § 24 Abs 6 WEG den Anfechtungszugang ordentlicher Verwaltungsmaßnahmen zu erschweren. Eine solche liegt hier aber gerade nicht vor, weswegen die dreimonatige Anfechtungsfrist einschlägig ist. Der Ausschluss vom Stimmrecht bedeutet nicht zwingend den Verlust anderer Mitgliedschaftsrechte, unter anderem des Beschlussanfechtungsrechts, *Löcker* in *Hausmann/Vonkilch*, Österreichisches Wohnrecht WEG[4] (2017) § 29 WEG Rz 21,40; Durch die explizite Aufnahme des Beschlussgegenstandes des Betriebsverbotes gem § 16 Abs 8 WEG als Verwaltungsmaßnahme ist jedenfalls die Annahme einer unzulässigen Verfügungsmaßnahme auszuschließen, welche gar einen nichtigen Beschluss als besonders krassen Verstoß bedeutet hätte, vgl demgegenüber zur unbefristet „bekämpfbaren" Verfügungsmaßnahme, *Löcker* in *Hausmann/Vonkilch*, Österreichisches Wohnrecht WEG[4] (2017) § 24 WEG Rz 85 f.

1208 Eine solche Parallelität gilt es aber gerade zu vermeiden, vgl ErläutRV WEG idF 2022, 1174 BlgNR 27. GP 13 Z 2.

sowohl von der Beschlussfassung des Betriebsverbotes als auch im Zusammenhang mit der Errichtung der gemeinschaftlichen Ladevorrichtung ausgeschlossen ist, ohne dass es einer gesonderten Ergänzung allgemeiner Kollisionsregelungen erfordert.[1209]

Der Begriff der „gemeinsamen Anlage" findet keine legaldefinierte Deckung. Eine solche könnte einerseits durch eine zentrale Versorgungseinrichtung und der individuellen Anbindung eines jeden einzelnen Stellplatzes[1210] oder durch die Umgestaltung von allgemeinen Teilen mit künftigem „Abstellcharakter" geschaffen werden, ohne dass ausschließlich genutzte Flächenteile umgestaltet werden.

Die erste Variante ist durch die Schaffung individueller Leitungsinfrastruktur womöglich teurer in der Anschaffung und birgt die Gefahr, dass sich auch Wohnungseigentümer vorbeugend eine solche auf gemeinschaftliche Kosten installieren lassen, ohne tatsächlichen Bedarf an einer solchen zu haben.[1211] Umgekehrt scheint es fraglich, ob die zweite Variante als „Ladevorrichtung ohne Abstellcharakter" gerade bei einer geringen Anzahl geschaffener allgemeiner Ladestellplätzen durch das ständig notwendige Umparken die objektive Voraussetzung der besseren Benutzbarkeit erfüllen kann.

(c) Die objektive Voraussetzung der besseren Benutzbarkeit

Der objektive Charakter der notwendigen „besseren Benutzbarkeit" der Liegenschaftsversorgung entschärft das bloß subjektive Ermessen der Woh-

---

[1209] Vgl ErläutRV WEG idF 2022, 1174 BlgNR 27. GP 14 Z 3; vgl auch *Stabentheiner*, Die WEG-Novelle 2022, ÖJZ 2022, 265; aufgrund des „untrennbaren Zusammenhangs" und des gleichartigen Interessenskonflikts werden alle Betreiber von Individualanlagen von der Willensbildung iZhgm den einzelnen Betriebsverboten ausgeschlossen sein, anderenfalls der impraktikable Betrieb der gemeinschaftlichen Anlage eine besondere Gefahr für die Eigentümergemeinschaft darstellen würde. Schließe man nur den jeweiligen Anlagenbetreiber von der Willensbildung aus, ließe sich jedenfalls bei einer Mehrzahl von Individualanlagenbetreibern bei gleichem Kerninteresse – die Verhinderung einer gemeinschaftlichen Anlage – das Betriebsverbot aushebeln. Daraus folgt, dass die Stimmberechtigung beim Betriebsverbot und bei der Errichtung der gemeinschaftlichen Anlage gleichermaßen zu ermitteln ist und die Berechnungsgrundlage der Mehrheit unter Abzug der Individualbetreiber zu berechnen ist, vgl *Löcker* in *Hausmann/Vonkilch*, Österreichisches Wohnrecht WEG[4] (2017) § 24 WEG Rz 39; jener Ausschluss führt nicht zum Ausschluss vom Beschlussanfechtungsrecht gem § 29 Abs 2 WEG, vgl *Löcker* in *Hausmann/Vonkilch*, Österreichisches Wohnrecht WEG[4] (2017) § 29 WEG Rz 21,40.

[1210] Zur Kostenvermeidung wird es sich anbieten, bereits im Zeitpunkt der Errichtung der Individualanlage eine Verkabelung für höhere Ladeleistungen vorzusehen, welche durch eine gemeinschaftliche Anlage mit intelligentem Lastenverteilungsmanagement erreicht werden könnte.

[1211] So kann auch die besondere finanzielle Belastung bei gemeinschaftlicher Finanzierung eine übermäßige Beeinträchtigung darstellen, vgl *Löcker* in *Hausmann/Vonkilch*, Österreichisches Wohnrecht WEG[4] (2017) § 29 WEG Rz 34. Um auch die Gefahr des zweiten Anfechtungsgrundes außerordentlicher Verwaltungsmaßnahmen nicht vorhandener Rücklagendeckung zu schmälern, wird es sich anbieten die Kostentragung von der beschließenden tragen zu lassen.

nungseigentümer, welche sich der Individualanlage entgegensetzen.[1212] Die Tatsache, dass mit einem intelligenten Lastenverteilungsmanagement einer gemeinsamen Anlage womöglich eine höhere Ladeleistung verbunden ist, kann *per se* nicht für eine bessere Benutzbarkeit sprechen, da dieser Umstand nicht zuletzt aufgrund der tatbestandsmäßig eingegrenzten Begünstigungswürdigkeit[1213] der Regelfall sein wird.

Die Voraussetzung der besseren Benutzbarkeit bzw der Notwendigkeit einer Gemeinschaftsanlage ähnelt einer nachträglichen Überprüfung „schutzwürdiger Miteigentümerinteressen" gem § 16 Abs 2 Z 1 WEG. Für die Notwendigkeit einer gemeinsamen Anlage oder zumindest eines gemeinsamen Lastenmanagementsystems[1214] spricht ein bestehender Versorgungsengpass, welcher sich jedenfalls in einer bereits bestehenden elektrotechnischen Beeinträchtigung der gesamten Hausanlage zeigt, mag ein solcher auch nur zu gewissen Zeiten auftreten.[1215]

Darüber hinaus wird man dann von einer „besseren Benutzbarkeit" ausgehen können, wenn die Überlastungsgefahr mit der Errichtung einer weiteren Individualanlage bestünde, insb wenn einem anderen Änderungswilligen eine solche Installation aufgrund der damit verbundenen Beeinträchtigung schutzwürdiger Interessen gem § 16 Abs 2 Z 1 WEG bereits verwehrt wurde und dieser von einer Lademöglichkeit ausgeschlossen wäre.

Die Problematik, die sich an dieser Stelle aufbäumt, ist, dass der Änderungswillige, welchem das Individualrecht auf Errichtung einer Ladevorrichtung versagt wurde, abhängig von der Beschlussfassung jener Wohnungseigentümer ist, welche bisher keine Individualanlage betreiben[1216] und womöglich auch kein Interesse an einer solchen haben.

Aufgrund der Tatsache, dass die Beeinträchtigungswirkung stark vom individuellen Nutzungsverhalten abhängt (zB häufige Nachtschichten und entsprechend unproblematischer Leistungsbedarf außerhalb der Kernzeiten) besteht die Herausforderung diese Beeinträchtigungswirkung *ex ante* zu erkennen. Eine zeitlich befristete oder auf eine vorab definierte Anzahl von Individualanlagen abstellende (auflösend bedingte) Genehmigungsfähigkeit scheidet aufgrund der

---

1212 Zum Ausschluss von der Willensbildung hinsichtlich des Betriebsverbotes und der Schaffung einer gemeinsamen Anlage, siehe IV.H.1.b)(3)(b).

1213 Siehe hierzu IV.H.1.b)(1).

1214 Bei letzterem ließe sich der frustrierte Aufwand insoweit minimieren, als die bestehende Infrastruktur teilweise weiterverwendet werden kann.

1215 Dem Pilotprojekt „Elektromobilität 2030" zu Folge trat der höchste Leistungsbedarf an Wochenenden zwischen 19:00 und 20:00 und an Wochentagen zwischen 18:00 und 19:00 auf, *e7 Energie Markt Analyse GmbH,* Pilotprojekt Elektromobilität 2030 Umsetzung Elektromobilitätsszenario 2030 in einer bestehenden Wohnhausanlage Endbericht (2019) 33; siehe insb zum Bedarf des Lastenmanagements auch *ebenda* 37.

1216 Siehe zum Stimmrechtsausschluss abermals im vorigen Kapitel, IV.H.1.b)(3)(b).

Bedingungsfeindlichkeit rechtsgestaltender Entscheidungen im Änderungsrecht aus.[1217]

So tritt die zweite Problematik bei überschießender Genehmigungsfähigkeit zu Tage. Zeigen sich Überlastungserscheinungen erst nach Inbetriebnahme der genehmigten Individualanlage, fällt jene in den fünfjährigen Garantiezeitraum mit der Konsequenz, dass jene in diesem Zeitraum nicht untersagt werden kann.

Dadurch, dass der Gesetzgeber die Individualanlagenbetreiber von der Willensbildung zur Errichtung einer Gemeinschaftsanlage ausgeschlossen hat, verbleibt jenen im Falle bestehender Überlastung nicht vielmehr als für die Beschlussfassung zur Errichtung eines gemeinsamen Lastenmanagements anzuregen[1218] oder einen Mehrheitsbeschluss zur Aufstockung der Liegenschaftsversorgung zu fassen („Zukauf von Stromkapazität"[1219]), bei welchem auch den Individualanlagenbetreibern ein Stimmrecht zu kommt.

c) Die Anbringung einer Solaranlage an einem als Reihenhaus oder Einzelgebäude errichteten Wohnungseigentumsobjekt

Ebenso begünstigungswürdig ist die Anbringung von Solaranlagen an einem als Reihenhaus- oder Einzelgebäuden errichteten Wohnungseigentumsobjekt.[1220] Der unvergleichbare Vorteil jener Anlagen liegt auf der Hand. Neben einem Beitrag zur nachhaltigen Ressourcennutzung bringen sie für einen relativ geringen Aufwand im Rahmen der Errichtung und des Betriebes nicht zuletzt aufgrund erheblicher Förderungen[1221] eine wesentliche Kostenersparnis, oder gar die Möglichkeit zur Erzielung von zusätzlichen Einkünften durch die Einspeisung in das allgemeine Stromnetz.[1222]

[1217] Vgl OGH 18.12.2019, 5 Ob 173/19f Rz 4.3 f; vgl dazu noch das „first-come, first served" Prinzip in zweiter Instanz verhindern wollend LG Innsbruck, 4 R 57/19i; vgl dazu auch *Prader*, WEG[6.01] § 16 E 670/1.

[1218] Darüber hinaus kann der einzelne Wohnungseigentümer – unabhängig der Beschlussanfechtung – gem § 30 Abs 1 Z 1 WEG entsprechende Maßnahmen zur Wiederherstellung der Stromversorgung verlangen; vgl in ähnlichem Zusammenhang auch zu anderen energetischen Sanierungsmaßnahmen *Weiß* in *Christian/Kerschner/Wagner,* Rechtsrahmen für eine Energiewende Österreichs (2016) 383.

[1219] Damit gehen allerdings erhebliche Kosten einher, da mit der Leistungsanhebung die gesamte Hausversorgung auf den Standard im Anhebungszeitpunkt gebracht werden muss, vgl *Fidler*, Elektromobilität im Wohnungseigentumsrecht, wobl 2017, 371 unter Verweis auf § 6 ETG.

[1220] Ohne individualisierter, für das Wohnungseigentumsrecht untypischer Bauweise, nämlich einer „eigenen" zum jeweiligen Objekt gehörigen Dachfläche, findet jener Privilegierungstatbestand keine Anwendung, vgl zu dieser Problematik im Zusammenhang mit dem Einbau von Beheizungsanlagen, *Räth*, Wärmepumpe und Solaranlage am Dach, immolex 2023, 170 ff.

[1221] Vgl *Fuhrmann/Gstaltner* in *ÖGNI,* Bestandsgebäude (2021) Kap 6.2.

[1222] Vgl *Fuhrmann/Gstaltner* in *ÖGNI,* Bestandsgebäude (2021) Kap 6.

Zur Absteckung dieses Tatbestandes bedarf es neben einer Untersuchung der Begrifflichkeit der „Solaranlage“ der Konkretisierung des qualifizierten Änderungsobjekts. Unbestritten nimmt die Technik zur Verwertung von Sonnenenergie am Weg zur Klimaneutralität einen besonderen Stellenwert ein.[1223]

So soll bis zum Jahr 2030 der nationale Gesamtstromverbrauch zu 100 % aus nachhaltigen Energiequellen gewonnen werden.[1224] Hierfür sei das Potenzial von 230 km^2 geeigneten Dach- und Fassadenflächen jedenfalls bereits nach heutigem Technologiestand ausreichend.[1225] Österreichs Erzeugungsstruktur auf Basis erneuerbarer Energien 2019 verzeichnet allerdings bloß 3 % auf Basis von Solartechnologie,[1226] weswegen es ebenjenes enorme Entwicklungspotential aufzugreifen gilt.[1227]

Der gesetzliche Förderungswille nachhaltiger Energiequellen zieht sich auch in weiten Teilen in das Baurecht,[1228] wonach die Relevanzschwelle[1229]

1223 Vgl *Bundesministerium Klimaschutz, Umwelt, Energie, Mobilität, Innovation, Technologie*, Energieoptimierte Design-Regeln und Planungsschnittstellen für bauwerkintegrierte Photovoltaik im urbanen Raum (2019) 13; Nicht zuletzt vor dem Hintergrund des enormen Potentials: Jährlich erreicht die Erdoberfläche schätzungsweise über eine Trillion (1.000.000.000.000.000.000) Kilowattstunden Sonnenenergie, wohingegen der weltweite Energiebedarf grob und quellenabhängig „nur“ bei 1,6 Billiarden Kilowattstunden Primärenergie liegt; vgl zur Energieverfügbarkeit *Quaschning*, Erneuerbare Energien und Klimaschutz[6] (2021) 10; Vgl zum Begriff der Primärenergie, *Schabbach/Wesselak*, Energie – Die Zukunft wird erneuerbar (2012) 29: *„Primärenergie ist Energie in ihrem natürlichen, noch nicht technisch aufbereiteten Zustand, z. B. in Form von Kohle, Naturgas, Rohöl oder Wind.“* Siehe zum weltweiten Stromverbrauch, https://de.statista.com/statistik/daten/studie/239764/umfrage/weltweiter-stromverbrauch/ (zuletzt abgerufen am 9.9.2022).

1224 Vgl *Frankl-Templ* in *Rainer*, Handbuch des Miet- und Wohnrechts Kap. 20.6 mwN (Stand 1.1.2022, rdb.at); vgl zur Erhöhung der PV-Erzeugungskapazität um 11 TWh *Fuhrmann/Gstaltner* in *ÖGNI*, Bestandsgebäude *(2021)* Kap 6.1; vgl auch § 4 Abs 4 EAG 2020.

1225 Vgl *Bundesministerium Klimaschutz, Umwelt, Energie, Mobilität, Innovation, Technologie*, Energieoptimierte Design-Regeln und Planungsschnittstellen für bauwerkintegrierte Photovoltaik im urbanen Raum (2019) 13 f; die im Dokument genannte Zahl von 29,9 TWh PV Strom entspricht knapp 40 % des jährlichen Gesamtstrombedarfs in Österreich (knapp 70 TWh); vgl dazu den österreichischen Gesamtenergiebedarf in Höhe von ca 1.100 PJ (306 TWh); https://de.statista.com/statistik/daten/studie/286969/umfrage/endenergieverbrauch-von-oesterreich/ (zuletzt abgerufen am 9.9.2022); ähnlich auch der energetische Endverbrauch, *Bundesministerium Klimaschutz, Umwelt, Energie, Mobilität, Innovation, Technologie*, Energie in Österreich Zahlen, Daten, Fakten (2020) 8, 14 f; dem Gebäudesektor lässt sich ein Endenergieeinsatz von 388 854 TJ (108 TWh) zuordnen, vgl *Umweltbundesamt GmbH*, Klimaschutzbericht 2022 (2022) 161.

1226 Darunter fallen PV-Anlagen und Solarthermieanlagen, vgl *Bundesministerium Klimaschutz, Umwelt, Energie, Mobilität, Innovation, Technologie,* Energie in Österreich Zahlen, Daten, Fakten (2020) 18.

1227 So verfolgt die Bundesregierung das Ziel eine Million Dächer mit PV auszustatten, vgl *Bundesministerium Klimaschutz, Umwelt, Energie, Mobilität, Innovation, Technologie,* Energie in Österreich Zahlen, Daten, Fakten (2020) 20.

1228 Vgl aus der baurechtlichen Perspektive für Wien (uU bewilligungs- und anzeigefrei) §§ 62a Abs 1 Z 24, 118 Abs 3b f WrBO; vgl hierzu auch das Merkblatt für Photovoltaikanlagen

durch die Ausweitung bewilligungs-, anzeige bzw meldefreier Bauvorhaben in diesem Zusammenhang sukzessive angehoben wird und der Nachbarschutz[1230] entsprechend reduziert wird. All jene Bestrebungen fußen auf der globalen sowie supranationalen Bestrebung der Dekarbonisierung und dem Ausbau nachhaltiger Energiegewinnung.[1231] Die Herausforderung besteht allerdings darin, jene Formen in den bestehenden Gebäudebestand zu integrieren, weshalb gerade dort besonderes gesetzliches Förderinteresse besteht. In dieser Gestalt soll der Beitrag Photovoltaik auf eine Million Dächer ausgeweitet werden, was letztlich für eine nachdrückliche Aufwertung jener wichtigen änderungsrechtlichen Interessen spricht.[1232] Im Neubau verdeutlichen die österreichischen Bauordnungen sohin bereits seit längerem den Zugang zur Energiewende, wohingegen das Wohnungseigentumsrecht erst mit der jüngsten Novelle einen zumindest eingeschränkten privilegierten Zugang zur Sonnenenergie erhielt.[1233] Um anderen steuerrechtlichen[1234] und förderrechtlichen[1235] Mechanismen umfassende Effektivität zu verleihen, bedarf es sohin breiter wohnungseigentumsrechtlicher Genehmigungsfähigkeit.

---

https://www.wien.gv.at/wohnen/baupolizei/pdf/merkblatt-photovoltaikanlagen.pdf (zuletzt abgerufen 12.9.2022); vgl für Niederösterreich (bis 50 kW bewilligungs- und anzeigefrei) §§ 17 Z 14 NÖ BO 2014; vgl aber § 15 Abs 1 Z 2 f NÖ BO; vgl für Burgenland (bis 20 kW vom Anwendungsbereich ausgenommen) § 1 Abs 2 Z 7 Bgld BG 1997; vgl für Steiermark (meldepflichtig bis 400 m²) § 21 Abs 1 Z 2 lit o, (bewilligungspflichtig, vereinfachtes Verfahren bis 400 m² höher als 3,5 m) § 20 Z 2 lit k, (bewilligungspflichtig ab 400 m²) § 19 Z 5 Stmk BauG 1995; vgl für Oberösterreich (anzeigepflichtig bis 400 kW) § 25 Abs 1 Z 7a OÖ BO 1994 iVm § 6 Abs 2 Z 1 Oö ElWOG 2006; vgl für Salzburg (ugV bewilligungsfrei) § 2 Abs 4 Sbg BauPolG 1997; vgl für Kärnten (mittelungspflichtig) § 7 Abs 1 Z 13 f K BO 1996; vgl für Tirol (ugV anzeigefrei bis 20 m²) § 28 Abs 3 lit e f, (ugV anzeigepflichtig) § 28 Abs 2 lit i f TBO; vgl für Vorarlberg (ugV frei) § 20 Abs 2 Vbg BG.

1229 Vgl *Bachmann/Baumgartner/Feik/Fuchs/Giese/Jahnel/Lienbacher*, Besonderes Verwaltungsrecht[13] (2020) 520.

1230 Siehe zur geringen Gefährdungseignung und zum Deregulierungsinteresse unter Verweis auf die Materialien zur NÖ BO 2014 ua *Koizar* in *Riegler/Koizar*, NÖ BauO[4] (2019) § 15 NÖ BO 2014 Rz 25; vgl zum reduzierten Nachbarschutz und zur ausschließlichen baurechtlichen Relevanz in Schutzzonen oder Altorgebieten, kritisch der Bewilligungs, Anzeige- und Meldefreiheit gegenüber und iZhgm der Standfestigkeit und dem Brandschutz auf einen Wertungswiderpsruch zu den Vorschriften für Ladepunkte hinweisend, NÖ BauO[4] (2019) § 17 NÖ BO 2014 Rz 40 ff.

1231 Siehe dazu bereits eingangs II.B.3.

1232 Vgl § 4 Abs 4 EAG 2020.

1233 Vgl *Frankl-Templ* in *Rainer*, Handbuch des Miet- und Wohnrechts Kap. 20.6.1 mwN (Stand 1.1.2022, rdb.at); Hierbei – wie auch bei allen anderen Rechtsformen abseits des Wohnungseigentum – besteht die Schwierigkeit Anreize für klimaneutrale Entwicklungen in die bestehende Gebäudestruktur zu integrieren.

1234 Vgl *Fuhrmann/Gstaltner* in *ÖGNI*, Bestandsgebäude (2021) Kap 6.1 mwN insb zum PV-Erlass 2014.

1235 Vgl *Fuhrmann/Gstaltner* in *ÖGNI*, Bestandsgebäude (2021) Kap 6.2 ff mwN insb zum Südtiroler Model als begrüßungswürdiges Gesamtkonzept direkter und indirekter Fördermaßnahmen *de lege ferenda*.

(1) Der wohnungseigentumsrechtliche Begriff der Solaranlage

Solaranlagen sind technische Einrichtungen, welche die Energie aus Sonnenstrahlung in verwertbare Energieformen umwandeln. Letzteres kann nach heutigem Stand der Technik in Form von Strom („Photovoltaikanlagen“ bzw „PV“) oder in Form von Wärme („Solarthermieanlagen“) stattfinden.[1236] Auch eine Mischung aus beiden Techniken sog „PVT“-Anlagen (photovoltaisch-thermisch) ist technisch üblich.[1237]

Wohingegen sich die Begünstigungswürdigkeit im Ministerialentwurf zur WEG-Novelle noch auf die Anbringung einer Photovoltaikanlage beschränkte,[1238] fand die „Solaranlage“ als Ausfluss der ersten Stellungnahme im Begutachtungsverfahren,[1239] welche auf Solarthermieanlagen hinwies, Eingang in § 16 Abs 5 WEG.[1240]

Durch den Überbegriff der „Solaranlage“ verdeutlicht sich sohin, dass jede Einrichtung zur Verwertung von Sonnenenergie – unabhängig der verwendeten Technik – begünstigungswürdig ist. Andere Anlagen zur Verwertung regenerativer Primärenergiequellen,[1241] unter anderem Wind, Wasser und Erdwärme sind demensprechend von der Begünstigungswürdigung ausgeklammert. In Anbetracht deren reduzierten Praktikabilität als Individualanlagen und deren erhöhten Beeinträchtigungswirkung („Windpark“ am Dach) ist dies zumindest bei den Energiequellen iZhgm Wind und Wasser nachvollziehbar. Darüber hinaus sind individuelle „Windkraftwerke“ in mehrfacher Weise prekär:[1242] Vordergründig problematisch ist das erhöhte Beeinträchtigungspotential aufgrund beweglicher Teile, weshalb auch änderungsrechtlich von eingeschränkter Genehmigungsfähigkeit ausgegangen werden muss. Daneben erfordert der effiziente Betrieb eine entsprechende Montagehöhe, um der Gebäudeablenkung zu entkommen.[1243]

Bedeutsam ist, dass eine Solaranlage, um ihrem Zweck der Energieverwertung gerecht zu werden, nicht ausschließlich aus dem äußerlich erkennbaren Panel („PV-Modul“[1244] bzw „Kollektor“[1245]) besteht, sondern eine breite

1236 *Quaschning*, Erneuerbare Energien und Klimaschutz[6] (2021) 122 ff; Wohingegen elektrische Energie nahezu verlustfrei in Wärme überführt werden kann, ist thermische Energie nur eingeschränkt in elektrische Energie wandelbar, *Schabbach/Wesselak*, Energie – Die Zukunft wird erneuerbar (2012) 31.

1237 Vgl *Schabbach/Leibbrandt*, Solarthermie – Wie Sonne zu Wärme wird[2] (2021) 34.

1238 Vgl ErläutME WEG idF 2022, 134/ME 27. GP 2,10.

1239 Vgl 1/SN-134/ME 27. GP 1 *(Cerbat)*.

1240 Vgl ErläutRV WEG idF 2022, 1174 BlgNR 27. GP 11.

1241 Vgl *Schabbach/Leibbrandt*, Solarthermie – Wie Sonne zu Wärme wird[2] (2021) 5.

1242 Vgl *Pramer,* Wann sich ein Mini-Windrad für daheim lohnt, Der Standard, 17.9.2022.

1243 Vgl *Pramer,* Wann sich ein Mini-Windrad für daheim lohnt, Der Standard, 17.9.2022.

1244 Vgl *Wesselak/Voswinckel,* Photovoltaik – Wie Sonne zu Strom wird (2012) 61 f.

1245 Vgl *Stieglitz/Heinzel,* Thermische Solarenergie Grundlagen, Technologie, Anwendungen (2012) 85 ff.

Infrastruktur umfasst. So umfassen PV-Anlagen zumindest einen Generator, welcher seinerseits wieder aus den Modulen, deren Aufhängung und entsprechender Gleichstromverkabelung besteht und im Wesentlichen äußerlich ersichtlich ist, einem Wechselrichter, welcher den eingefangenen Gleichstrom zur Verwertung bzw zur Einspeisung in das öffentliche Netz in Wechselstrom wandelt und schließlich ein entsprechendes Monitoring zur Anlagenüberwachung.[1246]

Darüberhinausgehend gilt es zwischen „Inselanlagen", welche umgewandelte Energie zum sofortigen Verbrauch bereitstellen oder in Energiespeicher (darunter fällt auch das Aufheizen eines Boilers) ohne Anschluss an das elektrische Versorgungsnetz einspeisen, und sog „netzgekoppelten Anlagen",[1247] welche Überschüsse in das öffentliche Stromnetz einspeisen, zu unterscheiden. Erstere bedürfen zusätzlich der Installation eines Energiespeichers, wohingegen zweitere auf die allgemeine Elektroinfrastruktur außerhalb des Wohnungseigentumsobjekts angewiesen sind.

Solarthermische Anlagen bestehen grundsätzlich aus einem Kollektor, welcher Wasser, Luft oder ein anderes Medium erhitzt,[1248] und einem Wärmespeicher, welcher sich bei Wasserschwerkraftanlagen über dem Kollektor („Thermosiphonanlage") befindet oder durch die Installation einer Pumpe standortungebunden ist.[1249] Ein Zwei- oder Mehrkreissystem erfordert zusätzlich einen Wärmetauscher zwischen dem Solarkreislauf (zumeist mit Frostschutzmittel) und dem Warmwasserkreislauf.[1250]

Bei bloß heizungsunterstützenden Solarsystemen, welche in unserem Breitengrad notwendig sind, um vor allem im Winter entsprechenden Heizwärmebedarf zu decken, wird der sog „Kombi-Wärme-Speicher" zusätzlich noch von einer anderen Heizquelle versorgt.[1251]

Die Problematik, welche sich an dieser Stelle aufbäumt ist augenscheinlich der zweispurigen änderungsrechtlichen Privilegierungssystematik geschul-

---

1246 Vgl *Wesselak/Voswinckel*, Photovoltaik – Wie Sonne zu Strom wird (2012) 62; vgl zu den Kostenanteilen, wonach knapp 60 % der Kosten auf den PV-Generator entfallen, 25 % auf den Wechselrichter und der Rest auf Montage und Netzanschlussentfallen, vgl *Wesselak/Voswinckel*, Photovoltaik – Wie Sonne zu Strom wird (2012) 63; vgl zum Begriff der photovoltaischen Anlage (PV-Anlage), welche sich als eine oder eine Kombination aus mehreren verbundenen PV Modulen bis zum Netzanschlusspunkt bzw bis zur Verbraucheranlage definiert, *Österreichischer Verband für Elektrotechnik*, OVE E 8101:2019 + AC1:2020 (2020) 712.1.

1247 Vgl *Quaschning*, Erneuerbare Energien und Klimaschutz[6] (2021) 122 ff; vgl auch *Wesselak/Voswinckel*, Photovoltaik – Wie Sonne zu Strom wird (2012) 62.

1248 Vgl *Quaschning*, Erneuerbare Energien und Klimaschutz[6] (2021) 166 ff.

1249 Vgl *Quaschning*, Erneuerbare Energien und Klimaschutz[6] (2021) 171 ff.

1250 Vgl *Quaschning*, Erneuerbare Energien und Klimaschutz[6] (2021) 171; vgl auch *Schabbach/Leibbrandt*, Solarthermie – Wie Sonne zu Wärme wird[2] (2021) 76.

1251 Vgl *Quaschning*, Erneuerbare Energien und Klimaschutz[6] (2021) 173 ff; vgl auch *Schabbach/Leibbrandt*, Solarthermie – Wie Sonne zu Wärme wird[2] (2021) 79.

det:[1252] Wenn jene alternative Heizquelle nicht bereits eingebaut ist, scheidet die Rechtfertigung der gesamten Beheizungsanlage über die Zustimmungsfiktion gem § 16 Abs 5 WEG aus. Dessen ursprünglicher Einbau ist allerdings gem § 16 Abs 2 Z 2 S 2 WEG insoweit begünstigt, als das wichtige Interesse und die Verkehrsüblichkeit im gerichtlichen Zustimmungsersatz unwiderleglich vermutet wird.[1253]

Ebengleiche Problematik stellt sich bei der gleichzeitigen Installation von Wärmeverwertungsinfrastruktur (zB Heizkörper, bzw Fußbodenheizungsverrohrung). Denn die solarthermische Energieverwertung bedarf im Vergleich zur PV-Anlage, dessen Output „Wechselstrom" allseitig verwertbar ist, eines besonderen Wärmeabgabesystems. Gerade Fußbodenheizungen bieten sich in Kombination mit einer solarthermischen Anlage an, da sie sich im Gegensatz zu gewöhnlichen Radiatoren mit einer Temperaturspreizung von 40/30 °C begnügen.[1254] Deren Begünstigungswürdigkeit hängt allerdings davon ab, ob das ganze Wärmesystem als Solaranlage zu qualifizieren ist, oder ob ausschließlich das Wärmekollektiv mit dem Wärmespeicher tatbestandsmäßig ist.

Es wird allerdings davon auszugehen sein, dass weder die zusätzliche Heizquelle bei unterstützenden Anlagen (welche uU sogar mit fossilem Brennstoff betrieben wird und dem Ziel der Klimaneutralität zuwiderläuft), noch andere Wärmeabgabesysteme davon umfasst sind. Analog zur PV-Anlage, welche bis zum Umwandlungsprozess in Wechselstrom bzw dessen Speicherung begünstigungswürdig ist, wird eine Solarthermieanlage bis zum Wärmespeicher der Begünstigung gem § 16 Abs 5 WEG unterliegen, wenngleich die darüberhinausgehende neu zu errichtende Verrohrung zu Beheizungszwecken, samt anderen Beheizungsanlagen im gerichtlichen Zustimmungsersatz der klassischen Privilegierung gem § 16 Abs 2 Z 2 S 2 WEG unterliegt.

Die ursprüngliche Zurückhaltung des Gesetzgebers iZhg mit Solarthermieanlagen und die nunmehrige tatbestandsmäßige Ausdehnung führen zu einer unklaren Privilegierungswirkung im Rahmen des gesamten Heizungssystems.[1255] In Anbetracht entsprechender Rechtsunsicherheit und der enormen Kostenbelastung[1256] ist dem Änderungswilligen bei der Installation von Solarthermieanlagen, samt Beheizungsinfrastruktur jedenfalls anzuraten, entweder die Gültigkeit der Zustimmungsfiktion gerichtlich überprüfen zu lassen (feststellende Entscheidung), bzw von vorne herein auf den gerichtlichen Zustim-

---

1252 Siehe dazu IV.I.3.

1253 Siehe zu der privilegierten Errichtung von Beheizungsanlagen IV.I.3.c).

1254 Vgl *Schabbach/Leibbrandt*, Solarthermie – Wie Sonne zu Wärme wird[2] (2021) 80.

1255 Vgl aber *Kothbauer*, WEG-Novelle 2022 (2022) 32.

1256 So ist durchschnittlich bei heizungsunterstützenden Anlagen als Komplettpaket (ohne ergänzende Heizquelle) bei einer Kollektorfläche von 10 m^2 bzw 700 Liter Kapazität von etwa 8.000 € auszugehen, vgl *Schabbach/Leibbrandt*, Solarthermie – Wie Sonne zu Wärme wird[2] (2021) 80.

mungsersatz gem § 52 Abs 1 Z 2 WEG zu setzen (rechtsgestaltende Entscheidung).[1257]

Zweifelsohne kann sich allerdings aus den äußerlich in Erscheinung tretenden, uU sogar blendenden[1258] Solaranlagenteilen, oder aufgrund deren Dimensionierung[1259] eine Beeinträchtigungswirkung iSd § 16 Abs 2 Z 1 WEG ergeben, welche es im Widerspruchsfall zu widerlegen gilt. Eine gewisse Form der Außenwirkung ist allerdings in der Gestalt unvermeidlich, als bei der effizienten Montage von Solaranlagen der Standort unter dem Gesichtspunkt der „Verschattungsfreiheit"[1260] ein wesentliches Kriterium darstellt.

Dadurch, dass die Neuerrichtung von Beheizungsanlagen ohnehin der klassischen Privilegierung gem § 16 Abs 2 Z 2 S 2 WEG und sohin der unwiderleglichen Vermutung eines wichtigen Interesses[1261] bzw der Verkehrsüblichkeit[1262] unterliegt, verdeutlicht sich auch, dass der gesetzliche Förderungswille, welcher im Widerspruchsfall in die Beurteilung der Zulässigkeitskriterien gem § 16 Abs 2 WEG einfließt,[1263] geradezu auf die allgemeinen negativen Änderungsvoraussetzungen gem § 16 Abs 2 Z 1 WEG auswirken muss und die Schutzwürdigkeit entgegenstehender Interessen gem Z 1 zurückdrängt.

(2) Das begünstigte Änderungsobjekt des Reihenhauses bzw des Einzelgebäudes

Die Begünstigungswürdigkeit von Solaranlagen knüpft an die Ausgestaltung des Wohnungseigentumsobjekts an. So soll diese nur an Reihenhäusern bzw Einzelgebäuden die Wirkung einer Zustimmungsfiktion auslösen können.[1264] Die radikale tatbestandsmäßige Einschränkung des Änderungsobjekts zerstört die Illusion von privilegierten Solaranlagen bei Wohnungseigentumsobjekten in klassischen Mehrparteienhäusern und sohin im Grunde in Ballungszentren, was den Anwendungsbereich erheblich schmälert. Das klassische „Mini-Balkonkraftwerk"[1265] fällt in Anbetracht dessen nicht in die Begünsti-

---

1257 Vgl ErläutRV WEG idF 2022, 1174 BlgNR 27. GP 21 f.

1258 Vgl zur Blendwirkung von Photovoltaikanlagen OGH 29.5.2018, 1 Ob 1/18f, EvBl-LS 2018/150 mwN. *(Weixelbraun-Mohr).*

1259 Schutzwürdige Interessen stehen einer Änderung dann entgegen, wenn andere Wohnungseigentümer von gleichartigen Maßnahmen aufgrund von begrenzten allgemeinen Teilen (hier: wohl südseitig liegende Dachflächen) ausgeschlossen werden, vgl OGH 17.3.2022, 5 Ob 137/21i.

1260 Vgl *Wesselak/Voswinckel,* Photovoltaik – Wie Sonne zu Strom wird (2012) 81.

1261 Siehe zum wichtigen Interesse auch im Zusammenhang mit dem Klimaschutz IV.I.2.c)(2).

1262 Zur Verkehrsüblichkeit von Solaranlagen siehe *Ecker,* Klimaschutz im Wohnungseigentumsrecht, immo aktuell 2020, 99 mwN.

1263 Vgl ErläutRV WEG idF 2022, 1174 BlgNR 27. GP 11 Rz 4.

1264 Vgl *Räth,* Wärmepumpe und Solaranlage am Dach, immolex 2023, 170 ff.

1265 Siehe exemplarisch *Ostermann,* Ein steirisches Start-up sorgt für Strom vom Balkon, Der Standard, 5.8.2022; vgl auch *Windisch/Putschögl,* Was bei Photovoltaikanlagen auf dem Balkon zu beachten ist, Der Standard, 26.8.2022; Jene Anlagen lassen sich durch haushaltübliche

gungswürdigkeit gem § 16 Abs 5 WEG.[1266] Auch besonders innovative PV-Anlagen, welche bspw als Carport und überdachte Abstellplätze mit Ladevor-

Steckdosen anschließen („Plug-in Anlagen"). Zur (vergüteten) Einspeisung in das allgemeine Stromnetz kommt es in der Regel nicht; Jene „Kleinst-PV Anlagen" fallen gem § 1 Abs 1 ETG als elektrische Betriebsmittel (Gegenstand zur Gewinnung elektrischer Energie) in den Anwendungsbereich des Elektrotechnikgesetzes; vgl hierzu *Fraunhofer-Institut für Solare Energiesysteme*, Steckerfertige, netzgekoppelte Kleinst-PV-Anlagen (2019) 98. Es gilt zu beachten, dass gem § 3 Abs 4 ETG 1992 iVm § 3 Abs 2 ETV 2020 iVm OVE E 8101:2019-01-01 nicht verbindliche kundgemachte elektrotechnische Normen für jene elektrischen Niederspannungsanlagen bestehen (als international angepasste ÖNORM E 8001, technisch gleichwertig zu HD 60364, CENELEC, vgl *Österreichischer Verband für Elektrotechnik*, OVE E 8101:2019 + AC1:2020 (2020) 2). Darunter fallen besondere Schutzvorkehrungen (Teil 4), geeignete Materialien und Bauteile (Teil 5), besondere Prüfungsvorgaben (Teil 6) und Vorschriften im Zusammenhang mit besonderen Räumen und Anlagenarten (Teil 7). Auf photovoltaische Anlagen ist Teil 7–712 Anwendung findend, wonach besondere Schutz- und Überwachungsmaßnahmen zu setzen sind. Gemäß § 4 Abs 2 ETV ist jedenfalls bei Errichtung einer solchen elektrischen Anlage eine Risikobeurteilung durchzuführen, soweit die in Betracht kommenden kundgemachten elektrotechnischen Normen nicht oder nicht vollständig angewendet worden sind; Empfehlenswert ist eine Leistungsbegrenzung zwischen 400 W und 800 W, *Fraunhofer-Institut für Solare Energiesysteme*, Steckerfertige, netzgekoppelte Kleinst-PV-Anlagen (2019) 98; siehe dazu auf den Graubereich hinweisend https://konsument.at/bauen-energie/nachhaltigkeit/solaranlagen-zum-einstecken (zuletzt abgerufen 20.9.2022); Im Unterschied zur Dachanlage bräuchte es bei Kleinst-PV Anlagen keiner Genehmigung des Netzanbieters, unter diesem Gesichtspunkt reiche eine Meldung an diesen aus, vgl *Windisch/Putschögl*, Was bei Photovoltaikanlagen auf dem Balkon zu beachten ist, Der Standard, 26.8.2022; zur Beeinträchtigungswirkung siehe auch die Folgefußnote; dabei stellt die Regulierungsbehörde *E-Control* fest, dass Mini-PV Anlagen grundsätzlich erlaubt sein und den Netzbetreibern bis 800 W bloß gemeldet werden müssen, vgl *Die Presse*, E-Control stellt klar: Auch mit Stecker sind Balkonkraftwerke erlaubt, 24.10.2022, so sei zur Beeinträchtigungsvermeidung jedenfalls darauf zu achten, dass ein FI-Schalter und ein CE-Kennzeichen der Anlage vorhanden ist und keine Verlängerungskabel verwendet werden. Zertifizierte Mikro-Wechselrichter würden in der Gestalt nur Strom führen, wenn sie ein Netz erkennen.

[1266] Die änderungsrechtliche Beurteilung eines solchen hängt in erster Linie davon ab, ob davon überhaupt eine Möglichkeit zur Interessensbeeinträchtigung gem § 16 Abs 2 WEG über die Bagatellgrenze hinausgehend ausgeht, siehe dazu IV.D.1; mE wäre im Einspeisungsfall jedenfalls eine Inanspruchnahme allgemeiner Teile gegeben und eine Interessensbeeinträchtigung scheint nicht gänzlich ausgeschlossen, weshalb der Änderungsbegriff erfüllt ist; vgl elektrische Leitungen als allgemeinen Teil bezeichnend auch, ErläutRV WEG idF 2022, 1174 BlgNR 27. GP 8 Rz 1; vgl zur rechtlichen Zulässigkeit von Solaranlagen auch *Ecker*, Klimaschutz im Wohnungseigentumsrecht, immo aktuell 2020, 99, hinweisend auf die Beeinträchtigungsmöglichkeit des äußeren Erscheinungsbildes, welche insb bei architektonisch „lustlosen" Anlagen nicht gegeben sein wird; vgl zur Beeinträchtigungswirkung von einem am Balkon montierten PV-Modul, *Windisch/Putschögl*, Was bei Photovoltaikanlagen auf dem Balkon zu beachten ist, Der Standard, 26.8.2022; vgl überdies *Fraunhofer-Institut für Solare Energiesysteme*, Steckerfertige, netzgekoppelte Kleinst-PV-Anlagen (2019) 98, *„Kleinst-PV-Systeme führen typischerweise eher zu einer Entlastung der Hausinstallation als zu einer unzulässigen Belastung."* Technisch sind jene Anlagen dann unproblematisch und auch eine Gefährdung des Netzbetriebes ist ausgeschlossen, wenn die Rahmenbedingungen und Empfehlungen eingehalten werden und darüberhinausgehend die für reguläre Anlagen geltenden Netzschutzparameter (TOR D4) erfüllt werden, *Fraunhofer-Institut für Solare Energiesysteme*, Steckerfertige, netzgekoppelte Kleinst-PV-Anlagen (2019) 100.

richtung fungieren, fallen aufgrund dieser Einschränkung aus dem Anwendungsbereich der Begünstigungswürdigkeit.[1267]

An dieser tatbestandsmäßigen Einschränkung zeigt sich, dass der Gesetzgeber das begrenzte Gut „allgemeiner Teil" – und ein solcher ist im Rahmen der Außenhaut zur Sonnenexposition erforderlich – sehr zurückhaltend für Individualanlagen zur Verfügung stellen möchte. Nicht zuletzt, da Kollektoren bzw PV-Module zumindest flächenmäßig Dach- oder Fassadenteile übermäßig in Anspruch nehmen. Ein ähnlicher Zugang zeigt sich auch iZhgm mit der befristeten Rechtfertigungswirkung von Einzelladestationen gem § 16 Abs 8 WEG, wonach Gemeinschaftsanlagen aus der Perspektive des Lastenmanagements klar zu bevorzugen sind.[1268]

Ebenjener Vorrang der Gemeinschaftssolaranlage soll zugunsten der Individualsolaranlage dann weichen, wenn das Änderungsobjekt eine individualisierende Ausgestaltung aufweist, sodass sich ein gänzlich anderes Beeinträchtigungspotential abbildet. Also im Grunde dort, wo der klassische Miteigentumscharakter aufgrund isolierter Bauweise untergeordnet ist.

Der Gesetzgeber knüpft diesbezüglich an das „Reihenhaus" und an das „Einzelgebäude" an. Das Einzelgebäude[1269] zeichnet sich insoweit aus, als es freistehend, von einer eigenen Außenhaut,[1270] als allgemeiner Teil, umfasst ist, wohingegen sich „Reihenhäuser" durch eine geschlossene Bauweise die Außenhaut an den Seitenflächen teilen.

Beide haben gemein, dass nur ein einzelnes Wohnungseigentumsobjekt hiervon erfasst wird.[1271] Charakteristisch für beide Formen ist die selbststän-

---

[1267] Jene Änderungsformen haben aufgrund mehrfacher Deckung mit dem gesetzgeberischen Förderungswillen gute Chance für eine gerichtlich zuerkannte Genehmigungsfähigkeit; vgl zum Potential mit PV-Anlagen überdachter bereits baulich versiegelter Parkplätze *Koch*, Warum bisher nur wenige Parkplätze mit Solaranlagen überdacht sind, Der Standard, 21.10. 2022; vgl zum Zuschlag von 30 % zum Investitionszuschuss innovativer PV-Anlagen gem § 56 Abs 12 EAG.

[1268] Vgl ErläutRV WEG idF 2022, 1174 BlgNR 27. GP 2, 13; so bieten auch die mit dem WEG 2022 geänderten Willensbildungsvorschriften einen erleichterten Zugang zur Umsetzung gemeinschaftlicher Solaranlagen als außerordentliche Verwaltungsmaßnahme, vgl zur energietechnischen Ausgestaltung des Gebäudes durch Anbringung einer Photovoltaik- oder Solarthermieanlage oder durch sonstige klimarelevante Standardverbesserungen, vgl ErläutRV WEG idF 2022, 1174 BlgNR 27. GP 5; vgl zur „Solarzellenanlage auf dem Dach" als Verbesserungsmaßnahmen außerordentlicher Verwaltung, OGH 26.9.2017, 5 Ob 161/17p; vgl zu schutzwürdigen Interessen welche einem individuellem Änderungsbegehren zur Errichtung einer PV-Anlage entgegenstehen können, OGH 17.3.2022, 5 Ob 137/21i.

[1269] „Einzelgebäude" sind im Wohnungseigentumsbereich grundsätzlich untypisch und wohl nur dann gegeben, wenn eine Liegenschaftsteilung bei entsprechender Bebauung unmöglich war. Anderenfalls ist es schwer vorstellbar, warum sich ein Bauträger als Wohnungseigentumsorganisator freiwillig dem strengeren Regime gem §§ 37 ff WEG unterwerfen sollte.

[1270] Vgl zum „eigenen Dach", *Kothbauer*, WEG-Novelle 2022 (2022) 32.

[1271] Vgl ErläutRV WEG idF 2022, 1174 BlgNR 27. GP 2, wonach *„jedes ein eigenes Wohnungseigentumsobjekt bildet"*. Weswegen auch eine Liegenschaft mit hundert Wohnungs-

dige Zuweisung von Freiflächen, wie bspw einer Terrasse oder eines Hausgartens – sei es durch Benützungsregelung oder als ein ausschließlich nutzbares Zubehörobjekt.[1272] Umgekehrt sind in beiden tatbestandsmäßigen Bauformen zumeist allgemeine Verbindungsflächen, wie allgemeine Gangteile, weniger stark ausgeprägt.

Das qualifizierte – eingeschränkte – Änderungsobjekt dezimiert den Anwendungsbereich solartechnischer Begünstigungswürdigkeit enorm.[1273] In Anbetracht der Klimaneutralitätsziele bis 2040 scheint diesbezüglich jedenfalls nicht das letzte Wort gesprochen zu sein.[1274]

d) Die Anbringung von sich in das Erscheinungsbild des Hauses harmonisch einfügenden Vorrichtungen zur Beschattung eines Wohnungseigentumsobjekts

Überdies sind unter bestimmten Voraussetzungen auch Beschattungsvorrichtungen als nachhaltiger Überhitzungsschutz begünstigungswürdig. Jene Vorrichtungen kennzeichnen sich in erster Linie durch die äußerliche Anbringung an allgemeinen Teilen.[1275] Diese sollen ohne maßgeblichen Energieeinsatz[1276] eine Überhitzung durch direkte Sonneneinstrahlung verhindern.[1277] Darunter fallen Rollläden, Jalousien und Markisen.[1278]

Vorausgesetzt ist hierfür jedenfalls eine harmonische Einfügung in das Erscheinungsbild des Hauses. Der Gesetzgeber dürfte sohin die Begünstigung bereits vorweg in gewisser Weise am Maßstab der allgemeinen Voraussetzungen gem § 16 Abs 2 Z 1 WEG, nämlich, dass die Änderung ua keine Beeinträchtigung der äußeren Erscheinung darstellen darf, gemessen haben.

Das Erfordernis der „harmonischen Einfügung“ als subjektive ästhetische Einschätzung punktet jedenfalls nicht mit Rechtssicherheit, welche dem Än-

eigentumsobjekten, welche sich gleichermaßen auf zehn baugleiche, aneinander gebaute „Stiegen“ aufteilen, nicht als Reihenhäuser darstellen lässt. Ebensowenig tatbestandsmäßig ist das „Zweifamilienhaus“ als zwei Wohnungseigentumsobjekte, welche von einer Außenhaut umfasst sind.

1272 Vgl exemplarisch die baurechtliche Ausnahme von der Verpflichtung zur Errichtung nicht öffentlicher Spielplätze gem § 66 Abs 1 NÖ aufgrund der Zuordnung von Einzelgärten bei Reihenhäusern, *Kienastberger/Stellner-Bichler*, NÖ Baurecht[2] (2019) § 66 Nö BO 476; vgl die Zuweisung eines Hausgartens zum Wohnungseigentumsobjekt (Reihenhaus) OGH 10 Ob 49/20h = bbl 2021/111.

1273 Siehe dazu IV.H.1.c)(2).

1274 *Thalhammer,* Wie die Energiewende in Österreich gelingen soll“, Die Presse, Print-Ausgabe, 24.8.2022.

1275 Vgl *Stabentheiner*, Die WEG-Novelle 2022, ÖJZ 2022, 262 f.

1276 Unschädlich ist selbstverständlich die elektrische Positionierbarkeit.

1277 So sollen jene dazu beitragen, auch in wärmeren Jahreszeiten erträgliche Raumtemperaturen ohne den Betrieb einer Klimaanlage zu erzielen, vgl ErläutRV WEG idF 2022, 1174 BlgNR 27. GP 11 Z 3.

1278 Vgl ErläutRV WEG idF 2022, 1174 BlgNR 27. GP 2.

derungswilligen eine treffsichere Einschätzung der möglichen Rechtfertigungswege für das konkrete Änderungsbegehren ermöglicht hätte.[1279]

So stellt sich die Frage, inwieweit die Begünstigung nur eine „Nichtbeeinträchtigung" iSd § 16 Abs 2 Z 1 WEG voraussetzt, oder ob diese ein *„harmonisches"* Erscheinungsbild, gewissermaßen ein begriffliches Plus gegenüber den allgemeinen Voraussetzungen, voraussetzt.[1280]

Der Gesetzgeber verdeutlicht zumindest im Rahmen dieses Tatbestands eine entsprechende Parallelität *„mit den generellen Negativvoraussetzungen der Beeinträchtigung der äußeren Erscheinung des Hauses"*, welche es offenbar nicht in den Gesetzeswortlaut geschafft hat.[1281] ME sprechen die Erläuterungen im Ministerialentwurf dafür, beide optische Ausstülpungen der Interessensbeeinträchtigung als deckungsgleich zu betrachten. Der Gesetzgeber wollte durch eine positive Formulierung keinen strengeren Rahmen für diese Voraussetzung definieren.[1282]

In erster Linie versucht diese ästhetische Einschränkung einen „Wildwuchs"[1283] verschiedener Beschattungsvorrichtungen zu verhindern. Jedenfalls scheint es sohin eine Anpassungspflicht an bestehende Vorrichtungen – zumindest für die Inanspruchnahme der Begünstigungswürdigkeit – zu geben.[1284] Dies wird allerdings umgekehrt auch dem „Beschattungspionier" bei Errichtung der ersten Beschattungsvorrichtung nicht völlig freien Gestaltungsrahmen zu sichern, da gerade die erste Anlage optisch besonders auffällig erscheint – nicht zuletzt bei einer besonderen, architektonisch erhaltungswürdigen Außenfassade.

Im Ergebnis wird dieser Rechtfertigungsweg wohl nur dann in Frage kommen, wenn sich bereits eine oder mehrere ähnliche Beschattungsvorrichtungen am Gebäude befinden.

e) Der Einbau von einbruchsicheren Türen

Neben *„umwelt- und klimapolitischen Gründen oder wegen der speziellen Bedürfnisse behinderter Menschen"*,[1285] unterliegen auch Änderungen wegen *„einer Kombination aus einem nachvollziehbaren Bedürfnis mit sehr geringer*

1279 Vgl *Richter*, Das neue Änderungsrecht des Wohnungseigentümers nach § 16 WEG, immolex 2022, 10.

1280 Harmoniekritisch und zustimmungswürdig *Höllwerth*, Zum neuen Änderungsrecht des Wohnungseigentümers nach der WEG-Novelle 2022, wobl 2022, 126.

1281 ErläutME WEG idF 2022, 134/ME 27. GP 10 Z 3; vgl auch die Übereinstimmung mit dem in § 16 Abs 2 Z 1 WEG genannten Negativkriterium, *Stabentheiner*, Die WEG-Novelle 2022, ÖJZ 2022, 262 f.

1282 Vgl auch *Stabentheiner*, Die WEG-Novelle 2022, ÖJZ 2022, 262 f.

1283 Vgl *Stabentheiner*, Die WEG-Novelle 2022, ÖJZ 2022, 262 f.

1284 Vgl *Stabentheiner*, Die WEG-Novelle 2022, ÖJZ 2022, 262 f.

1285 ErläutME WEG idF 2022, 134/ME 27. GP 10 Z 3.

Eingriffswirkung“ der Begünstigungswirkung. Wohingegen die übrigen Tatbestände[1286] der Begünstigungswürdigkeit überwiegend den ersten beiden Kategorien zuzuordnen sind, bleibt für den Einbau einbruchsicherer Türen nur Raum im Rahmen der letztgenannten Kategorie.

(1) Die tatbestandsmäßige Einbruchsicherheit

Tatbestandsmäßig ist die sicherheitstechnische Aufwertung von Wohnungseigentumsobjektszugängen. Das bedeutet, dass die Änderung anderer „Wohnungseigentumsobjektsdurchbrechungen“[1287] unabhängig ihrer Qualifikation als allgemeiner Teil selbst unter dem Gesichtspunkt der Einbruchsicherheit nicht begünstigungswürdig erscheinen. Darunter fällt die Abänderung der Außenfenster, welche der Gebäudehülle[1288] zugehörig sind und sohin wie die Eingangstüre zwar allgemeine Teile sind,[1289] von welcher allerdings eine unvergleichbare Beeinträchtigungswirkung auf das äußerliche Erscheinungsbild ausgehen würde.

Zentral für die Beurteilung der Begünstigungswürdigkeit ist sohin die Qualifikation als Türe – selbst wenn der Einbruchsicherheit gerade im Erdgeschoß durch eine „Vergitterung“ der Fenster womöglich eher zum Durchbruch verholfen wäre. Die damit verbundene unterschiedliche Beeinträchtigungswirkung auf das äußerliche Erscheinungsbild führt allerdings dazu, dass die Zustimmung zu jenen Änderungsformen gerichtlich zu ersetzen ist. Der Gesetzeswortlaut des begünstigungswürdigen Tatbestands beschränkt sich auch nicht auf die „Eingangstüre“, wenngleich die Erläuterungen primär diese als Haupteingang avisiert.[1290] Tatbestandsmäßig ist auch die Abänderung anderer Zugangstüren, wie Balkon- und Terrassentüren.

Aus dem Aspekt der „Einbruchsicherheit“ ergibt sich, dass die zu verändernde Tür jedenfalls Zugangscharakter haben muss. Bei der Abänderung von Türen im Inneren des Wohnungseigentumsobjekts stellt sich die Frage, ob überhaupt die Schwelle zur „Änderung“ iSd § 16 Abs 2 WEG überschritten

---

1286 Siehe hierzu IV.H.1.a)–d).

1287 Vgl *Hausmann* in *Hausmann/Vonkilch*, Österreichisches Wohnrecht WEG⁴ (2017) § 2 WEG Rz 60.

1288 Vgl *Löcker* in *Hausmann/Vonkilch*, Österreichisches Wohnrecht WEG⁴ (2017) § 28 WEG Rz 54, 58.

1289 Vgl das Abstellen auf die Eingangstüre als allgemeiner Teil, ErläutRV WEG idF 2022, 1174 BlgNR 27. GP 3; die Erläuterung ergänzt auch, dass allgemeine Teile in die „Zuständigkeit“ der Eigentümergemeinschaft fallen, was in Anbetracht der änderungsrechtlichen Inanspruchnahmemöglichkeit allgemeiner Teile sicherlich überspitzt sein mag. Dadurch wird allerdings verdeutlicht, dass das individuelle Sicherheitsbedürfnis selten im Interesse der Gemeinschaft steht, weshalb einem individuellen Änderungsbegehren möglichst wenig Hürden entgegengestellt werden sollten.

1290 Vgl ErläutRV WEG idF 2022, 1174 BlgNR 27. GP 3.

wird.[1291] Dies ist im Regelfall dann zu verneinen, wenn nicht neue Durchbrüche in tragenden Wänden gesetzt werden.[1292]

Die „einbruchsichere Ausgestaltung“[1293] beschränkt sich auch nicht auf den „Einbau“ einer neuen Türe. Eine solche umfasst auch die sicherheitstechnische Umgestaltung als *minus*, wie den Einbau eines weiteren Schlosses oder die „Aufdoppelung“ der bestehenden Türe. Im Regelfall wird die Beeinträchtigungswirkung – nicht zuletzt im Altbau bei aufwendig verziertem Holzstuck – durch solche Maßnahmen weitaus geringer sein, wenngleich die Zulässigkeit des Komplettaustausches durch die Zustimmungsfiktion im Falle der Widerspruchslosigkeit gerechtfertigt werden kann – soweit die Unwiederbringlichkeit künstlerischer Verzierungen nicht als wesentliche und dauerhafte Beeinträchtigung[1294] iSd § 16 Abs 5 WEG letzter Satz qualifiziert werden kann.

(2) Das nachvollziehbare Bedürfnis mit sehr geringer Eingriffswirkung

Gerade im Widerspruchsfall bedarf es einer genaueren Analyse der gesetzlichen Wertungen, um den gesetzgeberischen Förderungswillen[1295] auch auf das gerichtliche Zustimmungsersatzverfahren zu übertragen.

Der Gesetzgeber dürfte sich beim Einbau von einbruchsicheren Türen einer abstrakten Interessenabwägung bestehender Voraussetzungen bedient haben, welche in Anbetracht der „geringen Eingriffswirkung“ (Z 1) und dem „nachvollziehbaren Bedürfnis“ (Z 2) zugunsten des Änderungswilligen ausschlägt.[1296] Im Falle jener begünstigungswürdigen Änderungsmaßnahmen scheint der Gesetzgeber in Abwägung bestehender Voraussetzungen eine Wertungslinie vorzugeben, ohne jedoch die Unwiderlegbarkeit im Einzelfall – wie bspw bei den klassischen Privilegierungen im Sinne § 16 Abs 2 Z 2 S 2 WEG – normieren zu wollen.

1291 Siehe zu bagatellhaften Änderungen ohne Möglichkeit zur Beeinträchtigung von Miteigentümerinteressen, IV.D.1.

1292 RIS-Justiz RS0109843.

1293 Vgl ErläutRV WEG idF 2022, 1174 BlgNR 27. GP 3.

1294 Siehe hierzu IV.H.6.

1295 Vgl ErläutRV WEG idF 2022, 1174 BlgNR 27. GP 11.

1296 Einer Interessenabwägung durch den Rechtsanwender bedarf es im Rahmen der änderungsrechtlichen Systematik ausschließlich bei Eingriffen in andere Wohnungseigentums- oder Zubehörobjekte. Diese Maßnahmen stellen zugleich die intensivste Eingriffsform des Änderungsrechts dar – seitens des Gesetzgebers ist jene Abwägungsform keine Seltenheit, denn selbst die allgemeinen negativen Voraussetzungen iSd § 16 Abs 2 Z 1 WEG determinieren das Ergebnis einer Interessenabwägung, indem diese Bestimmung die Gewichtigkeit einzelner schutzwürdiger Miteigentümerinteressen gegenüber dem Änderungsbedürfnis des Individualrechtsträgers vertypt, vgl zur Interessensabwägung *Feil/Friedl* in *Feil/Friedl/Bayer,* WEG (2014) § 16 Rz 6.

Im Widerspruchsfall und im Rahmen des gerichtlichen Zustimmungsersatzes ist die bereits im Ministerialentwurf verankerte abwägungstechnische Verknüpfung des Umfangs der Inanspruchnahme allgemeiner Teile und das besondere Interesse des Änderungswilligen bedeutsam:[1297]

Vordergründig steht das Sicherheitsinteresse des änderungswilligen Wohnungseigentümers, welches der Gesetzgeber als „nachvollziehbar" darstellt. Die bloße „Nachvollziehbarkeit"[1298] ist zwar grundsätzlich im änderungsrechtlichen Zusammenhang bei der Beurteilung des wichtigen Interesses nicht ausreichend. Das nachvollziehbare Bedürfnis geht allerdings darüber hinaus, da sowohl der Eigentumsschutz als auch der Schutz von Leib und Leben grundrechtlichen Niederschlag aufweist und als „wichtig" iSd § 16 Abs 2 S 2 WEG zu beurteilen ist.

Überdies ist die den Erläuterungen zu entnehmende Kombination mit der *„sehr geringen Eingriffswirkung"* bedeutsam, welche eine Vermutung der mangelnden Schutzwürdigkeit entgegenstehender Miteigentümerinteressen (Z 1) nahelegt.

So im Rahmen des gerichtlichen Zustimmungsersatzes davon auszugehen sein, dass neben Reflexwirkungen, welche durch den zum Ausdruck gebrachten gesetzlichen Förderungswille die Schutzwürdigkeit der Miteigentümerinteressen im Sinne von § 16 Abs 2 Z 1 WEG schmäleren, die Vermutung eines wichtigen Interesses als „nachvollziehbares Bedürfnis" besteht.[1299] Nicht zuletzt, da sich das für den Zustimmungsersatz erforderliche („wichtige") Interesse des Änderungswilligen gem § 16 Abs 2 Z 2 WEG verhältnismäßig nach der Eingriffsintensität zu messen hat.[1300] Jene Reflexwirkung gedenkt allerdings nicht sämtliche allgemeine negative Voraussetzungen vorwegzunehmen, weshalb es einer Überprüfung der konkreten Ausgestaltung im Einzelfall bedarf.[1301]

1297 Vgl die Gewichtung des wichtigen Interesses in Relation zum Umfang der Inanspruchnahme allgemeiner Teile, *Feil/Friedl* in *Feil/Friedl/Bayer,* WEG (2014) § 16 Rz 31; So wird davon auszugehen sein, dass die Vermutung der *„sehr geringer Eingriffswirkung"* jedenfalls im Zusammenhang mit dem Einbau einbruchsicherer Türen die Schwelle des dafür notwendigen wichtigen Interesses iSd § 16 Abs 2 Z 2 WEG herunter setzt.

1298 Vgl zum nachvollziehbaren Wunsch, welcher keinem wichtigen Interesse iSd § 16 Abs 2 Z 2 WEG entspricht, OGH 15.4.2008, 5 Ob 24/08b; vgl RIS-Justiz RS0083341.

1299 Vgl zum besonderen Gestaltungsinteresse des Wohnungseigentümers an jenen allgemeinen Teilen, *Kothbauer*, WEG-Novelle 2022 (2022) 27.

1300 Siehe hierzu IV.I.2.c)(2).

1301 Die Maßnahme hätte bei Vorliegen eines schutzwürdigen Interesses jedenfalls zu unterbleiben, vgl *Markl* in *Böhm/Pletzer/Spruzina/Stabentheiner*, GeKo Wohnrecht II (2019) § 16 WEG Rz 14; bzw kann eine Interessenabwägung nicht zur Verneinung des Änderungsrechts führen, vgl *Feil/Friedl* in *Feil/Friedl/Bayer,* WEG (2014) § 16 Rz 6;

2. Die Zustimmungsfiktion gem § 16 Abs 5 WEG

a) Die änderungsrechtlichen Erfordernisse für eine wirksame Zustimmungsfiktion gem § 16 Abs 5 WEG

Die Zustimmungsfiktion ist der mit begünstigungswürdigen Änderungen einhergehende Rechtfertigungsmodus, welcher mit der WEG-Novelle 2022 geschaffen wurde. Dabei gilt es zu berücksichtigen, dass auch nur der Widerspruch eines einzigen Wohnungseigentümers die damit verbundene Rechtfertigungswirkung vollständig beseitigt.[1302]

Das Institut lehnt sich als mehrpersonales Pendant an dem Modus des mietrechtlichen Veränderungsrechts an.[1303] So startete der Gesetzgeber mit dem WEG idF 2022 in der Gestalt einen weiteren Annäherungsversuch an das MRG im Sinne eines einheitlichen Wohnrechts. Bedeutsam ist allerdings, dass dieser Rechtfertigungsmodus nicht generell, sondern vielmehr an besondere tatbestandsmäßige Ausstülpungen anknüpft.[1304] Die wohnungseigentumsrechtliche Zustimmungsfiktion ist Ausfluss einer vom Gesetzgeber getroffenen Interessensabwägung, welche konkrete umwelt- und klimapolitische bzw spezielle Bedürfnisse behinderter Menschen oder eine Kombination aus einem nachvollziehbaren Bedürfnis mit einer sehr geringen Eingriffswirkung mitberücksichtigt.[1305] An dieser Stelle sei bloß eingeworfen, dass die mietrechtliche Privilegierung iSd § 9 Abs 2 Z 2 MRG[1306] von Maßnahmen zur *„Senkung des Energieverbrauchs dienende Ausgestaltung eines Mietgegenstandes“* – bereits in der Stammfassung des MRG 1981[1307] integriert war.

Die gesetzliche Vermutung des mangelnden Rückmeldebedarfs anderer Wohnungseigentümer, welche im Falle der unterbliebenen Äußerung dem Änderungswilligen eine gerichtliche Zustimmungsersetzung ersparen soll,[1308]

1302 Vgl *Painsi/Terlitza,* Wohnungseigentumsrecht (2022) Rz 418.

1303 Vgl *Pletzer* in *Böhm/Pletzer/Spruzina/Stabentheiner*, GeKo Wohnrecht I (2018) § 9 MRG Rz 39; vgl auch *Würth* in *Rummel*, ABGB³ (2003) § 9 MRG Rz 2, wonach Erweiterungen des Mietobjekts nicht ermöglicht werden; die Nichtäußerung würde diesfalls nicht zum Gegenstand einer fingierten Zustimmung werden und keine Möglichkeit zur Einbeziehung allgemeiner Teile (bis auf die Privilegierung iSd § 9 Abs 2 MRG) darstellen, *Prader*, MRG$^{6.05}$, § 9 MRG E 7, 9 (Stand 1.7.2022, Manz Wohnrecht in rdb.at); vgl auch OGH 30.3.2021, 10 Ob 4/21t; Siehe hierzu IV.H.1.

1304 *„Bei einer Zustimmungsfiktion handelt es sich um eine sehr weitgehende Maßnahme, die von den allgemeinen Grundsätzen des Zivilrechts abweicht, weil hier Schweigen in der Regel nicht als Zustimmung gewertet werden kann. Deshalb soll diese ganz besondere Erleichterung nur für die drei [?] genannten, spezifisch privilegierungswürdigen Maßnahmen gelten.“* ErläutRV WEG idF 2022, 1174 BlgNR 27. GP 3.

1305 Vgl ErläutRV WEG idF 2022, 1174 BlgNR 27. GP 10.

1306 Jene Veränderungsmaßnahmen, welche eine entsprechende „Verkehrsüblichkeit“ und ein „wichtiges Interesse“ iSd § 9 Abs 1 Z 2 MRG unwiderleglich vermuten.

1307 Vgl BGBl 1981/520.

1308 Vgl ErläutRV WEG idF 2022, 1174 BlgNR 27. GP 10.

knüpft allerdings an strenge Voraussetzungen. Eine gültige Zustimmungsfiktion erfordert eine

- eine tatbestandsmäßig[1309] begünstigungswürdige Änderungsmaßnahme,
- eine zugegangene, inhaltlich qualifizierte Verständigung über die Änderungsmaßnahme,[1310]
- eine Rechtsbelehrung hinsichtlich des Unterbleibens eines Widerspruches,[1311]
- die Widerspruchslosigkeit[1312] und
- mit der Änderung darf keine wesentliche und dauernde Beeinträchtigung[1313] anderer Wohnungseigentümer einhergehen.[1314]

b) Exkurs: Zum Vergleich wohnrechtlicher Zustimmungsfiktionswirkungen iZhgm dem mitrechtlichen Veränderungsrecht gem § 9 MRG

Das mietrechtliche Veränderungsrecht im Rahmen des MRG-Vollanwendungsbereich gem § 9 MRG knüpft seit seiner Stammfassung[1315] primär an die Rechtfertigungswirkung der Zustimmungsfiktion an, ohne dass es einer tatbestandsmäßigen Untersuchung des konkreten Gestaltungsbegehrens bedarf, wohingegen die wohnungseigentumsrechtliche Zustimmungsfiktion geradezu nur bei Vorliegen der Begünstigungswürdigkeit entsprechender Änderungsbegehren in Frage kommt.[1316]

Der Überschneidungsbereich MRG-WEG verdeutlicht – am Beispiel einer vermieteten, dem MRG-Vollanwendungsbereich unterliegenden Wohnung –, dass sich die verschiedenen wohnrechtlichen Änderungsregelungen auch nicht ausschließen. Vielmehr stehen diese „untereinander", wonach der Mieter sein Gestaltungsbegehren gegenüber dem Vermieter und dieser wiederum gegenüber den Miteigentümern rechtzufertigen hat.

Der räumliche Anwendungsbereich des § 9 MRG spannt sich bis auf die ausdrücklichen (privilegierten) Ausnahmen des § 9 Abs 2 Z 1, 4 und 5 MRG grundsätzlich nur über das Innere des Mietobjekts und allgemeine Teile dür-

1309 Siehe zu den Tatbeständen begünstigungswürdiger Änderungsmaßnahmen IV.H.1.

1310 Siehe dazu IV.H.3.

1311 Siehe zur notwendigen Rechtsbelehrung IV.H.4.c).

1312 Siehe zu den Erfordernissen eines gültigen Widerspruches, IV.H.5.

1313 Siehe zur absoluten Grenze der Rechtfertigungswirkung durch eine Zustimmungsfiktion IV.H.6.

1314 Vgl *Höllwerth,* Zum neuen Änderungsrecht des Wohnungseigentümers nach der WEG-Novelle 2022, wobl 2022, 122; vgl auch *Stabentheiner*, Die WEG-Novelle 2022, ÖJZ 2022, 259 ff; siehe dazu auch *Prader/Gottardis*, Fingierte Zustimmung gemäß § 16 Abs 5 idF der WEG-Novelle 2022, ImmoZak 2022, 7; vgl auch *Kothbauer*, WEG-Novelle 2022 (2022) 28 ff; vgl auch *Gumhold/Schmied*, Kompendium Wohnungseigentum Österreich (2022) 99 ff; vgl weiters *Richter*, Das neue Änderungsrecht des Wohnungseigentümers nach § 16 WEG, immolex 2022, 9 ff.

1315 Vgl § 9 MRG, BGBl 1981/520.

1316 Siehe zu den einzelnen Tatbeständen der Begünstigungswürdigkeit IV.H.1.

fen grundsätzlich nicht einbezogen werden.[1317] Zunehmend findet sich in der Rsp allerdings eine extensive Auslegung des mietrechtlichen Veränderungsbegriffes, wonach sehr wohl allgemeine Teile zumindest in Anspruch genommen werden können. Mit dieser Ausweitung einhergehend ist die Vergrößerung ebenjenes Überschneidungsbereiches und die Gefahr von Interessensbeeinträchtigungen anderer Wohnungseigentümer.[1318]

Räumt man der mietrechtlichen Zustimmungsfiktion im Überschneidungsbereich die Wirkung eines unmittelbaren Durchführungsanspruches ein, würde dies bedeuten, dass man den Mieter Beseitigungsansprüchen der übrigen Wohnungseigentümer aussetze.

Im Fall einer gültigen mietrechtlichen Zustimmungsfiktion (Nichtäußerung des vermietenden Wohnungseigentümers zur Änderungsanzeige des Mieters) zu genehmigungsbedürften Änderungen ist im Gegensatz zur wohnungseigentumsrechtlichen Zustimmungsfiktion,[1319] welche als Sachverfügung dinglichen Charakter entfaltet,[1320] noch kein unmittelbarer Durchführungsanspruch[1321] des Mieters gegeben.

Sehr wohl ist mit der Wirkung einer mietrechtlichen Zustimmungsfiktion eine Erweiterung des geschuldeten obligatorischen Gebrauchs verbunden, welcher je nach Ausmaß zur Zinsminderung[1322] berechtigt ohne, dass dem Mieter ein Rechtsanspruch zur Vornahme der Veränderung zustünde. Der vermietenden Wohnungseigentümer wird seinerseits zumindest wirtschaftlich zur Durchsetzung ebendieser (Ver-)Änderung gegenüber den Wohnungseigentümern gedrängt. In Anbetracht der weitergehenden (dinglichen) Wirkung scheint beim wohnungseigentumsrechtlichen Änderungsrecht jedenfalls ein verdichteter Voraussetzungskatalog geboten.

3. Die systematische Integration der „Begünstigungswürdigkeit“

Mit der Positivierung des Zustimmungsfiktionsmechanismus ist gewissermaßen auch eine Systemabkehr verbunden, indem bei rechtsgemäßer Änderungsverständigung[1323] und damit einhergehender Widerspruchslosigkeit bei bestimmten Änderungsformen ein „unmittelbarer“ Durchführungsanspruch konstruiert wird, ohne dass es einer rechtsgestaltenden Entscheidung des

---

1317 *Prader*, MRG$^{6.05}$, § 9 MRG E 9 (Stand 1.7.2022, Manz Wohnrecht in rdb.at).

1318 Vgl dazu eine Solaranlage am Dach, Videokameras und -attrappen oder einer Alarmanlage, *Prader*, MRG$^{6.04}$, § 9 E 9 (Stand 1.7.2022, Manz Wohnrecht in rdb.at).

1319 So ist in Anbetracht der Fiktionswirkung kein gerichtlicher Zustimmungsersatz erforderlich und der Wohnungseigentümer darf die Änderung vornehmen, ErläutME WEG idF 2022, 134/ME 27. GP 10 Z 2.

1320 Siehe hierzu III.D.

1321 Anders womöglich im schlichten Miteigentum, LGZ Wien 3.4.1991, 41 R 200/91.

1322 *Pesek* in *Schwimann/Neumayr*, ABGB Taschenkommentar^5 (2020) § 1096 ABGB Rz 3, 19.

1323 Siehe hierzu IV.H.1.

Außerstreitgerichts bedarf. Dieses „systemneue" Parallelgleis bringt schwierige dogmatische Fragen mit sich, wie ebenjenes in das bestehende Änderungssystem zu integrieren ist.

Die absolute Grenze der Zustimmungsfiktionswirkung stellt auf eine „wesentliche und dauernde Beeinträchtigung" anderer Wohnungseigentümer ab.[1324] Jener Tatbestand erinnert an die absolute Grenze des Änderungsrechts iZhg mit dem gerichtlichen Zustimmungsersatz bei änderungsbedingter Inanspruchnahme anderer Wohnungseigentumsobjekte gem § 16 Abs 2 Z 3 WEG.[1325]

Auch das Verhältnis dieses Privilegierungstatbestandes zu den allgemeinen negativen Voraussetzungen des § 16 Abs 2 Z 1 WEG[1326] ist *prima facie* hinterfragenswert. Auch wenn der Gesetzgeber die Voraussetzungen gem § 16 Abs 2 Z 1–3 WEG nunmehr ausdrücklich für den gerichtlichen Zustimmungsersatz vorsieht,[1327] bezog sich dieser im Rahmen der tatbestandsmäßigen Verankerung der einzelnen begünstigungswürdigen Tatbestände sprachlich darauf. Beispielsweise geraten Beschattungsvorrichtungen gem § 16 Abs 5 WEG lediglich dann in den Genuss der Zustimmungsfiktion, soweit sich diese *„harmonisch"* in das Erscheinungsbild des Hauses einfügen.[1328]

Die teilweise sprachliche Bezugnahme verwischt nicht bloß das Verhältnis zwischen den einzelnen Voraussetzungen, sondern stellt das ganze System der Begünstigungswürdigkeit rechtssicherheitstechnisch auf wackeligen Untergrund. Nicht zuletzt, da Änderungswillige, welche im Vertrauen auf eine gültige Rechtsgrundlage beträchtliche Kosten auf sich nehmen, um ua ihren ökologischen Fußabdruck zu reduzieren und schließlich einem kostspieligen Beseitigungsanspruch ausgesetzt werden.

In dieser Gestalt lassen sich verschiedene Interpretationsmöglichkeiten zur dogmatischen Einordnung der begünstigungswürdigen Änderungen exzerpieren:

- Der Verweis auf das äußere Erscheinungsbild hat (da es ja mit den allgemeinen gerichtlichen Voraussetzungen „korrespondiert") bloß hinweisenden Charakter in der Gestalt, dass stets alle allgemeinen negativen iSd § 16 Abs 2 Z 1 WEG für eine wirksame Zustimmungsfiktion bedeutsam sind – Im Zusammenhang mit Beschattungsmaßnahmen wird bloß die augenscheinlichste negative Voraussetzung „des äußeren Erscheinungsbildes" unterstrichen, wohingegen in den meisten anderen begünstigungswürdigen Fällen (Sicherheitstüre, Ladestation, Treppenlift im Stiegenhaus etc) Maßnahmen im Inneren des Wohnhauses gesetzt werden und naturgemäß das äußere Erscheinungsbild eben nicht tangiert wird.

[1324] Siehe hierzu IV.H.6.

[1325] Siehe hierzu IV.I.5.

[1326] Siehe dazu IV.I.

[1327] Vgl § 16 Abs 2 WEG idF 2022, wonach eine nicht erteilte Zustimmung gerichtlich ersetzt werden kann.

[1328] Vgl ErläutRV WEG idF 2022, 1174 BlgNR 27. GP 3,11.

- Alternativ wollte der Gesetzgeber dem Verweis insoweit regelnden Charakter einräumen, als er lediglich im Zusammenhang mit Beschattungsvorrichtungen das äußere Erscheinungsbild (als einziger Überrest der allgemeinen negativen Voraussetzungen) zu wahren versucht. Das bedeutet, dass für die Wirksamkeitsbeurteilung einer Zustimmungsfiktion im Rahmen der anderen begünstigungswürdigen Änderungsformen die allgemeinen Voraussetzungen nicht zu prüfen sind.[1329]

Gegen die erste Alternative spricht die Tatsache, dass die Voraussetzungen des § 16 Abs 2 Z 1–3 WEG idF 2022 nunmehr ausdrücklich den gerichtlichen Zustimmungsersatz betreffen.[1330] Respektive ist den „allgemeinen negativen Voraussetzungen" nicht mehr die Bedeutung eines umfassenden Änderungsmaßstabs zuzuerkennen, sondern es gilt die verschiedenen Zustimmungsformen (gerichtlich oder eben durch eine entsprechende Zustimmungsfiktion)[1331] isoliert voneinander zu betrachten. Denn würde man den diesen in ihrer Gesamtheit Bedeutung für die Wirksamkeit einer Zustimmungsfiktion einräumen, wird deutlich, dass die Vielzahl unbestimmter Gesetzesbegriffe die Rechtssicherheit dieses Instituts untergraben wäre.

Darüber hinaus ähnelt das Institut der wohnungseigentumsrechtlichen Zustimmungsfiktion jener des mietrechtlichen Veränderungsrechts gem § 9 Abs 1 S 2 MRG im mietrechtlichen Vollanwendungsbereich.[1332] Die allgemeinen Voraussetzungen des § 9 Abs 1 Z 1–7 MRG haben ebenso wenig Bedeutung für eine wirksame mietrechtliche Zustimmungsfiktion.[1333]

Eine rechtswirksame wohnungseigentumsrechtliche Zustimmungsfiktion knüpft im Ergebnis nicht an ebenjene „allgemeinen" negativen Voraussetzungen, welche sohin ausschließlich den Prüfungsmaßstab im Widerspruchsfall abstecken.

Unterstellt man dem Gesetzgeber allerdings eine völlige Loslösung von den als allgemeine Voraussetzungen dargestellten Miteigentümerinteressen, hätte dies unweigerlich auch zur Folge, dass dieser bspw eine *„Gefahr für die*

1329 Im Sinne einer gesetzlichen Vermutung, dass im Zusammenhang mit solch zukunftsträchtigen Innovationen Interessensbeeinträchtigungen anderer Wohnungseigentümer iSd § 16 Abs 2 Z 1 WEG nicht schützenswert seien.

1330 ErläutME WEG idF 2022, 134/ME 27. GP 8 Z 1–3; damit einhergehend auch die Nachreihung der behördlichen Bewilligung (§ 16 Abs 3 WEG idF 2022, vormals § 16 Abs 2 Z 4 WEG) und die Änderung im Bestand räumlich unmittelbar aneinandergrenzender Wohnungseigentumsobjekte (§ 16 Abs 4 WEG idF 2022, vormals § 16 Abs 2 Z 5 WEG).

1331 Siehe zum dualen Rechtfertigungssystem IV.F.2.

1332 Siehe hierzu auch IV.H.1.

1333 Inwieweit Veränderungen durchsetzbar gewesen wären, ist für die Wirksamkeit der mietrechtlichen Zustimmungsfiktion im Sinne von § 9 MRG – mit Ausnahme der Erweiterung der Mietrechte – bedeutungslos, vgl *Würth/Zingher/Kovanyi*, Miet- und Wohnrecht II[23] § 9 MRG Rz 8; vgl auch *Pletzer* in *Böhm/Pletzer/Spruzina/Stabentheiner*, GeKo Wohnrecht I (2018) § 9 MRG Rz 7.

Sicherheit von Personen, des Hauses oder von Sachen"[1334] iSd § 16 Abs 2 Z 1 WEG zur Implementierung der Begünstigungswürdigkeit in Kauf nehme bzw von einem Widerspruch eines Miteigentümers abhängig mache.

An die Lösung dieser Rechtsfrage knüpft ua die Wirkung der Zustimmungsfiktion im Zusammenhang mit einer barrierefreien Ausgestaltung, wie bspw dem Einbau eines Treppenlifts, welcher womöglich die Treppenlaufbreite des Fluchtweges derartig einschränkt, dass damit eine Gefährdung einhergeht.[1335] Die allgemeinen Änderungsvoraussetzungen des gerichtlichen Zustimmungsersatzes spiegeln sich jedenfalls in der absoluten Grenze der unzulässigen „wesentlichen und dauernden Beeinträchtigung" iSd § 16 Abs 5 WEG wider und finden in der Gestalt Niederschlag für die Wirksamkeitsbeurteilung der Zustimmungsfiktion.[1336]

4. Die qualifizierte Verständigung gem § 16 Abs 5 WEG

Gerade bei die Privatautonomie durchbrechenden Instrumenten, wie der Zustimmungsfiktion, nimmt das Informationserfordernis als Ausfluss wohnungseigentumsrechtlicher Treuepflicht einen zentralen Stellenwert ein.[1337] Neben einer Rechtsbelehrung hinsichtlich des Unterbleibens eines Widerspruches, nämlich des Eintritts der Zustimmungsfiktion und die damit einhergehende Durchführbarkeit der Maßnahme,[1338] verlangt die qualifizierte Verständigung eine klare und verständliche Maßnahmenbeschreibung.[1339]

In dieser Gestalt wurde für die begünstigungswürdigen Änderungsformen eine besondere wohnungseigentumsrechtliche Informationsobliegenheit geschaffen. Bedeutsam ist allerdings, dass die Verständigung im Rahmen begünstigungswürdiger Änderungen nicht Ausfluss einer „Anzeigepflicht" ist. Auch im mietrechtlichen Veränderungsrecht iSd § 9 Abs 1 S 1 MRG ist eine solche nicht anzunehmen, wenngleich in der Literatur dessen plakative Simplizität gegenüber dem Begriff der „Anzeigeobliegenheit" bevorzugt wird.[1340]

1334 Vgl § 16 Abs 2 Z 1 WEG letzter Satz.

1335 OGH 20.2.2020, 5 Ob 218/19y [Treppenlift]; diesfalls darf die konkrete Umsetzung keine Gefahr für die Sicherheit darstellen und die Treppenlaufbreite im Sinne deren Eignung als Fluchtweg nicht unzulässig unterschritten werden.

1336 Siehe hierzu IV.H.6.

1337 Vgl zur Nachteilsabwehr als Ausfluss der Treuepflicht, OGH, 21.12.2017, 6 Ob 211/17y = wobl 2019, 107 *(Knoll)*.

1338 Vgl *Stabentheiner*, Die WEG-Novelle 2022, ÖJZ 2022, 260; vgl auch *Richter*, Das neue Änderungsrecht des Wohnungseigentümers nach § 16 WEG, immolex 2022, 10.

1339 Vgl § 16 Abs 5 S 2 WEG idF 2022; vgl ErläutRV WEG idF 2022, 1174 BlgNR 27. GP 11,

1340 Arg *„Der Hauptmieter hat [...] anzuzeigen"*; vgl *Vonkilch* in *Hausmann/Vonkilch*, Österreichisches Wohnrecht MRG[4] (2021) § 9 Rz 14 mwN; vgl auch *Pletzer* in *Böhm/Pletzer/Spruzina/Stabentheiner*, GeKo Wohnrecht I (2018) § 9 MRG Rz 7. Strenggenommen ist mangels gerichtlicher Durchsetzbarkeit auch im Mietrecht von keiner Anzeigepflicht zu sprechen, sondern vielmehr von einer Anzeigeobliegenheit; so auch ErläutRV WEG idF 2022, 1174 BlgNR 27. GP 12 Rz 8 lit b.

Im Grunde genommen ist der Verständigungsmodus im Rahmen begünstigungswürdiger Änderungen gem § 16 Abs 5 WEG als eine mögliche Rechtfertigungsform sogar unterhalb jener Schwelle, da dem Vermieter gegenüber dem Mieter bei direkten Eingriffen in das Mietobjekt ein verdichtetes Kontrollbedürfnis zuerkannt werden muss.

Unabhängig davon steht dem Änderungswilligen auch sofort – ohne jegliche Vorabinformation – der Rechtfertigungsweg durch gerichtlichen Zustimmungsersatz offen,[1341] wenngleich sich dies auf Ebene der nach Billigkeit zu verteilenden Verfahrenskosten[1342] auswirken wird.[1343]

a) Das Formgebot der Verständigung

Die Wirkungen der Zustimmungsfiktion setzen eine inhaltlich qualifizierte schriftliche[1344] Verständigung voraus, deren Zugang den Beginn der zweimonatigen Äußerungsfrist absteckt. In Anbetracht der Tatsache, dass die WEG-Novelle 2022 im Zusammenhang mit der Widerspruchszugänglichkeit erleichterte Anforderungen an die Schriftlichkeit,[1345] nämlich die Nichterforderlichkeit der Unterschriftlichkeit vorsieht, stellt sich die Frage, ob sich diese Grundsätze auch auf die Verständigung des Änderungswilligen projizieren lassen.[1346] Dem Hinweis in den Erläuterungen zu Folge, ist mangels in Frage stehender Identität des Widersprechenden von der Unterschriftlichkeit abzusehen. Greift man diesen Zugang auf, wird deutlich, dass umgekehrt die Identität des Änderungswilligen ebenso wenig nicht in Frage stehen wird.[1347] Es ist sohin davon auszugehen, dass die Verständigung an den Formzweck der Dokumentation und der Beweisbarkeit anknüpft und der Informationscharakter im Vordergrund steht, weshalb die Unterschrift des Änderungswilligen nicht erforderlich ist.

b) Die inhaltliche Qualität der Maßnahmenbeschreibung

Die Materialien beschränken sich bei der Darstellung der notwendigen Spezifität der Änderungsbeschreibung neben dem nicht näher definierten Quali-

---

[1341] Siehe zum gerichtlichen Zustimmungsersatz IV.I.

[1342] Siehe zur Tragung der Verfahrenskosten iZhgm dem gerichtlichen Zustimmungsersatz IV.G.1.b).

[1343] Aus diesem Gesichtspunkt lässt sich allerdings festhalten, dass auch das mietrechtliche Veränderungsrecht durch Unterlassen der Anzeige nicht verloren geht, vielmehr verliert der Mieter bloß Zugang zur für ihn günstigeren Zustimmungsfiktion, *Würth/Zingher/Kovanyi*, Miet- und Wohnrecht I[23] § 9 MRG 7.

[1344] Vgl *Stabentheiner*, Die WEG-Novelle 2022, ÖJZ 2022, 260; *„in Papierform oder […] durch elektronische Übermittlung"*, ErläutRV WEG idF 2022, 1174 BlgNR 27. GP 11 Rz 5.

[1345] Inwieweit diese der Unterschriftlichkeit erfordert, ist nach dem Formzweck zu beurteilen, *P. Bydlinski* in *Koziol/Bydlinski/Bollenberger* (Hrsg), Kurzkommentar zum ABGB[6] § 886 ABGB Rz 1, 7.

[1346] Siehe zum Formgebot des Widerspruchs IV.H.5.a).

[1347] Vgl ErläutRV WEG idF 2022, 1174 BlgNR 27. GP 11 Rz 6.

tätsmaßstab der Klarheit und der Verständlichkeit auf die Tatsache, dass sich in Anbetracht der Maßnahmenindividualität das konkrete Erfordernis nicht abstrakt determinieren ließe.[1348] Die Beschreibung hätte jedenfalls den anderen Wohnungseigentümern ein *„nachvollziehbares Bild darüber* [zu vermitteln], *worin die Änderung besteht und in welcher Weise die Miteigentümer davon tangiert sein könnten“*.[1349] Je nach Umfang der geplanten Maßnahme verdichten sich demnach auch die Qualitätserfordernisse der Verständigung.[1350]

Die Attribute der Klarheit und Verständlichkeit schaffen jedenfalls besondere inhaltliche Voraussetzungen.[1351] In dieser Gestalt erinnert jene Wortkombination an das verbraucherrechtliche Transparenzgebot.[1352] Auch wenn der strenge Maßstab des § 6 Abs 3 KSchG jedenfalls nur im Verbrauchergeschäft gilt,[1353] ist zu überprüfen, ob sich aus diesem Maßstab Bedeutsamkeiten für das wohnungseigentumsrechtliche Bestimmtheitsgebot ableiten lassen. Die zusätzliche Anwendung verbraucherrechtlicher Normen schließt sich zwar *per se* nicht aus, dem wohnungseigentumsrechtlichen Verständigungsmodus ist allerdings nicht der *telos* einer auszugleichenden Ungleichgewichtslage inhärent, so steht vielmehr der Informationscharakter zwischen zwei grundsätzlich Gleichberechtigten im Vordergrund.

Jedenfalls über die gem § 16 Abs 5 WEG geforderte Inhaltsqualität hinausgehend ist der Maßstab für Heimverträge gem § 27d Abs 4 KSchG, welcher neben der Verständlichkeit gem § 6 Abs 3 KSchG die Einfachheit und auch eine umfassend genaue Umschreibung erfordert.[1354] Zieht man jene Abstufung zur Absteckung des wohnungseigentumsrechtlichen Verständigungsqualität heran, wird man annehmen können, dass weder die Einfachheit tatbestandsmäßig iSv § 16 Abs 5 WEG ist, noch die Änderungsmaßnahme umfassend bis in das letzte Detail nahegelegt werden muss.

[1348] Vgl ErläutRV WEG idF 2022, 1174 BlgNR 27. GP 11 Rz 5.

[1349] Vgl ErläutRV WEG idF 2022, 1174 BlgNR 27. GP 11 Rz 5.

[1350] Vgl *Höllwerth,* Zum neuen Änderungsrecht des Wohnungseigentümers nach der WEG-Novelle 2022, wobl 2022, 123.

[1351] Vgl zur Klarheit und Verständlichkeit iSd § 5 VKrG RIS-Justiz RS0132626, RS0129480.

[1352] *„[...] ist unwirksam, wenn sie unklar oder unverständlich abgefaßt ist“*, vgl § 6 Abs 3 KSchG; vgl zur Informationspflicht gem § 4 Abs 1 FAGG OGH 27.11.2019, 5 Ob 110/19s, ecolex 2020/172; vgl demgegenüber auch die Formerfordernisse für einen außenwirksamen Haftungsausschluss gem § 38 Abs 4 UGB, RIS-Justiz RS0127526.

[1353] Vgl *Kuprian*, Der Mietvertrag[3] Rz 495 ff; vgl zu den verschiedenen Ausprägungen des Transparenzgebotes, welche über das bloße Textverständnis hinausgehen ua als Hinweisverpflichtung, als Bestimmtheits-, Richtigkeits-, Differenzierungs-, und Vollständigkeitsgebot als auch als Täuschungsverbot, *Apathy* in *Schwimann/Kodek*, ABGB[4] § 6 Rz 88; ein Überschneidungsbereich mit besonderen Formerfordernissen ist bei einem änderungswilligen Wohnungseigentümers eines Geschäftslokals gegenüber einem Wohnungseigentümer einer Wohnung anzunehmen.

[1354] Vgl RIS-Justiz RS0124337; *„Für Heimverträge geht die von § 27d Abs 4 KSchG verlangte Genauigkeit und Verständlichkeit über jene des § 6 Abs 3 KSchG hinaus. Die einzelnen Inhalte eines Heimvertrags sind nicht nur einfach und verständlich, sondern zusätzlich auch noch umfassend und genau zu umschreiben.“*, OGH 29.1.2014, 7 Ob 232/13p.

Auch die mietrechtliche Zustimmungsfiktion, welche unabhängig von der Art der Veränderungsmaßnahme aus der Widerspruchslosigkeit des Vermieters resultiert, setzt eine inhaltlich ordnungsgemäße Anzeige des veränderungswilligen Mieters voraus.[1355] Diese muss alle Informationen enthalten, die einem redlichen Erklärungsempfänger ein „ausreichendes" Bild über Art und Umfang der geplanten Maßnahme vermitteln, sodass dieser seine Kontrollrechte ausüben kann.[1356] So knüpft *defacto* die Informationspflicht des Mieters, welcher zumeist die Ungleichgewichtslage prägende schwächere Position einnimmt, an einen ähnlichen Maßstab.

In ähnlicher Form sprechen die Materialien zur WEG-Novelle 2022 von einem zu vermittelnden „nachvollziehbaren" Bild.[1357] So wird hierbei ebenso an einen objektiven Maßstab anzuknüpfen sein, welcher auf einen durchschnittlich verständigen Wohnungseigentümer abstellt.[1358] Klar und verständlich ist eine Erklärung dann, wenn sie eine fundierte Entscheidung eines solchen verständigen Erklärungsempfängers ermöglicht.[1359] Auch wenn eine „ausreichende" Verständigung mehr an ein Minimalerfordernis erinnert, dürfen die inhaltlichen Erfordernisse zur Vermittlung eines „nachvollziehbaren" Bildes über die Änderung nicht im Sinne eines rechtlichen Mehrerfordernisses überspannt werden.

Der verständigte Wohnungseigentümer kann nur dann seine Rechtsposition erkennen, wenn sich aus der Maßnahmenbeschreibung die Tatbestandsmäßigkeit der Begünstigungswürdigkeit[1360] und das damit einhergehende Beeinträchtigungspotential ergibt.[1361] Das bedeutet, dass sowohl die Änderungsart bzw der Änderungsumfang als auch der Änderungsort zu beschreiben ist, um letztlich auch seine (im Verfahren nach § 52 Abs 2 Z 1 festzustellende[1362]) Zustimmungspflicht beurteilen zu können. Es bietet sich im Lichte der Rechtssicherheit jedenfalls an, das Änderungsbegehren nicht nur textlich, sondern auch

---

1355 Vgl *Vonkilch* in *Hausmann/Vonkilch*, Österreichisches Wohnrecht MRG⁴ (2021) § 9 Rz 16.

1356 Vgl OGH 27.7.2021, 5 Ob 57/21z mwN; vgl auch OGH 21.10.2003, 5 Ob 199/03f.

1357 ErläutRV WEG idF 2022, 1174 BlgNR 27. GP 11 Rz 5; vgl zur Heranziehung mietrechtlicher Rsp *Kothbauer*, WEG-Novelle 2022 (2022) 30.

1358 Vgl zum (technisch) durchschnittlich informierten Wohnungseigentümer, *Höllwerth,* Zum neuen Änderungsrecht des Wohnungseigentümers nach der WEG-Novelle 2022, wobl 2022, 123; vgl auch zum „Durchschnittskunden" als objektiver verbraucherrechtlicher Maßstab, RIS-Justiz RS0115219.

1359 Vgl auch zum Informationserfordernis beim Fernabsatzvertrag OGH 27.11.2019, 5 Ob 110/19s; vgl dazu auch *Dehn* in *Schwimann/Kodek*, ABGB⁴ § 4 FAGG Rz 1.

1360 Vgl in diesem Zusammenhang die Notwendigkeit technischer Details iZhg mit Ladestationen, darunter die Ladekapazität und andere wesentliche technische Daten, wie etwa die Zahl der Phasen, ErläutRV WEG idF 2022, 1174 BlgNR 27. GP 11 Rz 5.

1361 In diesem Zusammenhang lässt sich auf die allgemeinen negativen Voraussetzungen im gerichtlichen Zustimmungsersatzverfahren verweisen, siehe dazu IV.I.1; eine wesentliche und dauerhafte Beeinträchtigung ist der Zustimmungsfiktion ohnehin nicht zugänglich, siehe hierzu IV.H.6.

1362 Siehe hierzu IV.I.

durch Planungsunterlagen darzulegen, welche auf den Änderungsort schließen lassen.

Es ist allerdings anzunehmen, dass gerade im Lichte der gebotenen wohnungseigentumsrechtlichen Treuepflicht und des Schikaneverbots nicht die Darstellung bis in das letzte Detail erforderlich sein wird, da der verständigte Wohnungseigentümer bei zweifelhaften Änderungsformen weitergehende Informationen anfordern könnte.[1363]

Die Maßnahmenbeschreibung hat darzulegen, an welchen Liegenschaftsteilen Änderungen durchgeführt werden sollen. In der Gestalt macht es einen Unterschied, ob bloß allgemeine oder auch Objekte anderer Wohnungseigentümer Teile in Anspruch genommen werden, da hiervon die Duldungspflicht und sohin die Rechtsposition des verständigten Wohnungseigentümers abhängt.

Richter wies darauf hin, dass sich aus der Beschreibungspflicht gem § 16 Abs 5 WEG keine Unterschiede zur antragsmäßigen, eindeutigen Beschreibung des Änderungsbegehrens im Rahmen des außerstreitigen Zustimmungsersatzverfahrens ableiten lassen.[1364] Hierbei darf nicht vergessen werden, dass das Begehren allerdings in einem Verfahren gem § 52 Abs 1 Z 2 WEG auch nachträglich modifiziert und präzisiert werden kann und dass das Gericht gegebenfalls hierzu anzuleiten hat.[1365] So kann nur angenommen werden, dass das Bestimmtheitsgebot gem § 16 Abs 5 WEG dem sonst auch bei Einholung der Zustimmung erforderlichen Detailgrad zu entsprechen hat.

Fraglich erscheint, welche Rechtsfolgen mit einer unvollständigen Maßnahmenbeschreibung einhergehen. Verwehrt man dem Änderungswilligen uneingeschränkt die Rechtfertigungswirkung durch eine Zustimmungsfiktion, wäre der damit einhergehende Rechtsunsicherheitsfaktor gewaltig. Denn oftmals wird dem Änderungswilligen selbst nicht bewusst sein, dass die Verständigung inhaltlich unzureichend war. Umgekehrt ist auch zweifelhaft, ob die (schikanöse?) Untätigkeit anderer Miteigentümer im Zusammenhang mit einer unvollständigen Beschreibung in jedem Fall für ein eigenmächtiges Handeln des Änderungswilligen spricht.

Schließlich ließe sich jede Zustimmungsfiktion mit dem Einwand unvollständiger Informationen in Frage stellen und änderungswillige Wohnungseigentümer wären gut beraten einen anderen Rechtfertigungsweg zu wählen, bevor sie sich der Gefahr einer Unterlassungsklage aussetzen. Die in den Materialien angekündigten „Erleichterungen“ für begünstigungswürdige – in der Regel ohnehin mit einer sehr geringen Eingriffswirkung verbundene – Maß-

1363 Vgl die Anforderungen zur mietrechtlichen Anzeigepflicht im Lichte des Schikaneverbots, *Vonkilch* in *Hausmann/Vonkilch*, Österreichisches Wohnrecht MRG^4 (2021) § 9 Rz 16 mwN.

1364 Vgl *Richter*, Das neue Änderungsrecht des Wohnungseigentümers nach § 16 WEG, immolex 2022, 10.

1365 Siehe zum Planungsaufwand aus der Kostenperspektive und zum Bestimmtheitsgebot des Änderungsbegehrens IV.G.1.a) mwN.

nahmen würden dadurch korrumpiert werden.[1366] Jener unbefriedigende rechtsunsichere Schwebezustand zeitlich unbeschränkter Widerspruchsmöglichkeit kann sich allerdings nur dann als richtig erweisen, wenn die Unvollständigkeit der Änderungsanzeige evident[1367] ist, bspw aufgrund eines unbeantworteten Detailinformationsbegehrens von einem entgegenstehenden Wohnungseigentümer.[1368]

Anderes gilt, soweit der Änderungswillige nach den Maßstäben des redlichen Verkehrs – aus der Perspektive eines objektiv vernünftigen Erklärenden – Grund zur Annahme der Vollständigkeit hat. Diesfalls hat der Erklärungsempfänger als Ausfluss der gebotenen wohnungseigentumsrechtlichen Treuepflicht innerhalb der Äußerungsfrist von zwei Monaten ab Zugang der unvollständigen Verständigung vom Änderungswilligen weitere Informationen zu begehren und auf die (subjektive?) Unvollständigkeit hinzuweisen, anderenfalls von einer wirksamen Zustimmungsfiktion ausgegangen werden kann.[1369] Für dieses Ergebnis spricht auch die in den Materialien verwendete Begrifflichkeit der „Äußerungsfrist" anstatt einer bloßen „Widerspruchsfrist", welche ausschließlich auf Vetorecht hindeuten würde.[1370]

An dieser Stelle lässt sich abermals auf die ohnehin auf konkrete Maßnahmen beschränkte Rechtfertigungswirkung hinweisen, sodass sich die Interessensbeeinträchtigung von Miteigentümern von vornherein limitiert. Auch direkte Eingriffe in das Ausschließlichkeitsrecht anderer Wohnungseigentümer scheiden idR ohnehin durch die absolute Grenze wesentlicher und dauernder Eingriffe aus.[1371] Demzufolge reduziert sich die Rechtfertigungswirkung gegenüber der mietrechtlichen Zustimmungsfiktion beträchtlich, weswegen ein strengerer Maßstab schwierig zu rechtfertigen ist. Abweichungen von der Änderungsverständigung im Rahmen der Durchführung werden dann nicht von der Wirkung einer Zustimmungsfiktion umfasst, wenn diese wesentlich sind.[1372]

1366 Vgl ErläutRV WEG idF 2022, 1174 BlgNR 27. GP 10.

1367 Vgl *Korinek/Krejci*, Handbuch zum MRG (1985) 256 f.

1368 Zur Lösung dieser Problematik bietet es sich an, die Erläuterungen *Krejcis* zur mietrechtlichen Zustimmungsfiktion anzuknüpfen, wonach die Anzeige grundsätzlich erst dann als zugegangen gilt, wenn der Erklärungsempfänger über alle für seine Willensbildung erforderlichen Informationen verfügt; Mit anderen Worten beginnt die Zweimonatsfrist erst nach dem Zugang der (gegebenfalls) nachzureichenden Pläne zu laufen, vgl *Korinek/Krejci*, Handbuch zum MRG (1985) 256 f; vgl auch *Vonkilch* in *Hausmann/Vonkilch*, Österreichisches Wohnrecht MRG[4] (2021) § 9 Rz 16 mwN.

1369 Vgl zur mietrechtlichen Zustimmungsfiktion *Würth* in *Rummel*, ABGB[3] (2003) § 9 MRG Rz 3; vgl weiters *Korinek/Krejci*, Handbuch zum MRG (1985) 256 f; vgl auch *Vonkilch* in *Hausmann/Vonkilch*, Österreichisches Wohnrecht MRG[4] (2021) § 9 Rz 16 mwN.

1370 ErläutRV WEG idF 2022, 1174 BlgNR 27. GP 3; vgl aber zur „Widerspruchsfrist" iZhg mit den Hinweisen zu den im Begutachtungsverfahren ergangenen Fragen ErläutRV WEG idF 2022, 1174 BlgNR 27. GP 12 Rz 8 lit b.

1371 Siehe dazu IV.H.6.

1372 Siehe zur wesentlichen Abweichung analog IV.F.5.

Hinsichtlich der erforderlichen Maßnahmenbeschreibung gilt es zwischen den einzelnen begünstigungswürdigen Tatbeständen gem § 16 Abs 5 WEG zu differenzieren:

Barrierefreie Ausgestaltungen[1373] sind aufgrund ihrer tatbestandsmäßigen Reichweite besonders präzise zu beschreiben. Dem Erklärungsempfänger sind jedenfalls der Änderungsort und die Abmessungen[1374] der geplanten Installation zu verdeutlichen, sodass dieser erkennen kann, inwieweit sich dadurch die Nutzungsmöglichkeit an bestehenden Einrichtungen reduziert.[1375] Bei der Schaffung elektrischer Mobilitätseinrichtungen – wie einem Treppenlift – bedarf es einer Darstellung der technischen Leistungsdaten und der notwendigen Installationsarbeiten, samt dem zu errichtenden elektrischen Anschluss.[1376]

Ladestationen[1377] sind primär hinsichtlich ihrer technischen Daten zu beschreiben. Darunter fällt ihre Leistungskapazität und die Anzahl der Phasen, um eine Beeinträchtigung der Liegenschaftsinfrastruktur beurteilen zu können.[1378] Schließlich bedarf es auch einer Darstellung notwendiger Installationsarbeiten – darunter die entsprechende Leitungsführung[1379] und Zähleraufhängungen zur individuellen Stromabrechnung.[1380] *Höllwerth* erkennt bei einer größeren Anzahl bereits installierter Einzelladestationen das Informationserfordernis, inwieweit mit der geplanten Änderung eine Überlastung der Netzinfrastruktur einhergeht.[1381] ME kann vom Änderungswilligen nicht verlangt werden, etwaige schutzwürdige Interessensbeeinträchtigungen (welche auch im nicht begünstigungswürdigen Fall im Zustimmungsersatzverfahren von den Antragsgegnern darzulegen wären![1382]) zu entkräften.[1383] Anderenfalls müsste

---

1373 Siehe dazu IV.H.1.a).

1374 Nicht minder bedeutsam ist bspw der Neigungswinkel von Rampenführungen, vgl *Öllinger* in *ÖGNI*, Bestandsgebäude (2021) Kap 2.2.

1375 Vgl zur Nutzungseinschränkung an allgemeinen Teilen, *Höllwerth,* Zum neuen Änderungsrecht des Wohnungseigentümers nach der WEG-Novelle 2022, wobl 2022, 123.

1376 An dieser Stelle gilt es nochmals darauf hinzuweisen, dass der Änderungswillige nicht zuletzt aufgrund der umfassenden Klarstellung durch die WEG-Novelle 2022 durch §§ 16 Abs 2 iVm Abs 7 WEG auch entsprechende Betriebskosten zu tragen hat. Die Anbindung an die gemeinschaftlich abgerechnete Infrastruktur bspw an den Stromkreis zur Beleuchtung allgemeiner Teile führt nicht nur zur Genehmigungsunfähigkeit, sondern auch zur unwirksamen Zustimmungsfiktion, siehe zur Kostentragungspflicht IV.G.

1377 Siehe dazu IV.H.1.b).

1378 ErläutRV WEG idF 2022, 1174 BlgNR 27. GP 11 Rz 5.

1379 Siehe hierzu insb das Schikaneverbot oben in diesem Kapitel.

1380 Nicht immer bedarf es eines eigenen Stromzählers. Grundsätzlich ist Anbindung an den Wohnungszähler möglich. Dies erfordert allerdings eine zusätzliche Leitungsführung und einen Zählerverteiler in günstiger Lage, vgl *Pressmair/Lampersberger*, E-Mobiltität in Wohnhausanlagen – technische Herausforderungen und Möglichkeiten, immolex 2020, 343.

1381 Vgl *Höllwerth,* Zum neuen Änderungsrecht des Wohnungseigentümers nach der WEG-Novelle 2022, wobl 2022, 123.

1382 Siehe ausdrücklich zum Einwand der Ausschöpfung elektrischer Versorgung im Außerstreitverfahren iZhgm der Installation einer Einzelladestation, *Stabentheiner*, Die WEG-Novelle 2022, ÖJZ 2022, 261.

anzunehmen sein, dass der Änderungswillige für eine gültige Verständigung stets darzulegen hätte, dass mit der geplanten Änderung auch tatsächlich keine wesentliche und dauernde Beeinträchtigung verbunden ist. Dennoch ist dem Änderungswilligen anzuraten, das Überlastungspotential zu überprüfen, anderenfalls womöglich eine die Zustimmungsfiktion verhindernde Beeinträchtigung gegeben sein kann.[1384] Eine bereits in der Verständigung dargelegte positive Überlastungsüberprüfung wird zumindest zur Widerspruchslosigkeit animieren.[1385]

Solaranlagen[1386] verlangen eine ähnliche Darstellung technischer Daten, nicht zuletzt, wenn die allgemeine Infrastruktur zur Einspeisung überschüssiger Stromkapazität genutzt werden soll. Besondere Darstellungsnotwendigkeit besteht allerdings hinsichtlich des Änderungsortes, insb des Aufhängungswinkels um Beeinträchtigungen des Erscheinungsbildes durch Blendwirkungen beurteilen zu können.

Beschattungsvorrichtungen[1387] erfordern eine konkretisierte Beschreibung des Aussehens, um in erster Linie die Einfügung in das Erscheinungsbild beurteilen zu können.[1388] Neben der Farbe und der Form, insb der Abmessungen (in geschlossenem und geöffnetem Zustand) kommt dem genauen Installationsort an allgemeinen Teilen und der Befestigungsart[1389] Bedeutung zu.

Beim Einbau von einbruchsicheren Türen[1390] gilt es das Aussehen und die Montage der geplanten Änderungsmaßnahme darzustellen. Darüber hinaus wird die notwendige Türrahmenanpassung, ein notwendiger Versatz als auch eine veränderte Schlagrichtung darzulegen sein.[1391]

c) Die Rechtsbelehrung

Eine ordnungsgemäße Verständigung erfordert gem § 16 Abs 5 WEG die Nennung der „Rechtsfolgen des Unterbleibens eines Widerspruches." Der Änderungswillige hat die übrigen Wohnungseigentümer sohin darüber infor-

---

1383 Der *telos* entsprechender Privilegierung war schließlich ua die Beseitigung von Hürden, ErläutRV WEG idF 2022, 1174 BlgNR 27. GP 10.

1384 Siehe dazu IV.H.6.

1385 Vgl bereits *Höllwerth,* Zum neuen Änderungsrecht des Wohnungseigentümers nach der WEG-Novelle 2022, wobl 2022, 123.

1386 Siehe dazu IV.H.1.c).

1387 Siehe dazu IV.H.1.d).

1388 Vgl *Höllwerth,* Zum neuen Änderungsrecht des Wohnungseigentümers nach der WEG-Novelle 2022, wobl 2022, 123.

1389 Vgl *Höllwerth,* Zum neuen Änderungsrecht des Wohnungseigentümers nach der WEG-Novelle 2022, wobl 2022, 123.

1390 Siehe dazu IV.H.1.e).

1391 Im Gegensatz zu anderen begünstigungswürdigen Änderungsmaßnahmen wird diese verglichen einfach darzustellen sein und idR das Datenblatt ausreichen, *Höllwerth,* Zum neuen Änderungsrecht des Wohnungseigentümers nach der WEG-Novelle 2022, wobl 2022, 123.

mieren, dass die Zustimmung als erteilt gilt, soweit diese dem Änderungsbegehren nicht binnen zweier Monate widersprechen.[1392] Der Umfang der Rechtsbelehrungsobliegenheit verdeutlicht auch, dass der Gesetzgeber davon ausgeht, dass der durchschnittliche Wohnungseigentümer eben nicht im Bilde änderungsrechtlicher Normen ist und einen Überraschungseffekt jedenfalls auszuschließen ist.[1393]

Tatsächlich unterliegt allerdings nur die Maßnahmenbeschreibung einem besonderen Bestimmtheitsgebot, was die Hinweispflicht hinsichtlich der Rechtsfolgen von diesem erhöhten Qualitätsmaßstab ausnimmt.[1394] In dieser Gestalt trifft den Wohnungseigentümer jedenfalls keine über den Deutlichkeitsmaßstab der allgemeinen Unklarheitenregel gem § 915 S 2 ABGB hinausgehende Belehrungspflicht.

Stabentheiner destilliert die Rechtsfolgen des Unterbleibens eines Widerspruches mit der Wirkung der Zustimmungsfiktion.[1395] *Richter* erachtet die Darlegung der Zweimonatsfrist ab Zugang und die Durchführbarkeit bei Widerspruchslosigkeit für ausreichend.[1396] *Höllwerth* hält die inhaltliche Wiedergabe der Bestimmungen § 16 Abs 2 und 5 WEG für ausreichend, da eine weitergehende fehlergefährdete Rechtsbelehrung von einem juristischen Laien nicht ernstlich verlangt werden kann.[1397]

Die Rechtsbelehrung umfasst ME auch die Belehrungsnotwendigkeit über die erforderliche Widerspruchsform der Schriftlichkeit.[1398] Dem entgegenstehenden Miteigentümer muss jedenfalls erkennbar sein, welche Schritte erforderlich sind, um die Wirkungen der Zustimmungsfiktion zu verhindern. Dem ist auch Genüge getan, wenn der Änderungswillige ausschließlich Kontaktmittel anführt, welche an die Textform knüpfen, bspw eine E-Mail-Adresse. Abzuraten ist dem Änderungswilligen jedenfalls von der irreführenden Bekanntgabe der Telefonnummer, um sich nicht dem Einwand auszusetzen, dass auch mündliche[1399] Widersprüche in Frage kämen.

d) Der Verständigungsmodus

Der Verständigungsmodus knüpft an den der Beschlussübersendung gem § 24 Abs 5 WEG an, fordert darüberhinausgehend allerdings ausdrücklich

[1392] Vgl ErläutRV WEG idF 2022, 1174 BlgNR 27. GP 11 Rz 5.

[1393] Vgl ErläutRV WEG idF 2022, 1174 BlgNR 27. GP 11 Rz 5.

[1394] Vgl § 16 Abs 5 WEG, wonach *„die geplante Änderung klar und verständlich beschrieben […] und […] die Rechtsfolgen […] genannt werden muss"*.

[1395] *Stabentheiner*, Die WEG-Novelle 2022, ÖJZ 2022, 260.

[1396] *Richter*, Das neue Änderungsrecht des Wohnungseigentümers nach § 16 WEG, immolex 2022, 10.

[1397] *Höllwerth,* Zum neuen Änderungsrecht des Wohnungseigentümers nach der WEG-Novelle 2022, wobl 2022, 124.

[1398] Siehe hierzu IV.H.5.a).

[1399] Siehe zum Formgebot des Widerspruchs, IV.H.5.a).

(anderenfalls die Widerspruchsfrist eben nicht ausgelöst wird[1400]) dessen Zugang.[1401] Ein Eigentümerwechsel nach dem Zugang der Verständigung ist allerdings für deren Gültigkeit unbeachtlich.[1402]

Höllwerth verweist hinsichtlich des Zugangserfordernisses der änderungsrechtlichen Verständigung generell auf die allgemeinen Regeln für empfangsbedürftige Willenserklärungen, wonach der erklärende Änderungswillige das Transportrisiko zu tragen hätte und der Zugang zu jenem Zeitpunkt erfolgt, in welchem die Erklärung in den Machtbereich des zu verständigenden Wohnungseigentümers gelangt, sodass in aller Regel mit der Kenntnisnahme durch diesen gerechnet werden kann.[1403] Jedenfalls ist der Zugang mit der tatsächlichen Kenntnisnahme bewirkt.[1404] Aus dem erwiesenen Absenden lässt sich jedenfalls keine Zugangsvermutung ableiten.[1405]

Das Zugangserfordernis wird in der Literatur aufgrund der damit einhergehenden Rechtsunsicherheit iZhgm unrichtigen Adressen oder „Hinterlegungszustellungen“[1406] problematisch betrachtet, weswegen dem Änderungswilligen jedenfalls anzuraten ist, die Verständigung mit Zustellnachweis zu übersenden.[1407] Auch die Inanspruchnahme postalischer Zusatzdienste, wie Sendungsverfolgung, „eigenhändig“ oder mit „Rückschein“ bringen neben der eingeschriebenen Briefsendung Rechtssicherheit,[1408] führen aber nicht zuletzt bei großen Wohnungseigentumsgemeinschaften zur Kostenexplosion.

1400 Vgl ErläutRV WEG idF 2022, 1174 BlgNR 27. GP 12 Rz 8 lit b.

1401 Arg *„nach Zugang der Verständigung“*, vgl § 16 Abs 5 S 1 WEG; siehe dazu auch kritisch *Richter*, Das neue Änderungsrecht des Wohnungseigentümers nach § 16 WEG, immolex 2022, 10 f.

1402 Diesfalls beginnt die Äußerungsfrist nicht von Neuem zu laufen, vgl ErläutRV WEG idF 2022, 1174 BlgNR 27. GP 12 Rz 8 lit b; vgl hierzu auch *Stabentheiner*, Die WEG-Novelle 2022, ÖJZ 2022, 261.

1403 Vgl *Höllwerth,* Zum neuen Änderungsrecht des Wohnungseigentümers nach der WEG-Novelle 2022, wobl 2022, 122 mwN.

1404 Vgl *Höllwerth,* Zum neuen Änderungsrecht des Wohnungseigentümers nach der WEG-Novelle 2022, wobl 2022, 122 mwN.

1405 Vgl *Kuprian*, Der Mietvertrag[3] (2014) Rz 59b mwN; vgl auch OGH 1.7.2003, 10 ObS 188/02y.

1406 Vgl § 17 ZustG; hinweisend, dass andere „Zustellungskategorien“ iSd ZustG aufgrund des Anwendungsbereiches der Gerichts- und Behördenzustellung gerade keine gültige wohnungseigentumsrechtliche Verständigung darstellen werden, *Höllwerth,* Zum neuen Änderungsrecht des Wohnungseigentümers nach der WEG-Novelle 2022, wobl 2022, 120; so stellt der Beginn der objektiven Abholmöglichkeit den Zugangszeitpunkt dar, *Kuprian*, Der Mietvertrag[3] Rz 59b mwN.

1407 Vgl *Richter*, Das neue Änderungsrecht des Wohnungseigentümers nach § 16 WEG, immolex 2022, 10 f; vgl auch zur Beweislast für den Zugang, welche der Absender zu tragen hätte *Höllwerth,* Zum neuen Änderungsrecht des Wohnungseigentümers nach der WEG-Novelle 2022, wobl 2022, 122 mwN; vgl auch zum Zugangserfordernis bei außergerichtlicher Kündigung *Kuprian*, Der Mietvertrag[3] (2014) Rz 59b mwN.

1408 Vgl *Kuprian*, Der Mietvertrag[3] (2014) Rz 59b mwN.

Darüber hinaus verdeutlicht *Höllwerth* neben der ohnehin schon für den Erklärenden schwer erkennbaren Zugangsproblematik die Notwendigkeit der Geschäftsfähigkeit des Erklärungsempfängers als Tür und Tor für Rechtsunsicherheiten.[1409]

Das WEG kennt zwar bereits eine Form der „Zugangsfiktion" durch den Modus des Hausanschlages iSd § 24 Abs 5 WEG.[1410] Ein Hausanschlag ist allerdings durch die begriffliche Reduktion auf den Übersendungsmodus gerade nicht vorgesehen.[1411] Durch das Ausklammern jener „Zugangsfiktion", welche die tatsächliche Kenntnisnahme eben nicht erfordert hätte, ist anzunehmen, dass der Zugang nur dann fingiert wird, wenn der Empfänger diesen absichtlich oder wider Treu und Glauben zu vereiteln versucht.[1412]

Stabentheiner weist darauf hin, dass mit dem Verweis auf die Vorschriften zur Beschlussbekanntmachung die Gleichregelung einerseits mit den Zustellanschriften und andererseits mit der elektronischen Übermittlung hergestellt sein soll.[1413] Diese Anmerkung verdeutlicht, dass dadurch jedenfalls nicht das effektive Zugangserfordernis gem § 16 Abs 5 S 1 WEG beseitigt werden soll, welches im Rahmen der Beschlussübersendung bekanntlich nicht unbedingt erforderlich ist.[1414]

Gem § 24 Abs 5 WEG ist die Übersendung an die Anschrift des Wohnungseigentumsobjekts vorzunehmen, soweit nicht eine andere inländische Anschrift bzw ein Zustellbevollmächtigter bekannt gegeben worden ist.[1415]

Für eine Abstandnahme von der strengen Empfangsbedürftigkeit sprechen mE dennoch mehrere Gründe: Zum einen hat der Änderungswillige kein Ermessen bei der Wahl der Zustellanschrift. Vielmehr obliegt es dem entgegenstehenden Wohnungseigentümer eine davon abweichende Zustellanschrift bekannt zu geben und dem Änderungswilligen den Zugang zum privilegierten

---

1409 Vgl *Höllwerth,* Zum neuen Änderungsrecht des Wohnungseigentümers nach der WEG-Novelle 2022, wobl 2022, 122 mwN.

1410 Vgl OGH 25.8.2016, 5 Ob 127/16m; vgl *Rummel* in *Rummel/Lukas*, ABGB^4 § 862a ABGB Rz 1.

1411 Vgl zur Sinnhaftigkeit der Inkenntnissetzung durch Hausanschlag *Richter*, Das neue Änderungsrecht des Wohnungseigentümers nach § 16 WEG, immolex 2022, 10; zur Nichterforderlichkeit eines solchen, vgl *Stabentheiner*, Die WEG-Novelle 2022, ÖJZ 2022, 260; vgl auch *Painsi/Terlitza,* Wohnungseigentumsrecht (2022) Rz 414.

1412 Vgl *Höllwerth,* Zum neuen Änderungsrecht des Wohnungseigentümers nach der WEG-Novelle 2022, wobl 2022, 122.

1413 Vgl *Stabentheiner*, Die WEG-Novelle 2022, ÖJZ 2022, 260.

1414 Vgl *Löcker* in *Hausmann/Vonkilch*, Österreichisches Wohnrecht WEG^4 (2017) § 24 WEG Rz 26 mwN; es bedarf weder einer Zustellung gem dem ZustG noch eines Zugangs, wonach die Dokumentation der Postaufgabe genügt, vgl *Painsi* in *Böhm/Pletzer/Spruzina/Stabentheiner*, GeKo Wohnrecht II (2019) § 24 WEG Rz 45 mwN.

1415 Vgl *Löcker* in *Hausmann/Vonkilch*, Österreichisches Wohnrecht WEG^4 (2017) § 24 WEG Rz 26 mwN.

Änderungstatbestand nicht wider Treu und Glauben zu unterlaufen.[1416] Überdies knüpft der Übersendungsmodus gem § 24 Abs 5 WEG seinerseits nicht an eine *„förmliche Zustellung [an], sondern [gedenkt] durch die schlichte Übersendung einer Verständigung an die Anschrift des betreffenden Wohnungseigentumsobjekts bzw an eine vom Miteigentümer bekannt gegebene andere inländische Anschrift [die Wohnungseigentümer] in Kenntnis zu setzen.“*[1417]

Darüber hinaus geht der Gesetzgeber im Rahmen begünstigungswürdiger Maßnahmen aufgrund der damit verbundenen geringen Eingriffswirkung[1418] ohnehin von einem beschränkten Rückmeldebedarf aus, weswegen ja das Institut der Zustimmungsfiktion gar erst geschaffen wurde.

Im Unterschied zur Übersendung von Mehrheitsbeschlüssen (idR über außerordentliche Verwaltungsmaßnahmen), welche auch den Erklärungsempfänger über eine damit verbundene anteilige Zahlungspflicht in Kenntnis setzt, sind mit begünstigungswürdigen Änderungen gem § 16 Abs 2 iVm § 16 Abs 6 f WEG auch keine Kosten für den Miteigentümer verbunden.

Durch die absolute Grenze der Rechtfertigungswirkung durch Zustimmungsfiktion iZhgm wesentlichen und dauerhaften Änderungen wird darüber hinaus die Gefahr besonders schwerwiegender Eingriffe gebannt.

Auch die „Bekämpfungsmöglichkeit“ begünstigungswürdiger Maßnahmen, welche sich im (grundsätzlich dem Widerspruch anschließenden) änderungsrechtlichen Verfahren vielmehr als (fragwürdige[1419]) Einwände zur Genehmigungsfähigkeit äußert, ist im Unterschied zu den Beschlussanfechtungsgründen gem §§ 24 Abs 6, 29 Abs 2 WEG von vornherein beschränkt. Ganz im Gegenteil: Der widersprechende Wohnungseigentümer läuft bei begünstigungswürdigen Maßnahmen gar Gefahr zum Ersatz der Verfahrenskosten verpflichtet zu werden.[1420]

Auf die tatsächliche „Innehabung“ des Wohnungseigentumsobjekts (als Sphäre des Empfängers) käme es diesfalls gerade nicht an. So hätte der vermietende Wohnungseigentümer selbst dafür Sorge zu tragen, dass entweder

---

1416 Vgl zur gebotenen vorsorglichen Empfangsvorkehrung und zur absichtlichen Zugangsvereitelung bzw Nichtabholung *Rummel* in *Rummel/Lukas,* ABGB^4 § 862a ABGB Rz 6.

1417 Vgl OGH 25.11.2003, 5 Ob 249/03h; vgl hierzu auch § 24 Abs 5 WEG als Sonderregelung zum Zugangserfordernis bezeichnend *Rummel* in *Rummel/Lukas,* ABGB^4 § 862a ABGB Rz 1 (Stand 1.11.2014, rdb.at); § 16 Abs 5 WEG bestimmt seinerseits allerdings durch die Bestimmung der Widerspruchsfrist an das Zugangserfordernis.

1418 Vgl ErläutRV WEG idF 2022, 1174 BlgNR 27. GP 10.

1419 So werden begünstigungswürdige Änderungen idR keine schutzwürdigen Interessen verletzen und einem wichtigen Interesse des Ändernden bzw der Verkehrsüblichkeit unterliegen.

1420 Siehe zu den nach Billigkeit zu verteilenden Verfahrenskosten insb dem Aspekt des Verfahrenserfolges und der Verursachung des (nicht zweckentsprechenden) Verfahrensaufwandes IV.G.1.b).

ein Mieter entsprechende Verständigungen weiterzuleiten hat oder er müsste, um die Wirkung der Zustimmungsfiktion zu verhindern, eine andere Zustellanschrift bekannt geben.[1421] Anderenfalls könnte der zu verständigende Wohnungseigentümer stets durch das Unterlassen der Bekanntgabe einer anderen Zustellanschrift oder durch eine bewusste Bekanntgabe unrichtiger Zustelladressen, bzw vermieteter Wohnungseigentumsobjekte, den Einwand eines unrichtigen Zugangs konstruieren und so begünstigungswürdige Änderungen jedenfalls unterlaufen. Die Fiktion wäre für den Änderungswilligen diesfalls nur zu retten, soweit dieser beweisen kann, dass ein Verstoß gegen Treu und Glauben vorliegt oder der Empfänger die ihm gebotene Empfangsvorkehrung unterlassen hat.[1422]

An dieser Stelle verzahnt sich das Änderungsrecht nunmehr mit den Verwalterpflichten gem § 20 Abs 8 WEG. Demnach ist der Verwalter verpflichtet dem Änderungswilligen Auskunft über die Namen und die Zustellanschriften anderer Wohnungseigentümer zu geben.[1423] Nur dann, wenn der zu verständigende Wohnungseigentümer eine andere inländische Anschrift oder eine E-Mail-Adresse bekannt gibt, kann dieser dem Verwalter die Weitergabe seiner (eigentlichen) Zustellanschrift verweigern.[1424] Daraus lässt sich jedenfalls ableiten, dass der Gesetzgeber lückenlosen Zugang zum (begünstigungswürdigen) Änderungsrecht sicherstellen wollte. Die Auskunftspflicht beschränkt sich auch nicht auf Fälle der Begünstigungswürdigkeit. Diese ist vielmehr bei jeglichen aus dem Wohnungseigentum entfließenden Rechte und Gestaltungsmöglichkeiten gegeben.[1425]

Die „Bekanntmachung“ der (geänderten) Zustellanschrift erfolgt durch Mitteilung an den Verwalter.[1426] Das Gesetz nimmt sohin die fremdverwaltete Liegenschaft als Regelfall an. Hat der zu verständigende Wohnungseigentümer bei einer nicht fremdverwaltenden Liegenschaft den Änderungswilligen nicht

---

[1421] AA *Höllwerth,* Zum neuen Änderungsrecht des Wohnungseigentümers nach der WEG-Novelle 2022, wobl 2022, 122 mwN; womöglich ist ein Verstoß gegen die Bekanntmachungsobliegenheit abweichender Zustellanschrift auch ein für die Zugangsfiktion bedeutsamer Verstoß gegen Treu und Glauben.

[1422] *Bollenberger/P. Bydlinski* in *Koziol/Bydlinski/Bollenberger* (Hrsg), Kurzkommentar zum ABGB^{6} § 862a ABGB Rz 4 mwN.

[1423] E-Mailadressen – aus Gründen der DSGVO wohl auch andere elektronische Kommunikationsmittel – dürfen gem § 20 Abs 8 S 1 WEG nur mit Einwilligung des jeweiligen Wohnungseigentümers mitgeteilt werden.

[1424] Vgl § 20 Abs 8 letzter Satz WEG.

[1425] Vgl § 20 Abs 8 S 1 WEG; jenes weite Begriffszusammenspiel erspart die genaue Analyse des Rechtsbegriffes.

[1426] Arg *„ihm* [dem auskunftspflichtigen Verwalter] *eine andere inländische Anschrift [...] bekannt gibt“*, vgl §§ 20 Abs 8 letzter Satz WEG; Auch aus § 24 Abs 5 WEG, als (versteckte) Verwalterpflicht zur Beschlussübersendung, lässt sich ableiten, dass der Wohnungseigentümer dem Verwalter (zur Besorgung seiner Aufgaben) jene Kontaktdaten bekannt zu geben hat.

gesondert über eine besondere Zustellanschrift informiert, hat die Verständigung des Änderungswilligen hinsichtlich der begünstigungswürdigen Maßnahme an die Anschrift des Wohnungseigentumsobjekts zu erfolgen.

Es gilt zu beachten, dass eine Übersendung an die im B-Blatt des Grundbuches eingetragene (von der Anschrift des Wohnungseigentumsobjekts) abweichende Adresse unzureichend ist.[1427] Diese kann uU aber dann herangezogen werden, wenn das spezifische Wohnungseigentumsobjekt aufgrund seiner Art (zB KFZ-Abstellplatz, bzw besondere sonstige selbstständige Räumlichkeiten wie Lager- oder „Bankomatenräume") keine Anschrift hat, dem jeweiligen Wohnungseigentümer auch kein anderes Wohnungseigentumsobjekt mit Anschrift zugehörig ist und er diesfalls seiner Obliegenheit zur Bekanntgabe einer anderen inländischen Anschrift oder elektronischen Kommunikationsweg nicht nachgekommen ist.[1428] Eine solche Obliegenheit – nämlich zur Bekanntgabe entsprechender Kontaktdaten an alle Wohnungseigentümer – ist gem §§ 16 Abs 5, 20 Abs 8, 24 Abs 5 WEG analog auch dann anzunehmen, wenn für die Liegenschaft kein Verwalter bestellt ist.

Fraglich erscheint die Folge nicht ausreichender Bekanntgabe im Zusammenhang mit der Durchsetzung begünstigungswürdiger Änderungen. Im Rahmen der verwaltungsmäßigen Beschlussfassung ist es strittig, inwieweit in jenen Fällen von der Übersendung Abstand genommen werden kann und nur der Hausanschlag ausreicht.[1429] Die Übersendung an eine bekannte Adresse – womöglich durch Meldeauskunft – wird diesfalls jedenfalls ausreichend sein. Im Lichte der in § 20 Abs 8 WEG normierten Bekanntmachungsobliegenheit des zu verständigenden Wohnungseigentümers ist dem Änderungswilligen die forensische Ermittlung von Kontaktmöglichkeiten jedenfalls nicht zuzumuten. Es wird sohin anzunehmen sein, dass die mangelnde Kontaktaufnahmemöglichkeit von obliegenheitsverletzenden Wohnungseigentümern „anschriftsloser" Wohnungseigentumsobjekte dem Änderungswilligen in Anbetracht der vorzunehmenden Interessensgewichtung nicht den Zugang zu jener Privilegierung verwehren kann. Greift man diesen Interpretationszugang auf, entfiele in jenen Fällen der Verständigungsbedarf, ohne dass die Wirkung der Zustimmungsfiktion gefährdet wäre.

[1427] Vgl *Painsi* in *Böhm/Pletzer/Spruzina/Stabentheiner*, GeKo Wohnrecht II (2019) § 24 WEG Rz 46 mwN; Es bietet sich allerdings an, gerade bei vermieteten Objekten die effektive Zustimmung auf diesem Weg einzufordern.

[1428] Vgl § 24 Abs 5 S 3 WEG; vgl zur Verpflichtung zur Bekanntgabe einer inländischen Anschrift und *Painsi* in *Böhm/Pletzer/Spruzina/Stabentheiner*, GeKo Wohnrecht II (2019) § 24 WEG Rz 46 f mwN.

[1429] Vgl *Painsi* in *Böhm/Pletzer/Spruzina/Stabentheiner*, GeKo Wohnrecht II (2019) § 24 WEG Rz 48 mwN.

5. Der Widerspruch und die Äußerungsfrist

a) Das Formgebot des Widerspruchs

Ein gültiger Widerspruch bedarf keiner Begründung.[1430] Dieser setzt bloß die Form der einfachen Schriftlichkeit[1431] voraus. Das bedeutet, dass dieser auf Papier oder in dauerhaft speicherbarer elektronischer Form abgegeben werden muss.[1432] Ausdrücklich hebt der Gesetzgeber den Zweck der Beweissicherung und die Dokumentation in den Vordergrund, weshalb es eben nicht auf die persönliche Unterfertigung im Sinne des § 886 ABGB ankommt.[1433] Aus demselben Grund verwirft der Gesetzgeber auch die Notwendigkeit strenger qualifizierter elektronischer Signaturerfordernisse gem § 4 Abs 1 SVG.[1434]

So entschied sich der Gesetzgeber den Dschungel der Formvorschriften, um „speicherbare" schriftliche Erklärungen zu erweitern und verwies generell auf das Erfordernis der „geschriebenen" bzw der „Textform" in anderen Regelungszusammenhängen.[1435]

Mit der in der Regierungsvorlage getroffenen Anmerkung, dass auch „normale" Email-Nachrichten aufgrund ihrer „Speicherbarkeit" ebenjenes Formgebot erfüllen, zeigt sich im Besonderen der einfache Zugang zur Wahrnehmung von Miteigentümerinteressen, welcher keine besondere Rechtskenntnis voraussetzt.[1436] Im Ministerialentwurf nahm der Schutz von Miteigentümerinteressen sogar noch einen höheren Stellenwert ein, sodass von jeglichem Formgebot Abstand genommen wurde und auch mündliche Widersprüche als zulässig determiniert wurden.[1437] Dadurch wäre allerdings der Modus der änderungsrechtlichen Zustimmungsfiktion besonderer Rechtsunsicherheit ausgesetzt gewesen.

Fraglich erscheint, inwieweit mit der „Speicherbarkeit" überhaupt eine Einschränkung digitaler (schriftlicher!) Kommunikationsmittel verbunden ist. Mit der Form des „dauerhaft archivier- oder speicherbaren elektronischen Mediums"[1438] ist mE jegliche textliche digitale Übermittlungsform zur Abgabe eines Widerspruches tauglich.

1430 Vgl *Stabentheiner*, Die WEG-Novelle 2022, ÖJZ 2022, 260; so gilt es entgegenstehende schutzwürdige Interessen erst in einem ersatzweise vom Änderungswilligen zu beantragenden Verfahren gem § 52 Abs 1 Z 2 WEG vorzubringen; vgl auch *Painsi/Terlitza*, Wohnungseigentumsrecht (2022) Rz 416.

1431 Vgl die gesamtanalogen Verweise auf die „geschriebene Form" oder die „Textform" ErläutRV WEG idF 2022, 1174 BlgNR 27. GP 11 Rz 6.

1432 Vgl ErläutRV WEG idF 2022, 1174 BlgNR 27. GP 11 Rz 6.

1433 Vgl ErläutRV WEG idF 2022, 1174 BlgNR 27. GP 11 Rz 6.

1434 Vgl demgegenüber zum strengen Schrifterfordernis, OGH 7.2.2008, 9 ObA 96/07v.

1435 Vgl *Höllwerth,* Zum neuen Änderungsrecht des Wohnungseigentümers nach der WEG-Novelle 2022, wobl 2022, 124; vgl auch ErläutRV WEG idF 2022, 1174 BlgNR 27. GP 11 Rz 6.

1436 Vgl ErläutRV WEG idF 2022, 1174 BlgNR 27. GP 12.

1437 Vgl ErläutME WEG idF 2022, 134/ME 27. GP 11 Rz 5.

1438 Vgl ErläutRV WEG idF 2022, 1174 BlgNR 27. GP 11 Rz 6.

Gerade der Suffix „-bar" verdeutlicht nur eine objektive Zugänglichkeit für die im Wort vorangestellte Eigenschaft. „Speicherbar" bedeutet nicht, dass es dauerhaft gespeichert werden muss, sondern dass dies bloß potentiell möglich ist. Im Falle der Speicherung digitaler Nachrichten bedarf es – unabhängig des verwendeten Kommunikationsmittels – darüberhinausgehend nicht einmal besonderer EDV-Kenntnisse.[1439] Die höchstgerichtliche Erörterung der für Kündigungen von Arbeitsverhältnissen notwendigen Form der „Druckbarkeit" sind Anlass genug, im Folgenden kurz die „Speicherbarkeit" zu erläutern:[1440]

Schließlich lässt sich jede (!) digitale Nachricht durch das Erstellen eines „Screenshots" (elektronisches Bildschirmfoto[1441]) abspeichern. Selbst wenn dies softwaretechnisch unterbunden ist (wie zB in Apps von Zahlungsdienstleistern) ist anzunehmen, dass dies zumindest theoretisch manuell abfotografiert werden könnte. Der Einwand, dass in diesem Fall bloß eine Kopie der ursprünglichen Nachricht erstellt wird, ist insoweit unberechtigt, da auch im Falle des Abspeicherns einer E-Mail ein neuer Datensatz erzeugt wird. Auch die Fälschungssicherheit ist bei abgespeicherten E-Mails verglichen mit anderen digitalen Kommunikationsmitteln nicht unterschiedlich zu beurteilen. Ganz im Gegenteil: Abgespeicherte Emails lassen sich ohne besondere EDV-Kenntnisse adaptieren und manipulieren. So braucht es bei Screenshots zumindest Kenntnisse der digitalen Bildbearbeitung.

Letztlich kann es jedenfalls nicht darauf ankommen, ob der jeweilige Client (das Programm zur Anzeige der elektronischen Erklärung) ein Kontextmenü „Speichern unter" anzeigt, das Speichern mittels „Drag and Drop" durchgeführt werden kann, oder ob letztlich der Anwender selbst – losgelöst von der Software des Kommunikationsmittels – Archivierungsmaßnahmen setzen muss. Auch die Frage, inwieweit eine Nachricht (zB bei einem Instant-Messenger Dienst) im Nachhinein gelöscht werden kann, stellt ausschließlich eine Beweisfrage dar. Schließlich ändert sich durch einseitiges nachträgliches Löschen der Nachricht nicht die grundsätzliche objektive Tauglichkeit zum Abspeichern einer solchen.

b) Die Rechtzeitigkeit des Widerspruchs

Die Rechtzeitigkeit des Widerspruchs bestimmt sich durch den fristauslösenden Zugang der ordnungsgemäßen Verständigung des Änderungswilligen und der zweimonatigen Äußerungsfrist.

1439 Vgl zum *„zusätzlichen einfachen technischen Vorgehen"* OGH 28.10.2015 9 ObA 110/15i.

1440 Vgl zur notwendigen Erzeugung eines physischen Ausdrucks einer Whatsapp-Nachricht OGH 28.10.2015 9 ObA 110/15i.

1441 Zur bloßen Darstellung der objektiven Einfachheit – ohne das Erfordernis besonderer EDV-Kenntnisse: Die Hauptverdächtigen zu dessen Erstellung ist das gleichzeitige längere Drücken der Home- und Lautstärkentaste bzw der Sperrtaste des Mobiltelefons.

Dadurch dass es eben nicht auf den Absendungszeitpunkt der Verständigung ankommt,[1442] ist die Äußerungsfrist für jeden zu verständigenden Wohnungseigentümer individuell abzustecken. Die Äußerungsfrist beginnt mit dem Tag des Zuganges *(dies a quo)* und endet um 24 Uhr jenes Tages des zweitfolgenden Monats, welcher seiner Zahl nach dem *dies a quo* entspricht.[1443] Die davon abweichende Übung, welche den vorangehenden Tag als Fristende heranzieht, ist ausschließlich zur Fristberechnung befristeter Bestandverhältnisse heranzuziehen.[1444]

Unklar ist, inwieweit das Absenden des Widerspruches innerhalb dieser Frist ausreicht, oder ob wiederum an den Zugang (beim Änderungswilligen) anzuknüpfen ist.[1445] Mit dem Verweis, dass jene Frist keine verfahrensrechtliche sei, ist der Postweg nach *Höllwerth* einzurechnen, weshalb es nach den allgemeinen zivilrechtlichen Normen nicht auf den Absendezeitpunkt ankäme.[1446] Demzufolge wäre anzunehmen, dass für die Beurteilung der Rechtzeitigkeit aufgrund des Charakters als materielle Frist das Einlangen beim Änderungswilligen von Bedeutung ist. Unabhängig davon trifft den Änderungswilligen jedenfalls eine verstärkte Obliegenheit Empfangsvorkehrungen zu treffen, da er mit entsprechenden Widerspruchserklärungen rechnen musste.[1447]

Ausdrücklich knüpft der Gesetzgeber jedenfalls nur bei der Verständigung über die Änderungsmaßnahme an das Zugangserfordernis an.[1448] Es erscheint zumindest untersuchenswert, ob die Widerspruchserklärung tatsächlich eine entsprechende Empfangsbedürftigkeit aufweist. Zweifelsohne knüpft das österreichische Recht bis auf punktuelle Ausnahmen an die Empfangstheorie an.[1449] Auch wenn § 862a ABGB ausdrücklich die Annahmeerklärung anspricht, ist diese Regelung allgemein auf empfangsbedürftige Willenserklärungen Anwendung findend.[1450] Grundsätzlich ist eine Willenserklärung nach dem allgemeinen Zivilrecht dann empfangsbedürftig, wenn sie auf Rechtsfolgen gerichtet ist, welche bestimmte Personen betreffen.[1451]

1442 Kritisch hierzu *Richter*, Das neue Änderungsrecht des Wohnungseigentümers nach § 16 WEG, immolex 2022, 11; ebenso *Höllwerth,* Zum neuen Änderungsrecht des Wohnungseigentümers nach der WEG-Novelle 2022, wobl 2022, 124.

1443 Vgl Art 2, Art 3 Abs 1 iVm Art 4 Abs 2 Europäisches Übereinkommen über die Berechnung von Fristen, BGBl 1983/254.

1444 Vgl *Höllwerth* in *Böhm/Pletzer/Spruzina/Stabentheiner*, GeKo Wohnrecht I (2018) § 1113 ABGB Rz 15 mwN.

1445 Vgl *Höllwerth*, Zum neuen Änderungsrecht des Wohnungseigentümers nach der WEG-Novelle 2022, wobl 2022, 124.

1446 Vgl *Höllwerth*, Zum neuen Änderungsrecht des Wohnungseigentümers nach der WEG-Novelle 2022, wobl 2022, 124 mwN; vgl *Rummel* in *Rummel/Lukas*, ABGB[4] § 862a ABGB Rz 1.

1447 Vgl *Rummel* in *Rummel/Lukas*, ABGB[4] § 862a ABGB Rz 6.

1448 Siehe hierzu bereits IV.H.4.d).

1449 *Wiebe* in *Kletečka/Schauer*, ABGB-ON[1.04] § 862a Rz 1 (Stand 2.1.2022, rdb.at).

1450 *Wiebe* in *Kletečka/Schauer*, ABGB-ON[1.04] § 862a Rz 1 (Stand 2.1.2022, rdb.at).

1451 *Walch*, Änderungsrecht und Tod des Stifters, PSR 2014, 122 mwN.

Gerade im Zusammenhang mit der sonst greifenden Zustimmungsfiktion geht es bei der Widerspruchserklärung in erster Linie darum, Rechtsfolgen – die Genehmigung der zustimmungsbedürftigen Änderung – zu verhindern und den bisherigen Rechtszustand zu wahren. Dieser Umstand verdeutlicht eine gewisse Ähnlichkeit zur ausdrücklich der Absendetheorie folgenden unternehmerischen Mängelrügeerklärung, welche dazu dient, Gewährleistungsrechte im weiteren Sinne zu erhalten.[1452] Auch in jenem Fall würde die Genehmigung der mangelhaften Waren nur dann fingiert werden, wenn der kaufende Unternehmer es unterlassen hat eine solche Erklärung rechtzeitig abzusenden. Selbst der unter strengen Voraussetzungen unterliegende kaufende Unternehmer wurde sohin vom Zugangserfordernis gem § 377 Abs 4 UGB befreit.

Das alleine spricht jedenfalls nicht für einen Analogieschluss. Es zeigt sich allerdings, dass der Gesetzgeber bei Instrumenten, welche dem Schweigen einen Erklärungswert zuordnen, äußerst zurückhaltend ist.[1453] Diese Zurückhaltung erscheint darüberhinausgehend auch verfassungsrechtlich bei Eingriffen in das Eigentum (jedenfalls bei ausdrücklich widersprochenen) geboten zu sein, was jedenfalls gegen die Tragung des Transportrisikos durch den der Änderung entgegenstehenden Wohnungseigentümer spricht – mag die Auswirkung der begünstigungswürdigen Änderungen generell auch noch so überschaubar sein.

Dass der Gesetzgeber die Zugangsproblematik des Widerspruches nicht vor Augen hatte, resultiert aus dem nachträglich in der Regierungsvorlage abgeänderten Formgebot. Denn ursprünglich sah der Gesetzgeber auch einen mündlichen Widerspruch für zulässig an.[1454] Durch die Anmerkung, dass der Widerspruch keinerlei Form bedarf, wäre grundsätzlich auch ein stillschweigender Widerspruch möglich gewesen, bei welchem sich die Frage nach dem „Zugang“ schlichtweg nicht gestellt hätte.[1455] Primär stand sohin der Interessenschutz der Miteigentümer im Vordergrund, ohne dass es eines Zugangs bedurft hätte. Es scheint sohin äußerst zweifelhaft, dass der Gesetzgeber durch das bloße Aufgreifen der Schriftlichkeitserfordernisse auch die Gewichtung des Interessensschutzes verlagern wollte.[1456]

[1452] Vgl § 377 Abs 4 UGB.

[1453] Vgl auch §§ 863 Abs 1 S 2, 864 Abs 2 ABGB; so auch bei der Zulässigkeit vertraglich vereinbarter Zustimmungsfiktionen § 6 Abs 1 Z 2 KSchG; § 50 ZaDIG 2018;

[1454] Vgl ErläutME WEG idF 2022, 134/ME 27. GP 14.

[1455] Vgl zur Empfangsbedürftigkeit schriftlicher und mündlicher Willenserklärungen als Formen der Ausdrücklichkeit, *Wiebe* in *Kletečka/Schauer*, ABGB-ON[1.04] § 862a Rz 2 f (Stand 2.1. 2022, rdb.at).

[1456] *„[Für die Zwecke der Dokumentation und Beweisbarkeit] reicht aber die Anordnung aus, dass der Widerspruch auf einem bestimmten archivier- oder speicherbaren Medium erhoben werden muss“*, vgl ErläutRV WEG idF 2022, 1174 BlgNR 27. GP 11 Z 6; Die Beweisbarkeit knüpft sohin in erster Linie an das Medium und nicht an dessen besondere Übersendung an.

c) Die Rechtsfolgen eines gültigen Widerspruchs

Ein gültiger Widerspruch eines Wohnungseigentümers verhindert die Rechtsfolgen der Zustimmungsfiktion. Der Änderungswillige hat diesfalls die Zustimmung – wie bereits nach dem alten System auch – gerichtlich ersetzen zu lassen.[1457]

Selbst wenn die Positivierung der privilegierten Zweispurigkeit kritisch[1458] zu beleuchten und eine Zustimmungsfiktion grundsätzlich einfach zu verhindern ist, kann der Intention des Gesetzgebers („gesetzgeberischer Förderungswille"[1459]) keineswegs Bedeutungslosigkeit unterstellt werden. Aus der klaren Absicht und den Wertungen des Gesetzgebers, ebenjenen begünstigungswürdigen Maßnahmen zur Durchsetzung zu verhelfen,[1460] ergibt sich eingeschränkt auf die Tatbestände der Begünstigungswürdigkeit eine verringerte Schutzwürdigkeit der Miteigentümerinteressen. Diese Reflexion führt zu einer gebotenen engst möglichen Auslegung schutzwürdiger Interessen (Z1), anderenfalls die Funktion der (Zustimmungs-)Fiktion mit dem damit einhergehenden gesetzgeberischen Förderungswillen *ad absurdum* geführt wäre.[1461]

Jene Reflexwirkung ist bei den objektiv geprägten – weil größtenteils von subjektiven Wahrnehmungen der Miteigentümer abgekoppelten – negativen allgemeinen Änderungsvoraussetzungen, wie bspw bei der *„Schädigung des Hauses"* oder der *„Gefahr für die Sicherheit von Personen, des Hauses oder von anderen Sachen"* abgeschwächter als bei subjektiven – tlw in der Ästhetik verankerten allgemeinen Voraussetzungen (zB das *äußere Erscheinungsbild*).

Die WEG-Novelle 2022 verbildlicht aktuelle Wertungen des Gesetzgebers, welche auch Reflexwirkungen zur Auslegung des klassischen Privilegierungskatalogs iSd § 16 Abs 2 Z 2 S 2 WEG konstruieren – bspw hinsichtlich der abstrakt gehaltenen Leitungsprivilegien im Rahmen nachhaltiger Installationen. Jene Wirkung wird sich zumindest als widerlegliche Vermutung des Vorliegens besonderer Änderungsvoraussetzungen gem § 16 Abs 2 Z 2 WEG („wichtiges Interesse" bzw „Verkehrsüblichkeit") zum Ausdruck bringen. Diesfalls wäre der Änderungsgegner in die Beweispflicht gedrängt, die besonderen Voraussetzungen gem § 16 Abs 2 Z 2 WEG zu widerlegen.

1457 Siehe hierzu IV.I; vgl ErläutRV WEG idF 2022, 1174 BlgNR 27. GP 11 Rz 4.

1458 Siehe zur Privilegierungszweispurigkeit IV.I.3.

1459 Vgl diesen zu den begünstigungswürdigen Änderungen, ErläutRV WEG idF 2022, 1174 BlgNR 27. GP 11.

1460 *„[U]nterstützungswürdige Innovationen"* […] *„vor allem in wärme-, klima- und energietechnischer Hinsicht"*, vgl ErläutME WEG idF 2022, 134/ME 27. GP 1 f.

1461 An dieser Stelle sei erneut auf das Spannungsverhältnis mit entsprechender grundrechtlicher Schranken hingewiesen, siehe zum Verhältnis allgemeiner negativer Voraussetzungen und wesentlichen Beeinträchtigungen gem § 16 Abs 5 WEG auch das folgende Kapitel IV.H.6.

6. Das Sicherheitsnetz der wesentlichen und dauernden Beeinträchtigung

Die Rechtfertigungswirkung gem § 16 Abs 5 WEG greift unabhängig vom Vorliegen eines Widerspruches dann nicht, wenn mit der Änderungsmaßnahme eine wesentliche und dauernde Beeinträchtigung eines anderen Wohnungseigentümers einhergeht.[1462] Jene absolute Grenze erinnert an die Änderungsvorrausetzungen im Rahmen des gerichtlichen Zustimmungsersatzes bei Inanspruchnahme von Wohnungseigentums- oder Zubehörobjekten anderer Miteigentümer gem § 16 Abs 2 Z 3 als maximalinvasive Ausprägung des Änderungsrechts.[1463] Der Gesetzgeber spannt sohin ein Sicherheitsnetz gegen direkte Eingriffe jener Intensitätsausprägung, welche auch im Rahmen eines gerichtlichen Zustimmungsersatzes absolut genehmigungsunfähig wären.

Auf einen direkten Eingriff in das Ausschließlichkeitsrecht anderer Wohnungseigentümer kommt es im Gegensatz zur flächenmäßigen anknüpfenden Änderungsvoraussetzungsabstufung gem § 16 Abs 2 Z 3 WEG allerdings nicht an. So kann auch eine schwerwiegende Zugangsverhinderung trotz bloßer Inanspruchnahme allgemeiner Teile eine wesentliche und dauernde Beeinträchtigung iSd § 16 Abs 5 WEG darstellen, obwohl die Prüfung nach der Dauer und der Wesentlichkeit im gerichtlichen Zustimmungsersatzverfahren diesfalls entfiele (§ 16 Abs 2 Z 2 WEG).[1464]

Den Materialien zu Folge ist das Element der Dauer kaum mit Auslegungsschwierigkeiten verbunden.[1465] Dieses erfordert jedenfalls einen Zeitraum, welcher über die Bauarbeiten zur Durchführung der Änderung hinausgeht („bloß vorübergehend“).[1466] Dem Auffangtatbestand wird darüber hinaus eine untergeordnete Bedeutung prognostiziert, da aus den taxativen Fällen der Begünstigungswürdigkeit idR keine derartigen Beeinträchtigungen resultieren werden.[1467]

Aus der änderungsrechtlichen Systematik ergibt sich, dass nicht jede Interessensbeeinträchtigung anderer Miteigentümer als schwerwiegender Eingriff

---

[1462] Vgl *Stabentheiner*, Die WEG-Novelle 2022, ÖJZ 2022, 261; siehe dazu auch *Prader/Gottardis*, Fingierte Zustimmung gemäß § 16 Abs 5 idF der WEG-Novelle 2022, ImmoZak 2022, 8; vgl auch *Kothbauer*, WEG-Novelle 2022 (2022) 31; vgl auch *Gumhold/Schmied*, Kompendium Wohnungseigentum Österreich (2022) 100; vgl weiters *Richter*, Das neue Änderungsrecht des Wohnungseigentümers nach § 16 WEG, immolex 2022, 11; siehe weiters *Höllwerth,* Zum neuen Änderungsrecht des Wohnungseigentümers nach der WEG-Novelle 2022, wobl 2022, 124; vgl auch zur Sicherung des untätigen Wohnungseigentümers, *Gartner*, WEG-Novelle 2022: Facts and Figures, AnwBl 2022, 154.

[1463] Siehe dazu IV.I.5.b).

[1464] Vgl zur erheblichen Zutrittserschwerung ErläutRV WEG idF 2022, 1174 BlgNR 27. GP 12.

[1465] Vgl ErläutRV WEG idF 2022, 1174 BlgNR 27. GP 12.

[1466] Vgl ErläutRV WEG idF 2022, 1174 BlgNR 27. GP 3, 12; siehe zum Beständigkeitscharakter IV.I.5.b).

[1467] Vgl ErläutRV WEG idF 2022, 1174 BlgNR 27. GP 12.

im Sinne der Wesentlichkeit zu qualifizieren ist.[1468] So gedenkt die Wesentlichkeit „wirklich ernsthafte Beeinträchtigungen" zu verhindern.[1469] Irreführend ist die systematische Interpretation in den Materialien, wonach wesentliche Beeinträchtigungen über „eine bloße Beeinträchtigung eines schutzwürdigen Interesses im Sinn des § 16 Abs 2 Z 1 WEG deutlich hinausgehen".[1470] Denn schutzwürdig ist ein Interesse dann, wenn der Interesseneingriff so groß ist, dass die Änderung bereits gem Z 1 absolut genehmigungsunfähig ist und zu unterbleiben hat. Diesfalls käme es auf die Wesentlichkeit (Z 3) gar nicht mehr an.

Das in den Materialien angesprochene Verhältnis zwischen den Änderungsvoraussetzungen Z 1 und Z 3 schlägt allerdings noch auf einer anderen Ebene durch.[1471] Es wurde zwar bereits aufgezeigt, dass die allgemeinen negativen Änderungsvoraussetzungen gem § 16 Abs 2 Z 1 WEG – abgesehen von punktuellen tatbestandsmäßigen Ausstülpungen (zB die „harmonische Einfügung in das Erscheinungsbild") – der Wirksamkeit einer gültigen Zustimmungsfiktion nicht im Wege stehen.[1472]

Sowohl die Klassifizierung der Schutzwürdigkeit (Z1) als auch die der Wesentlichkeit bilden allerdings besondere Nachteilsintensitäten ab, welche einer genaueren Untersuchung bedürfen, da der „Wesentlichkeit" iSd § 16 Abs 5 WEG eine breitere Auffangwirkung zukommen wird als der „Wesentlichkeit" gem § 16 Abs 2 Z 3 WEG.[1473]

§ 16 Abs 2 Z 1 WEG bildet einen deklarativen Interessenskatalog ab, welche ein Änderungsbegehren als absolut genehmigungsunfähig qualifiziert. Jener „grobe Filter" fehlt bei der Wirksamkeitsbeurteilung der Zustimmungsfiktion, weshalb sich auf der Ebene der wesentlichen Beeinträchtigung gem § 16 Abs 5 WEG verglichen zur „vorgefilterten" Wesentlichkeitsbeurteilung gem § 16 Abs 2 Z 3 WEG ein gänzlich anderer Prüfungsmaßstab abzeichnen wird.

1468 Vgl ErläutRV WEG idF 2022, 1174 BlgNR 27. GP 12; wohingegen schutzwürdige Interessenbeeinträchtigungen zur absoluten Genehmigungsunfähigkeit gem § 16 Abs 2 Z 1 WEG führen, sind Beeinträchtigung bis zur Schwelle der Wesentlichkeit und Dauerhaftigkeit (Z 3) uU zu dulden.

1469 Vgl *Richter*, Das neue Änderungsrecht des Wohnungseigentümers nach § 16 WEG, immolex 2022, 11; vgl ausdrücklich ErläutRV WEG idF 2022, 1174 BlgNR 27. GP 3, 12; siehe zum Charakter der Funktionswahrung IV.I.5.b).

1470 Vgl ErläutRV WEG idF 2022, 1174 BlgNR 27. GP 12; Gemeint ist wohl eine „bloße Beeinträchtigung" ohne der Klassifizierung als „schutzwürdig".

1471 Vgl ErläutRV WEG idF 2022, 1174 BlgNR 27. GP 12.

1472 Siehe dazu IV.H.1; Dieser Aspekt scheint auch vor dem Hintergrund der Rechtssicherheit geboten zu sein.

1473 Das verdeutlicht auch das ausdrückliche Einfangen von Änderungsmaßnahmen bei ausschließlicher Inanspruchnahme allgemeiner Teile im Zuge des hypothetischen Beispiels einer betonierten „Behindertenrampe", welche dem betroffenen Wohnungseigentümer den Zutritt erschwert, vgl ErläutRV WEG idF 2022, 1174 BlgNR 27. GP 12.

In dieser Gestalt wird sich eine Gefahr für die Sicherheit von Personen, des Hauses oder von anderen Sachen gem § 16 Abs 2 Z 1 WEG nicht zuletzt aufgrund des grundrechtlichen Einschlages als wesentliche Beeinträchtigung gem § 16 Abs 5 WEG qualifizieren lassen müssen und einer wirksamen Zustimmungsfiktion entgegenstehen.[1474] Man denke im Hinblick auf die tatbestandsmäßige Begünstigungswürdigkeit an das Gefährdungspotential von Stromleitungen, welches jedenfalls bei Vorrichtungen zum Langsamladen und bei Photovoltaikanlagen zu berücksichtigen ist und dadurch womöglich ein Beseitigungsanspruch im Hinblick auf eine unsachgemäß installierte Änderungsmaßnahme gegeben sein kann.[1475]

Dennoch ist klar, dass ein schutzwürdiges Interesse (Z 1) darüberhinausgehend nur in äußerst eingeschränktem Ausmaß eine Zustimmungsfiktion verhindern kann.[1476] Gerade Beeinträchtigungswirkungen der Ästhetik („äußeres Erscheinungsbild"), welche der Gesetzgeber ausdrücklich nur bei vereinzelten Tatbeständen als bedeutsam erachtete,[1477] stehen einer gültigen Zustimmungsfiktion darüberhinausgehend nicht entgegen.

I. Der gerichtliche Zustimmungsersatz gem § 52 Abs 1 Z 2 iVm § 16 Abs 2 Z 1 ff WEG idF 2022

Scheidet die Zustimmungsfiktion oder die Zustimmung aller Wohnungseigentümer zu einer genehmigungspflichtigen Änderung aus, gilt es im Rahmen eines Außerstreitverfahrens gem § 52 Abs 1 Z 2 WEG die Zustimmung durch Überprüfung der abgestuften Voraussetzungen gem § 16 Abs 2 WEG allenfalls gerichtlich zu ersetzen.[1478] Einem solchen Verfahren sind alle Wohnungseigentümer der gegenständlichen Liegenschaft beizuziehen, unabhängig davon, ob diese der Änderung bereits zugestimmt haben.[1479] Dieses steht dem Ändernden freilich auch nach der Durchführung der Änderung frei – auch wenn er sich diesfalls zwischenzeitlich der Gefahr aussetzt, mit einer Eigentumsfreiheitsklage konfrontiert zu werden.[1480] Anders als die verwaltungsähnli-

1474 Siehe hierzu IV.I.1; vgl zur mittelbaren Drittwirkung von Grundrechten iZhgm der wohnungseigentumsrechtlichen Duldungspflicht, welche einer umfassenden Interessensabwägung bedarf, OGH 15.11.2022, 5 Ob 178/21v.

1475 Siehe dazu IV.H.1.b) und IV.H.1.c).

1476 Vgl ErläutRV WEG idF 2022, 1174 BlgNR 27. GP 12.

1477 Vgl ErläutRV WEG idF 2022, 1174 BlgNR 27. GP 3,11.

1478 Vgl RIS-Justiz RS0083132.

1479 Vgl *Illedits/Illedits-Lohr*, Wohnungseigentum[6] (2018) Rz 833 mwN; vgl RIS-Justiz RS0130838; so muss die Sachentscheidung *„zwingend für und gegen alle Wohnungseigentümer gleich lauten"*, vgl OGH 18.5.2016, 5 Ob 19/16d; siehe zur der Billigkeit entsprechenden Verfahrenskostentragung, IV.G.1.b).

1480 Vgl OGH 9.6.2009, 5 Ob 104/09v; siehe dazu auch *Sammer* in *Kothbauer/Sammer/Berger/Holzapfel*, Dirnbacher Praxiskommentar WEG 2017[8] (2017) 240; vgl auch *Illedits* in *Illedits/Reich-Rohrwig*, Wohnrecht Taschenkommentar[3] (2018) § 16 WEG Rz 17; vgl zur Problema-

che Rechtfertigung baulicher Änderungen durch Beschlussfassung im dWEG,[1481] knüpft das öWEG im Rahmen des Zustimmungsersatzes an intensitätsabgestufte Änderungsvoraussetzungen an.[1482]

Gerade im Hinblick auf den weiten Änderungsbegriff, welcher sich zunehmend lokal vom Wohnungseigentumsobjekt lockert,[1483] lässt sich grundsätzlich zwischen drei Intensitätsstufen von Änderungsbegehren differenzieren: Jene, welche (dinglich[1484]) ausschließlich nutzbare Flächenteile des Änderungswilligen betreffen,[1485] jene, welche (zusätzlich) allgemeine Teile[1486] in Anspruch nehmen und letztlich jene, welche sogar in das Ausschließlichkeitsrecht anderer eingreifen.[1487] Ihre Grundlage findet die Unterscheidung sohin in der Verknüpfung mit den allgemeinen wohnungseigentumsrechtlichen Flächenkategorien gem § 2 Abs 2 WEG, als abstrakter Maßstab der Eingriffsintensität.

Zweifelsohne lässt sich die Zulässigkeit einer Maßnahme nicht ohne Berücksichtigung der Gesamtumstände beurteilen, weswegen sich auch die Wirkung einer gerichtlich genehmigten Änderung über den Einzelfall hinausgehend zumeist zurückhält.[1488] Der Hinweis der Beurteilungsnotwendigkeit der Umstände im Einzelfall – unter gesonderter Berücksichtigung aller schutzwürdigen Interessen – trifft auf jeden einzelnen Voraussetzungstatbestand zu,[1489] weswegen auf diese Leerfloskel im Folgenden verzichtet werden soll. Dies gilt umso mehr für Voraussetzungen mit ausgeprägtem Subjektbezug – man denke an die Erforderlichkeit eines „wichtigen Interesses" des Änderungswilligen im Rahmen der Inanspruchnahme allgemeiner Teile. Bedeut-

---

tik im Petitorium nicht zu berücksichtigender Genehmigungsfähigkeit aufgrund mangelnder Bindungswirkung angesichts des rechtsgestaltenden Charakters des Zustimmungsersatzes *Kolmasch/Vonkilch*, Konsequenzen der eigenmächtigen Vornahme von Änderungen am WE-Objekt durch einen Wohnungseigentümer, wobl 2015, 31.

[1481] Siehe zur Rechtfertigung durch einen Genehmigungs- oder Vornahmebeschluss der Eigentümermehrheit fragmentarisch IV.D.3; vgl dazu aber durch das WEG 2022 geschaffene Parallelen bei privilegierten Maßnahmen, § 20 Abs 2 dWEG.

[1482] Vgl exemplarisch OGH 18.12.2019, 5 Ob 173/19f Rz 1.2.

[1483] Siehe zum Objektbezug des Änderungsrechts IV.E.2.

[1484] Demgegenüber kann sich zwar aus einer die ausschließliche Nutzung zuweisenden (obligatorischen) Benützungsvereinbarung ein Änderungsrecht ableiten, nichtsdestotrotz handelt es sich diesfalls um einen (verfügbaren) allgemeinen Teil, weshalb im Änderungsfall die Voraussetzungen der Z 2 *leg cit* zu überprüfen sind, vgl OGH 23.11.1999, 5 Ob 299/99b; vgl auch OGH 2.12.2021, 5 Ob 153/21t.

[1485] Vgl § 16 Abs 2 Z 1 WEG idF 2022; darunter fällt eine Änderung des Wohnungseigentumsobjekts, als auch eine des Zubehörobjekts; siehe zu den allgemeinen Änderungsvoraussetzungen IV.I.1.

[1486] Vgl § 16 Abs 2 Z 2 WEG idF 2022; siehe zu den besonderen Voraussetzungen bei Inanspruchnahme allgemeiner Teile IV.I.2.

[1487] Vgl § 16 Abs 2 Z 3 WEG idF 2022; siehe zu den besonderen Voraussetzungen bei Eingriffen in das Ausschließlichkeitsrecht anderer IV.I.5.

[1488] Vgl RIS-Justiz RS0083309, zuletzt OGH 15.2.2021 5 Ob 15/21y.

[1489] RIS-Justiz RS0083309.

sam erscheint auch die je nach Voraussetzungsart zu differenzierende Beweislast, welche oftmals eine entscheidende Rolle im Rahmen der Zulässigkeitsbeurteilung, als auch mittelbar für die Verfahrenskostentragung einnimmt.[1490]

So gilt es im Folgenden die in einzelne Tatbestände gegossene Interessensgewichtung darzustellen, um die Voraussetzungen eines änderungsrechtlichen Duldungsanspruches zu skizzieren.

1. Die allgemeinen Voraussetzungen für den gerichtlichen Zustimmungsersatz gem § 16 Abs 2 Z 1 WEG

Die „Zulässigkeit" einer Änderung, im Sinne dessen Genehmigungsfähigkeit im Rahmen des gerichtlichen Zustimmungssubstituts knüpft an eine Vielzahl unbestimmter Rechtsbegriffe. Dem Außerstreitrichter ist sohin ein breiter Ermessensspielraum zuzuerkennen.[1491] Seit der Vergesetzlichung des Änderungsrechts mit dem WEG 1975 – nunmehr in § 16 Abs 2 Z 1 WEG – nennt der Gesetzgeber zur Beurteilung schutzwürdiger, einer Änderung entgegenstehender Interessen demonstrative Kriterien, welche eine Änderung unabhängig des zu ändernden Liegenschaftsteils genehmigungsunfähig machen.[1492] Tatsächlich kommt den allgemeinen negativen Änderungsvoraussetzungen absoluter Charakter zu, weshalb es jedenfalls weder einer Gewichtung, noch einer Abwägung mit anderen Änderungsvoraussetzungen bedarf.[1493] Beweispflichtig sind hierfür die der Änderung entgegenstehenden Miteigentümer.[1494]

In Anbetracht der mietrechtlichen Pendantbestimmung § 9 Abs 1 Z 1 MRG bietet es sich zur Auslegung wohnungseigentumsrechtlicher Änderungstatbestände an, insb auf Rechtsprechung zu den negativ formulierten Veränderungstatbestände zurückzugreifen.[1495]

1490 Vgl zur Beweislast widersprechender Wohnungseigentümer hinsichtlich der allgemeinen negativen Voraussetzungen RIS-Justiz RS0082993; siehe zur Verfahrenskostentragung aufbauend auf Billigkeitserwägungen, darunter der nicht fruchtende Verfahrensaufwand, IV.G.1.b).

1491 Vgl dazu exemplarisch OGH 15.7.2021, 5 Ob 12/21g.

1492 *Faistenberger/Barta/Call*, Kommentar zum Wohnungseigentumsgesetz 1975 (1976) § 13 Rz 12; In jenen Fällen stünde sohin zur Maßnahmenrechtfertigung nur noch das Einvernehmen aller Miteigentümer offen.

1493 RIS-Justiz RS0083240, RS0083378; so hat keine Interessensabwägung im Verhältnis der Tatbestände § 16 Abs 2 Z 1 und Z 2 WEG zu erfolgen, vgl *Prader*, WEG$^{6.01}$ § 16 E 307/1 (Stand 1.7.2022, Manz Wohnrecht in rdb.at); es käme auch nicht darauf an, *„wie die einzelnen Miteigentümer sich beeinträchtigt fühlen und ob nur die Interessen einzelner oder aller Miteigentümer berührt werden, sondern allein darauf, ob bei einer objektiven Betrachtung der Schutzwürdigkeit der Interessenlage der Wohnungseigentümer eine als gewichtig anzusehende Beeinträchtigung vorliegt"*, vgl OGH 17.3.2022, 5 Ob 137/21i.

1494 Vgl RIS-Justiz RS0082993; vgl exemplarisch OGH 29.6.2022, 5 Ob 47/22f.

1495 Dabei gilt es zu beachten, dass das mietrechtliche Veränderungsrecht durchwegs anderer Systematik unterliegt, siehe hierzu IV.I.1.b). So finden sich manche Veränderungstatbestände gem § 9 Abs 1 MRG nahezu wortgleich in § 16 Abs 2 WEG, wobei es im Wohnungseigentumsrecht je nach Umfang der Änderungsmaßnahme zu unterscheiden gilt, vgl insb die be-

a) Keine Beeinträchtigung schutzwürdiger Interessen

Scheinbar mit dem Verbot der „Schädigung des Hauses“[1496] legistisch gleichgestellt, findet sich in § 16 Abs 2 Z 1 WEG, den demonstrativen Katalog negativer Änderungsvoraussetzungen einleitend, durch die Änderungsvoraussetzung des Beeinträchtigungsverbotes „schutzwürdiger Interessen“ eine Generalklausel für den Interessensschutz der Änderung entgegenstehender Miteigentümer. Die interessensbeeinträchtigenden Umstände sind in ihrer Gesamtheit zu beurteilen.[1497]

Schutzwürdig ist allerdings nicht jegliche änderungsbedingte Interessensbeeinträchtigung.[1498] Vielmehr sind nur „wesentliche“[1499] Beeinträchtigungen objektiver Betrachtung[1500] schützenswert, sodass das Verfügungsrecht des Änderungswilligen nur diesfalls zurückzustehen hat.[1501] Von zentraler Bedeutung ist sohin ein gewichtiges entgegenstehendes Interesse, welches über die Zumutbarkeitsgrenze hinausgeht.[1502] Systematisch lässt sich die Schwelle der Schutzwürdigkeit auch von den Voraussetzungen gem § 16 Abs 2 Z 3 WEG im Rahmen der maximalinvasiven Änderungsform änderungsbedingter Inanspruchnahme von Wohnungseigentumsobjekten anderer ableiten.[1503] *Vonkilch* weist daraufhin, dass die „Beeinträchtigung schutzwürdiger Interessen der anderen“ gem § 16 Abs 2 Z 1 WEG nicht mit „einer wesentlichen und dauernden Beeinträchtigung“ einzelner Wohnungseigentümer iSd § 16 Abs 2 Z 3 gleichzusetzen ist, da der besonderen Voraussetzung gem Z 3 in Anbetracht des Mankos allgemeiner Voraussetzungen und der damit einhergehenden Genehmigungsunfähigkeit kein Raum bliebe.[1504] Jener Sichtweise folgend verlangt die Beurteilung der Schutzwürdigkeit iSd Z 1 ein *plus* gegenüber jener der Z 3.

Der Gesetzgeber wollte durch ebenjene Kumulation (*„wesentlich und dauernd“*) iSd Z 3 zum Ausdruck bringen, dass bei entweder unwesentlichen dauerhaften oder bei wesentlichen nicht dauerhaften Beeinträchtigungen und im

---

sonderen Voraussetzungen der „Übung des Verkehrs“ und des „wichtigen Interesses“ gem § 9 Abs 1 Z 2 MRG.

1496 Siehe dazu IV.I.1.b).

1497 Vgl OGH 21.5.2019 5 Ob 38/19b; so sind womöglich auch bereits (zulässig) durchgeführte Änderungen hierfür miteinzubeziehen.

1498 Vgl RIS-Justiz RS0083271.

1499 Vgl RIS-Justiz RS0083236, RS0083271; vgl exemplarisch die Kollision „mit wesentlichen Interessen anderer Wohnungseigentümer“, OGH 7.10.2003, 5 Ob 228/03w; vgl zur Gewichtigkeit einer wesentlichen Beeinträchtigung als Hindernisgrund auch OGH 22.12.2021, 5 Ob 211/21x; unterscheide hierzu *„wesentliche und dauerhafte“* Beeinträchtigungen schutzwürdiger Interessen im Rahmen § 16 Abs 2 Z 3 WEG iZhgm Änderungen mit Inanspruchnahme des WE eines anderen Wohnungseigentümers, siehe IV.I.5.a).

1500 Vgl RIS-Justiz RS0083309, RS0101801; vgl bereits OGH 22.12.1992, 5 Ob 93/92.

1501 Vgl RIS-Justiz RS0083236, RS0083378, RS0083309.

1502 Vgl bereits OGH 15.12.1998, 5 Ob 226/98s.

1503 Siehe hierzu IV.I.5.a).

1504 Vgl *Vonkilch* in *Hausmann/Vonkilch*, Österreichisches Wohnrecht WEG[4] (2017) § 16 WEG Rz 52.

Rahmen konkreter Interessensabwägung Eingriffe in das Ausschließlichkeitsrecht eben nicht *per se* ausscheiden.

Das Abstellen auf einen objektiven Maßstab („Durchschnittswohnungseigentümer"?[1505]) verhindert die Einschränkung des Änderungsrechts aufgrund besonderer entgegenstehender Einzelinteressen, als auch den Aufgriff von nicht aus der Wohnungseigentümerstellung resultierender Interessen.[1506] Relevant sind bloß die Interessen aktiver Antragsgegner, weshalb andere keinen verfahrensrechtlichen Niederschlag finden.[1507] Tatsächlich steht eine solche einschränkende Betrachtung allerdings im Spannungsverhältnis mit dem das Außerstreitverfahren prägenden Untersuchungsgrundsatz gem § 52 Abs 2 WEG iVm § 16 Abs 1 iVm § 31 Abs 1 AußStrG.[1508]

Ein änderungsrechtlicher Miteigentümerschutz knüpft an ein bestimmtes Ausmaß an Schutzbedarf, welcher jedenfalls dann ausscheidet, wenn mit jener Änderungsmaßnahme gerechnet werden musste. Dies wäre jedenfalls in den Fällen bestehender Rechtfertigungswirkung einer Vorwegzustimmung zu bejahen,[1509] wobei diesfalls die Notwendigkeit eines Zustimmungsersatzes zu hinterfragen ist.

Eine Beeinträchtigung schutzwürdiger Interessen wird in der Regel auch dann ausscheiden, wenn wohnungseigentumsrechtliche Grundsätze eine entsprechende Gestaltung im Allgemeinen verlangen und deren Ausführung nicht außergewöhnlich erscheint. Darunter fallen Aspekte der baulichen Abgeschlossenheit[1510] und das Erfordernis sinnlich wahrnehmbarer Abgrenzungen von Zubehörobjekten.[1511] Umgekehrt stellt die Herbeiführung eines rechtswidrigen Zustandes, unter anderem von augenscheinlichen Verstößen gegen Bauord-

---

1505 Vgl zum (technisch) durchschnittlich informierten Wohnungseigentümer, *Höllwerth,* Zum neuen Änderungsrecht des Wohnungseigentümers nach der WEG-Novelle 2022, wobl 2022, 123.

1506 Vgl zu wirtschaftlichen Interessen eines Unternehmers, OGH 23.5.1989, 5 Ob 53/88; jene Interessen können ihren Niederschlag allerdings über die konkrete Widmung finden, siehe hierzu IV.D.3.a).

1507 Vgl die Nichtberücksichtigung von Interessen bereits zustimmender Wohnungseigentümer, OGH 12.6.2012, 5 Ob 97/12v.

1508 Vgl zum beschränkten Untersuchungsgrundsatz im Wohnrechtsverfahren, OGH 5 Ob 289/00m = wobl 2001/142; insb ohne jeglichem Parteivorbringen und Anhaltspunkte für weiteren Aufklärungsbedarf *Höllwerth* in *Gitschthaler/Höllwerth,* AußStrG I^2 § 16 Rz 40 (Stand 1.6.2019, rdb.at).

1509 Vgl zur Vorwegzustimmung IV.F.4; fraglich erscheint, inwieweit das mangelnde Rechtsschutzbedürfnis im Rahmen der Verfahrenskostenverteilung nach Billigkeit zu Lasten des Änderungswilligen ausschlägt; tatsächlich kann sich in Einzelfällen dennoch aus Gründen der Rechtssicherheit ein entsprechendes Feststellungsinteresse ableiten lassen – ähnlich des Feststellungsinteresses bei einer fragwürdigen Zustimmungsfiktionswirkung iSd § 52 Abs 1 Z 2 iVm § 16 Abs 5 WEG idF 2022; vgl zum außerstreitigen Feststellungsbegehren ErläutRV WEG idF 2022, 1174 BlgNR 27. GP 22.

1510 Siehe hierzu IV.D.2 und IV.E.1.

1511 Vgl OGH 18.7.2018, 5 Ob 84/18s.

nungen oder änderungsbedingte Verstöße gegen die wohnungseigentumsrechtlich geforderte bauliche Abgeschlossenheit eine Beeinträchtigung schutzwürdiger Interessen dar.[1512]

Dem *ex ante* Beurteilungsrahmen zu Folge bedarf es grundsätzlich[1513] zur Prüfung der Genehmigungsfähigkeit – losgelöst von allen „bloß denkmöglichen Beeinträchtigungen" – des Abstellens auf die mit der Änderung in Zukunft erfahrungsgemäß typischerweise verbundenen Entwicklungen und ihren Begleiterscheinungen.[1514] Das Ausklammern besonders unwahrscheinlicher Interessensbeeinträchtigungen als Verkettung bloßer Zufallsereignisse ähnelt einer schadenersatzrechtlichen „*ex ante*-Adäquanzprüfung", welche ein gewisses Maß an Vorhersehbarkeit voraussetzt.

An diesen Betrachtungswinkel anknüpfend bietet sich zur Untersuchung schutzwürdiger Interessen generell der Vergleich mit dem um Interessensausgleich bemühten Schadenersatzrecht, als zivilrechtlicher Grundrechtsschutz an.[1515] So scheinen Interessensbeeinträchtigungen ausgehend vom demonstrativen Beeinträchtigungskatalog des § 16 Abs 2 Z 1 WEG jedenfalls dann schutzwürdig, wenn mit der Änderung Eingriffe in absolut geschützte Rechtsgüter einhergehen, wobei es bei Eingriffen in das „Eigentum" naturgemäß bei einem aus dem Miteigentum abgeleiteten Änderungsanspruch zu differenzieren gilt.

In dieser Gestalt sind jedenfalls schädliche Eingriffshandlung in das Miteigentum als auch potentiell gefährliche Änderungshandlungen (Leben und Eigentum) im Rahmen eines verlängerten Grundrechtsschutzes genehmigungsunfähig.[1516] Hypothetische Eingriffe in absolut geschützte Rechtsgüter indizieren sohin Genehmigungsunfähigkeit, wobei sich die Induktionswirkung mangels weiterer Prüfungsschritte „widerstandsbefreit" erweisen wird. Dass die Schutzwürdigkeit tatsächlich darüber hinausgeht, verdeutlicht auch der Schutzcharakter des „äußeren Erscheinungsbildes des Hauses"[1517] als Einbeziehung ästhetischer (wohl nicht ausschließlich immaterieller[1518]) Schutzelemente gem § 16 Abs 2 Z 1 WEG.[1519]

1512 *Vonkilch* in *Hausmann/Vonkilch*, Österreichisches Wohnrecht WEG[4] (2017) § 16 WEG Rz 39.

1513 Vgl zur Ausnahme nachträglicher Genehmigung, OGH 19.5.2015, 5 Ob 38/15x.

1514 Vgl OGH 14.7.1987, 5 Ob 66/87; vgl hierzu auch OGH 15.5.2018, 5 Ob 235/17w; siehe hierzu auch *Vonkilch* in *Hausmann/Vonkilch*, Österreichisches Wohnrecht WEG[4] (2017) § 16 WEG Rz 27.

1515 Vgl zum umfassenden Grundrechtsschutz verpflichteten Staat *Yamamoto* in *Koziol* (Hrsg), Grundfragen des Schadenersatzrechts aus rechtsvergleichender Sicht (2014) Rz 7/26.

1516 Vgl den genauen Wortlaut § 16 Abs 2 Z 1 WEG.

1517 Siehe hierzu IV.I.1.c).

1518 So könnte sich ein Eingriff in das (ästhetische) Erscheinungsbild des Hauses mittelbar auch am Verkehrswert niederschlagen.

1519 Vgl hierzu IV.I.1.c).

Die Schutzwürdigkeit entgegenstehender Interessen erschöpft sich allerdings keineswegs in den vom Gesetzgeber herausgestrichenen Interessen. Jener demonstrative Interessenskatalog steckt vielmehr bloß den schutzwürdigen Interessensrahmen ab, woraus sich im Einzelfall auch andere schutzwürdige Interessen ableiten lassen. Im Rahmen einer umfassenden Judikaturanalyse zeigt sich ua, dass sich der ästhetische Schutz durch das Beeinträchtigungsverbot des Erscheinungsbildes als Ausfluss des objektiven Allgemeininteresses, auch auf Ebene der Generalklausel als Schutz von wesentlichen Einzelinteressen zum Ausdruck bringt. In dieser Form wurde im Zusammenhang mit umfassenden Umgestaltungen auch die Aussicht einzelner Wohnungseigentümer als schutzwürdig beurteilt.[1520] Daraus lässt sich aber nicht ableiten, dass jegliche Sichtbehinderungen die Zulässigkeit einer Änderung konterkarieren. Dies wird insbesondere dann nicht der Fall, wenn die Aussicht fernblickwahrend bloß punktuell durch einen Sichtschutz am Nachbarwohnungseigentumsobjekt eingeschränkt wird.[1521]

Eine Interessensbeeinträchtigung kann sich allgemein bei einer maßgeblichen Veränderung der wohnungseigentumsrechtlichen Rechte und Pflichten ergeben. Von zentraler Bedeutung ist im Anblick dessen die Erhaltungspflicht, die Kostentragungspflicht und die Stimmgewichtung (Interferenzen nicht ausgeschlossen).

Die Kostentragungspflicht hinsichtlich einer womöglich ausgedehnten Erhaltungspflicht der Eigentümergemeinschaft im Zusammenhang mit geänderten allgemeinen Teilen wird sich aufgrund nunmehriger gesetzlicher Zuweisung der Mehrkosten zulasten des Änderungswilligen gem § 16 Abs 6 WEG idF 2022 nicht mehr als Eingriff in schutzwürdige Interessen entgegenstehender Miteigentümer darstellen lassen.[1522] Die umfassende Kostentragungspflicht des Änderungswilligens könnte allerdings in jenen Fällen im Hinblick fraglicher Finanzierbarkeit des Änderungswilligen gerade bei kostspieliger Erhaltung schutzwürdige Interessen berühren.[1523] An dieser Stelle gilt es jedenfalls auf das gesetzliche Vorzugspfandrecht der Eigentümergemeinschaft gem § 27 Abs 1 WEG zu verweisen, wonach die Schutzwürdigkeit hinsichtlich der Finanzierbarkeit der künftigen Erhaltung im änderungsrechtlichen Verfahren in Anbetracht konkreter wohnungseigentumsrechtlicher Schutzmechanismen fraglich erscheint.

1520 Vgl in diesem Zusammenhang die Umgestaltung einer Grünfläche zu einem Zugangsweg unmittelbar vor den Fenstern eines anderen Wohnungseigentumsobjekts, OGH 18.12.2019, 5 Ob 153/19i.

1521 Vgl zur Errichtung eines Sichtschutzes, um ua die Sicht auf das Schwimmbecken zu versperren, OGH 22.12.2021, 5 Ob 211/21x; wobei es zu beachten gilt, dass es auch hierbei keiner Interessensabwägung zur Beurteilung der Schutzwürdigkeit bedarf.

1522 Siehe hierzu IV.G.2.b).

1523 Vgl das *obiter dictum*, OGH 6.11.2007, 5 Ob 223/07s.

Auch der Nutzwert[1524] oder die (in weiterer Folge davon abgeleitete) Miteigentumsquote[1525] fällt der stRsp entsprechend nicht *per se* in den änderungsrechtlichen Interessensschutz.[1526] Vielmehr sei an den Verkehrswert als Schutzobjekt anzuknüpfen.[1527] ME lässt sich davon – wie auch oben im Zusammenhang mit dem weiten Änderungsbegriff dargelegt[1528] – nicht ableiten, dass „nutzwertrelevante Änderungen" generell keine schutzwürdigen Interessen berühren. Gerade im Hinblick auf die der Nutzwertänderung folgenden Adaption der Miteigentumsanteile, welche ihrerseits wieder die Maßzahl für die Aufteilung der Liegenschaftsaufwendungen[1529] als auch für das Stimmgewicht[1530] darstellt, lässt sich eine Beeinträchtigung schutzwürdiger Interessen nicht ausschließen.

Fraglich erscheint auch, inwieweit eine festgestellte Genehmigungs(un)fähigkeit einer Änderungsmaßnahme, Bindungswirkung im Rahmen eines Folgeverfahrens hinsichtlich eines gleichartigen Änderungsbegehrens eines Wohnungseigentümers derselben Liegenschaft entfaltet.

Tatsächlich erwähnte der OGH in der Begründung der Zulässigkeit der Errichtung eines Gartenhäuschens und des Einbaus von Kellerfenstern die (scheinbar nicht durschlagende) Genehmigungsunfähigkeit eines, Jahre zuvor beurteilten, der vertraglichen Verpflichtung zur einheitlichen Gestaltung zuwiderlaufenden Änderungsvorhabens an ebenjener Liegenschaft.[1531] In dieser Gestalt versagt der OGH die Bindungswirkung sogar im Fall stetiger, nicht verändernden schutzwürdigen Interessen, wie diesfalls bei einer vertraglichen Einschränkung des Änderungsrechts.[1532] So hat sich jedes Änderungsbegehren erneut der Prüfung schutzwürdiger Interessen zu unterziehen.[1533]

Daraus lässt sich ableiten, dass sich eine „Quasi-Bindungswirkung" als Ausfluss wohnungseigentumsrechtlicher Gleichbehandlung dann ergeben kann, wenn eine Änderungsmaßnahme anhand der gleichen entgegenstehenden Interessen zu beurteilen ist. Ist an einem Gebäude die zehnte – optisch und baulich – gleiche Außenjalousie Gegenstand einer Änderungsmaßnahme, wird

---

1524 Vgl OGH 11.3.2021, 5 Ob 24/21x.

1525 Sohin als Schutzobjekt überholt, OGH 3.5.1983, 5 Ob 14/83.

1526 Vgl RIS-Justiz RS0109643; vgl *Vonkilch* in *Hausmann/Vonkilch*, Österreichisches Wohnrecht WEG^4 (2017) § 16 WEG Rz 33 f; siehe hierzu IV.D.4.

1527 Vgl RIS-Justiz RS0083259.

1528 Siehe hierzu IV.D.4.

1529 Vgl § 32 Abs 1 WEG; siehe hierzu insb bei Nutzwertminderungen IV.D.4.

1530 Vgl § 24 Abs 4 WEG.

1531 Vgl zur erneuten Auslegung der Verpflichtungsklausel zur einheitlichen Gestaltung im Folgeverfahren, welche im Vorverfahren als nicht revisibel beurteilt wurde, OGH 23.3.1999, 5 Ob 58/99m mwN.

1532 Siehe zur vertraglichen Adaption des Änderungsrechts IV.C.3.

1533 Siehe zu schutzwürdigen Interessen aufgrund begrenzter Ressourcen unten in diesem Kapitel; siehe hierzu insb zum Betriebsverbot individueller Ladevorrichtungen IV.H.1.b)(3).

sich der Kreis schutzwürdiger entgegenstehender Interessen gar verkleinern. Umgekehrt aber kann die Genehmigungsfähigkeit einer vorherigen Änderungsmaßnahme dann keine Rolle spielen, wenn ein völlig differentes Interessensgefüge besteht – zB im Rahmen begrenzter Ressourcen, wie bspw Dachflächen für Photovoltaikanlagen.

Es ist folglich anzunehmen, dass bei grundsätzlich veränderlichen Interessensgefügen – nämlich immer dann, wenn es an einer entsprechenden vertraglichen Gestaltung des Änderungsrechts ermangelt oder allgemeine Teile „verbraucht" werden[1534] – die Beurteilung schutzwürdiger Interessen ursprünglich zu erfolgen hat.

In jenen Fällen mag zwar mit der Erständerung unter Umständen keine Beeinträchtigung schutzwürdiger Interessen einhergehen, womöglich kann sich eine solche aber bei Folgeänderungen anderer änderungswilliger Wohnungseigentümer ergeben („Vorbildwirkung"[1535]).

So hat sich jeder Änderungswillige bspw im Rahmen der Errichtung einer E-Ladestation mangels Zustimmung bzw wirksamer Zustimmungsfiktion einem Genehmigungsverfahren zu unterziehen, in welchem die Voraussetzungen des gerichtlichen Zustimmungsersatzes iSd § 16 Abs 2 WEG – darunter die aus der künftig technisch nicht sichergestellten Stromversorgung resultierende Beeinträchtigung schutzwürdiger Interessen – neu beurteilt werden müssen.[1536]

Demensprechend müssten sich künftige, ähnliche Änderungsbegehren mit einem strengeren Genehmigungsfähigkeitsrahmen auseinandersetzen.[1537] Ein *per se* schutzwürdiges Interesse, zur Konservierung begrenzter (allgemeiner) Ressourcen lässt sich daraus nicht ableiten.[1538]

So werden nur jene Änderungsmaßnahmen schutzwürdige Interessen berühren, welche insb aus der extensiven Inanspruchnahme allgemeiner Teile resultieren und unmittelbar zu einer Ungleichbehandlung anderer Wohnungs-

---

1534 Diese Problematik verdeutlicht sich auch im Zuge von Maximalkapazitäten, welche das Änderungsrecht der Wohnungseigentümergesamtheit als solches einschränken, siehe dazu auch das Betriebsverbot von individuellen Ladevorrichtungen, IV.H.1.b)(3).

1535 Vgl zum Begriff der „Beispielwirkung" und zur künftigen Ungleichbehandlung von änderungswilligen Wohnungseigentümern OGH 18.12.2019, 5 Ob 173/19f mwN; siehe dazu auch das Betriebsverbot von individuellen Ladevorrichtungen, IV.H.1.b)(3).

1536 Vgl iZhg mit der Errichtung einer E-Ladestation vor der WEG-Novelle 2022 auf den Aspekt möglicher Ungleichbehandlung eingehend OGH 18.12.2019, 5 Ob 173/19f; siehe hierzu auch IV.H.1.b)(3).

1537 Vgl zur Irrelevanz von „Dominoeffekten" als Ausfluss der Einzelfallbeurteilung, wonach eine „Bindungswirkung" beurteilter Interessenlagen ausscheidet, Irrelevanz eines behaupteten „Domino-Effekts" bei beantragter Änderung, MANZ Wohnrecht-E 2022/10/05 (OGH 22.12.2021, 5 Ob 211/21x; siehe dazu auch im Rahmen des Betriebsverbots individueller Ladevorrichtungen IV.H.1.b)(3).

1538 Vgl zur Sicherstellung künftiger Stromversorgung, OGH 18.12.2019, 5 Ob 173/19f Rz 3.4 f.

eigentümer führen.[1539] Umgekehrt wird man davon ausgehen können, dass die seinem Miteigentumsanteil entsprechende Inanspruchnahme allgemeiner Teile (bzw anderer Nutzungskapazitäten) aus diesem Gesichtspunkt keine wesentlichen Interessen beeinträchtigt.

b) Keine Schädigung des Hauses

Als besondere Ausstülpung schutzwürdiger Interessen schützt die Voraussetzung „keine Schädigung des Hauses" vor nachteiligen Substanzeingriffen. So haben Miteigentümer jedenfalls keine schädlichen Handlungen zu dulden. Denn bereits aus der Miteigentümerstellung resultiert die Verpflichtung zur gegenseitigen Rücksichtnahme und zur Wahrung der Substanzunversehrtheit und des Objektcharakters.[1540] Der Schädigungsschutz als plakative, absolute Grenze findet sich verknüpft mit dem Schutz des Erscheinungsbildes bereits in den mietrechtlichen Veränderungsvoraussetzungen gem § 9 Abs 1 Z 6 MRG. *In praxi* hat jene Änderungsvoraussetzung als reine Tatfrage allerdings wenig Bedeutung,[1541] wohl nicht zuletzt aufgrund des mehrfachen Substanzschutzes, welcher auch aus dem Gefährdungsverbot des § 16 Abs 2 Z 1 WEG letzter Fall[1542] resultiert. So wird sich insb in den Fällen, in welchen die Änderung noch nicht durchgeführt wurde (*ex ante* – Prüfung) im Beurteilungszeitpunkt „nur" die Schädigungsgefahr[1543] erkennen lassen. Darüberhinausgehend ist die Schädigung des Hauses dann zu bejahen, wenn entweder im Zuge der (eigenmächtigen) Durchführung bereits ein Schaden eingetreten ist oder wenn der Schadenseintritt über die bloße „Gefahr" hinaus gewiss zu sein scheint. Eine genauere Differenzierung kann jedoch in Anbetracht gleicher Rechtsfolge unterbleiben.

Dem Begriff der Schädigung lässt sich eine klare negative Wertung entnehmen, wonach nicht jeglicher Substanzeingriff Schädigungsqualität aufweisen wird. Dies gilt umso mehr vor dem systematischen Hintergrund, wonach das Interesse des Änderungswilligen – unter gewissen Voraussetzungen auch in allgemeine Teile eingreifen zu können – ausdrücklichen Schutz findet.[1544] Einer Änderung steht sohin nur ein Substanzeingriff entgegen, welcher wesent-

[1539] Vgl zur Errichtung einer zu groß dimensionierten Photovoltaikanlage (73 % des westlichen Daches bei knapp 34 % der Miteigentumsanteile), welche andere Wohnungseigentümer von einer ähnlichen Gestaltungsmaßnahme ausschließt, OGH 17.3.2022, 5 Ob 137/21i.

[1540] Vgl RIS-Justiz RS0083024.

[1541] Vgl *Würth/Zingher/Kovanyi*, Miet- und Wohnrecht II[23] § 16 WEG 19.

[1542] Vgl § 16 Abs 1 Z 1 „Gefahr für die Sicherheit von Personen, des Hauses oder von anderen Sachen".

[1543] Siehe hierzu IV.I.1.d); siehe zur realistischen Gefahr der Substanzschädigung, OGH 27.1. 2015, 5 Ob 160/14m.

[1544] Vgl § 16 Abs 2 Z 2 WEG; vgl auch in Bezug zu (grundsätzlich nicht unzulässigen) dauerhaften Eingriffen in das Allgemeingut im Wohnungseigentumsrecht, OGH 20.3.2012, 5 Ob 236/11h.

liche Interessen beeinträchtigt.[1545] Diese Erheblichkeitsschwelle[1546] liegt demnach über dem objektiv (keine Interessensabwägung!) geschützten Interesse des Änderungswilligen. Im Hinblick auf diese Systematik darf trotz deckungsgleichen Wortlauts des Veränderungstatbestands § 9 Abs 1 Z 6 MRG nicht unbedacht auf mietrechtliche Rechtsprechung zurückgegriffen werden, welche unter dem Gesichtspunkt des Erweiterungsverbots der Mietrechte zu betrachten ist (zB erweiternde Mauerdurchbrüche generell).[1547]

Dass das Änderungsrecht des Wohnungseigentümers weiter als das Veränderungsrecht des Mieters im Vollanwendungsbereich des MRG ist, versteht sich vor dem Hintergrund mehrerer Gesichtspunkte: Zunächst duldet der Gesetzgeber wie bereits mehrfach dargestellt bei besonderem Interesse des Änderungswilligen ausdrücklich Änderungen, welche über das eigene WE-Objekt hinausgehen. Darüberhinausgehend hielt er es in Anbetracht des weiten Individualrechts für notwendig, auch entgegenstehende Interessen zu verstärken, was sich in § 16 Abs 2 Z 1 WEG im Zusammenhang mit dem Gefährdungsschutz verdeutlicht: Wohingegen § 9 Abs 1 Z 7 MRG den Gefährdungsschutz auf „Personen und Sachen" beschränkt, stellt dieser im wohnungseigentumsrechtlichen Änderungsrecht klar, dass auch das „Haus" an sich in den Genuss des Gefährdungsschutzes kommt. Letztlich stehen jene Rechtsgebiete auch nicht gänzlich nebeneinander, was das Beispiel eines im Vollanwendungsbereich des MRG befindlichen Wohnungseigentumsobjekt verdeutlicht: Das Änderungsrecht des Mieters ist demzufolge als Mindestradius[1548] des wohnungseigentumsrechtlichen Individualrechts einzufangen. Andernfalls würden mietrechtlich zulässige Gestaltungsmaßnahmen (des veränderungswilligen Mieters) gegenüber der Miteigentümergemeinschaft im Wohnungseigentum zu nicht durchführbaren Änderungen führen und automatisch zu einer Mietzinsminderung des änderungswilligen Mieters führen.[1549]

[1545] Vgl RIS-Justiz RS0083236.

[1546] Vgl *Vonkilch* in *Hausmann/Vonkilch*, Österreichisches Wohnrecht WEG[4] (2017) § 16 WEG Rz 26.

[1547] *Pletzer* in *Böhm/Pletzer/Spruzina/Stabentheiner*, GeKo Wohnrecht I (2018) § 9 MRG Rz 39,78.

[1548] Vgl in diesem Sinne ErläutRV 240 BlgNR 13. GP; OGH 18.12.2019, 5 Ob 173/19f 1.3.1 [Wallbox], *„Ein Wohnungseigentümer müsse mindestens die Änderungsmöglichkeiten eines Mieters haben, was sich aus einem in den Materialien angelegten Größenschluss ergebe"* und ergänzend 1.4, *„die Rechtsstellung des dinglich berechtigten Wohnungseigentümers [...] gegenüber dem bloß schuldrechtlich berechtigten Mieter verbessert werden sollte"*; siehe auch die bemerkenswerten systematischen Ausführungen als Grundlage ebendieser Entscheidung *Fidler*, Elektromobilität im Wohnungseigentumsrecht, wobl 2017, 376; vgl auch zu den kumulativen Voraussetzungen der Verkehrsüblichkeit und des wichtigen Interesses im mietrechtlichen Zusammenhang, OGH 5.7.2021, 5 Ob 59/21v; vgl zum Größenschluss wohnungseigentumsrechtlicher Änderungsrechte generell bereits OGH 23.9.1969, 4 Ob 566/69.

[1549] Dies wohl nur dann, wenn der mietrechtlich erweiterte bedungene Gebrauch nicht als rechtliche Unmöglichkeit zu qualifizieren ist.

Eine Beseitigung von Hausteilen wird in der wohnungseigentumsrechtlichen Änderungssystematik nur dann einer „Hausschädigung“ entsprechen, wenn zusätzlich nachteilige Folgen zu erwarten sind (zB statische Aspekte). Eine änderungsbedingte Schädigung wird auch dann angenommen werden können, wenn eine Änderungsmaßnahme in charakteristische Hausteile eingreift und nur schwierig bis gar unmöglich reversiert werden kann – womöglich aufgrund historischer Materialbeschaffenheit oder aufgrund künstlerischer Aspekte.

Der Begriff des Hauses umfasst mE alle wohnungseigentumsrechtlichen Flächenkategorien iSd § 2 Abs 2 WEG. Die Frage, ob durch den Ausdruck „Haus“ nur bebaute Liegenschaftsteile Schädigungsschutz genießen, erübrigt sich insoweit, als der Schutz des äußeren Erscheinungsbildes auch unbebaute Liegenschaftsteile miteinbezieht. In diesem Zusammenhang genießt ein historischer Grünbestand und die damit einhergehende Gesamtästhetik mit dem Gebäude jedenfalls „Interessensschutz.“

c) Keine Beeinträchtigung des äußeren Erscheinungsbildes des Hauses

Jener Tatbestand erkennt als spezieller Fall schutzwürdiger Interessensbeeinträchtigung[1550] auch den Schutzcharakter der Liegenschaftsoptik an, unabhängig davon welcher Liegenschaftsteil Gegenstand der Änderung ist.[1551] Jene Änderungsvoraussetzung kann naturgemäß nur dann von Bedeutung sein, wenn der geplanten Änderungsmaßnahme ein Minimum an sichtbarer Außenwirkung zukommt. In diesem Sinne gilt es ua die Auswirkung einer Fensteränderung, einer Verglasung der Loggia, der Ausbau eines Dachbodens oder der Anbringung eines Werbe- oder Geschäftsschildes auf das äußerliche Erscheinungsbild zu überprüfen.[1552]

In erster Linie ist zur Beurteilung des Erscheinungsbildes auf die straßenseitige Ansicht abzustellen.[1553] Jene rechtssprechungsmäßige Einschränkung des Ansichtswinkels scheint sich allerdings zunehmend aufzuweichen, wodurch auch negative optische Aspekte „in“ einer Wohnhausanlage dem Änderungsrecht entgegenstehen können.[1554] Diese Ausweitung führt gewissermaßen auch zur Gleichbehandlung der Wohnungseigentümer in der Gestalt, als

---

1550 Vgl OGH 21.2.2006, 5 Ob 47/06g.

1551 Vgl zur Errichtung eines Wintergartens auf einer ausschließlich genutzten Gartenfläche als Zubehöreigentum OGH 28.4.2009, 5 Ob 19/09v.

1552 Siehe zu den einzelnen Fällen, *Illedits/Illedits-Lohr,* Wohnungseigentum[6] (2018) Rz 729 ff mwN.

1553 Vgl *Vonkilch* in *Hausmann/Vonkilch,* Österreichisches Wohnrecht WEG[4] (2017) § 16 WEG Rz 30 mwN; vgl auch OGH 6.11.2018, 5 Ob 186/18s, immo aktuell 2019/12.

1554 Vgl OGH 4.2.2021, 5 Ob 235/20z, immolex 2021/83 *(Räth)*; vgl auch zur Errichtung eines asymmetrischen Balkonturms OGH 4.4.2017, 5 Ob 9/17k; vgl zur Errichtung eines beim Zufahren erheblich auffälligen 20 m^2 großen Gartenhauses, OGH 24.4.2012, 5 Ob 208/11s; siehe hierzu auch zu Aussichtsbeschränkungen IV.I.1.a).

gleiche Änderungsmaßnahmen, unabhängig von der „perspektivischen“ Sichtbarkeit gleich zu behandeln sind.

ME ist der Schutz des Erscheinungsbildes als Repräsentationsschutz zumindest auf die Ansicht von sämtlichen Zugangsflächen und auf die für das konkrete Gebäude charakteristische Perspektive auszudehnen. Letztere mag zwar bei einem Gebäude in geschlossener Bauweise mit winzigem Innenhof ausschließlich straßenseitig sein, bei einem Gebäude mit besonderer Charakteristik in offener Bauweise kann sich jedoch ein mehrseitiger Schutzbedarf ergeben (zB bei einer ringförmigen Wohnaushausanlage mit einem besonders gestalteten Innenhof, oder bei einem von der Straße abgewandten, zu einem See hingewandten Gebäudeteil). So tritt ein Gebäude jedenfalls dort in (schützenswerte) Erscheinung, wo es von der Mehrzahl von Personen unabhängig der Wohnungseigentümerstellung (geschützt wird allerdings dennoch deren Interesse an der gemeinsamen Hausrepräsentation) gesehen werden kann. Dieser an die Sichtbarkeit angelehnte Maßstab zur Beurteilung der Erscheinungsbildbeeinträchtigung verdeutlicht auch, dass beispielsweise eine Fassadenfläche in ihrer Gesamtheit nicht zwingend gleichem Schutz unterliegt. Gerade bei hohen Häusern wird die Sichtbarkeit geänderter Fassadenteile nach oben hin abnehmen.[1555]

Auch an dieser Stelle gilt es klarzustellen, dass nicht jede optisch wahrnehmbare Veränderung genehmigungsunfähig ist. Das Änderungsrecht hat vielmehr bloß bei – im Vergleich zum genehmigten Vorzustand – nachteiligen Veränderungen des Erscheinungsbildes zurückzustehen.[1556] Im Ergebnis steht sohin eine ästhetische Irritation aufgrund eines „auffallenden Fremdkörpers“[1557] der Genehmigungsfähigkeit entgegen. Aufgrund des breiten Wortlauts und mangels objektiv messbarer Ästhetik lässt sich ein weiter Ermessensspielraum erkennen.[1558]

Dieser Ermessensspielraum schmälert sich zunehmend unter Zurückdrängung der Gestaltungsmöglichkeiten Änderungswilliger bei einer einheitlichen, einem bestimmten architektonischen Konzept folgenden Gestaltung[1559] oder bei vertraglicher Verpflichtung zu einer solchen.[1560] Allerdings finden grundsätzlich auch architektonisch weniger anspruchsvolle Gebäude Schutz vor einer Verschlechterung des äußeren Erscheinungsbildes.[1561] Demgegenüber drängt

1555 Vgl *Illedits/Illedits-Lohr,* Wohnungseigentum[6] (2018) Rz 729.

1556 Vgl RIS-Justiz RS0043718.

1557 Vgl OGH 24.4.2012, 5 Ob 208/11s.

1558 *Sammer* in *Kothbauer/Sammer/Berger/Holzapfel,* Dirnbacher Praxiskommentar WEG 2017[8] (2017) 219 mwN; vgl auch OGH 29.4.2003, 5 Ob 93/03t.

1559 Vgl OGH 4.2.2021, 5 Ob 235/20z.

1560 Vgl OGH 18.7.2018, 5 Ob 84/18s.

1561 Vgl OGH 4.2.2021, 5 Ob 235/20z unter Verweis auf RIS-Justiz RS0083321; vgl auch die Installation eines grellblauen, jegliche Symmetrie erheblich störenden Blocks vor dem Eingang OGH 25.8.2011, 5 Ob 143/11g.

eine individualisierende Bauweise (zB baulich selbstständige Gebäudeeinheiten) ohne Gesamtkonzept die Schutzwürdigkeit entgegenstehender Interessen zurück.[1562]

Eine Beeinträchtigung des äußeren Erscheinungsbildes ist im Regelfall dann zu verneinen, wenn die gegenständliche Liegenschaft bereits eine genehmigte gleichartige (Änderungs-)Maßnahme aufweist. Diese Form der „Rechtssicherheit" lässt sich gewissermaßen auch auf die Zustimmungsfiktion begünstigungswürdiger Änderungen übertragen. So erfuhr der Schutz des Erscheinungsbildes samt seinem weiten Ermessensspielraum durch die WEG-Novelle 2022 eine besondere Renaissance, indem Beschattungsvorrichtungen iSd § 16 Abs 5 WEG, welche sich harmonisch in das Erscheinungsbild einfügen, in Genuss der Zustimmungsfiktion kommen.

Eine harmonische Einfügung wird sohin in den meisten Fällen, bestehende gleiche oder zumindest ähnliche Gestaltungen voraussetzen, um nicht in Gefahr unharmonischer Asymmetrie zu laufen. Anders als die negative Voraussetzung beeinträchtigender Gestaltungsmaßnahmen iSd § 16 Abs 2 Z 1 WEG bedarf es, um in den Genuss der alternativen Rechtfertigung zu kommen, eines gestalterischen Plus.

Dass sich der für das Erscheinungsbild charakteristische, ohnehin die Rechtsunsicherheit prägende Ermessensspielraum im Hinblick auf die verlangte Harmonie nicht schmälern wird, ist wohl naheliegend. Die Folgen einer unwirksamen Zustimmungsfiktion sind allerdings beträchtlich unangenehmer als jene eines die Genehmigungsunfähigkeit aussprechenden Beschlusses.

d) Keine Gefahr für die Sicherheit von Personen, des Hauses oder von anderen Sachen

Eine Änderungsmaßnahme ist nicht genehmigungsfähig, wenn dadurch eine Gefahr für die Sicherheit von Personen, des Hauses oder von anderen Sachen verbunden ist. Auch jene Änderungsvoraussetzung findet ihr mietrechtliches Pendant in § 9 Abs 1 Z 7 MRG – ergänzt um die Gefährdung des „Hauses".[1563] Die änderungsrechtliche Gefährdungsgrenze sichert demzufolge die absolut geschützten Rechtsgüter Leib und Leben und verbietet gefährliche Installationen als auch gefährdende Umsetzungen.[1564] Verglichen mit dem Tat-

---

1562 Vgl den *telos* des begünstigungswürdigen Tatbestands der Installation einer Photovoltaikanlage an einem als Reihenhaus oder Einzelgebäude errichteten Gebäude, ErläutRV WEG idF 2022, 1174 BlgNR 27. GP 2; vgl in diesem Zusammenhang auch das Änderungsrecht begünstigende ausschließliche Nutzungs- und Verfügungsrecht, welche aus der Widmung als Wohnungseigentumsobjekt bzw Zubehörobjekt resultieren, insb iZhg mit sog freistehenden Atriumhäusern samt eigenen Hausgärten, OGH 28.4.2009, 5 Ob 19/09v.

1563 Siehe zum Verhältnis MRG-WEG im Zusammenhang mit dem Umfang des Änderungsrechts, IV.I.1.b).

1564 Vgl *Pletzer* in *Böhm/Pletzer/Spruzina/Stabentheiner*, GeKo Wohnrecht I (2018) § 9 MRG Rz 82.

bestand der Hausschädigung[1565] ist die Gefährdungseignung keine reine Tatfrage, sondern eine *quaestio mixta,* was *in concreto* die Überprüfungskompetenz des OGH nicht ausschließt.[1566] Die Ermangelung an entsprechender Rechtsprechung verdeutlicht allerdings auch die bescheidene praktische Relevanz jenes Versagungsgrundes.[1567]

Maßgeblich zur Beurteilung der Gefährdungseignung ist objektiv betrachtet eine aus der geplanten Änderungsmaßnahme resultierende, die Bagatellgrenze übersteigende Furcht der Miteigentümer.[1568] Tatsächlich bedarf es für die Unzulässigkeit einer Änderung allerdings einer realen, nach dem gewöhnlichen Verlauf der Dinge zu erwartenden Gefahr, anstatt eines bloß abstrakten Risikos, dessen Eintritt von der Verkettung mehrerer unglücklicher Umstände abhängt.[1569] In dieser Gestalt lässt sich im Lichte des Brandschutzes bspw die Einengung einer Durchgangsbreite unter das sicherheitstechnisch erforderliche Maß als objektiv gefährdend klassifizieren.[1570] Auch die nach außen aufschlagende Wohnungstüre weist eine gefährdende Wirkung auf.[1571] Demgegenüber ist die Befürchtung, dass eine Markise bei Sturm aus der Verankerung gerissen werden könnte und damit eine Gefahr für Personen und Sachen einhergeht, bloß abstrakter Natur.[1572] Eine nachvollziehbare Befürchtung, dass mit der baulichen Änderungsmaßnahme Personengefährdungen einhergehen, ist im Regelfall dann zu verneinen, wenn die zu genehmigende Änderungsmaßnahme durch eine Baubewilligung gedeckt ist.[1573]

Obwohl grundsätzlich aus der baurechtlichen Zulässigkeit *per se* keine privatrechtliche Duldungspflicht resultiert,[1574] scheint es in dieser Gestalt gerade im Hinblick auf technische Sicherheitsaspekte Rückwirkungen aus der öffentlich-rechtlichen Sphäre zu geben.[1575] Umgekehrt kann auch die an Sicherheit grenzende Wahrscheinlichkeit der baurechtlichen Versagung aufgrund man-

---

1565 Siehe hierzu IV.I.1.b).

1566 *Prader*, WEG$^{5.13}$ § 16 E 123 (Stand 1.1.2022, Manz Wohnrecht in rdb.at).

1567 *Würth/Zingher/Kovanyi*, Miet- und Wohnrecht II^{23} § 16 WEG Rz 26; vgl auch den Hinweis in OGH 30.10.2015, 5 Ob 188/15f.

1568 Vgl OGH 23.11.2015, 5 Ob 118/15m; vgl auch *Würth/Zingher/Kovanyi*, Miet- und Wohnrecht II^{23} § 16 WEG 26; siehe dazu auch *Markl* in *Böhm/Pletzer/Spruzina/Stabentheiner*, GeKo Wohnrecht II (2019) § 16 WEG Rz 75.

1569 Vgl zur abstrakten Gefahr von Verbrechen im Zusammenhang mit einer Umwidmung einer Wohnung in ein Geschäftslokal ohne Kundenverkehr innerhalb eines gemischt genutzten Gebäudes, OGH 23.11.2015, 5 Ob 118/15m.

1570 Vgl hierzu OGH 20.2.2020, 5 Ob 218/19y; siehe dazu auch OGH 21.12.2017, 5 Ob 199/17a; siehe zur Nutzungssicherheit von Durchgangsbreiten auch *Österreichisches Institut für Bautechnik*, OIB-330.4-20/19 (2019) 2.4.

1571 Bezugnehmend darauf OGH 30.10.2015, 5 Ob 188/15f.

1572 Bezugnehmend darauf OGH 30.10.2015, 5 Ob 188/15f.

1573 Vgl zur Errichtung eines Balkons OGH 12.6.2012, 5 Ob 97/12v.

1574 Vgl OGH 4.4.2017, 5 Ob 9/17k; vgl auch RIS-Justiz RS0082982.

1575 Siehe zur Verwertbarkeit bauverfahrensrechtlicher Feststellungen zum Erscheinungsbild des Hauses, hier Baubehörde erster Instanz, OGH 10.2.2004, 5 Ob 11/04k.

gelnder Sicherheitsvorkehrrungen die wohnungseigentumsrechtliche Genehmigungsunfähigkeit indizieren.[1576]

Diese Rückwirkung findet tatsächlich ihre dogmatische Begründung in der mietrechtlichen Pendantbestimmung § 9 Abs 1 Z 7 MRG: Wie *Pletzer* zutreffend erkennt, überschneidet sich *leg cit* mit dem Gebot des § 9 Abs 1 Z 1 MRG, dass die Gestaltungsmaßnahme dem „Stand der Technik" zu entsprechen hat.[1577]

Der „Stand der Technik" umschreibt – neben unzähligen begrifflichen Abwandlungen[1578] davon – im Kern das baulich notwendige, technisch zeitgemäße Fachwissen und jenen Entwicklungsstand bautechnischer Verfahren, Einrichtungen und Bauweisen, welcher auf einschlägigen wissenschaftlichen Erkenntnissen beruht und dessen Funktionstüchtigkeit erprobt oder sonst erwiesen ist.[1579]

So entsprechen gefährliche Installationen im Regelfall auch nicht dem „Stand der Technik".[1580] Umgekehrt wird dem „Stand der Technik", als zentraler Maßstab baurechtlicher Zulässigkeit,[1581] repräsentiert durch zahlreiche ÖNORMEN und OIB-Richtlinien,[1582] im Regelfall kein Sicherheitsrisiko zu unterstellen sein. Ganz im Gegenteil der Stand der Technik bestimmt geradezu einen allgemein anerkannten Sicherheitsmaßstab, nicht zuletzt auf der Ebene der Standsicherheit, des Brandschutzes und der Nutzungssicherheit.[1583]

Auch wenn § 16 Abs 2 Z 1 WEG den „Stand der Technik" als solchen nicht voraussetzungstechnisch bezeichnet – wohl nicht zuletzt aufgrund unterschiedlicher Beweislastsystematik[1584] – wird die Einhaltung dessen, eine Ge-

---

1576 Vgl RIS-Justiz RS0118808.

1577 *Pletzer* in *Böhm/Pletzer/Spruzina/Stabentheiner*, GeKo Wohnrecht I (2018) § 9 MRG Rz 56, 83.

1578 „Regeln der Technik", „Wissenschaftsstand", „allgemein anerkannte Regeln", vgl weiters *Krejci*, Baurecht (2017) 102 f.

1579 Vgl die Begriffsbestimmung unter Verweis auf die HBV-Vereinbarung, *W. Kirchmayer*, Wiener Baurecht[5], § 88 WrBO 441.

1580 *Pletzer* in *Böhm/Pletzer/Spruzina/Stabentheiner*, GeKo Wohnrecht I (2018) § 9 MRG Rz 56, 83.

1581 *Krejci*, Baurecht (2017) 106 ff; vgl exemplarisch *W. Kirchmayer*, Wiener Baurecht[5], § 88 WrBO 441 f mwN; siehe dazu auch das Verhältnis zwischen den „allgemein anerkannten Regeln der Technik" und dem „Stand der Technik" gem § 2 Z 14 f Kesselgesetz, BGBl 1992/211; *Kienastberger/Stellner-Bichler*, NÖ Baurecht[2] (2019) § 43 Nö BO 337 f.

1582 Vgl *W. Kirchmayer*, Wiener Baurecht[5], § 88 WrBO 441 f mwN; vgl auch § 1 iVm § 3 Vbg Bautechnik VO, LGBl.Nr. 84/2012, wonach die Anforderungen der OIB-Richtlinien jedenfalls dem Stand der Technik entsprechen.

1583 Vgl die Kategorisierungstitel der OIB-Richtlinien 2019, https://www.oib.or.at/oib-richtlinien/richtlinien/2019 (zuletzt abgerufen 2.6.2022); vgl ua § 2 Abs 1 lit a-d Vbg Bautechnik VO.

1584 So erfährt § 9 Abs 1 Z 1–4 MRG eine positive Formulierung, wonach der veränderungswillige Mieter hinsichtlich des Vorliegens jener Voraussetzung beweispflichtig wird, *Vonkilch* in *Hausmann/Vonkilch*, Österreichisches Wohnrecht MRG[4] (2021) § 9 WEG Rz 22.

fährdungseignung widerlegen können. Dies gilt auch für etwaige Sicherheitsbedenken im Zusammenhang mit der geplanten Umsetzung. Diese sind dann zu verneinen, wenn die einwandfreie Ausführung, womöglich durch einen Professionisten, gewährleistet ist.[1585]

2. Die Voraussetzungen des gerichtlichen Zustimmungsersatzes bei Änderungen mit Inanspruchnahme allgemeiner Teile gem § 16 Abs 2 Z 2 WEG

Obwohl die Abgrenzung zwischen dem „Wohnungseigentumsobjekt" iSd § 2 Abs 2 WEG und den „allgemeinen Teilen" iSd § 2 Abs 4 WEG hinsichtlich des weiten Änderungsobjektsbegriffes[1586] entbehrlich erscheint, kommt dieser Unterscheidung (neben der bereits erörterten Erhaltungs- und Kostentragungspflicht[1587]) Bedeutung im Zuge der Beurteilung der Genehmigungsfähigkeit im gerichtlichen Zustimmungsersatz zu.[1588] Denn werden allgemeine Teile von einer Änderungsmaßnahme in Anspruch genommen, so bedarf es gem § 16 Abs 2 Z 2 WEG zusätzlich[1589] der Darlegung besonderer alternativer Interessen des Änderungswilligen.[1590]

Durch die alternativen Tatbestände des subjektiv geprägten „wichtigen Interesses"[1591] und des objektiven Maßstabes der „Verkehrsüblichkeit"[1592] schuf der Gesetzgeber ein breites Rechtfertigungssystem als Ausfluss vorweggenommener Interessensabwägung, ohne dass eine solche vom Rechtsanwender durchzuführen wäre.[1593]

Anders als das mietrechtliche Veränderungsrecht gem § 9 Abs 1 MRG, welches unabhängig vom Veränderungsausmaß kumulativ an beide besonderen Änderungsvoraussetzungen anknüpft,[1594] zieht das Wohnungseigentums-

Demgegenüber erfasst § 16 Abs 2 Z 1 WEG als Pendant zu § 9 Abs 1 Z 5–7 MRG ausschließlich negative Voraussetzungen, vgl zur Beweislast hierzu RIS-Justiz RS0082993.

1585 Vgl den Wortlaut § 9 Abs 1 Z 3 MRG.

1586 Siehe hierzu IV.E.

1587 Siehe hierzu IV.G.

1588 Vgl zur Qualifizierung eines Flachdaches, welches in die Nutzwertermittlung eingeflossen ist, als Wohnungseigentumsobjekt oder als Zubehörobjekt je nach baulicher Trennung, wonach ausschließlich Änderungsvoraussetzungen gem § 16 Abs 2 Z 1 WEG zu prüfen sind, OGH 5 Ob 15/18v = wobl 2019/34 *(Etzersdorfer).*

1589 *Hausmann* in *Hausmann/Vonkilch*, Österreichisches Wohnrecht WEG[4] (2017) § 2 WEG Rz 40.

1590 Vgl RIS-Justiz RS0083233; vgl zur Beweispflicht des Änderungswilligen, *Painsi/Terlitza,* Wohnungseigentumsrecht (2022) Rz 393.

1591 Siehe dazu IV.I.2.c)(2).

1592 Siehe dazu IV.I.2.c)(1).

1593 Eine solche verbietet sich auch zwischen den gesetzlich umrissenen Interessen gem § 16 Abs 2 Z 1 und Z 2 WEG, vgl RIS-Justiz RS0083188; siehe zum „Stufenbau" der Änderungsvoraussetzungen auch OGH 18.12.2019, 5 Ob 153/19i, immolex 2020/47 *(Punt).*

1594 Vgl § 9 Abs 1 Z 2 MRG.

recht jene nur alternativ und in den Fällen der Inanspruchnahme allgemeiner Teile heran, was eine genaue Flächenkategorisierung und Untersuchung der Maßnahmenqualität unumgänglich macht. Eine solche ist allerdings dann nicht erforderlich, wenn eine Maßnahme dem Katalog klassisch privilegierter Maßnahmen iSd § 16 Abs 2 Z 2 S 2 WEG unterstellt werden kann und sohin in den Genuss der unwiderleglichen Vermutungswirkung der besonderen Voraussetzungen kommt.[1595]

a) Das Änderungsobjekt iSd § 16 Abs 2 Z 2 WEG

Allgemeine Teile erfahren durch § 2 Abs 4 WEG eine legaldefinierte Zweiteilung in jene Gebäudeteile, welche der Benützung der Allgemeinheit dienen (gewillkürte allgemeine Teile) und welchen, deren Zweck einer ausschließlichen Nutzung entgegenstehen (notwendig allgemeine Teile).[1596] Jene Differenzierung im Detail ist primär für die Zugänglichkeit einer Benützungsregelung von Bedeutung.[1597] Wobei auch anzunehmen ist, dass der Inanspruchnahme notwendig allgemeiner Teile im änderungsrechtlichen Zusammenhang verstärkt schutzwürdige Interessen entgegenstehen können. Eine solche Maßnahme ist allerdings nicht *per se* genehmigungsunfähig. Anders als § 17 WEG knüpft der Interessensschutz im Änderungsrecht nicht an eine „quasi sachenrechtliche" Flächenkategorisierung, sondern an die Beeinträchtigungsqualität der geplanten Maßnahme an.

Zur Abgrenzung allgemeiner Teile lässt sich auf eine breite Judikatur zur wohnrechtlichen Erhaltungspflicht zurückgreifen, wonach zunächst auf § 3 Abs 2 Z 1 MRG abzustellen ist. In räumlicher Hinsicht haben jedenfalls jene Gebäudeteile allgemeinen Charakter,[1598] welche zweifelsfrei außerhalb von Wohnungseigentumsobjekten (und Zubehörobjekten) liegen.[1599] Jener Unterscheidung kommt insoweit Bedeutung zu, als Änderungen an ohnehin bereits (dinglich[1600]) ausschließlich genutzten Flächenteilen nicht den besonderen Voraussetzungen gem § 16 Abs 2 Z 2 WEG unterliegen. Dies trifft sohin auch

---

[1595] Siehe hierzu IV.I.3.

[1596] Vgl *Ofner* in *Böhm/Pletzer/Spruzina/Stabentheiner*, GeKo Wohnrecht II (2019) § 2 WEG Rz 32.

[1597] Vgl zum Begriff der Verfügbarkeit *Kothbauer* in *Böhm/Pletzer/Spruzina/Stabentheiner*, GeKo Wohnrecht II (2019) § 17 WEG Rz 16ff; vgl auch *Löcker* in *Hausmann/Vonkilch*, Österreichisches Wohnrecht WEG^4 (2017) § 2 WEG Rz 44.

[1598] Vgl hinsichtlich des Rückgriffes auf § 3 Z 1 MRG im Rahmen der Erhaltungspflichtbeurteilung bereits LGZ Wien 11.11.2003, 41 R 206/03b.

[1599] Vgl OGH 30.10.2015, 5 Ob 188/15f; siehe hierzu RIS-Justiz RS0069976, RS0083334; ist eine Fläche funktional nicht nur einem oder einer begrenzten Anzahl von Objekten zuzuordnen, ist von einem allgemeinen Teil auszugehen, vgl RIS-Justiz RS0117707; vgl hierzu auch *Löcker* in *Hausmann/Vonkilch*, Österreichisches Wohnrecht WEG^4 (2017) § 28 WEG Rz 53 f mwN.

[1600] Ein bloßes Sondernutzungsrecht an allgemeinen Teilen führt sohin nicht zur Befreiung von den besonderen Voraussetzungen.

auf Zubehörobjekte zu, welche äußerlich ohne Berücksichtigung des konkreten Widmungsakts als solche oftmals nicht erkennbar sind.[1601]

Abstrakt lassen sich neben konstruktiven, sprich tragenden Teilen, die Fassade samt Außenfenster, das Dach, alle Decken, allgemeine Leitungen unter als auch über Putz, sowie an der Außenseite montierte Sonnenschutzeinrichtungen, aber auch nicht im Zubehöreigentum befindliche Gärten als allgemeiner Teil qualifizieren.[1602]

Mag diese Herangehensweise zwar für die Beurteilung den Großteil der „Außenhaut" bzw der „Gebäudehülle"[1603] ausreichen, so bedarf es gerade an der Flächenschnittstelle, insb bei Balkon- oder Terrassenteilen einer genaueren Betrachtung.[1604] Ergänzend lässt sich durch eine wertende Betrachtung, alles, was nicht funktionell einem einzigen Objekt oder einer begrenzten Anzahl an Objekten zugeordnet ist und demnach nicht ausschließlich der Benützung einzelner Miteigentümer dient,[1605] als allgemeiner Teil klassifizieren.[1606] Umgekehrt aber darf durch das Heranziehen von wertenden Kriterien nicht der Irrschluss gezogen werden, dass alles was ausschließlich einem Wohnungseigentümer dient, automatisch kein allgemeiner Teil sei.[1607] Demzufolge lassen sich substanzielle Gebäudeteile – aber auch die Gesamtheit der Außenhaut – trotz ausschließlicher Benutzbarkeit als allgemeine Teile klassifizieren.[1608]

Die Voraussetzungen der Z 2 sind in analoger Anwendung auch dann heranzuziehen, wenn durch eine Änderung, bzw eine Objektteilung, künftig allgemeine Teile geschaffen werden.[1609] In der rechtlichen Beurteilung fand sich *in casu* zur Begründung des stärkeren Interesseneingriffes in erster Linie die verdichtete Erhaltungspflicht der Gemeinschaft, welche bisher (innerhalb des

1601 Vgl RIS-Justiz RS0124684; siehe zum allgemeinen Widmungsakt IV.D.3.b); vgl zur Notwendigkeit deutlicher Abgrenzung § 2 Abs 3 WEG; siehe zur Begründung von Zubehörobjekten auch IV.I.5.a).

1602 Vgl hierzu *Löcker* in *Hausmann/Vonkilch*, Österreichisches Wohnrecht WEG[4] (2017) § 28 WEG Rz 54 mwN; vgl hierzu auch *Würth/Zingher/Kovanyi*, Miet- und Wohnrecht II[23] § 16 WEG Rz 31.

1603 Vgl RIS-Justiz RS0069976; vgl zum neueren Begriff der „Gebäudehülle", *Hausmann* in *Hausmann/Vonkilch*, Österreichisches Wohnrecht WEG[4] (2017) § 28 WEG Rz 54 mwN.

1604 Vgl OGH 4.11.2008, 5 Ob 154/08w; die Balkontüre gehört zur Außenhaut und sohin zu den allgemeinen Teilen des Hauses, vgl OGH 15.12.2009, 5 Ob 183/09m.

1605 Vgl RIS-Justiz RS0112445.

1606 Vgl OGH 31.3.2003, 5 Ob 45/03h; siehe dazu auch OGH 4.11.2008, 5 Ob 154/08w; vgl zur zweigeteilten Beurteilung auch *Löcker* in *Hausmann/Vonkilch*, Österreichisches Wohnrecht WEG[4] (2017) § 28 WEG Rz 53; vgl hierzu auch *Würth/Zingher/Kovanyi*, Miet- und Wohnrecht II[23] § 16 WEG Rz 31.

1607 Vgl *Würth/Zingher/Kovanyi*, Miet- und Wohnrecht II[23] § 16 WEG Rz 31 unter Verweis auf OGH 19.9.2013, 2 Ob 35/13f, welcher seinerseits die Installation von Videokameras an tragenden Stützen einer Balkonüberdachung ähnlich einer Balkontüre oder einer Flachdachkonstruktion auf einer Terrasse als Inanspruchnahme eines allgemeinen Teils klassifizierte.

1608 Vgl zum Balkon *in concreto* OGH 31.7.2019, 5 Ob 61/19k.

1609 Vgl zur Aufteilung in mehrere KFZ-Abstellplätze OGH 16.5.2012, 5 Ob 21/12t.

einen WE-Objekts) auf ernste Schäden des Hauses beschränkt gewesen war.[1610] Im Lichte der Mehrkostenverteilung zu Lasten des Änderungswilligen gem § 16 Abs 6 WEG idF 2022[1611] ist einem solchen Analogieschluss eine wesentliche Grundlage entzogen worden.

b) Die Maßnahmenqualität iSd § 16 Abs 2 Z 2 WEG

Die „Inanspruchnahme“ verlangt eine gewisse Mindestintensität, welche jedenfalls über die bloße Sichtbarkeit einer Maßnahme von allgemeinen Teilen hinausgeht.[1612] Der Umstand, dass allgemeine Teile „berührt“ werden, bedeutet allerdings nicht, dass damit jedenfalls eine die Bagatellgrenze wesentlicher Änderungen überschritten wird, wenngleich sich dadurch die Gefahr der möglichen Interessensbeeinträchtigung verstärkt.[1613] Tatsächlich ist jener Prüfungsschritt allerdings bereits auf Ebene der Abgrenzung zu bloß bagatellhaften Änderungen an der Schwelle zu bloßen Nutzungshandlungen durchzuführen.[1614]

Bemerkenswert erscheint, dass jene Änderungsqualifikation geradezu auf bauliche Änderungen zugeschnitten ist und Widmungsänderungen[1615] keine allgemeinen Teile in Anspruch nehmen (soweit sie nicht mit baulichen Änderungsformen verbunden werden) und sohin einem vergleichbar günstigeren Voraussetzungsrahmen unterliegen.[1616] Auch wenn durch eine solche womöglich eine größere Abnutzung allgemeiner Teile entstehen könnte, haben sich jene Beeinträchtigungsgefahren ausschließlich am Maßstab des § 16 Abs 2 Z 1 WEG zu messen.

c) Die besonderen alternativen Änderungsvoraussetzungen gem § 16 Abs 2 Z 2 WEG

(1) Die Übung des Verkehrs[1617]

Die „Verkehrsüblichkeit“ bildet als objektiver,[1618] sich wandelnder Maßstab den Zugang zu zeitgemäßen Gestaltungsmaßnahmen ab.[1619] Im Unter-

---

1610 Vgl OGH 16.5.2012, 5 Ob 21/12t Rz 2.3, 2.4.3 ff.

1611 Siehe hierzu IV.G.2.

1612 Vgl OGH 28.4.2009, 5 Ob 19/09v.

1613 Vgl zur (bagatellhaften) Montage einer Wäscheleine an der Fensterbank, OGH 12.3.2002, 5 Ob 50/02t.

1614 Siehe hierzu IV.D.1.

1615 Siehe hierzu IV.D.3.

1616 Andeutend *Würth/Zingher/Kovanyi*, Miet- und Wohnrecht II[23] § 16 WEG Rz 31 mwN.

1617 Vgl zum Kriterium der „Verkehrsüblichkeit“ als ein auf die Praxis abstellender Maßstab, welcher nur eingeschränkt den zeitgemäßen Standard abbilden kann, *Grundei*, Die Verkehrsüblichkeit als (vergrabener) Schlüssel zur zeitgemäßen Gestaltung, immolex 2023/78.

1618 Vgl *Vonkilch* in *Hausmann/Vonkilch*, Österreichisches Wohnrecht MRG[4] (2021) § 9 WEG Rz 26; vgl auch die für die Beurteilung der Verkehrsüblichkeit irrelevanten konkreten Bedürfnisse iZhg mit der Installation einer Klimaanlage, OGH 4.2.2021, 5 Ob 10/21p; vgl hierzu auch *Painsi/Terlitza*, Wohnungseigentumsrecht (2022) Rz 396.

schied zu den klassischen Privilegierungen gem § 16 Abs 2 Z 2 S 2 WEG,[1620] welche ua durch das Abstellen auf die nach *„dem Stand der Technik notwendigen“* Maßnahmen einen Mindeststandard abdecken und auf das Vorliegen weiterer Voraussetzungen verzichten, soll bei einer darüberhinausgehenden verbreiteten Praxis der Zugang zum Änderungsrecht sichergestellt werden. Die Grenzen zwischen dem (abstrakten) Mindeststandard und dem (konkreten) üblichen Standard ist freilich im Wandel der Zeit mitwachsend und kein *fixum.*

Die Auslegung des *termini* „Übung des Verkehrs“ erfordert eine Auseinandersetzung mit der Reichweite des „Verkehrs“ und mit dem aus der „Übung“ resultierenden Qualitätsstandard. Ohne die Einzelfallauflistung zur Verkehrsüblichkeit einschlägiger Kommentarliteratur als Ausfluss eines breiten Ermessensspielraums verlängern zu wollen,[1621] gilt es im Folgenden den Beurteilungsmaßstab allgemein darzustellen.

Die Beurteilung der Verkehrsüblichkeit ist eine Rechts- und keine Tatfrage.[1622] Der Verkehrsbezug schafft die tatbestandsmäßige Objektivität, welche von den subjektiven Interessen und Bedürfnissen des Änderungswilligen loszulösen ist.[1623] Das Abstellen auf die „Übung“ ermöglicht die Überprüfung eines gewissen Verbreitungsgrades der entsprechenden Änderungsmaßnahme. Tatsächlich kommt es allerdings nicht auf eine allgemeine, generalisierende standortunabhängige Baupraxis an, sondern auf den Standard im objektbezogenen Umfeld.[1624] Ähnlich dem Lagebegriff im Zusammenhang mit dem mietrechtlichen Lagezuschlag,[1625] besteht die Schwierigkeit darin, den lokalen Vergleichsrahmen als Referenzgebiet abzustecken. Je enger das Referenzgebiet,

---

1619 Siehe dazu bereits *Grundei*, Die Verkehrsüblichkeit als (vergrabener) Schlüssel zur zeitgemäßen Gestaltung, immolex 2023/78.

1620 Siehe hierzu IV.I.3.

1621 Vgl *Markl* in *Böhm/Pletzer/Spruzina/Stabentheiner*, GeKo Wohnrecht II (2019) § 16 WEG Rz 79 ff; siehe auch *Würth/Zingher/Kovanyi*, Miet- und Wohnrecht II[23] § 16 WEG 33 f; vgl auch *Vonkilch* in *Hausmann/Vonkilch*, Österreichisches Wohnrecht WEG[4] (2017) § 16 WEG Rz 46; vgl *Prader*, WEG[5.13] § 16 E 562–605; vgl übersichtlich tabellarisch *Reiber*, Veränderungen an der Eigentumswohnung unter Beanspruchung allgemeiner Liegenschaftsteile, immolex 2017, 276; vgl auch auf die Vielzahl an Rechtssätzen hinweisend, OGH 14.6.2016, 5 Ob 102/16k mzN, besonders RIS-Justiz RS0119528, RS0110976, RS0126244, RS0083345, RS0083375, RS0083378.

1622 Vgl OGH 10.4.2018, 5 Ob 49/18v.

1623 Vgl OGH 4.2.2021, 5 Ob 10/21p.

1624 Vgl umfassend OGH 23.5.2017, 5 Ob 240/16d; ebenso unzureichend ist das Abstellen auf „gründerzeitliche Bebauungsblocks“ der Stadt, vgl OGH 8.4.2020, 5 Ob 44/20m; missverständlich auf eine allgemeine vom Standort abstrahierten Baupraxis abstellend sohin *Weiß* in *Christian/Kerschner/Wagner,* Rechtsrahmen für eine Energiewende Österreichs (2016) 381.

1625 Vgl *Limberg/Plank,* Zum Referenzgebiet beim Lagezuschlag, immolex 2021/4 = OGH 25.8.2020, 5 Ob 140/20d; für den Lagezuschlag wird allerdings die konkrete Lage mit anderen Lagen auf deren Überdurchschnittlichkeit verglichen, vgl OGH 25.8.2020, 5 Ob 140/20d Rz 2.1.

desto eher scheitert die Darlegung der Verkehrsüblichkeit, soweit der Verkehrsüblichkeit nicht darüberhinausgehend der Maßstab des überwiegenden Standards unterstellt wird.

So zieht der OGH im Einklang mit seiner umfassenden Vorjudikatur im Wesentlichen jene Kriterien zur Beurteilung der Üblichkeit im entsprechenden Referenzgebiet heran:[1626]

- Allgemeine Lebenserfahrung[1627]
- Beschaffenheit des betreffenden Hauses („Hausüblichkeit")[1628]
- Beschaffenheit des Umfeldes[1629]
- Eingriffsintensität in die Bausubstanz[1630] und das Ausmaß der Inanspruchnahme oder Umgestaltung allgemeiner Teile[1631]

Die Rechtsprechung arbeitete sohin drei Kriterien zur Absteckung des Referenzrahmens (1–3) und das Qualitätskriterium der zu untersuchenden bzw zu vergleichenden Gestaltungsmaßnahme (4) aus.

Hinsichtlich der Qualitätskriterien bedarf es nicht nur einer Berücksichtigung des Änderungsergebnisses, sondern auch des Durchführungsmodus, welcher je nach Gebäudeausgestaltung durchaus zu differenten Qualifikationen führen kann.[1632] Die Ausstülpung zweier Qualitätskriterien soll zum Ausdruck bringen, dass nicht bloß die Eingriffstiefe in die Bausubstanz ausschlaggebend ist, sondern auch die „Quantität" in Anspruch genommener allgemeiner Teile.

Für die Beurteilung des Referenzrahmens ist es jedenfalls nicht ausreichend, bloß die konkrete Liegenschaft zu berücksichtigen.[1633] Gerade der Begriff des Verkehrs reduziert sich nicht auf eigentumsrechtlich verbundene Rechtsträger, sondern setzt jedenfalls eine Form des örtlich gebundenen Drittvergleichs voraus. Demzufolge stellt der OGH zur Beurteilung des Wohnumfeldes auf die nähere Umgebung bzw die Wohngegend ab.[1634] Einschränkend hierzu und auch das Änderungsrecht aus dem Gesichtspunkt der Verkehrsüblichkeit

---

1626 Vgl OGH 20.3.2012, 5 Ob 236/11h.

1627 Arg „zunächst schon", vgl OGH 20.3.2012, 5 Ob 236/11h; vgl auch OGH 4.2.2021, 5 Ob 10/21p, wonach die allgemeine Lebenserfahrung im Sinne von Offensichtlichkeit ohne weitere Untersuchungsnotwendigkeit ausnahmsweise von der Beweispflicht des Veränderungswilligen befreit.

1628 Die Untersuchung darf sich allerdings nicht auf die baulichen Gegebenheiten auf der konkreten Liegenschaft beschränken, OGH 20.3.2012, 5 Ob 236/11h Rz 5.

1629 Vgl OGH 22.12.2021, 5 Ob 211/21x.

1630 Vgl OGH 13.12.2018, 5 Ob 169/18s.

1631 Wohl mit dem vorigen Aufzählungspunkt überschneidend, vgl OGH 13.12.2018, 5 Ob 169/18s.

1632 So bedarf es womöglich im Altbau besonderer Verstärkungsmechanismen, um zum selbigen Änderungsergebnis zu kommen.

1633 Vgl „bauliche Gegebenheiten des konkreten Haus[es]" als unzureichender Vergleichsmaßstab, OGH 20.3.2012, 5 Ob 236/11h; Diese kann womöglich dann ausreichen, wenn durch eine Vielzahl an Stiegen ein getreues Wohnumfeld gezeichnet werden kann.

1634 Vgl OGH 13.12.2018, 5 Ob 169/18s; siehe dazu auch weiter unten in diesem Kapitel.

schmälernd, stellte dieser sogar kürzlich auf die unmittelbare Nachbarschaft ab.[1635]

Daraus resultiert auch, dass allgemeine Trends, losgelöst vom konkreten Umfeld für die Beurteilung der Verkehrsüblichkeit bedeutungslos sind.[1636] Klar ist in diesem Sinne auch, dass die Heranziehung abstrakter baurechtlicher Standards, welche als allgemeiner Referenzrahmen primär auf Neubauten abzielen und deren zeitgemäßen Standard verankern, mangels Berücksichtigung der konkreten örtlichen Beschaffenheit nicht ausreichen wird.[1637] Stellen hingegen baurechtliche Vorschriften – wohl in Verbindung mit flächenwidmungsrechtlichen Gegebenheiten – für die konkrete Wohnumgebung besondere Voraussetzungen auf (zB eine Schutzzone gem § 7 WrBO), wird sich eine Indizienwirkung der Üblichkeit ableiten lassen können, da die (offenbar vorliegende) übliche Gestaltung der Wohnumgebung sogar besonderen öffentlich-rechtlichen Schutz genießt.[1638] Nichtsdestotrotz kann baurechtlichen Standards auch eine Form der negativen Indizienwirkung zukommen, indem Änderungsmaßnahmen, welche sich nicht einmal in jenen (primär auf Neubauten anzuwendenden) Vorschriften wiederfinden, zumeist unüblich sein werden.[1639]

Fraglich erscheint allerdings, inwieweit die „allgemeine Lebenserfahrung" als Verkehrsüblichkeitskriterium in Anbetracht der konkreten Untersuchungskriterien überhaupt primär durschlagen kann. ME soll dadurch nicht der ohnehin schon breite (zumeist zu Lasten des Änderungswilligen ausschlagende) Ermessensspielraum weiter aufgebläht werden, sondern abseits eindeutiger Fälle der Verkehrsüblichkeit, ein Auffangbecken richterlichen Ermessens geschaffen werden, soweit dem Änderungswilligen der Beweis der Üblichkeit im durch die Folgekriterien abgesteckten Vergleichsrahmen nicht gelingen sollte.[1640]

1635 Vgl OGH 22.12.2021, 5 Ob 211/21x.

1636 Vgl den Trend zu kleineren Einheiten aufgrund steigender Immobilienpreise und im Lichte von Wohnungsknappheit, OGH 14.6.2016, 5 Ob 102/16k mwN; vgl auch zur Darlegung statistischer Verkaufszahlen von Klimageräten OGH 20.2.2019, 5 Ob 245/18t; und Kachelöfen OGH 14.6.2016, 5 Ob 33/16p.

1637 Vgl *Vonkilch* in *Hausmann/Vonkilch*, Österreichisches Wohnrecht WEG[4] (2017) § 16 WEG Rz 46.

1638 Vgl OGH 14.6.2021, 5 Ob 68/21t.

1639 Vgl den erstinstanzlichen Rückgriff auf bauordnungsrechtliche Vorschriften zur Beurteilung der Verkehrsüblichkeit, OGH 18.12.2019, 5 Ob 173/19f; In Anbetracht des Verfahrensausgangs wird allerdings auch anzunehmen sein, dass dieser Vermutungswirkung keine allzu große Bedeutung zukommen wird; Umgekehrt können baurechtliche Verpflichtungen auch auf eine (zukünftige) Verkehrsüblichkeit hindeuten, welche sich auch als *„heute selbstverständliche[n] Versorgungseinrichtungen moderner Wohnungen"* in der klassischen Privilegierung gem § 16 Abs 2 Z 2 S 2 WEG durch dessen Vermutungswirkung (und im wichtigen Interesse) niederschlagen können, vgl *Frankl-Templ*, Die Errichtung einer Ladestation für E-Fahrzeuge im Wohnrecht, immolex 2018, 7.

1640 Vgl dazu das ursprüngliche Abstellen auf die Lebenserfahrung im bloßen Behauptungsfall der Verkehrsüblichkeit im mietrechtlichen Veränderungsrecht, OGH 23.9.2010, 5 Ob 167/10k.

Es scheint sohin primär ein Beweisbefreiungsgrund des sonst beweispflichtigen Änderungswilligen zu sein, was in Anbetracht des herrschenden Untersuchungsgrundsatz ohnehin merkwürdig erscheint, aber im Falle eines Beweisnotstandes den (eingeschränkten[1641]) Untersuchungsgrundsatz zumindest (wieder) auf Erfahrungswerte ausweitet.

Für die allgemeine Lebenserfahrung bleibt jedenfalls dann kein Raum, wenn die Üblichkeit einer Maßnahme aufgrund der Beschaffenheit des Hauses und des Umfeldes verlässlich beurteilt werden kann. Es versteht sich von selbst, dass mit dem Abstellen auf die „allgemeine" Lebenserfahrung der Referenzrahmen ausgedehnt wird. Es wird nicht allgemein verlangt werden können, die Üblichkeit in einem konkreten, eng gefassten Wohnumfeld ohne Einflüsse von außen, bloß anhand von Erfahrungswerten beurteilen zu können. Durch die Betrachtung des größeren Wohnumfeldes können auch Gestaltungstrends auf kleine Wohnumgebungen sukzessive überschwappen.[1642] Ließe man diesen Effekt nicht zu, stellt sich die Frage, wie etwas überhaupt „verkehrsüblich" werden kann, soweit sich Gestaltungen in einem Wohnumfeld nicht einstimmig rechtfertigen lassen – oder noch schlimmer: Die eigenmächtigen Änderungen anderer im Wohnumfeld werden zur Rechtfertigung der Verkehrsüblichkeit des zu beurteilenden Änderungsbegehrens herangezogen.

Das wohnungseigentumsrechtliche Änderungsrecht hätte sohin Selbstbeschränkungscharakter und der Schlüssel zeitgemäßer Gestaltung läge unter der nicht substituierbaren Einstimmigkeit aller begraben – Ein Lösungsansatz, zu welchem man auch bei nichtiger WE-Begründung käme, und ein Zustand, welcher nicht zuletzt in Anbetracht des Klimawandels notwendige Umgestaltungen auf Eis läge.

Zutreffend weist *Vonkilch* auch auf das dogmatisch nicht rechtfertigbare restriktive Verständnis hin und erinnert im Rahmen historischer Interpretation an die Patenbestimmung des § 18 MG, welche durch das Abstellen auf den weiten „redlichen Verkehr" iSv § 914 ABGB in erster Linie den Referenzrahmen ergänzender Vertragsauslegung positivierte.[1643]

Tatsächlich darf auch nicht vergessen werden, dass der Änderungswillige selbst Träger des umfassenden dinglichen Vollrechts „Eigentum" ist. Mag die-

---

1641 Vgl hierzu RIS-Justiz RS0070415, RS0069653.

1642 Vgl den Versuch der ersten Instanz einer bundeslandweiten Betrachtung, welche im Instanzenzug auf eine Betrachtung der Wohngegend des jeweiligen Bezirkes eingeengt wurde, OGH 13.12.2018, 5 Ob 169/18s.

1643 So entspräche die Interpretation der stRsp vielmehr dem Örtlichkeitsbegriff im nachbarrechtlichen Verständnis, vgl darüberhinausgehend auch viele weitere zutreffende „Gedankensplitter" zum mangelndem Schutzbedarf der Miteigentümer auf Ebene der Verkehrsüblichkeit, *Vonkilch*, Verkehrsüblichkeit einer Änderung: Beurteilung des Umfeldbegriffs, wobl 2021, 152 f; vgl aber zur Problematik ergänzender Vertragsauslegung des WE-Vertrages ausführlich, *Hausmann* in *Hausmann/Vonkilch*, Österreichisches Wohnrecht WEG⁴ (2017) § 3 WEG Rz 10a f.

ses auch durch die Miteigentümerstellung „abgeschwächt" sein, stellt sich die Frage, ob daraus im Hinblick auf dessen Änderungsrechte ein auf das mietrechtliche Veränderungsverständnis eingeschränkter Interpretationszugang obligatorischen Ursprungs resultieren kann. Auch eine verfassungskonforme Interpretationsmethodik, nämlich die Heranziehung der Unverletzlichkeit des Eigentums (Art 5 StGG, Art 1 1. ZP-EMRK), welche ausschließlich mietrechtliche Veränderungsrechte gegenüber dem Träger des Grundrechts einengen wird,[1644] rechtfertigt keine gleichartige Einschränkung des wohnungseigentumsrechtlichen Änderungsrechts des Grundrechtsträgers gegenüber Gleichrangigen. Nicht zuletzt aufgrund der Tatsache, dass der Miteigentümerschutz (übriger Grundrechtsträger) durch das Abstellen auf schutzwürdige Interessen übriger Wohnungseigentümer jedenfalls bereits in § 16 Abs 2 Z 1 WEG zu berücksichtigen ist. Es stellt sich sohin auch vor dem systematischen Hintergrund die berechtigte Frage, welchen *telos* die „Verkehrsüblichkeit" (Z 2) im Wohnungseigentumsrecht verfolgt, nachdem die Beurteilung des Miteigentümerschutzes (Z 1) ebenjener Prüfung vorangeht.

Dem Begriff der Verkehrsüblichkeit ist *de lege lata* jedenfalls ein objektiverer Interpretationszugang zu Grunde zu legen, welcher sich als Interessenschutz der Miteigentümer zurücknimmt und zumindest auf eine weitere Baupraxis abstellt. *De lege ferenda* bietet es sich an, an die „Zeitgemäßheit" anzuknüpfen – unabhängig davon, ob sich diese durch die Praxis, den gesetzgeberischen Förderungswillen[1645] oder konkrete baurechtliche Standards zum Ausdruck bringt. Durch die Verankerung der „Übung" lässt sich ohne Tätigwerden des Gesetzgebers allerdings kein solch weiter Begriffsrahmen abstecken.

Die wünschenswerte Hoffnung *Vonkilchs* durch die WEG-Novelle 2022 den restriktiven Verkehrsüblichkeitstatbestand aufzuweichen,[1646] hat sich allerdings – trotz unverändertem § 16 Abs 2 Z 2 S 1 WEG idF 2022 – noch nicht gänzlich verflüchtigt. Denn sonach besteht jedenfalls im Zusammenhang mit den klassischen Privilegierungen § 16 Abs 2 S 2 WEG, welche nunmehr um die Tatbestände des Einbaus einer E-Ladestation und der barrierefreien Ausgestaltung erweitert wurden,[1647] die fallbezogene unwiderlegliche Vermutung der Verkehrsüblichkeit.[1648] Folglich schmälert ein großzügiger Interpre-

---

1644 Vgl den grundsätzlich zurückhaltenden Zugang der mietrechtlichen Verkehrsüblichkeitsbewertung bei Eingriffen in die Bausubstanz OGH 23.9.2010, 5 Ob 167/10k.

1645 Vgl diesen zu den begünstigungswürdigen Änderungen, ErläutRV WEG idF 2022, 1174 BlgNR 27. GP 11.

1646 *Vonkilch*, Verkehrsüblichkeit einer Änderung: Beurteilung des Umfeldbegriffs, wobl 2021, 153.

1647 Siehe hierzu IV.I.3; siehe hierzu im Besonderen auch die entsprechenden Kapitel IV.H.1.a) und IV.H.1.b).

1648 Vgl zur Übung des Verkehrs iZhg mit der Installation von thermischen Solaranlagen bereits *Weiß* in *Christian/Kerschner/Wagner*, Rechtsrahmen für eine Energiewende Österreichs (2016) 382.

tationsrahmen der Privilegierungstatbestände den Anwendungsbereich der Verkehrsüblichkeitsprüfung.

Darüberhinausgehend ist die Judikatur gefordert, dem vom Gesetzgeber angekündigten Förderungswillen, welcher *„auch in die Beurteilung der Zulässigkeitskriterien nach § 16 Abs 2 einfließen wird“*,[1649] (insb im Zusammenhang mit jenen begünstigungswürdigen Tatbeständen, welche sich nicht im Katalog klassischer Privilegierung wiederfinden) eine Stimme zu geben. Auch wenn durch den bloßen Willen keine Übung abgeleitet werden kann, wird im Zusammenhang mit klimaschonenden Gestaltungsmaßnahmen zumindest die (widerlegliche?) Vermutung eines „wichtigen Interessens“ gegeben sein. Der Beweis, dass nachhaltige Umgestaltungen keinem wichtigen Interesse des Änderungswilligen entsprechen, obläge in der Gestalt dem Änderungsgegner. So ließe sich zumindest im Lichte des Klimawandels der Weg zu dringlich geforderten Nachhaltigkeitsmaßnahmen und zur Energieeffizienz verbreitern[1650] – trotz der Privilegierungsdifferenzierung und des selbstvergrabenen Schlüssels zur zeitgemäßen Gestaltung.

(2) Das wichtige Interesse

Der alternative Rechtfertigungstatbestand der Inanspruchnahme allgemeiner Teile knüpft an einen subjektiven Maßstab.[1651] Eine Änderung ist auch dann genehmigungsfähig, wenn sie von einem wichtigen Interesse des Änderungswilligen gedeckt ist, mag sie auch verkehrsunüblich sein.[1652] Die Einzelfalljudikatur häuft sich auch hinsichtlich dieses Änderungstatbestandes, weswegen zunächst der allgemeine Rahmen dessen dargestellt werden soll.[1653] Gerade im Licht der für das Änderungsrecht typischen gesetzgeberischen Interessensabwägung gilt es das Änderungsinteresse auf dessen Schutzwürdigkeit zu überprüfen.[1654]

Die Erforderlichkeit jenes qualifizierten Interesses ist nicht bereits bei einem – wenn auch verständlichen oder sogar von achtenswerten Motiven getrage-

---

1649 Vgl ErläutRV 1174 BlgNR 27. GP 11 Rz 4.

1650 Vielleicht lässt sich überdies der Diskurs über den sonst von einer potentiellen Gesundheitsgefährdung abhängigen Einbau einer (solarbetriebenen)? Klimaanlage neuausrichten; vgl in diesem Zusammenhang die baurechtliche Verpflichtung zur Errichtung von Photovoltaikanlagen bei der Installation von Klimaanlagen mit mehr als 12 kW gem § 66a Abs 3 NÖ BO 2014.

1651 Vgl OGH 4.2.2021, 5 Ob 10/21p.

1652 So stehen die Tatbestände „Übung des Verkehrs“ und das „wichtige Interesse“ alternativ nebeneinander, ohne dass es einen Subsidiaritätsbezug gäbe, missverständlich auf einen solchen hinweisend sohin *Weiß* in *Christian/Kerschner/Wagner*, Rechtsrahmen für eine Energiewende Österreichs (2016) 382.

1653 Vgl RIS-Justiz RS0083341, RS0083345, RS0110976, RS0106050, RS0083356, RS0110977, RS0106050, RS0108579.

1654 Vgl zur „Wichtigkeit“ iSv „Schutzwürdigkeit“ OGH 15.4.2008, 5 Ob 24/08b, immolex 2008/104.

nen – Wunsch gegeben.[1655] Folglich bedarf es auch vor dem Hintergrund der Beweispflicht des Änderungswilligen der Darlegung eines konkreten Interesses mit entsprechendem Gewicht.[1656]

Das qualifizierte Interesse erfordert auch entsprechenden Gegenwartsbezug, sodass hypothetische in der Zukunft liegende Interessen *„(zukünftige Heirat, Planung von Kindern, allfälligen Besuche von Gästen)“* gegenwärtig nicht als wichtig qualifiziert werden können.[1657]

Wichtig ist ein Interesse dann, wenn dem Änderungswilligen durch die Änderung eine dem „heute üblichen Standard entsprechende Nutzung des Wohnungseigentumsobjekts ermöglicht“ wird.[1658] Maßgeblich ist der aktuelle Zustand und nicht welcher künftig einmal geschaffen werden könnte.[1659] So bedarf es eines Interesses, welches um schützenswert zu sein, fast an eine Notwendigkeit der Durchführung der Veränderung anknüpft.[1660]

Das Ausmaß des für eine Änderung notwendigen wichtigen Interesses bestimmt sich verhältnismäßig nach der Eingriffsintensität in allgemeine Teile.[1661] Daraus lässt sich auch die Verpflichtung zur Eingriffsminimierung ableiten.[1662] Auch wenn eine Änderungsmaßnahme nicht schutzwürdigen Interessen der Miteigentümer gegenübersteht (Z 1), gilt es dennoch die Interessen unterhalb jener Schwelle durch die am wenigsten invasive (Durchführungs-)Gestaltung zu wahren.[1663]

Sowohl bloße Zweckmäßigkeitsmaßnahmen im Sinne einer Verbesserung des Wohnwerts oder einer Steigerung der Lebensqualität,[1664] als auch das aus-

1655 Vgl RIS-Justiz RS0083341.

1656 Vgl zu den Kriterien des schutzwürdigen Interesses OGH 15.4.2008, 5 Ob 24/08b, immolex 2008/104.

1657 Vgl RIS-Justiz RS0069710; vgl hierzu auch in mietrechtlicher Betrachtung *Kothbauer*, Mietrecht Österreich, Praxishandbuch (2021) Rz 1634; anders wird sich die Schaffung einer altersgerechten Ausstattung bewerten lassen müssen, nicht zuletzt vor dem Hintergrund begünstigungswürdiger Barrierefreiheit, siehe hierzu unten in diesem Kapitel; siehe auch zur barrierefreien Ausgestaltung IV.H.1.a).

1658 Vgl OGH 14.6.2021, 5 Ob 68/21t mwN; vgl weiters RIS-Justiz RS0083341; in der Form verdeutlicht sich der Zugang zu einem „heute üblichen“ (Mindest-)standard, vgl auch *Painsi/Terlitza,* Wohnungseigentumsrecht (2022) Rz 395.

1659 Vgl OGH 14.6.2016, 5 Ob 102/16k.

1660 Vgl OGH 15.4.2008 5 Ob 24/08b; Die Strenge jenes Maßstabes verbildlicht den mehrfachen Miteigentümerschutz im Wohnungseigentum.

1661 Vgl hierzu OGH 28.8.2013, 5 Ob 154/13b mwN; vgl hierzu auch OGH 18.5.2016, 5 Ob 19/16d; die erforderliche Verhältnismäßigkeit (in bestimmten Sachlagen?) allerdings zuletzt reduzierend OGH 13.12.2018, 5 Ob 169/18s.

1662 Vgl zur Lokation lärmender Klimaaußengeräten OGH 15.4.2008 5 Ob 24/08b.

1663 Tatsächlich ist dem Änderungswilligen im Verfahren allerdings die Möglichkeit zu geben sein Begehren entsprechend abzuändern, vgl *Illedits/Reich-Rohrwig*, Wohnrecht Taschenkommentar^3 § 16 Rz 17 mwN.

1664 Vgl die mE weit überschießende Einschränkung der Bedeutungslosigkeit von Lebensqualitätssteigerungen RIS-Justiz RS0083345; vgl dazu auch weiter unten in diesem Kapitel.

schließliche wirtschaftliche Interesse an einer Steigerung des Verkehrswertes reichen isoliert hierfür in der Regel nicht aus.[1665] In dieser Gestalt ist die Befriedigung von Luxusbedürfnissen zur Qualifikation eines wichtigen Interesses jedenfalls unzureichend.[1666]

Im Zusammenhang mit wirtschaftlichen Interessen gestaltet sich die Durchsetzung des Individualrechts besonders herausfordernd. Zwar ist die Verfolgung wirtschaftlicher Interessen nicht generell unwichtig.[1667] Diese hätten allerdings über das selbstverständliche Interesse des Änderungswilligen an einer besseren Verwertbarkeit hinauszugehen.[1668] Über die bloße Nachvollziehbarkeit des Wunsches hinaus, bedarf es sohin einerseits einen besonderen, die Schutzwürdigkeit unterstreichenden Umstand und ein Überwiegen der Wertigkeit des Interesses in Relation zum Eingriff in allgemeine Teile.[1669]

Durch das interessensbezogene Abstellen auf den „heute üblichen Standard“[1670] hat sich auch um den grundsätzlich subjektiven Tatbestand, durch die stRsp ein objektiver Schleier gefestigt. Auch wenn in jenen Fällen (veralteter Standards) ein wichtiges Interesse zur zeitgemäßen Gestaltung bestehen mag, kann das Interesse an unüblichen Gestaltungsmaßnahmen im Umkehrschluss nicht ohne weitere Betrachtung als unwichtig qualifiziert werden.[1671]

Darüberhinausgehend findet gerade der objektiv geprägte Standard im systematischen Zusammenhang ohnehin bereits zweifachen Niederschlag: Zum einen in dem auf einzelne Ausgestaltungen reduzierten absoluten Mindeststandard im Rahmen klassisch privilegierter Änderungen iSd § 16 Abs 2 Z 2 S 2 WEG[1672] und zum anderen im Alternativtatbestand der Verkehrsüblichkeit iSd § 16 Abs 2 Z 2 S 1 WEG.[1673] Wäre die Herstellung des heute abstrakt üb-

---

1665 Vgl zur praktischen Alternativzugänglichkeit OGH 14.6.2021 5 Ob 68/21t; ähnlich OGH 15.2.2021, 5 Ob 15/21y; vgl aber zur altersgerechten Alternativzugänglichkeit noch vor der Verankerung der Begünstigungswürdigkeit von Barrierefreiheit OGH 14.4.2020, 5 Ob 26/20i; vgl zur Errichtung eines Balkons OGH 8.4.2020, 5 Ob 44/20m mwN; vgl aber zur praktischen und ökonomisch günstigeren Alternative iZhg mit der Errichtung einer E-Ladestation OGH 18.12.2019, 5 Ob 173/19f.

1666 Vgl OGH 15.4.2008, 5 Ob 24/08b; dies lässt sich bereits aus den angeführten Beispielen privilegierter Änderungen erkennen, vgl bereits OGH 27.10.1998, 5 Ob 269/98i.

1667 Vgl OGH 7.3.2006, 5 Ob 275/05k mwN; vgl in diesem Zusammenhang bereits das wirtschaftliche Interesse an der Anpassung zur Vermietung an Gebietskörperschaften und deren Unternehmen zuerkennend,

1668 Vgl OGH 13.12.2018, 5 Ob 169/18s mwN; vgl auch das wirtschaftliche selbstverständliche Interesse an der Aufteilung in mehrere Wohnungseigentumsobjekte, OGH 16.5.2012, 5 Ob 21/12t.

1669 Vgl die Herausarbeitung der Voraussetzungen der Wichtigkeit, OGH 15.4.2008, 5 Ob 24/08b, immolex 2008/104 *(Edelhauser)*.

1670 Vgl RIS-Justiz RS0083341; ursprünglich OGH 1.4.2008, 5 Ob 63/08p; OGH 15.4.2008, 5 Ob 24/08b; OGH 7.7.2009, 5 Ob 97/09i.

1671 Vgl in diesem Zusammenhang die Anmerkung zu negativen Folgen in den Glossen *Edelhausers,* OGH 15.4.2008, 5 Ob 24/08b, immolex 2008/104.

1672 Siehe hierzu im Folgekapitel IV.I.3.

1673 Siehe hierzu im Vorkapitel IV.I.2.c)(1).

lichen Standards – nämlich losgelöst von der Wohnumgebung – tatsächlich das zentrale Beurteilungskriterium des wichtigen Interesses, stellt sich die Frage, welcher Raum dem alternativen Tatbestand der Verkehrsüblichkeit mit der damit verbundenen strengeren Untersuchung des Änderungsumfeldes verbliebe. Dass der Tatbestand tatsächlich rein subjektiver Prägung ist, zeigt auch der Mangel des wichtigen Interesses iZhgm dem Einbau einer Klimaanlage durch bloßen Verweis auf steigende Temperaturen und der Vermehrung von Hitzetagen.

Dies gilt vor allem in Fällen besonderer individueller Bedürfnisse, welche eben nicht vom üblichen Standard befriedigt werden. Dies verdeutlichte der OGH bereits vor der WEG-Novelle 2022 im Zusammenhang mit dem Einbau eines Treppenlifts aufgrund der anderenfalls drohenden subjektiven Nichtnutzbarkeit, aufgrund krankheitsbedingter körperlicher Beeinträchtigung.[1674] Jene Entscheidung ist ein Musterbeispiel für den Kernanwendungsbereich jenes Änderungstatbestandes, welcher losgelöst von jeglichen Standards an den konkreten Bedarf anknüpft – wie im gegenständlichen Fall an die adäquate Erreichbarkeit.

Die Richtigkeit jenes Ansatzes wurde durch den Aufgriff des Gesetzgebers und die Verankerung im Rahmen der Privilegierungen von barrierefreien Ausgestaltungen doppelt unterstrichen. Tatsächlich wird auch in allen Fällen eines grundrechtlich geschützten Interesses – über den angemessenen Zugang zu Wohnraum[1675] hinausgehend – anzunehmen sein, dass ein wichtiges Interesse gem § 16 Abs 2 Z 2 WEG vorliegt.[1676] Gerade im Hinblick auf den Gesundheitsschutz wird sich in der Gestalt ein wichtiges Interesse abbilden lassen, ohne dass es hierfür einer „Üblichkeitsbetrachtung" bedarf.[1677] An dieser Stelle sei auf die mögliche Notwendigkeit eines Luftfilters an Fensterrahmen für Allergiker, oder von Abdunkelungsmaßnahmen bei Lichtempfindlichkeit hingewiesen, wenngleich eine solche Maßnahme womöglich auch als begünstigungswürdige barrierefreie Ausgestaltung qualifiziert werden kann.

Das wichtige Interesse ist auch dann anzunehmen, wenn es eine gesetzliche Verpflichtung zu einer entsprechenden Gestaltung gibt.[1678] Folglich wird

1674 Vgl OGH 20.2.2020, 5 Ob 218/19y; vgl aber das Interesse an der Schaffung eines (noch nicht notwendigen?) altersgerechten Zugangs, OGH 14.4.2020, 5 Ob 26/20i, immolex 2020/80 (*Jenewein*).

1675 Siehe hierzu im Zusammenhang mit dem Diskriminierungsschutz des konkreten Begünstigungswürdigkeitstatbestandes IV.H.1.a)(1).

1676 Vgl ausdrücklich auch die Schaffung barrierefreier Zugänge aus mietrechtlicher Betrachtung *Kothbauer*, Mietrecht Österreich, Praxishandbuch (2021) Rz 1633.

1677 Vgl das Interesse an einem erholsamen und ausreichenden Schlaf in den Sommermonaten zur Errichtung einer Klimaanlage samt Außengerät, OGH 15.4.2008, 5 Ob 24/08b.

1678 Vgl zur unternehmerischen Verpflichtung hinsichtlich barrierefreier Ausgestaltung, *Räth*, Barrierefreiheit im Wohnungseigentum, immolex 2015, 335; vgl auch zur Rolle des Arbeitnehmerschutzes im Zusammenhang mit der Implementierung einer neuen Klimaanlage für Büroräumlichkeiten bei regelmäßigem Erreichen von 30 °C an heißen Sommertagen, OGH

das Interesse sich rechtskonform verhalten zu wollen generell als schützenswert anzusehen sein. Fraglich ist, ob auch eine obligatorische Verpflichtung eine entsprechende Wirkung entfalten kann. Gerade im Überschneidungsbereich im Falle eines im Vollanwendungsbereich des MRG befindlichen WE-Objekts wird sich die Wirkung einer Duldungspflicht des vermietenden Wohnungseigentümers prüfen lassen müssen. Wohingegen die gerichtlich zu erkannte Duldungspflicht des Vermieters wohl aufgrund des Größenschlusses aus den mietrechtlichen Veränderungsrechten vom vermietenden Wohnungseigentümer auch gegenüber den Miteigentümern durchgesetzt werden kann,[1679] gilt es Fälle einer wirksamen Zustimmungsfiktion gem § 9 Abs 1 MRG aufgrund eines nicht rechtzeitigen Widerspruchs des (nunmehr änderungswilligen) Wohnungseigentümers selbst abzugrenzen. In Fall der wirksamen mietrechtlichen Zustimmungsfiktion lässt sich jedenfalls nicht *per se* auf die wohnungseigentumsrechtliche Genehmigungsfähigkeit schließen.[1680]

Dadurch, dass diesfalls die Duldungspflicht aus der Sphäre des (grundsätzlich zum Widerspruch berechtigten) vermietenden Wohnungseigentümers selbst resultiert, lässt sich gegenüber den Miteigentümern keine über das neutrale Interesse hinausgehende Wirkung ableiten. Gleiches wird auch für etwaige wirtschaftlichen Interessen gelten, welche aus der drohenden Mietzinsminderung aufgrund des eingeschränkten Gebrauches des „veränderungswilligen" Mieters erwachsen.[1681]

Demgegenüber wird sich ein Interesse mit grundrechtlichem Niederschlag sehr wohl als wichtig qualifizieren lassen. Unter diesem Gesichtspunkt nimmt der Gesundheitsschutz eine zentrale Rolle ein. In Anbetracht des Klimawandels und den stetig steigenden Temperaturen in den Sommermonaten werden vor allem Rufe nach Klimaanlagen lauter (idR nach effizienteren „Split-Geräten",[1682] welche die Anbringung an allgemeinen Teilen und sohin ein wichtiges Interesse erfordern[1683]). Unbestritten steht eine solche Änderungsmaßnahme aufgrund ihres Stromverbrauches geradezu im Spannungsverhältnis zu den begünstigungswürdigen, vom Gesetzgeber jüngst privilegierten Änderungsformen.[1684] Um von den Reflexwirkungen der Begünstigungswürdigkeit

16.1.2020, 5 Ob 216/19d, immo aktuell 2020/16 *(Höllwerth);* in Anbetracht der Berechnungsergebnisse von Klimamodellen zeigt sich, dass sich der Alpenraum künftig noch stärker erwärmen wird als im globalen Mittel, weshalb umso mehr mit Trockenheit und Hitzeperioden zu rechnen ist, vgl *Umweltbundesamt GmbH*, Klimaschutzbericht 2022 (2022) 5.

1679 Siehe hierzu bereits Fn 1548.

1680 Siehe zu den Wirkungen wohnrechtlicher Zustimmungsfiktion, IV.H.2.b).

1681 Vgl zum Interesse einen langjährigen Mietvertrag aufrecht zu erhalten OGH 7.3.2006, 5 Ob 275/05k; siehe zur unterschiedlichen Zustimmungsfiktionswirkung im Überschneidungsbereich auch IV.H.2.b).

1682 Vgl OGH 29.8.2022, 5 Ob 36/22p mwN.

1683 Vgl zur Genehmigungsbedürftigkeit OGH 22.10.2019, 5 Ob 154/19m.

1684 Siehe zur Privilegierung ähnlicher Einrichtungen und der Darstellung des Stromverbrauches von Klimaanlagen IV.I.3.e); siehe zu den begünstigungswürdigen Tatbeständen generell IV.H.1; vgl den Vorzug begünstigungswürdiger Änderungen, OGH 29.8.2022, 5 Ob 36/22p.

und dem Förderungswillen des Gesetzgebers[1685] – unter anderem in Form extensiver Auslegung klassischer Privilegierungsmaßnahmen und der Verkehrsüblichkeit – zu profitieren, ist der Änderungswillige angehalten gerade bei solchen Änderungsmaßnahmen klimaneutrale Umsetzungen vorzuziehen.[1686]

Nichtsdestotrotz kann sich bei regelmäßigen Erreichen stark erhöhter Temperatur in den Sommermonaten eine gesundheitsgefährdende Wirkung ableiten lassen, deren Beseitigung einem wichtigen Interesse entspricht.[1687] Aufgrund der subjektiven Prägung des Änderungstatbestandes lässt ich auch die berufliche Tätigkeit und die damit einhergehende besondere Abhängigkeit von erholsamen Schlaf zur Qualifizierung heranziehen lassen.[1688] Im Wohnungseigentumsrecht wird sich sohin eine Klimaanlage angesichts der alternativen besonderen Änderungsvoraussetzungen im Gegensatz zum mietrechtlichen Veränderungsrecht einfacher umsetzen lassen, da es auf die Verkehrsüblichkeit eben nicht ankommt.[1689]

Daraus lässt sich allerdings nicht ableiten, dass aus einer – im Vergleich zur bautechnisch bei Neuerrichtung geforderten – geringeren Belichtungsfläche zwangsläufig eine depressive Stimmung und eine Gesundheitsschädigung resultiere.[1690] Eine Maßnahme wird sich dann auf ein wichtiges Interesse stützen können, wenn mit ihr – über eine bloße Steigerung des Wohlbefindens hinausgehend – die objektive Gefahr einer Gesundheitsschädigung beseitigt werden kann.

Im Lichte aktueller Entwicklungen scheint auch die Untersuchung bedeutsam, inwieweit dem Interesse am Klimaschutz – auch im Wohnungseigentumsrecht – die Qualität eines wichtigen Interesses beigemessen werden kann. Das qualifizierte Interesse des Änderungswilligen nach klimaneutraler Technologie kann sich bspw in Naturschutzgebieten besonders nachvollziehen lassen.[1691] Diese Beurteilung ist deswegen von Bedeutung, da nicht alle im Zuge der WEG-Novelle 2022, unter dem Deckmantel der Energieeffizienz ergangenen Privilegierungstatbestände in den Genuss der unwiderleglichen Vermutung

1685 Vgl ErläutRV WEG idF 2022, 1174 BlgNR 27. GP 11; siehe zur allgemeinen Systematik des Änderungsrechts IV.A; vgl auch die Einflüsse auf die Verkehrsüblichkeit IV.I.2.c)(1).

1686 Vgl OGH 29.8.2022, 5 Ob 36/22p.

1687 Die Judikatur hat mehrfach die 30 °C Marke herausgegriffen, vgl OGH 27.1.2015, 5 Ob 160/14m; vgl weiters OGH 15.4.2008, 5 Ob 24/08b; vgl auch OGH 16.1.2020, 5 Ob 216/19d.

1688 Vgl OGH 15.4.2008, 5 Ob 24/08b, wonach eine Diplomkrankenschwester und ein Sanitäter bei der Flugrettung auf erholsamen Schlaf angewiesen seien.

1689 Vgl zur Verkehrsüblichkeit von Klimaanlagen im mietrechtlichen Veränderungsrecht OGH 5.7.2021, 5 Ob 59/21v, ecolex 2021/653 *(Staudigl)*; so ausdrücklich OGH 15.4.2008, 5 Ob 24/08b; Jene Maßnahmen fallen allerings nicht in den gesetzgeberischen Förderungswillen, vgl zu den Beschattungsvorrichtungen mit welchen der Betrieb einer Klimaanlage nicht notwendig ist, ErläutRV WEG idF 2022, 1174 BlgNR 27. GP 11 Z 3; vgl dazu allerdings den Vorzug klimaneutraler Raumtemperaturmaßnahmen, OGH 29.8.2022, 5 Ob 36/22p.

1690 Vgl OGH 25.8.2011, 5 Ob 98/11i.

1691 Vgl zum Durchbruch der Errichtung einer Wallbox zum Langsamladen von E-Fahrzeugen im Naturschutzgebiet, OGH 18.12.2019, 5 Ob 173/19f.

eines wichtigen Interesses (oder der Verkehrsüblichkeit) kommen und im Widerspruchsfall auch nicht die Wirkung einer Zustimmungsfiktion auslösen. In jenen Fällen hängt die Durchsetzbarkeit der Änderung vom angekündigten Förderungswillen ab, welcher sich in der Auslegung des § 16 Abs 2 Z 2 WEG niederschlagen solle.[1692] Dieser Förderungswillen wirkt sogar in der Gestalt, als besonders klimaschädliche Änderungen (zB Klimaanlagen) künftig gewichtigere Interessen des Änderungswilligen voraussetzen werden.[1693]

Aus der systematischen Perspektive des Änderungsrechts und aufgrund der vom Gesetzgeber durchgeführten, in einzelne Tatbestände gegossenen Interessenabwägung, welche Schutzwürdigkeit beiderseitig abzustecken versucht, müsste man annehmen können, dass bei einem möglichen Durchschlag ausschließlicher Interessen des Änderungswilligen auch gesamtgesellschaftliche Interessen keinem strengeren Maßstab unterliegen können.[1694] Nicht zuletzt, weil der Interessenschutz entgegenstehender Miteigentümer schon gem § 16 Abs 2 Z 1 WEG durch die Schutzwürdigkeitsbeurteilung gewahrt wird.[1695]

3. („Klassisch") Privilegierte Änderungen gem § 16 Abs 2 Z 2 S 2 f WEG

Der Gesetzgeber hat seit der Verankerung des Änderungsrechts, vormals § 13 Abs 2 Z 2 S 2 WEG 1975, bestimmte Änderungsformen insoweit privilegiert, als es für die damit verbundene Inanspruchnahme allgemeiner Teile weder der Darlegung eines wichtigen Interesses noch der Verkehrsüblichkeit bedarf. Ebenjene Voraussetzungen werden sohin unwiderleglich vermutet und sichern in der Gestalt einen bestimmten abstrakten (nämlich von der konkreten Umgebung losgelösten) Mindeststandard. Die Zulässigkeit der vom Gesetzgeber genannten Änderungsvorhaben hängt sohin trotz der Inanspruchnahme allgemeiner Teile ausschließlich von den „allgemeinen" Änderungsvoraussetzungen gem § 16 Abs 2 Z 1 WEG ab.[1696]

Ursprünglich fand der Leitungseinbau, *„samt Licht-, Gas-, Kraft-, Wasser- und Fernsprechleitungen sowie von ähnlichen Einrichtungen"* als auch die Anbringung der *„nach dem Stand der Technik notwendigen Einrichtungen für den Hörfunk- und Fernsehempfang"* ihren privilegierten Niederschlag.[1697]

[1692] Vgl ErläutRV 1174 BlgNR 27. GP 11 Rz 4.

[1693] Vgl OGH 29.8.2022, 5 Ob 36/22p, wonach vorrangig Rollläden oder Markisen statt einer Klimaanlage zu implementieren sind.

[1694] Ähnlich *Ecker*, Klimaschutz im Wohnungseigentumsrecht, immo aktuell 2020, 99.

[1695] Siehe zum mehrfachen Miteigentümerschutz auch im Rahmen des Verkehrsüblichkeitstatbestandes bei Inanspruchnahme allgemeiner Teile, IV.I.2.c)(1); siehe exemplarische zur Genehmigungsfähigkeit einer nicht begünstigungswürdigen „quasi Gemeinschaftsanlage" IV.H.1.b)(2).

[1696] Siehe hierzu IV.I.1.

[1697] Vgl § 13 Abs 2 Z 2 S 2 WEG 1975; vgl hierzu auch *Meinhart*, Das Wohnungseigentumsgesetz 1975 (1975) 117.

Mit dem WEG 2002 kamen nach der Verschmelzung der „Licht- und Kraftleitung“ zur „Elektroleitung“ zusätzlich Maßnahmen zur „Standardisierung einer (vormals nicht wohnungseigentumsobjektstauglichen[1698]) Substandardwohnung“ hinzu, darunter die Einbeziehung einer Wasserentnahmestelle oder eines Klosetts in das Innere des Wohnungseigentumsobjekts und auch der Einbau von Beheizungsanlagen.[1699] An dieser Stelle verdeutlichen sich auch Parallelen zu den privilegierten Veränderungsformen gem § 9 Abs 2 MRG. Demzufolge hat auch der veränderungswillige Mieter bei den taxativen Änderungsformen gem § 9 Abs 2 Z 1–5 MRG weder die Verkehrsüblichkeit, noch ein wichtiges Interesse (§ 9 Abs 1 Z 2 MRG) darzulegen. Tatbestandsmäßige Überschneidungen gibt es vordergründig bei den Leitungsprivilegien und Beheizungsanlagen (§ 9 Abs 2 Z 1 und 4 MRG). Es lässt sich aber auch bei den Einrichtungen zum Hörfunk- und Fernsehempfang, sowie von Multimediadiensten (§ 9 Abs 2 Z 5 MRG), welche mit dem WEG idF 2022 als *„Einrichtungen zum Rundfunkempfang und für den Empfang digitaler Dienstleistungen“* zusammengefasst werden, eine Deckungsgleichheit feststellen. Maßnahmen, welche ohnehin die Qualität einer Anteilsverfügung nicht übersteigen, wie insb der Einbau einer sanitären Anlage[1700] (bei bereits verfügbarem Wasseranschluss) braucht selbstverständlich kein wohnungseigentumsrechtliches Pendant.

Aufmerksamen Lesern wird allerdings nicht entgangen sein, dass sich zu § 9 Abs 2 Z 2 f MRG kein wohnungseigentumsrechtliches Pendant exzerpieren lässt. So kommen Maßnahmen zur *„Senkung des Energieverbrauchs“* gem Z 2 *leg cit,* und auch *„von einer Gebietskörperschaft aus öffentlichen Mitteln geförderte“* Verbesserungen gem Z 3 *leg cit* in den Genuss der (mietrechtlichen) Privilegierungswirkung.[1701] Im Lichte der jüngsten (vierzig Jahre späteren!) Bestrebung zur (eingeschränkten!) Förderung klimaneutraler Änderungsmaßnahmen wirkt diese breite mietrechtliche Begünstigung, welche seit der Stammfassung des MRG 1981[1702] in Kraft ist, besonders futuristisch. Eine Privilegierung gleichen Wortlauts sucht sich im WEG bis heute vergeblich. Die Anknüpfung an öffentliche Förderungen analog zu § 9 Abs 2 Z 3 MRG de lege ferenda brächte dem wohnungseigentumsrechtlichen Änderungsrecht durch den Einfluss öffentlicher Interessen einen breitere Privilegierungswirkung, welche den Modernisierungsgedanken forcieren würde, ohne dass sich hierzu die träge Verkehrsüblichkeit[1703] zu wandeln hätte. Nichtsdestotrotz leitet sich seit jeher auch ohne ausdrückliche Privilegierung von Maßnahmen zur Senkung des Energieverbrauches ein zumindest mittelbarer gesetzlicher

1698 Vgl ErläutRV 989 BlgNR 21. GP 23, 27.

1699 Wohnungseigentumsgesetz 2002, BGBl I 2002/70; vgl hierzu insbesondere ErläutRV 989 BlgNR 21. GP 23, 52.

1700 Vgl demgegenüber § 9 Abs 2 Z 1 MRG.

1701 *Pletzer* in *Böhm/Pletzer/Spruzina/Stabentheiner*, GeKo Wohnrecht I (2018) § 9 MRG Rz 91 ff.

1702 Vgl BGBl 1981/520.

1703 Siehe zum vergrabenen Schlüssel zeitgemäßer Gestaltung, IV.I.2.c)(1).

Förderungswille ab, welcher eine extensive Auslegung der klassisch privilegierten Maßnahmen gebietet.[1704]

Der Privilegierungskatalog iSd Abs 2 Z 2 lässt sich dieser aufgrund seiner historisch beständigen Form zur besseren Abgrenzung zu den „begünstigungswürdigen" Änderungen gem § 16 Abs 5 WEG idF 2022[1705] als „klassisch" bezeichnen. Wohingegen der Großteil privilegierter Änderungen gem § 16 Abs 5 WEG im Widerspruchsfall[1706] von den Wirkungen des gesetzgeberischen Förderungswillen abhängt,[1707] kommt den „klassischen" Privilegierungen durch die Vermutungswirkung auch im gerichtlichen Zustimmungsersatz unmittelbare Bedeutung zu.[1708]

Die Novellierung der klassischen privilegierten Maßnahmen gem § 16 Abs 2 Z 2 S 2 WEG idF verdeutlicht, dass das änderungsrechtliche Privilegierungssystem nicht kontravalent ist. Der Katalog der klassischen Privilegierungen bildet auch Schnittmengen mit den begünstigungswürdigen Änderung gem § 16 Abs 5 WEG ab:[1709] Zu den bereits seit § 13 Abs 2 Z 2 WEG 1975 verankerten Privilegien kamen die Tatbestände der *„Anbringung einer Vorrichtung zum Langsamladen eines elektrisch betriebenen Fahrzeugs"* und *„die barrierefreie Ausgestaltung"* hinzu.[1710]

Jene Tatbestände stellen als Schnittmenge beider Kategorien mit der ergänzenden Bestimmung des § 16 Abs 8 WEG (als „Privilegierungsbefristung von Individualladeanlagen") die Königsklasse der Privilegierungen dar, was den politischen Willen und die klimatechnische Bedeutung des Gebäude- und Verkehrssektors und die gleichberechtigte Teilhabe am Grundbedürfnis Wohnen unterstreicht.[1711] Der Bedarf der Privilegierungszweispurigkeit kann jedoch nicht nachvollzogen werden.[1712] Wäre tatsächlich mit der Zustimmungsfiktion im Rahmen von Änderungsmaßnahmen hinsichtlich des Einbau einer Wasserentnahmestelle oder eines Klosetts, mit der Errichtung von Versorgungsleitungen oder beim Einbau von Beheizungsmöglichkeiten (wohlgemerkt im

1704 Vgl exemplarisch die Bedeutung des Energieverbrauches im Zusammenhang mit dem Austausch einer Fußbodenheizung, OGH 19.6.2015, 5 Ob 113/15a.

1705 Siehe hierzu IV.H.6.

1706 Siehe hierzu IV.H.5.

1707 Vgl ErläutRV 1174 BlgNR 27. GP 11 Rz 4.

1708 So kommt nicht allen begünstigungswürdigen Änderungsformen, auch die klassische Privilegierungswirkung gem § 16 Abs 2 Z 2 S 2 WEG zugute (hier ein Zahlendreher), vgl OGH 17.3.2022, 5 Ob 137/21i Rz 26.

1709 Siehe zum Überschneidungsbereich bereits IV.H.

1710 Die WEG-Novelle 2022 verdeutlicht sohin neben Klimaschutzbestrebungen die besondere gesellschaftliche Bestrebung zur dringlich notwendigen Barrierefreiheit und zur Sicherstellung des Zugangs zum Gut „Wohnen" als einen „modernen" baulichen Mindeststandard.

1711 Siehe zur Novellenbestrebung WEG idF 2022 allgemein II.B.3.

1712 Kritisch hierzu auch *Höllwerth,* Zum neuen Änderungsrecht des Wohnungseigentümers nach der WEG-Novelle 2022, wobl 2022, 126; vgl auch *Ponholzer*, Thermisch-energetische Sanierung im Wohnungseigentum, immolex 2023, 158 mwN.

Inneren des Wohnungseigentumsobjekts, wenn auch unter Inanspruchnahme allgemeiner Teile) ein größerer Grundrechtseingriff in das Recht auf Eigentum verbunden, als bei den schwerwiegender in das Allgemeingut eingreifenden nunmehrigen begünstigungswürdigen Änderungen? Oder umgekehrt: Wäre mit dem Einbau einer einbruchsicheren Türe als klassische Privilegierung, sprich eine, bei welcher das wichtige Interesse und die Verkehrsüblichkeit gesetzlich vermutet wird, nicht eher zum Durchbruch verholfen? Warum klassisch privilegierte Maßnahmen nur im Gerichtsweg privilegiert werden und begünstigungswürdige größtenteils nur außergerichtlich, leuchtet nicht ein.

Auch das dWEG bildet mit dem WEMoG[1713] eine Begünstigung angemessener (privilegierter) baulicher Veränderungen ab. Gerade im Zusammenhang mit den privilegierten baulichen Änderungsformen wagt die Literatur seit jeher einen Blick über die Grenze.[1714] Jener Privilegierungstatbestand[1715] weist – unabhängig des konträren änderungsrechtlichen Systems[1716] – zumindest iZhgm den Ausgestaltungsformen Parallelen auf. So finden Maßnahmen, welche dem Gebrauch durch Menschen mit Behinderungen, dem Laden elektrisch betriebener Fahrzeuge, dem Einbruchsschutz oder dem Anschluss an ein Telekommunikationsnetz mit sehr hoher Kapazität dienen, ihren Niederschlag.

Die Begünstigung im dWEG besteht insoweit, als der änderungswillige Wohnungseigentümer jene Gestaltungsform „verlangen“ kann und diesbezüglich ein Individualanspruch auf Gestattung besteht.[1717] Dies bedeutet – ohne an dieser Stelle zu weit auf die deutsche änderungsrechtliche Systematik eingehen zu wollen – dass hinsichtlich des „Ob“ nicht einmal ein sonst einzuholender Mehrheitsbeschluss erforderlich ist.[1718] Die übrigen Wohnungseigentümer haben lediglich über das „Wie“, also dessen konkrete Ausgestaltung, im Rahmen ordnungsgemäßer Verwaltung zu beschließen oder allenfalls eine sog „Beschlussersetzungsklage“[1719] zu erheben.[1720]

Ungeachtet des unvergleichbaren Änderungssystems verfolgen die Begünstigungen im Kern ähnliche Ziele, namentlich die „Beseitigung änderungsrechtlicher Hürden im weiteren Sinne“. Darunter ist nicht bloß die gesamtgesellschaftlich als notwendige betrachtete Beseitigung ua baulicher Barrieren zu verstehen, sondern auch die Beseitigung von rechtlichen Barrieren, insb im Zusammenhang mit der globalen Implementierung klimabegünstigender

---

1713 Wohnungseigentumsmodernisierungsgesetz, dBGBl I 2020/47.

1714 Vgl die Anmerkungen zum § 8 WEG 1948 und die Heranziehung von § 21dWEG aF *Zinghers*, Mietengesetz[14] *Faistenberger/Barta/Call*, Kommentar zum Wohnungseigentumsgesetz 1975 (1976) § 13 Rz 1.

1715 Vgl § 20 Abs 2 dWEG.

1716 Darauf hinweisend Vgl OGH 18.12.2019, 5 Ob 173/19f Rz 1.2.

1717 *Hügel* in *Hau/Poseck*, BeckOK BGB[59] (2021) § 20 WEG Rz 11.

1718 *Hügel* in *Hau/Poseck*, BeckOK BGB[59] (2021) § 20 WEG Rz 22.

1719 *Elzer* in *Hogenschurz*, BeckOK WEG § 20 Rz 113.

1720 *Hügel in Hau/Poseck,* BeckOK BGB[59] (2021) § 20 WEG Rz 22.

Maßnahmen, um den Weg für zukunftsfähige Wohnungseigentumsanlagen zu ebnen.

a) Einbau einer Wasserentnahmestelle oder eines Klosetts gem § 16 Abs 2 Z 2 S 2 WEG

Dass mit diesem Tatbestand der absolute Mindeststandard zur Befriedigung von Grundbedürfnissen abgesteckt wird, braucht nicht näher erläutert zu werden.[1721] Auch die Einbeziehung eines Gang-WCs in das Innere des Wohnungseigentumsobjekts ist sohin von diesem Privilegierungstatbestand gedeckt.[1722]Auch der mietrechtliche Gesetzgeber unterstreicht schließlich jenen Mindeststandard dadurch, dass das Nichtvorhandensein jener Kriterien bis heute im Vollanwendungsbereich die Anwendung des niedrigsten Preisschutztarifes als Ausfluss des ehemaligen Kategoriemietzinses auslöst.[1723]

b) Leitungsprivilegierungen gem § 16 Abs 2 Z 2 S 2 WEG

Privilegiert ist der Einbau von („heute selbstverständlichen“) Leitungseinrichtungen. Darüber hinaus ist auf Grundlage der systematisch-telelogischen Interpretation auf Basis § 9 Abs 2 MRG abzuleiten, dass auch die den Erfordernissen der Haushaltsführung dienende Umgestaltung tatbestandsmäßig ist.[1724] Auch hier verdeutlicht sich die Sicherung bestimmter Mindestversorgungen.[1725] Darunter fällt die Installation von Wasserleitungen, Strom- und Gasleitungen, aber auch die (historisch) bedeutsame Installation von Fernsprech- bzw Telefonleitungen. Gerade in Kombination mit der Begünstigung „ähnlicher Einrichtungen“[1726] hat dieser Privilegierungstatbestand Potenzial künftige technische Entwicklungen im Nachhaltigkeitsbereich einzufangen. Die Problematik, welche sich nun allerdings mit der gesetzlichen Verankerung konkreter Tatbestände (Stichwort „E-Ladestation“) aufbäumt, ist, dass sich der Argumentationsspielraum einer für den Analogieschluss notwendigen Rechtslücke schmälert – zumindest für den aktuellen Stand der Technik.[1727]

Jener Privilegierungstatbestand stellte auch die Grundlage der Rsp-Privilegierung von „E-Ladestationen“ dar, welche schließlich auch vergesetzlicht wurde.[1728] So entschied der OGH[1729] bereits aufgrund der alten Rechtslage,

---

1721 Siehe zur „Bestandverschiebung“ allgemein IV.I.4.

1722 Vgl OGH 26.8.2008, 5 Ob 38/08m; vgl zum gesamtgesellschaftlichen Interesse zur Aufwertungen von „Substandwohnungen“, *Sammer* in *Kothbauer/Sammer/Berger/Holzapfel*, Dirnbacher Praxiskommentar WEG 2017[8] (2017) 234 mwN.

1723 Vgl § 15a Abs 1 Z 4 iVm § 16 Abs 5 f MRG.

1724 Vgl OGH 18.12.2019, 5 Ob 173/19f, EvBl 2020/113, 792 *(Weixelbraun-Mohr).*

1725 Vgl RIS-Justiz RS0110976.

1726 Siehe hierzu IV.I.3.d).

1727 Vgl aber die ausdrückliche Bezugnahme auf „ähnliche Einrichtungen“, siehe hierzu IV.I.3.e).

1728 Vgl OGH 18.12.2019, 5 Ob 173/19f.

dass die Anbringung einer „Wallbox" zumindest an als Wohnungseigentumsobjekte gewidmeten KFZ-Abstellplätze in „normaler" Leitungsausstattung, nämlich mit einer Ladekapazität von 3,7kW (einphasig 16 Ampere) als privilegierte – sohin eine ein wichtiges Interesse oder die Verkehrsüblichkeit nicht voraussetzende – Stromleitung iSd § 16 Abs 2 Z 2 S 2 zu qualifizieren sei. Fraglich erscheint demzufolge, inwieweit mit dem neuen Privilegierungstatbestand hinsichtlich des Einbaus von Elektroladestationen überhaupt ein das Änderungsrecht ausdehnender Tatbestand geschaffen wurde.

c) Errichtung von Beheizungsanlagen gem § 16 Abs 2 Z 2 S 2 WEG

Ebenso privilegierten Zugang findet der Einbau von Beheizungsanlagen. Wohingegen § 9 Abs 2 Z 1 MRG neben der Errichtung auch „die nach den Erfordernissen der Haushaltsführung dienende Umgestaltung" nennt,[1730] bezieht sich § 16 Abs 2 Z 2 WEG ausschließlich auf die „Errichtung" einer solchen Anlage. *Pletzer* spricht dem Errichtungsbegriff die Qualität einer erstmaligen Schaffung zu.[1731] Es scheint sohin zumindest dem Wortlaut nach fraglich, ob die Umgestaltung einer Beheizungsanlage im Wohnungseigentumsrecht demzufolge weniger privilegiert sein soll (weil die Privilegierung nicht einmal an besondere Erfordernisse anknüpft). ME ist die mietrechtliche Umgestaltungsmöglichkeit tatsächlich als Ausfluss der besonderen Interessensabwägung zwischen Mieter und Vermieter das Veränderungsrecht einschränkend zu verstehen. Dem Vermieter könne nicht jeglicher unqualifizierte Umgestaltungseingriff zugemutet werden, insb vor dem Hintergrund eines beträchtlichen Aufwandersatzes bei Beendigung des Mietverhältnisses gem § 10 Abs 1 Z 1 MRG und aufgrund der Tatsache, dass sich dieser für ein anderes Beheizungssystem entschieden und seinerseits ohnehin bereits Kosten auf sich genommen hat.

Aus dem Blickwinkel des Wohnungseigentumsrechts gilt es allerdings zu unterscheiden. Gerade, weil mit dem Umbau einer Beheizungsanlage keine größere Interessensbeeinträchtigung von Miteigentümern einhergehen wird, als bei einem ursprünglichen Einbau, zeigt sich ein anderer Wertungszugang. Wenngleich die Interessen des Änderungswilligen am ursprünglichen Einbau gewichtiger sein werden, kommt es auf eine solche Interessensabwägung bekanntlich eben nicht an. Den Errichtungsbegriff auf die erstmalige Schaffung zu reduzieren, scheint jedenfalls aus der Perspektive der wohnungseigentumsrechtlichen Systematik dogmatisch nicht rechtfertigbar zu sein. Umgekehrt

---

[1729] OGH 18.12.2019, 5 Ob 173/19f; Nicht zuletzt aufgrund der der Novellenbestrebung vorgreifenden Beurteilung und der schlüssig gegliederten Gesamtdarstellung der Änderungsrechtssystematik, sondern auch, da diese zum Verhältnis mietrechtlicher Bestimmungen, zur Verkehrsüblichkeit und zur Bedingungsfeindlickeit des Änderungsbegehrens Aufschluss gibt.

[1730] Vgl *Pletzer* in *Böhm/Pletzer/Spruzina/Stabentheiner*, GeKo Wohnrecht I (2018) § 9 MRG Rz 87 ff mwN;

[1731] *Pletzer* in *Böhm/Pletzer/Spruzina/Stabentheiner*, GeKo Wohnrecht I (2018) § 9 MRG Rz 89.

aber kann nicht *per se* bei jeglicher die Raumtemperatur steuernden Anlage (Klimaanlage?) ein für die Privilegierung erforderlicher gesetzlicher Förderungswille angenommen werden. Dieser Umstand verdeutlicht sich auch bei bloß ergänzenden Beheizungsanlagen, soweit die Beheizung des Wohnungseigentumsobjekts mit der vorhandenen Heizung in einer dem angemessenen Wohnstandard entsprechenden Weise möglich wäre.[1732]

Diesem Tatbestand käme demzufolge, ohne dass dieser auf aktuelle gesetzliche Entwicklungen hinsichtlich des Klimaschutzes zurückzuführen wäre, enorme Bedeutung im Rahmen der Energiewende zu.[1733] Gerade in Ballungszentren stellt es oftmals eine besondere Herausforderung dar, auf nachhaltige Energieträger umzurüsten. In Wien wird zurzeit noch die Hälfte aller Haushalte mit Gas beheizt.[1734] Dem Wiener Klimafahrplan zu Folge entfielen in den Jahren 2014–2018 knapp 30 % der leitzielrelevanten Treibhausgasemissionen (eine leichte Verzerrung durch die Auslagerung der zumindest im Winter teils auf Gas zurückgreifenden Fernwärmeproduktion[1735] in den Energiesektor miteingeschlossen) sohin auf den Gebäudesektor.[1736] So wird sich nicht nur der ursprüngliche Einbau einer Beheizungsanlage als privilegierte Maßnahme qualifizieren lassen, sondern im Lichte des gesetzgeberischen Förderungswillen klimaneutraler Gestaltungen umso mehr auch die Umrüstung auf nachhaltige Heizsysteme und sohin weg von fossilen Energieträgern bspw durch zentrale Luftwärmepumpen.

Schließlich darf aber nicht vergessen werden, dass es für einen solch bedeutsamen Umstieg gerade in großen Wohnungseigentumsanlagen ohne Reihenhauscharakter mehr bedarf als eine extensive Auslegung des individuellen Änderungsrechts, da in den meisten Fällen eine entsprechende Gestaltung als gemeinschaftliche Maßnahme außerordentlicher Verwaltung besser umgesetzt sein wird.

d) (Zeitgemäße)[1737] Empfangseinrichtungen gem § 16 Abs 2 Z 2 S 2 WEG

Darüber hinaus ist der Einbau „von nach dem Stand der Technik notwendigen Einrichtungen zum Rundfunkempfang und für den Empfang digitaler Dienstleistungen" privilegiert, soweit der Anschluss an eine bestehende Ge-

1732 Vgl zu Fußbodenheizungen allgemein OGH 15.2.2021, 5 Ob 15/21y; vgl zum Fußbodenheizungstausch für besseres Wärmeempfinden ohne geringerem Energieverbrauch OGH 19.6.2015, 5 Ob 113/15a.

1733 Vgl hierzu im Zusammenhang mit thermischen Solaranlagen und Photovoltaik-Anlagen etwa *Weiß* in *Christian/Kerschner/Wagner,* Rechtsrahmen für eine Energiewende Österreichs (2016) 382.

1734 *Wirth*, Wie Wien aus dem Gas herauskommt, Die Presse, 1.3.2022.

1735 *Strobl*, Fernwärme kommt derzeit in Wien ganz ohne Gas aus, Der Standard, 21.6.2022.

1736 Vgl *Magistrat der Stadt Wien*, Wiener Klimafahrplan, 44, 59.

1737 Vgl *Vonkilch* in *Hausmann/Vonkilch*, Österreichisches Wohnrecht MRG[4] (2021) § 9 WEG Rz 45.

meinschaftsanlage nicht möglich oder nicht zumutbar sein sollte.[1738] Wohingegen vor der WEG-Novelle 2022 begrifflich „Multimediadienste" – wohl der stetigen Synchronisation mit der mietrechtlichen Pendantbestimmung § 9 Abs 1 Z 5 MRG geschuldet[1739] – begünstigt waren, findet sich im Wohnungseigentumsrecht nunmehr die Begünstigung digitaler Dienstleistungen generell. Ohne die bereits im letzten Jahrtausend gesicherte Rechtsprechung von Satellitenschüsseln und -antennen wiedergeben zu wollen, sei hier jedenfalls auf die Problematik der aus dem Wortlaut der „Notwendigkeit" abgeleiteten Zumutbarkeit anderer (womöglich langfristig teurerer) Alternativen verwiesen.[1740]

Unter diesen Tatbestand fällt jedenfalls die Schaffung von Internetinfrastruktur, darunter die Einleitung eines Glasfaserkabels durch allgemeine Teile, aber auch die Installation von Wireless Access Points, soweit diese überhaupt durch eine entsprechende Montageform (bspw an der Außenhaut für die zum WE-Objekt gehörigen Dachterrasse) die Bagatellgrenze übersteigen.

e) Ähnliche Einrichtungen gem § 16 Abs 2 Z 2 S 2 WEG

Der Bezug auf „ähnliche Einrichtung" verdeutlicht die grundsätzlich „generalklauselartige" Konzeption des Privilegierungstatbestands, welche von der Rsp bisher restriktiv ausgelegt wurde – um nicht „ignoriert" zu sagen. Gerade dieser Aspekt animierte den Gesetzgeber im Rahmen der WEG-Novelle 2022 zumindest konkrete zukunftsträchtige Maßnahmen zu positivieren, sich aber nicht darauf beschränken zu wollen, anderenfalls er die Bezugnahme auf ähnliche Einrichtungen beseitigt hätte. Dadurch, dass durch eine extensive Auslegung jenes Tatbestandes auch keine schutzwürdigen Interessen der Miteigentümer (§ 16 Abs 2 Z 1 WEG) gefährdet wären, gilt es hierdurch den angekündigten gesetzgeberischen Förderungswillen auch bei künftigen technischen Nachhaltigkeitsentwicklungen großzügig miteinzufangen.

Der Ähnlichkeitsbezug bezieht sich jedenfalls nicht ausschließlich auf die begrifflich vorangestellten „Beheizungsanlagen". Vielmehr ist dieser durch

---

1738 Vgl zur Zumutbarkeit insb *Vonkilch* in *Hausmann/Vonkilch*, Österreichisches Wohnrecht MRG[4] (2021) § 9 MRG Rz 50, wonach jene Alternativanlagen jedenfalls bereits vorhanden sein müssen; vgl auch *Markl* in *Böhm/Pletzer/Spruzina/Stabentheiner*, GeKo Wohnrecht II (2019) § 16 WEG Rz 84; vgl zur tatbestandsmäßigen Überschneidung mit der Privilegierung von Vorrichtungen zum Langsamladen von E-Fahrzeugen, IV.I.3.f); vgl zur Installation einer Satellitenanlage bei vorhandenem gemeinschaftlichem Telekabel, *Kothbauer*, Mietrecht Österreich, Praxishandbuch (2021) Rz 1639 mwN; vgl zur notwendigen Gleichwertigkeit der Empfangseinrichtungen vgl auch *Pletzer* in *Böhm/Pletzer/Spruzina/Stabentheiner*, GeKo Wohnrecht I (2018) § 9 MRG Rz 99 f mwN; vgl überdies RIS Justiz RS00118671, RS00118672.

1739 Vgl *Sammer* in *Kothbauer/Sammer/Berger/Holzapfel*, Dirnbacher Praxiskommentar WEG 2017[8] (2017) 235.

1740 Vgl *Vonkilch* in *Hausmann/Vonkilch*, Österreichisches Wohnrecht MRG[4] (2021) § 9 MRG Rz 52.

die Ähnlichkeit zu der Gesamtheit privilegierter Maßnahmen abzubilden. Auf dieses Ergebnis lässt sich durch eine historische Interpretation im weiteren Sinne schließen. So bezog sich der Gesetzgeber bereits im Rahmen des WEG 1975 auf „ähnliche Einrichtungen".[1741] Zu jenem Zeitpunkt waren diese allerdings (mangels Privilegierung von Beheizungsanlagen) den „Fernsprechleitungen" nachgestellt, weshalb ein Reflex *de lege lata* nicht ausschließlich auf die zuvor genannte Privilegierung zu beschränken ist.

Ähnlich sind Maßnahmen dann, wenn mit ihnen ein vergleichbarer Substanzeingriff einhergeht – und dementsprechend das gleiche Ausmaß an Interessensbeeinträchtigungen – und diese dem gesetzgeberischen Förderungswillen unterliegen (Stichwort: Nachhaltigkeit).[1742] Auch wenn bspw mit Klimaanlagen *prima facie* ein Temperaturregelungscharakter einhergeht und gewissermaßen Ähnlichkeit mit „Beheizungsanlagen" besteht, ermangelt es diesen in Anbetracht des enormen Strombedarfs[1743] am konkreten Förderbedarf,[1744] welche die Verkehrsüblichkeit oder ein wichtiges Interesse vorwegnehmen würde.

f) (Besonders) begünstigungswürdige Tatbestände iSd WEG idF 2022

Die „besonders begünstigungswürdigen Maßnahmen" sind jene, welche sowohl dem Institut der Zustimmungsfiktion zugänglich sind,[1745] als auch im Rahmen eines gerichtlichen Zustimmungsersatzes in den Genuss der unwiderleglichen Vermutung der Voraussetzungen des § 16 Abs 2 Z 2 S 1 WEG kommen. Diese mit der WEG-Novelle 2022 geschaffene Änderungskategorie unterstreicht die besondere Wichtigkeit einzelner neuer Änderungstatbestände, indem sie gleichzeitig auch in das System klassischer Privilegierung überführt werden. Darunter fällt nicht nur die Anbringung von Vorrichtungen zum Langsamladen elektrisch betriebener Fahrzeuge, sondern auch die barrierefreie Ausgestaltung von Wohnungseigentumsobjekten und allgemeinen Teilen.[1746]

Um eine entsprechende Redundanz zu vermeiden, sei in diesem Zusammenhang auf die konkreten begünstigungswürdigen Tatbestände verwiesen.[1747] Zusammengefasst können jene Änderungsformen nur dann unterbunden wer-

[1741] Vgl § 13 Abs 2 Z 2 S 2 WEG 1975.

[1742] Vgl hierzu im Zusammenhang mit thermischen Solaranlagen und Photovoltaik-Anlagen etwa *Weiß* in *Christian/Kerschner/Wagner*, Rechtsrahmen für eine Energiewende Österreichs (2016) 382.

[1743] Laut einer Untersuchung der *IEA* (*International Energy Agency*) hat sich der Strombedarf für Klimaanlagen seit 1990 verdreifacht und umfasst nicht zuletzt aufgrund mangelnder Geräteeffizienz und in Anbetracht ausgeprägter Eigenheimnutzung durch die COVID 19 Pandemie mit 1 885 TWh, 16 % des gesamten Energieaufwands im Gebäudesektor, https://www.iea.org/reports/cooling (zuletzt abgerufen 19.7.2022).

[1744] Vgl ErläutRV WEG idF 2022, 1174 BlgNR 27. GP 11.

[1745] Vgl *Painsi/Terlitza,* Wohnungseigentumsrecht (2022) Rz 399.

[1746] Letztlich fand auch die barrierefreie Ausgestaltung Eingang in die klassischen Privilegierungstatbestände, vgl demgegenüber noch ErläutME WEG idF 2022, 134/ME 27. GP 8 f.

[1747] Siehe hierzu im Detail bei den begünstigungswürdigen Tatbeständen IV.H.6.

den, wenn schutzwürdige, der Beweispflicht entgegenstehender Miteigentümer unterliegende Interessen (§ 16 Abs 2 Z 1 WEG), sprich allgemeine negative Änderungsvorrausetzungen[1748] entgegenstehen.

Bedeutsam ist allerdings, dass die klassische Privilegierung von individuellen Vorrichtungen zum Langsamladen im Unterschied zu deren Begünstigungswürdigkeit gem § 16 Abs 5 WEG davon abhängig ist, inwieweit der „Anschluss" an eine bestehende Einrichtung nicht möglich oder nicht zumutbar ist.[1749] An dieser Stelle verdeutlicht sich durch den Wegfall der Privilegierungswirkung bei vorhandener Gemeinschaftsanlage gem § 16 Abs 8 WEG abermals der Subsidiaritätscharakter der Individualanlage.[1750] Im Zusammenhang mit „quasi Gemeinschaftsladevorrichtungen"[1751] lässt sich dieser Umstand besonders erkennen.[1752]

Spinnt man diesen Gedanken fort, zeigen sich in § 16 Abs 5 WEG und § 16 Abs 2 Z 2 S 2 WEG trotz des gleichen Wortlauts aufgrund unterschiedlicher systematischer Einbindung auch Unterschiede des tatbestandsmäßigen Änderungsobjekts und sohin in der Weite der Rechtfertigungswirkung.

Der Grund hierfür liegt im Kern im weiten Änderungsbegriff[1753] und dem ausgefeilten Schutz von Miteigentümerinteressen im Rahmen des gerichtlichen Zustimmungsersatzes gem § 52 Abs 1 Z 2 WEG einerseits und der zustimmungsfingierenden „Widerspruchslosigkeitsvermutung" ohne besonderem Miteigentümerschutz gem § 16 Abs 5 WEG andererseits. Ein solcher ist in Anbetracht der Möglichkeit eines unbegründeten Widerspruches eines der Änderung entgegenstehenden Miteigentümers allerdings auch nicht erforderlich.

1748 Siehe hierzu IV.I.1.

1749 Vgl ErläutRV WEG idF 2022, 1174 BlgNR 27. GP 9 Z 2; dementsprechend lässt sich eine tatbestandsmäßige Überschneidung zu der Errichtung von individuellen Rundfunkempfangseinrichtungen bzw digitaler Dienstleistungen erkennen; vgl zur Zumutbarkeit insb *Vonkilch* in *Hausmann/Vonkilch*, Österreichisches Wohnrecht MRG[4] (2021) § 9 MRG Rz 50; vgl auch *Markl* in *Böhm/Pletzer/Spruzina/Stabentheiner*, GeKo Wohnrecht II (2019) § 16 WEG Rz 84; vgl auch *Painsi/Terlitza,* Wohnungseigentumsrecht (2022) Rz 397; siehe zur Privilegierung von individuellen zeitgemäßen Empfangseinrichtungen auch IV.I.3.d); vgl hierzu auch *Fidler*, Elektromobilität nach der WEG-Nov 2022, ZVR 2023, 190, wonach hiermit eine Gemeinschaftsanlage, gem § 16 Abs 8 WEG gemeint ist.

1750 Dieser Zugang verdeutlicht sich an mehreren Stellen. So normiert der Gesetzgeber gem § 16 Abs 8 WEG gar ein Betriebsverbot der Individualanlage fünf Jahre nach Errichtung, soweit die Liegenschaftskapazität durch eine gemeinschaftliche Ladevorrichtung besser genutzt werden kann, siehe dazu IV.H.1.b)(3); Ähnlich ist auch die begünstigungswürdige Errichtung von Solaranlagen gem § 16 Abs 5 WEG zu bewerten, welche ausschließlich auf „individualisierten" Teilen der Gebäudehülle begünstigungswürdig erscheinen. Andere Flächenteile (zB die gemeinschaftliche Dachfläche) bleiben für die Errichtung einer gemeinschaftlichen Solaranlage konserviert, siehe dazu IV.H.1.c); vgl auch *Fidler*, Elektromobilität nach der WEG-Nov 2022, ZVR 2023, 190.

1751 Darunter versteht der Autor ein kollektives Änderungsbegehren mehrerer Wohnungseigentümer, ohne, dass es einer individualisierten Stellplatzordnung bedarf.

1752 Siehe hierzu IV.H.1.b)(2).

1753 Siehe hierzu IV.D.

4. Privilegierte Bestandsänderungen räumlich unmittelbar aneinandergrenzender Wohnungseigentumsobjekte sowie die Übertragung von Zubehörobjekten gem § 16 Abs 4 WEG idF 2022

Einen auf den ersten Blick sonderbaren Privilegierungszugang erfahren „Bestandsverschiebungen“[1754] angrenzender Wohnungseigentumsobjekte gem § 16 Abs 4 WEG. Jene Privilegierungsform ist Ausfluss von § 16a MG[1755] iVm § 1 Abs 2 lit c ff Wohnungsverbesserungsgesetz[1756] und hat sich bis heute als eigener Privilegierungstatbestand erhalten.[1757]

Privilegiert ist die Bestandänderung direkt angrenzender Wohnungseigentumsobjekte. Dazwischenliegende begehbare Allgemeinflächen oder nicht zur Änderung bestimmte Zubehör- oder Wohnungseigentumsobjekte verhindern sohin entsprechende Privilegierungswirkung.

Darunter fällt sowohl die Zusammenlegung von bloß durch Zwischenwände bzw – decken getrennte Wohnungseigentumsobjekte,[1758] als auch die Änderung der Grundrissgestaltung unter Beibehaltung getrennter Objekte.[1759] Die Separation eines Wohnungseigentumsobjekts in mehrere Wohnungseigentumsobjekte fällt allerdings nicht darunter.[1760]

1754 Vgl *Würth/Zingher/Kovanyi*, Miet- und Wohnrecht II^{23} (2015) § 16 WEG Rz 41 mwN.

1755 So galt es (mit dem freien Mietzins begünstigten) Wohnraum durch Teilung einer Wohnung in mehrere neue Mittel- oder Kleinwohnungen zu schaffen, *Faistenberger/Barta/Call*, Kommentar zum Wohnungseigentumsgesetz 1975 (1976) § 13 Rz 1, 321; vgl hierzu auch *Zingher*, Das Mietengesetz^{17} (1976) 74.

1756 Vgl zur ehemals geförderten Vereinigung zweier oder mehrerer Kleinwohnungen zu einer normal ausgestatteten Klein- oder Mittelwohnung und zur Teilung von Wohnungen in normal ausgestattete Klein- oder Mitelwohnungen und zur Änderung der Grundrissgestaltung zur Schaffung von Klein- oder Mittelwohnungen in normaler Ausstattung, *Zingher*, Das Mietengesetz^{17} (1976) 354.

1757 Jener Privilegierungstatbestand ist keineswegs Ausfluss der WEG-Novelle 2022; durch entsprechende Umstrukturierung und Hervorhebung der Voraussetzungen des gerichtlichen Zustimmungsersatzes wurde die ehemals in § 16 Abs 2 Z 5 WEG aF jenen Normen nunmehr in § 16 Abs 4 WEG wortgleich nachgestellt; vgl hierzu bereits *Würth/Zingher/Kovanyi*, Miet- und Wohnrecht II^{23} (2015) § 16 WEG Rz 41; siehe hierzu IV.I.1.

1758 Die Problematik, welche sich an dieser Stelle aufbäumt ist, dass durch die Zusammenlegung zweier WE Objekte die erforderliche Selbstständigkeit als bauliche Abgeschlossenheit eines jeden Objekts verloren geht. Daraus resultiert auch der Verlust der Wohnungseigentumstauglichkeit, welche im Grunde bei sonst nichtiger WE-Begründung eine sanierende Nutzwertfestsetzung und Wohnungseigentümeridentität erfordert, vgl *Ebhart*, Zusammenlegung im Wohnungseigentum, immo aktuell 2019, 283 f.

1759 Vgl zu jedenfalls änderungsrelevanten Bestandsverschiebungen unterschiedlicher Wohnungseigentümerzugehörigkeit, OGH 21.12.2022, 5 Ob 78/22i.

1760 In der Gestalt ermangelt es dieser Maßnahme im Änderungszeitpunkt an angrenzenden Änderungsobjekten und es werden hierdurch neue allgemeine Teile geschaffen; vgl die analoge Anwendung von § 16 Abs 2 Z 2 WEG bei der Schaffung bedeutender Allgemeinflächen, welche besondere Erhaltungspflichten der Eigentümergemeinschaft auslöst und sohin deren Interessen zuwiderläuft, vgl zur Aufteilung in mehrere KFZ-Abstellplätze OGH 16.5.2012, 5 Ob 21/12t. Anders wird sich die Erstellung einer freilich nicht tragenden Zwischenwand ohne Leitungsführung beurteilen lassen müssen; die Privilegierungswirkung von *„(Wie-*

Die Übertragung von Zubehörobjekten[1761] ausklammernd ist mit jenen Änderungsmaßnahmen ein partieller Eingriff in zwischenliegende allgemeine Teile[1762] erforderlich, welche bekanntermaßen grundsätzlich besondere Voraussetzungen erfordern.[1763] Jene Änderungen sind allerdings insoweit privilegiert, als deren Genehmigungsfähigkeit ausschließlich von den allgemeinen Änderungsvoraussetzungen gem § 16 Abs 2 Z 1 WEG abhängig ist.[1764]

So können gerade damit verbundene Nutzwertänderungen schutzwürdige Interessen von Miteigentümern berühren.[1765] Dies wird insb dann problematisch sein, wenn der Änderungswillige zwei Objekte mit unterschiedlicher wohnungseigentumsrechtlicher Widmung zusammenzulegen gedenkt,[1766] weil eine solche Zusammenlegung auch eine Widmungsänderung und zumeist Nutzwertrelevanz[1767] impliziert. So ist bspw die Zusammenlegung eines Geschäftslokals in Premiumlagen mit der darüber liegenden Wohnung anders zu beurteilen, wie die Zusammenlegung zweier Objekte gleicher Widmung.

Im Ergebnis folgt daraus, dass jener Änderungsform dieselbe Privilegierungswirkung wie im Rahmen klassischer Privilegierung gem § 16 Abs 2 Z 2 S 2 WEG zukommt, sodass die Änderungsvoraussetzungen gem § 16 Abs 2 Z 2 trotz der partiellen Inanspruchnahme allgemeiner Teile nicht zu prüfen sind.[1768]

Die Judikatur zu jener Privilegierungsform ist wahrlich rar, nicht zuletzt, weil sich die Privilegierungen tatsächlich überschneiden. So stellt die „Einbe-

der-)Aufteilungen" ebenfalls verneinend *Ebhart*, Zusammenlegung im Wohnungseigentum, immo aktuell 2019, 285 mwN.

1761 So wird sich die Zugehörigkeitsänderung von Zubehörobjekten als „Änderungsrecht im weiteren Sinn" bezeichnen lassen müssen, als vielmehr die sachenrechtliche Zuordnung durch entsprechende grundbücherliche Durchführung im Vordergrund steht.

1762 So ist die Geschoßdecke und die Außenbegrenzung eines Wohnungseigentumsobjekts allgemeiner Teil, vgl *Tschütscher*, Wohnungseigentumsrecht[4] (2022) 16 f; vgl auch RIS-Justiz RS0110785, RS0082890; vgl auch RIS Justiz RS0109843, wonach *Außenmauern, Scheidewände (auch Decken) zwischen einzelnen Wohnungseigentumsobjekten, Bauteile mit allgemeinen Versorgungsleitungen und tragende Innenwände (mit den Modifikationen des § 13 WEG) den Regeln der gemeinschaftlichen Nutzung (§§ 854, 855 ABGB) [unterliegen].*

1763 Siehe zu den Änderungsvoraussetzungen bei Inanspruchnahme allgemeiner Teile IV.I.2.

1764 Vgl allerdings zur erforderlichen Verkehrsüblichkeit bei Zusammenlegung zweier Objekte bei gleichzeitiger Einbeziehung allgemeiner Teile, LGZ Wien 21.9.2011, 39 R 250/11w; vgl weiters OGH 27.1.2009, 5 Ob 279/08b; *Ebhart*, Zusammenlegung im Wohnungseigentum, immo aktuell 2019, 285.

1765 Die Beeinträchtigung von Miteigentümerinteressen kann jedenfalls dann einer Änderung entgegenstehen, wenn sich davon eine gravierende Nutzwertänderung ableiten lässt, welche wiederrum die Grundlage für schutzwürdige Interessen beeinträchtigende Stimmgewichtsänderungen darstellen könnte (§ 16 Abs 2 Z 1 WEG), vgl zur Nutzwertrelevanz von Änderungen IV.D.4; siehe zu schutzwürdigen Interessen als allgemeine Voraussetzung im gerichtlichen Zustimmungsersatz IV.I.1.a).

1766 Siehe zur Widmungsänderung IV.D.3.

1767 Siehe zu Bedeutung des Nutzwertes IV.D.4.

1768 Vgl allerdings die Verkehrsüblichkeit prüfend, LGZ Wien 21.9.2011, 39 R 250/11w.

ziehung" eines Gang-WCs bzw einer Wasserentnahmestelle, welche zwar in den meisten Fällen – aber nicht notwendiger Weise – allgemeiner Teil sein werden, eine klassisch privilegierte Änderungsmaßnahme gem § 16 Abs 2 Z 2 WEG dar, ohne dass auf § 16 Abs 4 WEG abzustellen wäre. Je weiter die einzubeziehende Fläche dem ausschließlichen Nutzungsrecht zuzuordnen ist, desto weiter gelangt man in den Anwendungsbereich des § 16 Abs 4 WEG mit der Rechtsfolge, dass es nicht auf die Beseitigung des „Substandardcharakters" ankäme.[1769]

Tatbestandsmäßig ist nicht nur eine „Grenzverschiebung", sondern auch die bleibende Verbindung zwischen mehreren Wohnungseigentumsobjekten durch dauerhafte Beseitigung dazwischenliegender allgemeiner Teile (Trennmauern).[1770] Werden darüber hinaus andere allgemeine Teile einbezogen oder kommt es gleichzeitig zu einer Umwidmung, bedarf es weiterhin der Voraussetzungen gem § 16 Abs 2 Z 2 WEG.[1771]

Gedenkt der Änderungswillige mehrere selbständige Wohnungseigentumsobjekte gänzlich zu verschmelzen, ist darüber hinaus als Ausfluss wohnungseigentumsrechtlicher Grundsätze Wohnungseigentümeridentität erforderlich.[1772] Unzulässig sind jedenfalls die liegenschaftsübergreifende Verbindung und die Verbindung von Wohnungseigentumsobjekten mehrerer Wohnungseigentümer.[1773]

5. Die Voraussetzungen des gerichtlichen Zustimmungsersatzes bei Änderungen mit Inanspruchnahme von anderen Wohnungseigentums- oder Zubehörobjekten gem § 16 Abs 2 Z 3 WEG

Die invasivste Form des individuellen Änderungsrechts umfasst Eingriffshandlungen in ausschließlich genutzte Flächenteile anderer Wohnungseigentümer. So kann der Änderungswillige unter besonders restriktiven Voraussetzungen auch die grundsätzlich erforderliche Zustimmung des betroffenen Wohnungseigentümers, dessen Wohnungseigentums- oder Zubehörobjekt änderungsbedingt in Anspruch genommen wird, gerichtlich ersetzen lassen.

1769 Vgl zum Privilegierungsfall ehemals „wohnungseigentumsobjekts-untauglicher" Substandwohnungen, *Sammer* in *Kothbauer/Sammer/Berger/Holzapfel*, Dirnbacher Praxiskommentar WEG 2017[8] (2017) 234 mwN.

1770 Vgl *Würth/Zingher/Kovanyi*, Miet- und Wohnrecht II[23] (2015) § 16 WEG Rz 41 mwN; wenn gleich eine solche eine entsprechende Nutzwertneufestsetzung erfordert, *Ebhart*, Zusammenlegung im Wohnungseigentum, immo aktuell 2019, 284.

1771 Vgl die Zusammenlegung zweier Wohnungseigentumsobjekte (mit zusätzlicher Einbindung eines Gangteils) *Würth/Zingher/Kovanyi*, Miet- und Wohnrecht II[23] (2015) § 16 WEG Rz 37 mwN.

1772 Vgl OGH 22.9.1993, OGH Ob 57/93; vgl hierzu auch LGZ Wien 21.9.2011, 39 R 250/11w; vgl auch *Ebhart*, Zusammenlegung im Wohnungseigentum, immo aktuell 2019, 285.

1773 Vgl *Feil/Friedl* in *Feil/Friedl/Bayer*, Wohnungseigentumsgesetz (2014) § 16 Rz 12 mwN.

Über die Änderungsvoraussetzungen des § 16 Abs 2 Z 1 und Z 2 WEG hinausgehend[1774] bedarf es zur Rechtfertigung jener Maßnahmen einer gesonderten Interessenabwägung und der Qualifikation, als kumulativ nicht wesentliche und dauernde Beeinträchtigung des betroffenen Wohnungseigentümers.[1775] Darüber hinaus ist der betroffene Wohnungseigentümer angemessen zu entschädigen.

Zum Unterschied von den Änderungsvoraussetzungen Z 1 und Z 2, welche konkrete Tatbestände als Ergebnis einer vom Gesetzgeber vorweggenommenen Interessensabwägung abbilden und sohin eine weitere Interessensabwägung durch den Rechtsanwender verbieten,[1776] sind für die Beurteilung der Zumutbarkeit iZhg mit Änderungen iSd Z 3 alle Interessen im Einzelfall abzuwägen.[1777] Dass die Interessen des Änderungswilligen allerdings in den seltensten Fällen ausreichen, um einen solch gewichtigen Eingriff in das Ausschließlichkeitsrecht anderer zu rechtfertigen, bestätigt auch die zurückhaltende Judikatur hinsichtlich jener Änderungsmaßnahmen.[1778]

In Anbetracht ähnlicher Eingriffssystematik gilt es zur Auslegung dieser Änderungsvoraussetzung im Besonderen die Grundsätze zur Duldungspflicht des Mieters gem § 8 Abs 2 f MRG heranzuziehen.

a) Die Maßnahmenqualität gem § 16 Abs 2 Z 3 WEG

Die Änderungsvoraussetzungen nach Z 3 sind nur dann zu prüfen, wenn die geplante Änderung tatsächlich bauliche Eingriffe an funktional als Wohnungseigentumsobjekt oder als Zubehörobjekt gewidmeten Flächenteilen (eines vom Änderungswilligen verschiedenen Rechtsträgers[1779]) vorsieht. An dieser Stelle gilt es die erforderliche Intensität und das tatbestandsmäßige Änderungsobjekt darzustellen.

Ähnlich der „Inanspruchnahme" allgemeiner Teile ist sohin ein faktischer Eingriff maßgeblich,[1780] weshalb eine rechtliche Änderung bspw die Umwidmung in ein Geschäftslokal und die damit verbundene negative, womöglich

---

1774 Vgl zur Bedeutung des Wortlautes „überdies", welcher neben den vorangehenden Änderungsvoraussetzungen die besonderen Änderungsvoraussetzungen des nunmehrigen § 16 Abs 2 Z 3 WEG als erforderlich bezeichnet, *Faistenberger/Barta/Call*, Kommentar zum Wohnungseigentumsgesetz 1975 (1976) § 13 Rz 26; vgl auch *Sammer* in *Kothbauer/Sammer/Berger/Holzapfel*, Dirnbacher Praxiskommentar WEG 2017[8] (2017) 235.

1775 Siehe im Verhältnis zu schutzwürdigen Interessen als allgemeine negative Änderungsvoraussetzung, IV.I.1.a).

1776 Vgl RIS-Justiz RS0083240.

1777 Vgl OGH 27.6.2006, 5 Ob 93/06x.

1778 Vgl RIS-Justiz RS0083230.

1779 Siehe zur Privilegierung von Bestandsänderungen räumlich unmittelbar aneinandergrenzender Wohnungseigentumsobjekte bei Eigentümeridentität sowie zur Übertragung von Zubehörobjekten IV.I.4.

1780 Siehe hierzu IV.I.2.b).

unmittelbar gebrauchseinschränkende Auswirkung nicht den Voraussetzungen der Z 3 unterliegt. Dadurch, dass in jenen Fällen unabhängig von der Eingriffsintensität eine Beeinträchtigung schutzwürdiger Interessen niemals ausgeschlossen ist, lässt sich in diesem Zusammenhang kein Bagatellbereich abstecken, weshalb jene Änderungsmaßnahmen stets genehmigungspflichtig sind.

Ein tatbestandsmäßiger Eingriff ist dann gegeben, wenn bspw die Errichtung einer Aufzugsanlage eines Wohnungseigentümers, die Verschließung von Fenstern eines anderen Wohnungseigentümers erfordert.[1781] Selbst wenn das Fenster, der Außenhaut zugehörig und als allgemeiner Teil[1782] zu qualifizieren ist, lässt sich die mit dessen Zubau verbundene direkte Belüftungs- und Belichtungseinschränkung (man denke auch an die erforderlichen Arbeiten innerhalb des WE-Objekts) als Inanspruchnahme eines anderen Wohnungseigentumsobjekts erkennen. ME wird zur Beurteilung der Inanspruchnahme nach Z 3 eine funktionale Betrachtung heranzuziehen sein, da jene strengen Eingriffsvoraussetzungen gerade die Funktion des entsprechenden Objekts zu wahren versuchen. In dieser Gestalt kann ein erneuter änderungsbedingter Eingriff in eine zulässige Änderung unter Inanspruchnahme allgemeiner Teile eines anderen Wohnungseigentümers (zB individuelle Sonnenjalousien) einen Eingriff gem Z 3 darstellen, obwohl flächenmäßig scheinbar nur in allgemeine Teile eingegriffen wird.[1783]

Demgegenüber führt die bloße Veränderung allgemeiner Teile und damit verbundene Aussichtsänderung eines Wohnungseigentümers, ohne bauliche Eingriffe in funktional ausschließlich genutzte Teile nicht zur Überprüfungsnotwendigkeit der Änderungsvoraussetzungen gem Z 3, wenngleich sich eine solche Änderung ohnehin schutzwürdigen Interessen nach Z 1 zu stellen hat.[1784]

Der Gesetzgeber knüpft jedenfalls zur Abstufung der Änderungsvoraussetzungen (Z 1–3) an die sachenrechtliche Liegenschaftsflächenzuordnung iSd § 2 Abs 2 WEG. Wohingegen die Beurteilung der tatbestandsmäßigen WE-Widmung nicht zuletzt aufgrund des Begründungserfordernisses gem § 3 Abs 2 WEG zumeist unschwer zu festgestellt werden kann, ist die Beurteilung einer Liegenschaftsfläche als Zubehörobjekt oftmals nicht unproblematisch. In Anbetracht unterschiedlicher Änderungsvoraussetzungen ist eine Differenzierung allerdings nicht unwesentlich: So macht es bspw einen Unterschied, ob das im Zuge von Änderungen in Anspruch genommene Kellerabteil des anderen Wohnungseigentümers, ein auf obligatorischer Basis durch Benützungsregelung zugewiesener allgemeiner Teil ist (Z 2), oder, ob jener Flächenteil tat-

[1781] Vgl OGH 27.6.2006, 5 Ob 93/06x.

[1782] Vgl *Löcker* in *Hausmann/Vonkilch*, Österreichisches Wohnrecht WEG^4 (2017) § 28 WEG Rz 36.

[1783] Vgl analog zu jenem Überschneidungsbereich und zum Entschädigungsanspruch eines Mieters, welcher aufgrund Umbauarbeiten eine zulässige Veränderung (Außenjalousien) wieder neu anbringen musste, OGH 13.12.2011, 5 Ob 194/11g.

[1784] Vgl OGH 18.12.2019, 5 Ob 153/19i.

sächlich als Zubehörobjekt zu qualifizieren ist (Z 3). Nur in letztgenanntem Fall hatten die Wohnungseigentümer die Verfügungsabsicht ein dingliches ausschließliches Nutzungs- und Verfügungsrecht an diesen Flächenteilen zu begründen, welches im Eingriffsfall anderer Wohnungseigentümer besondere Voraussetzungen erfordert. Umgekehrt erleichtert allerdings die Begründung von Zubehör-Wohnungseigentum und der Genuss des damit verbundenen ausschließlichen Nutzungs- und Verfügungsrechts den Zugang zu Änderungen an diesem selbst, indem diesfalls nicht allgemeine Teile in Anspruch genommen werden (Z 2), sondern einem solchen Änderungsbegehren bloß die allgemeinen negativen Voraussetzungen (Z 1) entgegenstehen können.[1785]

Von Zubehör-Wohnungseigentum ist sachenrechtlich dann auszugehen, wenn[1786]

- Zubehörobjektstauglichkeit,[1787]
- eine entsprechende Willensbildung (Widmungsakt), und
- die Zuordnungseindeutigkeit im Rahmen der WE-Begründung besteht.[1788]

b) Die wesentliche und dauernde Beeinträchtigung gem § 16 Abs 2 Z 3 WEG

Ein änderungsbedingter Eingriff in das Ausschließlichkeitsrecht anderer Wohnungseigentümer ist ohne, dass es einer Interessensabwägung bedarf, dann genehmigungsunfähig, wenn daraus eine wesentliche und dauernde Beeinträchtigung resultiert. Ein solcher Eingriff ist schlicht unwiderleglich unzumutbar. Auch das mit dem WEG 2022 geschaffene Institut der Zustimmungsfiktion kann keinen Eingriff jenseits jener Schwelle rechtfertigen.[1789] Im Unterschied zur mietrechtlichen Duldungspflicht gem § 8 Abs 2 Z 2 MRG, wonach ein unwesentlicher, nicht dauernder Eingriff der Zumutbarkeitsvermutung unterliegt und ein Eingriff über dieser Schwelle sohin nicht *per se* ausgeschlossen ist,[1790] stellt jenes Kriterium im wohnungseigentumsrechtlichen Zusammenhang eine absolute Eingriffsgrenze dar.

1785 Siehe zum weiten Begriff des „Wohnungseigentumsobjekts" und zum Objektbezug IV.E.2.

1786 Vgl noch zur Intabulationsnotwendigkeit vor § 5 Abs 3 WEG idF WRN 2015 *Holzner*, Zubehör-Wohnungseigentum ohne Eintragung ins Hauptbuch?, wobl 2010, 163; vgl hierzu auch die aRsp zur sachenrechtlichen Zuordnung als Zubehörobjekt RIS-Justiz RS0111616.

1787 Maßgeblich ist hierfür die bauliche Unverbundenheit und deutliche Abgrenzung, vgl § 2 Abs 3 WEG; siehe hierzu *Hausmann* in *Hausmann/Vonkilch*, Österreichisches Wohnrecht WEG^4 (2017) § 2 WEG Rz 29 ff; die Zubehörtauglichkeit ist auch nunmehr dann nicht gegeben, wenn es sich um ein wohnungseigentumstaugliches Objekt handelt, vgl OGH 19.7. 2022, 5 Ob 118/22x.

1788 Vgl § 5 Abs 3 WEG; eine solche kann sich aus den Begründungsgrundlagen gem § 3 Abs 1 WEG (dem Wohnungseigentumsvertrag oder einer gerichtlichen Entscheidung gem § 3 Abs 1 Z 2–4 WEG) oder aus dem Nutzwertgutachten ergeben auch eine Intabulation ist möglich, vgl OGH 21.12.2015, 5 Ob 196/15g, immolex 2016/27 *(Prader/Böhm).*

1789 Vgl § 16 Abs 5 WEG idF 2022 letzter Satz.

1790 *Vonkilch* in *Hausmann/Vonkilch*, Österreichisches Wohnrecht MRG^4 (2021) § 8 MRG Rz 39; vgl auf den deklarativen Charakter hinweisend § 8 Abs 2 Z 2 S 2 MRG *„im besonderen*

Zweifelsohne indiziert die Ausfüllung des Änderungsbegriffes eine gewisse Dauerhaftigkeit, weshalb die Zulässigkeit einer solchen Maßnahme in den meisten Fällen von der Wesentlichkeit abhängen wird.

So lässt sich das temporale Element der Dauerhaftigkeit, insb aufgrund des Umfanges und Beständigkeit geplanter baulicher Gestaltungen und der Höhe der auf sich genommenen Änderungskosten vergleichen einfach bestimmen. Wohingegen es zur Beurteilung der Wesentlichkeit einer wohnrechtlichen Gesamtbetrachtung bedarf.

Es stellt sich die Frage, ob zur Beurteilung der Eingriffswesentlichkeit im änderungsrechtlichen Zusammenhang tatsächlich auf mietrechtliche Rechtsprechung zurückgegriffen werden kann, oder ob dem Eingriff in dingliche Rechte ein gänzlich anderer Maßstab zu Grunde zu legen ist. Auch wenn die Zumutbarkeitsschwelle insgesamt bei Eingriffen des Eigentümers in obligatorische Rechte des Mieters womöglich höher liegt als bei Eingriffen in andere Wohnungseigentumsobjekte ist mE dem Begriff der Wesentlichkeit, welcher an die (bisherige) objektive Funktion des Objekts knüpft,[1791] wohnrechtlich übergreifend gleiche Bedeutung einzuräumen. Die unterschiedlichen Zumutbarkeitsschwellen sind vielmehr Ausfluss einer konkreten Interessensabwägung, welche sehr wohl zwischen der obligatorischen und der dinglichen Ebene zu differenzieren hat.

Eine wesentliche Beeinträchtigung ist sohin dann gegeben, wenn der ordentliche Gebrauch eines Objekts verhindert oder maßgeblich herabgesetzt wird.[1792] Der Vergleichsmaßstab ist die widmungsmäßige Zweckbestimmung eines Wohnungseigentumsobjekts.[1793] Eine flächenmäßige Gegenüberstellung ist zur Beurteilung der Wesentlichkeit allerdings nicht erforderlich, vielmehr sollen zentrale Elemente der bisherigen Funktion gewahrt bleiben.[1794]

---

anzunehmen“; auch wenn Spielraum darüber hinaus ein enger ist, weshalb ein Eingriff idR nicht hinzunehmen ist, vgl OGH 12.5.2009, 5 Ob 61/09w.

1791 Vgl RIS-Justiz RS0128123.

1792 Vgl die wesentliche Beeinträchtigung von Mieterinteressen, *Böhm/Pletzer* in *Böhm/Pletzer/Spruzina/Stabentheiner*, GeKo Wohnrecht I (2018) § 8 MRG Rz 120 mwN; davon abzugrenzen sind Beeinträchtigungen, welche das Gebrauchsrecht bloß in irgendeiner Form tangieren, vgl *Vonkilch* in *Hausmann/Vonkilch*, Österreichisches Wohnrecht MRG[4] (2021) § 8 WEG Rz 43 mwN; siehe dazu auch RIS-Justiz RS0037883; vgl zur Unwesentlichkeitsqualifizierung auch den Verweis auf die von der Rsp entwickelten Maßstäbe zu § 1118 ABGB letzter Satz, *Vonkilch* in *Hausmann/Vonkilch*, Österreichisches Wohnrecht MRG[4] (2021) § 8 WEG Rz 43.

1793 Vgl den Vergleich mit dem vertraglich bedungenen Gebrauch im Zhg mit der Mietzinsminderung, *Pletzer* in *Böhm/Pletzer/Spruzina/Stabentheiner*, GeKo Wohnrecht I (2018) § 1096 ABGB Rz 130 mwN.

1794 Vgl zur Beurteilung der Wesentlichkeit im Mietrecht RIS-Justiz RS0128123.

c) Die Zumutbarkeitsprüfung durch Interessensabwägung gem § 16 Abs 2 Z 3 WEG

Über jene absoluten Schranken hinausgehend erfordert ein Eingriff gem Z 3 *leg cit* einer billigen Abwägung aller Interessen im Einzelfall. Eine solche Abwägung ist nicht zuletzt im Rahmen des mittelbar drittwirkenden grundrechtlichen Schutzes von Eigentum unbedingt erforderlich. Die Zumutbarkeitsbeurteilung knüpft an eine präzise Absteckung schutzwürdiger Interessen als Ausfluss wechselseitiger Pflicht zur gegenseitigen Rücksichtnahme und Toleranz.[1795]

Im Unterschied zur mietrechtlichen Duldungspflicht gem § 8 Abs 2 MRG gilt es im Rahmen dieser Interessenabwägung sohin beiderseitig Interessen dinglichen Ursprungs abzuwägen. Gegenstand der durchzuführenden Interessensabwägung ist die Gewichtung des wichtigen Interesses[1796] des Änderungswilligen auf der einen Seite und des schutzwürdigen Interesses an der Unversehrtheit des Eigentums des entgegenstehenden Miteigentümers auf der anderen Seite. In den meisten Fällen wird sohin eine Interessensabwägung dann zugunsten des Änderungswilligen ausschlagen, wenn das für die Änderung erforderliche wichtige Interesse selbst aus der grundrechtlichen Sphäre abzuleiten ist. Eingriffsintensive Maßnahmen werden sich in dieser Gestalt ua im Zusammenhang mit der barrierefreien Ausgestaltung oder dem Gesundheitsschutz rechtfertigen lassen.[1797]

Vor dem Hintergrund ebenjenes verfassungsrechtlichen Schutzes ist anzunehmen, dass die Duldungspflicht des beeinträchtigten Wohnungseigentümers iSd Z 3 *leg cit* jedenfalls nicht weiter ist, als jene eines obligatorisch berechtigten Mieters. Dafür spricht auch die breite ausdrückliche Verankerung der Berücksichtigungswürdigkeit *„aller Interessen"* iSd § 16 Abs 2 Z 3 WEG.

§ 8 Abs 2 MRG differenziert zur Beurteilung der Duldungspflicht eines Mieters im Wesentlichen zwischen Maßnahmen im Interesse aller Mieter (§ 8 Abs 2 Z 1 MRG),[1798] und Maßnahmen zugunsten eines anderen Mieters (§ 8 Abs 2 Z 2 MRG).[1799] Im letztgenannten Fall bedarf es für deren Zulässigkeit

[1795] Vgl OGH 27.6.2006, 5 Ob 93/06x.

[1796] Die Notwendigkeit der Qualifizierung als wichtiges Interesse ergibt sich schon aus den Änderungsvoraussetzungen gem § 16 Abs 2 Z 2 WEG. Eine Gegenüberstellung mit den Interessen anderer Wohnungseigentümer hat allerdings ausschließlich in den Fällen der Z 3 leg cit stattzufinden.

[1797] Siehe hierzu IV.H.1.a).

[1798] Darunter fallen Erhaltungs- oder Verbesserungsarbeiten an allgemeinen Teilen, die Behebung ernster Schäden des Hauses oder Maßnahmen zur Erhaltung eines mitvermieteten Wärmebereitungsgerät in seinem oder in einem anderen Mietobjekt.

[1799] Darunter fallen Maßnahmen zur Veränderung (Verbesserung) eines anderen Mietgegenstandes, aber auch die Beseitigung von erheblichen Gesundheitsgefährdungen.

neben der Notwendigkeit und Zweckmäßigkeit[1800] auch einer Zumutbarkeitsprüfung durch Interessensabwägung.[1801] In allen Fällen hat die Eingriffsdurchführung gem § 8 Abs 3 MRG unter möglichster Schonung stattzufinden.

Diese („strengen“[1802]) mietrechtlichen Eingriffsschranken werden sohin auch als Mindestschutz bei änderungsbedingten Eingriffen im Rahmen der nicht näher definierten änderungsrechtlichen Zumutbarkeitsbeurteilung heranzuziehen sein.

Das Wohnungseigentumsrecht kennt neben dem Änderungsrecht gem § 16 Abs 7 WEG idF 2022 eine mit § 8 Abs 2 Z 1 MRG vergleichbare Eingriffszulässigkeit in das dingliche Ausschließlichkeitsrecht zur Betretung und Benützung im Zusammenhang mit „erforderlichen“ Erhaltungsmaßnahmen. Das Kriterium der „Erforderlichkeit“ setzt ebenso wie das mietrechtliche Eingriffserfordernis der „Notwendigkeit“ ein gewisses Maß an Dringlichkeit voraus.

Auch die Zulässigkeit invasiver Erhaltungsmaßnahmen gem § 16 Abs 7 WEG idF 2022 beurteilt sich nach einer umfassenden Interessensabwägung.[1803] Wohingegen in den Fällen des § 16 Abs 7 WEG das zu prüfende Eingriffsinteresse allerdings auf die Erhaltung und Behebung ernster Schäden des Hauses beschränkt ist, ist im änderungsrechtlichen Zusammenhang ein Eingriff – unter entsprechenden Voraussetzungen und abgesehen von der Mindestschwelle der „Wichtigkeit“ – zweckoffen.

Daraus soll sich allerdings keine Privilegierung von Änderungsmaßnahmen gem Z 3 ableiten lassen. Nicht zuletzt, da selbst bei kollektivem Interesse ein entsprechender Eingriff in das Ausschließlichkeitsrecht der Erforderlichkeit zu entsprechen hat.[1804] Es bietet sich sohin an, jene Maßstäbe zur nicht näher umschriebenen Zumutbarkeitsbeurteilung von Änderungen als Mindesterfordernis heranzuziehen.[1805]

[1800] Vgl bereits die alternativen Voraussetzungen gem § 8 Abs 2 Z 1 MRG; So bedarf es diesfalls mindestens der Beurteilung als „zweckmäßig“ im Sinne einer noch nicht unumgänglichen aber zumindest sinnvollen Maßnahme, vgl *Böhm/Pletzer* in *Böhm/Pletzer/Spruzina/Stabentheiner*, GeKo Wohnrecht I (2018) § 8 MRG Rz 105 mwN.

[1801] Vgl *Böhm/Pletzer* in *Böhm/Pletzer/Spruzina/Stabentheiner*, GeKo Wohnrecht I (2018) § 8 MRG Rz 112.

[1802] Vgl auch zur Abstufung nach milder und strenger Duldungspflicht nach Gewichtung der Eingriffsvoraussetzungen gem § 8 Abs 2 Z 1 und Z 2 MRG *Kothbauer*, Mietrecht Österreich, Praxishandbuch (2021) Rz 1571; vgl hierfür auch *Böhm/Pletzer* in *Böhm/Pletzer/Spruzina/Stabentheiner*, GeKo Wohnrecht I (2018) § 8 MRG Rz 98 ff.

[1803] Vgl OGH 15.11.2021, 5 Ob 178/21v, immolex 2022/64 *(Räth)*; vgl OGH 15.10.2019, 10 Ob 21/19i.

[1804] Vgl den Wortlaut § 16 Abs 7 WEG; OGH 13.3.2018, 5 Ob 195/17p; vgl auch OGH 15.11.2021, 5 Ob 178/21v, immolex 2022/64 *(Räth)*.

[1805] Vergleichbar wohl nur insoweit, da erhaltende Eingriffe grundsätzlich im Interesse aller stehen und auch mietrechtlich eine Erleichterung erfahren haben (§ 8 Abs 2 Z 1 MRG), vgl *Böhm/Pletzer* in *Böhm/Pletzer/Spruzina/Stabentheiner*, GeKo Wohnrecht I (2018) § 8

Der änderungsbedingte Eingriff in das Ausschließlichkeitsrecht anderer wird sohin analog dazu dann unzulässig sein, wenn eine andere, weniger invasive Umsetzungsoption besteht, mag diese auch kostspieliger sein.[1806]

d) Die angemessene Entschädigung gem § 16 Abs 2 Z 3 WEG

Als Folge einer erlaubten Inanspruchnahme begründet sich als Ausfluss des Eingriffes ein Entschädigungsanspruch, welcher von der Rechtswidrigkeit und vom Verschulden unabhängig ist.[1807] Dem änderungsbedingt beeinträchtigten Wohnungseigentümer sind demzufolge sämtliche damit verbundenen Nachteile auszugleichen. Zur Beurteilung der Angemessenheit lässt sich auch an dieser Stelle auf die Judikatur zum mietrechtlichen Entschädigungsanspruch gem § 8 Abs 3 MRG und bzw zum Entschädigungsanspruch iZhg mit der wohnungseigentumsrechtlichen Erhaltung gem § 16 Abs 7 WEG idF 2022, vormals § 16 Abs 3 WEG, verweisen.[1808] Der Entschädigungsanspruch umfasst die volle Genugtuung iSd § 1324 ABGB und dementsprechend auch den dadurch bedingten entgangenen Gewinn.[1809]

Zur Höhe des änderungsbedingten Entschädigungsanspruches hat sich der OGH insoweit geäußert, als hierfür nicht die aliquote Quadratmeteranzahl des betroffenen Objektteils heranzuziehen, sondern vielmehr der gesamte negativ beeinflusste Wohnwert heranzuziehen sei.[1810]

§ 52 Abs 1 Z 2 WEG aF wies aus Änderungen oder Erhaltungsarbeiten resultierende Entschädigungsbegehren gem § 16 Abs 2 und 3 WEG aF dem Außerstreitverfahren zu.[1811] Durch die WEG-Novelle 2022 findet sich in jener Verfahrensbestimmung zu Entschädigungen ausschließlich ein Verweis auf § 16 Abs 7 WEG, als gleichlautende Nachfolgerbestimmung von § 16 Abs 3 WEG aF, ohne einen solchen für § 16 Abs 2 Z 3 WEG zu normieren.

Rz 101; demzufolge werden die Maßstäbe der Erforderlichkeit iSd § 16 Abs 7 S 2 WEG auch bei Eingriffen iSd § 16 Abs 2 Z 3 WEG heranzuziehen sein.

1806 Vgl *Vonkilch* in *Hausmann/Vonkilch*, Österreichisches Wohnrecht WEG^4 (2017) § 16 WEG Rz 63.

1807 Vgl OGH 17.1.2019, 5 Ob165/18b; siehe auch zum mietrechtlichen Entschädigungsanspruch iSv § 8 Abs 3 MRG *Böhm/Pletzer* in *Böhm/Pletzer/Spruzina/Stabentheiner*, GeKo Wohnrecht I (2018) § 8 MRG Rz 120 mwN; vgl auch RIS-Justiz RS0069520, RS0069533.

1808 Vgl zum Entschädigungsanspruch im Zusammenhang mit einer nicht mehr gebrauchsfähigen, demontierten Außenjalousie, OGH 13.12.2011, 5Ob194/11g.

1809 Vgl zum mietrechtlichen Entschädigungsanspruch OGH 12.10.2004, 5 Ob 229/04v; Auch der aus einer Änderung mit Inanspruchnahme eines anderen vermieteten Wohnungseigentumsrecht resultierende Mietzinsminderungsanspruch ist sohin im Regressweg gegenüber dem Änderungswilligen ersatzfähig. Diesfalls finden die Maßstäbe des § 1096 ABGB, unter anderem der Beeinträchtigungsgrad und die Dauer der änderungsbedingten Unbrauchbarkeit mittelbaren Durchschlag.

1810 Vgl OGH 27.6.2006, 5 Ob 93/06x.

1811 Vgl OGH 27.6.2006, 5 Ob 93/06x; Losgelöst von der inhaltlichen Bedeutung für diese Fußnote wird an dieser Stelle Franz von Zeiller als Schöpfer des ABGB geehrt – der genaue Leser möge dem Autor diesen Einschub verzeihen.

Der Gesetzgeber bildet nunmehr keinen auf änderungsrechtliche Entschädigungen bezogenen gemeinschaftlichen Klammerverweis am Ende der Bestimmung ab, wie bisher, sondern differenziert zwischen *„Zustimmung zu Änderungen (§ 16 Abs. 2 bis 5), [und der] Duldung von Erhaltungsarbeiten einschließlich der Entschädigung eines dadurch beeinträchtigten Wohnungseigentümers (§ 16 Abs. 7)“*.[1812]

Daraus lassen sich mehrere Interpretationsmöglichkeiten ableiten. Entweder es handelt sich um ein Redaktionsversehen, welches verabsäumte das Entschädigungsbegehren im änderungsrechtlichen Zusammenhang verweismäßig abzubilden, oder dem Nichtverweis ist tatsächlich Regelungsgehalt beizumessen.

Die Materialien sprechen durch den Verweis auf „flankierende geringfügige Adaptierungen“ jedenfalls gegen einen groben Systemwandel.[1813]Auch *Stabentheiner* begründete die sprachliche Anpassung jener Verfahrensbestimmung lediglich mit der nunmehrigen Einbeziehung von Feststellungsbegehren iZhg mit Rechtsunsicherheiten fraglicher begünstigungswürdiger Änderungen.[1814]

Fraglich erscheint, ob der Gesetzgeber einen gesonderten Verweis insoweit für entbehrlich hielt, als die „angemessene Entschädigung“ bereits eine (vorab schwer feststellbare) Änderungsvoraussetzung gem § 16 Abs 2 Z 3 WEG darstellt und darüber bereits im Rahmen des gerichtlichen Zustimmungsersatzes abzusprechen ist, ohne dass ein weiteres Verfahren mit gesondertem Verweis in das Außerstreitverfahren hierfür erforderlich wäre.

In Anbetracht bestehender Rechtsprechung zur Duldungsverpflichtung gem § 16 Abs 3 WEG aF ist die Pflicht zur Duldung allerdings nicht von der Leistung einer angemessenen Entschädigung abhängig, sondern diese ist vielmehr die Folge eines entsprechenden Eingriffs.[1815] Gerade weil *ex ante* die Feststellungsschwierigkeit besteht, inwieweit der betroffene Wohnungseigentümer tatsächlich beeinträchtigt wird, ist schwer zu begreifen, weshalb für änderungsbedingte Eingriffe anderes gelten solle.

Es wird sohin davon auszugehen sein, dass der Gesetzgeber durch den allgemeinen Verweis auf § 16 Abs 2 WEG und dem besonderen untrennbaren Konnex zwischen der „Zustimmung zu Änderungen“ und dem damit verbundenen Nachteilausgleich auch Entschädigungsbegehren gem Z 3 implizierte, ohne dass diese bereits im Zusammenhang mit der Genehmigungsfähigkeit oder gar im streitigen Verfahren zu beurteilen wären.

[1812] Vgl § 52 Abs 1 Z 2 WEG idF 2022.

[1813] Vgl ErläutRV WEG idF 2022, 1174 BlgNR 27. GP 1; darüber hinaus äußert sich der Gesetzgeber an keiner Stelle zu Entschädigungen, vgl ErläutRV WEG idF 2022, 1174 BlgNR 27. GP 21 f.

[1814] Vgl *Stabentheiner*, Die WEG-Novelle 2022, ÖJZ 2022, 263; vgl zum außerstreitigen Feststellungsbegehren ErläutRV WEG idF 2022, 1174 BlgNR 27. GP 22.

[1815] Vgl RIS-Justiz RS0125905.

V. Das wohnungseigentumsrechtliche Änderungsrecht im Überblick

A. Zur Maßnahmenkategorisierung

- Das „Änderungsrecht" iSd § 16 Abs 2 WEG stellt eine Besonderheit wohnungseigentumsrechtlicher Verfügungsmaßnahmen dar. Zentral für Verfügungsmaßnahmen ist sohin der grundlegende Zustimmungsbedarf sämtlicher Miteigentümer.
- Das zentrale Abgrenzungskriterium von Änderungsmaßnahmen ist deren individueller Interessensbezug. Abgrenzungsschwierigkeiten zur Verwaltung ergeben sich erst, wenn eine konkrete Maßnahme im Interesse mehrerer Wohnungseigentümer steht oder wenn Maßnahmen an allgemeinen Teilen gesetzt werden.
- Die Unterscheidungsnotwendigkeit ist insoweit gegeben, als der mehrheitsgeprägte Willensbildungsmodus von Verwaltungsmaßnahmen gem § 24 Abs 4 WEG vollkommen untauglich zur Rechtfertigung von Änderungsmaßnahmen ist.[1816] Dem Verwalter kommen – abgesehen von der Auskunftsverpflichtung gegenüber änderungswilligen Wohnungseigentümern gem § 20 Abs 8 WEG hinsichtlich der Namen und der Zustellanschriften der übrigen Wohnungseigentümer – keinerlei Kompetenzen im änderungsrechtlichen Zusammenhang zu.
- Verwaltungsmaßnahmen zeichnen sich durch ein objektivierbares (überindividuelles) Gemeinschaftsinteresse aus. Dies ist in der Regel dann nicht gegeben, wenn die Maßnahme ohne besondere Rechtfertigung (zB durch den Erhaltungszweck) in das Ausschließlichkeitsrecht einzelner Wohnungseigentümer eingreift oder bloß einzelnen Wohnungseigentümern zu Gute kommt. In der Gestalt zeichnet sich zumindest eine an die Flächenkategorisierung anknüpfende Indizienwirkung ab.
- Aufgrund mangelnder Dispositionsmöglichkeit[1817] im Rahmen der Maßnahmenkategorisierung führt ein subjektives Gemeinschaftsinteresse (bspw ein Mehrheitsbeschluss) nicht dazu, dass eine Maßnahme automatisch als Verwaltungsmaßnahme zu qualifizieren ist. Dies ist insb bei „kollektiven Änderungsmaßnahmen" an ausschließlich genutzten Flächenteilen bedeutsam (bspw Klimaanlagen für mehrere Wohnungseigentumsobjekte).
- Tatsächlich schließen sich die Maßnahmen der Verwaltung und des wohnungseigentumsrechtlichen Änderungsrechts nicht gänzlich aus. Maßnah-

---

1816 Zu den Ausnahmen im Überschneidungsbereich siehe sogleich.

1817 Zumindest lässt sich dadurch nicht das notwendige Einvernehmen aller umgehen.

men in jenem Überschneidungsbereich lassen sich sohin durch beide Rechtfertigungsapparate umsetzen. Darunter fällt nicht zuletzt die *barrierefreie Ausgestaltung* von (zumeist allgemeinen) Zugangsflächen als Form der begünstigungswürdigen Änderungen gem § 16 Abs 5 WEG, bei welchen der Gesetzgeber Individualinteressen besonders unterstrichen hat. In jenen Überschneidungsbereich – nämlich außerhalb ausschließlich genutzter Flächenteile – wird insb auch die nicht substanzielle Umgestaltung allgemeiner Teile fallen, insb wenn dem Änderungswilligen an jenen Flächen ein obligatorisches Nutzungsrecht zu kommt.

- Sohin kann eine allgemeine Teile betreffende Maßnahme, welche über die in § 28 WEG genannten Angelegenheiten hinausgeht, wie etwa nützliche Verbesserungen oder sonstige über die Erhaltung hinausgehende bauliche Veränderungen, deren Durchführung im „objektivierbaren“ Gemeinschaftsinteresse liegt, durchaus eine Maßnahme außerordentlicher Verwaltung darstellen. Diese wäre im Gegensatz zu Änderungen im Individualinteresse eines Wohnungseigentümers, bei welchen es grundsätzlich der Zustimmung aller bedarf, einer Mehrheitsentscheidung zugänglich.
- Um der unbefristet möglichen Bekämpfungsmöglichkeit einer fälschlich angenommenen Verwaltungshandlung zu entkommen, ist im Zweifel eine der Zustimmung aller unterliegende Verfügungshandlung anzunehmen. Eine gegenteilige Zweifelsregel – nämlich die Zuordnung zur Verwaltung – lässt sich nur gegenüber einem Dritten im Rahmen der partiellen Rechtsfähigkeit der Eigentümergemeinschaft und einem damit verbundenen „Gläubigerschutz“ rechtfertigen.

B. Allgemeines zum „Änderungsrecht“

- Das „Änderungsrecht“ schafft in der Gestalt keine *ex lege* Duldungspflicht der Miteigentümer, vielmehr ist es das Bündel aller Normen zur Rechtfertigung von besonderen Sachverfügungsmaßnahmen[1818] im individuellen Interesse des Wohnungseigentümers, soweit dieser die ausdrückliche Zustimmung nicht erlangen kann.
- Als Rechtfertigungsmodus kommt bei bestimmten Änderungsformen die mit der WEG-Novelle 2022 geschaffene Zustimmungsfiktion oder jedenfalls ein gerichtlicher Zustimmungsersatz gem § 16 Abs 2 iVm § 52 Abs 1 Z 2 WEG im Außerstreitverfahren in Frage. Durch letzteren lässt das besondere wohnungseigentumsrechtliche Verfügungsrecht sohin auch Maß-

[1818] Aufgrund des bestehenden Zustimmungsbedarfs aller Miteigentümer wird auch davon auszugehen sein, dass das Änderungsrecht *in concreto* nicht als Anteilsverfügung erfasst werden kann, wenngleich diese auch substituiert werden kann, vgl demgegenüber *Pittl*, Handbuch Wohnungseigentumsrecht (2022) 5.2.

nahmen gegen den Willen anderer Wohnungseigentümer zu. Jene besondere Substitution verbildlicht das Aufweichen der Zäsur zwischen der allgemein zivilrechtlichen Anteils- und Sachverfügung.

- Es lässt sich erkennen, dass das „Änderungsrecht“ mit der Stellung des Wohnungseigentümers untrennbar verbunden ist und keiner zessionstechnischen Abtretung zugänglich ist. *Ex lege* kommt auch der Wohnungseigentumsbewerber in Genuss des „Änderungsrechts“, soweit diesem die Zusage der Einräumung des Wohnungseigentums zumindest im Grundbuch angemerkt ist und er entweder bereits die Stellung als Miteigentümer innehat oder das Wohnungseigentumsobjekt bereits bezogen hat.
- Das besondere Verfügungsrecht ist als Ausfluss des dinglichen Ausschließlichkeitsrechts entsprechend nur eingeschränkt der Disposition zugänglich. Demzufolge lässt es sich vertraglich jedenfalls bis zur Grenze des ausschließlichen Verfügungsrechts anderer ausweiten – insb durch „Vorabzustimmungen“. Ein völliger Ausschluss des Änderungsrechts ist allerdings unwirksam und hat keine über das dadurch abgebildete schutzwürdige Interesse einheitlicher Gestaltung hinausgehende Wirkung.

C. Zum „Änderungsbegriff“ und zur Abgrenzung anderer wohnungseigentumsrechtlicher Rechtsgrundlagen individueller Maßnahmen

- Ohne Zweifel fallen bagatellhafte Umgestaltungen als bloße Nutzungshandlungen auch in die Kompetenz des Wohnungseigentümers. Jene Handlungen erfordern allerdings insoweit keine besondere Rechtfertigung, als sie bereits Ausfluss des jeweiligen Anteilsrechts sind und die Möglichkeit der Beeinträchtigung schutzwürdiger Interessen anderer nicht besteht.
- Werden im Zuge von Änderungsmaßnahmen allgemeine Teile (§ 16 Abs 2 Z 2 WEG) oder Wohnungseigentumsobjekte anderer (§ 16 Abs 2 Z 3 WEG) in Anspruch genommen, ist eine Möglichkeit der Interessensbeeinträchtigung in der Regel nicht ausgeschlossen. Dies verdeutlicht der Gesetzgeber auch durch die Voraussetzungsdichte bei jenen Änderungsmaßnahem zunehmender Intensität.
- Abgrenzungsbedarf besteht auch zu Maßnahmen der Instandhaltungspflicht des Wohnungseigentümers gem § 16 Abs 7 WEG. So hat der Wohnungseigentümer das Wohnungseigentumsobjekt und die dafür bestimmten Einrichtungen auf seine Kosten zu warten und in Stand zu halten, sodass den anderen kein Nachteil erwächst. Besteht mit dem aktuellen Zustand bereits eine Interessensbeeinträchtigung anderer sind sohin entsprechende (Instandhaltungs-)Maßnahmen zu setzen. In dieser Gestalt lässt sich bei Maßnahmen, welche eine Gefährdung aufgrund eines schlechten Erhaltungs-

zustandes zu beseitigen versuchen, ebenso eine unmittelbare Durchführungsbefugnis erkennen – mag mit jener Maßnahme auch ein „verbesserter“ Zustand einhergehen. Analog zum dynamischen Erhaltungsbegriff gem § 3 MRG wird auch hier anzunehmen sein, dass der zeitgemäße Stand der Technik im Sinne der Zweckgleichheit mit dem vorigen Ist-Zustand ebenfalls davon gedeckt ist.

- Darüberhinausgehende individuelle Gestaltungsmaßnahmen baulicher oder rechtlicher Natur sind dem änderungsrechtlichen Genehmigungsbedarf zu unterstellen.
- Der Änderungsbegriff umfasst einen sehr weiten Maßnahmenumfang. Darunter fallen bauliche Substanzänderungen, selbst unter Inanspruchnahme von Wohnungseigentumsobjekten anderer, und rechtliche Änderungen („Widmungsänderungen“). Durch den ohnehin greifenden Schutzmechanismus der *Beeinträchtigung schutzwürdiger Interessen* gem § 16 Abs 2 Z 1 WEG als allgemeine Änderungsvoraussetzung steht die Literatur einer „vorab“ einschränkenden Auslegung des Änderungsbegriffes äußerst kritisch gegenüber.
- Im Unterschied zum dWEG ist der Verwendungszweck eines Wohnungseigentumsobjekts iSd öWEG nicht aus der sachenrechtliche Sphäre („Wohn- und Teileigentum“), sprich einen *titelus* und einen *modus* voraussetzend, abzuleiten, sondern vielmehr Ausfluss des obligatorischen, konsensualen Widmungsakts.
- Gerade Widmungsänderungen verdeutlichen den besonderen, direkten Konnex zum wohnungseigentumsrechtlichen Nutzwert. Auch wenn nutzwertrelevante Maßnahmen *per se* einer Änderung nicht im Wege stehen, können sich besondere Interessensbeeinträchtigungen ergeben. Durch die langjährige Duldung einer bestimmten geänderten Nutzungsform kann sich diesfalls in weiterer Folge auch nachträglich ein rechtfertigender Konsens abzeichnen.
- Einer nutzwertrelevanten Änderungsmaßnahme werden insb dann schutzwürdige Interessen entgegenstehen, wenn dadurch eine wesentliche Änderung des Stimmverhaltens oder der allgemeinen Kostentragung von Liegenschaftsaufwendungen gem § 32 Abs 1 WEG zu erwarten ist. Darunter fällt sowohl eine wesentliche Nutzwerterhöhung, als auch eine wesentliche Nutzwertminderung der dem Änderungswilligen gehörigen WE-Objekte. Allen voran erscheint die änderungsbedingte Etablierung eines „Mehrheitseigentümers“ problematisch, welche die übrigen Wohnungseigentümer auf Minderheitsrechte gem § 30 WEG reduziert. Demgegenüber wird eine Änderung dann keinen schutzwürdigen Interessen entgegenstehen, wenn aufgrund bloß geringfügiger, zu erwartender Nutzwertänderungen die Voraussetzungen zur Nutzwertneufestsetzung gem §§ 10 Abs 1 iVm 9 Abs 2 f WEG nicht gegeben wären.

- Wird die Verwendungsart nutzungstechnisch nicht ausgeschöpft, lässt sich darin in der Regel kein Verzicht hinsichtlich der die aktuelle Nutzung übersteigenden Verwendungsart ableiten lassen.
- Ist einem Wohnungseigentumsobjekt keine spezifische Widmung zu Grunde gelegt, ist das Kriterium der Verkehrsüblichkeit nunmehr von bloß untergeordneter Bedeutung. Vielmehr haben sich die Wohnungseigentümer für eine breite Verwendungsform ausgesprochen, was die die Schutzwürdigkeit entgegenstehender Interessen zurückdrängt.
- Zur Ermittlung schutzwürdiger Interessen gilt es die mit der beabsichtigten Verwendungsart verbundenen Beeinträchtigungen, jenen der mit der vertraglich vereinbarten Verwendungsart entfließenden gegenüberzustellen.

D. Zum „Änderungsobjekt"

- Der historische Wandel des Wohnungseigentumsobjektsbegriffs als vereinfachtes plastisches Synonym für den Umfang des Verfügungsrechts führt nicht zuletzt im Zusammenhang mit den Individualrechtsbefugnissen zu Rechtsunsicherheiten.
- Die begriffliche Reduzierung gem § 16 Abs 2 WEG auf das „Wohnungseigentumsobjekt" hat jedenfalls bereits nach der besonderen intensitätsabgestuften Systematik („unter Inanspruchnahme allgemeiner Teile") keinen Einfluss auf die Absteckung des „Änderungsobjekts". Unter gewissen Voraussetzungen ist auch die zusätzliche Inanspruchnahme allgemeiner Teile oder gar WE-Objekte anderer Wohnungseigentümer änderungsrechtlich zulässig. So ist das Änderungsrecht jedenfalls als Ausfluss teleologisch-systematischer Interpretation nicht auf das Innere des Wohnungseigentumsobjekts beschränkt.
- Das „Änderungsrecht" des Wohnungseigentümers ist als Ausfluss dinglicher Rechte weiter als das Veränderungsrecht des Mieters im Vollanwendungsbereich des MRG.1819 So duldet der Gesetzgeber bei besonderem Interesse des Änderungswilligen ausdrücklich Änderungen, welche über das eigene WE-Objekt hinausgehen. Das Änderungsrecht des Mieters ist demzufolge als Mindestradius des wohnungseigentumsrechtlichen Individualrechts einzufangen. Andernfalls würden mietrechtlich zulässige Gestaltungsmaßnahmen des veränderungswilligen Mieters bei (gegenüber der Miteigentümergemeinschaft) nicht durchsetzbaren Änderungen, automatisch in einer Mietzinsminderung gem § 1096 Abs 1 S 2 ABGB resultieren.[1820]

1819 Vgl § 9 Abs 1 f MRG.

1820 Ein solches Zusammenspiel der Änderungsrechte zu Lasten des vermietenden Wohnungseigentümers ist allerdings weiterhin dann zu erwarten, wenn es aufgrund dessen Untätig-

- Jedenfalls als Änderungsobjekt erfasst sind Flächenteile, welche dem dinglichen ausschließlichen Verfügungsrecht entspringen. Darunter fallen zweifelsohne auch Zubehörobjekte gem § 2 Abs 1 und § 2 Abs 3 WEG.
- *Per analogiam* sind auch allgemeine Flächenteile davon umfasst, welche dem Änderungswilligen durch eine Benützungsregelung gem § 17 Abs 1 WEG zur ausschließlichen Nutzung überlassen sind.
- Ist die angestrebte Änderung einer vorteilhafteren Nutzung des Wohnungseigentumsobjekts dienlich, ist auch die ausschließliche Inanspruchnahme allgemeiner Teile denkbar, ohne dass gleichzeitig das Wohnungseigentumsobjekt hiervon umfasst sein muss.

E. Zur Primärvoraussetzung der Zustimmung

- Die Genehmigungsbedürftigkeit und der damit einhergehende Rechtfertigungsbedarf einer Maßnahme knüpft – nunmehr *lex scripta* – an die bloße Möglichkeit der Beeinträchtigung schutzwürdiger Interessen.
- Die primäre Rechtfertigung einer Änderungsmaßnahme erfolgt als Ausfluss besonderer Sachverfügungsmaßnahmen durch die Zustimmung aller anderen Wohnungseigentümer.
- Die WEG-Novelle 2022 schuf mit der Zustimmungsfiktion im Rahmen begünstigungswürdiger Änderungsformen gem § 16 Abs 5 WEG, neben dem bisherigen gerichtlichen Zustimmungsersatz gem § 52 Abs 1 Z 2 iVm § 16 Abs 2 WEG einen dualen alternativen Rechtfertigungsmodus. So stehen dem Änderungswilligen alle Zustimmungsformen gleichermaßen zur Verfügung.
- Aufgrund mangelnder besonderer wohnungseigentumsrechtlicher Formvorschriften[1821] finden auf änderungsrechtliche Zustimmungserklärungen die allgemeinen zivilrechtlichen Normen §§ 861 ff ABGB Anwendung, wonach Willenserklärungen in diesem Zusammenhang sowohl mündlich als auch konkludent Wirksamkeit entfalten können.
- Gerade bei Widmungsänderungen wird zumindest die äußerliche Erkennbarkeit geänderter Nutzungsformen vorausgesetzt sein, um dem „duldenden“ Verhalten einen Erklärungsinhalt beimessen zu können. Dass das Schweigen nach aktiver Inkenntnissetzung über die geänderte Nutzungsformen (bspw durch Rundbrief) nicht jedenfalls „zustimmungsfiktionsähnliche Wirkungen“ auslöst, verdeutlicht der Gesetzgeber auch durch § 16

keit zu einer wirksamen mietrechtlichen Zustimmungsfiktion und zur Ausdehnung des bedungenen Gebrauches kam, welche sich nicht gegenüber den anderen Wohnungseigentümern gem § 16 Abs 2 iVm § 52 Abs 1 Z 2 WEG durchsetzen lässt.

[1821] So setzt nur die Zustimmungsfiktion gem § 16 Abs 5 WEG eine besondere Form der Verständigung über die begünstigungswürdige Änderungsmaßnahme voraus. Auch lässt sich die Wirkung einer solchen nur durch schriftlichen Widerspruch entschärfen.

Abs 5 WEG, wonach die Annahme eines Erklärungswertes von bestimmten Änderungsformen abhängt.

- Zustimmungserklärungen sind unabhängig vom Eintritt materiell-rechtlicher Rechtsänderungen – bei Zustimmung aller – nicht frei widerrufbar und setzen eine entsprechende Anfechtung durch den Erklärenden voraus.
- Änderungsbegünstigende vertragliche Adaptionen sind als zeitlich vorangehende „Zustimmungen" und Ausfluss des relativ zwingenden Charakters änderungsrechtlicher Normen zulässig. Aus jenen Vereinbarungen lässt sich sohin ein unmittelbarer Durchführungsanspruch konstruieren und dem vereinbarten „Änderungsrecht" ein gestaltungsrechtlicher Charakter zuordnen.
- Selbst ausschließliche Nutzungen zuweisende Benützungsregelungen gem § 17 WEG, welche nicht ausdrücklich zulässige Änderungsformen festhalten, können ein (verdecktes) „Änderungsrecht" implizieren und schutzwürdige Interessen aufgrund ebenjenes abgeschlossenen Konsensfindungsprozesses zurückdrängen.
- Jegliche konsensuale Grundlage kann sich auf die änderungsrechtliche Systematik auswirken und die Schwelle der Genehmigungsbedürftigkeit anheben bzw schutzwürdige Interessen der Miteigentümer zurückdrängen. Dies verdeutlicht sich auch im Rahmen geringfügiger Abweichungen von ursprünglich konsensualen Änderungsmaßnahmen. So lösen nur gravierende Abweichungen vom ursprünglichen Konsens einen erneuten Genehmigungsbedarf aus.
- Es bedarf keines temporalen Zusammenhangs zwischen Änderung und Rechtfertigung. Gleichermaßen sind sohin auch nachträgliche Zustimmungen (nach Änderungsdurchführung) wirksam und beseitigen die rechtswidrige Eigenmacht, wenngleich die Gefahr eines zwischenzeitlichen Beseitigungsbegehrens entgegenstehender Miteigentümer besteht.

F. Zur Kostentragung im Rahmen änderungsrechtlicher Gestaltung

- Prinzipiell lässt sich zwischen den unmittelbaren änderungsbedingten Durchführungskosten, den Verfahrenskosten im gerichtlichen Zustimmungsersatz, den Betriebskosten, und den künftigen Erhaltungskosten differenzieren.
- Neben dem Zustimmungsbedarf ist die Kostentragung des Änderungswilligen gem § 16 Abs 2 S 1 WEG die zweite änderungsrechtliche Grundvoraussetzung unabhängig der in Anspruch genommenen Rechtfertigungssystematik.
- Dass die unmittelbaren Kosten der Änderungsdurchführung gem § 16 Abs 2 S 1 WEG vom Änderungsberechtigten unabhängig des konkreten Ände-

rungsobjekts jedenfalls zu tragen sind, war und ist als Ergebnis der Wortinterpretation unstrittig.

- Auch die Kosten des laufenden Betriebes der Änderungsmaßnahme sind mangels (allgemeiner) Liegenschaftsbezogenheit gem § 32 Abs 1 WEG vom Ändernden zu übernehmen.

- Wohingegen die änderungsbedingte Folgekostentragung im Rahmen der Erhaltung in der Vergangenheit uneinheitlich im Umkehrschluss aus der Erhaltungspflicht der Eigentümergemeinschaft abgeleitet wurde, bildet §§ 16 Abs 2 iVm Abs 6 f WEG nunmehr ein breite Kostentragungspflicht des Änderungswilligen bzw des Ändernden *sui generis* ab. In Anbetracht von künftig drei änderungsrechtlichen Normen zur Kostentragung wird sich jene nunmehr *eo ipso* bestimmen lassen müssen, ohne auf § 32 Abs 1 WEG *e contrario* zurückgreifen zu müssen.

- So wird künftig von jedem Versuch die Verpflichtung zur Folgekostentragung im Umkehrschluss aus der Erhaltungspflicht der Eigentümergemeinschaft abzuleiten, Abstand zu nehmen sein. Methodisch käme ein Umkehrschluss – als ein eine (unechte iSv planmäßige[1822]) Regelungslücke voraussetzendes Interpretationsmittel der Logik[1823] – nur in Frage, soweit keine *lex specialis* gegeben ist.

- Daher scheint es passend an die im Schrifttum besonderen Anklang findenden Überlegungen *Vonkilchs*[1824] anzuknüpfen und die Kostenregelung des § 16 Abs 2 WEG als *lex specialis* zu § 32 Abs 1 S 1 WEG heranzuziehen.

- § 16 Abs 6 WEG gedenkt die Kosten des künftigen (Mehr-)Aufwandes durch die Zuweisung an den Wohnungseigentümer zu regeln. Jene Systematik ist dem WEG insoweit nicht unbekannt, als der Wohnungseigentümer bereits gem § 16 Abs 3 WEG aF – nunmehr § 16 Abs 7 WEG – das WE-Objekt und die dafür bestimmten Einrichtungen auf seine Kosten in Stand zu halten hat, sodass den anderen Wohnungseigentümern kein Nachteil erwächst. Im Unterschied zu jener Bestimmung regelt § 16 Abs 6 WEG allerdings ausschließlich die Kostentragung, ohne dass damit die Erhaltungspflicht von der Eigentümergemeinschaft gelöst wird.

- In der Gestalt zeichnen sich in kostentechnischer Hinsicht drei Bereiche in Wechselwirkung mit der Erhaltungspflicht ab:
  1. Die Instandhaltungs- und Kostentragungspflicht gem § 16 Abs 7 WEG,

---

1822 Vgl *Barth/Dokalik/Potyka,* ABGB[26] (2018) 4.

1823 Den Begriff des „armseligen Umkehrschluss" unter Verweis auf *Ehrenzweig* prägend, *F. Bydlinski*, Juristische Methodenlehre und Rechtsbegriff[2] (1991) 476; siehe auch *Ehrenzweig*, System des österreichischen allgemeinen Privatrechts[2] I (1913) 60 f.

1824 *Vonkilch* in *Hausmann/Vonkilch*, Österreichisches Wohnrecht WEG[4] (2017) § 16 WEG Rz 41a.

2. die (Mehr-)Kostentragungspflicht des Ändernden mit der Erhaltungspflicht der Eigentümergemeinschaft gem § 16 Abs 6 WEG iVm § 28 Abs 1 Z 1 WEG
3. und schließlich die klassische Erhaltungspflicht samt Kostentragung der Eigentümergemeinschaft gem § 28 Abs 1 Z 1 WEG iVm § 32 Abs 1 WEG.

- Lässt sich keine vertragliche Aufteilung der Folgekosten ausmachen ist zur Ermittlung der Mehrkosten ein hypothetischer Kostenvergleich der fiktiven Erhaltung des historischen Bauzustandes vor der Änderungsmaßnahme (Urzustand) mit jenem des tatsächlichen Erhaltungsaufwandes anzustellen und das *Plus* dem Ändernden zuzuordnen.

- Vom Änderungswilligen zu tragende Mehrkosten werden sich dann nicht ergeben, wenn ein besonders schlechter Vorzustand und die damit verbundenen höheren hypothetischen Erhaltungskosten zulasten der Eigentümergemeinschaft ausschlagen und die Änderungsmaßnahme bspw durch die Erneuerung der Außenflächen der Eigentümergemeinschaft womöglich gar Erhaltungsaufwendungen erspart hat.

- Gerade nutzwertrelevante Änderungen und damit verbundene Nutzwertneufeststellungen gem §§ 10 Abs 1 iVm 9 Abs 2 f WEG werden die Mehrkostenbelastung gem § 16 Abs 6 WEG ohnehin beseitigen, sodass sich die Frage nach den Mehrkosten gar nicht stellen wird. Anderenfalls käme es zu einer Doppelbelastung des Änderungswilligen.

- Jene Kostentragungspflicht ist bloß die Folge einer Änderungsmaßnahme, ohne dass damit eine änderungsrechtliche Voraussetzung abgesteckt wird. Ganz im Gegenteil: Durch die explizite Mehrkostenregelung kann einer Änderungsmaßnahme kein schutzwürdiges Interesse (Z 1) im Zusammenhang mit dem Erhaltungsaufwand verbundenen finanziellen Belastungen der Eigentümergemeinschaft entgegengehalten werden. Auch die Absicherung gegen eine finanzielle Vorbelastung der Eigentümergemeinschaft, welche jedenfalls aus der gemeinschaftlichen Erhaltungspflicht gem § 28 Abs 1 Z 1 WEG resultiert, kann im Lichte des gesetzlichen Vorzugspfandrecht der Eigentümergemeinschaft gem § 27 Abs 1 Z 1 WEG kein der Änderung entgegenstehendes schutzwürdiges Interesse abbilden.

- Einen weiteren Kostenpunkt – außerhalb des änderungsrechtlichen Normenzusammenhangs – stellen die Verfahrenskosten im Rahmen des gerichtlichen Zustimmungsersatzes gem § 52 Abs 1 Z 2 WEG, samt Gerichts-, Vertretungs- und Sachverständigenkosten dar, soweit die ausdrückliche Zustimmung der Miteigentümer oder gegebenenfalls eine etwaige Zustimmungsfiktion nicht erwirkt werden kann.

- § 52 Abs 2 WEG iVm § 37 Abs 3 Z 17 MRG bestimmt, dass die Verfahrensgesamtkosten nach Billigkeit zu tragen sind. Maßstäbe hierfür sind in erster Linie der Verfahrenserfolg, das grundsätzlich in Richtung des Änderungswilligen ausschlagende Verfahrensinteresse, die Verursachung des nicht zweckentsprechenden Verfahrensaufwandes und schließlich die zugunsten des Änderungswilligen wirkende Entlastung von einer übermäßigen Kostenbelastung durch das Mehrparteiverfahren.

G. Zur „Begünstigungswürdigkeit“ gem § 16 Abs 5 WEG idF 2022

1. Grundlegendes zum Rechtfertigungsmodus „begünstigungswürdiger“ Änderungen

- Die WEG-Novelle 2022 beabsichtigt im Lichte der dringlichen Klimawandelbekämpfung und anderen gesellschaftlichen Desideraten die Durchführung bestimmter „begünstigungswürdiger“ Maßnahmen zu erleichtern und langwierige wohnungseigentumsrechtliche Verfahren zu beschleunigen.
- Jene Ausgestaltungsformen[1825] setzen nunmehr insoweit keine ausdrückliche Zustimmung der Miteigentümer voraus, als die Widerspruchslosigkeit dieser bei gehöriger Verständigung durch den Änderungswilligen die Wirkung einer Zustimmungsfiktion entfaltet.
- Mit dem WEG 2002 idF 2022 wird die wohnungseigentumsrechtliche Rechtfertigungssystematik von Änderungsmaßnahmen neben dem gerichtlichen Zustimmungsersatz gem § 52 Abs 1 Z 2 WEG um einen Modus erweitert.
- Im Unterschied zum Katalog klassischer Privilegierungsformen im gerichtlichen Zustimmungsersatz gem § 16 Abs 2 Z 2 S 2 WEG, welcher bestimmter besonderer Änderungsvoraussetzungen nicht bedarf, schafft § 16 Abs 5 WEG nunmehr einen völlig neuen, dem mietrechtlichen Veränderungsrecht ähnelnden Rechtfertigungsmodus, welcher im Spannungsverhältnis mit privatautonomen Grundsätzen steht.
- Jene Privilegierungszweispurigkeit steht allerdings nicht interferenzlos nebeneinander, vielmehr finden sich Änderungsformen, welche in den Genuss beider Privilegierungsformen kommen. Darunter fällt zum einen der Einbau einer *Ladevorrichtung* für elektrische Fahrzeuge und die *barrierefreie Ausgestaltung* („besonders begünstigungswürdige“ Privilegierungsformen).
- Die besondere systematische Integration des neuen Privilegierungskatalogs verdeutlicht, dass es für eine gültige Zustimmungsfiktion nicht der allgemeinen Voraussetzungen des gerichtlichen Zustimmungsersatzes gem § 16 Abs 2 Z 1 WEG bedarf.

[1825] Siehe zu den Tatbeständen begünstigungswürdiger Änderungsformen sogleich.

- In der Gestalt verlieren jene Voraussetzungen ihren Charakter als „allgemeine Änderungsvoraussetzungen“, welche auf den neuen Rechtfertigungsmodus übergreifen würden. Nichtsdestotrotz bilden manche begünstigungswürdige Änderungstatbestände jene Voraussetzungen ohnehin tatbestandsmäßig ab (*„in das Erscheinungsbild des Hauses harmonisch einfügende“* Beschattungsvorrichtungen). Jene Bezugnahme lässt die Rechtssicherheit hinsichtlich einer wirksamen Zustimmungsfiktion verblassen und setzt den Änderungswilligen der Gefahr eigenmächtigen Handelns aus.

- Begünstigungswürdige Änderungsformen finden jedenfalls dort ihre Grenze, wo sie eine *„wesentliche und dauernde Beeinträchtigung“* anderer Wohnungseigentümer darstellen. Jener Tatbestand ähnelt der absoluten Grenze des „Änderungsrechts“ im Rahmen der massivsten Änderungsform bei Inanspruchnahme von Flächenteilen des ausschließlichen Verfügungsrechts anderer gem § 16 Abs 2 Z 3 WEG.

- Mangels eines § 16 Abs 2 Z 1 WEG entsprechenden „Vorfilters“ im Rahmen der Begünstigungswürdigkeit wird jenen „absoluten Grenzen“ allerdings nicht derselbe Inhalt beigemessen werden können. In der Gestalt werden bspw „gefährliche Änderungen“ iSd § 16 Abs 2 Z 1 WEG als *„wesentliche und dauernde Beeinträchtigungen“* anderer Wohnungseigentümer iSd § 16 Abs 5 WEG nicht die Wirkung einer Zustimmungsfiktion entfalten können. Im Rahmen des gerichtlichen Zustimmungsersatzes wird sich die Frage einer *„wesentlichen und dauernden Beeinträchtigung“* an dieser Stelle allerdings insoweit nicht stellen, als „gefährliche Änderungen“ bereits gem Z 1 absolut unzulässig sind.

- Die Bedeutung jenes Privilegierungsmodus geht weit über Aspekte der bloßen Verfahrensökonomie hinaus. Durch die gesetzliche Verankerung jener Maßnahmen und dem dadurch zum Ausdruck gebrachten *„gesetzlichen Förderungswillen“*[1826] werden Reflexwirkungen auf die Gesamtheit der wohnungseigentumsrechtlichen Änderungsvoraussetzungen erzeugt – insb durch Zurückdrängung schutzwürdiger Interessen widersprechender Miteigentümer.

- Es ist anzunehmen, dass diesem Aspekt gar die größte Bedeutung zukommen wird, da einerseits ein Widerspruch eines Miteigentümers die Rechtfertigungswirkung gem § 16 Abs 5 WEG gänzlich beseitigt und verfahrensökonomische Aspekte insoweit aufgewogen werden, als nach Rechtssicherheit strebende Änderungswillige oftmals bei ungewisser Zustimmungsfiktionswirkung einen Feststellungsbeschluss gem § 52 Abs 1 Z 2 WEG erwirken werden.

[1826] Vgl ErläutRV 1174 BlgNR 27. GP 11.

2. Zur Zustimmungsfiktion gem § 16 Abs 5 WEG

- Die Zustimmungsfiktion schafft im Zusammenhang mit den tatbestandsumrissenen begünstigungswürdigen Änderungsformen eine besondere Rechtfertigungswirkung. Jener Rechtfertigungsmechanismus steht sohin neben dem gerichtlichen Zustimmungsersatz gem § 52 Abs 1 Z 2 WEG, wobei auch nur der Widerspruch eines einzigen Wohnungseigentümers die Wirkung der Zustimmungsfiktion verhindert.
- Eine wirksame Zustimmungsfiktion setzt eine zugegangene qualifizierte Verständigung der übrigen Wohnungseigentümer voraus. Neben einer Rechtsbelehrung hinsichtlich des Unterbleibens eines Widerspruches verlangt die qualifizierte Verständigung eine klare und verständliche Maßnahmenbeschreibung.
- Der Zugang der qualifizierten schriftlichen Verständigung steckt den Beginn der zweimonatigen Äußerungsfrist des widerspruchsberechtigten Wohnungseigentümers ab.
- Die Unterschriftlichkeit ist weder bei der qualifizierten Verständigung noch im Rahmen eines Widerspruchs erforderlich.
- Die Spezifität der Änderungsbeschreibung knüpft an den abstrakt formulierten Qualitätsmaßstab der Klarheit und Verständlichkeit an. So hat der Wohnungseigentümer ein *„nachvollziehbares Bild“* darüber zu vermitteln, worin die Änderungsmaßnahme besteht und inwieweit andere Wohnungseigentümer hiervon beeinträchtigt werden könnten. Es ist sohin anzunehmen, dass sich jenes Qualitätskriterium mit dem Umfang der Änderungsmaßnahme skaliert.
- Jener Qualitätsmaßstab erinnert an das verbraucherrechtliche Transparenzgebot iSd § 6 Abs 3 KSchG. Die zusätzliche Anwendung verbraucherrechtlicher Normen schließt sich zwar *per se* nicht aus, dem wohnungseigentumsrechtlichen Verständigungsmodus ist allerdings nicht der *telos* einer auszugleichenden Ungleichgewichtslage inhärent.
- So wird bei der Vermittlung eines nachvollziehbaren Bildes an einen objektiven Maßstab anzuknüpfen sein, welcher auf einen durchschnittlich verständigen Wohnungseigentümer abstellt.
- Klar und verständlich ist eine Erklärung sohin dann, wenn sie eine fundierte Entscheidung eines verständigen Erklärungsempfängers ermöglicht. Der etwaig zustimmungspflichtige Wohnungseigentümer kann nur dann seine Rechtsposition erkennen, wenn sich aus der Maßnahmenbeschreibung die Tatbestandsmäßigkeit der Begünstigungswürdigkeit und das damit einhergehende Beeinträchtigungspotential ergeben.
- Herausragende Bedeutung kommt in der Gestalt der Änderungslokation und dem damit einhergehenden Beeinträchtigungspotential zu. Auch wenn die

Maßnahmenbeschreibung nicht die Darstellung bis ins letzte Detail erfordern wird, bietet es sich an, neben einer textlichen Darstellung auch grafische Planungsunterlagen darzulegen.

- Fraglich erscheint die Rechtsfolge unvollständiger Maßnahmenbeschreibungen. An dieser Stelle lässt sich an die mietrechtliche Zustimmungsfiktion anknüpfen: Ist die Unvollständigkeit evident, wird die Äußerungsfrist erst mit dem Nachreichen entsprechender Informationen zu laufen beginnen. Hat der Änderungswillige nach den Maßstäben des redlichen Verkehrs allerdings Grund zur Annahme einer vollständigen Maßnahmenbeschreibung, wird des dem Erklärungsempfänger obliegen, weitere Informationen zu begehren und auf die (subjektive?) Unvollständigkeit hinzuweisen, anderenfalls von einer wirksamen Zustimmungsfiktion ausgegangen werden muss.

- Dadurch, dass sich die Rechtfertigungswirkung auf konkrete Änderungsformen beschränkt und durch die absolute Grenze *wesentlicher* und *dauernde* Eingriffe gesichert ist, ist die Interessensbeeinträchtigung anderer von vorneherein limitiert und ein strengerer Maßstab als der mietrechtliche, welcher die Rechte gar eines bloß obligatorisch Berechtigten gegenüber dem Eigentümer erfasst, schwierig zu rechtfertigen.

- Der Änderungswillige hat die übrigen Wohnungseigentümer zudem darüber zu belehren, dass die Zustimmung als erteilt gilt, soweit diese dem Änderungsbegehren nicht binnen zweier Monate widersprechen.

- Die Hinweispflicht hinsichtlich der Rechtsfolge eines Unterbleibens eines Widerspruches unterliegt jedenfalls nicht dem besonderen Bestimmtheitsgebot. In dieser Gestalt trifft den Wohnungseigentümer jedenfalls keine über den Deutlichkeitsmaßstab der allgemeinen Unklarheitenregel gem § 915 S 2 ABGB hinausgehende Belehrungspflicht. ME ergibt sich auch eine Hinweispflicht auf den Widerspruchsmodus der Schriftlichkeit – gerade in Anbetracht des nunmehr[1827] verankerten Formgebots. So ist der Erklärungsempfänger zu informieren, welche Schritte erforderlich sind, um die Wirkung einer Zustimmungsfiktion zu verhindern.

- Der Verständigungsmodus der Maßnahmenbeschreibung knüpft ausdrücklich an die „Übersendung" gem § 24 Abs 5 WEG an. Die Beschlussübersendung gem § 24 Abs 5 WEG ist in erster Linie nicht von strengen Zustellvorschriften geprägt, sondern soll die Wohnungseigentümer in erster Linie über diesen in Kenntnis setzen.

- Zwar kennt der wohnungseigentumsrechtliche Gesetzgeber durch den Modus des Hausanschlages „Zustellfiktionen" bei Beschlüssen. Durch die gem § 16 Abs 5 WEG verankerte gesetzliche Reduktion auf den Übersendungs-

[1827] Vgl hierzu noch zum mündlichen Widerspruch ErläutME WEG idF 2022, 134/ME 27. GP 11 Z 5.

modus und durch das ausdrückliche Abstellen auf den „Zugang“ zur Absteckung der Widerspruchsfrist erscheint es allerdings fraglich, inwieweit iZhgm § 16 Abs 5 WEG tatsächlich „zustellungsfingierende“ Elemente zurückbleiben.

- Der Zugang ist jedenfalls dann bewirkt, wenn die Verständigung in den Machtbereich des Empfängers gelangt, sodass er sich unter normalen Umständen Kenntnis verschaffen kann.[1828] Neben der Problematik der Geschäftsfähigkeit des Empfängers stellt sich die Problematik des Zugangs bei bloßen „Hinterlegungszustellungen.“
- Gem § 24 Abs 5 WEG ist die Übersendung an die Anschrift des Wohnungseigentumsobjekts vorzunehmen, soweit nicht eine andere inländische Anschrift bzw ein Zustellbevollmächtigter bekannt gegeben worden ist. Der Änderungswillige hat in der Gestalt kein Ermessen bei der Wahl der Zustellanschrift. So obliegt es dem entgegenstehenden Wohnungseigentümer eine davon abweichende Zustellanschrift bekannt zu geben und dem Änderungswilligen den Zugang zum privilegierten Änderungstatbestand nicht wider Treu und Glauben zu verwehren.
- Das gilt primär auch für den vermietenden Wohnungseigentümer, welcher selbst dafür Sorge zu tragen hat, dass der empfangene Mieter jene Verständigungen, welche in die Sphäre es Wohnungseigentümers „eindringen“, weiterzuleiten hat oder er müsste, um die Zustimmungsfiktion auf diesem Wege zu verhindern, eine andere Zustellanschrift bekannt geben.
- In der Gestalt zeichnet sich die Obliegenheit des empfangenden Wohnungseigentümers ab, eine inländische Anschrift bekannt zu geben, soweit dieser keine entsprechende Anschrift an der gegenständlichen Liegenschaft hat. Wird jene Obliegenheit des Empfängers verletzt, wird das Zugangserfordernis sohin aufgeweicht.
- Eine Übersendung an die im B-Blatt des Grundbuches eingetragene (von der Anschrift des Wohnungseigentumsobjekts) abweichende Adresse ist allerdings unzureichend. Diese kann erst dann herangezogen werden, wenn der Wohnungseigentümer ein Wohnungseigentumsobjekt ohne Anschrift hat (KFZ-Abstellplatz, Bankomatenräume) und seiner Obliegenheit zur Bekanntgabe einer anderen inländischen Anschrift nicht nachgekommen ist.
- An dieser Stelle verzahnt sich das Änderungsrecht nunmehr mit den Verwalterpflichten gem § 20 Abs 8 WEG. Demnach ist der Verwalter verpflichtet dem Änderungswilligen Auskunft über die Namen und die Zustellanschriften anderer Wohnungseigentümer zu geben. Nur dann, wenn der zu verständigende Wohnungseigentümer eine andere inländische An-

[1828] *Bollenberger/P. Bydlinski* in *Koziol/Bydlinski/Bollenberger* (Hrsg), Kurzkommentar zum ABGB[6] § 862a ABGB Rz 4 mwN.

schrift oder eine E-Mail-Adresse bekannt gibt, kann dieser dem Verwalter die Weitergabe seiner (eigentlichen) Zustellanschrift verweigern.

- Die mangelnde Kontaktaufnahmemöglichkeit von obliegenheitsverletzenden Wohnungseigentümern „anschriftsloser" Wohnungseigentumsobjekte kann dem Änderungswilligen in Anbetracht der vorzunehmenden Interessensgewichtung nicht den Zugang zu jener Privilegierung verwehren.

- Ein gültiger Widerspruch setzt die Form der einfachen Schriftlichkeit voraus und bedarf keiner Begründung. Durch die Hervorhebung des Zwecks der Beweissicherung und der Dokumentation kommt es auf eine persönliche Unterfertigung eben nicht an.

- Zentral ist in der Gestalt das Kriterium der dauerhaften „Speicherbarkeit" einer Widerspruchserklärung. So ist mE neben der Papierform jegliche elektronische schriftliche Übermittlungsform zur Abgabe eines Widerspruches geeignet. Maßgeblich hierfür ist die objektive Tauglichkeit zum Abspeichern einer solchen Erklärung, welche (bspw durch das Erstellen eines Screenshots) auch dann gegeben ist, wenn das Kommunikationsprogramm keine explizite Möglichkeit zum Speichern bereitstellt.

- Die Rechtzeitigkeit des Widerspruchs bestimmt sich durch den fristauslösenden individuellen Zugang der ordnungsgemäßen Verständigung des Änderungswilligen und der zweimonatigen Äußerungsfrist.

- Nicht eindeutig ergibt sich, inwieweit eine Widerspruchserklärung dem Änderungswilligen innerhalb der Äußerungsfrist zuzugehen hat. Durch das Charakteristikum als materielle Frist ist anzunehmen, dass der Postweg einzurechnen ist und dieser *defacto* die „Äußerungsfrist" entsprechend verkürzt. Führt man sich allerdings vor Augen, dass sich die Zugangserfordernisse der Widerspruchserklärung erst mit der Verankerung der Schriftlichkeit ergaben, erscheint es äußerst fraglich, ob der Gesetzgeber durch das bloße Aufgreifen der Schriftlichkeitserfordernisse auch die Gewichtung des Interessensschutzes zugunsten des Änderungswilligen verlagern wollte.

- Ein gültiger Widerspruch eines Wohnungseigentümers verhindert die Rechtsfolgen der Zustimmungsfiktion. Der Änderungswillige hat diesfalls die Zustimmung – wie bereits nach dem alten System auch – gerichtlich ersetzen zu lassen.

- In Anbetracht des „gesetzgeberischen Förderungswillen" begünstigungswürdiger Änderungsformen geht mit einem gültigen Widerspruch keineswegs die rechtliche Bedeutungslosigkeit der neugeschaffenen änderungsrechtlichen Begünstigung einher, da sich aus der klaren Absicht und den Wertungen des Gesetzgebers, ebenjenen Maßnahmen zur Durchsetzung zu verhelfen, Reflexwirkungen ergeben, welche auf die (verringerte) Schutzwürdigkeit der Miteigentümerinteressen reflektieren und auch im Rahmen des gerichtlichen Zustimmungsersatzes gem § 52 Abs 1 Z 2 WEG von Bedeutung sind.

3. Zu den Tatbeständen „begünstigungswürdiger" Änderungen

- Die änderungsrechtliche „Begünstigungswürdigkeit" lässt sich im Wesentlichen durch klimafreundliche Implementierungen und barrierefreie bzw sicherheitstechnische Ausgestaltungen zusammenfassen.

a) Die barrierefreie Ausgestaltung

- Als völkerrechtliche und verfassungsrechtliche Diffusion des Diskriminierungsschutzes gilt es Menschen mit Behinderung durch *„alle geeigneten Gesetzesmaßnahmen"* *„die volle Teilhabe in allen Lebensbereichen"* zu sichern. Dies schließt nicht zuletzt den barrierefreien Zugang *„zu Gebäuden einschließlich Wohnhäusern"* und einen *„angemessenen Lebensstandard [...] einschließlich einer angemessenen Wohnung"* mit ein.[1829] Die mit der WEG-Novelle 2022 bewirkte „einfachgesetzliche Grundrechtsweiterleitung" implementiert nunmehr den Zugang zum Grundbedürfnis des *„angemessenen Wohnens"*[1830] über obligatorisch berechtigte Schutzsubjekte gem § 38 Abs 1 iVm § 38 Abs 6 iVm § 31 GlBG hinausgehend auch für dinglich Berechtigte.
- Dem Privilegierungstatbestand *„barrierefreier Ausgestaltung"* kommt, seinem Abstrahierungsgehalt zu Folge, der weiteste Anwendungsbereich zu.
- Neben dessen Begünstigungswürdigkeit iSd § 16 Abs 5 WEG kommt jener Ausgestaltungsform auch im gerichtlichen Zustimmungsersatz ausdrücklich Bedeutung gem § 16 Abs 2 Z 2 S 2 WEG zu, da die besonderen Änderungsvoraussetzungen bei Inanspruchnahme allgemeiner Teile unwiderleglich vermutet werden.
- Jener Maßnahmenkreis zielt primär auf die speziellen Bedürfnisse von Menschen mit Behinderung ab. Sprachlich Abstand zu nehmen ist von der *„behindertengerechten"* Ausgestaltung, da es Menschen nicht auf jene Funktionsbeeinträchtigung zu reduzieren gilt.
- Der Begriff „Behinderung" ist insoweit von Bedeutung, als er das Ausmaß der notwendigen Ausgleichsvorkehrungen zur diskriminierungsfreien, gleichberechtigten Teilhabe von Menschen mit Behinderung im Rahmen des Grundbedürfnisses „Wohnen" absteckt. So ist eine Behinderung an den Begriff der CRPD anknüpfend eine *„langfristige körperliche, psychische, intellektuelle oder Sinnesbeeinträchtigung"*, welche Menschen *„in Wechsel-*

1829 Vgl Art 4 Abs 1 lit a iVm Art 9 Abs 1 iVm Art 28 Abs 1 CRPD.

1830 Vgl das Recht auf einen Lebensstandard einschließlich Wohnung, Art 25 Allgemeine Erklärung der Menschenrechte (AEMR – A/RES/217 A III).

wirkung mit verschiedenen Barrieren an der vollen, wirksamen und gleichberechtigten Teilhabe an der Gesellschaft hindern können".[1831] Der Begriff der „Behinderung" ist zwingend von der im Alltag bedauerlicher Weise oftmals gefestigten Vorstellung als persönliche Eigenschaft loszulösen.

- Anknüpfungszentral ist sohin nicht eine Eigenschaft, sondern das Ausmaß mangelnder Interaktionsmöglichkeiten in Wechselwirkung mit der Umwelt aufgrund nicht verallgemeinerbarer, nicht bloß vorübergehender Funktionsbeeinträchtigungen.
- Eine Funktionsbeeinträchtigung ist im Vergleich zu einem beeinträchtigungslosen Menschen mittleren Alters zu ermitteln, anderenfalls altersbedingte Bewegungseinschränkungen keine begünstigungswürdige Ausgestaltung rechtfertigen würden. Maßgeblich erscheint sohin jede Funktionsbeeinträchtigung undifferenzierter Ursache, unter anderem auch aufgrund von Alter, Krankheit oder Unfall. Im Sinne angebrachter Gleichbehandlung gilt es jedenfalls nicht zwischen den unterschiedlichen Behinderungsformen zu differenzieren.
- Barrierefreie Ausgestaltungen sind alle Maßnahmen, welche das durch den Begriff der Behinderung qualifizierte potentielle Hindernis an der gesellschaftlichen Teilhabe ausgleichen und Lebensqualität sichern.
- Vordergründig sind dies die Beseitigung von Niveauunterschieden und eine entsprechende Grundrissgestaltung unter dem Gesichtspunkt der „Zugänglichkeit". Neben Maßnahmen der Mobilitätserhaltung sind auch Orientierungshilfen hiervon umfasst.
- Zu den Gestaltungsformen gilt es jedenfalls auf baurechtliche Standards und Empfehlungen einschlägiger Institutionen, allen voran des *Österreichischen Instituts für Bautechnik*, zurückzugreifen. In der *OIB* RL 4[1832] finden sich Kriterien zur *„Nutzungssicherheit und Barrierefreiheit"*.
- Keineswegs lassen sich die mit einer Behinderung einhergehenden *„speziellen Bedürfnisse"* durch konkretisierte Maßnahmen abschließend beschreiben, weswegen diese Privilegierungsform auf einen entsprechend weiten Gesetzesbegriff abstellt.
- Vor allem Funktionsbeeinträchtigungen durch Krankheit (bspw starke Allergiker und der Bedarf besonderer Belüftungen) decken sich gleichermaßen in jenem begünstigungswürdigen Tatbestand.
- Das Änderungsobjekt im Rahmen barrierefreier Ausgestaltung umfasst zumeist allgemeine Teile (Treppenlift im Stiegenhaus). Die damit einhergehenden änderungsrechtlichen Hürden waren der Kern des Privilegierungs-

---

[1831] Vgl Art 1 CRPD.

[1832] *OIB*, OIB-330.4-20/19 (2019), abrufbar unter https://www.oib.or.at/sites/default/files/richtlinie_4_12.04.19_0.pdf, zuletzt abgerufen 28.9.2021.

bedarfs. Auch eine entsprechende außerordentliche Verwaltungsmaßnahme fand in der Regel keine Mehrheit, weswegen es entsprechende Individualrechte zu unterstreichen galt.

- Dem Begriff der Barrierefreiheit ist ein objektives Begriffsverständnis einzuräumen. Nicht zuletzt, weil der Gesetzgeber die änderungsrechtliche Zulässigkeit durch die Privilegierung gem § 16 Abs 2 Z 2 S 2 WEG vom Erfordernis des „wichtigen Interesses“ gelöst hat.
- Auch wenn der konkrete subjektive Bedarf Zugang zur barrierefreien Ausgestaltung rechtfertigt, sind Maßnahmen zur Mobilitätserhaltung und Orientierungshilfen jedenfalls begünstigungswürdig, ohne dass ein subjektiver Bedarf im Sinne eines wichtigen konkreten Interessens des Wohnungseigentümers vorausgesetzt ist. So kommen auch vermietende Änderungswillige in Genuss der Begünstigungswürdigkeit. Gesellschaftspolitisch ist diesem Interpretationszugang der Vorzug einzuräumen, da sich auch das Angebot barrierefreier Wohnungen über den eigennützigen Wohnungseigentumssektor hinaus ausbauen würde.
- Die notwendige Loslösung vom subjektiven Bedarf verdeutlichen auch andere rechtliche Verpflichtungen, welche geradezu zur Beseitigung von Barrieren verpflichten (zB durch das Bundes-Behindertengleichstellungsgesetz). Eine Einschränkung auf den subjektiven Bedarf würde bedeuten, dass die änderungsrechtliche Zulässigkeit (bzw der gerichtliche Zustimmungsersatz) diesfalls davon abhinge, inwieweit das Verhalten sich rechtskonform Verhalten zu wollen, einem „wichtigen Interesse“ gem § 16 Abs 2 Z 2 WEG entspräche – ein äußerst merkwürdiges Ergebnis.

b) Zur Vorrichtung zum Langsamladen eines elektrisch betriebenen Fahrzeugs

- Der Schlüssel zu nachhaltiger Mobilität ist der Ausbau entsprechender Ladeinfrastrukturen. Zur Erreichung der Klimaneutralität im Verkehr bis 2050 müssen bis 2030 etwa 34 % der Haushalte über ein E-KFZ verfügen.
- Anknüpfend an das Emissionsreduktionspotential des Individualverkehrs privilegierte der Gesetzgeber als Ausfluss der Judikaturlinie weiter Leitungsprivilegien[1833] den Einbau von Ladepunkten sowohl durch den Zugang zur Zustimmungsfiktion gem § 16 Abs 5 WEG, als auch durch die unwiderlegliche Vermutung der Voraussetzungen gem § 16 Abs 2 Z 2 WEG im Rahmen des gerichtlichen Zustimmungsersatzes.
- Das „begünstigungswürdige Änderungsobjekt“ ist im Kern ein Abstellplatz im Wohnungseigentum bzw ein Zubehörobjekt. Darüber hinaus ist eine entsprechende Gestaltung auch an allgemeinen Flächenteilen möglich, soweit

[1833] Vgl OGH 18.12.2019, 5 Ob 173/19f.

diese „dauerhaft zur ausschließlichen Nutzung“ zu Verfügung steht. Ermangelt es einer solchen Zuweisung, scheint die Begünstigungswürdigkeit nicht gegeben zu sein. In der Gestalt zeigt sich ein eingeschränktes „Änderungsobjekt“. Sohin ist auch die Errichtung einer kollektiven Ladevorrichtung mehrerer Wohnungseigentümer bei gemeinschaftlich genutzten Abstellflächen zumindest von der Begünstigungswürdigkeit ausgeklammert. Im gerichtlichen Zustimmungsersatz werden solche Anlagen aufgrund des gesetzgeberischen Förderungswillens von „Quasi-Gemeinschaftsanlagen“ wohl aber einem „wichtigen Interesse“ entsprechen.

- Eine Vorrichtung zum Langsamladen ist eine elektrotechnische Anlage mit bestimmter Ladeleistung zum Aufladen von elektrisch betriebenen Fahrzeugen, welche neben einer elektrischen Leitungsführung zu entsprechendem Abstellplatz eine Wandladestation („Wallbox“) erfordert.

- Der Ladeleistung des „Langsamladens“ ist ein zeitgemäßes Begriffsverständnis beizumessen. Aktuell ist jedenfalls das einphasige Laden mit 3,7 kW umfasst. Einphasiges Laden stellt allerdings eine besondere Belastung der Liegenschaftsinfrastruktur dar.

- Die tatbestandsmäßige Ladeleistung erfasst allerdings auch keine Phasenbeschränkung, wonach auch das dreiphasige Laden erfasst ist. Dreiphasiges Laden lässt sich allerdings elektrotechnisch nur mit mindestens 5,5 kW umsetzen (anderenfalls die Stromstärke einer Phase zum Laden zumeist nicht mehr ausreicht), wodurch sich der Begriff des Langsamladens jedenfalls („durchaus“) auf jene Ladeleistung ausdehnt. Ladeleistungen mit 11 kW fallen den Materialien entsprechend nicht mehr in den begünstigungswürdigen Bereich.

- Der Regierungsvorlage zur WEG-Novelle 2022 zu Folge steckt sich ein Graubereich der Begünstigungswürdigkeit zwischen 5,5 kW und 11 kW ab. In Anbetracht der Rechtsfolgen rechtswidriger Eigenmacht ist allerdings in jenen Fällen vom Versuch die Rechtsfertigungswirkung durch eine Zustimmungsfiktion zu erlangen, abzuraten.

- Die Versorgungssicherheit der Liegenschaft als „schutzwürdiges Interesse“ gem § 16 Abs 2 Z 1 WEG wird sich mit einem effizienten Lastenmanagement sicherstellen lassen. Gegebenfalls ist auch der Ausbau der allgemeinen Liegenschaftsversorgung erforderlich. Die von Elektrofahrzeugen ausgehende vermeintlich verstärkte Brandgefahr ist jedenfalls bei Einhaltung technischer Normen im Rahmen der Installation nicht höher zu bewerten, als bei konventionell angetriebenen Fahrzeugen. Jedenfalls wird jene nicht durch den Ladevorgang verstärkt, sondern wäre bereits durch das bloße Abstellen von jenen Fahrzeugen gegeben.

- Im Widerspruchsfall gilt es die Genehmigungsfähigkeit im Rahmen des gerichtlichen Zustimmungsersatzes zu erwirken. Die Privilegierungswirkung gem § 16 Abs 2 Z 2 S 2 WEG und die Befreiung von den besonderen Änderungsvoraussetzungen kommt dann zum Tragen, wenn der Anschluss an eine Gemeinschaftsanlage nicht möglich oder nicht zumutbar ist.

- Jedenfalls nicht privilegiert ist eine Ladevorrichtung mit Ladeleistung von 11 kW. Das im Rahmen eines gerichtlichen Zustimmungsersatzes notwendige „wichtige Interesse“ an einer entsprechenden Ladeleistung lässt sich in der Regel im Rahmen des Wohnzwecks ohne das Hinzutreten besonderer Umstände nicht erkennen. Den Charakter als Abstellplatz-Ladevorrichtung wahrend, lässt sich nahezu jedes aktuell auf dem Markt befindliche E-Fahrzeug in neun Stunden vollständig aufladen. In Anbetracht der täglich durchschnittlich zurückgelegten Wegstrecke von ca 30 km ergibt sich mit der privilegierten Ladeleistung ein Ladebedarf von nicht einmal einer Stunde.
- Aus dem Gesichtspunkt der künftigen liegenschaftsmäßigen Energieversorgungssicherheit eliminiert der Gesetzgeber den Beständigkeitscharakter jener individuellen Ladevorrichtungen, sodass unter gewissen *„zeitlichen, formalen und inhaltlichen“*[1834] Voraussetzungen der Betrieb einer solchen unabhängig der in Anspruch genommenen Rechtfertigungswirkung (jedenfalls nach dem 31.12.2021 errichteter Anlagen) untersagt werden kann.
- Nach einem fünfjährigem „Garantiezeitraum“ individueller Nutzung kann als Maßnahme außerordentlicher Verwaltung ein Betriebsverbot verhängt werden, soweit künftig eine Gemeinschaftsanlage betrieben wird und die Liegenschaftsversorgung besser ausgenutzt werden kann. Aufgrund wohnungseigentumsrechtlicher Kollisionsregelung im Rahmen der Willensbildung ist der Individualanlagenbetreiber von der Beschlussfassung ausgeschlossen. Das Beschlussanfechtungsrecht aufgrund übermäßiger Beeinträchtigung gem § 29 Abs 2 Z 1 WEG bleibt dem Wohnungseigentümer unabhängig von jenem Ausschluss erhalten, wird aber wohl nur dann erfolgreich sein, wenn es einer Voraussetzung des § 16 Abs 8 WEG ermangelt.

c) Zur Anbringung einer Solaranlage an ein Reihenhaus oder Einzelgebäude

- Unbestritten nimmt die Technik zur Verwertung von Sonnenenergie am Weg zur Klimaneutralität einen besonderen Stellenwert ein. So soll bis zum Jahr 2030 der nationale Gesamtstromverbrauch zu 100 % aus nachhaltigen Energiequellen gewonnen werden.
- Solaranlagen sind technische Einrichtungen, welche die Energie aus Sonnenstrahlung in verwertbare Energieformen umwandeln. Letzteres kann

[1834] Die Terminilogie jenes Voraussetzungskatalogs prägend *Painsi/Terlitza*, Wohnungseigentumsrecht (2022) Rz 430.

nach heutigem Stand der Technik in Form von Strom („Photovoltaikanlagen“ bzw „PV“) oder in Form von Wärme („Solarthermieanlagen“) stattfinden. Auch eine Mischung aus beiden Techniken sog „PVT“-Anlagen (photovoltaisch-thermisch) ist üblich.

- Tatbestandsmäßig ist die Verwertung der Sonnenergie. Andere regenerative Primärenergiequellen, unter anderem Wind, Wasser und Erdwärme sind nicht zuletzt aufgrund der unterschiedlichen Beeinträchtigungswirkung von der Begünstigungswürdigung ausgeklammert.
- Das begünstigungswürdige Änderungsobjekt knüpft maßgeblich an die individualisierte, fast schon für das Wohnungseigentum untypisch erscheinende, isolierte Bauweise an (Reihenhaus oder Einzelgebäude). So zeigt sich die gesetzgeberische Zurückhaltung im Zusammenhang mit der individuellen Inanspruchnahme allgemeiner Teile. „Mini-Balkonkraftwerke“ fallen – soweit diese überhaupt eine genehmigungsbedürftige Änderung darstellen, genauso wie vielversprechende PV-Überdachungslösungen von Abstellplätzen – aus dem Anwendungsbereich der Begünstigungswürdigkeit.

d) Zu den Beschattungsvorrichtungen

- Überdies sind unter bestimmten Voraussetzungen auch Beschattungsvorrichtungen als nachhaltiger Überhitzungsschutz begünstigungswürdig. Rollläden, Markisen, Jalousien, womöglich auch andere klimaeffiziente, äußerlich in Erscheinung tretende Maßnahmen fallen sohin nur dann in die Begünstigungswürdigkeit, soweit sich diese harmonisch in das Erscheinungsbild einfügen.
- Die tatbestandmäßige ästhetische Einschränkung erinnert an die allgemeine, auf das Erscheinungsbild abstellende Änderungsvoraussetzung im gerichtlichen Zustimmungsersatz gem § 16 Abs 2 Z 1 WEG. Diese systemuntypische Integration in den Rechtfertigungsmodus der Zustimmungsfiktion verbirgt außergewöhnliche Rechtsunsicherheiten für den Änderungswilligen.
- Es ist allerdings anzunehmen, dass § 16 Abs 5 WEG trotz der positiven Formulierung (arg: *harmonisch*) jedenfalls keine strengeren Voraussetzungen als die Bezugnahme auf das Erscheinungsbild im Rahmen der allgemeinen Änderungsvoraussetzungen gem § 16 Abs 2 Z 1 WEG zu normieren gedenkt. Der Gesetzgeber avisiert in der Gestalt jedenfalls „Wildwuchs“ und ästhetisch „negative Auffälligkeiten“ zu vermeiden.
- So wird der erste Änderungswillige einer Liegenschaft, welcher eine äußerlich nicht unscheinbare Beschattungsvorrichtung zu installieren gedenkt, gut beraten sein, einen anderen Rechtfertigungsweg zu wählen. Gleiches trifft auf den Änderungswilligen zu, welcher sich von einem vorhandenen Beschattungsvorrichtungstrend zu lösen versucht.

e) Zum Einbau einbruchsicher Türen

- Tatbestandsmäßig ist die sicherheitstechnische Aufwertung von, zumeist im Gebäudeinneren befindlicher, als allgemeiner Teil zu qualifizierender Wohnungseigentumsobjektszugängen.
- Darunter fällt nicht nur der Einbau einer neuen Türe, sondern auch ein gestaltungstechnisches *minus*, von welchem eine geringere Beeinträchtigungswirkung zu erwarten ist. So findet der Einbau besonderer Sperrmechanismen, genauso wie die „Aufdoppelung" der Türe unter Wahrung ihrer äußerlichen Gestalt begünstigungswürdigen Zugang.
- Dem Charakter als „Tür" entsprechend setzt das Änderungsobjekt die Qualität eines Zugangs voraus.
- Verglichen mit anderen Wohnungseigentumsobjektsdurchbrechungen ist sohin mit jenen begünstigungswürdigen Maßnahmen eine niederschwellige Beeinträchtigung des äußerlichen Erscheinungsbildes zu erwarten.
- Generell wird anzunehmen sein, dass das Sicherheitsbedürfnis auch im Rahmen eines (im Falle eines Widerspruches notwendigen) gerichtlichen Zustimmungsersatzes Reflexwirkungen unterliegt, sodass sich nicht bloß die Schutzwürdigkeit der Miteigentümerinteressen im Sinne von § 16 Abs 2 Z 1 WEG schmälert, sondern das „besonders nachvollziehbare" Interesse auch für ein „wichtiges Interesse" iSd Z 2 sprechen wird.

H. Zum gerichtlichen Zustimmungsersatz gem § 16 Abs 2 Z 1–3 iVm § 52 Abs 1 Z 2 WEG

- Lässt sich weder die ausdrückliche Zustimmung, noch eine Zustimmungsfiktion erwirken, gilt es die Zustimmung durch Beschluss des Außerstreitgerichts zu ersetzen. Hierfür gilt es die intensitätsabgestuften, an die wohnungseigentumsrechtliche Flächenkategorie anknüpfenden Änderungsvoraussetzungen zu überprüfen.
- Die Systematik änderungsrechtlicher Rechtfertigung stülpte sich aus dem allgemeinen zivilrechtlichen Verfügungsrecht und manifestiert sich seit dem WEG 1975 in konkreten intensitätsabgestuften Änderungsvoraussetzungen. Diese spiegeln in der Form die gesetzliche Interessensabwägung des § 18 MG, des vormaligen mietrechtlichen Änderungsrechts, wider und stellen gesamtheitlich bis heute die Voraussetzungen im gerichtlichen Zustimmungsersatzverfahren dar.
- Einem Verfahren gem § 52 Abs 1 Z 2 WEG[1835] sind alle Wohnungseigentümer der betreffenden Liegenschaft beizuziehen, unabhängig davon, ob

[1835] Darunter fällt neben dem Zustimmungsersatzverfahren auch das Verfahren zur Feststellung einer wirksamen Zustimmungsfiktion.

diese bereits zugestimmt haben oder, ob sich bei Änderungen gem § 16 Abs 5 WEG mangels entsprechender Äußerung binnen zweier Monate bereits vereinzelte Zustimmungsfiktionswirkungen ableiten lassen.

- In der Gestalt lassen sich drei Intensitätsstufen änderungsrechtlicher Gestaltung erkennen:
  1. Jene, welche nur Flächenteile betrifft, die dem Änderungswilligen kraft seines dinglichen Ausschließlichkeitsrecht zur *ausschließlichen Nutzung und Verfügung* überlassen sind, erfordern nur die allgemeinen Änderungsvoraussetzungen gem § 16 Abs 2 Z 1 WEG.
  2. Umfasst das Änderungsbegehren auch Änderungen an *allgemeinen Teilen*, bedarf es zusätzlich der besonderen Voraussetzungen gem § 16 Abs 2 Z 2 WEG (Verkehrsüblichkeit oder wichtiges Interesse), soweit die Änderungsmaßnahme nicht unter dem „klassischen" Privilegierungskatalog gem § 16 Abs 2 Z 2 S 2 subsumiert werden kann.
  3. Werden auch Flächenteile des dinglichen *Ausschließlichkeitsrechts eines anderen Wohnungseigentümers* in Anspruch genommen, bedarf es darüberhinausgehend einer gesonderten Interessensabwägung und der Qualifikation als eine nicht wesentliche und dauernde Beeinträchtigung des betroffenen Wohnungseigentümers.

1. Zu den allgemeinen Änderungsvoraussetzungen gem § 16 Abs 2 Z 1 WEG

- Maßnahmen der Z 1 setzen die Zuweisung entsprechender Flächenteile in das dingliche Ausschließlichkeitsrecht des Änderungswilligen voraus. Zumeist unproblematisch ist die Qualifizierung als Wohnungseigentumsobjekt, wobei sich insb in Rand- und Außenbereichen Abgrenzungsbedarf zu allgemeinen Teilen ergibt. Mangels „baulicher" Inanspruchnahme anderer Flächenteile sind auch Widmungsänderungen ausschließlich nach Z 1 zu beurteilen.

- Auch die Qualifizierung als „Zubehörobjekt" drängt schutzwürdige Interessen der Miteigentümer in der Gestalt zurück, als Änderungen nicht der besonderen Voraussetzungen gem Z 2 bedürfen. Gerade, weil entsprechende Zuweisung ohnehin einen konsensualen Willensbildungsakt erfordert, weicht sich der Schutzbedarf entgegenstehender Interessen auf (zum Unterschied von Änderungen an allgemeinen Teilen).

- Als negative Generalklausel findet sich das „schutzwürdige Interesse" anderer als absolute Änderungsgrenze in Z 1. Dass hierbei nicht jegliches Interesse erfasst ist, verdeutlicht auch das Ergebnis einer systematischen Interpretation der Voraussetzungen gem Z 3. Dem Qualifikationsbedarf einer *„wesentlichen und dauernden Beeinträchtigung"* bliebe kein Raum, soweit Z 1 als allgemeine Voraussetzung die Schutzwürdigkeit zu weit absteckt.

- Der *gesetzgeberische Förderungswillen*[1836] klimaneutraler Änderungsbegehren drängt durch die Verankerung der Begünstigungswürdigkeit auch die Schutzwürdigkeit entgegenstehender Interessen zurück. Jene Reflexwirkungen treffen in der Gestalt die Gesamtheit änderungsrechtlicher Voraussetzungen. Denn blieben diese im gleichen Umfang bestehen, stellt sich die Frage, welchen Inhalt jener Förderungswillen mitbringt, wenn eine Zustimmungsfiktion nicht erwirkt werden kann und jegliches Änderungsbegehren womöglich bereits aufgrund des Nichtvorliegens allgemeiner Voraussetzungen scheitert.
- Der Schutz des äußeren Erscheinungsbildes verdeutlicht die Schutzwürdigkeit der Ästhetik. Jene Schutzwirkung erfordert jedenfalls eine gewisse Form an Außenwirkung der Änderungsmaßnahme. Besonderer Repräsentationsschutz wird sich dort entfalten, wo das Gebäude von einer Mehrzahl an Personen gesehen werden kann. So wird jedenfalls auf die Ansicht von sämtlichen Zugangsflächen abzustellen sein. Umgekehrt wird eine harmonische Einfügung der Änderungsmaßnahme durch gleiche oder ähnliche Gestaltung im Vergleich zu bestehenden Gebäudeelementen den Weg zur Genehmigungsfähigkeit ebnen.
- Die Miteigentümer haben jedenfalls auch keine änderungsbedingten schädlichen Handlungen zu dulden. So resultiert bereits aus der Miteigentümerstellung die Verpflichtung zur gegenseitigen Rücksichtnahme und zur Wahrung der Substanzunversehrtheit und des Objektcharakters. Darunter fällt auch die Unzulässigkeit gefährlicher Änderungsmaßnahmen als Ausfluss der absolut geschützten Rechtsgüter Leib und Leben, wenn gleich diese Interessen als *quaestio mixta,* tatbestandsmäßig gesondert abgebildet werden.

2. Zu den besonderen Änderungsvoraussetzungen bei Inanspruchnahme allgemeiner Teile gem § 16 Abs 2 Z 2 WEG

- Werden im Zuge von Änderungsmaßnahmen allgemeine Teile in Anspruch genommen bedarf es der alternativen Darlegung der *Übung des Verkehrs* (Verkehrsüblichkeit) oder eines *wichtigen Interesses.* Analog gilt es jene Maßstäbe heranzuziehen, wenn allgemeine Teile durch Änderungsmaßnahmen gar erst geschaffen werden.
- Jene Änderungsqualifikation ist geradezu auf „bauliche" Änderungen zugeschnitten, sodass Widmungsänderungen, soweit sie nicht mit baulichen Änderungsformen verbunden werden, einem vergleichbar günstigeren Voraussetzungsrahmen unterliegen
- Durch die Inanspruchnahme gemeinschaftlicher Teile indiziert sich jedenfalls die Genehmigungsbedürftigkeit, wenn gleich bagatellhafte Änderungen mit Inanspruchnahme allgemeiner Teile nicht gänzlich auszuschließen sind.

[1836] Vgl ErläutRV WEG idF 2022, 1174 BlgNR 27. GP 11.

- Abstrakt lassen sich neben konstruktiven, sprich tragenden Teilen, die äußerliche Abgrenzung des Wohnungseigentumsobjekts, darunter die Fassade samt Außenfenster, das Dach und alle Decken („Gebäudehülle"), allgemeine Leitungen aber auch nicht im Zubehöreigentum befindliche Gärten als allgemeiner Teil qualifizieren.
- Die *Verkehrsüblichkeit* sichert als objektiver, sich wandelnder Maßstab Zugang zu zeitgemäßer Gestaltung. Über die Herstellung des absoluten Mindeststandards hinausgehend, welcher sich in der Gestalt als klassische Privilegierung gem § 16 Abs 2 Z 2 S 2 WEG zeichnet, soll jene Änderungsvoraussetzung eine verbreitete, aber nicht völlig vom zu beurteilenden Umfeld losgelösten „Baupraxis" erlauben.
- Jener Maßstab ist eine Rechtsfrage und erfordert eine Absteckung der „Übung" als konkreter Qualitätsstandard und des „Verkehrs" als lokal gebundener Drittvergleichsrahmen, ähnlich dem Begriff der „Lage" zur Absteckung des mietzinsrechtlichen Referenzgebietes.
- Die Ermittlung der Verkehrsüblichkeit knüpft an die *Beschaffenheit* der änderungsgegenständlichen *Liegenschaft* und deren *Umfeld* und an das *Ausmaß* der änderungsbedingten Inanspruchnahme allgemeiner Teile und letztlich an die *allgemeine Lebenserfahrung.*
- Losgelöst von allgemeinen Trends gilt es im Besonderen die Übung *unmittelbarer Nachbarschaft* heranzuziehen. Das gilt auch für primär auf Neubauten abzielende baurechtliche Standards, welche in abstrahierter Form nicht für eine Übung in dem konkreten Umfeld sprechen.
- Die *allgemeine Lebenserfahrung* ist schließlich dann heranzuziehen, wenn sich die Verkehrsüblichkeit durch die anderen Kriterien nicht verlässlich beurteilt werden kann. In der Gestalt gilt es den Referenzrahmen auf Erfahrungswerte auszudehnen.
- Durch die mit der *allgemeinen Lebenserfahrung* einhergehende abstrahierte Betrachtung des „größeren Wohnumfeldes" können auch Gestaltungstrends auf kleine Wohnumgebungen sukzessive „überschwappen". Ließe man diesen Effekt nicht zu, stellt sich die Frage, wie eine Gestaltungsmaßnahme in einer Wohnumgebung überhaupt „verkehrsüblich" werden kann, wenn eine entsprechende Praxis ihrerseits wieder einer Vielzahl entsprechender (womöglich sogar eigenmächtiger) Änderungen im Umfeld voraussetzt.
- Generell verdeutlicht jene merkwürdige, judikaturtechnische Rückkoppelung von Sein auf Sollen den Charakter eines doppelten Miteigentümerschutzes *preater legem*,[1837] der gestaltungstechnischen Stillstand im Woh-

---

[1837] In der Gestalt restriktiver Verkehrsüblichkeit erweitern sich die schutzwürdigen Interessen der Miteigentümer gem Z 1 – dem „Änderungsrecht" zuwiderlaufend – auf eine Form der Beständigkeit.

nungseigentum wahrt. Zieht man allerdings die Grundidee der änderungsrechtlichen Voraussetzung heran, zeigt sich durch das Abstellen auf den „redlichen Verkehr“ in Grundzügen vielmehr eine Form ergänzender Vertragsauslegung.

- *De lege ferenda* bietet es sich jedenfalls an auf die *„Zeitgemäßheit“* generell abzustellen.[1838] So ließen sich nicht nur baurechtliche Gegebenheiten zur Auslegung heranziehen und „umfeldspezifische“ Willkürlichkeiten im Änderungsrecht beseitigen, sondern auch ein zeitgenössischer Technikstand im Gebäudesektor integrieren. Jene änderungsrechtliche Adaption ginge nicht einmal auf Kosten von Miteigentümerinteressen, da diese ohnehin schon im notwendigen Ausmaß von § 16 Abs 2 Z 1 WEG eingefangen werden. Die Problematik, welche sich durch jene auf eine Praxis abstellende Änderungsvoraussetzung ergibt, verdeutlicht sich auch im Rahmen der WEG-Novelle 2022: So lassen sich neue Gestaltungsformen – insb in Anbetracht der gesamtgesellschaftlich notwendigen nachhaltigen Gebäudegestaltung – gar nicht anders integrieren als durch die punktuelle Ausweitung der klassischen Privilegierungsformen gem § 16 Abs 2 Z 2 S 2 WEG, bei welchen die besonderen Voraussetzungen unwiderleglich vermutet werden.
- Die Alternativvoraussetzung bei Inanspruchnahme allgemeiner Teile steckt sich mit dem subjektiven *wichtigen Interesse* des Änderungswilligen ab – mag das konkrete Änderungsbegehren auch verkehrsunüblich sein.
- Das subjektive Kriterium verdeutlicht sich auch dahingehend, dass objektive Gegebenheiten nicht ausreichen, um das subjektive Bedürfnis darzulegen („landesweit steigende Temperaturen“).
- Wichtig ist ein Interesse dann, wenn dem Änderungswilligen durch die Änderung eine dem *„heute üblichen Standard entsprechende Nutzung des Wohnungseigentumsobjekts ermöglicht“* wird. In der Gestalt grenzt die Wichtigkeit geradezu an die „Notwendigkeit“. Dabei bestimmt sich das notwendige Interessensausmaß am Umfang der Änderungsmaßnahme.
- Unter Zugrundelegung verfassungsrechtlicher Interpretationsmethodik wird sich ein Interesse mit grundrechtlichem Niederschlag als wichtig qualifizieren lassen müssen. Unter diesem Gesichtspunkt nimmt der Gesundheitsschutz eine zentrale Rolle ein.
- Wichtig ist ein Interesse an einer Änderungsmaßnahme auch dann, wenn ihr eine gesetzliche Verpflichtung zu Grunde liegt. Anderenfalls dem Interesse sich rechtskonform verhalten zu wollen der Charakter der Unwichtigkeit unterstellt werden würde. Bei einer obligatorischen Verpflichtung zu einer entsprechenden Gestaltung, unter anderem im Rahmen mietrecht-

[1838] So findet sich bereits im Rahmen der alternativen Voraussetzung des *wichtigen Interesses*, das Interesse an der dem *„heute üblichen Standard entsprechenden Nutzung“*.

licher Veränderungsrechte, lässt sich nicht *per se* auf ein wichtiges Interesse des vermietenden Wohnungseigentümers schließen.

- Als Ausfluss des *gesetzgeberischen Förderungswillens* und dem gesamtgesellschaftlichen Desiderat an Maßnahmen zur Klimawandelbekämpfung lässt sich im Besonderen das Interesse an klimaneutraler, energieeffizienter Gestaltung als wichtig qualifizieren.[1839] Auch an dieser Stelle lässt sich auf den ohnehin greifenden Miteigentümerschutz gem Z 1 verweisen, sodass übermäßige Beeinträchtigungen anderer von vornherein ausscheiden. So lässt sich zumindest die Wirkung einer *widerleglichen Vermutung* eines wichtigen Interesses ableiten.
- Wichtig ist ein Interesse dann nicht, wenn es sich bloß um einen nachvollziehbaren Wunsch handelt. Darunter fällt auch die Befriedigung von „Luxusinteressen." Darüber hinaus bedarf es eines besonderen Aktualitätsbezuges, welcher hypothetische zukünftige Interessen in der Regel als nicht als wichtig klassifiziert.
- Sowohl bloße Zweckmäßigkeitsmaßnahmen im Sinne einer Verbesserung des Wohnwerts oder einer Steigerung der Lebensqualität, als auch das ausschließliche wirtschaftliche Interesse an einer Steigerung des Verkehrswertes reichen isoliert hierfür in der Regel nicht aus.
- Auf das Vorliegen besonderer Änderungsvoraussetzungen kommt es für die Genehmigungsfähigkeit dann nicht an, wenn eine Gestaltungsmaßnahme unter dem Katalog klassischer Privilegierungen gem § 16 Abs 2 Z 2 S 2 WEG subsumiert werden kann. Der Gesetzgeber sichert in der Gestalt seit dem WEG 1975 einen bestimmten, auf einzelne Maßnahmen konkretisierten Mindeststandard.
- Neben den Leitungsprivilegierungen, dem Einbau von sanitären Anlagen, der Errichtung einer Beheizungsanlage und von zeitgemäßen Empfangseinrichtungen findet sich seit der WEG-Novelle 2022 auch die Errichtung einer „Langsamladevorrichtung" und die barrierefreie Ausgestaltung als besonders begünstigungswürdige Privilegierungsform.
- Bedeutsam ist allerdings, dass die klassische Privilegierung von individuellen Vorrichtungen zum Langsamladen im Unterschied zu deren Begünstigungswürdigkeit gem § 16 Abs 5 WEG davon abhängig ist, inwieweit der „Anschluss" an eine bestehende Einrichtung nicht möglich oder nicht zumutbar ist. An dieser Stelle verdeutlicht sich abermals die subsidiäre Privilegierung der Individualanlage gegenüber der Gemeinschaftsanlage.
- Durch den Verweis auf *ähnliche Einrichtungen* verdeutlicht sich insgesamt die grundsätzlich „generalklauselartige" Konzeption des Privilegierungstat-

[1839] Für jenes Ergebnis spricht auch die mietrechtliche Privilegierungswirkung gem § 9 Abs 2 Z 2 f im Rahmen der *„Senkung des Energieverbrauchs"* Z 2 *leg cit,* und auch der *„von einer Gebietskörperschaft aus öffentlichen Mitteln gefördert*[e] [Verbesserungen]*"* Z 3 *leg cit.*

bestands und dessen deklarativer Charakter. Gerade für Maßnahmen zur Senkung des Energieverbrauches leitet sich zumindest ein mittelbarer gesetzlicher Förderungswille ab, welcher eine extensive Auslegung der klassisch privilegierten Maßnahmen gebietet.

- Auch „Bestandverschiebungen" und Zusammenlegungen aneinandergrenzender Wohnungseigentumsobjekte sind im Rahmen von Wohnungseigentümeridentität insoweit privilegiert, als sie nur der Voraussetzungen gem Z 1 bedürfen. Hier gilt es allerdings zu beachten, dass die Rückgängigmachung jener Änderungen, vielmehr die Zerteilung in einzelne Wohnungseigentumsobjekte, und eine gleichzeitige Umwidmung bei Zusammenlegung von Objekten mit verschiedenen Widmungen, nicht privilegiert sind. So wird durch den Abgrenzungsbedarf jener durch Teilung neu geschaffener Wohnungseigentumsobjekte und die damit einhergehende Schaffung allgemeiner Teile dazu führen, dass die Maßstäbe gem Z 2 analog zur Anwendung kommen.

3. Zu den Änderungsvoraussetzungen bei Inanspruchnahme von dem Ausschließlichkeitsrecht anderer entspringenden Flächenteilen gem § 16 Abs 2 Z 3 WEG

- Als invasivste Ausstülpung des Änderungsrechts bedarf die Inanspruchnahme von Flächenteilen, welche dem ausschließlichen Verfügungsrecht anderer Wohnungseigentümer zugeordnet sind, wie Wohnungseigentums- und Zubehörobjekte, besonderer restriktiver Voraussetzungen.
- Die Inanspruchnahme setzt in der Gestalt einen faktischen Eingriff voraus, sodass sich andere Beeinträchtigungsformen nicht unter den Voraussetzungen der Z 3 messen lassen müssen.
- Die Genehmigungsfähigkeit jener Änderungsformen setzt eine gesonderte *Abwägung* aller Interessen voraus, welche im Rahmen anderer Änderungsvoraussetzungen (Z 1 und Z 2) bereits vom Gesetzgeber durchgeführt wurde.
- Die Zurückhaltung der Judikatur verdeutlicht dessen absoluten Ausnahmecharakter und den Bedarf der Interessensgewichtung im Einzelfall, weshalb sich die Präzedenzwirkung bei jenen Eingriffsformen gegenüber der ohnehin auf die Umstände des Einzelfalls konzentrierten Genehmigungsfähigkeit noch einmal reduziert.
- Bei einem solchen Eingriff ist der beeinträchtigte Wohnungseigentümer jedenfalls *angemessen zu entschädigen*. Darüber hinaus ist jene Änderungsform unwiderleglich dann unzulässig, wenn sich daraus eine kumulativ *wesentliche und dauernde Beeinträchtigung* anderer ergibt.
- Wohingegen sich das temporale Element der Dauerhaftigkeit einfach von der Art der Maßnahme ableiten lässt, ist ein *wesentlicher Eingriff* dann

gegeben, wenn dadurch der ordentliche Gebrauch eines Objekts verhindert oder maßgeblich herabgesetzt wird.

- Die Kumulation der Wesentlichkeit und Dauerhaftigkeit stellt die *absolute Eingriffsgrenze* im Änderungsrecht dar. In der Gestalt sichert sie wiederum das dem Wohnungseigentum entfließende Ausschließlichkeitsrecht gem § 2 Abs 1 WEG, indem auch Änderungsmaßnahmen als Sachverfügungsmaßnahmen dadurch abgesteckt werden. So findet auch das alternative Rechtfertigungssubstitut der Zustimmungsfiktion gem § 16 Abs 5 WEG darin seine ausdrückliche Grenze.

Literaturverzeichnis

ARBÖ, 10/SN-134/ME 27. GP (2022).

Artner/Kohlmaier, Praxishandbuch Immobilienrecht[3] (2020).

Austrian Standards, ÖNORM B 1600:2017-04 Barrierefreies Bauen – Planungsunterlagen (2017).

AustriaTech GmbH, 16/SN-134/ME 27. GP (2022).

Bachmann/Baumgartner/Feik/Fuchs/Giese/Jahnel/Lienbacher, Besonderes Verwaltungsrecht[13] (2020).

Balthasar-Wach/Wach, WEG-Novelle 2022 als Puzzlestein zur Erreichung der Klimaziele?, Zak 2022/8.

Bärmann/Pick, Wohnungseigentumsgesetz[20] (2020).

Barth/Dokalik/Potyka, ABGB[26] (2018).

Berka/Binder/Kneihs, Die Grundrechte[2] (2019).

Bittner, Wohnungseigentum als nicht nur juristische Ideologie, wobl 2019, 238 ff.

BMASK, Barriere:frei! Handbuch für barrierefreies Wohnen[2] (2011).

Boban, Right to Plug Ein wohnrechtlicher Rechtsvergleich in drei Gesichtspunkten, wobl 2022, 155 ff.

Böhm, Neufestsetzung überhöhter Nutzwerte und Jahresmietwerte bei Geschäftsräumen, immolex 2022, 22 ff.

Böhm/Pletzer/Spruzina/Stabentheiner, GeKo Wohnrecht I (2019).

Böhm/Pletzer/Spruzina/Stabentheiner, GeKo Wohnrecht II (2019).

Borkowski, Die Highlights der Wohnungseigentumsgesetz-Novelle 2022 (WEG-Novelle 2022), ImmoZak 2022, 3 ff.

Borotha, Das Wohnungseigentumsgesetz (1949).

Bundeskanzleramt, Aus Verantwortung für Österreich. Regierungsprogramm 2020–2024 (2020).

Bundesministerium für Nachhaltigkeit und Tourismus, Langfriststrategie 2050 – Österreich (2019).

Bundesministerium Klimaschutz, Umwelt, Energie, Mobilität, Innovation, Technologie, Energieoptimierte Design-Regeln und Planungsschnittstellen für bauwerkintegrierte Photovoltaik im urbanen Raum (2019).

Bundesministerium Klimaschutz, Umwelt, Energie, Mobilität, Innovation, Technologie, Energie in Österreich Zahlen, Daten, Fakten (2020).

Call, Mietrecht und Wohnungseigentum (1983).

Christian/Kerschner/Wagner, Rechtsrahmen für eine Energiewende Österreichs (2016).

Deutsche Kommission Elektrotechnik Elektronik Informationstechnik in DIN und VDE, Technischer Leitfaden Ladeinfrastruktur Elektromobilität Version 4 (2021).

Die Presse, E-Control stellt klar: Auch mit Stecker sind Balkonkraftwerke erlaubt, 24.10.2022.

e7 Energie Markt Analyse GmbH, Pilotprojekt Elektromobilität 2030 Umsetzung Elektromobilitätsszenario 2030 in einer bestehenden Wohnhausanlage Endbericht (2019).

Ebhart, Zusammenlegung im Wohnungseigentum, immo aktuell 2019, 283 ff.

Ecker, Klimaschutz im Wohnungseigentumsrecht, immo aktuell 2020, 99 ff.

ElektroMobilitätsClubs Österreich, 15/SN-134/ME 27. GP (2022).

Emmerich/Dötsch/Baer, Wohnungseigentumsgesetz[20] (2020).

Etzersdorfer/Vonkilch (Hrsg), Festschrift Helmuth Würth (2014).

Europäische Kommission, EU-Klimazielplan für 2030 Hauptfaktoren und politische Instrumente (2020) 1.

Europäischer Rechnungshof, Ladeinfrastruktur für Elektrofahrzeuge: mehr Ladestationen, aber deren ungleichmäßige Verteilung macht das Fahren innerhalb der EU schwierig (2021).

F. Bydlinski, Juristische Methodenlehre und Rechtsbegriff[2] (1991).

F. Bydlinski/P. Bydlinski, Grundzüge der juristischen Methodenlehre[3] (2018).

Faistenberger/Barta/Call, Kommentar zum Wohnungseigentumsgesetz 1975 (1976).

Feil/Friedl/Bayer, Wohnungseigentumsgesetz (2014).

Fidler, Elektromobilität im Wohnungseigentumsrecht, wobl 2017, 374 ff.

Fidler, Elektromobilität nach der WEG-Nov 2022, ZVR 2023/62.

Frankl-Templ, Die Errichtung einer Ladestation für E-Fahrzeuge im Wohnrecht, immolex 2018, 6.

Fraunhofer Austria Research GmbH/Technische Universität Wien, Institut für Fahrzeugantriebe und Automobiltechnik/Smart Mobility Power GmbH, E-MAPP 2 E-Mobility – Austrian Production Potential, Qualification and Training needs (2020).

Fraunhofer-Institut für Solare Energiesysteme, Steckerfertige, netzgekoppelte Kleinst-PV-Anlagen (2019).

Frey/Ludwig, Wohnbau barrierefrei – Studie Teil 1 Analyse der rechtlichen Instrumente auf internationaler und nationaler Ebene unter dem Aspekt der Barrierefreiheit (2013).

Fuchs/Markouschek/Schlossnickel, Barrierefreiheit im Spannungsfeld unterschiedlicher Rechtsvorschriften und Normen, bau aktuell 2017, 157 ff.

Fürst, Konkludenz im Grundbuchsrecht?, immolex 2015, 170 ff.

Gaier, Münchener Kommentar zum BGB VIII[8] (2021).

Gartner, WEG-Novelle 2022: Facts and Figures, AnwBl 2022, 153 ff.

Gartner, Wohnrecht 2018 I (2018).

Gartner, Wohnrecht 2019 I (2019).

Gartner/Humpel, Wohnrecht 2020 I (2020).

Gartner/Humpel, Wohnrecht 2021 I (2021).

Gartner/Humpel, Wohnrecht 2022 I (2022).

Gitschthaler/Höllwerth, AußStrG I[2] (2019).

Grabenwarter/Struth, Das Recht der Europäischen Union (2021).

Groskreutz/Kassel, Der EuGH zum Verhältnis von Krankheit und Behinderung Anmerkung zum Urteil des EuGH vom 11. April 2013, C-335/11 und C-337/11, DVfR 2013, 2 ff.

Grundei, Die Verkehrsüblichkeit als (vergrabener) Schlüssel zur zeitgemäßen Gestaltung, immolex 2023/78.

Gumhold/Schmied, Kompendium Wohnungseigentum Österreich (2022).

Gutknecht/Amann, Zukunftsperspektiven zum Wohnrecht (2003).

Hau/Poseck, BeckOK BGB[59] (2021).

Häublein/Knöll, Die rechtsfähige Eigentümergemeinschaft als Liegenschaftseigentümerin, wobl 2019, 258 ff.

Hausmann/Vonkilch, Österreichisches Wohnrecht MRG[4] (2021).

Hausmann/Vonkilch, Österreichisches Wohnrecht WEG[4] (2017).

Havel/Fink/Barta, Wohnungseigentum – Anspruch und Wirklichkeit Entwicklung, Probleme, Lösungsstrategien (1999).

Hinteregger, Verwaltung von Wohnungseigentum (2014).

Hofer/Klinger, Handbuch Immobilienverwaltung in der Praxis[2] (2016).

Hogenschurz, BeckOK WEG (2021).

Höllwerth, Zum neuen Änderungsrecht des Wohnungseigentümers nach der WEG-Novelle 2022, wobl 2022, 115 ff.

Holzner, Abtretbarkeit des dinglichen Herausgabeanspruchs bei eigenem Erwerbstitel des „Neugläubigers" gegenüber dem Eigentümer?, JBl 2013, 435 ff.

Holzner, Zubehör-Wohnungseigentum ohne Eintragung ins Hauptbuch?, wobl 2010, 163 ff.

Hügel, Rechtshandbuch Wohnungseigentum[4] (2018).

Hügel/Elzer, Wohnungseigentumsgesetz[3] (2021).

Human Rights Council, A/HRC/30/43/Add.2 (2015).

Illedits, (Wohnungseigentums)Vertraglich vereinbartes Änderungsverbot als Haftungsfalle für den Vertragserrichter, wobl 2021, 334 ff.

Illedits/Illedits-Lohr, Wohnungseigentum[6] (2018).

Illedits/Klausegger, Aktuelle Fragen zum Änderungsrecht des Wohnungseigentümers, wobl 2017, 172 ff.

Illedits/Reich-Rohrwig, Wohnrecht Taschenkommentar[3] (2018).

Jaeger/Stöger (Hrsg), EUV/AEUV (2021).

Jarass, Charta der Grundrechte der EU[4] (2021).

Jensik, Miteigentum, Wohnungseigentum: Eine kurzgefaßte systematische Darstellung unter besonderer Berücksichtigung der neueren Rechtsprechung und Literatur mit dem Wortlaut der einschlägigen Gesetzestexte (1962).

Karauschek/G. Strafella, Der Mietzins[2] (2014).

Kienastberger/Stellner-Bichler, NÖ Baurecht[2] (2019).

Klang, Kommentar zum allgemeinen bürgerlichen Gesetzbuch III[2] (1952).

Klang, Kommentar zum allgemeinen bürgerlichen Gesetzbuch VI[2] (1951).

Kletečka/Schauer, ABGB-ON[1.02] § 828 (Stand 1.8.2020, rdb.at).

Kletečka/Schauer, ABGB-ON[1.04] § 297 (Stand 1.7.2018, rdb.at).

Koch, Warum bisher nur wenige Parkplätze mit Solaranlagen überdacht sind, Der Standard, 21.10.2022.

Kolmasch/Vonkilch, Konsequenzen der eigenmächtigen Vornahme von Änderungen am WE-Objekt durch einen Wohnungseigentümer, wobl 2015, 31 ff.

Korinek/Krejci, Handbuch zum MRG (1985).

Kothbauer, Fehlerfreie Beschlussfassung im Wohnungseigentum (2014).

Kothbauer, Mietrecht Österreich, Praxishandbuch (2021).

Kothbauer, Vorausvereinbarungen zu Änderungen von Wohnungseigentumsobjekten, immolex 2021/131.

Kothbauer, WEG-Novelle 2022 (2022) 27 ff.

Kothbauer/Sammer/Berger/Holzapfel, Dirnbacher Praxiskommentar WEG 2017[8] (2017).

Koziol (Hrsg), Grundfragen des Schadenersatzrechts aus rechtsvergleichender Sicht (2014).

Koziol/Bydlinski/Bollenberger (Hrsg), Kurzkommentar zum ABGB[6] (2020).

Krauskopf, Soziale Krankenversicherung, Pflegeversicherung (2021).

Krejci, Baurecht (2017).

Krömer, Adipositas als Behinderung, ZAS-Judikatur 2015, 75.

Kuprian, Der Mietvertrag[3] (2014).

Kurbos, Baurecht in der Praxis[8] (2018).

Lenk, Dachbodenausbauten – endlich lukrativ?, immolex 2002, 295 ff.

Lenk, Wohnungseigentumsrecht (2016).

Lenk/Nikodem/Weinzinger/Winalek, Mietrechtsgesetz (2013).

Limberg/Plank, Zum Referenzgebiet beim Lagezuschlag, immolex 2021/4.

Luttermann, Europas „Green Deal“: Zur ökologischen Transformation der Ökonomie, RIW 2021 H 1–2, I.

Magistrat der Stadt Wien, Wiener Klimafahrplan (2022).

Maierhofer/Huber, Fensterkostenrefundierung – ex post, immolex 2014, 210 ff.

Meinhart, Das Wohnungseigentumsgesetz 1975 (1975)

Mentschl, Wohnungseigentum – Geschichte und Gegenwart (2013).

Muzak, B-VG[6] (2020).

Nolte, Kasseler Kommentar Sozialversicherungsrecht (2021).

Oberndorfer, Das Wohnungseigentum (1948).

ÖGNI, Bestandsgebäude (2021).

Ossberger, Wohnbau barrierefrei – Studie Teil 2 Bautechnische Analyse und Wohnbauförderung unter dem Aspekt der Barrierefreiheit (2013).

Ostermann, Ein steirisches Start-up sorgt für Strom vom Balkon, Der Standard, 5.8.2022.

Österreichischer Verband für Elektrotechnik, OVE E 8101:2019 + AC1:2020 (2020).

Österreichisches Institut für Bautechnik, OIB-330.4-20/19 (2019).

ÖVI/Dirnbacher, MRG 2013 idF des ZVG 2013 (2013).

ÖVI/Dirnbacher, WEG idF WRN 2009 (2010).

P. Bydlinski, Die Übertragung von Gestaltungsrechten (1986).

Painsi/Terlitza, Wohnungseigentumsrecht (2022).

Pallitsch/Reisinger/Ullreich, Der European Green Deal – Ein gewaltiger Sprung für Europa, NR 2021, 117 ff.

Patel et al, Electric Vehicles Modern Technologies and Trends (2021).

Pittl, Handbuch Wohnungseigentumsrecht (2022).

Ponholzer, Thermisch-energetische Sanierung im Wohnungseigentum, immolex 2023, 158.

Prader, MRG[5] (2017).

Prader, *MRG*[6.05] § 9 (Stand 1.7.2022, Manz Wohnrecht in rdb.at).

Prader, WEG 2002[5] (2018).

Prader, WEG[6.01] § 16 (Stand 1.7.2022, Manz Wohnrecht in rdb.at).

Prader/Gottardis, Fingierte Zustimmung gemäß § 16 Abs 5 idF der WEG-Novelle 2022, ImmoZak 2022, 6.

Prader/Malaun, Zur Zulässigkeit einer vertraglichen Regelung des Änderungsrechts des Wohnungseigentümers gem § 16 WEG im Kaufvertrag, immolex 2008, 326 ff.

Prader/Markl, Zu Vorbehalten und Vorgaben in Wohnungseigentumsverträgen von Bauträgern, immolex 2011, 102 ff.

Pressmair/Lampersberger, E-Mobiltität in Wohnhausanlagen – technische Herausforderungen und Möglichkeiten, immolex 2020, 342 ff.

Punt, Änderung der Widmung eines WE-Objekts, immolex 2019, 53.

Quaschning, Erneuerbare Energien und Klimaschutz[6] (2021).

Rainer, Handbuch des Miet- und Wohnrechts I (2018).

Rainer, Handbuch des Miet- und Wohnrechts II (2018).

Räth, Barrierefreiheit im Wohnungseigentum, immolex 2015, 335 ff.

Räth, Wärmepumpe und Solaranlage am Dach, immolex 2023, 170.

Räth, Zum Prüfungskalkül im Petitorium, immolex 2021/121.

Rechberger/Klicka, AußStrG[3] (2021).

Reichholf/Rosifka, Gesetzwidrige Vertragsbestimmungen in Bauträgerverträgen im Speziellen in Kaufverträgen über Neubau-Eigentumswohnungen (2007).

Reiß-Fechter/Häublein, Wohnungseigentum in Österreich und Deutschland (2012).

Richter, Das neue Änderungsrecht des Wohnungseigentümers nach § 16 WEG, immolex 2022, 6 ff.

Riegler/Koizar, NÖ BauO[4] (2019).

Rummel, ABGB[3] (2003).

Rummel/Lukas, ABGB[4] (Stand 1.8.2015, rdb.at).

Schabbach/Leibbrandt, Solarthermie – Wie Sonne zu Wärme wird[2] (2021).

Schabbach/Wesselak, Energie – Die Zukunft wird erneuerbar (2012).

Scharmer, IWD-Die WEG-Novelle 2021, wobl 2020, 363 ff.

Schaub, Arbeitsrechts-Handbuch[19] (2021).

Schimböck, Neuerungen der WEG-Novelle 2022, immo aktuell 2022, 137 ff.

Schwimann/Kodek, ABGB[5] (2018).

Schwimann/Neumayr, ABGB Taschenkommentar[5] (2020).

Spitzer/Wilfinger, Übertragbarkeit oder Höchstpersönlichkeit von Anfechtungsrechten, ÖBA 2019, 801 ff.

Stabentheiner, Das Wohnungseigentumsgesetz 2002, ÖJZ 2002, 884 ff.

Stabentheiner, Der Verfahrenskostenersatz im neuen wohnrechtlichen Außerstreitverfahren, immolex 2004, 214 ff.

Stabentheiner, Die WEG-Novelle 2022, ÖJZ 2022, 257 ff.

Stabentheiner, Mietrecht[4] (2014).

Stabentheiner/Vonkilch, Wohnrecht 2018 II (2018).

Stabentheiner/Vonkilch, Wohnrecht 2019 II (2019).

Stabentheiner/Vonkilch, Wohnrecht 2020 II (2020).

Stabentheiner/Vonkilch, Wohnrecht 2021 II (2021).

Stabentheiner/Vonkilch, Wohnrecht 2022 II (2022).

Statistik Austria, Energiestatistik: Energiebilanzen Österreich 1970 bis 2019 (2020).

Statistik Austria, Wohnen Zahlen, Daten und Indikatoren der Wohnstatistik (2020).

Stieglitz/Heinzel, Thermische Solarenergie Grundlagen, Technologie, Anwendungen (2012).

Strobl, Fernwärme kommt derzeit in Wien ganz ohne Gas aus, Der Standard, 21.6. 2022.

T. Rabl, „Böse“ und „gute“ Zustimmungsfiktionen: Von Standpunkten und Perspektiven, ecolex 2021/446.

T. Rabl, Zum Lärm der Zeit, ecolex 2022, 245 ff.

Terlitza, Miteigentum und Wohnungseigentum-Parallelwelten (2021).

Terlitza, Zur Abgrenzung von Verwaltung und Verfügung, wobl 2011, 199 ff.

Thalhammer, Wie die Energiewende in Österreich gelingen soll“, Die Presse, Print-Ausgabe, 24.8.2022.

Tschütscher, Wer anschafft zahlt? – wer trägt die Kosten von baulichen Änderungen des Wohnungseigentumsobjektes, wobl 2004, 233.

Tschütscher, Wohnungseigentumsrecht[4] (2022).

Umweltbundesamt GmbH, Die Ökobilanz von Personenkraftwagen (2021).

Umweltbundesamt GmbH, Klimaschutzbericht 2022 (2022).

Vonkilch, Anwendbarkeit des Verbotes der mittelbaren Diskriminierung durch bauliche Barrieren ab 1. Jänner 2016 auch bei Bestandsgebäuden: Auswirkungen auf bestehende Mietverhältnisse, wobl 2016, 120 ff.

Vonkilch, Das intertemporale Privatrecht: Übergangsfragen bei Gesetzes- und Rechtsprechungsänderungen im Privatrecht (1999).

Vonkilch, Glosse zu OGH 5 Ob 213/04s, immolex 2005, 151 ff.

Vonkilch, Konsequenzen der eigenmächtigen Vornahme von Änderungen am WE-Objekt durch einen Wohnungseigentümer, wobl 2015, 32 ff.

Vonkilch, Verkehrsüblichkeit einer Änderung: Beurteilung des Umfeldbegriffs, wobl 2021, 153 ff.

W. Kirchmayer, Wiener Baurecht[5] (2019).

W. Kirchmayer, Wiener Baurecht[5] (2019).

Walch, Änderungsrecht und Tod des Stifters, PSR 2014, 122 ff.

Welser/Zöchling-Jud, Bürgerliches Recht II[14] (2015).

Wesselak/Voswinckel, Photovoltaik – Wie Sonne zu Strom wird (2012).

Windisch/Putschögl, Was bei Photovoltaikanlagen auf dem Balkon zu beachten ist, Der Standard, 26.8.2022.

Windisch-Graetz, Der Behinderungsbegriff gem § 3 BEinstG, ecolex 2019, 454 ff.

Wirth, Wie Wien aus dem Gas herauskommt, Die Presse, 1.3.2022.

Würth/Zingher/Kovanyi, Miet- und Wohnrecht I[23] (2015).

Würth/Zingher/Kovanyi, Miet- und Wohnrecht II[23] (2015).

Zeiller, Commentar über das allgemeine bürgerliche Gesetzbuch für die gesammten Deutschen Erbländer der Oesterreichischen Monarchie IV (1813).

Zeiller, Commentar über das allgemeine bürgerliche Gesetzbuch für die gesammten Deutschen Erbländer der Oesterreichischen Monarchie II (1812).

Zingher, Mietengesetz[14] (1967).

Zingher, Mietengesetz[17] (1976).

Judikaturverzeichnis

Rechtssätze

RS0133650
RS0132948
RS0132626
RS0132624
RS0131875
RS0130838
RS0130070
RS0129480
RS0128354
RS0128352
RS0128123
RS0127576
RS0127526
RS0127250
RS0126244
RS0125905
RS0124684
RS0124337
RS0123177
RS0123011
RS0120725
RS0119528
RS0118808
RS0118149
RS0117710
RS0117707
RS0117168
RS0117164
RS0116332
RS0115914
RS0115744
RS0115219
RS0114928
RS0114876
RS0113011

RS0112445
RS0111616
RS0110977
RS0110976
RS0110839
RS0110785
RS0109843
RS0109247
RS0109188
RS0108763
RS0108579
RS0106054
RS0106050
RS0103287
RS0102183
RS0101801
RS0101800
RS0083378
RS0083375
RS0083356
RS0083345
RS0083341
RS0083334
RS0083330
RS0083321
RS0083309
RS0083271
RS0083259
RS0083252
RS0083240
RS0083236
RS0083233
RS0083230
RS0083193
RS0083188
RS0083174
RS0083165
RS0083156
RS0083148

RS0083132
RS0083108
RS0083089
RS0083047
RS0083040
RS0083024
RS0082993
RS0082982
RS0082931
RS0082927
RS0082890
RS0082712
RS0070562
RS0070415
RS0069992
RS0069976
RS0069710
RS0069653
RS0069635
RS0069533
RS0069520
RS0069294
RS0060530
RS0049051
RS0043718
RS0043253
RS0042936
RS0042776
RS0037883
RS0032673
RS0026271
RS0022834
RS0014190
RS0013764
RS0013740
RS0013604
RS0013211
RS0013205
RS0013204

RS0013197
RS0013186
RS0012137
RS0012112
RS0005944
RS0000966
RS0000808
RES0000047

Einzeljudikatur

OGH 18.4.2023, 5 Ob 18/23t.
OGH 21.12.2022, 5 Ob 78/22i.
OGH 8.11.2022, 5 Ob 115/22f.
OGH 2.11.2022, 5 Ob 134/22z.
OGH 29.8.2022, 5 Ob 36/22p.
OGH 29.8.2022, 5 Ob 122/22k.
OGH 19.7.2022, 5 Ob 118/22x.
OGH 29.6.2022, 5 Ob 47/22f.
OGH 1.6.2022, 5 Ob 48/22b.
OGH 4.4.2022, 5 Ob 182/21g.
OGH 17.3.2022, 5 Ob 137/21i.
OGH 7.2.2022, 5 Ob 128/21s.
OGH 22.12.2021, 5 Ob 211/21x
OGH 2.12.2021, 5 Ob 153/21t.
OGH 15.11.2021, 5 Ob 178/21v.
OGH 30.8.2021, 5 Ob 135/21w.
OGH 27.7.2021, 5 Ob 57/21z.
BGH 16.7.2021, V ZR 284/19.
OGH 15.7.2021, 5 Ob 12/21g.
OGH 5.7.2021, 5 Ob 59/21v.
OGH 14.6.2021, 5 Ob 68/21t.
OGH 14.6.2021, 5 Ob 54/21h.
OGH 14.6.2021 5 Ob 234/20b.
OGH 20.4.2021, 5 Ob 64/21d.
OGH 20.4.2021, 5 Ob 45/21k.
OGH 30.3.2021, 10 Ob 4/21t.
OGH 18.3.2021, 5 Ob 182/20f.
OGH 11.3.2021, 5 Ob 24/21x.

OGH 8.3.2021, 5 Ob 16/21w.
OGH 1.3.2021, 5 Ob 212/20t.
OGH 26.2.2021, 10 Ob 27/20y.
OGH 15.2.2021, 5 Ob 15/21y.
OGH 4.2.2021, 5 Ob 235/20z.
OGH 21.1.2021 5 Ob 216/20f.
OGH 7.1.2021, 5 Ob 117/20x.
OGH 15.12.2020, 10 Ob 49/20h.
OGH 10.12.2020, 3 Ob 104/20w.
OGH 19.11.2020, 5 Ob 222/19m.
OGH 22.10.2020, 5 Ob 97/20f.
OGH 25.8.2020, 5 Ob 140/20d.
OGH 21.7.2020, 5 Ob 119/20s.
OGH 21.7.2020, 5 Ob 14/20z.
OGH 23.6.2020, 5 Ob 85/20s.
OGH 18.6.2020, 5 Ob 73/20a.
OGH 3.6.2020, 5 Ob 76/20t.
OGH 27.5.2020, 5 Ob 169/19t.
OGH 14.4.2020, 5 Ob 26/20i.
OGH 8.4.2020, 5 Ob 44/20m.
OGH 20.2.2020, 5 Ob 218/19y.
OGH 16.1.2020, 5 Ob 177/19v.
OGH 16.1.2020, 5 Ob 216/19d.
OGH 18.12.2019, 5 Ob 173/19f.
OGH 18.12.2019, 5 Ob 153/19i.
OGH 27.11.2019, 5 Ob 110/19s.
OGH 18.11.2019, 8 Ob 93/19p.
OGH 22.10.2019, 5 Ob 149/19a.
OGH 15.10.2019, 10 Ob 21/19i.
OGH 24.9.2019, 5 Ob 142/19x.
OGH 31.7.2019, 5 Ob 55/19b.
OGH 31.7.2019, 5 Ob 37/19f.
OGH 31.7.2019, 5 Ob 61/19k.
OGH 13.6.2019, 5 Ob 72/19b.
OGH 21.5.2019, 5 Ob 38/19b.
OGH 21.5.2019, 5 Ob 45/19g.
OGH 21.5.2019, 5 Ob 57/19x.
OGH 25.4.2019, 5 Ob 248/18h.
OGH 25.4.2019, 5 Ob 238/18p.

OGH 25.4.2019, 5 Ob 226/18y.
OGH 25.4.2019, 5 Ob 248/18h.
OGH 20.2.2019, 5 Ob 246/18i.
OGH 20.2.2019, 5 Ob 245/18t.
OGH 17.1.2019, 5 Ob 165/18b.
OGH 13.12.2018, 5 Ob 169/18s.
OGH 6.11.2018, 5 Ob 186/18s.
OGH 18.7.2018, 5 Ob 41/18t.
OGH 18.7.2018, 5 Ob 84/18s.
OGH 28.6.2018, 6 Ob 101/18y.
OGH 29.5.2018, 1 Ob 1/18f.
OGH 15.5.2018, 5 Ob 235/17w.
OGH 10.4.2018, 5 Ob 49/18v.
OGH 13.3.2018, 5 Ob 15/18v.
OGH 13.3.2018, 5 Ob 207/17b.
OGH 13.3.2018, 5 Ob 15/18v.
OGH 13.3.2018, 5 Ob 195/17p.
OGH 18.1.2018, 5 Ob 160/17s.
OGH, 21.12.2017, 6 Ob 211/17y.
OGH 21.12.2017, 5 Ob 199/17a.
OGH 19.12.2017, 9 Ob 18/17p.
OGH 20.11.2017, 5 Ob 122/17b.
OGH 26.9.2017, 5 Ob 161/17p.
OGH 29.8.2017, 5 Ob 137/17h.
OGH 27.6.2017, 5 Ob 82/17w.
OGH 27.6.2017, 5 Ob 30/17y.
OGH 23.5.2017, 5 Ob 69/17h.
OGH 4.5.2017, 5 Ob 75/17s.
OGH 4.4.2017, 5 Ob 9/17k.
OGH 1.3.2017, 5 Ob 206/16d.
OGH 23.1.2017, 5 Ob150/16v.
OGH 23.1.2017, 5 Ob 219/16s.
OGH 22.11.2016, 5 Ob 173/16a.
OGH 25.10.2016, 5 Ob 36/16d.
OGH 25.8.2016, 5 Ob 105/16a.
OGH 25.8.2016, 5 Ob 127/16m.
OGH 14.6.2016, 5 Ob 102/16k.
OGH 14.6.2016, 5 Ob 33/16p.
OGH 18.5.2016, 5 Ob 19/16d.

OGH 18.5.2016, 5 Ob 216/15y.
OGH 20.4.2016, 5 Ob 224/15z.
OGH 23.2.2016, 5 Ob 9/16h.
OGH 23.11.2015, 5 Ob 118/15m.
OGH 30.10.2015, 5 Ob 188/15f.
OGH 28.10.2015 9 ObA 110/15i.
OGH 29.6.2015, 6 Ob 3/14f.
OGH 19.6.2015, 5 Ob 113/15a.
OGH 19.5.2015, 5 Ob 38/15x.
OGH 19.5.2015, 5 Ob 84/15m.
OGH 19.5.2015, 5 Ob 53/15b.
OGH 27.1.2015, 5 Ob 160/14m.
OGH 27.1.2015, 5 Ob 230/14f.
OGH 16.12.2014, 5 Ob 220/14k.
OGH 18.11.2014, 5 Ob 48/14s.
OGH 25.7.2014, 5 Ob 100/14p.
OGH 25.7.2014, 5 Ob 73/14t.
OGH 20.5.2014, 5 Ob 210/13p.
OGH 23.4.2014, 5 Ob 59/14h.
OGH 13.3.2014, 5 Ob 230/13d.
OGH 21.2.2014, 5 Ob 13/14v.
OGH 29.1.2014, 7 Ob 232/13p.
OGH 27.11.2013, 5 Ob 204/13f.
OGH 19.9.2013, 2 Ob 35/13f.
OGH 28.8.2013, 5 Ob 25/13g.
OGH 28.8.2013, 5 Ob 154/13b.
OGH 8.8.2013, 5 Ob 25/13g.
OGH 14.2.2013, 5 Ob 249/12x.
OGH 20.11.2012, 5 Ob 200/12s.
OGH 9.8.2012, 5 Ob 40/12m.
OGH 12.6.2012, 5 Ob 97/12v.
OGH 16.5.2012, 5 Ob 21/12t.
OGH 16.5.2012, 5 Ob 75/12h.
OGH 24.4.2012, 5 Ob 208/11s.
OGH 20.3.2012, 5 Ob 236/11h.
OGH 13.12.2011, 5 Ob 170/11b.
OGH 13.12.2011, 5 Ob 194/11g.
OGH 8.11.2011, 3 Ob 151/11v.
OGH 8.11.2011, 3 Ob 158/11y.

OGH 20.9.2011, 4 Ob 109/11z.
OGH 25.8.2011, 5 Ob 98/11i.
OGH 25.8.2011, 5 Ob 143/11g.
OGH 26.5.2011, 5 Ob 59/11d.
OGH 29.3.2011, 5 Ob 172/10w.
OGH 9.2.2011, 5 Ob 10/11y.
OGH 24.1.2011, 5 Ob 162/10z.
OGH 19.1.2011, 3 Ob 148/10a.
OGH 20.12.2010, 5 Ob 205/10y.
OGH 23.9.2010, 5 Ob 167/10k.
OGH 15.7.2010, 5 Ob 12/10s.
OGH 24.11.2009, 5 Ob 241/09s.
OGH 24.11.2009, 5 Ob 63/09i.
OGH 15.9.2009, 5 Ob 132/09m.
OGH 7.7.2009, 5 Ob 60/09y.
OGH 7.7.2009, 5 Ob 97/09i.
OGH 9.6.2009, 5 Ob 104/09v.
OGH 12.5.2009, 5 Ob 61/09w.
OGH 28.4.2009, 5 Ob 19/09v.
OGH 27.1.2009, 5 Ob 279/08b.
OGH 13.1.2009, 5 Ob 275/00i.
OGH 13.1.2009, 5 Ob 275/08i.
OGH 4.11.2008, 5 Ob 154/08w.
OGH 26.8.2008, 5 Ob 173/08i.
OGH 26.8.2008, 5 Ob 130/08s.
OGH 26.8.2008, 5 Ob 38/08m.
OGH 26.8.2008, 5 Ob 81/08k.
OGH 14.7.2008, 5 Ob 29/08p.
OGH 15.4.2008, 5 Ob 24/08b.
OGH 1.4.2008, 5 Ob 63/08p.
OGH 7.2.2008, 9 ObA 96/07v.
OGH 6.11.2007, 5 Ob 223/07s.
OGH 6.3.2007, 5 Ob 24/07a.
OGH 29.12.2006, 5 Ob 245/06z.
OGH 21.12.2006, 6 Ob 83/06h.
OGH 28.11.2006, 5 Ob 190/06m.
OGH 29.8.2006, 5 Ob 178/06x.
OGH 27.6.2006, 5 Ob 93/06x.
OGH 16.5.2006, 5 Ob 109/06z.

OGH 7.3.2006, 5 Ob 275/05k.
OGH 21.2.2006, 5 Ob 47/06g.
OGH 12.7.2005, 5 Ob 122/05k.
OGH 25.1.2005, 5 Ob 213/04s.
OGH 25.1.2005, 5 Ob 310/04f.
OGH 11.1.2005, 5 Ob 140/04f.
OGH 21.12.2004, 5 Ob 278/04z.
OGH 9.11.2004, 5 Ob 249/04k.
OGH 12.10.2004, 5 Ob 229/04v.
OGH 14.9.2004, 5 Ob 77/04s.
OGH 18.3.2004, 1 Ob 47/04z.
OGH 10.2.2004, 5 Ob 11/04k.
OGH 20.1.2004, 5 Ob 306/03s.
OGH 25.11.2003, 5 Ob 249/03h.
OGH 21.10.2003, 5 Ob 205/03p.
OGH 21.10.2003, 5 Ob 199/03f.
OGH 7.10.2003, 5 Ob 228/03w.
OGH 1.7.2003, 10 ObS 188/02y.
OGH 29.4.2003, 5 Ob 93/03t.
OGH 31.3.2003, 5 Ob 45/03h.
OGH 20.11.2002, 5 Ob 268/02a.
OGH 12.9.2002, 5 Ob 174/02b.
OGH 27.8.2002, 5 Ob 128/02p.
OGH 12.3.2002, 5 Ob 50/02t.
OGH 29.1.2002, 5 Ob 277/01y.
OGH 15.1.2002, 5 Ob 212/01i.
OGH 23.10.2001, 5 Ob 176/01w.
OGH 19.12.2000, 5 Ob 153/00m.
OGH 24.10.2000, 5 Ob 248/00g.
OGH 26.9.2000, 5 Ob 52/00h.
OGH 23.11.1999, 5 Ob 299/99b.
OGH 23.3.1999, 5 Ob 58/99m.
OGH 9.3.1999, 5 Ob 57/99i.
OGH 9.2.1999, 5 Ob 22/99t.
OGH 15.12.1998, Ob 185/98m.
OGH 15.12.1998, 5 Ob 226/98s.
OGH 27.10.1998, 5 Ob 269/98i.
OGH 13.10.1998, 5 Ob 241/98x.
OGH 29.9.1998, 5 Ob 216/98w.

OGH 29.9.1998, 5 Ob 156/98x.
OGH 25.6.1998, 6 Ob 162/98m.
OGH 9.12.1997, 5 Ob 402/97x.
OGH 11.11.1997, 5 Ob 380/97m.
OGH 14.5.1996, 5 Ob 2002/96i.
OGH 22.11.1994, 5 Ob 102/94.
OGH 22.9.1993, 5 Ob 57/93.
OGH 23.3.1993, 5 Ob 24/93.
OGH 22.12.1992, 5 Ob 93/92.
OGH 10.11.1992, 5 Ob 1082/92.
OGH 13.10.1992, 5 Ob 126/92.
OGH 4.12.1990, 4 Ob 552/90.
OGH 23.5.1989, 5 Ob 53/88.
OGH 4.12.1987, 5 Ob 39/86.
OGH 14.7.1987, 5 Ob 66/87.
OGH 30.6.1987, 5 Ob 61/87.
OGH 3.5.1983, 5 Ob 14/83.
OGH 2.5.1979, 1 Ob 585/79.
OGH 11.5.1971, 4 Ob 535/71.
OGH 5.11.1969, 6 Ob 266/69.
OGH 23.9.1969, 4 Ob 566/69.
OGH 28.8.1969, 1 Ob 148/69.
OGH 15.1.1964, 6 Ob 290/63.

VwGH 16.10.1972, 0522/68.
VwGH 28.11.1995, 94/05/0365.
VwGH 26.4.2023, Ra 2022/05/0168.
VwGH 20.11.2007, 2006/05/0144.
VwGH 15.5.2023, Ra 2020/06/0114.
VwGH 1.8.2018, 2016/06/0026.
VfGH 14.3.2012, U 466/11.

EuGH 22.9.2020, C-724/18.
EuGH 18.12.2014, C-354/13.
EuGH 17.4.2013, C-335/11 und C-337/1.

Stichwortverzeichnis

Alle numerischen Angaben beziehen sich auf Seitenzahlen.

Bisher erschienene Bände der Reihe:

Band 1: *Mrázek*, Forschung und Entwicklung im Bilanz- und Steuerrecht
Band 2: *Kazemzadeh*, Der Kapitalmarktswap
Band 3: *Hirschböck*, Software in der Bilanz
Band 4: *Konwitschka*, Kapitalerhöhung durch Verrechnung von Gesellschafterforderungen
Band 5: *van Husen*, Genußrechte – Genußscheine – Partizipationskapital
Band 6: *Wiedenbauer*, Urheberrechtsschutz von Multimediaprodukten
Band 7: *van Husen*, Wem gehört das Genossenschaftsvermögen?
Band 8: *Kandera*, Arbeitszeitflexibilisierung
Band 9: *Steindl*, US-Board und Aufsichtsrat
Band 10: *Lang*, Patente, Patentanmeldungen und Erfindungen als Kreditsicherungsmittel
Band 11: *Flammer*, Biotechnologische Erfindungen im Patentrecht
Band 12: *Ceipek*, KFZ-Vertrieb in der EU
Band 13: *Winkler*, Kaufmann quo vadis?
Band 14: *Hanslik*, Grundrechtliche Anforderungen an eine Familienbesteuerung
Band 15: *Twardosz*, Die Umsatzsteuer beim Eigenverbrauch
Band 16: *Loibl-van Husen*, Die Beschäftigungsbewilligung
Band 17: *Pülzl*, Belastungen im Einkommenssteuerrecht
Band 18: *Premm*, Aufwendungen für das Ingangsetzen und Erweitern eines Betriebes
Band 19: *Keppelmüller*, Exportforderungen in der Insolvenz des Abnehmers
Band 20: *Fussenegger*, Nachfrageinteressen und Wettbewerbsrecht
Band 21: *Berkovec*, Die Bilanzierung von Dauerschuldverhältnissen
Band 22: *Kautz*, Die Vorgesellschaft im Körperschaftssteuerrecht
Band 23: *Bauer*, Die Stille Gesellschaft als Finanzierungsinstrument
Band 24: *Gelter*, Neue Rechnungslegungsnormen im Handelsrecht
Band 25: *Wieser*, Die Kapitalflussrechnung in Theorie und Praxis der neueren Rechts- und Betriebswirtschaftslehre
Band 26: *Kittel*, Die Haftung des Aufsichtsrats der Aktiengesellschaft
Band 27: *Prax*, Österreichisches und Italienisches Kollisionsrecht im Lichte der Europäischen Versicherungsrichtlinien
Band 28: *Buzanich*, Einbringung eines freiberuflichen Teilbetriebes
Band 29: *Baumgartner*, Unternehmensschließung oder -fortführung
Band 30: *Seitz*, www und Internet im Bereich der AG-Hauptversammlung
Band 31: *Hofmann*, Due Diligence – Möglichkeiten und Grenzen des Managements
Band 32: *Gratzl*, Grundrechte als Grenzen der Marktfreiheiten
Band 33: *Bachmayer*, Zur Zulässigkeit des Filmzitats im österreichischen Urheberrecht
Band 34: *Genschorek*, Appropriation Art: Die Aneignungskunst im US-amerikanischen und österreichischen Recht
Band 35: *Miernicki*, Collective Management of Copyrights between Competition, Regulation, and Monopolism